Wertorientierte Konzernführung

SCHÄFFER
POESCHEL

Wertorientierte Konzernführung

Kapitalmarktorientierte Rechnungslegung und integrierte Unternehmenssteuerung

herausgegeben von

Prof. Dr. Karlheinz Küting
Universität des Saarlandes,
Saarbrücken

Prof. Dr. Claus-Peter Weber WP, StB, RA
Geschäftsführer ARTHUR ANDERSEN,
Eschborn/Frankfurt

unter der redaktionellen Mitarbeit und
Schriftleitung von Dipl.-Kfm. Christian Zwirner

2000
Schäffer-Poeschel Verlag Stuttgart

Die Deutsche Bibliothek – CIP-Einheitsaufnahme

Wertorientierte Konzernführung :
Kapitalmarktorientierte Rechnungslegung und integrierte Unternehmenssteuerung ;
Beiträge anläßlich der 5. Fachtagung
»Das Rechnungswesen im Konzern - Wertorientierte Konzernführung«
am 25./26. November 1999 in Frankfurt a. M. / Karlheinz Küting/Claus-P. Weber (Hrsg.).
Unter der red. Mitarb. von Christian Zwirner.
- Stuttgart : Schäffer-Poeschel, 2000
ISBN 3-7910-1622-9

Gedruckt auf säure- und chlorfreiem, alterungsbeständigem Papier.

ISBN 3-7910-1622-9

www.schaeffer-poeschel.de
info@schaeffer-poeschel.de
Einbandgestaltung: Willy Löffelhardt
Druck und Bindung: Franz Spiegel Buch GmbH, Ulm
Printed in Germany
Juli / 2000

Schäffer-Poeschel Verlag Stuttgart
Ein Tochterunternehmen der Verlagsgruppe Handelsblatt

Vorwort der Herausgeber

Noch niemals zuvor haben sich die Rahmenbedingungen für die Rechnungslegung und das Management so grundlegend und schnell gewandelt wie in den letzten Jahren. Die Gründe hierfür sind externer und interner Natur. Als wesentliche Einflußfaktoren sind die zunehmende Verflechtung und Globalisierung der (Kapital-)Märkte, die Internationalisierung der Rechtsnormen und die oftmals enge Kooperation mit strategischen Partnern zu nennen.

Interne Ursachen sind insbesondere in einer wachsenden Heterogenität durch Ausweitung, Diversifikation, technische Verfahren und DV-Systeme, einer steigenden Geschwindigkeit der Produkt- und Prozeßinnovationen sowie der Vernetzung der Informationsverarbeitung und den damit verbundenen Veränderungen in organisatorischen bzw. entscheidungsbezogenen Abläufen zu sehen.

Diese Umwälzungsprozesse im Rahmen der Rechnungslegung und Unternehmensführung waren für uns Anlaß genug, das nun vorliegende Werk unter dem Titel „Wertorientierte Konzernführung – Kapitalmarktorientierte Rechnungslegung und integrierte Unternehmessteuerung" herauszugeben.

Einen weiteren Anlaß dieses Fachbuches stellt die im November 1999 durchgeführte 5. Fachtagung zum Thema „Das Rechnungswesen im Konzern – Wertorientierte Konzernführung" in Frankfurt am Main dar. Wir möchten uns an dieser Stelle nochmals ganz herzlich bei Arthur Andersen, der SAP AG und der Frankfurter Allgemeinen Zeitung bedanken, die uns bei der Durchführung der Tagung maßgeblich unterstützt haben.

Als kompetente Referenten und Mitautoren zu diesen Themen konnten wir wiederum hochkarätige Persönlichkeiten aus der Unternehmenspraxis und der Fachwissenschaft gewinnen. Ihre Namen bieten eine Garantie dafür, daß die aktuellen Fragestellungen auf einem hohen Niveau umfassend diskutiert wurden. Die Zusammenstellung der Autoren und ihrer Beiträge trägt dazu bei, daß wir uns von diesem Fachbuch eine ausgesprochen positive Resonanz und Anlaß für rege Diskussionen erhoffen.

Das veränderte Umfeld bringt hohe Anforderungen an alle Beteiligten mit sich. Hochschulen und Unternehmens- sowie Prüfungs- und Beratungspraxis stellen sich gemeinsam dieser Herausforderung. Wie ein Blick in das Inhaltsverzeichnis dieses Buches zeigt, werden aktuelle Fragestellungen des internen und externen Rechnungswesens ebenso behandelt wie Aspekte einer integrierten Konzernsteuerung und wertorientierten Unternehmensführung. Auch werden der Praxis Lösungsansätze aus dem Bereich der Datenverarbeitung respektive Informationstechnologie aufgezeigt.

Die Beiträge der einzelnen Autoren machten eine Dreiteilung dieses Tagungsbandes möglich und schrieben diese geradezu vor. Somit lassen sich die einzelnen Beiträge in folgende Themenbereiche einteilen:

- Risikomanagement, Externes Rechnungswesen und Internationalisierung der Rechnungslegung,
- Integrierte Konzernsteuerung, Wertorientierte Unternehmensführung und Konvergenz des Rechnungswesens,
- Strategic Enterprise Management und Konsolidierungstechnik unter Darlegung DV-technischer Lösungsansätze.

Um dieses Werk aktuell und zeitnah veröffentlichen zu können, war es uns leider nicht möglich, die Vereinheitlichung der Beiträge bis ins letzte Detail zu erreichen. In gleicher Weise ist hiervon die Qualität einzelner Abbildungen betroffen. Die Drucktechnik und der Wunsch nach einer umfassenden Auseinandersetzung mit dem jeweiligen Themengebiet ließen jedoch das Aufführen einzelner Screenshots und Graphiken wichtiger erscheinen als den Verzicht hierauf aufgrund von Qualitätseinbußen. Vor diesem Hintergrund bitten wir für eventuelle formale Abweichungen zwischen den einzelnen Beiträgen und graphische Qualitätseinschränkungen um Verständnis.

Wir freuen uns, Ihnen bereits ein halbes Jahr nach der Tagung dieses Fachbuch präsentieren zu können. Die Tatsache, daß eine Veröffentlichung der einzelnen Beiträge so zeitnah möglich wurde, ist in erster Linie den einzelnen Autoren zu verdanken, dic dies durch eine zügige Manuskripterstellung erst ermöglicht haben.

Herrn Dipl.-Kfm. Christian Zwirner danken wir ganz herzlich für seine redaktionelle Mitarbeit und die Übernahme der Schriftleitung dieses Tagungsbandes. Sein überaus großes Engagement hat ebenfalls dazu beigetragen, daß das vorliegende Werk in einer bemerkenswert kurzen Zeit erstellt werden konnte. Wir möchten uns zudem bei den Mitarbeiterinnen und Mitarbeitern des Instituts für Wirtschaftsprüfung der Universität des Saarlandes für ihre tatkräftige Unterstützung und insbesondere bei Herrn cand. rer. oec. Thomas Burger, der uns beim Korrekturlesen sowie der Erstellung des Stichwortverzeichnisses behilflich war, bedanken.

Darüber hinaus danken wir Frau Karla Wobido für ihre organisatorischen Arbeiten und den Mitarbeiterinnen und Mitarbeitern des Schäffer-Poeschel Verlags für den reibungslosen Ablauf. Besonders Frau Sabine Trunsch vom Schäffer-Poeschel Verlag gilt ein spezieller Dank für ihre kooperative und entgegenkommende Zusammenarbeit.

Wir würden uns freuen, wenn auch dieses Werk sowohl in der Wissenschaft als auch Bilanzierungs- und Prüfungspraxis eine positive Aufnahme finden würde. Kritische Anregungen und Verbesserungsvorschläge nehmen wir dankend entgegen und werden sie für zukünftige Werke gerne berücksichtigen.

Saarbrücken, im April 2000

Karlheinz Küting Claus-Peter Weber

Inhaltsverzeichnis

Professor Dr. Karlheinz Küting
Institut für Wirtschaftsprüfung
Universität des Saarlandes

Perspektiven der Rechnungslegung - Eröffnungsrede anläßlich der 5. Fachtagung am 25./26. November 1999 in Frankfurt am Main -

Meine sehr verehrten Damen und Herren, ich darf Sie zu unserer 5. Fachtagung hier in Frankfurt ganz herzlich willkommen heißen. Daß nahezu 500 Teilnehmer diese Fachtagung besuchen, zeigt eindeutig, daß das Konzernrechnungswesen immer mehr an Bedeutung gewinnt und zu einem wichtigen und nicht mehr wegzudenkenden Bestandteil der obersten Führungs- und Leitungspolitik geworden ist.

Unternehmen und Gesetzgeber sind auf Kapitalmarktkurs. Die strategische Zielgröße Unternehmenswert hat erstmals ihren festen Platz im Zielsystem der führenden deutschen Unternehmen gefunden – trotz vereinzelt beklagter Implementationslücken. Der Gesetzgeber hat dies gewollt und gefördert. Exemplarisch für seinen Einsatz stehen das Gesetz zur Kontrolle und Transparenz im Unternehmensbereich, das Kapitalaufnahmeerleichterungsgesetz oder auch der aktuell als Bundesratsdrucksache vorliegende Entwurf des Kapitalgesellschaften und Co.-Richtlinie-Gesetzes. Sie setzen weit mehr als bloße Sahnehäubchen auf den deutschen Shareholder Value.

Die ideologischen Nebelschwaden aus fragwürdigem Gewinnmaximierungsziel, Globalisierungseffekten und verletzter Sozialpflichtigkeit des Eigentums, die das Shareholder Value-Ziel anfänglich umhüllt haben, sind lichter geworden. Das ist gut so. Selbstverständlichkeiten dürfen wieder ausgesprochen werden: „»Wirtschaften« kommt von »Werte schaffen«". Oder „Wirtschaftliches Ziel privater Unternehmen der Fremdbedarfsdeckung muß in einer Wettbewerbswirtschaft sein, monetäre Werte zu schaffen". Gleichzeitig hat die Aufregung darüber nachgelassen, wenn Unternehmensleitungen sagen, wieviel „Wert" sie schaffen wollen und warum sie das für angemessen halten. Allerdings ist die Skepsis noch nicht ganz gewichen. Und auch das ist gut so.

Mit der Kapitalmarktorientierung machen sich schleichend „US-amerikanische Sitten" bzw. ein angelsächsischer Einfluß breit. Dies ist keine Wertung im Sinne von eindeutiger Verbesserung oder klarer Verschlechterung bzw. von mehr Licht oder mehr Schatten. Vielmehr wird eine Andersartigkeit indiziert, zusätzliche Optionen und damit mehr Farben und Farbstufen. Hierfür stehen Shareholder Value-Instrumente, wie internationale Rechnungslegung, Aktienrückkaufprogramme, unternehmenswertorientierte Entlohnung von Mitarbeitern oder Harmonisierung von internem und externem Rechnungswesen. Vor diesem Hintergrund wird meine These verständlich, daß sich noch niemals zuvor die Rahmenbedingungen für die Rechnungslegung und das Management so grundlegend und schnell gewandelt haben wie in den letzten Jahren.

Im Mittelpunkt der Diskussion steht ganz allgemein die Internationalisierung der Rechnungslegung. Denn: Heutzutage wird das Bild deutscher Geschäftsberichte in zunehmendem Maße durch die Anwendung internationaler Rechnungslegungsstandards nach den Vorschriften der International Accounting Standards oder den Generally Accepted Accounting Principles geprägt. Jedes Jahr entscheiden sich mehr deutsche Unternehmen dafür, in ihrer Rechnungslegung neben den Vorschriften des deutschen HGB auch internationale Rechnungslegungsstandards anzuwenden oder aufgrund des im letzten Jahr durch das Kapitalaufnahmeerleichterungsgesetz neu in das Handelgesetzbuch aufgenommenen § 292 a HGB bei der Aufstellung und Offenlegung ihres Konzernabschlusses gänzlich auf die Anwendung deutscher Vorschriften zu verzichten.

Als wesentliche Antriebskraft für diese Entwicklung ist vor allem die zunehmende Globalisierung der Kapitalmärkte zu nennen, die durch einen verschärften Wettbewerb seitens der börsennotierten Unternehmen um das Kapital der Anleger gekennzeichnet ist, welches ständig grenzüberschreitend auf der Suche nach den lukrativsten Investitionsmöglichkeiten ist. Diese Financial Community stellt immer höhere Anforderungen an die Unternehmen, bei denen sie keine nationalen Unterschiede hinsichtlich der Rechnungslegung macht. Zumindest kapitalmarktnachfragende Unternehmen müssen sich den Informationsanforderungen des Kapitalmarktes stellen.

Die Internationalisierung der Rechnungslegung nimmt auch Einfluß auf den Aufbau des gesamten Rechnungswesens, denn die traditionelle, deutsche Zweiteilung in internes und externes Rechnungswesen ist ins Wanken geraten. Nicht zuletzt die Entwicklungen im Bereich der Normensetzung sind Anlaß dafür, das zahlungsstromorientierte Rechnungswesen stärker in das externe Rechnungswesen einzubetten. Der Kostenrechnung bleibt die enge Beschränkung auf Fragen der kurzfristigen Unternehmenssteuerung.

Durch die Hinwendung zu internationalen Rechnungslegungsnormen wie IAS und US-GAAP wird es möglich, die Steuerungsrechnung für unternehmerische Einheiten wie Konzerne, Konzernunternehmen, Sparten u.ä. statt mit Daten des internen (kalkulatorischen) Rechnungswesens zukünftig primär mit Daten des externen (bilanziellen) Rechnungswesens auszugestalten. So liegt – vereinfacht gesprochen – der Unterschied zwischen eher traditionell (deutschen) Steuerungsrechnungen (Rentabilitäts- bzw. Kapitalergebnisrechnungen) und jüngeren (angelsächsischen) Gestaltungsvorschlägen in der verwendeten Datenbasis. So werden im Rahmen der zuletzt aufgeführten Konzepte Daten des externen Rechnungswesens genutzt, um im Idealfall zahlungsstromorientierte Spitzenkennzahlen zu erhalten.

Harmonisierung und Internationalisierung des Rechnungswesens gilt es weiterhin vor dem Hintergrund der Investorenorientierung der internationalen Rechnungslegung zu betrachten. Die Globalisierung der Finanzmärkte mit ihrer stetig steigenden Anzahl grenzüberschreitender Kapitalanlagen führt bei den (institutionellen) Anlegern zur berechtigten Forderung nach investorengerechten Rechnungswesendaten, die sich eher in den IAS bzw. US-GAAP-Konzernabschlüssen widerspiegeln.

Selbst unter Performancedruck stehend, geben die Investoren die Renditeforderungen ihrer Eigentümer an die Unternehmungen weiter. Wer die Opportunitätskosten der Kapitalgeber nicht erwirtschaftet, unterliegt im Kampf um die knappe Ressource Kapital. Hieraus ergibt sich die Notwendigkeit zur wertorientierten Unternehmensführung auf allen Unternehmensebenen mit entsprechenden (EDV-gestützten) Steuerungsinstrumentarien. Dabei ist die Wertorientierung, die sich auf Holdingebene in aggregierten Kennzahlen niederschlägt, über die Geschäftssteuerungsebene an die operative Prozeßebene weiterzuleiten. Den Zielerreichungsgrad gilt es über Geschäftsprozeßcontrolling, Werttreiber-Management und Portfoliosteuerung ebenfalls über alle Unternehmensebenen zu verfolgen.

Die Komplexität einer strategischen wertorientierten Unternehmensführung verlangt eine Neugestaltung der Konzernsteuerungswelt, wie sich in der Unternehmenspraxis – begleitet von einer aktiven wissenschaftlichen Diskussion – derzeit in Form von Prozeßoptimierung, integrierter Konzernsteuerung, Balanced Scorecard oder der Entwicklung von SAP Strategic Enterprise Management vollzieht. Erst eine auf die Bedürfnisse der Unternehmensführung und der Kapitalgeber abgestimmte Konzernführung ermöglicht eine erfolgreiche wertorientierte Steuerung, die mittels moderner Investor Relations entsprechend in kontinuierlichem Dialog kommuniziert werden kann.

Weiterhin wird die aktuelle Diskussion durch umfangreiche Änderungen in den Bereichen der Risikokontrolle und des Risikomanagements bestimmt.

Da unternehmerische Risiken generell nicht vermieden werden können, ist von der Geschäftsleitung eines Unternehmens zumindest zu erwarten, daß sie in der

Lage ist, bestehende bzw. potentielle Risiken zu erkennen und zu überwachen. Bestandsgefährdende Risiken gilt es so rechtzeitig zu erkennen, daß gegensteuernde Maßnahmen ergriffen werden können. Um diesen Anforderungen gerecht zu werden, verpflichtet der neu eingefügte Absatz 2 des § 91 AktG den Vorstand einer Aktiengesellschaft nunmehr explizit dazu, ein Risikomanagementsystem einzuführen, insbesondere ein Überwachungssystem einzurichten.

Eine weitere Neuerung, die sich durch das KonTraG auf die Darstellung der unternehmerischen Risiken ergibt, ist die Ausdehnung der Lage- bzw. Konzernlageberichterstattung durch die Erweiterung der §§ 289 Abs. 1, 315 Abs. 1 HGB. Hiernach ist seit dem Inkrafttreten des KonTraG im Lagebericht auch auf die Risiken der künftigen Entwicklung einzugehen.

Die eingeführte Pflicht zur Einrichtung eines Überwachungssystems bzw. zur Berichterstattung über die Risiken der künftigen Entwicklung hat indes nicht unerhebliche Auswirkungen auf die handelsrechtliche Jahresabschlußprüfung. So hat der Abschlußprüfer gem. § 317 Abs. 4 HGB nunmehr bei Aktiengesellschaften mit amtlicher Notierung zu beurteilen, „ob der Vorstand die ihm nach § 91 Abs. 2 des Aktiengesetzes obliegenden Maßnahmen in einer geeigneten Form getroffen hat und ob das danach einzurichtende Überwachungssystem seine Aufgaben erfüllen kann“. Ferner hat der Abschlußprüfer gem. § 317 Abs. 2 HGB den Lagebericht u.a. daraufhin zu überprüfen, ob die Risiken der künftigen Entwicklung zutreffend dargestellt sind.

Festzuhalten ist, daß in allen Bereichen des Rechnungswesens im Konzern umfangreiche Entwickungen stattfinden. Die triviale Einteilung des Rechnungswesens in Buchführung, Kostenrechnung, Statistik und Planung war und ist allenfalls noch in deutschen Lehrbüchern zu finden. In der Realität entwickelt sich das Konzernrechnungswesen immer mehr zu einem Business- und Management-Reporting. In diesem Zusammenhang tritt die offizielle Rechnungslegung zunehmend ins zweite Glied.

Vor diesem Hintergrund gilt es, gemeinsam nach Antworten auf die zahlreichen Herausforderungen zu suchen. Heute und morgen wollen Hochschulen und Bilanzierungspraxis neue Fragestellungen aufnehmen und gemeinsam zukunftweisende Lösungen erarbeiten. Ich würde mich freuen, wenn auch diese Fachtagung Pionierarbeit zur Beantwortung offener Fragestellungen leisten könnte.

Risikomanagement, Externes Rechnungswesen und Internationalisierung der Rechnungslegung

Prof. Dr. Dr. h. c. Jörg Baetge und Dipl.-Kfm. Thomas Linßen
Institut für Revisionswesen
Westfälische Wilhelms-Universität Münster

„Risiken der künftigen Entwicklung" nach KonTraG

Gliederung

1. Einleitung

Unternehmenskrisen der Vergangenheit waren, neben der Internationalisierung der Aktionärsstrukturen großer Unternehmen und der Auflösung festgefügter Beteiligungsstrukturen, ein Anlaß für die Diskussion, die Leitungs- und Überwachungsstruktur deutscher Unternehmen zu verbessern (vgl. ERNST, C./ SEIBERT, U./STUCKERT, F. (1998) S. 1). Die rechtlichen Rahmenbedingungen des deutschen Rechnungslegungsrechts sollten dadurch verbessert werden, daß die Adressaten des Jahresabschlusses einen möglichst zutreffenden Einblick in die wirtschaftliche Lage des Unternehmens erhalten. Daraus wurde von der damaligen Bundesregierung gefolgert, daß die deutschen Unternehmen den Kapitalanlegern für effizient und verläßlich gehaltene sowie entscheidungsrelevante Informationen zur Verfügung stellen müssen (vgl. DEUTSCHER BUNDESTAG (Hrsg.) (1998) S. 11). Ein Bündel von Anforderungen für eine Reform des Aktien- und Handelsrechts wurde von der damaligen Bundesregierung vorgeschlagen (vgl. ERNST, C./SEIBERT, U./STUCKERT, F. (1998) S. 1). Diese Anforderungen sind im Gesetz zur Kontrolle und Transparenz im Unternehmensbereich (KonTraG) enthalten, das am 1. Mai 1998 in Kraft getreten ist (Zu einem Überblick über die Regelungen des KonTraG vgl. ERNST, C. (1999) S. 1-21). Unter anderem wurden mit dem KonTraG Regelungen im Handelsgesetzbuch (HGB) und im Aktiengesetz (AktG) geändert, welche auch an die Publizität der Unternehmen neue Anforderungen stellen.

So wurden die Regelungen der §§ 289 und 315 HGB zum (Konzern-)Lagebericht geändert. Der Lagebericht von Kapitalgesellschaften wurde dahingehend ergänzt, daß die bisherige Regelung des ersten Absatzes durch den Teilsatz „dabei ist auch auf die Risiken der künftigen Entwicklung einzugehen“ erweitert wurde. Diese Neuregelung soll zusammen mit der Pflicht des Abschlußprüfers, der nach § 317 Abs. 2 HGB zu prüfen hat, ob diese Risiken zutreffend dargestellt sind, die Lageberichtadressaten künftig auch explizit auf bestehende oder drohende Risiken für den Fortbestand des Unternehmens hinweisen (vgl. DEUTSCHER BUNDESTAG (Hrsg.) (1998) S. 26).

Aktiengesellschaften haben nach den Neuregelungen des KonTraG gemäß § 91 Abs. 2 AktG ein Risiko-Management-System einzurichten (zu Grundsätzen risikoorientierter Unternehmensüberwachung vgl. KROMSCHRÖDER, B./LÜCK, W. (1998) S. 1573-1576). Nach der Gesetzesbegründung hat diese Verpflichtung aber nur hervorhebenden Charakter, da ein angemessenes Risiko-Management-System schon bisher nach allgemeinen Leitungsaufgaben eines Vorstands gemäß § 76 AktG eingerichtet werden mußte (vgl. DEUTSCHER BUNDESTAG (Hrsg.) (1998) S. 15). Anforderungen und Gestaltungsvorschläge für einzelne

Elemente bzw. Instrumente (zu den Elementen eines Risiko-Management-Systems vgl. LÜCK, W., (1998) S. 11) eines umfassenden Risiko-Management-Systems werden vom Gesetzgeber nicht konkretisiert, indes ist davon auszugehen, daß Aktiengesellschaften mit Hilfe des Risiko-Management-Systems die „Risiken der künftigen Entwicklung“ ermitteln sollen, auf die künftig im Lagebericht einzugehen sein wird. Das Risiko-Management-System muß somit ausdrücklich dazu beitragen, derartige Risiken frühzeitig zu erkennen, die die künftige Entwicklung und den Fortbestand der Gesellschaft gefährden können. Für GmbH hat der Gesetzgeber im GmbHG kein derartiges Risiko-Management-System vorgeschrieben. Dort fehlt somit ein gesetzlich vorgeschriebenes Instrument, mit dem die „Risiken der künftigen Entwicklung“ systematisch und möglichst zutreffend ermittelt werden können. Der Gesetzgeber geht aber davon aus, daß die neuen Regelungen für Aktiengesellschaften eine Ausstrahlungswirkung auf die Pflichten der Geschäftsführung von GmbH haben werden (vgl. DEUTSCHER BUNDESTAG (Hrsg.) (1998) S. 15), denn auch GmbH-Geschäftsführer müssen auf die „Risiken der künftigen Entwicklung“ in ihrem Lagebericht eingehen, soweit sie diesen aufstellen müssen.

Der folgende Beitrag konkretisiert zunächst, welche Anforderungen Kapitalgesellschaften für eine gesetzeskonforme Lageberichterstattung zu erfüllen haben. Dabei wird der Schwerpunkt der Ausführungen auf dem neu angefügten Teilsatz „dabei ist auch auf Risiken der künftigen Entwicklung einzugehen“ liegen. Dazu wird der Begriff der „Risiken der künftigen Entwicklung“ zunächst konkretisiert. Für die gesetzlichen Vertreter eines Unternehmens ist es eine sehr anspruchsvolle und sicherlich auch komplexe Aufgabe, die „Risiken der künftigen Entwicklung“ zu ermitteln und darauf aufbauend über diese zu berichten. Um die verantwortlichen Personen in den Unternehmen bei dieser Aufgabe zu unterstützen, wird ein Instrument vorgestellt, das in ein umfassendes Risiko-Management-System eines Unternehmens als ein Element integriert werden kann. Mit Hilfe des vorgestellten Instruments soll ein Weg gezeigt werden, wie die „Risiken der künftigen Entwicklung“ möglichst sicher und objektiv ermittelt und zu einem Urteil verdichtet werden können. Abschließend wird gezeigt, wie die gesetzlichen Vertreter eines Unternehmens das vorgestellte Instrument nutzen können, die ermittelten „Risiken der künftigen Entwicklung“ im Lagebericht zu kommunizieren.

2. Der Inhalt des Lageberichts

2.1 Anforderungen an die Lageberichterstattung

Gemäß § 264 Abs. 1 HGB haben mittelgroße und große Kapitalgesellschaften i. S. v. § 267 Abs. 2 und 3 HGB zusammen mit dem Jahresabschluß einen Lagebericht nach § 289 HGB in den ersten drei Monaten des neuen Geschäftsjahres aufzustellen (ausführlich zur Ermittlung und zum Inhalt der GoL vgl. BAETGE, J./FISCHER, T. R. /PASKERT, D. (1989) S. 6-26; BAETGE, J./ KRUMBHOLZ, M. (1995) Rn. 350-383). Eine Kapitalgesellschaft, die gemäß § 290 HGB einen Konzernabschluß aufzustellen hat, muß den Konzernabschluß um einen Konzernlagebericht nach § 315 HGB erweitern. Der Lagebericht hat nach § 289 Abs. 1 (§ 315 Abs. 1) HGB ein den tatsächlichen Verhältnissen entsprechendes Bild des Geschäftsverlaufs und der Lage der Kapitalgesellschaft zu vermitteln. Der überragende *Zweck des Lageberichts* ist die Vermittlung entscheidungsrelevanter Informationen an die Adressaten des Jahresabschlusses und des Lageberichts, damit diese die Lage und das Potential des Unternehmens möglichst zutreffend einschätzen können (vgl. ADLER, H./DÜRUNG, W./SCHMALTZ, K. (1995) § 289, Rn. 21 f.; DÖRNER, D./BISCHOF, S. (1999) S. 372 f.).

Zu den *Aufgaben des Lageberichts* gehört, daß dieser die im Jahresabschluß enthaltenen Informationen zu den einzelnen Teillagen der Vermögens-, Finanz- und Ertragslage (VFE-Lage) verdichtet und verbal zusammenfaßt (*Verdichtungsaufgabe*) (vgl. LÜCK, W. (1995) Rn. 9; BAETGE, J./FISCHER, T. R./PASKERT, D. (1989) S. 9). Außerdem soll der Lagebericht den Jahresabschluß sachlich und zeitlich ergänzen (*Ergänzungsaufgabe*) (vgl. ADLER, H./DÜRUNG, W./ SCHMALTZ, K. (1995) § 289, Rn. 18; REITTINGER, W. J. (1994) Rn. 4; BAETGE, J./FISCHER, T. R,/PASKERT, D. (1989) S. 9 f.). Die *sachliche* Ergänzung erfolgt, indem die wirtschaftliche Gesamtbetrachtung im Jahresabschluß durch Informationen zu einzelnen Teilbereichen, wie zur Absatzlage, Produktionslage, Beschaffungslage, Personallage usw. ergänzt wird (vgl. KRUMBHOLZ, M. (1994) S. 70 f.). Da im Jahresabschluß nur in der Vergangenheit eingeleitete Geschäftsvorfälle ihren Niederschlag finden, erlaubt dieser in erster Linie eine Rechenschaft über die Vergangenheit des Unternehmens. *Zeitlich* wird der Jahresabschluß durch den Lagebericht insofern ergänzt bzw. erweitert, als dieser nach § 289 Abs. 2 Nr. 2 (§ 315 Abs. 2 Nr. 2) HGB auch Prognoseinformationen über die voraussichtliche Entwicklung des Unternehmens enthalten sollte (vgl. BAETGE, J./FISCHER, T. R./PASKERT, D. (1989) S. 9 f.; BAETGE, J./SCHULZE, D. (1998) S. 938).

Der Gesetzeswortlaut des § 289 (§ 315) HGB als rechtliche Grundlage für die Aufstellung des Lageberichts enthält einige unbestimmte Rechtsbegriffe. Damit der Ermessensspielraum der gesetzlichen Vertreter der Unternehmen bei der Formulierung des Lageberichts eingeschränkt wird und die Interessen der Informationsempfänger besser berücksichtigt werden, sind – aufbauend auf dem Zweck der Informationsvermittlung des Lageberichts – allgemeingültige Kriterien heranzuziehen, welche die in den Lagebericht einzubeziehenden Informationen objektivieren. Die an anderer Stelle entwickelten Grundsätze ordnungsmäßiger Lageberichterstattung (GoL) sind ein solches System von Kriterien (vgl. BAETGE, J./FISCHER, T. R./PASKERT, D. (1989) S. 16).

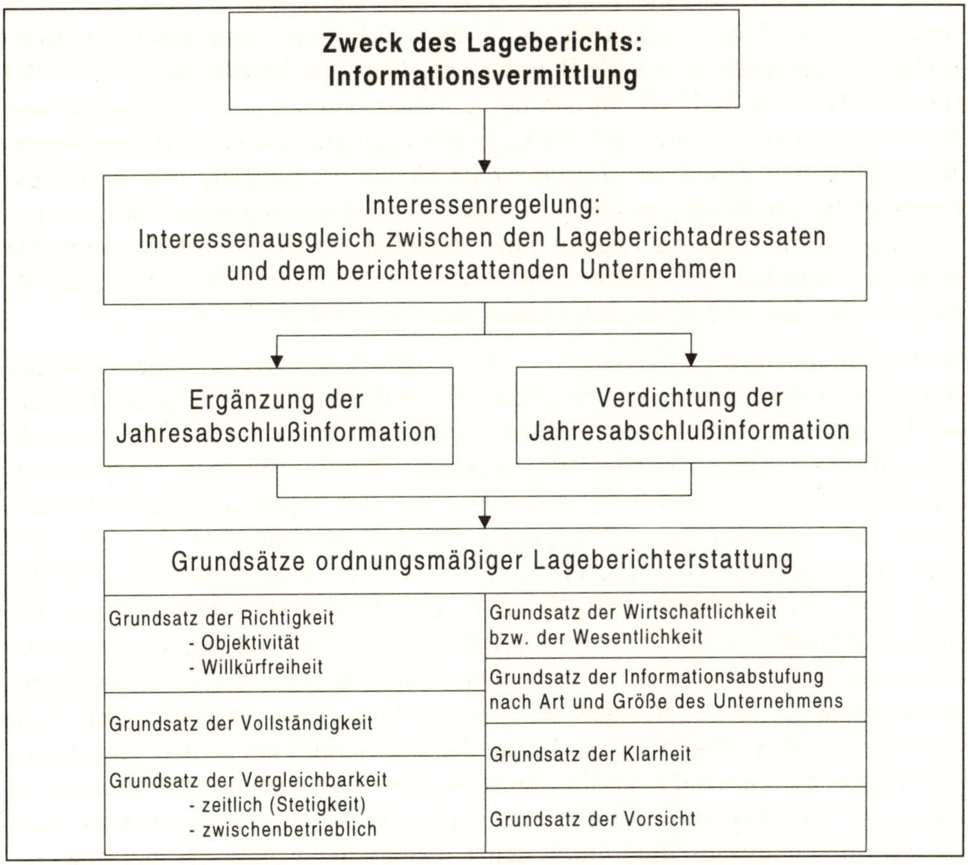

Abbildung 1: Das System der Grundsätze ordnungsmäßiger Lageberichterstattung (GoL)
(Quelle: BAETGE, J./FISCHER, T. R./PASKERT, D. (1989) S. 27)

Die Angaben im Lagebericht müssen gemäß dem *Grundsatz der Richtigkeit* der Realität entsprechen, sowie intersubjektiv nachprüfbar und willkürfrei sein. Über die wirtschaftliche Situation des Unternehmens muß umfassend berichtet werden, dabei müssen alle zur Verfügung stehenden Informationsquellen ausgeschöpft werden und es dürfen keine wesentlichen Aspekte unberücksichtigt bleiben (*Grundsatz der Vollständigkeit*). Gemäß dem *Grundsatz der Vergleichbarkeit* sind die Auswahlkriterien für die in den Lagebericht grundsätzlich aufzunehmenden Informationen und die Darstellungsform der Informationen im Lagebericht beizubehalten, damit zeitliche und zwischenbetriebliche Vergleiche möglich sind. Im Lagebericht sind Informationen zudem wirtschaftlich zu vermitteln. Der *Grundsatz der Wesentlichkeit* tritt an die Stelle des Wirtschaftlichkeitsgrundsatzes, da eine Quantifizierung des Nutzens der Lageberichterstattung für die Adressaten nicht möglich ist. Nach dem Grundsatz der Wesentlichkeit sind alle Informationen in den Lagebericht aufzunehmen, deren Fehlen die Adressaten des Lageberichts voraussichtlich schädigen würde. Der *Grundsatz der Informationsabstufung nach Art und Größe eines Unternehmens* knüpft direkt an diesen Grundsatz an. Dieser Grundsatz stellt an den Lagebericht kleiner und wenig diversifizierter Unternehmen geringere Informationsanforderungen als an den Lagebericht großer Unternehmen. Gemäß dem *Grundsatz der Klarheit* müssen die im Lagebericht enthaltenen Informationen prägnant, verständlich und übersichtlich sein. Dazu zählt auch eine eindeutige Kennzeichnung des Lageberichts im Geschäftsbericht. Der *Grundsatz der Vorsicht* soll einer zu optimistischen Lageberichterstattung vorbeugen, d. h. in Zweifelsfällen bezüglich der wirtschaftlichen Lage des Unternehmens sollen negative Angaben stärker gewichtet werden als positive Angaben.

2.2 Elemente des Lageberichts

2.2.1 Bisherige Elemente des Lageberichts

Die Elemente des Lageberichts lassen sich in zwei Bereiche gliedern (vgl. BAETGE, J./FISCHER, T. R./PASKERT, D. (1989) S. 28-31): Zum einen sind die Pflichtelemente des § 289 Abs. 1 (§ 315 Abs. 1) HGB zu nennen. Dies sind die Angaben zum Geschäftsverlauf und zur Lage der Gesellschaft. Diese sind so darzustellen, daß „ein den tatsächlichen Verhältnissen entsprechendes Bild“ vermittelt wird. Diese Angabepflichten sind indes vom Gesetzgeber nicht näher konkretisiert worden, so daß sie mit Hilfe der GoL zu bestimmen sind. Zum anderen soll gemäß § 289 Abs. 2 (§ 315 Abs. 2) HGB auf folgende Elemente eingegangen werden (vgl. ADLER, H./DÜRING, W./SCHMALTZ, K. (1995) § 289, Rn. 93-127; BAETGE, J./FISCHER, T. R./PASKERT, D. (1989) S. 31-49; BAETGE, J. (1996) S. 640-645; INSTITUT DER WIRTSCHAFTSPRÜFER (1998) IDW RS HFA 1, Rn. 37-49; LÜCK, W. (1995) Rn. 48-80): Auf Vorgänge von besonderer Bedeutung, die nach dem Schluß des Geschäftsjahres eingetreten sind (Nr. 1), auf die voraussichtliche Entwicklung der Kapitalgesellschaft bzw. des Konzerns (Nr. 2), auf den Bereich Forschung und Entwicklung (Nr. 3) und auf bestehende Zweigniederlassungen der Gesellschaft (Nr. 4). Gemäß § 315 Abs. 2 HGB gilt der Zweigniederlassungsbericht nicht für den Konzernabschluß. Da § 289 (§ 315) HGB nur die Mindestanforderungen an die Lageberichterstattung enthält, dürfen freiwillig auch weitere, über die gesetzlichen Mindestanforderungen hinausgehende Informationen in den Lagebericht aufgenommen werden (vgl. ELLROTT, H. (1999) Rn. 47; REITTINGER, W. J. (1994) Rn. 57; BAETGE, J./FISCHER, T. R./PASKERT, D. (1989) S. 49).

Zusammenfassend lassen sich die Elemente des Lageberichts in die folgenden Teilberichte klassifizieren (Vgl. KRUMBHOLZ, M. (1994) S. 5; in dieser Aufzählung ergänzt um den Zweigniederlassungsbericht.):

- Wirtschaftsbericht (§ 289 Abs. 1 bzw. § 315 Abs. 1 HGB),
- Nachtragsbericht (§ 289 Abs. 2 Nr. 1 bzw. § 315 Abs. 2 Nr. 1 HGB),
- Prognosebericht (§ 289 Abs. 2 Nr. 2 bzw. § 315 Abs. 2 Br. 2 HGB),
- Forschungs- und Entwicklungsbericht (§ 289 Abs. 2 Nr. 3 bzw. § 315 Abs. 2 Nr. 3 HGB),
- Zweigniederlassungsbericht (§ 289 Abs 2 Nr. 4 HGB) und
- Zusatzbericht (freiwillig).

Nachdem zunächst die weiterhin unveränderten Aufgaben und Elemente des Lageberichts dargestellt worden sind, die auch vor dem Inkrafttreten des KonTraG galten, wird im folgenden auf die ergänzende Anforderung des KonTraG an den Inhalt des Lageberichts eingegangen.

2.2.2 Der 'Risikobericht' als neues Pflichtelement des Lageberichts

Die gesetzlichen Regelungen zum Lagebericht wurden vom Gesetzgeber insofern ergänzt, als an den ersten Absatz von § 289 bzw. § 315 HGB der Teilsatz „dabei ist auch auf die Risiken der künftigen Entwicklung einzugehen" angehängt wurde. In Anlehnung an die Bezeichnung der anderen Berichtsteile, hat sich für den neuen Teilbericht die Bezeichnung „Risikobericht" herausgebildet (vgl. KÜTING, K./HÜTTEN, C. (1997) S. 251). Aus dem Begriff „Risiken der künftigen Entwicklung" geht hervor, daß der neue Risikobericht nach § 289 Abs. 1 (§ 315 Abs. 1) HGB überwiegend zukunftsbezogen ist, genau wie der Prognosebericht nach § 289 Abs. 2 Nr. 2 (§ 315 Abs. 2 Nr. 2) HGB.

Der neue Teilsatz wurde vom Gesetzgeber nicht weiter konkretisiert und es bedarf daher einer Interpretation, was unter den „Risiken der künftigen Entwicklung" zu verstehen ist, bei der neben dem Zweck des Lageberichts auch die vom Gesetzgeber mit der neuen Regelung verfolgten Ziele herangezogen werden müssen. Der herausragende Zweck des Lageberichts liegt in der Informationsfunktion. Den Adressaten sollen möglichst zutreffende Informationen über die wirtschaftliche Lage der Gesellschaft und über die künftige Entwicklung des Unternehmens gegeben werden (vgl. REITTINGER, W. J. (1994) Rn. 4). Die Gesetzesbegründung zur Änderung der Regelungen zum (Konzern-)Lagebericht durch das KonTraG läßt erkennen, daß der Gesetzgeber die „Risiken der künftigen Entwicklung" als einen integralen Bestandteil der wirtschaftlichen Lage eines Unternehmens versteht (vgl. DEUTSCHER BUNDESTAG (Hrsg.) (1998) S. 26). Der Risikobegriff in der Betriebswirtschaftslehre wird teils sowohl durch Gefahren als auch durch Chancen charakterisiert (vgl. BAETGE, J./SCHULZE, D. (1998) S. 940). Indes geht nach Auffassung der Verfasser der Gesetzgeber von einer engeren Interpretation des Risikobegriffs aus: Da der Lagebericht mit den Jahresabschlußinformationen eine zutreffende Vorstellung von der Lage des Unternehmens vermitteln soll, muß § 252 Abs. 1 Nr. 4 HGB bei der Interpretation herangezogen werden, wonach alle „vorhersehbaren Risiken ... zu berücksichtigen ... sind". Nach inzwischen überwiegender Kommentarmeinung (vgl. ADLER, H./DÜRING, W./SCHMALTZ, K. (1995) § 252, Rn. 74; SELCHERT, W. (1995) Rn. 71 f.; BUDDE, W. D./GEIßLER, H. (1999) Rn. 34-37) handelt es sich bei diesen bilanziellen Risiken um Nettovermögensminderungen aus eingeleiteten Geschäften, die erst nach dem Abschlußstichtag eintreten und deren Eintritt noch ungewiß ist. Bei dieser Interpretation ist im Risikobericht auf die Gefahren der künftigen Entwicklung einzugehen, die zu Wertminderungen oder negativen Erfolgsbeiträgen (vgl. hierzu LEFFSON, U. (1987) S. 382 f.) oder anderen wirtschaftlichen Nachteilen führen können (vgl. KÜTING, K./HÜTTEN, C. (1997) S. 252; BAETGE, J./SCHULZE, D. (1998) S. 940). Ein für wahrscheinlich gehaltenes Bild der wirtschaftlichen Lage, bei dem auch über die künftigen Chancen berichtet wird, darf selbstverständlich im Prognosebericht nach § 289 Abs. 2 Nr. 2 (§ 315 Abs. 2 Nr. 2) HGB gegeben werden (Vgl. ELLROTT, H. (1999) Rn. 35).

Der Gesetzgeber verfolgt mit dem KonTraG nach der allgemeinen Begründung zwei Ziele (vgl. DEUTSCHER BUNDESTAG (Hrsg.) (1998) S. 11):

1. Im System der Unternehmenskontrolle sollen Schwächen und Verhaltensfehlsteuerungen korrigiert werden, damit Unternehmensschieflagen möglichst frühzeitig erkannt werden und
2. die Rechnungslegung der deutschen Publikumsgesellschaften soll stärker an den Informationsbedürfnissen der Kapitalanleger ausgerichtet werden.

Vor dem Hintergrund der Ziele des KonTraG und des Risikoverständnisses, das der Gesetzgeber der Gesetzesergänzung zugrunde gelegt hat, ergibt sich ein zweistufiger Risikobericht (vgl. BAETGE, J./SCHULZE, D. (1998) S. 944):

1. Einerseits ist über Risiken aus einer (mangelnden) Bestandsfestigkeit des Unternehmens zum Bilanzstichtag als Resultat der abgeschlossenen wirtschaftlichen Aktivitäten zu berichten.
2. Andererseits ist über Risiken aus den am Bilanzstichtag bereits eingeleiteten und den geplanten wirtschaftlichen Aktivitäten eines Unternehmens zu berichten.

Die erste Stufe des Risikoberichts kann auch als Analyse des *Gesundheitszustands des Unternehmens* zum Abschlußstichtag interpretiert werden. Die zweite Stufe des Risikoberichts spiegelt dagegen den *Lebenswandel des Unternehmens* in der Zukunft wieder. Die beiden Risikostufen sind voneinander abhängig. So kann ein Unternehmen mit einer hohen aktuellen Bestandsfestigkeit risikoreichere wirtschaftliche Aktivitäten eingehen, ohne in seinem künftigen Fortbestand unmittelbar gefährdet zu sein. Dagegen darf ein Unternehmen mit einer geringen aktuellen Bestandsfestigkeit nur wesentlich risikoärmere wirtschaftliche Aktivitäten eingehen, wenn es in seinem künftigen Fortbestand nicht noch stärker gefährdet werden soll (vgl. BAETGE, J./SCHULZE, D. (1998) S. 944 f.). Nur wenn beide Risikogruppen zunächst einzeln analysiert und darauf aufbauend gemeinsam betrachtet werden, ergibt sich eine systematische und umfassende Analyse der „Risiken der künftigen Entwicklung“. Der HFA des IDW fordert, daß im Lagebericht zum einen über bestandsgefährdende Risiken und zum anderen über Risiken mit wesentlichem Einfluß auf die VFE-Lage zu berichten ist (vgl. INSTITUT DER WIRTSCHAFTSPRÜFER (1998) IDW RS HFA 1, Rn. 30-36). Dabei ist ausdrücklich „darzustellen, wie sich identifizierte wesentliche Risiken ... auf die Vermögens-, Finanz- und Ertragslage voraussichtlich auswirken werden." (INSTITUT DER WIRTSCHAFTSPRÜFER (1998) IDW RS HFA 1, Rn. 36). Diese Anforderungen vom HFA des IDW können ebenfalls mit einem zweistufigen Risikobericht erfüllt werden.

Für die Risikoanalyse des Unternehmens muß sich die Geschäftsleitung somit zunächst eine möglichst objektive und genaue Kenntnis über die Bestandsfestigkeit des Unternehmens zum Bilanzstichtag verschaffen (= Gesundheitszustand des Unternehmens). Darauf aufbauend muß versucht werden, die möglichen Risiken aus (bereits eingeleiteten) künftigen Aktivitäten des Unternehmens zu ermitteln (= Lebenswandel des Unternehmens). Als Resultat der aktuellen Bestandsfestigkeit fortgeführt um die künftigen Aktivitäten des Unternehmens ergibt sich die künftige Bestandsfestigkeit des Unternehmens. Wird die aktuelle mit der künftigen Bestandsfestigkeit des Unternehmens verglichen, so ergeben sich die „Risiken der künftigen Entwicklung" des Unternehmens.

3. Mögliche Instrumente der Risikoanalyse

3.1 Inventur der Risiken als Instrument der Risikoanalyse

Unternehmen sind zu jedem Stichtag nach dem GoB (zu den GoB vgl. LEFFSON, U. (1987); BAETGE, J./APELT, B. (1992); BAETGE, J./KIRSCH, H.-J. (1995)) der Vollständigkeit zu einer „Inventur der Risiken" verpflichtet, damit „alle vorhersehbaren Risiken und Verluste, die bis zum Abschlußstichtag entstanden sind" nach § 252 Abs. 1 Nr. 4 HGB im Jahresabschluß und Lagebericht berücksichtigt werden (vgl. LEFFSON, U. (1987) S. 222-224). Indes bedarf es für die im neuen Risikobericht geforderten Angaben über die „Risiken der künftigen Entwicklung" einer umfassenderen Risikoanalyse – diese ist *zeitlich* und *sachlich* über die bisher erforderliche Risikoinventur hinaus auszudehnen. *Zeitlich* ist die Risikoanalyse auch auf zum Bilanzstichtag noch nicht abgeschlossene Geschäfte, deren Abschluß aber geplant ist, auszudehnen (vgl. BAETGE, J./SCHULZE, D. (1998) S. 944). Dabei ist es sinnvoll, um den Adressaten des Lageberichts die Informationen nach dem GoL der Klarheit zu präsentieren, sich an dem Bezugszeitraum für den Prognosebericht, der sich auf einen Zeithorizont von zwei Jahren nach dem Abschlußstichtag erstreckt (vgl. INSTITUT DER WIRTSCHAFTSPRÜFER (1998) IDW RS HFA 1, Rn. 44), zu orientieren. *Sachlich* ist die Risikoanalyse so zu erweitern, daß auch Risiken identifiziert werden, die alleine oder im Verbund dazu führen können, die VFE-Lage nachhaltig negativ zu beeinflussen. Dabei sind sowohl bedeutende (Groß-)Risiken, als auch viele einzelne (Klein-)Risiken zu identifizieren, die zusammen zu einem negativen Abweichen von der im Prognosebericht dargestellten Lage, oder gar zu einer künftigen Bestandsgefährdung, führen können (vgl. Baetge, J./Schulze, D. (1998) S. 944).

Eine im obigen Sinne erweiterte „Inventur der Risiken“ kann mit Hilfe einer Risiko-Checkliste erfolgen, die systematisch sämtliche Bereiche des Unternehmens abdeckt und so eventuelle Risiken erfaßt. Die Risiko-Checkliste könnte beispielsweise in folgende Bereiche unterteilt sein: strategische Risiken, Finanzrisiken, rechtliche Risiken, Informationstechnologie-Risiken und leistungswirtschaftliche Risiken. Derartige Risiken können grundsätzlich im globalen Umfeld, im näheren Unternehmensumfeld, bei unternehmensinternen Erfolgsfaktoren, in der internen Organisation oder in der Entscheidungsfindung des Unternehmens liegen. Mit Hilfe einer für das Unternehmen systematisch aufgebauten Risiko-Checkliste sollten die gesetzlichen Vertreter eines Unternehmens die Risiken im Rahmen der „Inventur der Risiken“ zutreffend erfassen können, um dann erste Schlüsse auf die künftige Entwicklung des Unternehmens schließen zu können.

3.2 Bilanzbonitätsrating als Instrument der Risikoanalyse

3.2.1 Beurteilung der aktuellen Bestandsfestigkeit eines Unternehmens

Im folgenden wird herausgearbeitet, mit Hilfe welcher Instrumente die gesetzlichen Vertreter eines Unternehmens die aktuelle wirtschaftliche Lage (= aktuelle Bestandsfestigkeit) und auch die künftige wirtschaftliche Lage (= künftige Bestandsfestigkeit) des Unternehmens möglichst schnell und sicher beurteilen können. Diese Risikoanalyse kann als Grundlage für die Angaben im Risikobericht dienen, der an die Öffentlichkeit gerichtet ist. Daher ist es für die gesetzlichen Vertreter des Unternehmens, mehr aber noch für die Lageberichtsadressaten und den Abschlußprüfer von großer Bedeutung, daß das ermittelte Urteil – besonders über eine eventuell festgestellte geringere Bestandsfestigkeit – möglichst sicher und objektiv ist.

Die wirtschaftliche Lage von Unternehmen wird bisher üblicherweise mit Hilfe der traditionellen Jahresabschlußanalyse beurteilt (vgl. Leffson, U. (1984) S. 3; für eine vergleichende Gegenüberstellung der traditionellen und modernen Jahresabschlußanalyse vgl. Baetge, J./Sieringhaus, I. (1996) S. 224-231). Bei der *traditionellen* Jahresabschlußanalyse wird vom jeweiligen Bilanzanalytiker – auf Erfahrungen gestützt – subjektiv versucht, ein Kennzahlensystem zu entwickeln, das auf Ursache-Wirkungszusammenhängen basiert. Dabei liegen in der subjektiven Auswahl und Gewichtung der Kennzahlen durch den einzelnen Analysten methodische Probleme. Der Analyst hat aus einer Vielzahl von Kennzahlen, die für die Früherkennung von Unternehmenskrisen relevanten Kennzahlen auszuwählen und diese so zusammenzufassen, daß er ein möglichst eindeutiges und differenziertes Urteil über das Unternehmen abgeben kann (vgl. BAETGE, J./SIERINGHAUS, I. (1996) S. 225 f.). Bei *modernen* Verfahren der Jahresabschlußanalyse werden die Kennzahlen auf der Basis einer sehr großen Zahl von Jahresabschlüssen mit Hilfe mathematisch-statistischer Methoden empirisch ausgewählt, gewichtet und anschließend zu einem Urteil zusammengefaßt (vgl. BAETGE, J./JERSCHENSKY, A. (1996) S. 1581). Die mit modernen Verfahren der Jahresabschlußanalyse entwickelten Klassifikatoren erlauben, die wirtschaftliche Lage und auch die Bestandsfestigkeit von Unternehmen zum Bilanzstichtag differenziert und sehr zutreffend zu beurteilen (Vgl. NIEHAUS, H.-J. (1987) S. 138-141; FEIDICKER, M. (1992) S. 168-173; KRAUSE, C. (1993) S. 169; HÜLS, D. (1995) S. 245; UTHOFF, C. (1996) S. 155-191; JERSCHENSKY, A. (1998) S. 39-64). Klassifikatoren zur Beurteilung der Bestandsfestigkeit von Unternehmen werden seit 1976 am Institut für Revisionswesen (IRW) der Westfälischen Wilhelms-Universität Münster entwickelt. Das neueste und beste Bilanzbonitätsrating wurde in Zusammenarbeit mit Baetge + Partner als BBR Baetge-Bilanz-Rating® entwickelt. Bei dem BBR handelt es sich um das derzeit statistisch zuverlässigste Bilanzbonitätsrating auf Basis eines Künstlichen Neuronalen Netzes, das eine differenzierte Beurteilung (in zehn Urteilsstufen) von gesunden und kranken (= später eventuell insolventen) Unternehmen ermöglicht (Vgl. BAETGE, J. (1998b) S. 579. Für das Vorgehen bei der Künstlichen Neuronalen Netz Analyse (KNNA) vgl. BAETGE, J./JERSCHENSKY, A./ HERRMANN, D./STIBI, B. (1995) S. 585-594. Zur Entwicklung des BBR vgl. BAETGE, J./HÜLS, D./UTHOFF, C. (1995) S. 21-29; BAETGE, J./KRUSE, A./ UTHOFF, C. (1996) S. 273-281). Für jedes bilanzierende Unternehmen können die Ergebnisse des BBR als eine Expertise über das Unternehmen von Baetge + Partner GmbH & Co. KG, Mendelstr. 11, 48149 Münster erworben werden.

Das Urteil des BBR basiert auf 14 Kennzahlen, die aus den Informationen des Jahresabschlusses gebildet werden. Zu jeder bei der Jahresabschlußanalyse genutzten Kennzahl muß eine Hypothese mit der versuchsweisen Behauptung aufgestellt werden, daß entweder ein insolvenzgefährdetes Unternehmen (I) eine höhere Ausprägung dieser Kennzahl aufweist als ein solventes (bestandsfestes) Unternehmen (S) oder umgekehrt (I•S). Die Kennzahlen des BBR sowie die zugrundeliegenden Hypothesen werden in der folgenden Abbildung gezeigt.

		Informations-bereich	Kenn-zahlen	Erläuterung	Definition	Hyp. $I \gtrless S$
Kennzahlen der	Vermögenslage	**Kapital-bindungs-dauer**	KBD1	*Kapitalbindungsdauer 1:* Zahl der Tage, die das Unternehmen benötigt, um seinen diversen Verbindlichkeiten nachzukommen.	(Akzepte + Verbindlichkeiten aus Lieferungen und Leistungen) • 360 : Gesamtleistung	>
			KBD2	*Kapitalbindungsdauer 2:* Wie KBD 1, nur daß hier der Umsatz anstatt der Gesamtleistung herangezogen wird.	(Akzepte + Verbindlichkeiten aus Lieferungen und Leistungen) • 360 : Umsatz	>
		Kapital-bindung	KB	*Kapitalbindung:* Prozentualer Teil des Umsatzes, der demnächst zur Tilgung der kurzfristigen Verbindlichkeiten benötigt wird.	(Kurzfr. Bankverbindlichkeiten + Verbindlichkeiten aus Lieferungen und Leistungen + Akzepte + Sonstige Verbindlichkeiten) : Umsatz	>
		Verschul-dung	FKQ	*Fremdkapitalquote:* Anteil des kurzfristigen Fremdkapitals am Gesamtkapital.	Kurzfr. Fremdkapital : Bilanzsumme	>
			FKS	*Fremdkapitalstruktur:* Anteil der Kreditoren, Akzepte und Bankverbindlichkeiten am Fremdkapital.	(Verbindlichkeiten aus Lieferungen und Leistungen + Akzepte + Bankverbindlichkeiten) : (Fremdkapital - erhaltene Anzahlungen)	>
		Kapital-struktur	EKQ1	*Eigenkapitalquote 1:* Anteil des korrigierten wirtschaftlichen Eigenkapitals am korrigierten Gesamtkapital.	(Wirtschaftliches Eigenkapital - Immaterielle Vermögensgegenstände) : (Bilanzsumme - Immaterielle Vermögensgegenstände - Flüssige Mittel - Grundstücke und Bauten)	>
			EKQ2	*Eigenkapitalquote 2:* Addition der Rückstellungen zum Eigenkapital bei EKQ1, da bei Rückst. bilanzpol. Spielraum besteht und da die Rückst. meist längerfr. für Finanzierung zur Verfügung stehen.	(Wirtschaftliches Eigenkapital + Rückstellungen) : (Bilanzsumme - Flüssige Mittel - Grundstücke und Bauten)	<
	Finanzlage	**Finanzkraft**	FINK1	*Finanzkraft 1:* Teil des Fremdkapitals, der durch den Cash-flow getilgt werden kann.	Ertragswirtschaftlicher Cash Flow (intern) : (Fremdkapital - Erhaltene Anzahlungen)	<
			FINK2	*Finanzkraft 2:* Teil der kurz- und mittelfristigen Verschuldung, der durch den Cash-flow getilgt werden kann.	Ertragswirtschaftlicher Cash Flow : (Kurzfr. Fremdkapital + Mittelfr. Fremdkapital)	<
		Deckungs-struktur	AD	*Anlagendeckung:* Sie gibt an, wie gut das wirtschaftliche Eigenkapital das langfristig gebundene Sachanlagevermögen deckt.	Wirtschaftliches Eigenkapital : (Sachanlagevermögen - Grundstücke und Bauten)	<
	Ertragslage	**Rentabilität**	UR	*Umsatzrendite:* Umsatzanteil, der als ordentliches Betriebsergebnis verbleibt.	Ordentliches Betriebsergebnis : Umsatz	<
			CF1-ROI	*Cash-flow-1-Return on Investment:* Prozentualer Rückfluß auf das eingesetzte Kapital.	Ertragswirtschaftlicher Cash Flow : Bilanzsumme	<
			CF2-ROI	*Cash-flow-2-Return on Investment:* Hier wird der Cash-flow um die Zuführung zu den Pensionsrückstellungen erhöht.	(Ertragswirtschaftlicher Cash Flow + Zuführung zu den Pensionsrückstellungen) : Bilanzsumme	<
		Aufwands-struktur	PAQ	*Personalaufwandsquote:* Anteil des Personalaufwands an der Gesamtleistung.	Personalaufwand : Gesamtleistung	>

Abbildung 2: *Die Kennzahlen des BBR Baetge-Bilanz-Rating®*
(Quelle: Baetge, J./Jerschensky, A. (1996) S. 1582 f.; Baetge, J. (1998b) S. 584-596)

Da der Analyst sich ein umfassendes Bild über die wirtschaftliche Lage des Unternehmens machen muß, ist vor dem Hintergrund des *Ganzheitlichkeitsprinzips* (zum Ganzheitlichkeitsprinzip vgl. BAETGE, J. (1998b) S. 36 f. und S. 64-66) entscheidend, daß die 14 Kennzahlen des BBR alle Informationsbereiche des Jahresabschlusses, also die gesamte Vermögens-, Finanz- und Ertragslage (VFE-Lage) abdecken (vgl. BAETGE, J. (1998b) S. 585). Nur wenn ein derart ganzheitliches Bild über die wirtschaftliche Lage des Unternehmens gewonnen wird, ist für die Berichtspflichten der gesetzlichen Vertreter sichergestellt, daß sämtliche im analysierten Jahresabschluß erfaßten Geschäfte in das Urteil über die Bestandsfestigkeit des Unternehmens einfließen. Die 14 Kennzahlen des BBR sind einzelnen Informationsbereichen zugeordnet, die sämtliche Bereiche der VFE-Lage abdecken. Neben dem Ganzheitlichkeitsprinzip sollte bei der Beurteilung eines Unternehmens immer das *Neutralisationsprinzip* (zum Neutralisationsprinzip vgl. BAETGE, J. (1998b) S. 30-33 und S. 64-66) beachtet werden. Das Neutralisationsprinzip verlangt, daß verschiedene im Jahresabschluß vorgenommene bilanzpolitische und bilanzpolitisch motivierte sachverhaltsgestaltende Maßnahmen konterkariert werden. Zum einen erlaubt dies eine bessere Beurteilung eines einzelnen Unternehmens, zum anderen sind verschiedene Unternehmen somit vergleichbarer. Die Kennzahlen des BBR beachten überwiegend das Neutralisationsprinzip; auf diese Weise wird das Analyseergebnis durch bilanzpolitische Maßnahmen kaum verändert (vgl. BAETGE, J. (1998a) S. 116-120). Beispielsweise ändert sich das Bilanzbonitäts-Rating der Volkswagen AG kaum durch die Tatsache, daß in ihrem Konzernabschluß 1998 der Geschäfts- oder Firmenwert, der aufgrund des Erwerbs von Rolls-Royce entstand, vollständig im Jahr der Anschaffung erfolgswirksam ausgebucht worden ist. Werden sowohl der vorgelegte Konzernabschluß der Volkswagen AG als auch ein Konzernabschluß geratet, der den Geschäfts- oder Firmenwert von Rolls Royce vollständig aktiviert und planmäßig, z. B. über fünf Jahre abschreibt, ändert sich das Rating-Urteil des BBR nur unmerklich, trotz der Tatsache, daß der Jahresüberschuß um circa ein Drittel durch die genannte Bilanzierungsmaßnahme reduziert wurde. Der N-Wert ändert sich nämlich lediglich um 0,06 Punkte, bei einer insgesamt 20 Punkte umfassenden Skala. Das BBR läßt sich also nicht stark von Bilanzierungsmaßnahmen beeinflussen.

Die 14 in das BBR eingehenden Kennzahlen werden zu einem Bilanzbonitätsindex (= N-Wert) zusammengefaßt. Der N-Wert kann Werte auf einer Skala von +10 bis –10 annehmen (vgl. BAETGE, J. (1998b) S. 596). Dadurch wird die wirtschaftliche Lage des analysierten Unternehmens differenziert und sehr fein abgestuft beurteilt. Abhängig von der Höhe des N-Werts kann das analysierte Unternehmen in zehn Klassen (eine der sechs Güteklassen oder eine der vier Risikoklassen) eingestuft werden. Die Güteklassen spiegeln eine überdurchschnittliche Bestandsfestigkeit und die Risikoklassen eine unterdurchschnittliche Bestandsfestigkeit bzw. Bestandsgefährdung wider (Vgl. Baetge, J. (1994) S. 2; Baetge, J./Kruse, A./Uthoff, C. (1996) S. 278; Basis: A-priori-Insolvenzwahrscheinlichkeit = 1%. Diese Wahrscheinlichkeit entspricht dem Durchschnitt für Deutschland.)

Bilanzbonität	Klasse	Grad der Bestandssicherheit/-gefährdung	A-posteriori-Insolvenz-wahrscheinlichkeit in %	
8 bis 10	AA	ausgezeichnete Bestandssicherheit	0,02	Güte-klassen
6 bis 8	A	sehr gute Bestandssicherheit	0,12	
4 bis 6	BB	gute Bestandssicherheit	0,12	
2 bis 4	B	befriedigende Bestandssicherheit	0,35	
0 bis 2	CC	ausreichende Bestandssicherheit	0,66	
−2 bis 0	C	kaum ausreichende Bestandssicherheit	0,86	
−4 bis −2	I	leichte Bestandsgefährdung	2,09	Risiko-klassen
−6 bis −4	II	mittlere Bestandsgefährdung	3,09	
−8 bis −6	III	hohe Bestandsgefährdung	7,44	
−10 bis −8	IV	sehr hohe Bestandsgefährdung	15,23	

Abbildung 3: *Die Güte- und Risikoklassen des BBR*
(vgl. Baetge, J./Jerschensky, A. (1996) S. 1583)

Die a-posteriori-Insolvenzwahrscheinlichkeiten (zur Ermittlung von a-posteriori-Insolvenzwahrscheinlichkeiten aus a-priori-Insolvenzwahrscheinlichkeiten mit Hilfe des Bayes-Theorems vgl. z.B. Adam, D. (1996) S. 282-287) geben den Anteil der Unternehmen in der jeweiligen Klasse unter allen Unternehmen mit ähnlichen Merkmalsausprägungen an, die in den nächsten drei Jahren eine Insolvenz erleiden werden (zur Ermittlung der a-posteriori-Insolvenzwahrscheinlichkeiten vgl. Baetge, J. (1998b) S. 597-599). Ist ein Unternehmen der Risikoklasse IV (= a-posteriori-Insolvenzwahrscheinlichkeit von 15,23 %) zuzuordnen, so ist das Fortbestandsrisiko dieses Unternehmens circa 130 mal so hoch wie das eines Unternehmens, das der Güteklasse B (= a-posteriori-Insolvenzwahrscheinlichkeit von 0,12 %) zugeordnet ist.

Die gesetzlichen Vertreter eines Unternehmens können die wirtschaftliche Lage eines Unternehmens zum Bilanzstichtag mit einem solchen Verfahren der Jahresabschlußanalyse objektiv und sehr differenziert beurteilen lassen. Neben dem Gesamturteil als N-Wert über die wirtschaftliche Lage des Unternehmens liefert Baetge + Partner in der zwanzigseitigen BBR-Expertise eine umfassende Stärken- und Schwächenanalyse der Vermögens-, Finanz- und Ertragslage des Unternehmens. Zudem kann, gestützt auf eine große statistische Basis, die Bestandsfestigkeit als Gegenwahrscheinlichkeit zum Fortbestandsrisiko (= a-posteriori-Insolvenzwahrscheinlichkeit) eines Unternehmens zum Bilanzstichtag quantifiziert werden.

Das BBR ermöglicht somit ein ganzheitliches Urteil über die Bestandsfestigkeit des Unternehmens, das

- *widerspruchsfrei* ist, da sich widersprechende Teilurteile zu einem Gesamturteil über die wirtschaftliche Lage zusammengeführt werden,
- *unabhängig* von subjektiven Einschätzungen des Beurteilenden ist, da der Klassifikator auf einer großen statistischen Basis entwickelt wurde,
- eine *relative Beurteilung* eines Unternehmens im Zeitvergleich und Unternehmensvergleich erlaubt,
- eine von Bilanzpolitik wenig beeinflußte Beurteilung abgibt,
- eine *absolute Beurteilung* eines Unternehmens erlaubt, da der Grad des Fortbestandsrisikos als a-posteriori-Insolvenzwahrscheinlichkeit angegeben wird und
- sehr *zuverlässig* ist, da die statistische Verläßlichkeit anhand der mit der Künstlichen Neuronalen Netz Analyse minimierten Fehlerfläche gemessen worden ist (vgl. BAETGE, J./JERSCHENSKY, A. (1996) S. 1584).

In Abschnitt 2.2.2 wurden in der ersten Stufe des zweistufigen Risikoberichts Angaben der gesetzlichen Vertreter über die Risiken aus der (mangelnden) Bestandsfestigkeit eines Unternehmens zum Bilanzstichtag als Resultat der abgeschlossenen wirtschaftlichen Aktivitäten gefordert. Eine Risikocheckliste ermöglicht, daß Risiken im Unternehmen systematisch ermittelt werden können. Mit Hilfe der modernen Jahresabschlußanalyse, wie sie durch das BBR repräsentiert wird, kann die aktuelle Bestandsfestigkeit eines Unternehmens zum Bilanzstichtag differenziert und objektiv ermittelt und beurteilt werden. Signalisiert das objektive Bilanzbonitätsrating nun eine geringe Bestandsfestigkeit zum Bilanzstichtag und ergibt die Risikoanalyse mit Hilfe der Risikocheckliste eine anders gerichtete Urteils-Tendenz, so sollte das statistisch abgesicherte, objektive Urteil des Bilanzbonitätsratings nicht verschwiegen bzw. verworfen werden. Die Informationen der Risikocheckliste sollten dazu genutzt werden, das Ergebnis des Bilanzbonitätsratings zu erläutern, so daß die Adressaten des Lageberichts sich ein eigenständiges Bild über die Risikosituation des Unternehmens machen können.

3.2.2 Beurteilung der künftigen Bestandsfestigkeit eines Unternehmens

Im Risikobericht ist, wie oben herausgearbeitet, ein zweistufiger Bericht erforderlich, der auch zukunftsgerichtet die künftige Bestandsfestigkeit des Unternehmens, als Resultat der künftigen wirtschaftlichen Aktivitäten, analysiert und beurteilt. Es stellt sich die Frage, ob es mit der modernen Jahresabschlußanalyse möglich ist, die künftige wirtschaftliche Lage eines Unternehmens zu beurteilen.

Um die Auswirkungen aus den am Bilanzstichtag eingeleiteten aber noch nicht realisierten wirtschaftlichen Aktivitäten sowie den geplanten wirtschaftlichen Aktivitäten auf die künftige Bestandsfestigkeit zu ermitteln, können (müssen) Planabschlüsse aufgestellt und analysiert werden. Mit Hilfe eines Planabschlusses können künftige wirtschaftliche Aktivitäten verdichtet und operationalisiert werden (vgl. SCHEDLBAUER, H. (1993) Sp. 1537-1543; MÖHLMANN, T./ BARTELS, D. (1998) S. 903-914). Als Planungszeitraum sollte – entsprechend dem üblichen Zeitraum für den Prognosebericht – ein Zeitraum von zwei Jahren gewählt werden (zum Prognosezeitraum vgl. INSTITUT DER WIRTSCHAFTSPRÜFER (1998) IDW RS HFA 1, Rn. 44). Damit die Planabschlüsse ein möglichst differenziertes Bild über die Zukunft widerspiegeln, sollten unterschiedliche Szenarien in verschiedenen Planabschlüssen berücksichtigt werden (vgl. BAETGE, J./SCHULZE, D. (1998) S. 947):

1. Ein erster Planabschluß sollte sich an den für wahrscheinlich gehaltenen Angaben im Prognosebericht orientieren.
2. Ein zweiter Planabschluß sollte sich an realistisch anzunehmenden Worst-Case-Zahlen orientieren, bei deren Ermittlung das dem Risikobericht zugrundeliegende Verständnis der „Risiken der künftigen Entwicklung“ beachtet wird.
3. Ein dritter Planabschluß sollte sich an realistisch anzunehmenden Best-Case-Zahlen orientieren. So kann auch eine optimistische Sicht der künftigen Ereignisse in die Analyse einfließen.

Die in die Planabschlüsse einfließenden Zahlen sind durch eine Vergangenheits- und Gegenwartsanalyse des Unternehmens zu konkretisieren. Dazu sind die mit Hilfe der Risikocheckliste bei der „Inventur der Risiken“ ermittelten Sachverhalte zu berücksichtigen, sofern die so ermittelten Risiken einen der drei Planabschlüsse betreffen. Zusätzlich können Benchmark-Analysen anderer Unternehmen der gleichen Branche genutzt werden, um die Zahlen der Planabschlüsse auf Plausibilität zu prüfen. So könnte der Durchschnitt der besten 10 %

bzw. der schlechtesten 10 % der Benchmark-Unternehmen genutzt werden, um die Werte der Best-Case-Zahlen bzw. der Worst-Case-Zahlen zu überprüfen und zu konkretisieren.

In einem nächsten Schritt könnte die künftige Bestandsfestigkeit auf Basis dieser Planabschlüsse mit dem Instrument der modernen Jahresabschlußanalyse ermittelt werden. Für jedes in den Planabschlüssen abgebildete Szenario ergibt sich ein individuelles Ergebnis des BBR, das eine Aussage über die künftige Bestandsfestigkeit ermöglicht. Ein Vergleich der aktuellen Bestandsfestigkeit zum Bilanzstichtag mit der künftigen Bestandsfestigkeit auf Basis des Planabschlusses, der sich an realistisch anzunehmenden Worst-Case-Zahlen orientiert, erlaubt eine Aussage über die „Risiken der künftigen Entwicklung" des Unternehmens (vgl. BAETGE, J./SCHULZE, D. (1998) S. 947).

4. Darstellung der Risikoanalyse im Risikobericht

In Abschnitt 3 wurde herausgearbeitet, welche Instrumente die gesetzlichen Vertreter eines Unternehmens heranziehen können, um die „Risiken der künftigen Entwicklung" möglichst objektiv und sicher zu ermitteln. Im folgenden wird dargestellt, wie die gesetzlichen Vertreter eines Unternehmens im neuen Risikobericht über die „Risiken der künftigen Entwicklung" berichten können. Nach § 289 Abs. 1 (§ 315 Abs. 1) HGB wird verlangt, daß auf die Risiken der künftigen Entwicklung *„einzugehen"* ist. Dieses Eingehen auf die Risiken wird vom Gesetzgeber nicht weiter konkretisiert. Der Abschlußprüfer des Unternehmens muß nach dem Wortlaut von § 317 Abs. 2 HGB beurteilen, ob die Risiken zutreffend *„dargestellt"* sind (vgl. LUDEWIG, R./OLBRICH, T. (1999) S. 381-388). Diese *Risikodarstellung* konkretisiert die Anforderungen des § 289 Abs. 1 (§ 315 Abs. 1) HGB insofern, daß es nicht ausreicht, wenn auf die Risiken nur *eingegangen* wird. Die Risiken sind nämlich darzustellen, was verlangt, daß diese Risiken im Sinne von Nettovermögensminderungen und negativen Erfolgsbeiträgen anzugeben, aufzugliedern und zu erläutern sind.

Diese Anforderungen können die gesetzlichen Vertreter eines Unternehmens erfüllen, indem sie das vorgestellte Instrument der modernen Jahresabschlußanalyse auch hier nutzen (zur Forderung der Aufnahme eines Bilanzbonitäts-Ratings in den Geschäftsbericht vgl. BAETGE, J./JERSCHENSKY, A./KRUSE, A. (1997) S. 336-348). Mit dem BBR läßt sich die aktuelle Bestandsfestigkeit und die künftige Bestandsfestigkeit als Gegenwahrscheinlichkeit zur a-posteriori-Insolvenzwahrscheinlichkeit ermitteln; diese können als Ausgangsbasis zunächst angegeben werden. Wenn die Angabe von a-posteriori-Insolvenzwahrscheinlichkeiten den Adressaten des Lageberichts angemessen erläutert wird, kann es bei dieser neuen quantitativen Angabe von statistischen Insolvenzwahrscheinlichkeiten bzw. Bestandsfestigkeit(en) auch nicht zu Mißverständnissen kommen. Zudem sind Überreaktionen der Adressaten unwahrscheinlich, wenn die a-posteriori-Insolvenzwahrscheinlichkeiten im Lagebericht immer angegeben werden, d. h. auch wenn (bereits) sehr geringe a-posteriori-Insolvenzwahrscheinlichkeiten vorliegen.

Mit einer punktuellen Angabe des Rating-Urteils wird den Berichtspflichten indes nicht genüge getan. Das punktuelle Ergebnis als N-Wert, eingeordnet in eine der Güte- oder Risikoklassen, sollte durch eine fragengeleitete Ursachenanalyse nach der Änderung des N-Werts im Vergleich zum Vorjahr und im Vergleich zu den Planabschlüssen auf die wichtigsten Einflußfaktoren zurückverfolgt werden (vgl. BAETGE, J. (1998b) S. 599 f.). Die gesetzlichen Vertreter könnten mit der fragengeleiteten Ursachenanalyse die Änderungen im Rating-Urteil bis auf die zugrunde liegenden Positionen des Jahresabschlusses zurückverfolgen.

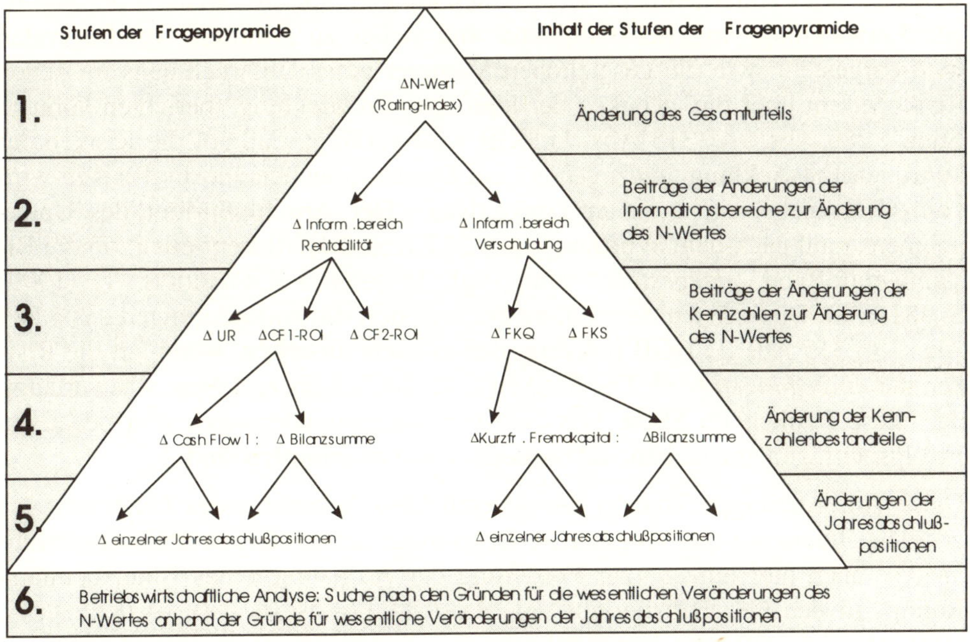

Abbildung 4: *Fragengeleitete Ursachenanalyse – die BBR-Pyramide*
(Quelle: Baetge, J./Baetge, K./Kruse, A. (1999) S. 1631)

Da es für die GoL der Wesentlichkeit und Klarheit (vgl. Abbildung 1) zielführend ist, nicht sämtliche unbedeutenden Änderungen der einzelnen Informationsbereiche, Kennzahlen bzw. Bilanzpositionen zu erläutern, bietet es sich an, den Schwerpunkt der Erläuterungen auf die bedeutenden Veränderungen zu legen. Die in der BBR-Rating-Expertise vorgelegte individuelle Sensitivitätsanalyse untersucht, welche Kennzahlen die Veränderung des N-Wertes für das Unternehmen maßgeblich beeinflußt haben (vgl. Baetge, J. (1998b) S. 601 f.). So können die gesetzlichen Vertreter gezielt den Schwerpunkt der Erläuterungen auf die wesentlichen Risikopositionen im Jahresabschluß legen.

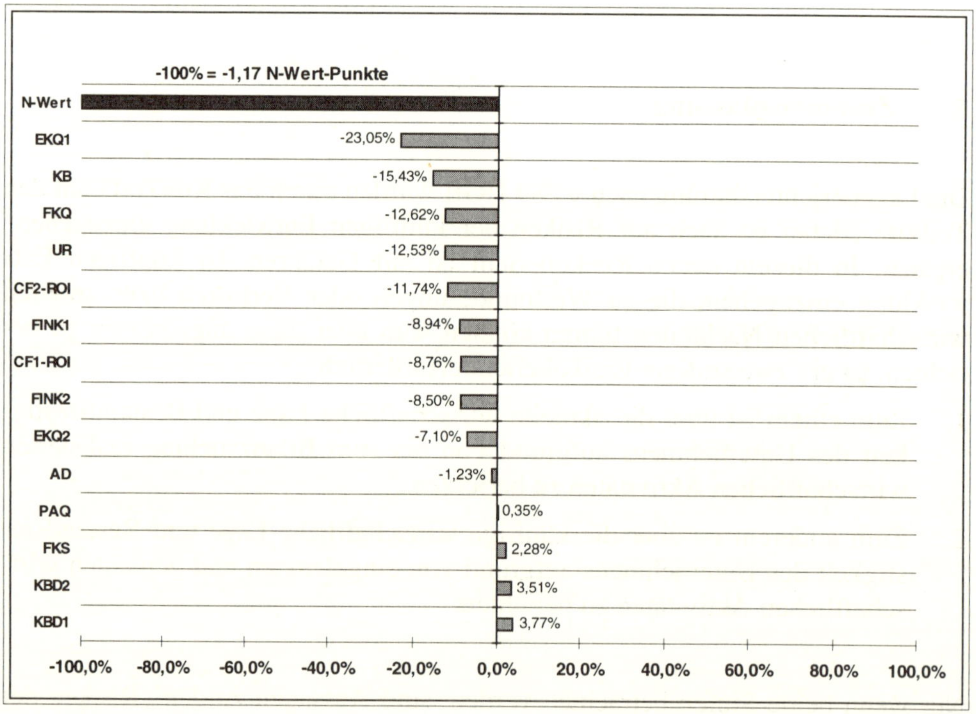

Abbildung 5: Beispiel für die individuelle Sensitivitätsanalyse vom Zeitpunkt t auf t+1
(Quelle: BAETGE, J. (1998b) S. 602)

Durch die fragengeleitete Ursachenanalyse und die individuelle Sensitivitätsanalyse werden die Entwicklungen in den einzelnen Teillagen des Unternehmens transparent gemacht. Eine Analyse bis zu den einzelnen Bilanzposten verdeutlicht mögliche Problembereiche im Unternehmen. An die Analyse möglicher Schwachstellen oder negativer Entwicklungen kann in der Lageberichterstattung sofort angeknüpft werden. Hier bietet sich für die gesetzlichen Vertreter der Unternehmen an, die Maßnahmen ausführlich darzustellen, die eingeleitet werden sollen, oder bereits bis zur Veröffentlichung des Lageberichts eingeleitet wurden, um diesen negativen Entwicklungen entgegenzusteuern. Mit derartigen Informationen ist eine gezielte Problemsuche möglich, um die „Risiken der künftigen Entwicklung“ nicht nur möglichst gut zu kennen, sondern darüber hinaus diese möglichst gut zu handhaben, damit frühzeitig erkannte (geringe) „Risiken der künftigen Entwicklung“ nicht zu bestandsgefährdenden Risiken werden.

5. Zusammenfassung

Die Lageberichterstattung nach § 289 HGB wurden durch das KonTraG um den Teilsatz „dabei ist auch auf Risiken der künftigen Entwicklung einzugehen“ ergänzt. In diesem neuen Risikobericht ist auf Gefahren der künftigen Entwicklung einzugehen, die zu Wertminderungen oder Verlusten bzw. anderen wirtschaftlichen Nachteilen führen können. Um über diese angemessen zu berichten, ist ein zweistufiger Risikobericht erforderlich:

1. Zum einem ist über die aktuelle wirtschaftliche Lage und Bestandsfestigkeit des Unternehmens aufgrund von bis zum Bilanzstichtag realisierten wirtschaftlichen Aktivitäten zu berichten.
2. Zum anderem ist über die künftige wirtschaftliche Lage und Bestandsfestigkeit des Unternehmens aufgrund von eingeleiteten und geplanten wirtschaftlichen Aktivitäten zu berichten.

Nur wenn beide Stufen betrachtet werden, sind Aussagen zu den „Risiken der künftigen Entwicklung“ möglich. Die derzeitige und künftige Bestandsfestigkeit eines Unternehmens kann mit Hilfe moderner Verfahren der Jahresabschlußanalyse – wie sie mit dem BBR angeboten werden – aus dem aktuellen Jahresabschluß bzw. aus Planabschlüssen ermittelt werden. Das BBR erlaubt eine abgestufte und differenzierte Beurteilung der Bestandsfestigkeit, die zudem sehr verständlich ist, da die Unternehmen einer bestimmten Güte- oder Risikoklasse zugeordnet werden. Mit der fragengeleiteten Ursachenanalyse in Verbindung mit der individuellen Sensitivitätsanalyse wird ermöglicht, die Risiken systematisch zu analysieren und im Lagebericht systematisch darzustellen.

Aufbauend auf dieser Risikodarstellung können Maßnahmen erläutert werden, wie die gesetzlichen Vertreter des Unternehmens künftig die Risiken handhaben werden und welche Risikopositionen sie bereit sind einzugehen.

Die neue Berichtspflicht über „Risiken der künftigen Entwicklung" kann mit der Veröffentlichung des Ergebnisses des BBR von den gesetzlichen Vertretern eines Unternehmens somit sicher und objektiv geleistet werden. Dabei sollte das Fortbestandsrisiko auch bei geringem Risiko angegeben werden, damit die Adressaten des Lageberichts nicht erst bei Eintritt eines höheren Bestandsrisikos überrascht werden. So können auch längerfristige Entwicklungen der Risiken der künftigen Entwicklung von den Adressaten erkannt werden und sie können die Risikopolitik des Unternehmens besser einschätzen als dies bisher möglich war.

Literaturverzeichnis

Adam, Dietrich (1996) Planung und Entscheidung, 4. Aufl., Wiesbaden 1996.

Adler, Hans/Düring, Walther/Schmaltz, Kurt (1995) Rechnungslegung und Prüfung der Unternehmen, Kommentar zum HGB, AktG, GmbHG und PublG nach den Vorschriften des Bilanzrichtlinien-Gesetzes, Teilband 1, §§ 253-263, bearbeitet v. Forster, Karl-Heinz u. a., 6. Aufl., Stuttgart 1995.

Adler, Hans/Düring, Walther/Schmaltz, Kurt (1995) Rechnungslegung und Prüfung der Unternehmen, Kommentar zum HGB, AktG, GmbHG und PublG nach den Vorschriften des Bilanzrichtlinien-Gesetzes, Teilband 2, §§ 284-289, bearbeitet v. Forster, Karl-Heinz u. a., 6. Aufl., Stuttgart 1995 (§ 289 HGB).

Baetge, Jörg (1994) Rating von Unternehmen anhand von Bilanzen, in: Die Wirtschaftsprüfung 1994, S. 1-10.

Baetge, Jörg (1996) Bilanzen, 4. Aufl., Düsseldorf 1996.

Baetge, Jörg (1998a) Aktuelle Ergebnisse der empirischen Insolvenzforschung auf der Basis von Jahresabschlüssen, in: Beiträge zum neuen Insolvenzrecht, hrsg. v. Baetge, Jörg, Düsseldorf 1998, S. 105-121.

Baetge, Jörg (1998b) Bilanzanalyse, Düsseldorf 1998.

Baetge, Jörg/Apelt, Bernd (1992) Bedeutung und Ermittlung der Grundsätze ordnungsmäßiger Buchführung (GoB), in: Handbuch des Jahresabschlusses in Einzeldarstellungen, hrsg. v. Wysocki, Klaus v./Schulze-Osterloh, Joachim, 2. Aufl., Köln 1992, Abt. I/2.

Baetge, Jörg/Jerschensky, Andreas (1996) Beurteilung der wirtschaftlichen Lage von Unternehmen mit Hilfe von modernen Verfahren der Jahresabschlußanalyse, Bilanzbonitäts-Rating von Unternehmen mit Künstlichen Neuronalen Netzen, in: Der Betrieb 1996, S. 1581-1591.

Baetge, Jörg/Kirsch, Hans-Jürgen (1995) Grundsätze ordnungsmäßiger Buchführung, in: Handbuch der Rechnungslegung, Kommentar zur Bilanzierung und Prüfung, Band Ia, hrsg. v. Küting, Karlheinz/Weber, Claus-Peter, 4. Aufl., Stuttgart 1995, S. 135-173.

Baetge, Jörg/Krumbholz, Marcus (1995) Grundsätze ordnungsmäßiger Lageberichterstattung, in: Handbuch der Rechnungslegung, Kommentar zur Bilanzierung und Prüfung, Band Ia, hrsg. v. Küting, Karlheinz/Weber, Claus-Peter, 4. Aufl., Stuttgart 1995, S. 175-190.

BAETGE, JÖRG/BAETGE, KAI/KRUSE, ARIANE (1999) Moderne Verfahren der Jahresabschlußanalyse: Das Bilanz-Rating, in: Deutsches Steuerrecht 1999, S. 1628-1632.

BAETGE, JÖRG/HÜLS, DAGMAR/UTHOFF, CARSTEN (1995) Früherkennung der Unternehmenskrise, in: Forschungsjournal Westfälische Wilhelms-Universität Münster, Heft 2/1995, S. 21-29.

BAETGE, JÖRG/KRUSE, ARIANE/UTHOFF, CARSTEN (1996) Bonitätsklassifikationen von Unternehmen mit Neuronalen Netzen, in: Wirtschaftsinformatik, Heft 34/1996, S. 273-281.

BAETGE, JÖRG/SCHULZE, DENNIS (1998) Möglichkeiten der Objektivierung der Lageberichterstattung über „Risiken der künftigen Entwicklung", Ein Vorschlag zur praktischen Umsetzung der vom KonTraG verlangten Berichtspflichten, in: Der Betrieb 1998, S. 937-948.

BAETGE, JÖRG/SIERINGHAUS, ISABEL (1996) Bilanzbonitäts-Rating von Unternehmen, in: Handbuch Rating, hrsg. v. Büschgen, Hans Egon/Everling, Oliver, Wiesbaden 1996, S. 221-262.

BAETGE, JÖRG/FISCHER, THOMAS R./PASKERT, DIERK (1989) Der Lagebericht, Stuttgart 1989.

BAETGE, JÖRG/JERSCHENSKY, ANDREAS/HERRMANN, DAGMAR/STIBI, BERND (1995) Die Auswahl prüfungsbedürftiger Betriebe im Rahmen der steuerlichen Außenprüfung, in: Der Betrieb 1995, S. 585-594.

BAETGE, JÖRG/JERSCHENSKY, ANDREAS/KRUSE, ARIANE (1997) Die Aufnahme eines Bilanzbonitäts-Ratings in den Geschäftsbericht, in: Der Geschäftsbericht, Die Visitenkarte des Unternehmens, hrsg. v. Baetge, Jörg/Kirchhoff, Klaus Rainer, Wien 1997, S. 336-348.

BUDDE, WOLFGANG DIETER/GEIßLER, HORST (1999) § 252. Allgemeine Bewertungsgrundsätze, in: Beck'scher Bilanz-Kommentar, bearbeitet v. Budde, Wolfgang Dieter u. a., 4. Aufl., München 1999, S. 393-417.

DEUTSCHER BUNDESTAG (Hrsg.) (1998) Begründung zum Regierungsentwurf eines Gesetzes zur Kontrolle und Transparenz im Unternehmensbereich, in: BT-Drucksache 13/9712 vom 28.1.1998.

DÖRNER, DIETRICH/BISCHOF, STEFAN (1999) Aufstellung des Lageberichts und Konzernlageberichts, in: Reform des Aktienrechts, der Rechnungslegung und Prüfung, hrsg. v. Dörner, Dietrich/Menold, Dieter/Pfitzer, Norbert, Stuttgart 1999, S. 369-399.

ELLROTT, HELMUT (1999) § 289. Lagebericht (Teilkommentierung), in: Beck'scher Bilanz-Kommentar, bearbeitet v. Budde, Wolfgang Dieter u. a., 4. Aufl., München 1999, S. 1248-1262.

ERNST, CHRISTOPH (1999) Auswirkungen des KonTraG auf Rechnungslegung und Prüfung – Ein Beitrag zur Schließung der Erwartungslücke, in: Auswirkungen des KonTraG auf Rechnungslegung und Prüfung, hrsg. v. Baetge, Jörg, Düsseldorf 1999.

ERNST, CHRISTOPH/SEIBERT, ULRICH/STUCKERT, FRITZ (1998) KonTraG, KapAEG, StückAG, EuroAG, Düsseldorf 1998.

FEIDICKER, MARKUS (1992) Kreditwürdigkeitsprüfung, Düsseldorf 1992.

HÜLS, DAGMAR (1995) Früherkennung insolvenzgefährdeter Unternehmen, Düsseldorf 1995.

INSTITUT DER WIRTSCHAFTSPRÜFER (1998) IDW Stellungnahme zur Rechnungslegung: Aufstellung des Lageberichts (IDW RS HFA 1), in: Institut der Wirtschaftsprüfer (Hrsg.), IDW Prüfungs- und IDW Rechnungslegungshinweise, Stand: Oktober 1999, Düsseldorf 1999.

JERSCHENSKY, ANDREAS (1998) Messung des Bonitätsrisikos von Unternehmen, Krisendiagnose mit Künstlichen Neuronalen Netzen, Düsseldorf 1998.

KRAUSE, CLEMENS (1993) Kreditwürdigkeitsprüfung mit Neuronalen Netzen, Düsseldorf 1993.

KROMSCHRÖDER, BERNHARD/LÜCK, WOLFGANG (1998) Grundsätze risikoorientierter Unternehmensüberwachung, in: Der Betrieb 1998, S. 1573-1576.

KRUMBHOLZ, MARCUS (1994) Die Qualität publizierter Lageberichte, Düsseldorf 1994.

KÜTING, KARLHEINZ/HÜTTEN, CHRISTOPH (1997) Die Lageberichterstattung über Risiken der künftigen Entwicklung, in: Die Aktiengesellschaft 1997, S. 250-256.

LEFFSON, ULRICH (1987) Die Grundsätze ordnungsmäßiger Buchführung, 7. Aufl., Düsseldorf 1987.

LEFFSON, ULRICH (1984) Bilanzanalyse, 3. Aufl., Stuttgart 1984.

LUDEWIG, RAINER/OLBRICH, THOMAS (1999) Die gesteigerte Verantwortung des Abschlußprüfers nach dem KonTraG – Hilfsmittel zu deren Bewältigung, in: Die Wirtschaftsprüfung 1999, S. 381-388.

LÜCK, WOLFGANG (1995) § 289: Lagebericht, in: Handbuch der Rechnungslegung, Kommentar zur Bilanzierung und Prüfung, Band Ia, hrsg. v. Küting, Karlheinz/Weber, Claus-Peter, 4. Aufl., Stuttgart 1995, S. 2005-2027.

LÜCK, WOLFGANG (1998) Elemente eines Risiko-Managementsystems, in: Der Betrieb 1998, S. 8-14.

MÖHLMANN, THOMAS/BARTELS, DÖRTE (1998) Zur Aussagekraft von Planbilanzen und anderen Instrumenten prognoseorientierter Berichterstattung, in: Buchführung, Bilanz, Kostenrechnung 1998, Fach 29, S. 903-914.

NIEHAUS, HANS-JÜRGEN (1987) Früherkennung von Unternehmenskrisen, Düsseldorf 1987.

REITTINGER, WOLFGANG J. (1994) Der Lagebericht, in: Handbuch des Jahresabschlusses in Einzeldarstellungen, hrsg. v. Wysocki, Klaus v./Schulze-Osterloh, Joachim, 2. Aufl., Köln 1994, Abt. IV/3.

SCHEDLBAUER, HANS (1993) Planabschluß, in: Handwörterbuch des Rechnungswesens, hrsg. v. Chmielewicz, Klaus/Schweitzer, Marcell, 3. Aufl., Stuttgart 1993, Sp. 1537-1543.

SELCHERT, WILHELM (1995) § 252. Allgemeine Bewertungsgrundsätze, in: Handbuch der Rechnungslegung, Kommentar zur Bilanzierung und Prüfung, Band Ia, hrsg. v. Küting, Karlheinz/Weber, Claus-Peter, 4. Aufl., Stuttgart 1995, S. 819-875.

UTHOFF, CARSTEN (1996) Erfolgsoptimale Kreditwürdigkeitsprüfung auf der Basis von Jahresabschlüssen und Wirtschaftsauskünften mit Künstlichen Neuronalen Netzen, Stuttgart 1996.

Dr. Edgar Wittmann
Leiter Corporate Risk Management
Siemens AG, München

WP/StB Thomas Spannagl
Partner
Arthur Andersen WPG StBG mbH, München

Risikomanagement – Anforderungen und praktische Umsetzung

Teil 1 (Thomas Spannagl)

Teil 2 (Dr. Edgar Wittmann)

Gliederung

1. Anforderungen an ein modernes Risikomanagement

1.1 Mögliche Zielsetzungen des Risikomanagements

Warum beschäftigen sich Unternehmen vermehrt mit dem Thema Risikomanagement? Welche Zielsetzung wird angestrebt?

Ist es „nur" die Erfüllung gesetzlicher Anforderungen wie sie sich aus § 91 Abs. 2 AktG ergeben? Danach hat der Vorstand geeignete Maßnahmen zu treffen, insbesondere ein Überwachungssystem einzurichten, damit den Fortbestand der Gesellschaft gefährdende Entwicklungen früh erkannt werden. Was verlangt jedoch § 91 Abs. 2 AktG wirklich? Eine klare gesetzliche Vorgabe fehlt. Bezüglich der erforderlichen Teilsysteme eines Risikomanagementsystems werden jedoch zumindest in der Gesetzesbegründung die Begriffe Internes Überwachungssystem, Controlling und Frühwarnsystem genannt.

Für amtlich notierte Aktiengesellschaften spielt sicherlich § 317 Abs. 4 HGB eine wichtige Rolle. Nach dieser Vorschrift hat der Abschlußprüfer im Rahmen der Prüfung zu beurteilen, ob der Vorstand die ihm nach § 91 Abs. 2 AktG obliegenden Maßnahmen in einer geeigneten Form getroffen hat und ob das danach einzurichtende Überwachungssystem seine Aufgaben erfüllen kann. Zielsetzung für angesprochene Gesellschaften wird also sein einen Standard zu schaffen, der es dem Abschlußprüfer ermöglicht seine Prüfungshandlungen durchzuführen und seine (positiven) Prüfungsfeststellungen zu treffen.

Daneben hat sich jedoch Risikomanagement als wichtiges Instrumentarium zur strategischen Unternehmensführung entwickelt, losgelöst von der Fragestellung „was muß ich nach § 91 Abs. 2 AktG mindestens tun?".

Eine weitere Entwicklungsstufe von Risikomanagement ist sicherlich das sogenannte Enterprise Wide Risk Management (EWRM), d.h. ein kontinuierlicher Prozeß, der alle Konzern- und Unternehmensebenen miteinschließt, und damit bereichs-, personen- und kulturübergreifend ist. Anders formuliert also das optimale Zusammenspiel von strategischen Unternehmenszielen, operativen Prozessen, Technologien und Mitarbeitern. Ziel ist es, die Risiken unternehmensweit zu handhaben und damit gleichzeitig den Wert des Unternehmens zu steigern. EWRM ist also kein neues Schlagwort in der Unternehmens- und Konzernführung, sondern steht für eine wirklich innovative Form des Risikomanagements.

1.2 Entwicklung des Risikomanagements in Deutschland

Wenn man versucht die zeitliche Abfolge der Entwicklung von Risikomanagement in Deutschland darzustellen, ergibt sich folgendes Bild:

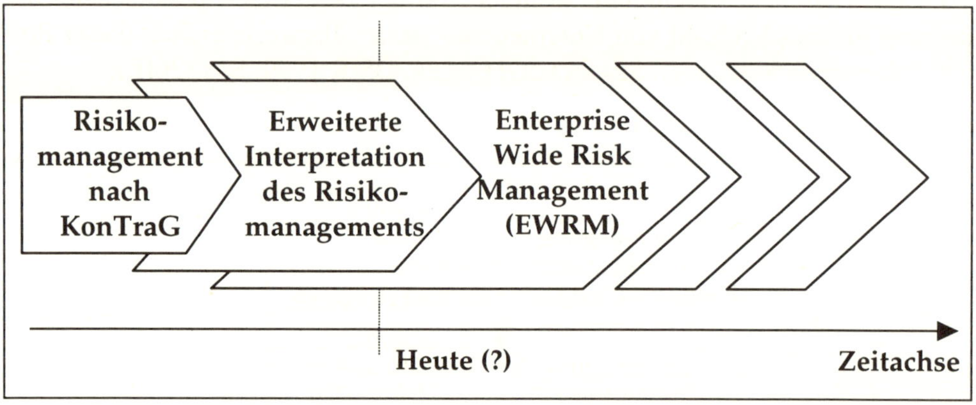

Abbildung 1

Im Zusammenhang mit der Verabschiedung des KonTraG konzentrierte sich das Risikomanagement zunächst auf die (isolierte) Durchführung von Risikoinventuren: ein erster Schritt, um bestandsgefährdende Risiken zeitpunktbezogen zu identifizieren und zu bewerten. In vielen Unternehmen besteht Risikomanagement immer noch ausschließlich aus punktuellen Bestandsaufnahmen (vgl. o.V., Handelsblatt v. 30.12.99).

Andere Unternehmen haben aber erkannt, daß Risikomanagement ein untrennbarer Bestandteil der strategischen Unternehmensführung ist und sich damit auch entsprechend Wettbewerbsvorteile erzielen lassen. In diesem Zusammenhang wurde das Chancenmanagement aus dem Risikomanagement abgeleitet.

Bezüglich der Entwicklung von Risikomanagement zu einem EWRM lautet die These, daß sich die Unternehmen in Deutschland erst am Beginn eines langandauernden Prozesses befinden.

1.3 Implementierung des Risikomanagements als kontinuierlicher Prozeß

Es hat sich inzwischen die Erkenntnis durchgesetzt, daß Risikomanagement als ein kontinuierlicher Prozeß implementiert werden muß. Dies gilt zumindest vom theoretischen Standpunkt, weniger von der derzeitigen praktischen Umsetzung in einer Vielzahl von Unternehmen. Sinnvollerweise enthält dieser Prozeß folgende Schritte (vgl. SPANNAGL/HÄßLER, DStR 1999, S. 1826ff.):

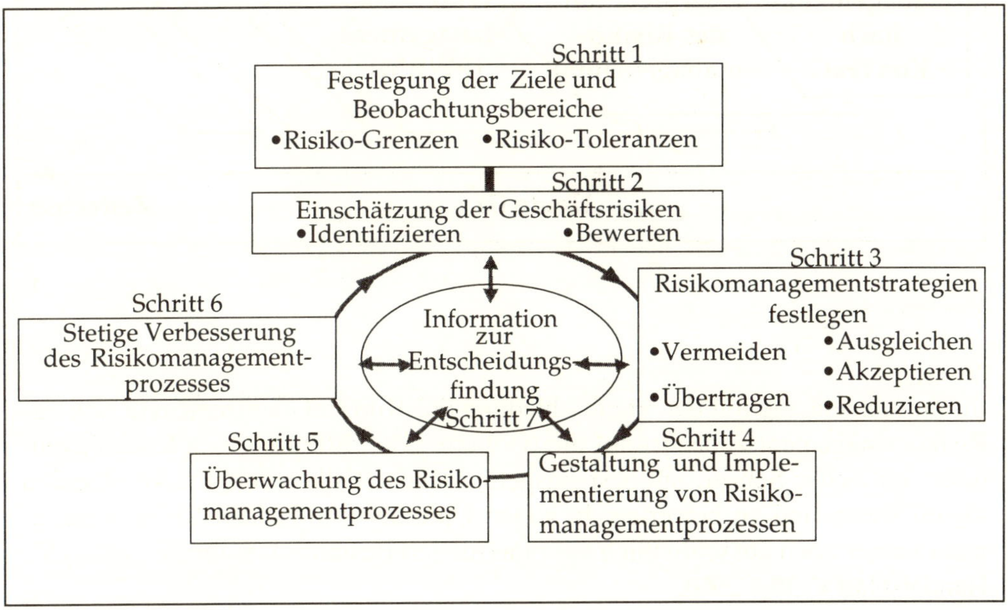

Abbildung 2

Ausgangspunkt in einem Risikomanagement-Prozeß ist die Definition und Kommunikation aller geschäftlichen Ziele (Schritt 1) und die für die Identifizierung von Risiken notwendigen Risikotoleranzen bzw. Grenzwerte (Wesentlichkeitsgrenzen). Dies erfolgt im Rahmen der *Strategischen Planung* (3-10 Jahresplanung) bzw. der *Operativen Planung* (1-3 Jahresplanung).

In Abhängigkeit der unternehmensspezifischen Definition von Risiko werden im nächsten Schritt (Schritt 2) systematisch alle Risiken identifiziert und bewertet. Hierzu können in regelmäßigem Abstand Risikoinventuren durchgeführt werden oder in Verbindung mit einem monatlichen bzw. quartalsweisen Berichtswesen die Risiken identifiziert, bewertet und fortgeschrieben werden.

In Abhängigkeit von der Art der Risiken wird eine geeignete Risikomanagementstrategie festgelegt bzw. ausgewählt (Schritt 3). Die Risikomanagementstrategie umfaßt grundsätzlich Maßnahmen, die geeignet sind, die vorhandenen Risiken auszugleichen (z.B. Hedging), zu vermeiden (z.B. durch Entscheidung für eine risikoärmere Handlungsalternative), zu übertragen (z.B. durch Versicherung der Risiken), zu reduzieren (Anpassung der Handlungsalternative) oder bewußt zu akzeptieren.

Nach der Festlegung bzw. Auswahl der Risikomanagementstrategie (z.B. Ausgleich eines Zinsänderungsrisikos) werden die vorhandenen Prozesse zur Risikohandhabung (z.B. Einsatz eines derivativen Finanzinstruments) hinsichtlich ihrer Wirksamkeit (z.B. Vorgehensweise zur Vermeidung einer offenen Devisenposition) beurteilt und gegebenenfalls neu gestaltet bzw. entsprechend neue Prozesse implementiert (Schritt 4). Sofern die Wirksamkeit des vorhandenen Instrumentariums nicht ausreichend ist, werden entsprechende neue oder zusätzliche Maßnahmen zur Risikohandhabung formuliert.

Die Maßnahmen können sich auf grundsätzliche organisatorische oder methodische Veränderungen im Risikomanagementsystem/-prozeß (z.B. Überarbeitung einer Richtlinie) beziehen oder/und konkret auf die Handhabung einzelner Risiken beziehen.

Der Risikomanagementprozeß mit allen Abläufen und Instrumentarien sowie die Umsetzung aller Maßnahmen zur Risikohandhabung wird regelmäßig (z.B. durch die Interne Revision) überprüft und weiterentwickelt (Schritt 5) und fallweise optimiert (Schritt 6). Im Mittelpunkt des Risikomanagementprozesses steht die Versorgung des Managements mit allen notwendigen Informationen für die Entscheidungsfindung sowie die Zuordnung von Verantwortung in Verbindung mit Risikomanagement (Schritt 7).

1.4 Handlungsleitfaden zur Implementierung

Um diesen kontinuierlichen Prozeß zu erhalten, hat sich folgender Leitfaden bewährt:

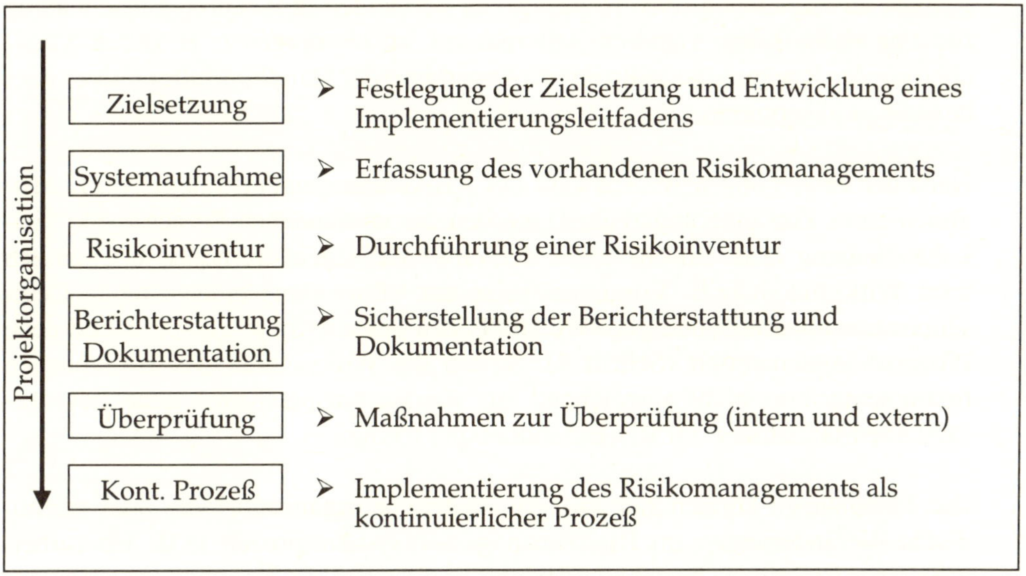

Abbildung 3

Zu verschiedenen Teilaspekten im Rahmen der Implementierung eines Risikomanagement-Prozesses (Risikomanagement-Organisation, Risikoinventur, Unterstützung der Risikoerfassung durch Risikoworkshops, Risikoberichterstattung) wird im zweiten Teil dieses Beitrags noch konkret Stellung genommen. Auf folgende Punkte soll hier noch eingegangen werden:

(1) Projektorganisation:

Idealerweise wird ein interdisziplinäres Projektteam unter der Projektleitung eines Risikomanagers zusammengestellt. Die Projektmitglieder sollten aus den Abteilungen des Unternehmens stammen, die eine wesentliche Rolle im Risikomanagement spielen (z.B. strategisches und operatives Controlling, Organisati-

on, Interne Revision etc.). Das Projektteam wird nach der Implementierung aufgelöst. Der Projektleiter übernimmt die Rolle des Risikomanagers und führt den Prozeß konzeptionell und methodisch nach der Implementierung weiter.
Der Risikomanager muß nicht notwendigerweise eine separate Abteilung bilden. Risikomanagement kann z.B. auch durch die Abteilung Controlling konzeptionell und methodisch weiter durchgeführt werden.

(2) Systemaufnahme:

Typischerweise sind wesentliche Bestandteile des Risikomanagements in den Unternehmen bereits vorhanden. Oftmals jedoch nicht ausreichend strukturiert und aufeinander abgestimmt. Um diese vorhandenen Schnittstellen und Lücken festzustellen, hat sich im Rahmen der Systemaufnahme der Einsatz von Checklisten bewährt. Ziel der Systemaufnahme ist dabei die vollständige Erfassung und Beurteilung der vorhandenen Prozeßelemente und Teilsysteme (Internes Überwachungssystem, Controlling und Frühwarnsystem).

(3) Dokumentation:

Die Dokumentation soll insbesondere folgende Aufgabe erfüllen:
Rechenschaftsfunktion
Nachweis des pflichtgemäßen Verhaltens bei Eintritt einer Krise
Sicherungsfunktion
Sicherstellung der Einhaltung der Maßnahmen des Risikomanagement-systems im Zeitablauf
Prüfbarkeitsfunktion
Grundlage und Voraussetzung für die Prüfung des Risikomanagementsystems durch die Interne Revision und den Abschlußprüfer

(4) Überprüfung:

Neben der internen Überwachung und Überprüfung des Risikomanagements durch den Aufsichtsrat und die Interne Revision spielt der Abschlußprüfer eine entscheidende Rolle. Darauf soll in Abschnitt 1.5 eingegangen werden.

1.5 Anforderungen aus Sicht des Wirtschaftsprüfers

Das Institut der Wirtschaftsprüfer hat einen Prüfungsstandard zur Prüfung des Risikofrüherkennungssystems nach § 317 Abs. 4 HGB (vgl. IDW PS 340) verabschiedet, der die Anforderungen des Wirtschaftsprüfers an ein Risikomanagement im Rahmen der Jahresabschlußprüfung festlegt.

1.5.1 Prüfungsgegenstand

Der Abschlußprüfer wird im Rahmen seiner Prüfung insbesondere darauf achten, ob das Unternehmen folgende Maßnahmen eingeleitet hat und kontinuierlich durchführt.

(1) Festlegung der Risikofelder:

Erstrecken sich die Maßnahmen auf das gesamte Unternehmen und werden sämtliche Prozesse und Funktionsbereiche einschließlich aller Hierarchiestufen und Stabsfunktionen darauf untersucht, ob aus ihnen Risiken resultieren können, die nach Art und Umfang den Bestand des Unternehmens gefährden können?
Sind die Risiken bzw. Risikoarten definiert, die zu einer Bestandsgefährdung des Unternehmens führen können?
Wird laufend überprüft, welche Risikofelder einzeln oder kumuliert oder in Wechselwirkung mit anderen bestandsgefährdend sein können?

(2) Risikoerkennung und Risikoanalyse:

Liegt ein angemessenes Risikobewußtsein aller Mitarbeiter vor bzw. welche Maßnahmen werden durchgeführt um ein Risikobewußtsein für eine wirksame Risikoerfassung zu schaffen und fortzuentwickeln?
Erfolgt die Beurteilung der Tragweite der erkannten Risiken in Bezug auf Eintrittswahrscheinlichkeit und quantitative Auswirkungen?
Ist gewährleistet, daß nachrangige Einzelrisiken daraufhin untersucht werden, ob sie in ihrem Zusammenwirken oder durch Kumulation im Zeitablauf zu einem bestandsgefährdenden Risiko führen können?
Besteht weiterer Maßnahmen- oder Kommunikationsbedarf?

(3) Risikokommunikation:

Besteht entsprechende Kommunikationsbereitschaft der verantwortlichen Stellen?
Werden Informationen über nicht bewältigte Risiken in nachweisbarer Form an die zuständigen Entscheidungsträger weitergeleitet?
Werden entsprechende Schwellenwerte festgelegt, die eine Berichtspflicht auslösen?
Gibt es bei Eilbedürftigkeit unabhängig von der regelmäßigen Berichterstattung eine sog. adhoc-Berichterstattung?

(4) Zuordnung von Verantwortlichkeiten:

Wird den jeweiligen Unternehmensbereichen die Verantwortung übertragen, daß die dort auftretenden Risiken erfaßt und entweder sofort bewältigt oder im Falle der Nichtbewältigung Informationen darüber an die festgelegten Berichtsempfänger weitergeleitet werden?

(5) Einrichtung eines Überwachungssystems:

Ist die Einhaltung der Maßnahmen durch ein geeignetes Überwachungssystem sichergestellt?
Ist die interne Revision in die Überwachung mit eingebunden?

(6) Dokumentation der getroffenen Maßnahmen:

Liegt eine angemessene Dokumentation vor? (Art und Umfang der Dokumentation sind abhängig von der Größe und Komplexität des Unternehmens).
Wird die Dokumentation über einen ausreichend langen Zeitraum archiviert?

1.5.2 Prüfungsdurchführung

Der Abschlußprüfer hat die vom Unternehmen getroffenen Maßnahmen festzustellen. Hierbei sollte er sich auf eine vom Unternehmen erstellte Dokumentation der Maßnahmen stützen, sofern diese nicht offensichtlich fehlerhaft ist. Weiterhin hat er festzustellen, ob durch die Maßnahmen alle potentiell bestandsgefährdenden Risiken so rechtzeitig erfaßt und kommuniziert werden, daß die Unternehmensleitung in geeigneter Weise reagieren kann. Die Reaktion der Unternehmensleitung auf erkannte Risiken ist nicht Gegenstand der Prüfung.

Soweit die Unternehmensleitung geeignete Maßnahmen getroffen hat, sind diese nach den allgemeinen Grundsätzen einer Systemprüfung in Stichproben auf ihre Wirksamkeit und kontinuierliche Anwendung im zu prüfenden Geschäftsjahr zu prüfen.

1.5.3 Freiwillige Erweiterung des Prüfungsauftrags

Bei Gesellschaften, bei denen § 317 Abs. 4 HGB nicht anzuwenden ist, kann die Prüfung des Risikofrüherkennungssystems Gegenstand einer vertraglichen Erweiterung des Prüfungsauftrags sein. Davon machen Aufsichtsräte vermehrt Gebrauch.

2. Umsetzung des Risikomanagements in einem Großunternehmen

Nachdem im ersten Teil dieses Beitrags die Anforderungen an ein Risikomanagement und grundsätzliche Vorgehensweisen zur Umsetzung dieser Anforderungen vorgestellt wurden, soll im folgenden zweiten Teil über einige Praxiserfahrungen bei der Gestaltung des Risikomanagements in einem Großunternehmen berichtet werden.

2.1 Risikomanagement-Organisation

Die Gestaltung der Risikomanagement-Organisation ist der Ausgangspunkt der Strukturierung jedes Risikomanagement-Systems. Im Rahmen der Gestaltung der Risikomanagement-Organisation sind die grundsätzlichen Rollen und Verantwortungsbereiche der einzelnen Organisationseinheiten und ihre Funktion im Rahmen des unternehmensweiten Risikomanagement-Prozesses festzulegen.

Innerhalb der Risikomanagement-Organisation können in einem Großunternehmen wie Siemens vor allem drei Typen von Organisationseinheiten unterschieden werden: Operative Geschäftsbereiche, Stabs- und Fachabteilungen sowie die Interne Revision. Diese Organisationseinheiten bilden das Mehrebenen-Modell des Risikomanagements:

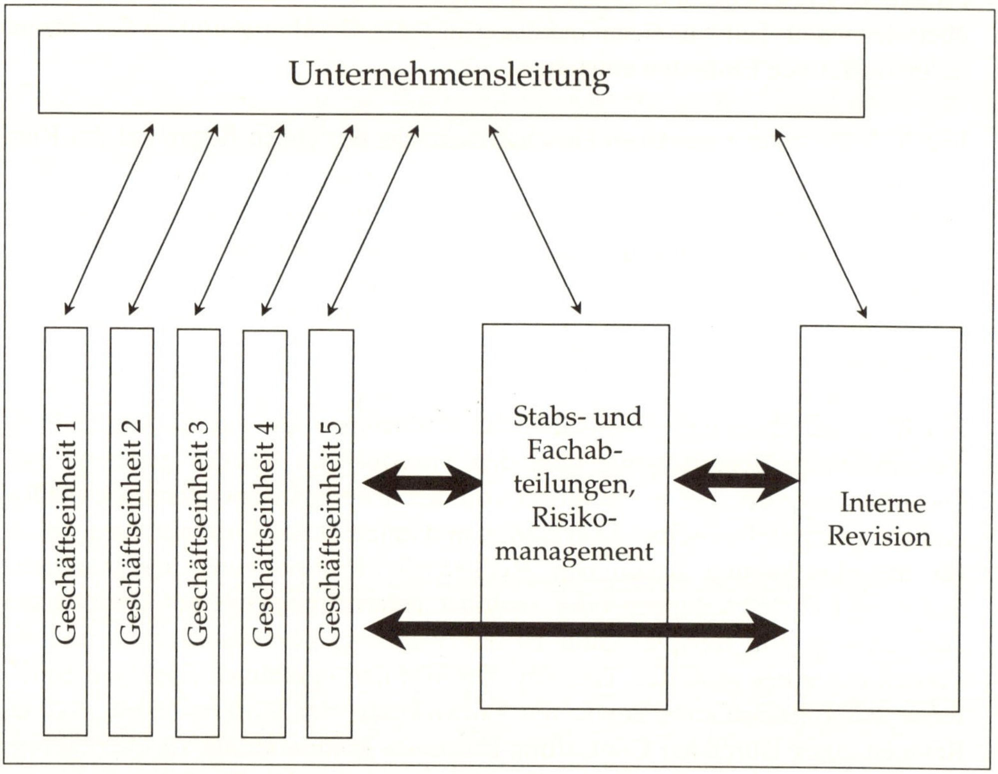

Abbildung 4

Ein erfolgreiches Gesamt-Risikomanagement-System basiert auf dem reibungslosen Zusammenspiel aller Risikomanagement-Ebenen. Die einzelnen beteiligten Organisationseinheiten haben in diesem Zusammenhang folgende Aufgaben:

(1) Operative Geschäftsbereiche:

Die operativen Geschäftsbereiche sind als Träger des Geschäfts und der damit verbundenen Risiken die primär für das Risikomanagement verantwortlichen Einheiten. Diese Zuordnung ergibt sich bereits daraus, dass Risiken zu einem überwiegenden Teil im Zusammenhang mit der Geschäftstätigkeit der dezentralen operativen Einheiten entstehen.

Die Aufgabe eines operativen Geschäftsbereichs besteht in Bezug auf das Risikomanagement darin, sich zunächst selbst eine klare Organisations- und Verantwortungsstruktur für das Risikomanagement zu geben und auf dieser Basis die entsprechenden Risikomanagement-Prozesse zu definieren und zu implementieren. Dazu gehört, dass Risiken systematisch identifiziert und bewertet werden, um darauf aufbauend zielgerichtet Maßnahmen zur Risikohandhabung zu ergreifen.

Zur Risikohandhabung zählen sämtliche Maßnahmen, die auf die Vermeidung, Verminderung, Beeinflussung oder den Transfer von Risiken gerichtet sind. Diese Maßnahmen sind in der Regel von den jeweiligen operativen Geschäftseinheiten unmittelbar selbst zu ergreifen und umzusetzen. Daneben kann jedoch für die Handhabung bestimmter Risiken die Einbeziehung übergeordneter Stabs- und Fachabteilungen oder zentraler unternehmensinterner Dienstleister sinnvoll sein. Ein Beispiel dafür ist das Währungsrisikomanagement und die Einrichtung eines zentralen Treasury. Die von den operativen Einheiten ergriffenen Risikomaßnahmen sowie die Entwicklung der Risiken selbst sind im Rahmen eines laufenden Controlling-Prozesses kontinuierlich zu überwachen. Das Risikomanagement und die Umsetzung von Risikohandhabungs-Maßnahmen sind in diesem Zusammenhang als Teil der normalen Geschäftsprozesse in den operativen Geschäftsbereichen anzusehen. Geschäftsführung und Risikomanagement gehören unmittelbar zusammen.

(2) Stabs- und Fachabteilungen:

Stabs- und Fachabteilungen bilden die Zweite Ebene innerhalb des Mehrebenen-Modells des Risikomanagements. Sie übernehmen im Rahmen der Risikomanagement-Organisation vor allem Unterstützungsaufgaben.
Die Aufgaben der Stabs- und Fachabteilungen oder einer eigenständigen Risikomanagement-Abteilung bestehen vor allem in der Entwicklung von Grundsätzen, Methoden und Standards zum Risikomanagement. Die Stabs- und

Fachabteilungen können auf diese Weise z.B. wirksam den Risikomanagement-Prozess unterstützen, indem sie Vorgaben zur Identifizierung und Bewertung von Risiken machen. Dabei kann es Aufgabe der Stabs- und Fachabteilungen sein, diese Vorgehensweisen und Methoden im Rahmen von Trainings- und Schulungsprogrammen an die operativen Einheiten zu vermitteln. Stabs- und Fachabteilungen spielen so eine wichtige Rolle in der Verbesserung des Risikobewusstseins.
Daneben können durch Stabs- und Fachabteilungen für bestimmte Risikobereiche Risikostrategien vorgegeben werden. Hierdurch wird die grundsätzliche Vorgehensweise der Risikohandhabung in den operativen Einheiten bestimmt. Für den Bereich versicherbarer Schadensrisiken kann beispielsweise eine Risikostrategie durch eine zentrale Versicherungsabteilung vorgegeben werden. Eine derartige Risikostrategie hat zum Ziel, dass vergleichbare Risiken auch in geschäftlich oder regional unterschiedlichen Einheiten in gleicher Weise gehandhabt werden und gleichzeitig Pooling-Effekte benutzt werden können.

Darüber hinaus müssen Risikomanagement-Themen auch Gegenstand eines zentralen Controlling sein. Hierzu gehört die systematische Erfassung der Risiken der operativen Einheiten und die komprimierte Aufbereitung entsprechender Informationen für die Unternehmensleitung. Ein zentrales Controlling erfüllt in diesem Zusammenhang auch eine Objektivierungsfunktion, durch die eine Validierung der Controlling-Ergebnisse der operativen Geschäftsbereiche ermöglicht wird.

(3) Interne Revision:

Innerhalb des Mehrebenen-Modells der Risikomanagement-Organisation stellt die Interne Revision das dritte Element dar. Die Aufgabe der Internen Revision besteht grundsätzlich darin, im Auftrag der Unternehmensleitung die Ordnungsmäßigkeit, Rechtmäßigkeit, Zweckmäßigkeit und Wirtschaftlichkeit von Unternehmenseinheiten und -prozessen zu überwachen. In Bezug auf das Risikomanagement ist es Aufgabe der Internen Revision, die vorhandenen Risikokontroll- und Steuerungssysteme zu auditieren. Die Interne Revision fungiert dabei als unabhängige Überwachungsinstanz, die eine Überprüfung auf Systemebene sicherstellen soll. Im Hinblick auf das Risikomanagement der operativen Einheiten ist durch die Interne Revision die Funktionstüchtigkeit der in den operativen Geschäftseinheiten vorhandenen Risikomanagement-Systeme zu beurteilen. Ziel ist es, ungenügende Risikomanagement-Systeme oder Lücken rechtzeitig zu erkennen und damit Verbesserungen unmittelbar einzuleiten.

2.2 Identifizierung und Bewertung von Risiken

Wie im vorherigen Abschnitt beschrieben, ist Risikomanagement primär Aufgabe der operativen Geschäftsbereiche. Dazu ist ein systematischer Prozess der Identifizierung und Bewertung der Risiken Voraussetzung. Ziel der Risikoerfassung ist die Identifikation und Bewertung aller für das Unternehmen oder Geschäft relevanten Risiken.

(1) Identifizierung von Risiken:

Voraussetzung für eine umfassende Risikoidentifikation ist eine systematische Vorgehensweise. Hierzu bietet sich eine unternehmenseinheitliche Risikosystematisierung an, die als Leitfaden für die Risikoidentifikation dienen kann. Bei Siemens bildet eine solche unternehmenseinheitliche Risikosystematisierung den Ausgangspunkt der Risikoerfassung in den operativen Geschäftseinheiten. Die Risikokategorisierung soll den Prozess der Risikoidentifizierung in den operativen Geschäftseinheiten unterstützen. Dazu setzt die Risikosystematisierung an den originären Risiko-Ursachen als den Quellen der Risiken an. Nur dann, wenn die originären Ursachen identifiziert werden, können wirkungsvoll Risikohandhabungs-Maßnahmen eingesetzt werden.

Für die Umsetzung der entsprechenden Risikohandhabungs-Maßnahmen sind dann die jeweiligen Risk owner zuständig. Im Rahmen der Risikoanalyse sind deshalb unbedingt die jeweiligen Risk owner festzustellen, denen die Verantwortung für ein entsprechendes Risikomanagement zugeordnet werden kann.

(2) Bewertung von Risiken:

Die im Rahmen der Risikoidentifizierung erfassten Risiken müssen anschließend näher analysiert und bewertet werden. Dazu existieren - abhängig von der jeweiligen Risikoart - vielfach bereits etablierte Risikobewertungs-Ansätze. So bietet sich z.B. im Währungsbereich die Verwendung eines Value at Risk-Ansatzes an.

Wenn es jedoch darum geht, im Rahmen eines unternehmensweiten Risikomanagements einheitliche Bewertungsansätze zu definieren, so müssen andere, einfacher handzuhabende Bewertungsansätze gefunden werden, die sich insbesondere auch zur Quantifizierung qualitativer Risiken eignen.

Geeignet und im praktischen Einsatz bewährt hat sich in diesem Zusammenhang eine zweidimensionale Bewertung von Risiken hinsichtlich Auswirkung und Eintrittswahrscheinlichkeit. Risiken können anhand dieser Dimensionen in einer Matrix als Risiko-Portfolio dargestellt werden:

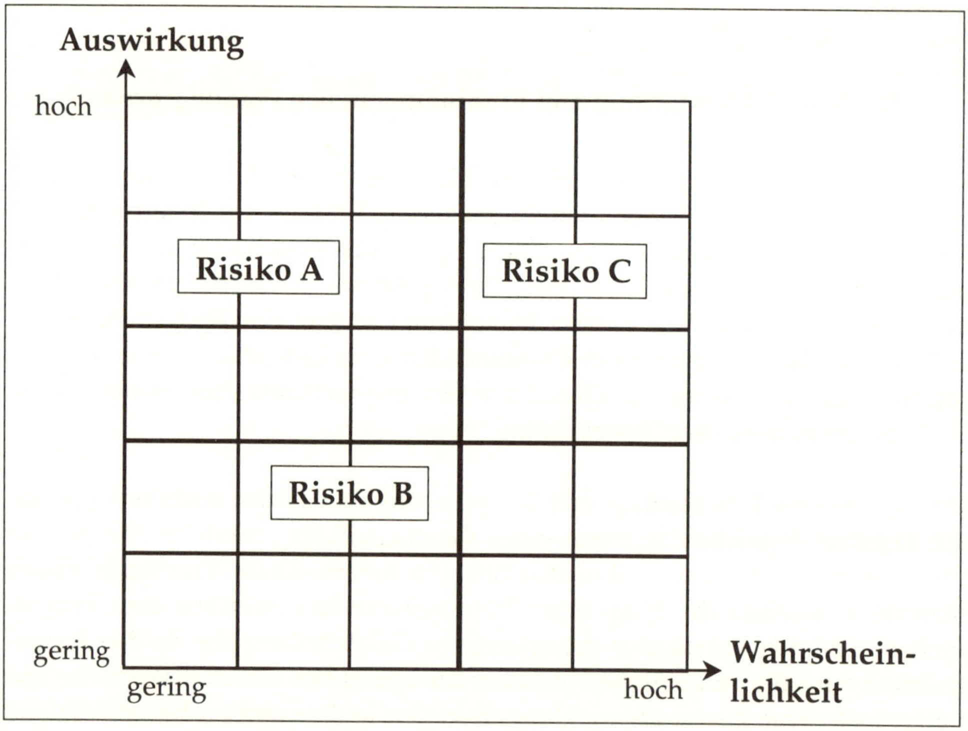

Abbildung 5

Bei der praktischen Umsetzung erfolgt die Bewertung der Wahrscheinlichkeit in Abstufungen und die Bewertung der Auswirkung in absoluten DM-Werten. Die Bewertung der Auswirkung in absoluten DM-Werten ist notwendig, um eine Vergleichbarkeit verschieden großer Geschäftseinheiten sicherzustellen. Ansonsten besteht die Gefahr, dass ein Risiko von z.B. 10 Mio. DM einmal für ein großes Geschäft als sehr gering und für ein kleines Geschäft als sehr hoch eingeschätzt wird, was eine Zusammenfassung auf Geschäftsbereichs- oder Unternehmensebene sehr erschwert. Wichtig ist, dass für alle Geschäfte nach einheitlichen Kriterien beurteilt wird.

Die Darstellung in Form eines Risiko-Portfolios liefert einen schnellen Überblick über die Gesamtheit der Risiken einer Geschäftseinheit oder des Gesamtunternehmens. Daneben erleichtert die Darstellung von Risiken in Risiko-Portfolios die Kommunikation und Diskussion von Risiken. Ziel der Bewertung von Risiken ist die Priorisierung der Risiken und das Aufzeigen der Ansatzpunkte für die Risikohandhabung.

2.3 Risikoberichterstattung und Einbindung in den Planungsprozess

Siemens verfügt über einen integrierten Planungsprozeß, der sowohl Elemente der Geschäftsplanung als auch der Budgetierung umfasst. Im Rahmen der Geschäftsplanung sind von den einzelnen operativen Geschäftsbereichen deren strategische Ausgangssituation und ihre geplante mittelfristige Geschäftsstrategie darzustellen. Vor diesem Hintergrund umfaßt das Budget die detaillierte Entwicklung vor allem des kommenden Geschäftsjahres sowie des Folgejahres und bildet damit die Grundlage für entsprechende Zielvereinbarungen mit den operativen Geschäftsbereichen.

Eine solche Geschäftsplanung und Budgetierung ist von den einzelnen operativen Geschäftsbereichen in Form eines Geschäftsplans jeweils bis September eines Jahres an die Unternehmensleitung zu liefern. Diese Planbände bilden dann die Grundlage der Plan- bzw. Zieldurchsprachen zwischen dem Zentralvorstand und den Vorständen der operativen Geschäftsbereiche. In den Zielgesprächen wird die strategische Situation der operativen Geschäftsbereiche und die geplante strategische Entwicklung diskutiert und es werden Beschlüsse und Vereinbarungen zu Zielen, Strategie und Budgets der operativen Geschäftsbereiche getroffen.

Neben diesen einmal jährlich stattfindenden Plandurchsprachen werden die aktuelle geschäftliche Situation und die erreichten Fortschritte der operativen Geschäftsbereiche in regelmäßigen Quartalsgesprächen behandelt. Darüber hinaus besteht die Möglichkeit bei geschäftlichen Problemen, größeren Veränderungen oder sich bietenden neuen Chancen für einzelne Geschäfte gesonderte geschäftspolitische Durchsprachen durchzuführen. Es steht somit ein abgestuftes Instrumentarium an Planungselementen zur Verfügung, um geschäfts- und situationsbezogen Durchsprachen durchzuführen und geschäftspolitische Entscheidungen zu treffen.

Wenn Risikomanagement als selbstverständlicher Teil der regulären Geschäftsteuerungsprozesse verstanden wird, dann bietet es sich an, auch die vorhandenen Planungs- und Controllingprozesse für das Risikomanagement zu nutzen. Um Risikomanagement im Unternehmen zu verankern, darf der Risikomanagementprozeß und insbesondere die Risikoberichterstattung kein separater Berichtsprozeß sein, sondern muß in die vorhandenen Planungs- und Controllingprozesse integriert sein.

Bei Siemens ist die Risikoberichterstattung deshalb Bestandteil des jährlichen Planungs-/Budgetierungsprozesses. Die von den operativen Geschäftsbereichen zu liefernden Planungsunterlagen sehen dazu eine explizite Risikoberichterstattung vor. Im Rahmen dieser Risikoberichterstattung sind von den operativen Geschäftsbereichen die wesentlichen Risiken darzustellen. Dazu ist ein unternehmenseinheitliches Risikoberichtsformat definiert worden, das eine Darstellung der Risiken nach Auswirkung und Wahrscheinlichkeit in Form eines Risiko-Portfolios, sowie die Beschreibung der Maßnahmen zur Risikohandhabung vorsieht.

Zur Vorbereitung der Risikoberichterstattung in den Planbänden finden in den einzelnen operativen Geschäftsbereichen Plandurchsprachen statt, in denen auch die erfassten Risiken aus den einzelnen Geschäften der jeweiligen operativen Geschäftsbereiche zwischen den Vorständen der operativen Geschäftsbereiche und den einzelnen Geschäftsverantwortlichen diskutiert werden. Die Risikoberichterstattung im Planband wird somit durch entsprechende vorgelagerte Bottom-up-Prozesse in den einzelnen operativen Geschäftsbereichen unterstützt.

Die in den Planbänden berichteten Risiken sind Teil der Plangespräche zwischen Zentralvorstand und den Vorständen der operativen Geschäftsbereiche. Damit wird sichergestellt, daß die Unternehmensleitung über alle wesentlichen Risiken umfassend informiert wird und über notwendige Maßnahmen entschieden werden kann. Um während des Geschäftsjahres einen laufend aktuellen Überblick über die Risikosituation des Unternehmens zu gewährleisten, sind unterjährige Updates der Risikoberichte der operativen Geschäftsbereiche sowie bei wesentlichen Änderungen der Risikosituation eine Sofortberichterstattung vorgesehen.

2.4 Unterstützung der Risikoerfassung durch Risiko-Workshops

Der Risikoberichterstattung in den Planbänden muß ein systematischer Prozeß der Risikoerfassung in den operativen Geschäftsbereichen vorangehen. Dazu wird bei Siemens - neben einer Risikosystematik und einem einheitlichen Bewertungsansatz - eine spezifische Risiko-Workshop-Methodik verwendet, die die operativen Geschäftsbereiche wirkungsvoll bei der Risikoerfassung unterstützt.
Zielsetzung von Risiko-Workshops ist die Identifizierung und Bewertung aller relevanten unternehmerischen Risiken einer Geschäftseinheit. Deshalb bildet eine umfassende Risikosystematik, die mehrere Risikokategorien und eine Vielzahl von einzelnen Risiken beinhaltet, den Ausgangspunkt der Risikoerfassung. Diese soll sicherstellen, daß auch an Risiken, die etwas außerhalb des Tagesgeschäfts liegen, gedacht wird. Die so identifizierten Risiken sollen dann nach einem einheitlichen und vergleichbaren Maßstab bewertet werden, denn nur so ergibt sich hierauf aufbauend eine aussagekräftige Risikoberichterstattung. Wie bereits dargestellt, lautet die Anforderung hier, daß alle Risiken hinsichtlich Auswirkung und Wahrscheinlichkeit sowie nach bestimmten Bewertungsstufen zu beurteilen sind. Dabei sind auch die zur Risikohandhabung vorhandenen oder geplanten Maßnahmen anzugeben und zu berücksichtigen.

Die Identifizierung und Bewertung der Risiken erfolgt unter Beteiligung der Geschäftsverantwortlichen sowie der wesentlichen Funktionsverantwortlichen einer Geschäftseinheit. Durch die Risiko-Workshop-Methodik wird eine systematische Selbstanalyse und -bewertung der Risiken der Geschäftseinheit ermöglicht. Durch die Beteiligung mehrerer Teilnehmer einer Geschäftseinheit soll erreicht werden, daß die komplette Wertschöpfungskette der Geschäftseinheit in der Risikoerfassung repräsentiert ist und damit alle potenziellen Risiken erfasst werden können. Gleichzeitig sind auf diese Weise die auf oberster Ebene einer Geschäftseinheit relevanten Führungspersonen eingebunden, die dann auch für die Umsetzung der Maßnahmen zur Risikohandhabung verantwortlich sind.

Im Ergebnis erhält man aus einem Risiko-Workshop ein Risiko-Portfolio mit der Darstellung der wichtigsten Risiken einer Geschäftseinheit in den Dimensionen Auswirkungen und Wahrscheinlichkeit. Daneben sind auch die zur Risikohandhabung bzw. zur Verbesserung der Risikokontrollprozesse eingeleiteten Maßnahmen anzugeben. Indem es eben nicht nur genügt, die Risiken zu identifizieren und zu bewerten, sondern zusätzlich auch die Maßnahmen zur Risikohandhabung anzugeben sind, sind die Risiko-Workshops sehr stark aktionsorientiert. Daneben trägt die gemeinsame Diskussion der Risiken und Maßnahmen erheblich dazu bei, das gemeinsame Risikoverständnis und die Risikotransparenz zu erhöhen. Risiko-Workshops sind damit weitaus mehr als nur die Vorbereitung der Risikoberichterstattung.

2.5 Zielsetzung eines unternehmensweiten Risikomanagements

Durch die Anforderungen des KonTraG ist jedes Unternehmen aufgefordert, die bestehenden Risikomanagementsysteme zu überprüfen und – soweit notwendig – Verbesserungen vorzunehmen. Risikomanagement war und ist jedoch auch unabhängig von diesen Anforderungen Kernbestandteil jeglichen unternehmerischen Handelns, denn jedes Unternehmen ist mit einer Vielzahl von Risiken konfrontiert, die untrennbar mit der Geschäftstätigkeit verbunden sind und gehandhabt werden müssen.

Dabei darf es nicht primäres Ziel des Risikomanagements sein, nur alle potentiellen Risiken zu vermeiden, denn damit können auch die mit den Risiken verbundenen Chancen nicht genutzt werden. Es ist vielmehr notwendig, aufgrund einer umfassenden Kenntnis der Risiken und der Risikozusammenhänge, Handlungsspielräume zu schaffen, die ein bewußtes Eingehen von Risiken ermöglichen. Der kontrollierte Umgang mit Risiken soll dazu beitragen, bestehende Chancen konsequent zu nutzen und dadurch den Unternehmenswert zu steigern.

Literaturverzeichnis

SPANNAGL/HÄßLER, DStR 1999, S. 1826 ff. „Ein Ansatz zur Implementierung eines Risikomanagement-Prozesses“

O.V., Handelsblatt v. 30.12.99 „Der gläserne Konzern bleibt weiterhin Wunschdenken“

IDW PS 340 in: Die Wirtschaftsprüfung 1999, S. 658 ff.

WP/StB Prof. Dr. Norbert Herzig
Seminar für ABWL und betriebswirtschaftliche Steuerlehre
Universität zu Köln

Das Maßgeblichkeitsprinzip – eine zukunftsträchtige Konzeption?

Gliederung

1. Einleitung

1.1 Entwicklung und Funktion des Maßgeblichkeitsgrundsatzes

Der Maßgeblichkeitsgrundsatz prägt in Deutschland seit mehr als einhundert Jahren das Verhältnis von Handelsbilanz und Steuerbilanz. Es fand ab 1874 sukzessive Aufnahme in die Einkommensteuergesetze der einzelnen Länder und knüpfte die steuerliche Gewinnermittlung zunächst an die durch das Handelsgesetz vorgeschriebenen Grundsätze für die Inventur und Bilanz bzw. sogar an den nach den Bestimmungen des Handelsgesetzbuchs aufgestellten Jahresabschluss (ALSHEIMER (1974), S. 842; POHL (1983), S. 18ff.). Nach seiner Übernahme in die erstmals reichseinheitliche Regelung des § 33 ESTG 1920 wurde das Maßgeblichkeitsprinzip dann in § 13 EStG 1925 insoweit modifiziert, als dort einerseits erstmals ausdrücklich auf die Grundsätze ordnungsmäßiger Buchführung verwiesen und andererseits der Vorrang spezieller steuerrechtlicher Regelungen explizit fixiert wurde (ESTG 1920 vom 29.3.1920, RGBl. I 1920, S. 359ff.; ESTG 1925 vom 10.8.1925, RGBl. I 1925, S. 189ff.). Im Zuge des EStG 1934 erfolgte schließlich die Verankerung des Maßgeblichkeitsgrundsatzes in § 5 Abs. 1 EStG. Diese Vorschrift hat seitdem abermals zahlreichen Veränderungen unterlegen, etwa der Kodifikation der sog. umgekehrten Maßgeblichkeit in § 5 Abs. 1 Satz 2 EStG sowie der Begründung weiterer Durchbrechungen des Maßgeblichkeitsgrundsatzes durch die Einfügung spezieller Gesetzesvorbehalte in den Absätzen 2 bis 5.

Zielten die Motive bei Einführung des Maßgeblichkeitsgrundsatzes vor allem auf die Vereinfachung der steuerlichen Gewinnermittlung durch Bezugnahme auf den Bestand handelsrechtlich gesicherter Erkenntnisse, so spielt der Vereinfachungsgedanke angesichts massiv gestiegener nomineller Steuersätze heute in materiellrechtlicher Hinsicht nur noch eine untergeordnete Rolle. In den Vordergrund getreten ist vielmehr die Überlegung, der Fiskus dürfe als „stiller Gesellschafter" hinsichtlich seiner Teilhabe am Erfolg der Unternehmung nicht besser gestellt werden als der Anteilseigner (DÖLLERER, (1971), S. 1334; STOBBE, (1997), S. 362 m.w.N.). Die Maßgeblichkeit wird damit zum Schutzinstrument gegen fiskalische Beutezüge des Fiskus erkoren. Anders gewendet führt diese Überlegung zur Umkehrmaßgeblichkeit, wonach steuerrechtliche Wahlrechte bei der Gewinnermittlung in Übereinstimmung mit der handelsrechtlichen Jahresbilanz auszuüben sind. Die These vom Fiskus als stillem Gesellschafter impliziert einen Gleichklang der Zwecke von Handels- und Steuerbilanz. Damit würde diejenige handelsrechtliche Konzeption, die den Sinn und Zweck der Handelsbilanz vorrangig in der vorsichtigen und objektivierten Ermittlung des entziehbaren Betrages unter Gläubigerschutzaspekten sieht, in das Recht der steuerlichen Gewinnermittlung übertragen.

Hiergegen wird allerdings eingewandt, die Steuerbilanz diene der Ermittlung des „vollen“ Gewinns, der vor dem Hintergrund verfassungsrechtlicher Maßstäbe, wie der Besteuerung nach der Leistungsfähigkeit sowie der Gleichmäßigkeit und Tatbestandsmäßigkeit der Besteuerung zu konkretisieren sei. Die steuerliche Gewinnermittlung zeichne sich dementsprechend durch funktionale Differenzen gegenüber der Handelsbilanz aus, die eine vom Konzept des Gläubigerschutzes abweichende Konkretisierung wichtiger Gewinnermittlungsgrundsätze erfordere.

1.2 Internationalisierung der Rechnungslegung und Maßgeblichkeitsgrundsatz

Die Globalisierung der Wirtschaftstätigkeit und der Kapitalmärkte hat auch im Bereich des deutschen Bilanzrechts eine Fülle von neuen Entwicklungen angestoßen, die gemeinhin unter dem Schlagwort von der „Internationalisierung der Rechnungslegung“ behandelt werden. Gesetzlicher Ausdruck dieser Tendenzen ist zum einen die im Zuge des Kapitalaufnahmeerleichterungsgesetzes (Gesetz zur Verbesserung der Wettbewerbsfähigkeit deutscher Konzerne an Kapitalmärkten und zur Erleichterung der Aufnahme von Gesellschafterdarlehen (Kapitalaufnahmeerleichterungsgesetz – KapAEG) vom 20.4.1998, BGBl I 1998 S. 707) in § 292a HGB eingefügte Öffnungsklausel, die es börsennotierten deutschen Mutterunternehmen unter bestimmten Voraussetzungen für einen Übergangszeitraum ermöglicht, an Stelle eines HGB-Konzernabschlusses einen Konzernabschluss nach „international anerkannten Rechnungslegungsgrundsätzen“ aufzustellen. Im Mittelpunkt der Diskussion steht hier die Rechnungslegung nach IAS und US-GAAP. Ein Abschluss nach diesen „internationalen“ Vorschriften gehört auch zum Pflichtprogramm derjenigen Unternehmen, die eine Notierung am Börsensegment „Neuer Markt“ anstreben.

Daneben hat das KonTraG (Gesetz zur Kontrolle und Transparenz im Unternehmensbereich (KonTraG) vom 27.4.1998, BGBl I S. 786) über § 342 HGB zur Errichtung eines privaten Rechnungslegungsgremiums als „Standard Setting Body“ ermächtigt. Das hierauf zurückgehende Deutsche Rechnungslegungs Standards Comittee (DRSC) hat seine Tätigkeit bereits aufgenommen und erste Standard-Entwürfe veröffentlicht.

Aus nationaler Perspektive ergeben sich damit im Bereich der Rechnungslegung starke Tendenzen einer Diversifizierung und Deregulierung: Einer Diversifizierung der Rechnungslegung in dem Sinne, dass für ein und dasselbe Rechenwerk – den Konzernabschluss – nunmehr ganz unterschiedliche Bilanzierungsgrundsätze zugelassen sind, die jeweils unterschiedlichen Systemzusammenhängen und Zweckvorstellungen entspringen. In das deutsche Konzernabschlussrecht hält damit ein „Wettbewerb der Systeme" seinen Einzug. Dabei ist abzusehen, dass – wie im wirtschaftlichen Wettbewerb üblich – nicht allein die Kraft der Argumente über die endgültige Durchsetzung bestimmter Rechnungslegungsregeln entscheiden wird, sondern auch die Macht der die jeweiligen Regeln vertretenden Interessengruppen. Darüber hinaus hat die Internationalisierung jedoch auch starke Aspekte einer Deregulierung der Rechnungslegung: Rechnungslegungsregeln sind nicht mehr allein Ausfluss hoheitlicher nationaler – ggf. europarechtlicher – Gesetzgebungsakte, sondern werden maßgeblich von privaten Standard Settern bestimmt, die ihrerseits dem Einfluss sowohl der Rechnungslegungsadressaten als auch der Rechnungslegungspflichtigen selbst unterliegen. Das Rechnungslegungsrecht mutiert zunehmend zum Kapitalmarktinstrument, das den Jahresabschluss in den Dienst der Performance-Messung und der Informationsansprüche der Kapitalmarktteilnehmer stellt.

Die Diskussion um die Anwendung der US-GAAP und IAS im Konzernabschluss ist seit geraumer Zeit in vollem Gange. Von größtem theoretischen – und für die betroffenen Unternehmen auch von erheblichem materiellem – Interesse ist im Kontext der Internationalisierungstendenzen aber nicht allein die künftige Rolle des deutschen Konzernabschlusses, sondern auch die Frage, welche Auswirkungen die Internationalisierung der Rechnungslegung auf den handelsrechtlichen Einzelabschluss und damit – über den Maßgeblichkeitsgrundsatz – auch auf die steuerliche Gewinnermittlung zeitigt. Es scheint zumindest fraglich, ob die vom Gesetzgeber ausdrücklich intendierte Spaltung der Rechnungslegungsprinzipien zwischen einem informationsorientierten Konzernabschluss einerseits und einem ausschüttungsorientierten Einzelabschluss andererseits aufrechtzuerhalten ist (SCHREIBER (1999), S. 880). Zumindest bisher wurden unter die fundamentalen Grundsätze ordnungsmäßiger Buchführung nur solche Prinzipien subsumiert, die unabhängig von der Rechtsform, der Branche oder dem Kapitalmarktengagement des Unternehmens anwendbar waren und für den Einzel- und Konzernabschluss gleichermaßen galten.

Die Frage nach den Folgewirkungen der Internationalisierung stellt sich um so drängender, als aus deutscher Perspektive bis dato eher ein umgekehrtes Abhängigkeitsverhältnis der einzelnen Rechenwerke festzustellen war: Die Steuerbilanz dominierte vom Ergebnis her häufig die handelsrechtliche Gewinnermittlung. Auch war der deutsche Gesetzgeber stets bemüht, Änderungen der handelsrechtlichen Rechnungslegung unter dem Blickwinkel ihrer materiellen Konsequenzen für das Ergebnis der Steuerbilanz zu betrachten. Dabei fungierte der Maßgeblichkeitsgrundsatz stets als „Bollwerk gegen Internationalisierungstendenzen" (SELCHERT (1990), S. 914); hingewiesen sei etwa auf die – im Ergebnis wohl vergeblichen – Bemühungen, die 4. EG-Richtlinie „steuerneutral" in nationales Recht zu transformieren und das nationale Steuerrecht damit vom harmonisierten EG-Recht abzukoppeln (BIENER/BERNECKE (1986), S. 20ff.). Da aber der Siegeszug der internationalen Rechnungslegungsnormen unaufhaltsam scheint, dürfte der Maßgeblichkeitsgrundsatz kein entscheidendes Hindernis darstellen; vielmehr ist vor diesem Hintergrund sein eigener Fortbestand in Frage gestellt.

Bei der Frage nach den Konsequenzen der Internationalisierung der Rechnungslegung für die steuerliche Gewinnermittlung ist einerseits zu klären,

- welche Tendenzen einer Internationalisierung des Steuerbilanzrechts bereits heute auszumachen sind und
- welche Auswirkungen sich hieraus für die steuerliche Gewinnermittlung ergeben.

Von höchstem Interesse ist aber nicht allein die Frage nach dem Ist, dem Status quo; es bedarf auch einer Diskussion des Seinsollens, d. h. der Frage,

- ob die bezeichneten Auswirkungen der Internationalisierung auf das Steuerbilanzrecht auch wünschenswert, d.h. mit den Zielen und Zwecken der Besteuerung kompatibel, sind.

Dieser Beitrag soll demnach diskutieren, ob, auf welche Weise und inwieweit sich die handelsrechtlichen Internationalisierungstendenzen auch bereits gegenwärtig auf die Steuerbilanz auswirken oder auswirken können (Kapitel II). Etwas anders gelagert als die Frage nach den tatsächlich vorhandenen Einflüssen ist die abstrakte Frage danach, welche dieser Einflüsse auch aus theoretischer Sicht vorhanden sein sollten, denn hier wird nicht die Frage nach dem Ist-, sondern nach dem Soll-Zustand gestellt (Kap. III). Und schließlich liegt es vor diesem Hintergrund nahe, den Konsequenzen dieser Entwicklungen für den Grundsatz der Maßgeblichkeit nachzugehen (Kap. IV). Auf diese Weise sollte sich ein vollständiger Überblick über die Konsequenzen der Internationalisierung des Bilanzrechts für die Besteuerung ergeben.

Zuvor bedarf es allerdings einer kurzen Vorüberlegung dahingehend, welche Phänomene im folgenden im Zusammenhang mit dem Begriff „Internationalisierung" betrachtet werden sollen. In Frage kommen

- sowohl primär handelsrechtliche als auch unmittelbar steuerrechtliche Entwicklungen (sofern diese steuerrechtlichen Entwicklungen sich - im Sinne einer nur materiellen Maßgeblichkeit an „internationalisierten" handelsrechtlichen Normen als Vorbild orientieren);
- sowohl gesetzgeberische Maßnahmen als auch rein faktische Entwicklungen (faktische Zwänge oder faktische Wahlrechte);
- sowohl Entwicklungen, die zu einer völligen Substitution der bisherigen Regelungen durch neue internationale Standards führen als auch die wahlweise Nutzung internationaler Regelungen neben den überkommenen nationalen Grundsätzen.

2. Aktuelle Tendenzen einer Internationalisierung des Steuerbilanzrechts

Zunächst soll der Frage nachgegangen werden, ob bereits de lege lata Tendenzen einer Internationalisierung des Steuerbilanzrechts auszumachen sind. Wenngleich die Regelungen der IAS respektive US-GAAP über § 292a HGB nur für den Konzernabschluss rechtliche Relevanz entfalten, können auch für den Einzelabschluss gewichtige Internationalisierungstendenzen ausgemacht werden, die ihrerseits die Frage nach der Internationalisierung des Steuerbilanzrechts aufwerfen. Hierbei kann zwischen mittelbaren, unmittelbaren und rein faktischen Internationalisierungstendenzen differenziert werden.

Daneben darf nicht verkannt werden, dass grenzüberschreitend tätigen Unternehmen in der Europäischen Union faktisch ein Wahlrecht zwischen der Anwendung deutschen und fremden Gesellschaftsstatuts und damit zwischen deutschem und fremdem Handelsrecht offen steht: Im Zuge der Vertiefung des Europäischen Binnenmarktes werden Gesellschaften in zunehmendem Maße grenzüberschreitend aktiv werden. Die geplante Abschaffung des KSt-Anrechnungsverfahrens sowie des gespaltenen KSt-Satzes werden steuerliche Nachteile beseitigen, die bisher von der Eröffnung einer Betriebsstätte (Zweigniederlassung) in Deutschland abgehalten haben. Der EuGH hat den Bürgern der Mitgliedstaaten die Möglichkeit eröffnet, sich innerhalb der EU die Gründungstheorie zunutze zu machen und Gesellschaften, die praktisch ausschließlich auf deutschem Boden tätig sind, nach dem Recht fremder Staaten zu gründen. Damit kann zunächst die Möglichkeit in Erwägung gezogen werden, deutschem Handelsbilanzrecht dadurch auszuweichen, dass eine Gesellschaft sich dem Gesellschaftsrecht eines anderen EU- oder EWR-Staates unterstellt. Weil die Handelsbilanz gemäß § 5 I EStG aber nur dann für die Erstellung der Steuerbilanz tatsächlich maßgeblich ist, wenn es sich um eine nach deutschen Vorschriften erstellte Bilanz handelt (SCHMIDT/HEINICKE (1999), § 50 Rz. 22), kommt es somit zu Gesellschaften, für die nicht mehr die konkret erstellte Handelsbilanz steuerliche Relevanz besitzt, sondern nur noch der Kernbestand der über § 141 AO und vor allem in §§ 5 ff. EStG normierten originär steuerlichen Rechnungslegungsvorschriften. Die Internationalisierung des Handelsrechts kann somit steuerlich auch zu einem Bedeutungsverlust des Maßgeblichkeitsgrundsatzes führen. Allerdings kann auf diese Weise nur der formellen Maßgeblichkeit ausgewichen werden, während die materielle Maßgeblichkeit über den Verweis in § 141 AO auf die HGB-Normen auch bei dieser Konstellation zur Anwendung kommt.

2.1 Mittelbare Internationalisierung der steuerlichen Gewinnermittlung über den Maßgeblichkeitsgrundsatz im Gefolge primär handelsrechtlicher Entwicklungen

Die Verbindung zwischen Handels- und Steuerbilanz über den Grundsatz der Maßgeblichkeit führt dazu, dass Entwicklungen im Handelsrecht auch Einflüsse auf die steuerliche Gewinnermittlung mit sich bringen können, soweit das Steuerrecht dem nicht durch eigenständige Regelungen entgegentritt. Dieser Zusammenhang war auch dem Gesetzgeber bewusst, der im Rahmen der Begründung zum Bilanzrichtliniengesetz deshalb betonte, dass er eine möglichst steuerneutrale Umsetzung der 4. EG-Richtlinie in das neue HGB anstrebe (HERZIG/RIECK (1998), S. 317).

Inwieweit das Handelsrecht über die Maßgeblichkeit im Einzelfall auf die steuerliche Gewinnermittlung durchschlägt, ist freilich eine höchst umstrittene Auslegungsfrage; hier geht es um das Verständnis der Formulierungen in § 5 I EStG. Daher bietet es sich an, zunächst potentielle Internationalisierungstendenzen ausfindig zu machen und erst in einem zweiten Schritt darüber nachzudenken, inwieweit im Einzelfall ein Einfluss auf die steuerliche Gewinnermittlung unbestreitbar gegeben ist, unbestreitbar nicht besteht oder aber von dem Ausgang des Auslegungsstreits um die Maßgeblichkeit abhängig ist.

2.1.1 Europäische Grundlagen des Handelsbilanzrechts und die Europäisierung der Steuerrechtsprechung im Zuge der „Tomberger"-Entscheidung

Seit einigen Jahren wird der Einfluss der europäischen Richtlinien auf die Entwicklung des nationalen Bilanzrechts zunehmend erkannt. Korrekter wäre es übrigens, in diesem Zusammenhang von dem Einfluss der Richtlinien auf die Entwicklung der Rechtsprechung zu sprechen, denn gesetzlich besteht dieser Einfluss bereits seit der Umsetzung des Bilanzrichtliniengesetzes im Jahre 1986; er ist in der Zeit danach lediglich lange verkannt bzw. geleugnet worden. Spätestens die „Tomberger"-Entscheidung des EuGH (EUGH-URTEIL vom 27.6.1996 - Rs. C 234/94, Waltraud Tomberger gegen Gebrüder von der Wettern GmbH, ZIP 1996, S. 1168) hat jedoch allgemein deutlich gemacht, dass Vorschriften des HGB, die auf Grundsätze der 4. EG-Richtlinie zurückgehen, seit 1986 nur noch richtlinienkonform verstanden werden dürfen. Selbst dann, wenn der Gesetzgeber bewusst die überkommenen Formulierungen bei der Umsetzung der Richtlinien weiterhin benutzt hat oder eine Änderung der bisherigen Rechtsgrundsätze an sich nicht wollte, ist juristisch mit der Umsetzung der Bilanzrichtlinien das europäische Verständnis der GoB an die Stelle des früheren deutschen Verständnisses dieser Grundsätze getreten. Die GoB sind Begriffe europäischen Rechts geworden, und es ist nicht von vornherein anzunehmen, dass die Auslegung der heutigen GoB mit derjenigen der früheren deutschen, vor dem BiRiLiG gültigen GoB identisch sein muss.

Dies dürfte für alle Kaufleute gelten, soweit der Gesetzgeber die Festschreibung von einigen in der 4. Richtlinie niedergelegten GoB nicht in dem Teil des HGB für Kapitalgesellschaften, sondern in dem Teil für alle Kaufleute durchgeführt hat. Die vom ersten Senat des BFH in seinem Vorlagebeschluss an den Großen Senat (BFH-BESCHLUSS vom 9.9.1998 – I R 6/96, DB 1999, S. 259ff.) geäußerte Ansicht, gerade daraus folge, dass die im allgemeinen Teil niedergelegten GoB nicht der Umsetzung der Richtlinie dienten und auch nicht europäischem Recht entsprechend ausgelegt werden müssten, ist nur haltbar, wenn man der Bundesrepublik den Rechtsbruch unterstellt, sie hätte sich weigern wollen, den Kapitalgesellschaften die von der Richtlinie vorgegebenen Grundsätze vorzuschreiben; genau das sollte aber nicht geschehen, vielmehr wollte man lediglich einige der GoB, die man Kapitalgesellschaften vorschreiben musste, zugleich auch für alle Kaufleute kodifizieren. Zudem ist bereits dem GoB-Begriff die rechtsformunabhängige Gültigkeit der zentralen Gewinnermittlungsregeln immanent.

Diese Zusammenhänge führen zu der Erkenntnis, dass eine Reihe der Unterschiede, die traditionell zwischen dem Bilanzrecht einzelner europäischer Staaten angeführt werden, möglicherweise in Wirklichkeit rein rechtlich bereits gar nicht mehr existent sind; vielmehr können auf den Gebieten, für die die 4. Richtlinie eine einheitliche Regelung für Europa vorschreibt, lediglich nur noch nationale Auslegungsdifferenzen existieren, die mit einer zunehmenden Rechtsprechungsintensität des EuGH im Bilanzrecht zwangsläufig an Bedeutung verlieren werden.

Auf diese Art und Weise wird zunehmend eine Entwicklung einsetzen, die das Handelsrecht von dem entfernt, was der BFH bisher für seinen Inhalt gehalten hat. Damit laufen Handelsrecht und bisheriges Steuerbilanzrecht auseinander, mit der Folge, dass der Gesetzgeber aufgerufen ist, sich darüber Gedanken zu machen, ob er an dem alten Zustand festhalten will oder dem neuen „europäisierten" HGB-Verständnis auch für steuerliche Zwecke folgen will.
In jedem Fall wird die Internationalisierung – hier in Gestalt der Europäisierung – ernstzunehmende Konsequenzen für das Steuerbilanzrecht nach sich ziehen, weil sich entweder steuerliche Grundsätze mittelbar über die Maßgeblichkeit der EuGH-Rechtsprechung ändern werden oder – wenn die Beibehaltung der unter dem Einfluss der BFH-Rechtsprechung geprägten Regelungen gewünscht wird – die Normierung weiterer, eigenständiger steuerbilanzieller Normen im EStG erforderlich werden wird.

2.1.2 Einflüsse der IAS-konformen Interpretation der EG-Bilanzrichtlinien

Über die europäische Flanke des Handelsbilanzrechts öffnet sich das deutsche Bilanzrecht darüber hinaus auch für die Grundsätze der IAS, soweit sich die gegenwärtige Strömung durchsetzen kann, die Richtlinien möglichst IAS-konform zu interpretieren. Hier wird sowohl § 292a HGB als auch die – prima facie – als richtlinienkonform unterstellte Praxis in anderen Staaten der EU zunehmend Anlass geben, auch auf den Inhalt der Grundsätze für den Einzelabschluss Rückschlüsse zu ziehen. Denn sofern sich die These durchsetzen kann, die 4. EG-Richtlinie und die 7. EG-Richtlinie seien weitestgehend IAS-konform auslegbar (und diese Auslegung sei auch die richtige), bedeutet das zugleich, dass dann zumindest in den Fällen, in denen die 4.Richtlinie keine abweichenden Mitgliedstaaten-Wahlrechte vorsieht, diese Auslegung auch für die Anwendung der Richtliniengrundsätze auf den Einzelabschluss die richtige Auslegung darstellen muss. Denn die 7. EG-Richtlinie über den konsolidierten Abschluss verweist ausdrücklich und immer wieder darauf, dass der Konzernabschluss nach denselben Regeln zu erstellen ist, die die 4. Richtlinie auch für das Einzelunternehmen vorschreibt. Es ist also rechtlich kaum möglich, die Grundsätze ordnungsmäßiger Buchführung für Zwecke der Konsolidierung gemäß den IAS zu verstehen, für Zwecke des Einzelabschlusses aus den IAS dann aber wiederum keine Konsequenzen ziehen zu wollen. Der GoB-Begriff erscheint rechtlich unteilbar.

Da aber die IAS-Konformität der Rechnungslegungsvorschriften auch auf europäischer Ebene mittlerweile offiziell angestrebt wird und sogar die Bereitschaft erkennbar ist, Abweichungen von den IAS-Grundsätzen ggf. durch eine Änderung entsprechender Richtlinienpassagen zu beheben, ist also auch ein Einfluss der IAS auf den handelsrechtlichen Einzelabschluss nicht ausgeschlossen, womit die IAS-Regeln über den Maßgeblichkeitsgrundsatz auch steuerliche Relevanz erlangen könnten (IDW (1999), S. 662). Das Vordringen von allein auf die Informationsfunktion zielenden Rechnungslegungsregeln des Konzernabschlusses in den Einzelabschluss wirft aber die Frage nach der zukünftigen Rolle des Jahresabschlusses als Zahlungsbemessungsinstrument auf. Während das für den Konzern ermittelte Ergebnis keine unmittelbaren Zahlungsfolgen auslöst, wird an den handelsrechtlichen Einzelabschluss mit unterschiedlichen Ansprüchen angeknüpft. Vor allem ist der Einzelabschluss Grundlage eines ausdifferenzierten Geflechts gesellschaftsrechtlicher Kapitalerhaltungsregeln, denen durch eine reine Informationsbilanz der Boden entzogen werden könnte. Hierauf wird noch zurückzukommen sein.

2.2 Unmittelbare Internationalisierung der Steuerbilanz unter Durchbrechung des Maßgeblichkeitsgrundsatzes im Zuge des Steuerentlastungsgesetzes 1999/2000/2002?

2.2.1 Grundlagen

Die Internationalisierung der steuerlichen Gewinnermittlung kann nicht nur mittelbar, über den Umweg der Maßgeblichkeit, erfolgen, sondern kann sich auch unmittelbar im Rahmen der steuerlichen Gewinnermittlungsregeln durchsetzen. Bekanntlich ist bereits im Rahmen der letzten steuerpolitischen Maßnahmen des Gesetzgebers das Argument verwendet worden, die Maßnahmen zur Verbreiterung der Bemessungsgrundlage bewirkten nicht zuletzt auch eine Angleichung der Steuerbilanz an internationale Rechnungslegungsgrundsätze (Gesetzentwurf der Bundesregierung, Entwurf eines Steuerentlastungsgesetzes 1999/2000/ 2002, BT-Drs. 14/265 v. 13.1.1999, S. 171). Interessant ist hierbei, dass damit wohl nur eine Angleichung der Steuerbilanz an internationale handelsrechtliche Gepflogenheiten gemeint sein kann und nicht eine Angleichung an das steuerliche Vorgehen anderer Staaten, da einheitliche internationale steuerliche Rechnungslegungsgrundsätze nicht bestehen. Es ist festzustellen, dass die Auseinandersetzung mit Fragen der internationalen Rechnungslegung den Blick für Lösungen neben dem deutschen Vorsichtsprinzip geschärft hat, die zu Konsequenzen in der Steuerpolitik führen (THIEL (1998), S. 98). Wir haben es letztlich in dieser Frage – obwohl die formelle Maßgeblichkeit der handelsrechtlichen Normen durch eigenständige steuerliche Regelungen gerade durchbrochen wird – also nicht mit einer grundsätzlichen Negierung des materiellen Maßgeblichkeitsgedankens zu tun. Denn die Tatsache, dass internationale „handelsrechtliche" Vorschriften als zutreffendere Gewinnermittlungsregeln angesehen werden als gegenwärtige deutsche handelsrechtliche Regeln, kann Konsequenzen für die Steuerbilanz nur dann rechtfertigen, wenn man der Auffassung ist, der Steuerbilanzgewinn müsse sich am Handelsbilanzergebnis orientieren und dieses nach geltendem deutschem Recht lediglich in Teilbereichen für falsch ermittelt hält.

2.2.2 Einzelheiten

Vor diesem Hintergrund scheint es interessant zu prüfen, ob die im Rahmen des bilanzsteuerrechtlichen Teils des EStG 1999 umgesetzten Maßnahmen inhaltlich mit den in der Gesetzesbegründung in Bezug genommenen Regelungen der IAS respektive US-GAAP übereinstimmen. Betrachtet man nur die wesentlichen Aspekte, etwa die Einführung eines strikten Wertaufholungsgebotes, die Beschränkung der Möglichkeit zur Teilwertabschreibung auf dauernde Wertminderungen und die Einführung einer Abzinsungsverpflichtung für Rückstellungen, so zeigt sich – cum grano salis – eine erstaunliche Übereinstimmung der Neuregelungen mit den Überlegungen des IASC. Hingegen bestehen gegenüber den US-GAAP nicht unerhebliche Abweichungen bei der Wertaufholung und Abzinsung, wie die nachstehende Abbildung zeigt.

Neuerung EStG 1999	IAS	US-GAAP
Einführung eines Wertaufholungsgebots (§ 6 Abs. 1 Nr. 1 S. 4, Nr. 2 S. 3, § 7 Abs. 1 S. 6 EStG)	Pflicht zur Zuschreibung auf die fortgeführten Anschaffungs- oder Herstellungskosten bei voraussichtlich dauernder Werterhöhung, sofern zuvor eine außerplanmäßige Abschreibung vorgenommen wurde (bei der Benchmark-Methode). Im Rahmen der ggf. alternativ zulässigen Neubewertungsmethode Zuschreibung auf den über den fortgeführten Anschaffungswerten liegenden Zeitwert.	Zuschreibungsverbot für Sachanlagevermögen, immaterielles Vermögen und Vorräte; hingegen Zuschreibungspflicht für Forderungen und marktgängige Wertpapiere
Beschränkung der Teilwertabschreibung auf dauerhafte Wertminderungen	Niederstwertprinzip nur bei dauernder Wertminderung.	Niederstwertprinzip nur bei dauernder Wertminderung
Abzinsungsgebot für Verpflichtungsrückstellung (ohne Versorgungszusagen) mit einer Laufzeit am Bilanzstichtag von mehr als 12 Monaten mit 5,5 v.H. (§ 6 Abs. 1 Nr. 3 EStG bzw. Nr. 3a lit. e) EStG)	Passivierung von Rückstellungen zum Barwert der zukünftige Ausgaben, soweit der Abzinsungsbetrag wesentlich ist.	Abzinsungsverbot für Sachleistungsverpflichtungen; Wahlrecht, wenn der Betrag der Verpflichtung sowie der Zeitpunkt der Inanspruchnahme hinreichend genau bestimmbar sind.

Abbildung 1

Dennoch wird man die getroffenen Maßnahmen nur mit sehr viel gutem Willen als Hinwendung des Steuergesetzgebers zu internationalen Rechnungslegungsgrundsätzen betrachten können. Denn es wurden zielbewusst nur solche Regelungen herausgegriffen, die zugleich auch ein höheres Steueraufkommen vermuten lassen. Andere internationalen Normen entgegenstehende steuergesetzliche Regelungen wurden wohlweislich nicht verändert. Hingewiesen sei etwa auf

- das steuerliche Verbot von Jubiläumsrückstellungen sowie von Drohverlustrückstellungen,
- die Divergenz in den Regeln zur Abzinsung von Rückstellungsbeträgen (steuerlich wird auf Basis des nach gegenwärtigen Verhältnissen geltenden Betrages abgezinst, international-handelsrechtlich auf Basis der zukünftig zu erwartenden Verpflichtung)
- die zu niedrige Bewertung von Pensionsrückstellungen,
- neuerliche Überlegungen zur Verlängerung der Abschreibungsdauern.

Wenn der Gesetzgeber sich an seiner Gesetzesbegründung messen lassen will, müsste eine grundlegende Überarbeitung der steuerlichen Gewinnermittlungsregeln ins Auge gefasst werden.

2.3 Faktische Tendenzen zur Angleichung des handelsrechtlichen und/oder steuerrechtlichen Einzelabschlusses an internationale Entwicklungen

Neben den durch die derzeitige Rechtslage begründeten Einflüssen ist zumindest mittelfristig auch mit verschiedenen rein faktischen Einflüssen der Internationalisierung auf den handels- und steuerrechtlichen Einzelabschluss zu rechnen (KUHN, (1997), S. 310; HERZIG/DAUTZENBERG (1998), S. 32ff.).
Zum Beispiel kann sich dort, wo internationale handelsrechtliche Grundsätze ähnliche Bezeichnungen haben wie im nationalen Handelsrecht und dieses wiederum ins Steuerbilanzrecht transportiert wird, zumindest scheinbar der Eindruck ergeben, dass das Unternehmen je nach Rechenwerk gerade diejenige Interpretation vertritt, die ihm jeweils am besten passt – mithin: dass es sich bei seiner Rechnungslegung von Willkür leiten lässt. Dies kann tiefgreifende Akzeptanzprobleme mit sich bringen, sei es gegenüber der Öffentlichkeit oder dem Fiskus, wenn etwa aus einem verschwindend geringen Steueraufwand bei einem gleichzeitig außergewöhnlich gutem Ergebnis des nach internationalen Grundsätzen aufgestellten Jahresabschlusses auf „schamlose Steuertrickserei“ des Unternehmens geschlossen werden könnte.

Darüber hinaus werden alle mit der Rechnungslegung konfrontierten Personenkreise mit zunehmendem Bekanntheitsgrad der internationalen Regelungen auch immer weiter mit der Vorstellung vertraut, dass zu der überkommenen Sichtweise bestimmter Sachverhalte Alternativen existieren, die auch nicht als

„falsch“ eingestuft werden können, sondern im Gegenteil eher im Ruf der Überlegenheit stehen. Es ist dann anzunehmen, dass die Frage aufkommt, warum bestimmte Regelungen im deutschen HGB eigentlich so ausgelegt werden, wie dies gegenwärtig noch geschieht, und warum nicht stattdessen die im internationalen Kontext übliche Sichtweise auch die überzeugende(re) Auslegung des schon geltenden deutschen Handelsrechts darstellen kann.

In den Fragen der Auslegung des Gesetzes wird sich außerdem bemerkbar machen, dass die Ansichten der handelsrechtlichen Fachwelt über die korrekte Auslegung der GoB nunmehr durch das DSRC über den Status bloßer Literaturmeinungen hinausgehoben werden und einen halb offiziellen Charakter erhalten, der außerdem handelsrechtlich auch noch die gesetzliche Vermutung der Richtigkeit für sich hat (SCHEFFLER, (1999), S. 1290) – mit denen sich die Rechtsprechung, sofern sie davon abweichen müsste, also zumindest inhaltlich vertieft auseinandersetzen müsste.

Man wird sich aber auch vor Augen halten müssen, dass sich die Bedeutung des Vorsichtsprinzips vor dem Hintergrund geänderter Interessen der bilanzierenden Unternehmen verändern kann. Bei aller Berufung auf das Argument des Gläubigerschutzes war die Legung stiller Ermessensreserven durch das Vorsichtsprinzip aus Sicht der Rechnungslegenden wohl nicht selten durch das Interesse an der Schaffung von Innenfinanzierungsspielräumen und die Schaffung einer Manövriermasse zur Ergebnisgestaltung in zukünftigen Perioden bestimmt. Daneben wurden die stillen Reserven als legitime Kompensation für die im internationalen Vergleich hohen nominalen Steuersätze in Deutschland betrachtet. Da zahlreiche im überkommenen deutschen Vorsichtsverständnis handelsrechtlich „gebotene“ Abschreibungen oder Rückstellungsmaßnahmen einhergehend mit der Verbreiterung steuerlicher Bemessungsgrundlagen in Zukunft steuerlich keine Wirkung mehr entfalten werden, werden diese Maßnahmen in Zukunft nicht mehr als steuersparende Leistung des Managements wahrgenommen. Sie werden im Gegenteil voll den ausschüttbaren Gewinn schmälern und damit das Management dem Vorwurf von vermeintlichen Fehlleistungen aussetzen. Folglich wird es in Zukunft – anders als bisher – für das Management von Kapitalgesellschaften eher geboten sein, den Anschein „übertriebener“ Vorsicht bei allen Bilanzierungsmaßnahmen zu vermeiden. Daraus wird sich, wie man leicht nachvollziehen kann, ein erheblicher Druck auf den Berufsstand der Wirtschaftsprüfer ergeben, von „übervorsichtigen“ Bewertungsmaßnahmen tunlichst abzusehen und zu einer „Beschränkung des Vorsichtsprinzips auf das erforderliche Maß“ zu gelangen.

Schließlich und endlich wird auch die zunehmende Verbreitung der Erkenntnis, dass die im internationalen Rechnungswesen üblichen Vorstellungen auch eine stärkere Einebnung der Unterschiede zwischen externem und internem Rechnungswesen ermöglichen, einen Anreiz dafür darstellen, Beurteilungsspielräume dahingehend auszunutzen, dass eher dem international orientierten Verständnis einer bestimmten Norm der Vorzug gegeben wird.

3. Zur Frage der Eignung internationaler Rechnungslegungsgrundsätze als Richtschnur für die steuerliche Gewinnermittlung

Die naheliegende Frage, ob sich die steuerliche Gewinnermittlung in Zukunft stärker an internationalen handelsrechtlichen Grundsätzen ausrichten wird bzw. sollte, lässt sich – unabhängig von der Diskussion der Reichweite des Maßgeblichkeitsgrundsatzes – in zwei Teilprobleme aufgliedern, nämlich in die Frage, ob diese Grundsätze überhaupt für die Ermittlung eines steuerlichen Gewinns geeignet erscheinen, und in die Folgefrage, wie eine Ausrichtung der steuerlichen Vorschriften an internationalen Grundsätzen rechtstechnisch umgesetzt werden könnte, ohne den verfassungsrechtlich vorgezeichneten Rahmen zu sprengen.

3.1 Theoretische Eignung internationaler Rechnungslegungsstandards für die steuerliche Gewinnermittlung

Wenn man normativ die theoretischen Eignung internationaler Rechnungslegungsgrundsätze für die Ermittlung steuerlicher Bemessungsgrundlagen untersucht, muss die grundlegende Frage aus Sicht des Steuerrecht lauten, ob die internationalen Gewinnermittlungsgrundsätze mit dem Zweck der Steuerbilanz, d. h. der Messung steuerlicher Leistungsfähigkeit, kompatibel sind.
Diese Fragestellung ist – aus noch auszuführenden Gründen – nicht pauschalierend gleichzusetzen mit der Frage, ob das deutsche Bilanzsteuerrecht denselben Zwecken wie die internationalen Rechnungslegungsgrundsätze folgt. Letzteres ist ohne Zweifel nicht der Fall: Die internationalen Rechnungslegungsstandards der IAS und US-GAAP verfolgen den Zweck, primär den Investoren – aber auch anderen Rechnungslegungsadressaten – entscheidungsrelevante Informationen zu vermitteln („decision usefulness"), um sie in die Lage zu versetzen, die künftigen Netto-Cashflows des Unternehmens abzuschätzen und sie über den Stand und die Veränderung des Vermögens und der Schulden zu informie-

ren. Im Vordergrund steht das Bemühen, über eine periodengerechte Erfolgsermittlung Rückschlüsse auf die künftige „performance" des Unternehmens zu generieren.

Aus Sicht des Fiskus dagegen ist weniger eine Information über die künftige Unternehmensentwicklung gefragt, als vielmehr die Schaffung einer aussagefähigen, die wirtschaftliche Leistungsfähigkeit des Steuerpflichtigen in der abgelaufenen Periode widerspiegelnden Grundlage zur Bemessung von Steuerzahlungen. An das ermittelte Ergebnis der Steuerbilanz knüpfen als unmittelbare Rechtsfolge damit (bedingte) Zahlungsansprüche des Fiskus an, während das nach internationalen Rechnungsgrundsätzen ermittelte Ergebnis nicht unmittelbar der Bemessung von Zahlungen, sei es als Dividende an die Anteilseiger oder als Steuertransfer an den Fiskus, dient. Aus dieser Divergenz der Zielsetzungen, Adressaten und Rechtsfolgen der mit Hilfe der jeweiligen Rechenwerke ermittelten Erfolgsgrößen wird nun regelmäßig auf die theoretische Ungeeignetheit internationaler Rechnungslegungsregeln für die Ermittlung steuerlicher Bemessungsgrundlagen geschlossen (FÜLLBIER/GASSEN (1999), S. 1511). Dieses durch den Abgleich vor allem der Zielsetzungen der jeweiligen Rechenwerke gewonnene Ergebnis schließt jedoch nicht aus, dass einzelne Lösungen aus dem Bereich der internationalen Rechnungslegung auch steuerlich von Interesse sind. Völlig zutreffend und weitgehend unbestritten ist die Tatsache, dass das Rechnungsziel und die selbiges determinierenden Rechnungsgrundsätze deduktiv aus dem Zweck der Rechnung abzuleiten sind. Dabei darf man jedoch nicht verkennen, dass die jeweiligen Zwecke der Information respektive Zahlungsbemessung in den verschiedenen Bestandteilen des Jahresabschlusses unterschiedlich gewichtet sind: So wird der Informationszweck des „internationalen" Jahresabschlusses, aufbauend auf einer (wohlgemerkt!) „informativen" Erfolgsgröße, erst durch zusätzliche Angaben in Anhang und Lagebericht sowie die zusätzlichen Instrumente der Kapitalflussrechnung und der Segmentberichterstattung hinreichend erfüllt. Gleichwohl bildet der Jahresabschluss nach internationalen Regeln eine unter Informationsgesichtspunkten gestaltete Einheit; eine Abkopplungsthese deutscher Prägung, die den „true and fair view" in den Anhang verbannen will, ist hier nicht vorstellbar (IAS 1.16). Demgegenüber basiert die Zahlungsbemessung allein auf dem durch die Bilanz- und Erfolgsrechnung ermittelten Ergebnis. Die isoliert der Informationsfunktion dienenden übrigen Bestandteile des Jahresabschlusses bleiben hier weitgehend unberücksichtigt und auch die Zwecksetzung der zu ermittelnden Erfolgsgröße ist unterschiedlich. Gleichwohl können – auch wenn die IAS bzw. US-GAAP in der Gesamtheit anderen Zwecken als das Bilanzsteuerrecht dienen (Information statt Zahlungsbemessung) – die Grundsätze der internationalen Rechnungslegung für den Gesetzgeber Anregungen zur Abgrenzung der steuerlichen Bemessungsgrundlage liefern (OESTREICHER/SPENGEL (1999b), S. 595). Denn trotz unterschiedlicher Zwecke, Adressaten und Rechtsfolgen basieren die IAS bzw. US-GAAP und das Bilanzsteuerecht auf Periodisierungsregeln zur Ermittlung einer Erfolgsziffer. Ein wesentlicher Unterschied besteht in der Strukturierung und Gewichtung der Rechnungslegungsgrundsätze, insbesondere das Verhältnis des Grundsatzes periodengerechter Gewinnermittlung zum Vorsichtsprinzip weist erhebliche Diskrepanzen auf (HEINHOLD/PASCH (1998), S. 395f.). Dabei werden beide Systembereiche in einem nicht unerheblichen Maße von Objektivierungsrestriktionen determiniert. Die US-GAAP etwa betonen den Grundsatz der reliability; im Steuerrecht genießt die Tatbestandsmäßigkeit der Besteuerung als Ausfluss des rechtsstaatlichen Gebots der Rechtssicherheit einen hohen Stellenwert. Dies ist insofern von Bedeutung, als Objektivierungsregeln – auch bei unterschiedlichen Rechnungszwecken – tendenziell zu einer Angleichung der Erfolgsermittlungsregeln führen können (SCHREIBER (1999), S. 894). Im übrigen ist zwischen Objektivierungsüberlegungen einerseits und Vorsichtsüberlegungen andererseits streng zu trennen. Die nationale Bilanzrechtsinterpretation neigt zuweilen dazu, jede (über-)vorsichtige Bilanzierungsweise zugleich als Ausdruck einer Objektivierungsnotwendigkeit zu begründen. Auch die Tatsache, dass nach verbreiteter Meinung in der Theorie und zugleich nach überwiegender Handhabung in der Praxis die gegenwärtigen deutschen handelsrechtlichen Rechnungslegungsgrundsätze nicht in jedem Fall geeignet erscheinen, mit ihnen den wirtschaftlichen Erfolg und damit auch die Leistungsfähigkeit eines Unternehmens zu beurteilen, während andererseits jeweils die Kapitalmärkte dazu übergehen, Abschlüsse nach internationalen Gesichtspunkten als geeignetere Informationsbasis zur Beurteilung des Jahreserfolges eines Unternehmens anzusehen, deutet m.E. darauf hin, dass die Grundsätze, die sich im Rahmen der internationalen handelsrechtlichen Entwicklung durchzusetzen beginnen, keineswegs von vornherein und zur Gänze steuerlich abgelehnt werden können. Ein zutreffendes Urteil ist wohl eher nur mit Blick auf den Einzelfall möglich. Schwierigkeiten bereitet dabei allerdings aus steuerlicher Sicht die Tatsache, dass der Inhalt des Begriffs „steuerliche Leistungsfähigkeit“ zunächst äußerst unbestimmt ist.

3.2 Maßstab steuerlicher Leistungsfähigkeit

Die Tatsache, dass die Verfassungsrechtsprechung der Einkommensbesteuerung die Vorgabe setzt, die Einkommensbesteuerung müsse auf die „wirtschaftliche Leistungsfähigkeit“ der Steuerpflichtigen Rücksicht nehmen und diese nach

Maßstab dieser Leistungsfähigkeit gleich behandeln, deutet darauf hin, dass der Begriff der wirtschaftlichen Leistungsfähigkeit eine Größe darstellt, die nicht zur freien Disposition des Gesetzgebers steht, sondern zugleich eine außerhalb der rechtlichen Sphäre stehende, wirtschaftliche Größe widerspiegeln soll.

Wenn der Begriff der „wirtschaftlichen Leistungsfähigkeit“ im Kern an eine wirtschaftliche Größe anknüpft, dann ist ferner auch naheliegend, dass diese Größe nicht a priori unveränderlich definiert sein kann. Denn es ist stets der Möglichkeit Rechnung zu tragen, dass sich unsere Erkenntnisse über das, was alles Ausdruck „wirtschaftlicher Leistungsfähigkeit“ sein kann, und vor allem darüber, wie man „wirtschaftliche Leistungsfähigkeit“ am besten misst, weiterentwickeln. Führt man sich das vor Augen, dann ist es nicht unbedingt ein Argument gegen die Übernahme internationaler Rechnungslegungsgrundsätze in die steuerliche Gewinnermittlung, wenn man feststellen muss, dass diese Rechnungslegungsgrundsätze in vielen Fällen zu einem anderen Ergebnis für die Höhe des Gewinns führen, als er sich nach den gegenwärtigen steuerlich anerkannten Methoden zur Messung der wirtschaftlichen Leistungsfähigkeit eines Unternehmens ergibt. Die Frage, ob die internationalen Rechnungslegungsgrundsätze sich zur Verwendung im Steuerrecht eignen, muss vielmehr korrekterweise dahin gehen, ob die internationalen Rechnungslegungsgrundsätze die wirtschaftliche Leistungsfähigkeit eines Unternehmens besser zu messen geeignet sind als die traditionellen Grundsätze, oder ob dies nicht der Fall ist. Das Bemühen, den handelsrechtlichen Jahresabschluss deutscher Prägung als einzig sachgerechte und dem Leistungsfähigkeitsprinzip entsprechende Besteuerungsbasis anzusehen, und damit das Vordringen internationaler Rechnungslegungsgrundsätze ins Steuerrecht per se abzulehnen, wird vor allem von der Furcht vor einer Verbreiterung der Bemessungsgrundlage und einem damit verbundenen Anstieg der effektiven Steuerbelastung getragen. Die dem Maßgeblichkeitsgrundsatz häufig zugedachte Funktion, er könne die Steuerpflichtigen vor fiskalischen Beutezügen bewahren, dürfte sich spätestens mit den Maßnahmen des Steuerentlastungsgesetzes 1999/2000/2002 als Trugschluss erwiesen haben; der Fiskus ist keineswegs nur mehr „stiller Teilhaber“, sondern eindeutig gewinnbevorrechtigter Gläubiger der Unternehmung. Darüber hinaus lebt die These vom „Fiskus als stiller Teilhaber“ von der Zweckidentität des handels- und steuerrechtlichen Einzelabschlusses. Sieht man den handelsrechtlichen Jahresabschluss jedoch vor dem Hintergrund der Europäisierung des Bilanzrechts, so dürfte die These, die handelsrechtlichen Gewinnermittlungsgrundsätze wollten allein den entziehbaren Betrag bestimmen und damit zugleich die Informationsfunktion auf den Anhang beschränken (sog. Abkopplungsthese) kaum aufrechtzuerhalten sein.

Gleichwohl setzt das Leistungsfähigkeitsprinzip innerhalb der jeweiligen Gewinnermittlungsarten unverrückbare Eckpunkte. Die Existenz verschiedener Gewinnermittlungsarten oder Maßgrößen steuerlicher Leistungsfähigkeit (Einkommen, Konsum) darf nicht zu dem Schluss verleiten, ihre jeweilige konkrete inhaltliche Ausgestaltung eröffne einen vom Gesetzgeber beliebig auszufüllenden Gestaltungsraum. So verlangt der Grundsatz der Tatbestandsmäßigkeit der Besteuerung für die Einkommensmessung durch Betriebsvermögensvergleich nach objektiver Richtigkeit und Willkürfreiheit der Rechnungslegung (TIPKE/LANG (1998), § 9 Rz. 309). Der verfassungsrechtliche Schutz des Unternehmens verlangt nach Rechnungsgrundsätzen, welche ähnlich dem System der handelsrechtlichen Kapitalerhaltung den Bestand der Unternehmung sichern, zumal die Erhaltung der Steuerquelle im ureigensten Interesse des Fiskus liegt. Damit muss als zentraler Eckpfeiler jedweder steuerbilanzieller Gewinnermittlung das Realisationsprinzip auch in Zukunft Geltung besitzen, das auf die Ermittlung des erzielten und entziehbaren Gewinns abzielt. Grundlagen dieses Gewinnbegriffs sind der Vergangenheitsbezug, die Umsatzorientierung und das Nettoprinzip; das Zusammenwirken dieser Merkmale bewirkt, dass der Fiskus nur an den in der abgelaufenen Periode erzielten Überschüssen partizipiert, womit den grundlegenden Wertentscheidungen zur einkommensteuerlichen Bemessungsgrundlage entsprochen wird. Auch ein Festhalten an einem richtig verstandenen Imparitätsprinzip, das ausschließlich zukünftige konkretisierte Verluste antizipiert, erscheint zumindest solange unverzichtbar, wie das Steuerrecht keine sofortige Verlustverrechnung gewährleistet, sondern die Verlustrücktragsmöglichkeit sogar noch einschränkt. Ob dieses steuerrechtliche Realisationsprinzip aber weiterhin vor dem Hintergrund des handelsrechtlichen Vorsichtsverständnisses interpretiert werden muss, erscheint steuerlich vor allem in den Fällen fraglich, in denen eine vorsichtigere Bewertung nicht zugleich aus Objektivierungsaspekten heraus geboten erscheint. So erscheint es insbesondere im Bereich der Derivatebilanzierung - wie noch zu zeigen sein wird - vertretbar, eine andere Sichtweise einzunehmen.

3.3 Einzelaspekte

Bezieht man das Realisationsprinzip sowohl auf die Ertrags- als auch die Aufwandsseite, so stehen unter anderem folgende Bereiche im Zentrum der Diskussion:

- der „asset“-Begriff und der Ansatz immaterieller Wirtschaftsgüter,
- die Ertragsrealisation bei der langfristigen Auftragsfertigung,
- die Wertaufholung,

- die Bewertung von Finanzinstrumenten, aber auch anderen „assets“ zu Marktwerten (fair value),
- die Bewertung von Verbindlichkeitsrückstellungen.

Bei der Beurteilung der angesprochenen Problemfelder zeigen sich zum Teil deutliche Unterschiede zwischen einer unter Informationsgesichtpunkten und einer unter steuerlichen Gesichtspunkten gestalteten Erfolgsrechnung:

- Die „asset“-Abgrenzung folgt im internationalen Kontext einer dynamischen Betrachtungsweise und stellt demnach vor allem auf die zukünftigen Nutzenpotentiale eines Vermögenswertes ab (future economic benefits), deren Eintritt im Bilanzierungszeitpunkt wahrscheinlich (probability) ist; die Kosten bzw. der Wert der Vermögensposition müssen zuverlässig bestimmbar sein (reliability of measurement). Der Begriff des „asset“ ist daher weiter als derjenige des Vermögensgegenstandes im Sinne des deutschen Handelsrechts – er umfasst etwa auch Rechnungsabgrenzungsposten, Bilanzierungshilfen und aktivierte Entwicklungskosten – und gleicht begrifflich eher dem (früheren) steuerlichen Wirtschaftsgutbegriff (wenngleich nicht jeder „asset“ zugleich aktivierungspflichtig ist). Für immaterielle Vermögenswerte ist nicht allein der entgeltliche Erwerb von einem Dritten, sondern auch die Messbarkeit der Kosten und die Identifizierbarkeit des Vermögenswertes als Ansatzkriterium einschlägig. Die zunehmende Immaterialisierung der Leistungserstellung lässt für eine kapitalmarktorientierte Rechnungslegung einen weiten „asset“-Begriff unverzichtbar erscheinen. Demgegenüber ist der nationale Vermögensgegenstandsbegriff, der auch für das Steuerrecht greift, in einigen Bereichen durch eine Überobjektivierung gekennzeichnet.
- Die international vorherrschende Gewinnrealisierung nach dem Leistungsfortschritt (Percentage-of-Completion-Methode) erfordert umfangreiche periodische Schätzungen – und ggf. Revisionen früherer Schätzungen – hinsichtlich der Gesamterlöse, der Gesamtkosten und des Fertigstellungsgrades. Vor dem Hintergrund des Informationsziels besitzt der Ausweis der auf die Periode entfallenden Teilgewinne große Bedeutung für die Indikatorwirkung des ausgewiesenen Erfolges, so dass bei hinreichender Objektivierung durch eine der Anwendungsvoraussetzungen ein möglicher Verstoß gegen das Realisationsprinzip nicht so schwer wiegt wie im Steuerrecht. Steuerlich ist der im abgelaufenen Jahr „erzielte“ Erfolg festzustellen; dieser setzt einen Abbau der Produktionsrisiken voraus. Die tatsächliche Realisierung dieses Erfolges hat wegen der daran anknüpfenden Steuerzahlung erhebliches Gewicht, während die Indizie-

rung künftiger Periodenerfolge für den Fiskus ohne Belang ist. Angesichts der Vielzahl möglicher Schätzfehler ist eine sichere Verteilung des erst mit Ablieferung des fertigen Werkes realisierten Gewinns auf die Perioden der Herstellung aber nur unter Zurückdrängung steuerlicher Objektivierungserfordernisse möglich. Steuerlich ist daher – sofern keine abrechenbaren Teilleistungen abgenommen wurden – die Completed-Contract-Methode vorziehenswürdig.

- Im Falle der Wertaufholung verkehrt sich die Situation ergebnismäßig. Betrachtet man eine Wertaufholung z. B. bei Gegenständen des Anlagevermögens als Beeinträchtigung der Informationsfunktion, wie dies etwa die US-GAAP tun, so verbietet sich eine Zuschreibung. Steuerlich indiziert die Werterhöhung des Betriebsvermögens hingegen eine Steigerung der Leistungsfähigkeit. Betrachtet man die Wertaufholung als Rückgängigmachung einer früheren Teilwertabschreibung, so ist gegen eine Zuschreibung bis zu den fortgeführten Anschaffungswerten auch unter Objektivierungsaspekten nichts einzuwenden, denn die Zuschreibung unterliegt der selben Objektivierungsdimension wie die vorangegangene Abwertung. Höchst problematisch ist aber die mit dem Steuerentlastungsgesetz 1999/2000/2002 installierte zeitlich unbegrenzte Rückwirkung der Wertaufholungsverpflichtung (HERZIG/RIECK (1999), S. 305ff.).
- Der Ansatz von Finanzinstrumenten zum fair value wird als geeigneterer Indikator künftiger cash flows angesehen als der Ansatz zu den fortgeführten Anschaffungswerten und genießt daher – sofern Marktwerte zuverlässig ermittelbar sind – in einer auf die Information zielenden Rechnungslegung Vorrang. Ein genereller Ansatz originärer und derivativer Finanzinstrumente zum Marktwert bietet zudem eine Beschränkung von Willkür, wenn die Bewertung ansonsten von der durch den Bilanzierenden beeinflussbaren Zweckbestimmung der Bilanzierungsobjekte abhängen würde oder komplizierte Regelungen für die Abbildung von Sicherungszusammenhängen (hedge accounting) erforderlich wären, wie dies bei der Derivatebilanzierung regelmäßig der Fall ist (PAPE/BREKER (1998), S. 1). Marktwerte können daher auch unter Objektivierungsgesichtspunkten durchaus vorziehenswürdig sein (HERZIG (1997), S. 54ff.). Allerdings kann der Ansatz von Marktwerten zum Ausweis nach herkömmlichem Verständnis „unrealisierter" Wertsteigerung führen, was sich unter Besteuerungsaspekten nachteilig auswirkt, wenn sich zum Bilanzstichtag erfasste und besteuerte Wertsteigerungen später als nicht nachhaltig herausstellen. Gleichwohl können die objektivierungsbedingten Vorzüge einer Marktbewertung von Finanzinstrumenten auch steuer-

lich zur Geltung kommen, wenn stichtagsbezogene Bewertungsgewinne vorübergehend in eine steuerfreie Rücklage eingestellt werden.
Außerhalb des Bereiches der Derivatebilanzierung ist ein Rückgriff auf Marktwerte unter Objektivierungsgesichtspunkten allerdings stets weniger sicher als der Ansatz der fortgeführten Anschaffungs- oder Herstellungskosten. Zumindest steuerlich besteht damit keine Notwendigkeit, den Realisationszeitpunkt allgemein vorzuverlagern.

- Bei der Rückstellungsbilanzierung bestehen vor allem im Bereich der Bewertung erhebliche Differenzen zwischen den international vorherrschenden Regelungen und dem nationalen Verständnis; letzteres ist einerseits von der Dominanz des Vorsichtsprinzips bei der Ausfüllung unvermeidlicher Schätzspielräume gekennzeichnet; andererseits verbietet das Stichtagsprinzip nach h.M. die Berücksichtigung künftiger Trendentwicklungen, etwa in Gestalt von Kostensteigerungen. Aber es gibt auch partielle Übereinstimmungen. So deckt sich die Forderung der IAS, dass die Wahrscheinlichkeit für die Inanspruchnahme aus einer Verpflichtung „more likely than not" sein muss, mit der vom BFH propagierten Formel, dass mehr Gründe für als gegen die Inanspruchnahme sprechen. Allerdings sehen die IAS trotz hinreichender Wahrscheinlichkeit der Inanspruchnahme von einer Bilanzierung ab, wenn die Verpflichtung nicht hinreichend bewertbar erscheint; in diesem Fall erfolgt nur eine Berichterstattung in den „notes". Die US-GAAP fordern, je nach Interpretation, eine Wahrscheinlichkeit zwischen 50% und 90%. Aus steuerlicher Perspektive wäre ein solches Vorgehen außerordentlich problematisch und würde eine Verletzung des Nettoprinzips implizieren.
  Im Zentrum der Diskussion um die Rückstellungsbewertung steht zur Zeit – bedingt durch die Neuregelung durch das EStG 1999 – die Frage der Abzinsung von Rückstellungen. Die internationalen Regelungen sind hier uneinheitlich. Dass der Gesetzgeber den Diskontierungssatz vorgegeben hat, wird man unter Vereinfachungs- und Objektivierungsgründen begrüßen müssen, wenngleich sich über die konkrete Höhe des Diskontierungsfaktors trefflich streiten lässt. Ob man die Abzinsung langfristiger Rückstellungen als Verstoß gegen das Realisationsprinzip anzusehen hat, hängt vor allem von der Gewichtung der einschlägigen Grundsätze ordnungsmäßiger Buchführung ab. Bei wirtschaftlicher Betrachtung kommt man aber an der Tatsache, dass eine zeitlich später eintretende Belastung die aktuelle Leistungsfähigkeit des Steuerpflichtigen weniger einschränkt als eine sofort fällige, kaum vorbei. Plädiert man für eine Abzinsung, so kann Grundlage der Diskontierung aber konsequenterweise auch nur die tatsächliche künftige Belastung sein, so dass im Gegenzug erwartete Än-

derungen des Verpflichtungsumfangs in der Zukunft, etwa Kostensteigerungen u.a., zu berücksichtigen sind. Auch die IAS bzw. US-GAAP gehen – soweit sie eine Abzinsung vorsehen – von der Höhe der zukünftigen Verpflichtung aus. Besonderes Gewicht kommt dieser Frage bekanntlich bei Pensionsrückstellungen zu. Notwendig erscheint hier neben der Diskontierung der Verpflichtung mit dem Kapitalmarktzins die Einbeziehung zukünftiger Gehalts- und Rentensteigerungen sowie einer finanzmathematischen Berücksichtigung der Fluktuation; dies sieht etwa FAS 87 vor. Eine dementsprechende Überarbeitung von § 6a EStG würde dem Leistungsfähigkeitsprinzip eher gerecht als die jetzige, stark fiskalisch motivierte Lösung.

Zusammenfassend ist festzuhalten: Eine pauschalierende Übernahme internationaler Rechnungslegungsgrundsätze ist mit der Zahlungsbemessungsfunktion der Steuerbilanz nicht kompatibel. Die Internationalisierung der handelsrechtlichen Rechnungslegung bietet vielmehr die Gelegenheit, konkrete Einzelregelungen im Hinblick auf ihre Eignung für steuerliche Zwecke näher zu untersuchen; der Rechtsvergleich muss als Entdeckungsverfahren genutzt werden. Wie der kleine Ausschnitt an Beispielen verdeutlicht, sind Informationsregeln und Zahlungsbemessungsregeln zum Teil kompatibel, zum Teil aber auch inkompatibel. Wünschenswert wäre, wenn die Diskussion um die zutreffende Gewinnermittlung nicht allein mit Blick auf eventuelle Budgeteffekte geführt würde und die Internationalisierung der Rechnungslegung als Chance auch für eine Neuorientierung des Steuerbilanzrechts genutzt würde.

3.4 Anforderungen an die Rechtsnormqualität steuerlicher Gewinnermittlungsregeln

Jenseits der beschriebenen materiellen Aspekte erscheint auch aus rechtstechnischer Sicht eine unmittelbare Anknüpfung der steuerlichen Gewinnermittlungsregeln an internationale Rechnungslegungsstandards über eine Generalverweisung von vornherein ausgeschlossen. Eine solche Generalverweisung könnte vorliegen, wenn der Maßgeblichkeitsgrundsatz formell beibehalten wird, materiell jedoch auf ein an internationalen Rechnungslegungsrundsätzen orientiertes Handelsbilanzrecht verweist. Steuern dürfen nur auf Grundlage eines Gesetzes erhoben werden. Da die steuerliche Gewinnermittlung einen zentralen Bestandteil der Steuerberechnung bei den betroffenen Unternehmen darstellt, ist es kaum vorstellbar, dass die Belastungsentscheidung nicht auf ein förmliches nationales Gesetzgebungsverfahren zurückgeht, sondern auf die Beschlüsse privater Gremien (Standardsetter). Angesichts der induktiven Ermittlung und des stetigen Wandels internationaler Rechnungslegungsnormen sind hier die verfassungsrechtlich abgesicherten Grundsätze der Gleichheit sowie der Rechtssicherheit und Tatbestandsmäßigkeit der Besteuerung tangiert. Die Grundsätze ordnungsmäßiger Buchführung sind Rechtsnomen, und zwar solche mit öffentlich-rechtlichem und daher streng normativen Charakter (BEISSE (1984), S. 7); dies schließt eine beliebige Delegation der Besteuerungskompetenz an ein ausländisches (FASB) bzw. internationales Gremium (IASC) aus, solange man die GoB nicht allein als „Stand der Technik" ansehen will. Internationale Rechnungsstandards könnten damit materiell wohl allenfalls selektiv im Rahmen eines eigenständigen Steuerbilanzrechts verwirklicht werden.

4. Konsequenzen der Internationalisierung

4.1 Materielle Konsequenzen

Die bisherigen Überlegungen führen zwangsläufig zu der Frage, was im Rahmen der Internationalisierung der handelsrechtlichen Rechnungslegung mit dem Maßgeblichkeitsgrundsatz geschehen sollte. Eine von OESTREICHER/SPENGEL (1999a) im Auftrag des BMF vorgelegte Studie hat deutlich gemacht, dass es aus steuerlicher Sicht Gewinner und Verlierer einer materiellen Internationalisierung der steuerlichen Gewinnermittlung – hier durch Übergang auf die IAS – geben würde. Als wichtigste Einflussfaktoren wurden die Erfolgslage, die Anlagen- und Vorratsintensität sowie die Eigenkapital- und Personalquote ausgemacht. Darüber hinaus ist aufgrund des tendenziell früheren Ausweises von Gewinnen trotz der Zweischneidigkeit der Bilanz im Falle eines stetigen Unternehmenswachstums mit nachhaltigen Zuwächsen der Bemessungsgrundlage zu rechnen (a.A.: GESETZENTWURF DER BUNDESREGIERUNG, Entwurf eines Steuerentlastungsgesetzes 1999/2000/2002, BT-Drs. 14/265 v. 13.1.1999, S. 171). Bei gleichzeitiger Berücksichtigung von Zinseffekten käme es somit zu deutlichen Steuermehrbelastungen (HEINHOLD/PASCH (1998), S. 397; OESTREICHER/SPENGEL (1999b), S. 596ff.). Ein Übergang zur IAS-Bilanzierung würde damit – von erheblichen Umstellungsproblemen einmal abgesehen – die Wettbewerbssituation deutscher Unternehmen tendenziell verschlechtern. Auf der anderen Seite würden durch die Verbreiterung der Bemessungsgrundlage Spielräume für eine Senkung der Steuersätze geschaffen. Allerdings rechtfertigt eine Absenkung der Steuersätze keinesfalls eine unkontrollierte Verbreiterung der Bemessungsgrundlage; diese steht nur innerhalb der Grenzen des Leistungsfähigkeitsprinzips zur Disposition des Gesetzgebers.

4.2 Beurteilung aus handelsrechtlicher Sicht

4.2.1 Fortfall der „umgekehrten" Maßgeblichkeit

Setzen sich in der Zukunft im Handelsrecht die internationalen Rechnungslegungsgrundsätze auch für gesetzlich vorgeschriebene handelsrechtliche Zwecke durch, dann entfällt für den deutschen Gesetzgeber der bisherige Spielraum, die Handelsbilanz im Sinne einer umgekehrten Maßgeblichkeit durch rein steuerlich motivierte Bestimmungen zu deformieren. Es kommt somit entweder zu einer in diesen Punkten abweichenden Steuerbilanz und/oder zu einer Streichung solcher steuerlicher Subventionsvorschriften, bei denen der Gesetzgeber bisher eine Berücksichtigung auch in der Handelsbilanz für eine notwendige Voraussetzung hält. Ein solcher Wegfall der umgekehrten Maßgeblichkeit ist im Interesse einer Verbesserung des Informationsgehalts der Handelsbilanz überfällig.

4.2.2 Beschränkung des BFH auf die Gewinnung steuerrechtlicher GoB

Die Hauptlast der Fortentwicklung des Handelsbilanzrechts lag bisher beim Bundesfinanzhof, der wegen der Verknüpfung von Handels- und Steuerbilanz über den Maßgeblichkeitsgrundsatz Fragen des Handelsbilanzrechts als Vorfrage zur Gewinnung steuerrechtlicher Erkenntnisse klären musste (BEISSE (1980a), S. 252; DERS. (1980b), S. 645). Bei einer Anknüpfung des Handelsrechts an internationale Standards würde sich die handelsrechtliche Auslegung allein nach den Ergebnis einer im internationalen Raum geführten Diskussion bestimmen und damit schon von vornherein die faktische Dominanz des Bundesfinanzhofs als Auslegungsgremium für das Handelsrecht entfallen. Thesen des Bundesfinanzhofs zur Auslegung des Handelsrechts würden Gefahr laufen, von einem der zuständigen internationalen Standardsetter – zumindest für den Bereich des Handelsrechts – als unzutreffend verworfen zu werden; denn es darf davon ausgegangen werden, dass sich ein Standardsetter dann, wenn in einem nationalen Rechtskreis eine bestimmte Auslegung eines Standards in der Praxis besondere Geltung beansprucht – und das wäre bei einer BFH-Interpretation sicherlich der Fall –, zu der betreffenden Frage früher oder später schon deswegen äußern würde, um die Einheitlichkeit der internationalen Standards weiterhin zu sichern.

Hieraus folgt, dass die Steuerrechtsprechung ihre bisherige Rolle für die Fortentwicklung des Handelsbilanzrechts in Zukunft verlieren würde, wenn internationale Grundsätze die handelsrechtliche Rechnungslegung auf direktem Wege bestimmen sollten. Das gilt natürlich nicht nur dann, wenn die Maßgeblichkeit erhalten bliebe; bei einer Streichung der Maßgeblichkeit würde die Steuerrechtsprechung ja ihre Relevanz für die Auslegung des Handelsrechts unmittelbar verlieren. Dies wäre zunächst verbunden mit einer Abnahme von rechtlich verbindlichen Präzedenzentscheidungen, würde aber andererseits Spielraum eröffnen für eine stärker als bisher von handelsrechtlichem Sachverstand geprägte Debatte eventueller Zweifelsfragen. Die Dominanz der Zahlungsbemessungsfunktion bei der Auslegung des Handelsbilanzrechts – allein diese ist für aus steuerrechtlicher Sicht und damit für den BFH als Auslegungsmaxime interessant – würde wohl entfallen.

4.2.3 Die „Krise" des Einzelabschlusses als Gefahr für das Recht der Kapitalerhaltung

Vor dem Hintergrund der beschriebenen mittelbaren und faktischen Internationalisierungsströmungen stellt sich die Frage nach der künftigen Rolle des Einzelabschlusses, der für die Mehrzahl der Rechnungslegenden auch in Zukunft das zentrale Rechnungslegungsinstrument bleiben wird. Kommt es hier zu einer weitgehenden Infektion durch eine eigentlich nur für den Konzernabschluss vorgesehene informationsorientierte GoB-Auslegung, so besteht die Gefahr, dass das national – und europarechtlich über die 2. gesellschaftsrechtliche EG-Richtlinie – installierte System der Nominalkapitalerhaltung ins Wanken gerät. Das ausdifferenzierte gesellschaftsrechtliche System der Kapitalaufbringungs- und Kapitalerhaltungsgrundsätze verliert seine Basis und zugleich seine Berechtigung, wenn die Handelsbilanz als Messinstrument das Kapital vorrangig unter Informationsgesichtspunkten ermittelt und dabei auch tendenziell unsichere Gewinne bereits in einem frühen Stadium als Kapitalzuwachs ausweist. Damit würde auch das bisherige System des Gläubigerschutzes aufgegeben.

Wenngleich sich über die ökonomische Effizienz unseres traditionellen gesetzlichen Gläubigerschutzsystems mit Blick auf die völlig anders gearteten, privatrechtliche organisierten Kapitalschutzmechanismen in den USA trefflich streiten lässt, so ist das Nennkapitalsystem doch zumindest mittelfristig als europarechtlich festgeschriebenes Faktum zu akzeptieren. Leider fehlt es vor dem Hintergrund der alles überschattenden Diskussion um die IAS und US-GAAP zur Zeit an Impulsen für eine Fortentwicklung des Einzelabschlusses im Hinblick auf eine Evolution der Kapitalerhaltungsregeln bei gleichzeitiger Steigerung des Informationswertes. Dabei sollte insbesondere dort, wo es gilt, eine verdeckte Auflösung stiller Reserven zu unterbinden, ein fruchtbares Feld für das Zusammenwirken informationsorientierter und zugleich kapitalerhaltender Rechnungslegungsgrundsätze liegen. Gerade die Aufgabe der Maßgeblichkeit könnte die Chance auch für ein Überdenken der handelsrechtlichen Rechnungstradition bieten.

Die Chance einer funktionsspezifischen – an Stelle einer multifunktionalen und damit kompromissbehafteten – Rechnungslegung birgt aber zugleich die Gefahr einer weitergehenden Zersplitterung des bisher einheitlichen GoB-Begriffs, der die Rechnungslegenden nur in Grenzen gewachsen sein dürften. Unterschiedliche Auslegungen einzelner Grundsätze könnten herangezogen werden

- für die Frage der Vereinbarkeit von Rechnungsgrundsätzen mit der deutschen Umsetzung der EG-Bilanzrichtlinie (etwa im Rahmen eines nationalen Konzerns),
- für die gleichzeitige Sicherstellung der Zahlungsbemessungs- und Informationsfunktion im handelsrechtlichen Einzelabschluss und
- für die dem Leistungsfähigkeitsprinzip entsprechende Einkommensbemessung.

Diese allein durch den Rechnungslegungszweck induzierte Teilung des GoB-Begriffs könnte sich sogar zu einer „Vierteilung" auswachsen, wenn für die Auslegung des Kriterium des „Einklangs" mit den EG-Bilanzrichtlinien (§ 292a Abs. 2 Nr. 2 a HGB) für den befreienden Konzernabschluss jedwede in Europa anzutreffende, national anerkannte Auslegung eines Rechnungslegungsgrundsatzes als im Einklang mit der EG-Richtlinie stehend anzusehen sein sollte, wie dies etwa die extensive Auslegung des „Einklang"-Kriteriums durch das DRSC vorsieht (DRSC (1999), Tz. 14ff.).

4.3 Beurteilung aus steuerlicher Sicht

Aus steuerlicher Sicht würde eine pauschale Bezugnahme des steuerlichen Maßgeblichkeitsgrundsatzes auf internationale Rechnungslegungsgrundsätze, wie schon ausgeführt, vor allem verfassungsrechtliche Schwierigkeiten materieller und formeller Art aufwerfen. Vor allem unter dem Aspekt der Gleichheit, Rechtssicherheit und Planbarkeit ist der Gedanke einer generellen Maßgeblichkeit internationalisierter handelsrechtlicher Standards für die steuerliche Gewinnermittlung in der näheren Zukunft nicht attraktiv. Eine selektive inhaltliche Anlehnung des Steuerbilanzrechts an internationale Standards kann daher nur unter Ablösung vom Handelsrecht und damit bei einer Aufgabe des Einheitsbilanz-Gedankens vollzogen werden.

4.4 Schlussfolgerungen

Die Internationalisierung des Handelsrechts durch das Vordringen der IAS und US-GAAP sollte erneut den Blick für die altbekannte Tatsache schärfen, dass es keine „Idealbilanz" gibt, die sämtliche aus rechtlicher und betriebswirtschaftlicher Sicht gestellten Erfordernisse in einem Rechenwerk erfüllt, sondern Bilanzinhalt und Bewertung nach dem verfolgten Zweck der Rechnung differieren (STÜTZEL (1964), S. 45ff.). Das deutsche Konzept der Einheitsbilanz, die unterschiedlichen Zwecken dient und daher Beeinträchtigungen aller verfolgten Zwecke akzeptiert, muss als gescheitert angesehen werden. Erforderlich ist eine Rechnungslegung, die alle Rechnungszwecke frei von Beeinträchtigungen durch andere Rechnungszwecke erfüllt. Dieses Ziel kann durch eine funktionsspezifische Differenzierung der Rechnungslegung erreicht werden, wobei zwischen einer Informations-, Ausschüttungs- und Steuerorientierung zu unterscheiden ist (HERZIG/DAUTENZBERG (1998), S. 35f.). Folgt man diesem Ansatz einer funktionsspezifischen Differenzierung, so führt die Internationalisierung des Handelsrechts zwangsläufig dazu, dass der Maßgeblichkeitsgrundsatz in seiner bisherigen Form nicht aufrechterhalten werden kann. Somit wird letztlich das Steuerbilanzrecht von eigenständigen Entscheidungen geprägt werden müssen, zumindest von eigenständigen gesetzgeberischen Entscheidungen dahin gehend, welchen handelsrechtlichen Entwicklungen man vor dem Hintergrund einer partiellen Zweckkompatibilität steuerlich zu folgen bereit ist und welchen nicht. Dabei könnte der Gesetzgeber den bisherigen Status quo, also eine steuerliche Gewinnermittlung auf Basis des bisherigen Handelsrechts, in Form eines eigenständigen Steuerbilanzrechts festschreiben, oder aber der Gesetzgeber könnte sich vom bisherigen Handelsrecht lösen und die steuerliche Gewinnermittlung auf ganz davon losgelöste Grundsätze stützen. Schließt man einen grundlegenden Systemwechsel, wie den Übergang zur cash-flow-Besteuerung, aus und entscheidet sich für eine Anknüpfung an periodisierte Größen, dann sollte der Gesetzgeber bei der Suche nach zweckadäquaten Lösungen den Blick auch auf Regelungen im internationalen Handelsrecht richten. Allerdings darf es sich dabei nicht wie bisher um fiskalisch motivierte Einzelmaßnahmen ohne System handeln. Die Übernahme internationaler Normen in ein autonomes Steuerrecht muss zwingend durch die Aspekte der Zweck- und Systemgerechtigkeit gefiltert werden. In diesem Sinne bedarf es einer neuen Grundsatzdiskussion hinsichtlich der Anforderungen an eine geeignete steuerliche Gewinnermittlung.

Für den Konzernabschluss stellt sich vor dem Hintergrund der aktuellen Entwicklungen wohl nur noch die Frage, welchem System internationaler Rechnungslegung er letztlich mehr angenähert wird. Zwar gelten die IAS bzw. US-GAAP nur subsidiär, soweit sie im „Einklang" (§ 292a HGB) mit der 4. und 7. EG-Richtlinie stehen; de facto bilden die europäischen Bilanzrichtlinien aber keine entscheidende Hürde.

Zwischen allen Fronten steht der nationale Einzelabschluss. Er vagabundiert zwischen überkommenen Gläubigerschutzdenken, Ausschüttungsbemessung und maßgeblichkeitsinduzierter Deformation einerseits und den von Seiten des Konzernabschlusses und der internationalen Rechnungslegung gestellten Anforderungen an die Informationsvermittlung andererseits. Vor dem Hintergrund eines eigenständigen Steuerbilanzrechts sollte sich der handelsrechtliche Einzelabschluss aus seiner steuerlichen Umklammerung lösen und seiner eigenen Zwecksetzung folgen. Eine verstärkte Hinwendung zur Informationsfunktion muss dabei keineswegs mit einer Aufgabe des Systems der Kapitalerhaltung einhergehen. Vielmehr besteht durchaus die Möglichkeit, beiden Zwecksetzungen zu entsprechen, ohne eine gegenseitige Beeinträchtigung akzeptieren zu müssen.

Literaturverzeichnis

ALSHEIMER, Herbert (1974), Einhundert Jahre Prinzip der Maßgeblichkeit der Handelsbilanz für die Steuerbilanz, in: ZfB 1974, S. 841-848.

BIENER, Herbert/BERNEKE, Wilhelm (1986), Bilanzrichtliniengesetz, Textausgabe des Bilanzrichtlinien-Gesetzes vom 19.12.1985 (BGBl. I S. 2355), mit Bericht des Rechtsausschusses des Deutschen Bundestages, Regierungsentwurf mit Begründung, EG-Richtlinien mit Begründung, Entstehung und Erläuterung des Gesetzes, Düsseldorf 1986.

BEISSE, Heinrich (1980a), Tendenzen der Rechtsprechung des Bundesfinanzhofes zum Bilanzrecht, in: DStR, 1980, S. 243-252.

BEISSE, Heinrich (1980b), Handelsbilanzrecht in der Rechtsprechung des Bundesfinanzhofes – Implikationen des Maßgeblichkeitsgrundsatzes, in: BB 1980, S. 637-646.

BEISSE, Heinrich (1984), Zum Verhältnis von Bilanzrecht und Betriebswirtschaftslehre, in: StuW 1984, S. 1-14.

DÖLLERER, Georg (1971), Maßgeblichkeit der Handelsbilanz in Gefahr, in: BB 1971, S. 1333-1335.

DRSC (1999), E-DRS 1, Befreiender Konzernabschluss nach § 292a, Entwurf v. 18.3.1999.

FÜLBIER, Uwe/GASSEN, Joachim (1999) Wider die Maßgeblichkeit der International Accounting Standards für die steuerliche Gewinnermittlung – Erwiderung zu Oestreicher/Spengel, DB 1999, S. 593-600 –, in: DB 1999, S. 1511-1516.

HEINHOLD, Michael/PASCH, Helmut, Steuerliche Gewinnermittlung, steuerliches Eigenkapital und IAS-Bilanzierung, in: Rechnungswesen als Instrument für Führungsentscheidungen, FS für Adolf Coenenberg, hrsg. von Hans Peter Möller und Franz Schmidt, Stuttgart 1998, S. 393-413.

HERZIG, Norbert (1997), Derivatebilanzierung und GoB-System, in: Jahresabschluß und Jahresabschlußprüfung – Probleme, Perspektiven internationale Einflüsse, Festschrift für Jörg Baetge, hrsg. von Thomas R. Fischer und Reinhold Hömberg, Düsseldorf 1997, S. 37-63.

HERZIG, Norbert/DAUTZENBERG, Norbert (1998), Auswirkungen der Internationalisierung der Rechnungslegung auf die Steuerbilanz, in: BFuP 1998, S. 23-37.

HERZIG, Norbert/RIECK, Ulrich (1998), Europäisierung der handels- und steuerrechtlichen Gewinnermittlung im Gefolge der Tomberger-Entscheidung, in: IStR 1998, S. 309-320.

HERZIG, Norbert/RIECK, Ulrich (1999), Bilanzsteuerliche Aspekte des Wertaufholungsgebotes im Steuerentlastungsgesetz, in: WPg 1999, S. 305-318.

IDW (1999), IDW-Stellungnahme zum Entwurf Deutscher Rechnungslegungs-standard Nr. 1 (DRS 1) – Besonderer Teil „Einklang einzelner IAS und SFAS mit den EG-Bilanzrichtlinien", in: WPg 1999, S. 662-668.

KUHN, Klaus (1997): Die Grundsätze ordnungsmäßiger Buchführung und der Maßgeblichkeitsgrundsatz unter dem Aspekt des Entwurfs eines „Kapitalaufnahmeerleichterungsgesetzes", in: Handelsbilanzen und Steuerbilanzen, Festschrift für Heinrich Beisse, hrsg. von Wolfgang Dieter Budde, Adolf Moxter und Klaus Offerhaus, Düsseldorf 1997, S. 299-313.

OESTREICHER, Andreas/SPENGEL, Christopf (1999a), Maßgeblichkeit der International Accounting Standards für die steuerliche Gewinnermittlung. International vergleichende Analyse der wirtschaftlichen Wirkungen eines Übergangs auf die Rechnungslegung nach den IAS, ZEW Wirtschaftsanalysen, Bd. 39, Baden-Baden 1999.

OESTREICHER, Andreas/SPENGEL, Christopf (1999b), International Accounting Standards, Maßgeblichkeitsprinzip und Besteuerung, in: DB 1999, S. 593-600.

POHL, Klaus (1983), Die Entwicklung des ertragsteuerlichen Maßgeblichkeitsprinzips, Köln 1983.

PAPE, Jochen/BREKER, Norbert (1999), Financial Instruments – Joint Working Group. Aktueller Stand der Erörterungen im Oktober 1998, WPg 1999, S. 1-12.

SCHEFFLER, Eberhard (1999) Internationale Rechnungslegung und deutsches Bilanzrecht, in: DStR 1999, S. 1285-1292.

SCHMIDT, Ludwig (1999), Einkommsteuergesetz, Kommentar, hrsg. von Ludwig Schmidt, 18. Aufl. München 1999.

SCHREIBER, Ulrich (1999), Rechnungslegung im Einzelabschluss nach internationalen Grundsätzen, in: Unternehmenspolitik und internationale Besteuerung, FS für Lutz Fischer, hrsg. von Hans-Joachim Kleineidam, Berlin 1999, 879-912.

SELCHERT, Wilhelm (1999), Internationalisierung der Rechnungslegung und Maßgeblichkeitsprinzip, in: Unternehmenspolitik und internationale Besteuerung, FS für Lutz Fischer, hrsg. von Hans-Joachim Kleineidam, Berlin 1999, S. 913-933.

STOBBE, Thomas (1997), Neue Koordinaten des Steuerbilanzrechts?, in: FR 1997, S. 361-365.

STÜTZEL, Wolfgang (1964), Entscheidungstheoretische Elementarkategorien als Grundlage einer Begegnung von Wirtschaftswissenschaft und Rechtswissenschaft, in: Das Verhältnis der Wirtschaftswissenschaft zur Rechtswissenschaft, Soziologie und Statistik, hrsg. von Ludwig Raiser, Heinz Sauermann und Erich Schneider. Arbeitstagungen zur Erörterung der Aufgaben und Methoden der Wirtschaftswissenschaften in unserer Zeit. Verhandlungen auf der dritten Tagung in Würzburg 14.-15. Oktober 1963, Schriften des Vereins für Socialpolitik – Gesellschaft für Wirtschafts- und Sozialwissenschaften, Neue Folge Band 33, Berlin 1964, S. 27-50.

THIEL, Jochen (1998), Maßgeblichkeit und internationale Bilanzierung, in: Weltweite Rechnungslegung und Prüfung – Risiken, Chancen und Konsequenzen einer unaufhaltsamen Entwicklung, Bericht über die IDW-Fachtagung 1997, hrsg. vom Institut der Wirtschaftsprüfer, Düsseldorf 1998, S. 91-104.

TIPKE, Klaus/LANG, Joachim (1998), Steuerrecht, 16. Aufl. Köln 1998.

Dr. Hans-Georg Bruns
Mitglied des Direktoriums, Leiter Rechnungswesen/Konzern
DaimlerChrysler AG, Stuttgart

Möglichkeiten und Grenzen der Pooling-of-interests-Methode – Erfahrungen im DaimlerChrysler-Konzern

Gliederung

1. Vorbemerkung

Nicht zuletzt aufgrund der aktuellen Diskussion auf internationaler Ebene rückte die in jüngerer Zeit auch im europäischen Raum zunehmend zu beobachtende Anwendung der Pooling-of-interests-Methode verstärkt in den Mittelpunkt des Interesses. Bei Pooling-of-interests handelt es sich um eine vor allem in den USA geläufige und schon häufiger auf Unternehmenszusammenschlüsse angewandte Bilanzierungsweise im Konzernabschluß. Auch in Deutschland ist das Interesse an der grundsätzlich nach § 302 HGB anwendbaren Pooling-of-interests-Methode – z. T. als Folge des Zusammenschlusses der Daimler-Benz AG und der Chrysler Corporation - stark angewachsen.

2. Zusammenschluß "unter Gleichen"

Pooling-Situationen sind grundsätzlich durch spezielle Konstellationen bei Unternehmenszusammenschlüssen gekennzeichnet. Ausgangsbasis ist, daß zwei gleichberechtigte Partner sich entschließen, künftig ihre gemeinsamen wirtschaftlichen Interessen in einer neuen gemeinsamen Organisation, quasi "unter einem Dach", zu verfolgen. Diese Situation wird u. a. auch als Zusammenschluß "unter Gleichen" bezeichnet. Die Ausgestaltung des Zusammenschlusses unterstreicht diese Intention. Eine Pooling-Situation stellt sich wie folgt dar:

DAIMLERCHRYSLER

Grundsätzliche Charakteristika von Pooling-Situationen

- **Vereinigung wirtschaftlicher Interessen**
- **grundsätzlich unveränderte Aktionärsstruktur**
- **kein Austausch von Vermögensgegenständen**
- **kein "change of control over assets/liabilities"**
- **kein Unternehmenserwerb**

Abbildung 1

Liegt ein Zusammenschluß "unter Gleichen" vor, so ist nach US-GAAP dieser Unternehmenszusammenschluß zwingend nach der Pooling-of-interests-Methode abzubilden.

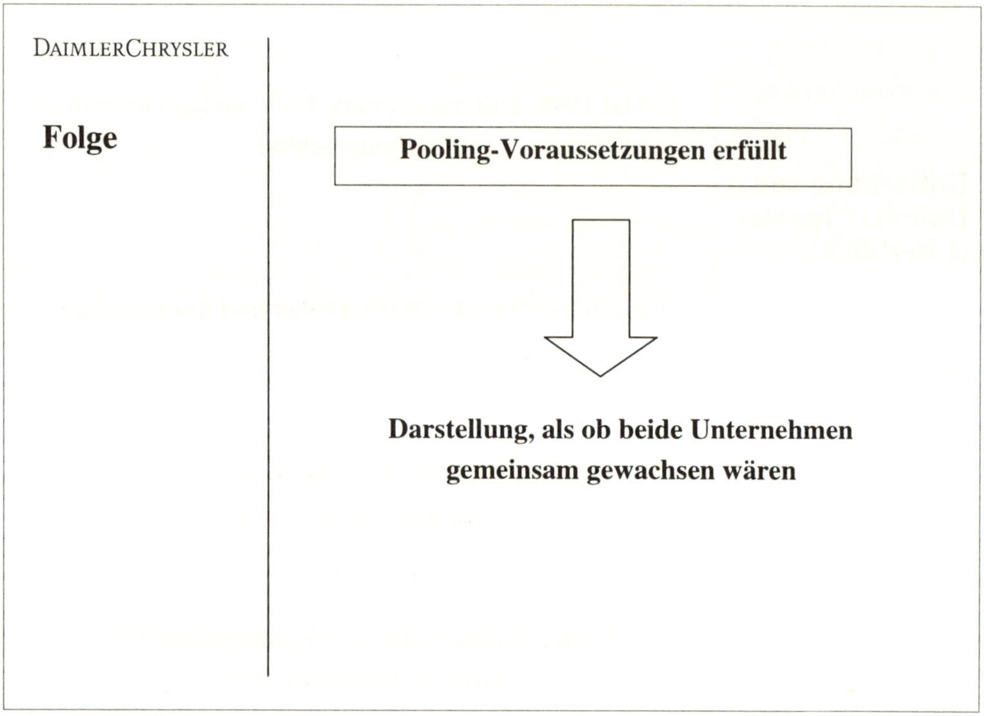

Abbildung 2

Eine Pooling-Situation lag auch dem Zusammenschluß zur DaimlerChrysler AG zugrunde. Vor dem Hintergrund einer sich weltweit abzeichnenden Konsolidierung der Automobilindustrie wurden seit Februar 1998 vom Vorstand der Daimler-Benz AG und dem Management der Chrysler Corporation Gespräche über die Möglichkeit eines Zusammenschlusses beider Unternehmen geführt. Die erste Phase der Verhandlungen endete am 7. Mai 1998 mit der Unterzeichnung des Vertrages über den Unternehmenszusammenschluß und der öffentlichen Bekanntgabe der Pläne zu einer gemeinsamen wirtschaftlichen Betätigung. Die Unterzeichnung markierte den "Startschuß" für eine Vielzahl weiterer Aktivitäten zur konkreten Umsetzung des Zusammenschlusses.

DAIMLERCHRYSLER

Entstehung von DaimlerChrysler (Überblick)

7. Mai 1998: Unterzeichnung des Vertrages über den Zusammenschluß

⇩

Tausch der Daimler-Benz-Aktien und der Chrysler-Aktien in DaimlerChrysler-Aktien

⇩

Verschmelzung der Daimler-Benz AG auf die DaimlerChrysler AG

⇩

Erster DaimlerChrysler-Konzernabschluß zum 31. Dezember 1998

Abbildung 3

Ein für das Gelingen des Zusammenschlusses wichtiger Bereich war dabei auch die Darstellung im Konzernabschluß der neuentstehenden Gesellschaft, der DaimlerChrysler AG. Einige damit verbundene Fragestellungen sollen im folgenden näher beleuchtet und erläutert werden.

3. Erfüllung zahlreicher Bedingungen

Aufgrund der mit dem Zusammenschluß beabsichtigten Vereinigung gemeinsamer und gleichberechtigter Interessen unter einem Dach war die Pooling-Methode im Falle DaimlerChrysler die von Anfang an präferierte Vorgehensweise zur bilanziellen Darstellung. Um jedoch diese Situation im Konzernabschluß so darstellen zu können, wie sie von den wirtschaftlichen Intentionen her ausgestaltet und angestrebt ist, sind zahlreiche Auflagen zu erfüllen.

DAIMLERCHRYSLER

Erfüllung der Pooling-Kriterien

Zielsetzung bei bestimmten Unternehmenszusammenschlüssen:

Anwendung der Pooling-Methode

Voraussetzung:

Erfüllung der Pooling-Kriterien

Abbildung 4

Um das Vorliegen dieser speziellen Konstellationen sicherzustellen, wurde insbesondere durch APB 16 ein umfangreicher Katalog an Voraussetzungen definiert. Hinzuweisen ist im Zusammenhang mit den Pooling-Voraussetzungen auch auf ergänzende Stellungnahmen der Emergency Issues Task Force des

FASB, sowie auf Verlautbarungen der SEC, auf die an dieser Stelle aber nicht weiter eingegangen wird.

Die Pooling-Voraussetzungen erstrecken sich auf folgende Bereiche:

DAIMLERCHRYSLER

Pooling-Voraus-setzungen (Überblick)

Voraussetzung:Pooling-Voraussetzungen (vgl. APB 16 pars. 46-48):

- **Eigenschaften der sich zusammenschließenden Unternehmen**
- **Art und Weise der Interessenzusammenführung**
- **Absicht zu künftigen Maßnahmen nach dem Zusammenschluß**

Abbildung 5

Als Voraussetzungen sind im einzelnen zu nennen:

DAIMLERCHRYSLER

Pooling-Voraus-setzungen (1)

Eigenschaften der sich zusammenschließenden Unternehmen (APB 16 par. 46):

•Selbständigkeit

•Unabhängigkeit

Abbildung 6

a) bezogen auf die sich zusammenschließenden Gesellschaften:
die nahezu vollständige Vereinigung der Interessen selbständiger und unabhängiger Unternehmen, d. h.,

- jedes der sich zusammenschließenden Unternehmen muß unabhängig von anderen Unternehmen sein. Innerhalb von zwei Jahren vor Bekanntgabe des Zusammenschlusses war keines der Unternehmen Tochtergesellschaft eines anderen Unternehmens;
- die sich zusammenschließenden Unternehmen müssen darüber hinaus zueinander unabhängig sein, d. h., keines der Unternehmen darf unmittelbar oder mittelbar mehr als 10% der Vollstimmrechtsaktien des anderen halten.

DAIMLERCHRYSLER

Pooling-Voraus-setzungen (2)

Art und Weise der Interessenzusammenführung (APB 16 par. 47):

- **Zusammenschluß in einem Zuge**
- **Quasi vollständiger Aktientausch**
- **Keine relativen Veränderungen der Stimmrechtsverhältnisse vor dem Zusammenschluß**
- **Eingeschränkter Aktienrückkauf**

Abbildung 7

DAIMLERCHRYSLER **Pooling-Voraus-setzungen (3)**	**Fortsetzung: Art und Weise der Interessen-zusammenführung (APB 16 par. 47):** **•Erhaltung des relativen Kapitalanteils** **• Keine Einschränkungen des Stimmrechts** **• Keine noch offenen Bedingungen**

Abbildung 8

b) bezogen auf die Art und Weise der Interessenzusammenführung:

- der Zusammenschluß muß in einem Zug auf der Basis eines einheitlichen Planes grundsätzlich innerhalb eines Jahres erfolgen;
- die Interessenzusammenführung wird in Form eines reinen Aktientausches durchgeführt. Im Rahmen dieses Aktientausches bringen nahezu alle, d. h. mindestens 90% der bisherigen Aktionäre ihre Anteile in die gemeinsame Unternehmung ein;
- im Zeitraum von zwei Jahren vor Veröffentlichung des beabsichtigten Zusammenschlusses bis zu dessen Vollzug dürfen keine Maßnahmen ergriffen worden sein, die zu relativen Veränderungen der Stimmrechtsverhältnisse oder sonstiger Rechte der Aktionäre geführt haben. In der Vergangenheit übliche Vorgänge sind unschädlich;

- zwischen Bekanntgabe des Zusammenschlusses und dessen Vollzug darf kein Rückkauf eigener Aktien in unüblicher Höhe und nicht für Zwecke eines Unternehmenszusammenschlusses erfolgt sein;
- aufgrund des Zusammenschlusses müssen die relativen Anteile und Rechte der Aktionäre erhalten bleiben;
- die im Zuge des Zusammenschlusses ausgegebenen Anteile dürfen mit keinen Einschränkungen des Aktionärsstimmrechts verbunden sein;
- bei Vollzug des Zusammenschlusses müssen alle Ansprüche abgewickelt sein und keinen Bedingungen mehr unterliegen.

DAIMLERCHRYSLER

Pooling-Voraus-setzungen (4)

Absicht zu künftigen Maßnahmen nach dem Zusammenschluß (APB 16 par. 48):

- **Keine Absicht zu einem Rückkauf**
- **Keine einseitigen Begünstigungen**
- **Kein Verkauf wesentlicher Aktiva**

Abbildung 9

c) bezogen auf geplante Maßnahmen nach dem Zusammenschluß:

- es darf zum Zeitpunkt der Entscheidung zum Zusammenschluß keine Absicht zum späteren Rückkauf oder zur Einziehung der im Zuge des Zusammengehens ausgegebenen Aktien bestanden haben;
- es darf keine Absicht bestanden haben, nach Vollzug des Zusammenschlusses Maßnahmen durchzuführen, die ehemalige Aktionäre der zusammengeschlossenen Unternehmen einseitig begünstigen;
- beim Entscheid zum Zusammenschluß dürfen keine Pläne oder Absichten zur Veräußerung wesentlicher Aktiva innerhalb von zwei Jahren nach Zusammenschluß bestanden haben. Dies gilt nicht hinsichtlich Veräußerungen in gewöhnlichem Umfang sowie zum Abbau von Überkapazitäten bzw. Redundanzen.

Die wohl wichtigste Voraussetzung stellt das Erfordernis dar, daß die Eigner mindestens 90% der Vollstimmrechtsanteile in die übernehmende Gesellschaft einbringen müssen. Hierbei ist zu beachten, daß diese Voraussetzung getrennt für jedes der sich zusammenschließenden Unternehmen erfüllt werden muß. Noch nicht ausgeübte Rechte zum Aktienerwerb sind dabei ebenfalls zu berücksichtigen. Im Falle DaimlerChrysler wurde die 90%-Hürde im November 1998 überschritten und der Unternehmenszusammenschluß vollzogen.

Im Zusammenhang mit der Diskussion der Pooling-Voraussetzungen ist auch deren Relevanz in zeitlicher Hinsicht zu erwähnen.

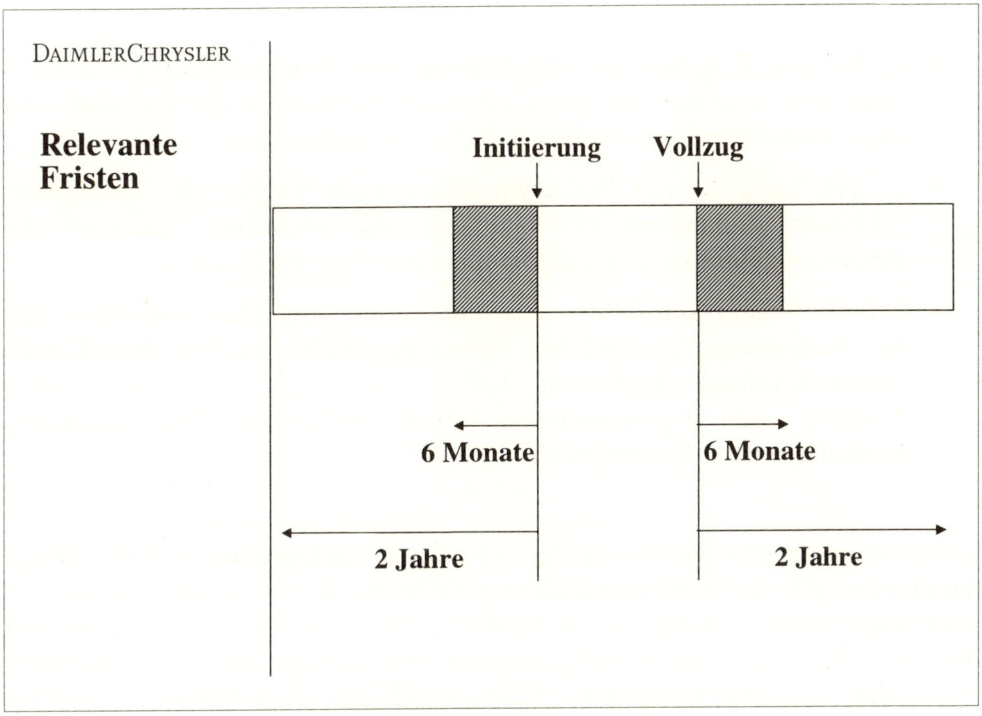

Abbildung 10

Insgesamt ist dabei festzustellen, daß für die Frage der Anwendbarkeit der Pooling-Methode der Zeitraum von zwei Jahren vor der Bekanntmachung (z. B. bzgl. Selbständigkeit) und zwei Jahren nach Vollzug des Zusammenschlusses (z. B. bzgl. geplanter Maßnahmen) detailliert zu betrachten ist. Insbesondere müssen auch nach der Durchführung des Zusammenschlusses, z. B. bei Fragen zum Rückkauf eigener Aktien, die Pooling-Voraussetzungen immer wieder geprüft werden. In diesem Zusammenhang ist auf die Regelung des Staff Accounting Bulletin No. 96 hinzuweisen, in dem bspw. ein Aktienrückkauf innerhalb von sechs Monaten nach Vollzug des Zusammenschlusses nahezu nicht widerlegbar als geplante Maßnahme betrachtet wird. Dies zeigt den allgemein bei der SEC zu beobachtenden Grundsatz auf, daß potentiell poolingschädliche Transaktionen um so schwerer zu entkräften sind, je näher sie am Zeitpunkt der Initiierung bzw. des Vollzugs liegen. Dementsprechend empfiehlt es sich, auch in der Sechsmonatsfrist vor Initiierung stattfindende Transaktionen besonders kritisch zu durchleuchten.

Umsetzung der Pooling-of-interests-Methode im Konzernabschluß

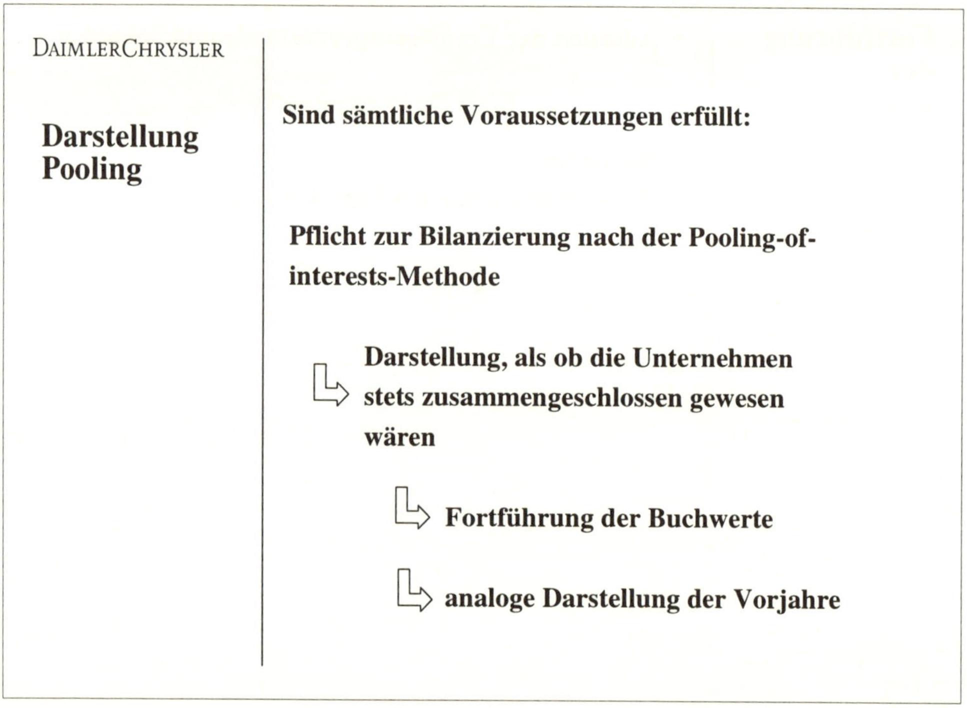

Abbildung 11

Wichtigstes Merkmal der Pooling-of-interests-Methode ist, daß die Vermögensgegenstände und Schulden mit ihren Buchwerten in den gemeinsamen Konzernabschluß einfließen; stille Reserven und Lasten beider zusammengeschlossener Einheiten werden folglich nicht aufgedeckt. Der Konzernabschluß ergibt sich daher bildlich gesprochen als Summe der Abschlüsse der sich zusammenschließenden Unternehmen. Dabei ist zu beachten, daß nicht nur das Jahr des Zusammenschlusses, sondern auch die Vorjahre so darzustellen sind, als ob beide Unternehmen bereits in der Vergangenheit zusammengeschlossen gewesen wären.

DAIMLERCHRYSLER

Fortführung der Buchwerte

- **Addition der Vermögensgegenstände und Schulden**
- **Ausnahme:**
  Zusammensetzung des Eigenkapitals

Abbildung 12

Eine Ausnahme von der bloßen Zusammenrechnung ist die Darstellung des Eigenkapitals. Letztlich ergibt sich zwar das Eigenkapital des Konzerns auch bei Anwendung der Pooling-of-interests-Methode aus der Addition der Eigenkapitalien beider Unternehmen vor Zusammenschluß. Allerdings müssen die einzelnen Bestandteile des Eigenkapitals angepaßt werden. Gemäß APB 16.53 wird das gezeichnete Kapital entsprechend dem Nennwert der nach Zusammenschluß ausgegebenen Aktien dargestellt. Die Kapitalkonsolidierung erfolgt zunächst durch Verrechnung des Beteiligungsbuchwertes im Einzelabschluß des Mutterunternehmens mit dem gezeichneten Kapital des Tochterunternehmens. Der Unterschiedsbetrag ist nach US-GAAP zuerst mit der Kapitalrücklage zu verrechnen, ein ggf. verbleibender Betrag mit den Gewinnrücklagen.

Zur Verdeutlichung soll folgendes Beispiel dienen:

DaimlerChrysler

Beispiel zur Behandlung des Eigenkapitals (1)

	Vor Zusammenschluß A	Vor Zusammenschluß B
Anteile an B	-	-
Übriges Vermögen	8.000	6.000
	8.000	**6.000**
Schulden	2.000	1.500
Gezeichnetes Kapital	5.000	2.500
Kapitalrücklage	300	500
Gewinnrücklagen	700	1.500
Eigenkapital	6.000	4.500
	8.000	**6.000**
Ausstehende Aktien	1.000	500
Unternehmenswert	10.000	8.000
Tauschverhältnis		5 zu 8
Neue Aktien		800

Abbildung 13

Bei den Unternehmen A und B liegen die Voraussetzungen für einen Zusammenschluß “unter Gleichen” vor. Die Aktionäre des Unternehmens B erhalten im Rahmen eines Anteilstausches Aktien der Gesellschaft A. Das Umtauschverhältnis bestimmt sich auf Basis der relativen Unternehmenswerte.

Das Tauschverhältnis von 8 A-Aktien für 5 B-Aktien ergibt sich daher wie folgt:

$$\frac{8.000 \text{ Unternehmenswert B}}{10.000 \text{ Unternehmenswert A}} \times 1.000 \text{ bisherige A-Aktien} = 800 \text{ neue A-Aktien}$$

Die Sachkapitalerhöhung erfolgt zum Buchwert. Bei einem Nominalwert von 5 GE je Aktie erhöht sich das gezeichnete Kapital der A-AG aufgrund des Aktientausches um 800 x 5 GE = 4.000 GE. Der Differenzbetrag wird in die Kapitalrücklage eingestellt.

DAIMLERCHRYSLER

Beispiel zur Behandlung des Eigenkapitals (2)

Sacheinlage in Gesellschaft A:

	Vor Sacheinlage		**Nach Sacheinlage**
Anteile an B	-	4.500	4.500
Übriges Vermögen	8.000		8.000
	8.000		**12.500**
Schulden	2.000		2.000
Gezeichnetes Kapital	5.000	4.000	9.000
Kapitalrücklage	300	500	800
Gewinnrücklagen	700		700
Eigenkapital	6.000		10.500
	8.000		**12.500**

Abbildung 14

Dementsprechend ergibt sich folgende Konzernbilanz nach der Pooling-of-interests-Methode:

DAIMLERCHRYSLER

Beispiel zur Behandlung des Eigenkapitals (3)

	Nach Zusammenschluß A	Nach Zusammenschluß B	Summen-bilanz	Konsoli-dierung	Konzern
Anteile an B	4.500	-	4.500	(4.500)	-
Übriges Vermögen	8.000	6.000	14.000		14.000
	12.500	**6.000**	**18.500**		**14.000**
Schulden	2.000	1.500	3.500		3.500
Gezeichnetes Kapital	9.000	2.500	11.500	(2.500)	9.000
Kapitalrücklage	800	500	1.300	(1.300)	-
Gewinnrücklagen	700	1.500	2.200	(700)	1.500
Eigenkapital	10.500	4.500	15.000		10.500
	12.500	**6.000**	**18.500**		**14.000**

Abbildung 15

Ein weiterer Aspekt der Pooling-of-interests-Methode resultiert aus der Anforderung, daß Vorjahre so darzustellen sind, als ob beide Unternehmen in der Vergangenheit bereits zusammengeschlossen gewesen wären.

DAIMLERCHRYSLER

Anpassung Vorjahre (1)

- **Erstellung eines Konzernabschlusses (3 bzw. 2 Jahre!)**
- **Weitere Anpassungen in einem Form 20-F:**
  - **Selected Financial Data (mindestens 5 Jahre!)**
  - **Management Discussion and Analysis (3 Jahre!)**

Abbildung 16

Neben der rückwirkend einheitlichen Darstellung des Konzernabschlusses einschließlich der darin enthaltenen Disclosures sei auch auf Aspekte aus dem US-Börsenprospekt ("Form 20-F") hingewiesen. In der Form 20-F ist neben dem Konzernabschluß, der i. d. R. einen Zeitraum von drei Jahren umfaßt, u. a. eine Fünfjahresübersicht zu wichtigen Eckdaten des Abschlusses aufzunehmen. Eine gemeinsame Darstellung wird darüber hinaus für den Teil Management Discussion and Analysis notwendig. Somit sind bei Anwendung der Pooling-Methode insgesamt fünf Jahre vergleichbar darzustellen, wenn auch z. T. in geringerem Detaillierungsgrad.

Bezüglich der Umsetzung der einheitlichen Vergangenheitsdarstellung sei u. a. auf die folgenden Besonderheiten hingewiesen:

DAIMLERCHRYSLER

Anpassung Vorjahre (2)

- **Vereinheitlichung von Gliederung und Ausweis**
- **Erzeugung „synthetischer Aktien“ zur Berechnung des Gewinns je Aktie für Zeiträume vor dem Zusammenschluß**
- **Darstellung des Eigenkapitals**

Abbildung 17

Ein Anpassungserfordernis kann beispielsweise bezüglich einer einheitlichen Gliederung bzw. eines einheitliches Ausweises bestehen. So war z. B. bei Chrysler eine Anpassung auf die Gliederung nach der siebenten EU-Richtlinie durchzuführen. Darüber hinaus waren aufgrund der Erfordernisse der vierten und siebenten EU-Richtlinie seitens Chrysler bestimmte Sachverhalte erstmalig darzustellen; zu nennen ist hier bspw. die Pflicht zur Erstellung eines Konzern-Anlagespiegels.

Eine weitere Besonderheit war bei der Ermittlung und Darstellung des Ergebnisses je Aktie zu beachten. Da gemäß US-GAAP bei der Pooling-Methode auch Vorjahre so anzupassen sind, als ob beide Unternehmen bereits zusammengeschlossen gewesen wären, mußte auch die Entwicklung der Aktienanzahl rückwirkend neu ermittelt werden. Hierzu mußten für die Zeit vor dem Zusammenschluß synthetische DaimlerChrysler-Aktien generiert werden. Möglich war dies durch eine Addition der Aktienanzahlen der zusammengeschlossenen Unternehmen unter Berücksichtigung des jeweiligen Umtauschverhältnisses.

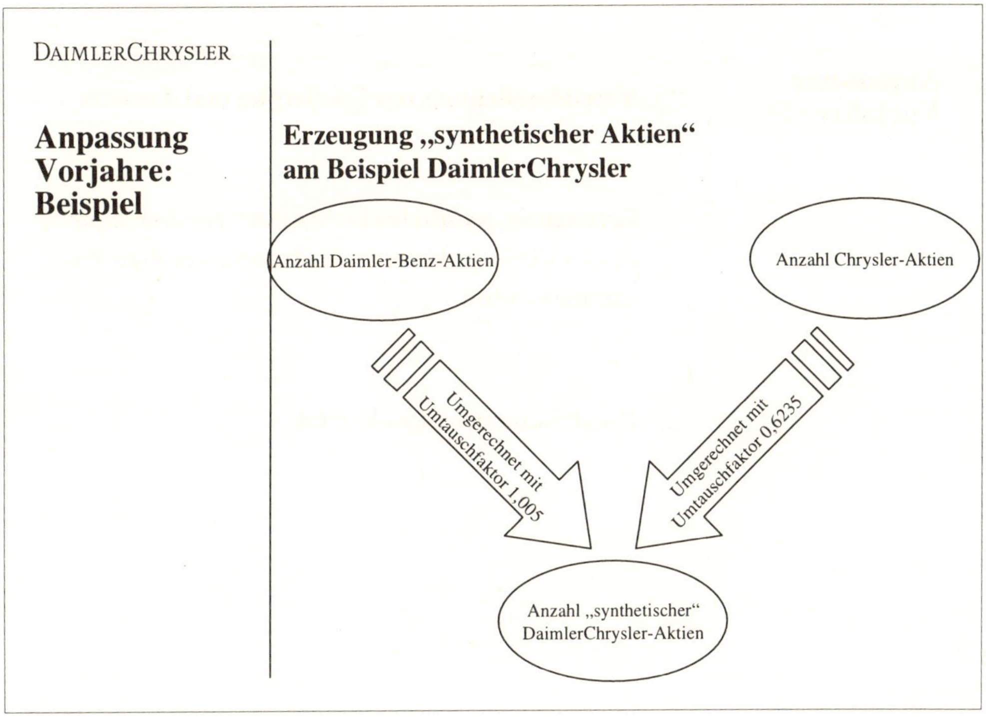

Abbildung 18

Ein vergleichbares Vorgehen findet auch auf die Darstellung des Eigenkapitals für die Zeit vor Zusammenschluß Anwendung.

Kritische Würdigung der derzeitigen Regelung

DAIMLERCHRYSLER

„Argumente“ gegen Pooling

- **Intention für Anwendung der Pooling-Methode: künftige Ergebnisbelastungen vermeiden**
- **Mangelnde Vergleichbarkeit von Abschlüssen**

Abbildung 19

Wie an mehreren Stellen bereits angesprochen, besteht die Besonderheit der Pooling-of-interests-Methode darin, daß weder stille Reserven (und Lasten) noch ein Goodwill entstehen können. Daran wird in jüngerer Zeit verstärkt bemängelt, daß diese Konsolidierungsmethode zu einer eingeschränkten Vergleichbarkeit von Abschlüssen führt. Darüber hinaus wird z. T. angeführt, daß sich die Pooling-of-interests-Methode vorwiegend deshalb großer Beliebtheit erfreut, da sich hierdurch künftige Ergebnisbelastungen durch Goodwillabschreibungen sowie aufgrund der Amortisation stiller Reserven vermeiden lassen.

DAIMLERCHRYSLER	
„Argumente" für Pooling	• **Anwendungsbereich stark eingeschränkt** • **Erwerber z. T. willkürlich** • **Soft facts hinsichtlich Erwerbsfiktion**

Abbildung 20

Dem ist jedoch entgegenzuhalten, daß der Anwendungsbereich der Pooling-of-interests-Methode nur auf sehr begrenzte und insbesondere nach US-GAAP restriktiv eingegrenzte Anwendungsfälle beschränkt ist (Liegen diese Konstellationen vor, so verlangt US-GAAP konsequenterweise eine zwingende Anwendung der Pooling-Methode. Unter dem Aspekt der Vergleichbarkeit wird daher auf nationaler Ebene ggf. das in § 302 HGB eingeräumte Wahlrecht neu zu diskutieren sein.). Und gerade für diese Fälle wäre dann zu fragen, ob die Aufdeckung stiller Reserven und ggf. eines Goodwills bei einem der beiden gleichberechtigten Partner eines Zusammenschlusses – also die Fiktion eines Erwerbs - den Zusammenschluß zutreffend abbilden würde. In diesem Zusammenhang sei beispielsweise auf die interessante Fragestellung nach dem Erwerber hingewiesen; wie ausgeführt handelt es sich im Falle eines Poolings gerade nicht um den Erwerb des einen Unternehmens durch ein anderes Unternehmen. Vielmehr wollen zwei Unternehmen und damit deren Anteilseigner gemeinsam ihre wirtschaftlichen Interessen in einer neuen gemeinsamen Organisation verfolgen. Nimmt man diesen Gedankengang des Fortbestehens der früheren Eigentumsrechte und berücksichtigt, daß durch den Anteilstausch keine Mittel den Konzern verlassen, dann ist festzustellen, daß ein grundlegend anderer Sachverhalt vorliegt als bei einem Unternehmenserwerb. Außerdem wäre ein Erwerb i. d. R. mit dem Ausscheiden der bisherigen Anteilseigner verbunden.

Darüber hinaus sollte man im Zusammenhang mit einem Zusammenschluß „unter Gleichen“ nicht unterschätzen, daß sog. „Soft Facts“ einen nicht unerheblichen Einfluß auf dessen Erfolg haben. Gerade eine Pflicht zur Identifizierung eines Erwerbers in einer Situation in der ein gleichberechtigtes Zusammengehen die Basis darstellt, kann sehr leicht wenig zielführende Diskussionen hervorrufen. Solche - durch eine Bilanzierungsfiktion hervorgerufene - Diskussionen erschweren unnötigerweise den Integrationsprozeß und damit den Erfolg eines Zusammenschlusses. Bei der Frage der Festlegung eines Erwerbers handelt es sich folglich um weit mehr als reine Bilanzierungstechnik.

6. Zukunftsperspektiven – Die Pläne des FASB

Die jüngere Entwicklung im Bereich der Zusammenschlüsse großer globaler Unternehmen hat die Pooling-Methode stärker in den Blickpunkt gerückt. Im Frühjahr 1999 setzte - nicht zuletzt aufgrund des vom IASC herausgegebenen G 4+1 Position Papers: Recommendations for Achieving Convergence on the Methods of Accounting for Business Combinations – in internationalen Fachkreisen eine weitreichende Diskussion zur Pooling-Methode ein. Im Rahmen dieser Diskussion wird insbesondere unter dem Aspekt der Vergleichbarkeit der Vorschlag gemacht, daß künftig ausschließlich die Purchase-Methode zulässig sein soll, so z. B. der FASB-Vorsitzende Edmund L. Jenkins, der im Juli 1999 im Journal of Accountancy folgendermaßen zitiert wird: "We believe that the purchase method of accounting gives investors a better idea of the initial cost of a transaction and the investment`s performance over time". In bestimmten Fällen wird nach der Fresh-Start-Methode sogar eine Vollaufdeckung der stillen Reserven für beide sich zusammenschließenden Unternehmen gefordert. Auch das in den G 4+1 vertretene FASB hat sich im Frühjahr 1999 für eine Abschaffung der Pooling-Methode ausgesprochen.

Dementsprechend hat das FASB im September 1999 ein Exposure Draft veröffentlicht, das hinsichtlich Pooling durch folgende Eckpunkte charakterisiert ist:

DaimlerChrysler

Exposure Draft des FASB vom 7. September 1999 (1)

Abschaffung der Pooling-of interests-Methode

- **Ausschließliche Anwendung Purchase accounting**
- **Erwerbsfiktion**
- **Separate Darstellung der Goodwill-Abschreibung in GuV**

Abbildung 21

Zu diesem Entwurf ist im ersten Quartal 2000 eine öffentliche Anhörung geplant. Ein endgültiger Standard soll noch im Jahr 2000 erscheinen.

Die Vorschläge des FASB werden sehr wahrscheinlich zu kontroversen Diskussionen im Rahmen des sog. „Due Process" führen. Daß sich das FASB bereits hierauf eingestellt hat, kann auch aus der ansonsten unüblichen im Voraus eingeplanten öffentlichen Anhörung geschlossen werden. Dabei werden u. a. die folgenden Fragestellungen sorgfältig zu analysieren sein:

DAIMLERCHRYSLER	
Exposure Draft des FASB vom 7. September 1999 (2)	**Sich hieraus ergebende Fragestellungen:** • **Wirtschaftlich richtige Darstellung bei Interessenzusammenführung?** • **„Fresh-Start"-Methode: eine sinnvolle Alternative?** • **Höhere Vergleichbarkeit zwischen Unternehmen?**

Abbildung 22

Die aktuellen Entwicklungen werden aufmerksam zu beobachten sein. Ob ggf. ein Wegfall der Pooling-Methode künftig zur Verhinderung ökonomisch sinnvoller Allianzen führt, hängt in hohem Maße davon ab, ob das auch für den Sonderfall der Interessenzusammenführung vorgeschlagene neue Vorgehen den Sachverhalt einschließlich seiner Besonderheiten angemessen abbilden kann; Zweifel sind hier bereits jetzt anzumelden. Insbesondere wird dabei die angestrebte verbesserte Vergleichbarkeit sorgfältig untersucht werden müssen. So ist z. B. darauf hinzuweisen, daß die Aufdeckung stiller Reserven im Rahmen eines Zusammenschlusses nur eine Momentaufnahme der aktuellen Marktwerte darstellen kann. Der Zeitpunkt dieser Momentaufnahme wird von Unternehmen zu Unternehmen variieren.

Insgesamt verdeutlicht die Diskussion der mit der Pooling-of-interests-Methode verbundenen Fragestellungen, daß es sich um ein sehr vielschichtiges Themengebiet handelt. Doch gerade in der Beleuchtung der Facetten liegt der Reiz und die Herausforderung zu einer aktiven Begleitung des Meinungsbildungsprozesses.

Prof. Dr. Bernhard Pellens/Dr. Rolf Uwe Fülbier
Lehrstuhl für Internationale Unternehmensrechnung
Ruhr-Universität Bochum

Immaterielle Vermögensgegenstände in der internen und externen Unternehmensrechnung

Gliederung

1. Einführung

1.1 Zielsetzung und Vorgehensweise der Unternehmensrechnung

Mit einer externen, kapitalmarktorientierten Unternehmensrechnung (Rechnungslegung) sollen Informationsasymmetrien zwischen dem Management und den Investoren über die Wertentwicklung börsennotierter Unternehmen reduziert werden. Aus Geschäftsvorfällen werden daher vom Management Unternehmensdaten in standardisierter Form generiert und veröffentlicht. Nach Auswertung dieser Daten bilden aktuelle und potentielle Investoren ihre Erwartungen über zukünftige finanzielle Rückflüsse, die ihnen in Abhängigkeit von ihrer Investitionsentscheidung zufließen. Je besser sie dabei in der Lage sind, aus den ihnen präsentierten Daten die Rendite-/Risikoprognosen zu erstellen, um so geringer wird ihre subjektive Unsicherheit.

Obwohl die „wahren" Werttreiber von Aktienkursen noch wenig bekannt sind, wird davon ausgegangen, daß innerhalb der Menge publizierter Rechnungslegungsdaten die Ergebnisgrößen (earnings) für den Investor als periodische Zielgrößen eine hervorgehobene Bedeutung besitzen (vgl. z.B. die Kapitalmarktstudien von Booth/Broussard/Loistl, German Stock Returns; Booth/ Broussard/ Loistl, Earnings and stock returns; Krämling, Goodwill aus der Kapitalkonsolidierung, S. 185 ff.; Lev, Usefulness of Earnings). Das Periodenergebnis des Unternehmens wird z.B. durch den **Gewinn je Aktie** (earnings per share, EPS) auf die einzelne Aktie heruntergebrochen, um insbesondere in der Finanzanalyse in „naiver" Kombination mit dem Kurs-Gewinn-Verhältnis (price-earnings-ratio) als wichtiger **Indikator für die künftige Aktienkursentwicklung** herangezogen zu werden.

- Zum einen können die Daten des veröffentlichten und geprüften Jahresbschlusses von den Kapitalmarktteilnehmern für eine *Soll-Ist-Analyse* verwendet werden, in der die erwarteten Zielgrößen, wie z.B. EPS, mit den „tatsächlich" eingetretenen Zielgrößen verglichen und gegebenenfalls auf Abweichungen hin untersucht werden. Hierbei sind realwirtschaftliche und bilanzierungsbedingte Abweichungen zu trennen.
- Zum anderen können die Ist-Werte als *Basis für eine Prognose* künftiger periodischer Zielgrößen verwendet werden. In Frage kommen hier neben den EPS auch wertorientierte Performance-Kennzahlen, die z.B. in der US-amerikanischen Segmentberichterstattung für die einzelnen Geschäftseinheiten zu veröffentlichen sind. Für die eigene Prognoserechnung

verwenden die Kapitalmarktteilnehmer das vom Unternehmen angewendete Rechnungslegungssystem mit den konkret verwendeten Bilanzansatz-, Bewertungs- und Konsolidierungsregeln. Hierüber lassen sich - ausgehend von den Ist-Daten - sämtliche neuen Mikro- und Makronachrichten näherungsweise in künftige periodische Zielgrößen transformieren. Mit Hilfe von Planbilanzen, Plan-GuV's und Plankapitalflußrechnungen etc. werden i.d.R. für jeden einzelnen Geschäftsbereich Erfolgsgrößen abgeleitet, die zu einer einzigen Kennzahl für das gesamte Unternehmen verdichtet und bei neuen Informationen, z.B. durch die Ad-hoc-Publizität bzw. durch Analystentreffen, kontinuierlich angepaßt werden.

Das Rechnungslegungssystem dient insofern als Struktur- und später auch Korrekturmodell für derartige **Erfolgsgrößenprognosen**. Es stellt das Abbildungsmodell zur Verfügung, aus dem letztlich – im Falle der EPS - die prognostizierte Zählergröße resultiert.

Die interne Unternehmensrechnung dient hingegen der Information des Managements (vgl. zu dieser Diskussion z.B. COENENBERG, Einheitlichkeit oder Differenzierung von internem und externem Rechnungswesen; EWERT/ WAGENHOFER, Interne Unternehmensrechnung, S. 4 ff.; KLOOCK, Internes Rechnungswesen; PFAFF/WEBER, Zweck der Kostenrechnung?). In einer Konzernstruktur haben die Geschäftsbereiche gegenüber dem Konzernmanagement einen Informationsvorteil, den es mit entsprechenden Daten zu reduzieren gilt. Im Sinne einer wertorientierten, an der zahlungsorientierten Investitionsrechnung ausgerichteten **Konzernsteuerung** kann die interne Unternehmensrechnung u.a. zur Geschäftsbereichs- und Managementbeurteilung eingesetzt werden. Während die Rechnungslegung bisher überwiegend Ist-Daten bereitstellt, aus der Externe ihre Prognosen ableiten, generiert das interne Rechnungswesen wertorientierte Kennzahlen sowohl auf Ist- als auch auf Planbasis. In der Unternehmenspraxis finden hier zunehmend Übergewinnkonzepte wie z.B. Economic Value Added (EVA) oder Cash Value Added (CVA), aber auch renditeorientierte Konzepte, wie z.B. *Stewart's* Vermögensrendite r oder der Cash Flow Return on Investment (CFROI), Verwendung. Die Beurteilung der Geschäftsbereiche und auch der dort verantwortlichen Manager richtet sich nach der jeweils erzielten Wertsteigerung, die bezogen auf das eingesetzte Kapital als Differenz der erzielten Rendite zu dem Kapitalkostensatz ermittelt wird.

1.2 Immaterielle Vermögensgegenstände als Herausforderung für die Unternehmensrechnung

Der Wandel von einer Industrie- zu einer Dienstleistungs- und Hochtechnologiegesellschaft geht mit der zunehmenden Bedeutung immaterieller Werte einher. Der Wert eines Unternehmens wird häufig weniger durch materielle als vielmehr durch **immaterielle Vermögenswerte** bestimmt. Die Herausforderungen dieser Entwicklung werden z.B. bei den jüngst zu beobachtenden Großakquisitionen deutlich. Ein milliardenschwerer Unterschiedsbetrag zwischen Kaufpreis und bilanziellem Eigenkapital des gekauften Unternehmens, der sog. **Goodwill**, - in der Telekommunikation wegen kaum vorhandenen Eigenkapitals nicht selten in der Höhe des gesamten Kaufpreis liegend -, deutet nicht nur auf die Existenz stiller Reserven, sondern insbesondere auf nicht bilanzierte immaterielle Werte. So hat z.B. Mannesmann Mitte 1999 für 18 Mrd. DM Anteile am italienischen Mobilfunkbetreiber Omnitel erworben, obwohl dem nur ein bilanzielles Eigenkapital von etwa 1 Mrd. DM gegenüber stand. Noch deutlicher wird dies bei dem Erwerb des britischen Anbieters Orange, den sich Mannesmann 60 Mrd. DM kosten ließ, obwohl Orange sogar ein negatives Eigenkapital in Höhe von ca. 1 Mrd. DM aufwies. Ähnlich ging es auch der Deutschen Telekom, die 20 Milliarden für den britischen Mobilfunkbetreiber One-2-One zahlte, obwohl auch dieser ein negatives Eigenkapital bilanzierte. Das Mißverhältnis zwischen Marktwert und Buchwert des Eigenkapitals findet sich ebenso, wenn auch weniger deutlich, in anderen Branchen. Aus den Wertgutachten bei der Fusion von Daimler/Chrysler bzw. Thyssen-Krupp/Hoesch sind Marktwerte von 190 bzw. 36 Mrd. DM zu entnehmen, denen bilanzielle Buchwerte des Eigenkapitals von lediglich 51 bzw. 12 Mrd. DM gegenüberstanden.

Die externe Unternehmensrechnung kann insbesondere dann kein differenziertes Bild mehr zeichnen, wenn junge, sogenannte **Start-up-Unternehmen** z.B. in den Bereichen Software, Hardware, Electronic Commerce, Telekommunikation oder auch Biotechnologie betrachtet werden. Die Negierung immaterieller Werte führt hier zu einer niedrigeren Bilanzattraktivität, die es den Adressaten erschwert, zwischen zukunftsträchtigen Start-up-Unternehmen und klassischen Krisenunternehmen zu unterscheiden.

Das Spektrum der immateriellen Werte umfaßt nicht nur vertraglich oder gesetzlich geschützte Rechte, wie z.B. gewerbliche Schutzrechte (Patente, Gebrauchsmuster, Marken), Konzessionen, Lizenzen etc. Auch rechtlich nicht geschützte wirtschaftliche Vorteile, die teilweise noch Gegenstand eines Rechtsgeschäftes sein können, wie z.B. ungeschützte Erfindungen oder Kundendateien sind hier von Bedeutung. Teilweise müssen sie aber noch nicht einmal die Eigenschaft besitzen, Gegenstand eines Rechtsgeschäfts sein zu können. Werbung, Reputation und teilweise auch F&E-Ausgaben können hier als entsprechende Beispiele dienen (vgl. zu dieser Unterteilung bereits VON KEITZ, Immaterielle Güter, S. 5-7).

Immaterielle Werte werden in der externen Unternehmensrechnung scheinbar nur unzureichend abgebildet. Gälte dies auch in der internen Unternehmensrechnung, können falsch gesetzte Steuerungssignale zu unternehmerischem Fehlverhalten führen. Dies kann – wie in externer Sicht, wenn Kapitalmarktteilnehmer Investitionsentscheidungen aufgrund unvollständiger Information treffen – Fehlallokationen verursachen.

Die Kenntnis der schon von MOXTER als „ewige Sorgenkinder des Bilanzrechts" (MOXTER, Immaterielle Anlagewerte, S. 1102; vgl. dazu z.B. auch KOSSACK, Die immateriellen Wirtschaftsgüter, S. 1-3) bezeichneten immateriellen Werte ist für Investoren gerade dann unverzichtbar, wenn sie wesentliche „Werttreiber" des Unternehmens darstellen. Eine kapitalmarktorientierte Rechnungslegung wie auch eine wertorientierte Konzernsteuerung kann es sich nicht leisten, diese Wertreiber zu vernachlässigen. Ob und inwieweit die gegenwärtig bestehende Unternehmensrechnung diesem Anspruch genügt, wird im folgenden untersucht.

2. Bisherige bilanzielle Erfassung immaterieller Vermögensgegenstände

2.1 Erfassung immaterieller Vermögensgegenstände nach HGB

In der handelsrechtlichen Rechnungslegung hat die Bilanz gem. § 242 Abs. 1 HGB das Vermögen und die Schulden eines Kaufmanns für den Schluß eines jeden Geschäftsjahres gegenüberzustellen. In statischer Interpretation steht hiernach die Schuldendeckungsfähigkeit der Vermögensgegenstände im Vordergrund. Eindeutige gesetzliche Kriterien, die einen Vermögensgegenstand und dessen **Aktivierungsfähigkeit** determinieren, gibt es jedoch nicht. Statt dessen haben sich in der Rechtsprechung und im Schrifttum Aktivierungskonzeptionen entwickelt, die auf die selbständige Verwertbarkeit und die bilanzielle Greifbarkeit als zentrale Merkmale eines Vermögensgegenstandes abstellen (vgl. überblickartig BAETGE, Bilanzen, S. 146-157, der i.d.Zshg. zwischen handelsrechtlicher und steuerrechtlicher Aktivierungskonzeption unterscheidet). Immaterielle Werte, die diesen Merkmalen entsprechen, sind als Vermögensgegenstände anzusehen.

Für den handelsrechtlichen Bilanzansatz reicht diese abstrakte Aktivierungsfähigkeit jedoch nicht aus. Der Jahresabschluß hat gem. § 246 Abs. 1 HGB nur Vermögengegenstände zu enthalten, soweit gesetzlich nichts anderes bestimmt ist. Hiernach wird die abstrakte Aktivierungsfähigkeit durch eine konkrete Aktivierungsfähigkeit ergänzt, von der dann auszugehen ist, wenn gesetzliche Vorschriften dem Bilanzansatz nicht widersprechen. Diese konkrete Aktivierungsfähigkeit liegt für nicht entgeltlich erworbene immaterielle Vermögensgegenstände des Anlagevermögens aufgrund des Aktivierungsverbots gem. § 248 Abs. 2 HGB nicht vor.

Folglich werden immaterielle Werte in der handelsrechtlichen Rechnungslegung nur teilweise erfaßt. Entgeltlich erworbene immaterielle Vermögensgegenstände des Anlagevermögen werden angesetzt. Sie werden der gängigen Bewertungskonzeption im Anlagevermögen folgend zu fortgeführten Anschaffungskosten bewertet. Alle Ausgaben, die mit der selbständigen Schaffung und Vermehrung längerfristig oder dauernd dem Geschäftsbetrieb dienender immaterieller Werte getätigt werden, sind hingegen sofort als Aufwand in der GuV zu verrechen. Unter den Gesichtspunkten der Objektivierung erscheint dem deutschen Gesetzgeber nur die Umsatzhandlung über den Markt und die damit verbundene Preisfindung zur bilanziellen Wertbestimmung geeignet. Eine gekaufte Lizenz findet demnach ihren Niederschlag in der HGB-Bilanz, ein aus eigener Forschung und Entwicklung resultierendes Patent hingegen nicht. Selbstgeschaffene und entgeltlich erworbene immaterielle Vermögensgegenstände des Umlaufvermögens müssen grundsätzlich angesetzt und zu ihren Anschaffungs- oder Herstellungskosten bewertet werden. Selbstentwickelte Computersoftware kann im Vorratsvermögen angesetzt werden, sofern sie für den Verkauf bestimmt ist. Sollte sie dahingegen der Verbesserung des eigenen Produktionsprozesses dienen, können die damit einhergehenden Ausgaben nur als Aufwand verrechnet werden.

Sollten dem Unternehmen immaterielle Werte zuwachsen, ohne dafür unmittelbar Ausgaben getätigt zu haben, so finden diese in der handelsrechtlichen Rechnungslegung keine Berücksichtigung. Das allgemeine Standing eines Unternehmens ist damit ebensowenig aktivierungsfähig wie z.B. die öffentlich finanzierte Infrastruktur, von der das bilanzierende Unternehmen durchaus profitiert. In diesen Zusammenhang ist auch der Goodwill anzusiedeln, der – sofern selbst geschaffen und damit originär – nicht aktiviert werden darf. Nur ein erworbener, derivativer Goodwill kann gem. §§ 255 Abs. 4, 309 Abs. 1 Satz 1 und 2 HGB aktiviert und abgeschrieben werden bzw. im Konzernabschluß auch gem. § 309 Abs. 1 Satz 3 HGB erfolgsneutral mit den Rücklagen verrechnet werden.

2.2 Erfassung immaterieller Vermögensgegenstände nach US-GAAP

Die US-amerikanische Rechnungslegung ist von der **Kasuistik** des „case law" geprägt, die sich im Bereich der bilanziellen Erfassung immaterieller Werte in einer Fülle nicht immer konsistenter Einzelregeln konkretisiert. Im Gegensatz zu der eher statisch geprägten deutschen Aktivierungskonzeption ist die „asset"-Definition nach dem Framework des Financial Accounting Standards Board (FASB) dynamischer ausgerichtet. Ein „**asset**" wird durch einen wahrscheinlichen künftigen ökonomischen Nutzen bestimmt, der jedoch der Kontrolle des bilanzierenden Unternehmens unterliegen muß (vgl. SFAC No. 6.25; dazu auch PELLENS, Internationale Rechnungslegung, S. 144 ff.). So mag das Mitarbeiter-Know-How zwar künftige Cash-Flows generieren, die wegen der jederzeit möglichen Kündigung des Mitarbeiters jedoch nur bedingt der Kontrolle des Unternehmens unterliegen.

Rechnungslegungsdaten haben zudem den Kriterien der „**relevance**" und „**reliability**" zu genügen (vgl. SFAC No. 5.46 ff.; dazu auch PELLENS, Internationale Rechnungslegung, S. 137 ff.). Gerade die Aktivierung immaterieller Werte scheitert trotz der oftmals unbestrittenen Entscheidungsrelevanz an den notwendigen Objektivierungserfordernissen, die das FASB – aber auch das Accounting Principles Board (APB) als Vorgängerorganisation und das American Institute of Certified Public Accountants (AICPA) als Dachverband der US-amerikanischen Wirtschafsprüfer – in vielen Einzelstandards zu konkretisieren versuchte, wenn es nicht schon von vornherein ein Aktivierungsverbot aussprach. Diese in Tab. 1 überblickartig zusammengestellten Standards sind teilweise vor Etablierung des FASB-Frameworks herausgegeben worden und stehen daher nicht immer mit diesem im Einklang. Auch die Konsistenz der Regeln untereinander ist nicht zwingend gewährleistet und deutet u.a. auch auf unterschiedlich starken lobbyistischen Einfluß der jeweils betroffenen Branchen hin. So ist z.B. das Kriterium der „technical feasibility" ausschlaggebend für die Aktivierung von Computersoftware nach SFAS 86, während es noch in SFAS 2 als Aktivierungskriterium für F&E-Ausgaben abgelehnt wurde. Ähnlich uneinheitlich wird das Aktivierungskriterium „Künstler-Reputation" zwischen SFAS 50 und 53 gehandhabt.

Standard	Inhalt
APB Opinion 16	Goodwill-Aktivierung im Rahmen der Kapitalkonsolidierung (Abschreibung bis zu 40 Jahre); proportionale Kürzung der Wertansätze des Anlagevermögens bei negativem Unterschiedsbetrag; Rest ist negativer Goodwill (Auflösung über max. 40 Jahre).
APB Opinion 17	Aktivierungsgebot für eindeutig identifizierbare und abnutzbare immaterielle „assets"; hoher Ermessensspielraum in der Frage der eindeutigen Identifizierbarkeit; Bewertung erfolgt zu fortgeführten Anschaffungs- und Herstellungskosten; die i.d.R. lineare Abschreibung darf 40 Jahre nicht überschreiten.
SFAS 2	Grundsätzliches Aktivierungsverbot für F&E-Ausgaben der Periode, die unmittelbar als Aufwand zu verrechnen sind.
SFAS 7 SOP 98-5	Aktivierungsverbot für Ingangsetzungsausgaben.
SFAS 19/25/69	Bei rohstoffabbauenden Industrien existiert ein Aktivierungsgebot von bestimmten F&E-Maßnahmen (z.B. Ausgaben zur Gebietserschließung, Probebohrungen etc.).
SFAS 44	Aktivierungsverbot für Güterverkehrslizenzen. Aktivierungsgebot für sonstige Lizenzen.
SFAS 50	Aktivierungsgebot für die Herstellungsausgaben von Mastertonträgern, sofern der Künstler eine entsprechend hohe Reputation besitzt.
SFAS 53	Aktivierungsgebot der Herstellungsausgaben für Masterfilme unabhängig von der Reputation der Mitwirkenden
SFAS 68	Aktivierungsgebot für F&E-Ausgaben im Auftrage Dritter.
SFAS 86 SOP 98-1	Aktivierungsgebot von Ausgaben für die Software-Entwicklung ab zweifelsfreier Feststellung der technischen Durchführbarkeit (technical feasibility) bzw. – bei interner Nutzung – eines bestimmten Projektfortschritts, ab dem Projektrealisation und –nutzung sehr wahrscheinlich ist.
SOP 93-7	Aktivierungsverbot für Werbeausgaben mit der Ausnahme der sog. Direktwerbung (direct-response advertising).

Abbildung 1: US-amerikanische Regeln zur Bilanzierung immaterieller Werte.

Die Regulierung der Bilanzierung langlebiger, dem Anlagevermögen zuzuordnender immaterieller „assets" (intangibles) ist jedoch nicht abgeschlossen. So hat das FASB z.B. 1996 ein Projekt zur Bilanzierung von Unternehmensverbindungen (business combination) initiiert, in dessen Rahmen die Bilanzierung (erworbener) immaterieller Werte eine wichtige Rolle spielt und die Abschreibungsdauer des Konsolidierungsgoodwill überdacht wird (Vgl. FASB, Business Combination and Intangible Assets). Entsprechende Standards sind in den folgenden Jahren zu erwarten. Darüber hinaus wird SFAS 53 in Zukunft aufgehoben. Im laufenden „due process" hat das FASB hierzu einen „exposure draft" veröffentlicht, nach dem SFAS 53 durch ein entsprechendes Statement of Position (SOP) des AICPA ersetzt werden soll. Die Verabschiedung des SOP wird im Laufe des Jahres 2000 erwartet (FASB, Rescission of FASB Statement No. 53; FASB, Status Report No. 321, S. 16).

2.3 Erfassung immaterieller Vermögensgegenstände nach IAS

2.3.1 IAS 38

Die Entwicklung eines umfassenden Standards des IASC zur Bilanzierung immaterieller Werte des Anlagevermögens erfolgte schrittweise. So existierte zur Bilanzierung von F&E-Ausgaben seit 1978 ein IAS 9 „Research and Development Costs", der 1993 im Rahmen des Comparability Projects überarbeitet wurde. Da IAS 9 keine Bilanzierungsregeln für erworbene und sonstige selbsterstellte immaterielle Gegenstände enthielt und weil die zunehmende Bedeutung derartiger Vermögenswerte vom Board erkannt wurde, ist er 1998 durch einen einheitlichen Standard zur Bilanzierung immaterieller Vermögenswerte, durch **IAS 38** „Intangible Assets" ersetzt worden (vgl. RIVAT, Recognise your Intangibles, S. 122). IAS 38 löst nun IAS 9 ab und setzt weiterhin diejenigen Teile von IAS 4 „Depreciation Accounting" außer Kraft, die sich mit der Abschreibung von immateriellen Vermögenswerten befassen. IAS 38 ist verpflichtend für die Geschäftsjahre anzuwenden, die ab dem 1. Juli 1999 beginnen. Immaterielle Vermögenswerte des Umlaufvermögens werden in IAS 2 „Inventories" und IAS 11 „Construction Contracts" behandelt.

Nach IAS 38 ist ein immaterieller Vermögenswert ein identifizierbarer, nicht monetärer „asset" ohne physische Form, der zu Zwecken der Produktion, der Vermietung oder der Verwaltung gehalten wird. Der „asset"-Begriff unterscheidet sich dabei nicht wesentlich von demjenigen nach US-GAAP. Ein solcher immaterieller Vermögenswert ist zu aktivieren, wenn er

- beweisbar dem Unternehmen einen zukünftigen ökonomischen Nutzen verspricht,

- dieser Nutzen dem Gegenstand eindeutig zugeordnet werden kann und
- wenn die mit seiner Erlangung verbundenen Kosten verläßlich meßbar sind.

Diese Bedingungen gelten unabhängig davon, ob der Gegenstand selbsterstellt oder erworben wurde. Damit setzt die Aktivierungsfähigkeit nach IAS 38 voraus, daß der Gegenstand eindeutig identifizierbar sein muß, also vom Goodwill des bilanzierenden Unternehmens trennbar ist (vgl. IAS 38.10; RIVAT, Recognise your Intangibles, S. 122). Ein wichtiges, aber nicht notwendiges Zeichen für die eindeutige **Identifikation** eines immateriellen Vermögenswertes liegt in der Separierbarkeit und damit in der Möglichkeit, den betrachteten Gegenstand aus dem Unternehmen auszugliedern und über einen Markt zu veräußern. So wird bei einigen Ausgaben, wie z.B. für Ingangsetzung des Geschäftsbetriebes, Mitarbeiterschulung, Werbung und Restrukturierung gem. IAS 38.57 davon ausgegangen, daß kein immaterieller Vermögenswert entsteht. Zudem werden einige selbsterstellte immaterielle Vermögenswerte, wie z.B. Zeitungs- und Verlagstitel, Markennamen und Kundenlisten, gem. IAS 38.51 explizit von der Aktivierung ausgeschlossen, da die Entstehungsausgaben von den allgemeinen Ausgaben für den (originären) Goodwill nicht zu trennen seien (IAS 38.52) (vgl. dazu auch BAETGE/VON KEITZ, E 50, Rn. 14 f.).

Als zweite wichtige Bilanzansatzvoraussetzung wird in IAS 38.7 i.V.m. 38.13-16 die **Kontrolle** des Unternehmens über den immateriellen Vermögenswert eingeführt. Hiernach übt ein Unternehmen dann Kontrolle über einen Vermögenswert aus, wenn es auf die künftigen Rückflüsse des Vermögenswertes mit Gewißheit zugreifen kann. Die Kontrolle ist beweisbar, wenn hierfür eine rechtliche Grundlage existiert, wie z.B. bei Lizenzen, Copyrights oder Patenten. Von einer Kontrolle über Mitarbeiter-Know-How, aufgebaute Kundenbeziehungen oder Markennamen wird hingegen nicht ausgegangen.

Falls ein immaterieller Gegenstand die Ansatzkriterien nicht erfüllt, sind sämtliche diesbezüglichen Ausgaben in der Periode, in der sie anfallen, als Aufwand zu verbuchen. Aktivierte immaterielle Vermögenswerte sind zu Anschaffungs- bzw. Herstellungskosten zu bewerten. Unproblematisch stellt sich dies meist bei einem entgeltlichen Erwerb von Dritten dar. Zu den dann verläßlich meßbaren Anschaffungskosten zählen neben dem Anschaffungspreis auch eventuelle Anschaffungsnebenkosten, wie Anwalts- und Gerichtsgebühren, Zollgebühren und nicht rückerstattbare Steuern. Von diesen Anschaffungskosten sind gegebenenfalls erhaltende Rabatte und ähnliches abzuziehen.

Bei der bilanziellen Erfassung selbsterstellter immaterieller Vermögenswerte steht die Frage im Vordergrund, wie sie während ihrer Entstehungsphase zu bilanzieren sind. Zur Beurteilung, wie während der Entstehung eines immateriellen Vermögenswertes zu verfahren ist, sind die Regelungen zu **Forschungs- und Entwicklungsausgaben** einschlägig. Unter Forschung wird nach IAS 38.7 die Anstrengung einer Unternehmung verstanden, neue Information und/oder technisches Wissen zu erwerben. In der Entwicklung werden die Ergebnisse der Forschung modellhaft in den Produktionsprozeß eingeführt, so daß neue Güter oder Dienstleistungen, Prozesse oder Technologien entstehen oder bestehende wesentlich verbessert werden können. Diese Begriffe sind jedoch nicht trennscharf, so daß für die bilanzierenden Unternehmen ein Gestaltungsspielraum verbleibt, ob einzelne Sachverhalte als Forschungs- oder Entwicklungsausgaben klassifiziert werden (vgl. von Keitz, Immaterielle Güter, S. 192). Falls das Unternehmen außerstande ist, für bestimmte Produkte zwischen Forschungs- und Entwicklungsphase zu trennen, sollen sämtliche Ausgaben als Forschungsausgaben behandelt und folglich in der laufenden Periode als Aufwand erfaßt werden.

Entwicklungsausgaben sind aus prozeduraler Sicht den Forschungsausgaben nachgelagert. Dies entspricht der Auffassung des IAS 38. In der Realität kann allerdings häufig eine interdependente Beziehung von F&E-Prozessen beobachtet werden, bei der eine klare Prozeßordnung nicht vorhanden ist. Daher wird davon ausgegangen, daß Entwicklungsausgaben wahrscheinlicher einen künftigen ökonomischen Nutzen generieren und als immaterieller Vermögenswert zu aktivieren sind, wenn nach IAS 38.45 das Unternehmen

- technisch in der Lage ist, das Gut fertigzustellen und es marktbereit zu machen,
- beabsichtigt, das Gut zu produzieren und zu vermarkten oder es selber zu nutzen,
- in der Lage ist, das Gut zu vermarkten oder zu nutzen,
- die Existenz künftiger Rückflüsse bewiesen wird, indem die Existenz eines Marktes für das Gut oder für den Output des Gutes aufgezeigt wird, oder, bei interner Nutzung, der Nutzen des Gutes bewiesen wird,
- zur Realisation des Projekts über ausreichende Ressourcen verfügt und
- die dem Gut zurechenbaren Ausgaben identifizierbar und verläßlich bewertbar sind.

Falls sämtliche Bedingungen erfüllt sind, müssen die Entwicklungsausgaben eines Produktes aktiviert werden, andernfalls sind sie als Aufwand der laufenden Periode zu behandeln. Der Wertansatz des zu aktivierenden Vermögenswertes richtet sich nach den dem Entwicklungsprozeß eindeutig zuzuordnenden Kosten. IAS 38.54 nennt in diesem Zusammenhang u.a. Ausgaben für Material und Dienstleistungen, die der Generierung des immateriellen Wertes dienen, zuzüglich Löhne und Gehälter der diesbezüglich direkt involvierten Arbeitnehmer, direkt zurechenbare Ausgaben wie Registrierungs-, Patentanmelde- oder Lizenzgebühren und letztlich auch die nur indirekt zurechenbaren Ausgaben für den Overhead (Gemeinkosten). Diese Kosten können gem. IAS 38.53 erst ab dem Zeitpunkt aktiviert werden, an dem die oben aufgeführten Ansatzbedingungen erfüllt sind. Eine nachträgliche Aktivierung ist ausgeschlossen. Dem prozessualen, u.U. periodenübergreifenden Charakter von „immateriellen Werten im Bau“ wird insofern Rechnung getragen, als daß die entsprechenden Kosten ab dem Erstaktivierungszeitpunkt Periode für Periode auf der Aktivseite „angesammelt“ werden.

Im Nutzungsverlauf ist zu jedem Periodenende ein Werttest des Vermögenswertes gem. IAS 36 „Impairment of Assets“ durchzuführen. Stellt sich hierbei heraus, daß die fortgeführten Herstellungskosten des immateriellen Vermögenswertes über dessen Fair Value liegen, so muß dies über einen Neubewertungsverlust (Impairment Loss) korrigiert werden.

Grundsätzlich wird davon ausgegangen, daß die Abschreibungsdauer für selbsterstellte und erworbene immaterielle Vermögenswerte 20 Jahre nicht überschreitet. Von dieser Annahme kann begründet abgewichen werden, solange ein jährlicher Werttest durchgeführt wird. Der Abschreibungszeitraum beginnt mit der Betriebsbereitschaft des immateriellen Vermögenswertes. Das Abschreibungsverfahren soll die zeitlichen Nutzungscharakteristika widerspiegeln. Wenn diese nicht verläßlich meßbar sind, ist linear abzuschreiben. Von einem Residualwert ist i.d.R. nicht auszugehen, es sei denn, es besteht ein Vertrag mit einem externen Partner, der sich zur Abnahme nach Ende der Laufzeit verpflichtet, oder es gibt einen aktiven Markt, auf dem der Residualwert bestimmt werden kann und es ist belegbar, daß dieser Markt auch noch nach Ende der Nutzungsdauer bestehen wird.

Als Alternative zur planmäßigen Abschreibung kommt zur Folgebewertung immaterieller Vermögenswerte auch die kontinuierliche **Neubewertung** in Frage. Hierzu ist jedoch ein aktiver funktionsfähiger Markt als Referenz erforderlich. Da dieser nur selten existiert, wird davon ausgegangen, daß die in IAS 38.63 bis 38.78 erläuterte Bewertungsalternative nur geringe praktische Bedeutung erlangen wird (vgl. Rivat, Recognise your Intangibles, S. 122). Werterhöhungen werden erfolgsneutral in eine Eigenkapitalposition „Neubewertungsüberschuß" (Revaluation Surplus) eingestellt, es sei denn, in den Vorperioden sind Wertminderungen erfolgswirksam erfaßt worden, dann wird bis zur Gesamthöhe dieser Wertminderung die korrespondierende Wertsteigerung ebenfalls erfolgswirksam bilanziert. Eventuelle Wertminderungen durch die Neubewertung werden erfolgswirksam erfaßt, es sei denn, aus vorhergehenden Werterhöhungen besteht ein Neubewertungsüberschuß, der dann zunächst erfolgsneutral aufgelöst wird.

Durch IAS 38 werden die Bilanzierung und die Angabepflichten zu immateriellen Vermögenswerten auf eine einheitliche Basis gestellt. Die Unterschiede zwischen US-GAAP und IAS liegen insbesondere im Bereich der selbsterstellten Gegenstände, da diese nach US-amerikanischer Auffassung restriktiv aktiviert werden dürfen, wobei die Aktivierung von Entwicklungsausgaben eindeutig untersagt ist. Ob dieser Unterschied in der Realität von großer Bedeutung sein wird, bleibt abzuwarten. Da die in IAS 38 vorgesehene Trennung zwischen nicht zu aktivierenden Forschungsausgaben und den aktivierungspflichtigen Entwicklungsausgaben nur sehr schwer möglich ist, führt sie zumindest in einigen Bereichen zu einem De-facto-Wahlrecht im Rahmen der Aktivierungsentscheidung. Als weiterer Unterschied ist die geringere Detailtiefe der IAS zu nennen. Details und Einzelfallcharakter fehlen ihnen bislang (noch). Es bleibt abzuwarten, ob die SIC-Interpretations bzw. die kommentierende Literatur in der Lage ist, diese Lücken zu füllen.

2.3.2 IAS 22

Neben IAS 38 finden sich Regelungen zur bilanziellen Behandlung immaterieller Werte insbesondere auch in **IAS 22** „Business Combinations", der 1998 vom IASC in überarbeiteter Fassung herausgegeben wurde.

Immaterielle Vermögenswerte, die im Rahmen einer Unternehmensakquisition erworben werden, sind zu aktivieren, sofern ein verläßlicher Wert ermittelt werden kann. Dies gilt unabhängig davon, ob der Vermögenswert beim akquirierten Unternehmen in der Bilanz geführt wurde. Ein verläßlicher Wert läßt sich auf jeden Fall ermitteln, wenn ein funktionsfähiger Markt für den immateriellen Vermögenswert vorliegt. Das IASC selbst geht davon aus, daß funktionsfähige Märkte für immaterielle Vermögensgegenstände vergleichsweise selten sind, vgl. IAS 38.67. Ein funktionsfähiger Markt ist gem. IAS 38.7 ein Markt, auf dem homogene Güter zu öffentlich verfügbaren Preisen zwischen jederzeit vorhandenen transaktionsbereiten Käufern und Verkäufern gehandelt werden. Ist dies nicht der Fall, ist der Anschaffungswert durch Rückgriff auf andere nachvollziehbare Fair-Value-Bewertungsmethoden zu ermitteln. Für diesen Fall darf der Wert nach IAS 22.40 i.V.m. 22.59 jedoch nicht so hoch angesetzt werden, daß aus einem vorherigen Goodwill ein Badwill wird. Ist der immaterielle Gegenstand im Tausch erworben worden, entspricht der Wert des erworbenen Vermögenswertes dem Fair Value des getauschten Gutes, ggf. unter Berücksichtigung von zusätzlichen Zahlungen.

Ein nach der Kapitalaufrechnung und Identifikation immaterieller Vermögenswerte verbleibender **aktivischer Unterschiedsbetrag** ist als Gesamtgoodwill bzw. als auf mehrere Geschäftseinheiten aufgeteilte Einzelgoodwills zu aktivieren und nach IAS 22.41 ff. über die (jeweilige) Nutzungsdauer planmäßig erfolgswirksam abzuschreiben. Es besteht die widerlegbare Vermutung, daß die Nutzungsdauer zwanzig Jahre nicht überschreitet. Wird diese Vermutung in Ausnahmefällen widerlegt, hat das Unternehmen

- den Goodwill über seine bestmöglich geschätzte Nutzungsdauer abzuschreiben,
- mindestens einmal jährlich den Recoverable Amount des Goodwill zu schätzen, um eventuelle Impairment Losses zu identifizieren (Vorgehensweise entsprechend IAS 36 „Impairment of Assets"), und
- die Widerlegung der Nutzungsdauervermutung zu begründen (IAS 22.50).

Eine unbegrenzte Nutzungsdauer des Goodwill wird vom IASC ausgeschlossen.

Als **Abschreibungsmethode** ist grundsätzlich die lineare Abschreibung zu wählen, es sei denn, eine andere Methode ist begründbar. Mindestens einmal jährlich sind die Abschreibungsdauer und -methode zu überprüfen und ggf. anzupassen, wobei IAS 22.45, 22.54 eine IAS 8 „Net Profit or Loss for the Period,

Fundamental Errors and Changes in Accounting Policies" entsprechende Vorgehensweise vorschreibt.

Ein nach der Kapitalaufrechnung verbleibender **negativer Unterschiedsbetrag** ist als negativer Goodwill zu berücksichtigen und nach IAS 22.64 in der Bilanz offen vom (positiven) Goodwill abzusetzen. Die erfolgswirksame Auflösung eines negativen Goodwill erfolgt:

- zu dem Teil, zu dem der negative Goodwill aufgrund der Annahme von künftigen Verlusten besteht, in der Periode, in der die erwarteten Verluste eintreten. Als Voraussetzung gilt, daß die erwarteten Verluste vom Käufer des Unternehmens in seinem Akquisitionsplan festgehalten wurden, daß sie verläßlich meßbar sind und sie keine zum Erwerbsstichtag anzusetzenden Verbindlichkeiten darstellen (IAS 22.64).
- Entsteht ein negativer Goodwill nicht unter Annahme künftiger Verluste, wird zwischen zwei Fällen unterschieden:
  - Der Betrag des negativen Goodwill, der die Fair Values der erworbenen nichtmonetären Vermögensgegenstände nicht übersteigt, wird über die durchschnittliche Nutzungsdauer der Vermögensgegenstände planmäßig erfolgswirksam verteilt.
  - Der Betrag des negativen Goodwill, der die Fair Values der erworbenen nichtmonetären Vermögensgegenstände übersteigt, wird sofort ergebniswirksam aufgelöst (IAS 22.62) (vgl. Rivat/Clark, Limited Revisions to IAS 22, S. 123).

Diese Vorgehensweise ist nach IAS 22.61 auch zu wählen, wenn ein negativer Goodwill unter der Annahme künftiger Verluste entsteht, die Verluste aber in der erwarteten Periode nicht tatsächlich eintreten.

Ein Unterschied der IAS zu den US-amerikanischen Vorschriften zur Behandlung eines Unterschiedsbetrags aus der Kapitalkonsolidierung besteht hinsichtlich des Abschreibungszeitraums. Während dieser nach US-GAAP (derzeit noch) 40 Jahre nicht überschreiten darf, ist nach IAS grundsätzlich von 20 Jahren auszugehen und nur bei entsprechender Begründung ein längerer, u.U. auch 40 Jahre übersteigender Zeitraum zulässig. Obwohl die lineare Abschreibung in der US-amerikanischen Praxis gängig ist, wird sie für die Goodwillabschreibung wie in IAS 22 nicht explizit gefordert. Werden die im Business Combinations Projekt des FASB diskutierten Änderungen der Vorschriften zur Behandlung eines Goodwill verbindlich, wäre aber auch nach US-GAAP der Goodwill ggf. besonderen Impairment Tests zu unterziehen, eine auf etwa 20 Jahre gekürzte Abschreibungsdauer und grundsätzlich ein lineares Abschreibungsverfahren zu berücksichtigen (vgl. FASB, Status Report No. 315, S. 3-4).

Hinsichtlich der Behandlung des negativen Goodwill unterscheiden sich IAS 22 und US-GAAP dahingehend, daß der negative Unterschiedsbetrag, der nicht durch antizipierte Verluste erklärt werden kann, anders als nach IAS 22 nach US-GAAP regelmäßig durch proportionale Kürzung der Fair Values der nicht monetären Anlagegegenstände verrechnet wird. Ein verbleibender negativer Goodwill wird nicht offen vom positiven Goodwill abgesetzt, sondern als Passivposten ausgewiesen (vgl. hier die Gegenüberstellung von IAS – HGB – US-GAAP bei KÜTING/HARTH, Vergleich der Kapitalkonsolidierung, S. 1424-1426).

2.4 Erfassung immaterieller Vermögensgegenstände in der wertorientierten Konzernsteuerung

Zur wertorientierten Konzernsteuerung werden in der Praxis der internen Unternehmensrechnung eine Fülle unterschiedlicher Konzepte herangezogen. Sie sehen sich alle gleichermaßen mit der Frage konfrontiert, ob und wie immaterielle Vermögensgegenstände zu berücksichtigen sind. Im folgenden werden mit EVA und CFROI zwei in der Praxis verbreitete Konzepte exemplarisch herausgegriffen und in ihrer diesbezüglichen Vorgehensweise beleuchtet.

Das **EVA-Konzept** steht stellvertretend für eine Reihe wertorientierter Residualeinkommenskonzepte (vergleichbare Verfahren finden sich z.B. bei DAVIS/KAY, Assessing corporate performance, S. 1 ff.; COPELAND/ KOLLER/ MURRIN, Valuation, S. 154 ff.). Es ist in seiner praktischen Anwendung bereits ausführlich dargestellt (vgl. insb. STEWART, The quest for value) und in der Literatur häufig diskutiert worden (vgl. z.B. CRASSELT/PELLENS/SCHREMPER, Konvergenz wertorientierter Erfolgskennzahlen; DIRRIGL, Wertorientierung und Konvergenz in der Unternehmensrechnung; PFAFF/BÄRTL, Wertorientierte Unternehmenssteuerung). EVA wird als Überschuß eines korrigierten Jahresergebnisses (Net Operating Profit After Taxes; NOPAT) über die Kapitalkosten berechnet. Letztere ergeben sich dabei aus dem Produkt von Nettobetriebsvermögen (NBV) zu Periodenbeginn und Gesamtkapitalkostensatz c*.

(1) $EVA = NOPAT - (NBV \cdot c^{*})$

Alternativ kann EVA berechnet werden als Produkt des NBV mit einer Renditedifferenz, die sich aus der erzielten Vermögensrendite r und dem Gesamtkapitalkostensatzes c* ergibt. Immer dann, wenn r größer ist als c*, wird ein positiver EVA und damit eine Wertsteigerung erzielt.

(2) $EVA = (r - c^{*}) \cdot NBV$

EVA wird i.d.R. in Form einer Korrekturrechnung aus den Daten der Rechnungslegung gewonnen. So basiert das Nettobetriebsvermögen als Buchwertgröße auf der um bestimmte Positionen bereinigten Bilanzsumme. Innerhalb dieser Bereinigung spielen immaterielle Werte eine nicht unerhebliche Rolle. Der Vermögensbasis werden nicht aktivierte investitionsähnliche Aufwendungen, sog. „Equity Equivalents“, hinzugerechnet. Hierunter könnten z.B. Ausgaben für Forschung und Entwicklung, Restrukturierung, Werbung oder auch Mitarbeiterweiterbildung fallen. Ein möglicher derivativer Goodwill sollte in seiner ursprünglichen Höhe, d.h. nicht um Abschreibungen reduziert, in der Vermögensbasis berücksichtigt werden (vgl. STEWART, The quest for value, S. 114).

Derartige Bereinigungen der Vermögensbasis gehen mit entsprechenden Korrekturen des operativen Ergebnisses (NOPAT) einher. Die Hinzurechnung der Equity Equivalents zur Vermögensbasis führt dazu, daß sie über die vermutliche Nutzungsdauer der immateriellen Werte den NOPAT in Form von ihrer Abschreibungen belasten.

Der **CFROI** ist anders als EVA eine wertorientierte Renditekennzahl. Erst in einem zweiten Schritt kann der CFROI dem Gesamtkapitalkostensatz gegenübergestellt werden und in Multiplikation mit einer Vermögensbasis in einen Übergewinn, den Cash Value Added (CVA), überführt werden. In einer Ermittlungsvariante wird der CFROI als interner Zinsfuß aus einem Cash-Flow-Profil generiert. Der Wert des Bruttobetriebsvermögens (BBV) wird als Investitionsauszahlung angesehen, dem über die Nutzungsdauer als konstant angenommene operative Cash-Flows (OCF) einschließlich eines Restwertes (RW) als Einzahlungen gegenüberstehen (vgl. LEWIS, Steigerung des Unternehmenswertes, S. 45; vgl. dazu ausführlich auch CRASSELT/PELLENS/SCHREMPER, Konvergenz wertorientierter Erfolgskennzahlen).

$$(3)\ BBV = OCF \cdot \frac{(1+CFROI)^n - 1}{CFROI \cdot (1+CFROI)^n} + \frac{RW}{(1+CFROI)^n}$$

In einer anderen Variante wird vom operativen Cash Flow ein Betrag subtrahiert, der nach Ablauf der unterstellten durchschnittlichen Nutzungsdauer für Ersatzinvestitionen zur Verfügung steht. Diese CFROI-Abschreibung (AB_{CFROI}) soll unter Berücksichtigung des Zinseffektes am Ende der durchschnittlichen Nutzungsdauer die Höhe der ursprünglichen Investitionsauszahlung in das abnutzbare Vermögen erreichen. Sie läßt sich insofern aus dem mit dem Rückwärtsverteilungsfaktor (RVF) multiplizierten BBV ermitteln.

$$(4)\ AB_{CFROI} = BBV \cdot RVF(i,n)$$

Der CFROI ergibt sich nun in einem zweiten Schritt aus dem Quotienten von operativem Cash Flow, der um die CFROI-Abschreibung gemindert wurde, und dem BBV (vgl. STELTER, Wertorientierte Anreizsysteme für Führungskräfte und Mitarbeiter, S. 233 ff.; vgl. dazu ausführlich auch CRASSELT/PELLENS/SCHREMPER, Konvergenz wertorientierter Erfolgskennzahlen).

$$(5)\ CFROI = \frac{OCF - AB_{CFROI}}{BBV}$$

Ebenso wie EVA ist die Ermittlung des CFROI rechnungslegungsbasiert. Die Vermögensbasis ergibt sich aus den zu historischen Anschaffungs- und Herstellungskosten bewerteten Vermögensgegenständen. Damit sind im BBV nur die Buchwerte der aktivierten immateriellen Vermögensgegenstände samt kumulierter Abschreibungen enthalten. Nicht aktivierte immaterielle Werte bleiben zunächst außen vor. Der derivative Goodwill soll im Rahmen der periodischen Performancebeurteilung aus der Vermögensbasis eliminiert werden (vgl. LEWIS, Steigerung des Unternehmenswertes, S. 59).

Der operative Cash Flow wird retrograd aus dem Periodenüberschuß der Rechnungslegung ermittelt, indem vornehmlich die Abschreibungen hinzuaddiert werden. In den jeweiligen Steuerungskonzepte existieren keine standardisierten Besonderheiten bezüglich immaterieller Werte.

2.5 Zwischenergebnis

Hinsichtlich der externen Unternehmensrechnung ist festzuhalten, daß die bilanzielle Erfassung immaterieller Werte insbesondere nach HGB, aber auch nach US-GAAP und IAS bisher eher restriktiv gehandhabt wird. Die mit diesen Rechnungslegungssystemen generierten Daten sind vermutlich noch stark vom Kriterium der „reliability" geprägt. Schwierigkeiten in der Objektivierung haben i.d.R. dazu geführt, auf den bilanziellen Ansatz immaterieller Werte zu verzichten, sofern dem Erwerb keine Markttransaktion mit einhergehender Marktpreisfindung zugrunde liegt. Die Bewertung der aktivierten immateriellen Werte folgt dabei dem pagatorischen Prinzip und ist – mit Ausnahme der Neubewertungsmöglichkeit nach IAS 38 – an (historische) Ausgaben gekoppelt.

Die interne Unternehmensrechnung basiert in den vorgestellten Konzepten auf den Daten der Rechnungslegung. Diese der **Konvergenz** zwischen internem und externem Rechnungswesen dienende Vorgehensweise führt aber dazu, daß immaterielle Werte erst einmal analog behandelt werden und nur im begrenztem Maße Bestandteil der jeweiligen Vermögensbasis sind. Das Ausmaß der Berücksichtigung richtet sich hierbei auch nach dem jeweils verwendeten Rechnungslegungssystem. Die Bewertung ist an (historische) Ausgaben gekoppelt. Immaterielle Werte können aber in einer Korrekturrechnung der Vermögensbasis zugerechnet werden, wie dies im EVA-Konzept explizit erwähnt ist. Da die Konzepte der internen Unternehmensrechnung naturgemäß unternehmensindividuell ausgestaltet werden, steht dieser oder gar einer weitergehenden Berücksichtigung immaterieller Werte grundsätzlich nichts entgegen. Ob die Unternehmen ihr Steuerungsgrößen tatsächlich um die bedeutenden immaterielle Werte korrigieren, ist vor dem Hintergrund der in vielen Gesellschaften angestrebten Konvergenz der Rechnungssysteme aber eher zu bezweifeln.

Ob und inwieweit die aufgezeigten Vorgehensweisen einer kapitalmarktorientierten Rechnungslegung bzw. einer wertorientierten Konzernsteuerung dienlich sind, blieb bisher noch weitgehend offen. Im folgenden sollen daher bestehende, aber auch alternative Formen der Erfassung immaterieller Werte vor dem Hintergrund der jeweiligen Zielsetzung der Unternehmensrechnung beleuchtet werden.

3. Alternative Erfassung immaterieller Vermögensgegenstände

3.1 Erweiterungen in Bilanzansatz und Bilanzbewertung

Bevor die Möglichkeiten einer erweiterten Bilanzierung immaterieller Werte dargestellt werden, sollen die grundsätzlichen Unterschiede zwischen einer Aktivierung und einer unmittelbaren Aufwandsverrechnung bezogen auf die oben erwähnte Zielgröße EPS gegenübergestellt werden.

Beispiel:

Ein Unternehmen führt eine Direktwerbemaßnahme durch, die zum Jahresbeginn 1999 mit Ausgaben in Höhe von 100.000 DM einher geht. Das Management unterstellt eine Werbewirkungsdauer (einschl. 1999) von insgesamt vier Jahren und erwartet in dieser Zeit hieraus jährliche Erträge von 40.000 DM.

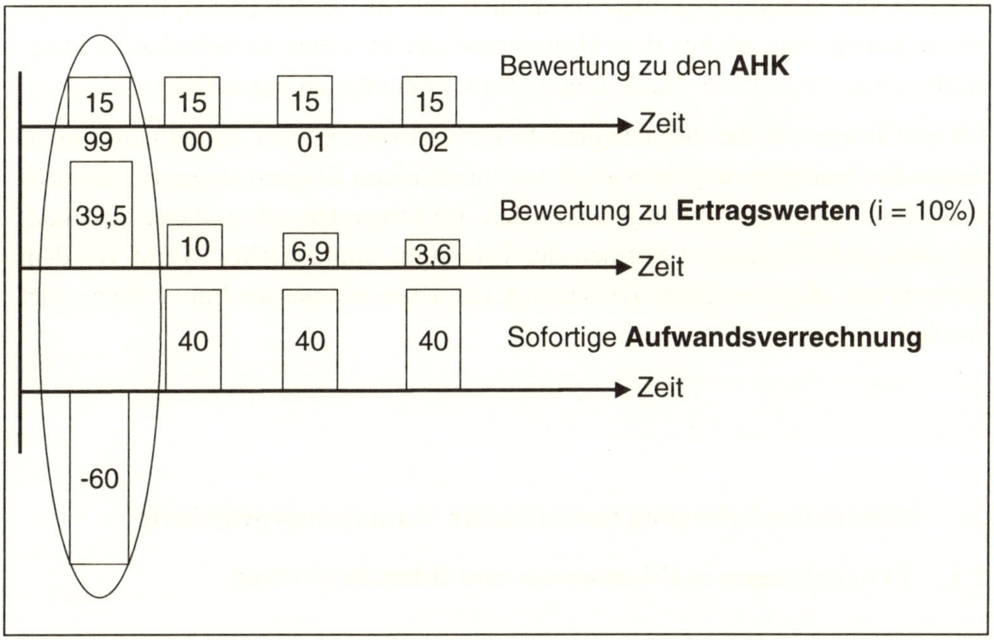

Abbildung 2: EPS-Entwicklung unterschiedlicher Bilanzierungsmethoden

Aus dem Blickwinkel der Kapitalmarktteilnehmer soll die **Prognosetauglichkeit** generierter Erfolgsgrößen im Vordergrund stehen. Unter realitätsnahen Bedingungen existiert bisher jedoch kein operationales Maß zur ex-ante-Quantifizierung der Prognosetauglichkeit, so daß es an normativen Bewertungskriterien mangelt. Die Möglichkeit, einen normativen Bewertungsrahmen für die Beurteilung unterschiedlicher Rechnungslegungsregeln zu entwickeln, wird in der Literatur bezweifelt (vgl. insb. DEMSKI, General Impossibility of Normative Accounting Standards). Es existieren lediglich Indizien, die auf die Vorzugswürdigkeit der einen oder anderen Abbildungsregel hindeuten.

So mag die in der Finanzanalyse häufig verwendete Cash-Flow-Betrachtung eher für die sofortige Aufwandsverrechnung sprechen, da sich die Ergebnisse an der einer Werbemaßnahme zugrunde liegenden Cash-Flow-Reihe orientieren. Sofern dem Finananalysten aber keine Zusatzinformationen zur Verfügung stehen und er nur in der Lage ist, die Ergebnisse der Jahre 1999 und früher zu erkennen, vermag nur das Ergebnis bei Aktivierung mit planmäßiger Abschreibung den drei nachfolgenden zu entsprechen. Bei sofortiger Aufwandsverrechnung würden sie in Ermangelung anderer Möglichkeiten das ihnen einzig bekannte 99er Ergebnis in die Zukunft extrapolieren. Die Aktivierungsalternative scheint unter diesen restriktiven Prämissen die geeignetere Ausgangsbasis für EPS-Schätzungen darzustellen.

Entsprechend dem „**matching principle**" werden hier die Ausgaben den korrespondierenden Erträgen zugeordnet, so daß bei Aktivierung der Werbeausgaben nur noch der anteilige Periodenerfolg aus der Direktwerbemaßnahme sichtbar wird. Die Aktivierung führt hier c.p. zu einer geringeren EPS-Volatilität im Zeitablauf, die sich als Risikoindikator auf die Renditeforderung der Kapitalmarktteilnehmer auswirken kann.

Die Ergebnisse **empirischer Kapitalmarktforschung** deuten in dieselbe Richtung. So hat z.B. LEV 1989 herausgefunden, daß sich Rechnungslegungsregeln, wie der 1974 herausgegebene SFAS 2, der eine unmittelbare Aufwandsverrechnung der F&E-Ausgaben erzwingt, negativ auf den Aussage- und Prognosegehalt von Ergebnisgrößen auswirken (vgl. LEV, Usefulness of Earnings, S. 175). ABOODY/LEV haben in einer Studie 1998 gezeigt, daß die Aktivierung von bestimmten Ausgaben der Software-Entwicklung gem. SFAS 86 den Investoren entscheidungsrelevante Informationen vermittelt (vgl. ABOODY/LEV, Value Relevance of Intangibles; dazu auch ECCHER, Discussion). In eine ähnliche Richtung deuten die Ergebnisse von KRÄMLING 1998, der bei der Bilanzierung des derivativen Goodwill eine höhere Kapitalmarktrelevanz aktivierter Goodwills feststellt und die erfolgsneutrale Verrechnung als inferior identifiziert (vgl. KRÄMLING, Der Goodwill aus der Kapitalkonsolidierung, S. 153 ff.). In einer Untersuchung unterschiedlicher Bilanzierungsmethoden für F&E-Ausgaben kommen auch *Healy/Myers/Howe* – im Rahmen einer Simulationsstudie – zum Ergebnis, daß eine grundsätzliche Aktivierung der F&E-Ausgaben mit planmäßiger und, bei drohender Erfolglosigkeit des F&E-Projektes, außerplanmäßiger Abschreibung (successful efforts method) den Investoren signifikant bessere Informationen vermittelt (vgl. HEALY/MYERS/HOWE, R&D Accounting).

Der Bilanzansatz der immateriellen Werte, für die keine unmittelbaren vorangegangenen Ausgaben meßbar sind, ist mit Null anzusetzen. Alternativ zu den bisherigen Bewertungsregeln könnten diese oder alle immateriellen Werte aber auch mit dem **Ertragswert** angesetzt werden. Der Ertragswert als Summe der geschätzten, auf den Betrachtungszeitpunkt abgezinsten Periodenüberschüsse umfaßt sämtliche verfügbaren Informationen über die künftige Ertragsentwicklung der betrachteten Geschäfte und kann ebenfalls als eine Annäherung an den Fair Value gedeutet werden.

Der Wertansatz zu historischen Ausgaben wird in der Literatur als vorsichtige heuristische Annäherung an den Ertragswert verstanden. Bei Unsicherheit über künftige Zahlungsströme stellt dieser Wertansatz einen möglichen Gegenwartswert antizipierter künftiger Zahlungen zur Verfügung (vgl. ORDELHEIDE, Kaufmännischer Periodengewinn als ökonomischer Gewinn, S. 279-292). Der Umfang der aktivierbaren Ausgaben kann die direkt zurechenbaren oder auch die indirekt zurechenbaren Ausgaben umfassen. Die Teilzurechnung stellt gegenüber der Vollzurechnung die (noch) vorsichtigere Heuristik dar.

Wie wirken nun Ertragswerte im Rahmen der EPS-Schätzung? Im oben dargestellten Beispiel nimmt der Ertragswert des Jahres 1999 die gesamten abgezinsten künftigen Mittelrückflüsse in Höhe von jeweils 40 TDM p.a. vorweg. Die nachfolgenden Ergebnisse des Jahres 2000 bis 2002 sind lediglich durch Zinseffekte zu begründen. Damit könnten die Finanzanalysten ihre eigenen Prognosen bezüglich des Erfolgsbeitrages bereits durchgeführter bzw. laufender Geschäfte vermeiden und könnten sich auf Prognosen geplanter Geschäfte konzentrieren. Die Ertragswertbilanzierung unterliegt jedoch der grundsätzlichen Prognoseunsicherheit, die möglicherweise durch Angabe von Wahrscheinlichkeitsverteilungen oder Berechnung von Erwartungswerten abgemildert werden kann. Dennoch spricht einiges dafür, vom meist besser informierten Management unmittelbare Schätzwerte zu verlangen, die dann durch die eigenen Prognosen der Finanzanalysten ergänzt werden.

Neben der Problematik der Überprüfbarkeit ergeben sich bei einer Ertragswertbilanzierung auch grundlegende Disharmonien mit der bisherigen Bilanzkonzeption. Sofern nur einzelne (immaterielle) Bilanzpositionen zu Ertragswerten bewertet werden, entfällt zum einen die einheitliche pagatorische Absicherung und zum anderen verschwimmt die traditionelle Abgrenzung der Vermögensgegenstände. Nicht-einheitliche Bewertungsmethoden innerhalb eines Abschlusses können die Relation der Posten untereinander verzerren. Hinsichtlich des zweiten Punktes müßte gefragt werden, ob z.B. einzelne Gegenstände des Sachanlagevermögens überhaupt noch angesetzt werden dürfen, wenn sie ausschließlich der Erzielung der zu Ertragswerten bilanzierten wirtschaftlichen Vorteile dienen. Aus diesem Grunde müßte über eine Neuabgrenzung der Vermögensgegenstände nachgedacht werden (vgl. bereits BUSSE VON COLBE, Prognosepublizität von Aktiengesellschaften, S. 112 f.; ORDELHEIDE, Kaufmännischer Periodengewinn als ökonomischer Gewinn, S. 292-293, 295). So akzeptiert z.B. das IASC den Ertragswert als möglichen Wertansatz auch nur unter der Voraussetzung, daß der immaterielle Wert separat identifizierbar und damit von anderen Werten trennbar ist (vgl. BAETGE/VON KEITZ, E 50, Rn. 46, die dem Ertragswertkonzept innerhalb der Rechnungslegung nach IAS keine große Bedeutung beimessen). Eine uneinheitliche Bilanzkonzeption kann sich darüber hinaus auf EPS-Schätzungen auswirken. Sofern einzelne Ertragswerte auf Analystenseite nicht als solche erkannt werden, mag die im Zeitablauf c. p. deutlich sinkende Ergebnisentwicklung zu Fehlinterpretationen führen.

Als Zwischenergebnis bleibt festzuhalten, daß die Gegenüberstellung alternativer Bilanzierungsmethoden zu keinem eindeutigen Ergebnis geführt hat. Ein abschließendes Urteil über die Vorziehenswürdigkeit einer Bilanzierungsalternative scheint bisher kaum möglich. Getreu der alten betriebswirtschaftlichen Erkenntnis, nach der es „gute" oder gar „richtige" Wertansätze bzw. Ergebnisse nicht gibt, greift ein wertender Vergleich alternativer Bilanzierungsmethoden ebenso ins Leere wie bei zwei Landessprachen, z.B. Deutsch und Englisch.

Dennoch kann es eine Lösung geben: Für Investoren haben zusätzliche und feinere Informationen über das Unternehmen als (Des-)Investitionsobjekt grundsätzlich einen positiven Nutzen, sofern Informationskosten vernachlässigt werden. „There is no damage in knowledge" (MARSCHAK, Towards an Economic Theory of Organization and Information, S. 201; vgl. auch zum sog. Blackwell-Theorem BLACKWELL, Equivalent Comparisons. Einschränkungen ergeben sich jedoch im Mehrpersonenkontext; vgl. dazu z.B. FÜLBIER, Regulierung der Ad-hoc-Publizität, S. 120, 144-146). Es wäre somit zu erwägen, den Investoren mehrere Wertansätze auf der Basis gleichzeitig angewendeter Bilanzierungsmethoden zur Verfügung zu stellen. So würden sie z.B. über historische Anschaffungs- oder Herstellungskosten sowie Ertragswerte gleichermaßen informiert.

Ein erster Schritt in Richtung dieser **mehrdimensionalen Rechnungslegung** stellt die „zweidimensionale Mischung" von erstmaliger Ausgabenerfassung mit anschließender kontinuierlicher erfolgsneutraler Neubewertung dar. Diese in IAS 38 als Wahlrecht (zur Existenz von Rechnungslegungswahlrechten im Bereich F&E äußert sich kritisch SIMONS, Koexistenz von Rechnungslegungsnormen) vorgesehene Möglichkeit bricht insofern mit der traditionellen Bilanzkonzeption, als daß sich diese Marktentwicklung und die ihr innewohnenden Erwartungen sämtlicher Marktteilnehmer über den künftigen Nutzen des zu bewertenden Gutes bilanziell in dem Wertansatz des immateriellen Gutes spiegelt. Die Periodenergebnisse werden hingegen weiterhin von der Ausgabenseite her bestimmt, da die Marktentwicklung nicht im Ergebnis abgebildet wird, soweit sie über die Anschaffungs- und Herstellungsausgaben hinausgeht.

Für EPS-Schätzungen mag dieser Weg problematisch erscheinen, weil die über die Ausgaben hinausgehende Marktwertentwicklung nicht in die EPS einfließen. Allerdings wird in der Bilanz eine Zusatzinformation gegeben, die für die EPS-Schätzung berücksichtigt werden kann. Mit Rückgriff auf das US-amerikanische Konzept des „**comprehensive income**" könnte diese Information auch in eine zweite Ergebnisgröße integriert werden, die im Sinne eines „other comprehensive income" alle im traditionellen Sinne erfolgsneutralen Ergebnisbestandteile vereint (vgl. dazu SFAS No. 130 „Reporting Comprehensive Income"). Da gegenwärtig geltende EPS-Regeln in SFAS 128 noch keine EPS-Ermittlung für das „other comprehensive income" vorschreiben, müßte über eine diesbezügliche Neuregelung nachgedacht werden. So könnte die erste EPS-Kennziffer auf Basis des traditionellen Ergebnisses, des „net income", durch eine zweite auf Basis des „other comprehensive income" ergänzt werden.

Kapitalmarktstudien vermochten bisher allerdings nicht zu zeigen, daß das „comprehensive income" unter Einbeziehung des „other comprehensive income" den Kapitalmarktteilnehmern eine bessere Bewertungsgrundlage liefert als das „net income" (vgl. dazu z.B. DHALIWAL/SUBRAMANYAM/TREZEVANT, Is comprehensive income superior). Unterschiedliche EPS-Kennziffern werden – allerdings anders begründet - bereits heute nach IAS bzw. US-GAAP gefordert, z.B. um Verwässerungseffekte oder Unterschiede in der Ausgestaltung von Aktien Rechnung zu tragen.

Diese zweidimensionale Vorgehensweise bezüglich des Ergebnisausweises kann auf n Dimensionen erweitert werden. In Zeiten des Informations- und Kommunikationszeitalters wäre es vorstellbar, daß ein Unternehmen den Adressaten den datenbankgestützen Zugriff auf ausgewählte Sachverhalte des wirtschaftlichen Geschehens vergangener Perioden gestattet. In Abhängigkeit von ihrer Risikoneigung und ihren Erwartungen könnten Investoren dann ihrerseits bestimmen, welches Bilanzierungsmodul jeweils zur Anwendung kommt. Sie würden „ihre" Bilanz auswählen und insofern selber entscheiden, ob und wie bestimmte immaterielle Werte, wie z.B. Forschung und Entwicklung, bilanziert werden (vgl. zu diesem Vorschlag PELLENS/FÜLBIER/GASSEN, Unternehmenspublizität unter veränderten Marktbedingungen; sowie umfassend GASSEN, Datenbankgestützte Rechnungslegungspublizität).

3.2 Zusatzinformation

Obwohl die Ergebnisse der empirischen Kapitalmarktforschung signalisieren, daß Informationen neben den Rechenwerken nicht die gleiche Kapitalmarktrelevanz besitzen wie die Informationen in den Rechenwerken (vgl. z.B. wieder jüngst DAVIS-FRIDAY/FOLAMI/LIU/MITTERLSTAEDT, Does Recognition instead of Disclosure Matter to the Users of Financial Statements?), könnten **zusätzliche Informationen** über die immateriellen Werte auch neben den traditionellen Rechenwerken in jeder Form und an jedem Ort im Geschäftsbericht gegeben werden. Um den Bezug zu den Rechenwerken nicht zu verlieren und eventuelle Prüfungspflichten zu gewähren, bieten sich erweiterte Anhangs- und Lageberichsangaben zu immateriellen Werten an. Sie können zu mehr Transparenz von Ansatz und Bewertung beitragen, wenn z.B. nicht aktivierte Werbe-, Weiterbildungs- oder auch F&E-Ausgaben zumindest in ihrer Höhe je Periode angegeben und diesbezüglich laufende Projekte beschrieben werden (vgl. zur Kapitalmarktrelevanz (gestiegener) F&E-Ausgaben CHAN/MARTIN/KENSINGER, Corporate research and development). Weitere Angaben und Kennzahlen zu neuen Produkten und Patenten (vgl. zu dem Nutzen und den Möglichkeiten der Patentbewertung DENG/LEV/NARIN, Science and Technology), Forschungskooperationen, Forschungsförderung, Mitarbeiterqualifikation, Mitarbeiteraus- und – weiterbildung wären denkbar (vgl. z.B. die Kennzahlenvorschläge von SVEIBY, Wissenskapital, S. 223-251). Die Spannbreite möglicher Angaben ist dabei nicht begrenzt, sollte jedoch den auch für den Anhang und Lagebericht geltenden Grundsätzen der Klarheit, Übersichtlichkeit und Wesentlichkeit genügen. Höhere Transparenz in der Bewertung kann z.B bei der Ertragswertermittlung durch die zusätzliche Angabe von Wahrscheinlichkeitsverteilungen erreicht werden, die der Prognoseunsicherheit begegnet.

Während das deutsche Handelsrecht, mit Ausnahme des Anlagespiegels im Anhang und insbesondere auch des F&E-Berichts im Lagebericht, keine weiteren Angaben zu den immateriellen Werten vorschreibt, existieren nach US-GAAP unter Einbeziehung entsprechender SEC-Regeln sowie nach IAS umfangreichere Angabepflichten.

Weil die Ergebnisse der empirischen Kapitalmarktforschung auch die Auffassung der Kapitalmarktteilnehmer widerspiegeln, daß Daten der Rechenwerke im Vergleich zu verbalen Angaben einen qualitativ höheren Grad an Sicherheit oder Verläßlichkeit implizieren, mag es Sinn ergeben, zusätzliche Informationen in standardisierter und aggregierter Form in ein neues Rechenwerk zu intergrieren. In diesem Zusammenhang existiert z.B. ein Vorschlag, zumindest einer Teilmenge immaterieller Werte, das „technologische Potential" eines Unternehmens, in einer sogenannten **Technologiebilanz** abzubilden (vgl. HARTMANN, Technologie-Bilanzierung; HARTMANN, Theorie und Praxis technologischer Unternehmensbeurteilung). Neben der konventionellen Bilanzierung werden hier Fertigungs-, Verfahrens- sowie Produkttechnologien „aktiviert" und mit ihrer Technologieattraktiviät bewertet. Die Technologien eines Unternehmens sollen dadurch erfaßt und deren Weiterentwicklungspotential bewertet werden.

Dieser von HARTMANN verwendete Technologie-Begriff konzentriert sich stark auf den F&E-Bereich und dem damit einhergehenden Know-How. Andere immaterielle Werte, wie z.B. Kundenlisten, Werbung, Reputation etc. bleiben außen vor. Als umfassenderes Konzept bietet sich daher alternativ ein Rechenwerk an, das alle immaterielle Werte eines Unternehmens erst einmal auflistet und einer wie auch immer gearteten Bewertung zuführt. In der britischen Literatur wird in diesem Zusammenhang das sog. „statement of intellectual capital" diskutiert (vgl. BATCHELOR, Is the balance sheet outdated?, S. 81). Losgelöst von bisherigen Bilanzierungskonventionen solle darin eine Zusammenstellung aller immateriellen Werte gesehen werden, ohne daß konkrete Abbildungsverfahren näher spezifiziert worden wären.

Um eine vollständige Erfassung aller immateriellen Werte zu sichern, könnte ein „**statement of intellectual capital**" einen Beitrag leisten, die Differenz zwischen Marktwert und Buchwert des Eigenkapitals mittels einer möglichst vollständigen Auflistung immaterieller Werte zumindest teilweise zu erklären. So läßt sich die Differenz zwischen Markt- und Buchwerten einerseits durch stille Reserven bei den bereits bilanziell erfaßten, aber unterbewerteten materiellen Werten erklären. Andererseits dürfte ein weiterer Teil dieser Differenz auf stille Reserven bei den bilanziell erfaßten, aber unterbewerteten immateriellen Werten zurückzuführen sein. Der noch verleibende Unterschiedsbetrag könnte dann durch den Marktwert bilanziell nicht erfaßter immaterieller Werte und eventueller Residualwerte erklärt werden. Ein „statement of intellectual capital“ sollte alle bilanziell erfaßten sowie nicht erfaßten immateriellen Werte beinhalten (vgl. dazu auch den Vorschlag eines ‚Intangible Assets Statement‘ von HALLER, Immaterielle Vermögenswerte, S. 588). Dabei wäre ebenfalls vorstellbar, ihnen unterschiedliche, mehrdimensionale Wertansätze zuzuordnen (vgl. hierzu auch die Bemühungen von Baruch Lev das „knowledge capital“ in einem „scoreboard“ zu erfassen; dazu MINTZ, seeing is believing).

3.3 Differenzierung in der wertorientierten Konzernsteuerung

Obwohl sich die wertorientierten Kennzahlenkonzepte EVA und CFROI an den Daten der Rechnungslegung orientieren, sollten immaterielle Werte auch dann in der Vermögensbasis berücksichtigt werden, wenn sie in der Rechnungslegung nicht aktiviert worden sind. Es erscheint einer wertorientierten Steuerung abträglich, Ausgaben z.B. für Forschung und Entwicklung, Werbung oder Weiterbildung in der betreffenden Periode grundsätzlich in ihrer vollen Höhe ergebnismindernd geltend zu machen. Ein Manager bzw. Geschäftsbereich wird quasi bestraft, wenn er in Forschung und Entwicklung investiert, da eine direkte Aufwandsverrechnung erst einmal nur das Ergebnis der Periode mindert. Von dieser Investition wird er erst mittel- oder langfristig profitieren, wenn die entsprechenden ergebniserhöhenden Rückflüsse erfolgen. Eine Periodisierung „investitionsähnlicher“ Ausgaben durch Zurechnen zur Vermögensbasis mit anschließender kontinuierlicher Abschreibung scheint somit eher dienlich. Nur im Ausnahmefall, wenn besagte Ausgaben regelmäßig in den Perioden anfallen, erübrigt sich eine Periodisierung. Fehlanreize wirken aber auch hier. Eine unmittelbar ergebnismindernde Verrechnung der nur mittel- bis langfristig wirkenden Ausgaben wird unter dem Druck von Einsparungen immer dazu führen, daß zuerst an ihnen „gespart“ wird und sie insofern in zu geringer Höhe oder nicht mehr regelmäßig anfallen.

Die mehrdimensionale Erfassung immaterieller Werte in der Rechnungslegung müßte bei vorausgesetzter Konvergenz von interner und externer Unternehmensrechnung nicht zwingend auf die interne Unternehmensrechnung durchschlagen. Sofern unter Steuerungsgesichtspunkten die Vorgabe einwertiger

Kennzahlen präferiert wird, hat das Unternehmen – wie auch der einzelne Investor – die Möglichkeit, unter Berücksichtigung unternehmensspezifischer Besonderheiten eine diesbezügliche Auswahl zu treffen. So könnte z.B. für Steuerungszwecke eine pagatorisch abgesicherte Vermögensbasis unter verstärkter Erfassung immaterieller Werte herangezogen werden.

Im Rahmen der immateriellen Werte nimmt der **derivative Goodwill** einen Sonderstatus ein. Angesichts der jüngst in der Praxis zu beobachtenden und bereits angesprochenen Großakquisitionen und der Dimensionen der hierbei entstehenden Goodwills gewinnt die Art der Goodwill-Berücksichtigung auch in der internen Unternehmensrechnung verstärkt an Bedeutung. Einerseits soll das für die Akquisition verantwortliche Management einer Akquisitionserfolgskontrolle unterliegen und den Goodwill in Zukunft auch „verdienen". Andererseits „kann das Geschäft selbst nichts dafür, daß zuviel bezahlt wurde"; die operativen Geschäftsbereichsaktivitäten sind damit separat zu beurteilen (vgl. STELTER, Immaterielle Werte im Rahmen eines wertorientierten Managements).

Bei der Berücksichtigung des Goodwill sollte vor diesem Hintergrund nach der Zielsetzung differenziert werden. Im Rahmen der Beurteilung der Manager mit Akquisitionsverantwortung sollte der Goodwill in der Vermögensbasis berücksichtigt werden. In den Folgeperioden würde dieser Goodwill ergebnismindernd aufgelöst (abgeschrieben) und minderte damit das vom Manager zu verantwortende Ergebnis. Für die Geschäftsbereichsbeurteilung müßte der Goodwill hingegen aus der Vermögensbasis eliminiert werden. Das Geschäftsbereichsergebnis bliebe in der Akquisitionsperiode und danach unberührt.

Die unterschiedliche Behandlung des Goodwill muß intern offen kommuniziert werden, um Irritationen wegen der u.U. differierenden Beurteilung von Management und Geschäftsbereich erst gar nicht aufkommen zu lassen. Aufgrund der Vernachlässigung des Goodwill in der Geschäftsbereichsbeurteilung scheint es möglich, daß externes Wachstum mittels Akquisitionen gegenüber internem Wachstum privilegiert wird. Als Korrelat steht dem jedoch die Akquisitionsverantwortung des Managers gegenüber.

4. Zusammenfassung und Ausblick

Kapitalmarktorientierte Rechnungslegungsregeln werden daran beurteilt, ob sie als Strukturmodelle die Erfolgsgrößenprognosen verbessern. Die interne Unternehmensrechnung kann an der Eignung zur wertorientierten Konzernsteuerung gemessen werden. Am Beispiel immaterieller Werte zeigen sich die erheblichen Schwierigkeiten, eindeutige Aussagen über die zielgerechte Ausgestaltung der Unternehmensrechnung treffen zu können. Bisher liegen wissenschaftlich fundierte, normative Beurteilungsmaßstäbe kaum vor.

Der gegenwärtige Status quo in der Rechnungslegung ist trotz z.T. voneinander abweichender Bilanzierungsregeln zwischen HGB, US-GAAP und IAS immer noch stark von der „reliability" geprägt. Der Bilanzansatz wird hinsichtlich immaterieller Werte sehr restriktiv gehandhabt; die Wertansätze orientieren sich nahezu ausschließlich an vergangenen Ausgaben. In der internen Unternehmensrechnung ist bei den hier vorgestellten Steuerungskennzahlen EVA und CFROI eine Orientierung an der Vorgehensweise der Rechnungslegung festzustellen. Deshalb erfolgt die Berücksichtigung immaterieller Werte ähnlich restriktiv. Die unternehmensindividuelle Ausgestaltungsmöglichkeit des internen Rechnungswesens würden hier jedoch den Spielraum bieten, immaterielle Werte über Korrekturrechnungen der Vermögensbasis zuzurechnen.

In der internen Unternehmensrechnung wäre insofern eine verstärkte Berücksichtigung immaterieller Werte möglich. Beim Goodwill wird jedoch deutlich, daß eine nach Geschäftsbereichs- und Managementbeurteilung differenzierte Vorgehensweise sinnvoll sein kann. In der Rechnungslegung sprengen mögliche Änderungsvorschläge, die den eher restriktiven Ansatz immaterieller Werte und ihre traditionell an Ausgaben gekoppelte Bewertung in Frage stellen, häufig bestehende Bilanzkonventionen. Statt der Wahl einer einzigen Bilanzierungsmethode für immaterielle Werte ist daher die gleichzeitige Zulassung mehrerer Methoden zur Generierung **mehrdimensionaler Wertansätze und Ergebnisse** zu erwägen. Adressaten könnten sich damit entsprechend ihrer individuellen Präferenzen für „ihre" Bilanzierungsmethode entscheiden.

Die korrekt bilanzielle Erfassung immaterieller Werte wäre damit dem marktwirtschaftlichen Suchmechanismus überlassen.

Literaturverzeichnis

ABOODY, D./LEV, B., The Value Relevance of Intangibles: The Case of Software Capitalization, in: Journal of Accounting Research, Supplement 1998, S. 161-191.

BAETGE; J., Bilanzen, 4. Aufl., Düsseldorf 1996.

BAETGE, J./VON KEITZ, I., E 50, Immaterielle Vermögengegenstände (Intangible Assets), in: Rechnungslegung nach International Accounting Standards (IAS): Kommentar auf der Grundlage des deutschen Bilanzrechts, hrsg. von Baetge, J. et al., Stuttgart 1997, S. 1337-1399.

BATCHELOR, A., Is the balance sheet outdated?, in: Accountancy International, Febr. 1999, S. 81.

BLACKWELL, D., Equivalent comparisons of experiments, in: Annals of Mathematical Statistics 1953, S. 265-273.

BOOTH, G. G./BROUSSARD, J. P./LOISTL, O., German Stock Returns and the Information Content of DVFA Earnings, DVFA-Beiträge zur Wertpapieranalyse Nr. 30, Dreieich 1994.

BOOTH, G. G./BROUSSARD, J./LOISTL, O., Earnings and stock returns: evidence from Germany, in: The European Accounting Review 1997, S. 589-603.

BUSSE VON COLBE, W., Rechnungswesen, in: Lexikon des Rechnungswesens, hrsg. von Busse von Colbe, W./Pellens, B., 4. Aufl., Oldenburg 1998, S. 599-602.

BUSSE VON COLBE, W., Prognosepublizität von Aktiengesellschaften, in: Beiträge zur Lehre von der Unternehmung, Festschrift für Karl Käfer, hrsg. von Angehrn, O./Künzi, H. P., Stuttgart 1968, S. 91-118.

CHAN, S. H./MARTIN, J. D./KENSINGER, J. W., Corporate research and development expenditures and share value, in: Journal of Financial Economics 1990, S. 255-276.

COENENBERG, A. G., Einheitlichkeit oder Differenzierung von internem und externem Rechnungswesen: Die Anforderungen der internen Steuerung, in: DB 1995, S. 2077-2083.

COPELAND, T. E./KOLLER, T./MURRIN, J., Valuation: Measuring and Managing the Value of Companies, 2. Aufl., New York et al. 1995.

CRASSELT, N./PELLENS, B./SCHREMPER, R., Konvergenz wertorientierter Erfolgskennzahlen: Economic Value Added, Cash Return on Investment und Cash Value Added, Teil I und II, in: WiSu 2000, S. 72-78 (Heft 2 in Vorbereitung).

DAVIS, E./KAY, J., Assessing corporate performance, in: Business Strategy Review, Summer 1990, S. 1-16.

DAVIS-FRIDAY, P. Y./FOLAMI, L. B./ LIU, C.-S./MITTERLSTAEDT, H. F., Does Recognition instead of Disclosure Matter to the Users of Financial Statements?: Evidence from SFAS No. 106, Working Paper, University of Notre Dame, College of Business Administration, Oct. 1998.

DEMSKI, J. S., The General Impossibility of Normative Accounting Standards, in: Accounting Review 1973, S. 718-723.

DENG, Z./LEV, B./NARIN, F., Science and Technology as Predictors of Stock Performance, in: Financial Analysts Journal, May/June 1999, S. 20-32.

DHALIWAL, D./SUBRAMANYAM, K. R./TREZEVANT, R., Is comprehensive income superior to net income as a measure of firm performance?, in: Journal of Accounting and Economics 1999, S. 43-67.

DIRRIGL, H., Wertorientierung und Konvergenz in der Unternehmensrechnung, in: BFuP 1998, S. 540-579.

ECCHER, E. A., Discussion of The Value Relevance of Intangibles: The Case of Software Capitalization, in: Journal of Accounting Research, Supplement 1998, S. 193-233.

EWERT, R./WAGENHOFER, A., Interne Unternehmensrechnung, 3. Aufl., Berlin et al. 1997.

FASB (FINANCIAL ACCOUNTING STANDARDS BOARD), Original Pronouncements, 1999/2000 Edition, Accounting Standards (SFAS) as of June 1, 1999, Vol. I, New York et al. 1999.

FASB (FINANCIAL ACCOUNTING STANDARDS BOARD), Original Pronouncements, 1998/99 Edition, Accounting Standards (SFAC, APB Opinion, ARB) as of June 1, 1998, Vol. II, New York et al. 1998.

FASB (FINANCIAL ACCOUNTING STANDARDS BOARD), Status Report No. 315, Financial Accounting Series No. 199-B, July 20, 1999, S. 3-4.

FASB (FINANCIAL ACCOUNTING STANDARDS BOARD), Status Report No. 321, Financial Accounting Series No. 205-A, January 12, 2000, S. 16.

FASB (Financial Accounting Standards Board), Rescission of FASB Statement No. 53, Exposure Draft, Proposed Statement of Financial Accounting Standards, Financial Accounting Series No. 190-C, October 16, 1998.

FASB (Financial Accounting Standards Board), Business Combinations and Intangible Assets, Exposure Draft, Proposed Statement of Financial Accounting Standards, Financial Accounting Series No. 201-A, Sept. 7, 1999.

Feldhoff, M., Die Regulierung der Rechnungslegung, Eine systematische Darstellung der Grundlagen mit einer Anwendung auf die Frage der Publizität, Frankfurt et al. 1992.

Fülbier, R. U., Regulierung der Ad-hoc-Publizität, Ein Beitrag zur ökonomischen Analyse des Rechts, Wiesbaden 1998.

Gassen, J., Datenbankgestützte Rechnungslegungspublizität: Ein Ansatz zur evolutionären Weiterentwicklung der Rechnungslegung, Diss. rer. oec, Ruhr-Universität Bochum 2000 (Veröffentlichung in Vorbereitung).

Haller, A., Immaterielle Vermögenswerte, Wesentliche Herausforderung für die Zukunft der Unternehmensrechnung, in: Rechnungswesen als Instrument für Führungsentscheidungen, Festschrift für Adolf G. Coenenberg, hrsg. von Möller, H. P./Schmidt, F., Stuttgart 1998, S. 561-596.

Hartmann, M., Technologie-Bilanzierung, Instrument einer zukunftsorientierten Unternehmensbeurteilung, Göttingen 1997.

Hartmann, M., Theorie und Praxis technologischer Unternehmensbeurteilung, in: ZfB 1998, S. 1009-1026.

Healy, P. M./Myers, S. C./Howe, C. D., R&D Accounting and the Tradeoff between Relevance and Reliability, Working Paper, Harvard Business School, Jan. 1999.

IASC (International Accounting Standards Committee), International Accounting Standards (IAS) 1999: The full text of all International Accounting Standards and SIC Interpretations extant at 1 January 1999, London 1999.

von Keitz, I., Immaterielle Güter in der internationalen Rechnungslegung, Grundsätze für den Ansatz von immateriellen Gütern in Deutschland im Vergleich zu den Grundsätzen in den USA und nach IASC, Düsseldorf 1997.

Kloock, J., Internes Rechnungswesen im Spiegel der wissenschaftlichen Erkenntnisse von Eugen Schmalenbach, in: BFuP 1998, S. 204-221.

Kossack, E., Die immateriellen Wirtschaftsgüter und ihre Behandlung in der Bilanz, Wiesbaden 1960.

KRÄMLING, M., Der Goodwill aus der Kapitalkonsolidierung, Bestandsaufnahme der Bilanzierungspraxis und deren Relevanz für die Aktienbewertung, Frankfurt et al. 1998.

KÜTING, K./HARTH, H.-J., Vergleich der Kapitalkonsolidierung nach HGB, US-GAAP und IAS, Teil I und II, in: BB 1999, S. 1370-1377, 1424-1429.

LEV, B., On the Usefulness of Earnings and Earnings Research: Lessons and Directions from Two Decades of Empirical Research, in: Journal of Accounting Research, Supplement 1989, S. 153-192.

LEWIS, T. G., Steigerung des Unternehmenswertes: Total Value Management, 2. Aufl., Landsberg/Lech 1995.

MARSCHAK, J., Towards an Economic Theory of Organization and Information, in: Decision Processes, hrsg. von Thrall, R. M. et al., New York et al 1954, S. 187-220.

MINTZ, S. L., Seeing is Believing, A Better Approach to Estimating Knowledge Capital, in: CFO, Febr. 1999, S. 29-37.

MOXTER, A., Immaterielle Anlagewerte im neuen Bilanzrecht, in: BB 1979, S. 1102-1109.

ORDELHEIDE, D., Kaufmännischer Periodengewinn als ökonomischer Gewinn, Zur Unsicherheitsrepräsentation bei der Konzeption von Erfolgsgrößen, in: Unternehmenserfolg: Planung - Ermittlung - Kontrolle, Festschrift für Walther Busse von Colbe, hrsg. von Domsch, M. et al., Wiesbaden 1988, S. 275-302.

PELLENS, B., Internationale Rechnungslegung, 3. Aufl., Stuttgart 1999.

PELLENS, B./FÜLBIER, R. U./GASSEN, J., Unternehmenspublizität unter veränderten Marktbedingungen, in: Controlling und Rechnungswesen im internationalen Wettbewerb, Kongress-Dokumentation 51. Deutscher Betriebswirtschafter-Tag 1997, hrsg. von Börsig, C. et al., Stuttgart 1998, S. 55-69.

PFAFF, D./BÄRTL, O., Wertorientierte Unternehmenssteuerung: Ein kritischer Vergleich ausgewählter Konzepte, in: ZfbF 1999, Sonderheft 41, S. 85-115.

PFAFF, D./WEBER, J., Zweck der Kostenrechnung? Eine neue Sicht auf ein altes Problem, in: DBW 1998, S. 151-165.

RIVAT, L., Recognise your Intangibles, in: Accountancy International, Oct. 1998, S. 122.

RIVAT, L./CLARK, P., Limited Revisions to IAS 22, in: Accountancy International, Oct. 1998, S. 123.

SIMONS, D., Die Koexistenz von Rechnungslegungsnormen betreffend F&E-Projekte innerhalb der EU und ihr Einfluß auf die Investitionstätigkeit von Eigenkapitalgebern, Discussion Paper No. 411, Universität Bielefeld, Febr. 1999.

STELTER, D., Wertorientierte Anreizsysteme für Führungskräfte und Mitarbeiter, in: Unternehmenssteuerung und Anreizsysteme, Kongress-Dokumentation 52. Deutscher Betriebswirtschafter-Tag 1998, hrsg. von Bühler, W./Siegert, T., Stuttgart 1999, S. 207-241.

STELTER, D., Immaterielle Werte im Rahmen eines wertorientierten Managements, Vortrag vom 21. September 1999, gehalten vor dem Arbeitskreis ‚Immaterielle Werte im Rechnungswesen' der Schmalenbach-Gesellschaft für Betriebswirtschaft in Düsseldorf.

STEWART, G. B. III, The quest for value: the EVA™ Management guide, New York 1991.

SVEIBY, K. E., Wissenskapital - das unentdeckte Vermögen, Immaterielle Unternehmenswerte aufspüren, messen und steigern, Augsburg 1998.

Dipl.-Kfm. Horst Figge
Sprecher des Vorstandes a.D.
Deutsche Leasing AG, Bad Homburg v.D.H.

Die internationale Diskussion zur Bilanzierung von Leasinggeschäften – nur ein Anwendungsfall unterschiedlicher Bilanzierungskonzepte?

Gliederung

1. Einleitung

Konkurrenz belebt das Geschäft! Dieser Ausspruch beschreibt zutreffend die derzeitige weltweite Diskussion um die Rechnungslegung, die auch Deutschland – nicht gerade Vorreiter, wenn es um eine kapitalmarktorientierte Rechnungslegung geht – bewogen hat, auf den Wettbewerb der Systeme zu reagieren.

Ziel aller aktuellen Anstrengungen ist es - und da ist man sich einig -, die Rechnungslegung zu verbessern und die internationale Vergleichbarkeit von Jahresabschlüssen zu steigern. Unklar ist jedoch noch der Weg dorthin. Es stellt sich insbesondere die Frage, ob die Inhalte der Bilanz (national) neu zu definieren sind oder eine akzeptable Lösung jenseits der Bilanz liegen könnte, z. B. in den zusätzlichen Informationen des Anhangs oder in einem Business Reporting.

In Deutschland wurde zum einen mit der neu in das HGB eingefügten Befreiungsvorschrift des § 292 a, zum anderen mit der Zulassung eines privaten Standardsetters ein erster Versuch unternommen, den Erfordernissen gerecht zu werden, die die internationalen Kapitalmärkte – und zwar insbesondere der us-amerikanische – an die Rechnungslegung stellen.

Jedoch zeigt die Praxis, daß Harmonisierung der Rechnungslegung mehr bedeutet, als die Anwendung internationaler Rechnungslegungsnormen zu gestatten. Dies gilt insbesondere wenn sich die Bemühungen um eine Vereinheitlichung der Unternehmensberichterstattung auf das Bild beschränken, welches durch die Bilanz und die Gewinn- und Verlustrechung vermittelt wird.

Diese Problematik anhand der Bilanzierung von Leasinggeschäften darzustellen, bietet sich aus verschiedenen Gründen an:

Zunächst ist festzustellen, daß die Diskussion um die Bilanzierung von Leasing national wie international immer wieder entflammt, jedoch bislang nie mit einem für alle Beteiligten befriedigenden Ergebnis abgeschlossen werden konnte. Darüber hinaus fokussierte die Diskussion der Bilanzierung schwebender Geschäfte im Verlauf der letzten Jahrzehnte stark auf Leasing. Weiterhin läßt sich anhand der Leasingbilanzierung darstellen, daß sich eine internationale Vergleichbarkeit von Jahresabschlüssen nicht durch eine formal einheitliche Anwendung von Bilanzierungsregeln – bspw. der IAS oder US-GAAP – erreichen läßt.

Bemerkenswert ist ferner, daß seit einiger Zeit ein Ansatz zur Leasingbilanzierung – bekannt als Warren McGregor-Papier – diskutiert wird, der sich von der derzeitigen Bilanzierungspraxis – sowohl national als auch international – vollständig abhebt und für den beim IASC und FASB offensichtliche Sympathien bestehen. Und letztlich erweist sich die Betrachtung von Leasing unter dem Aspekt als interessant, daß die Bilanzierung dieses Themenkomplexes handelsrechtlich – im Gegensatz zu den IAS und US-GAAP, wo wir zahlreiche Detailvorschriften finden – nicht geregelt ist. Er bietet sich somit gerade dafür an, in die Agenda des DRSC (Deutschen Rechnungslegungs Standards Committee) aufgenommen zu werden.

2. Begriff und Vorzüge des Leasing

Sowohl in Deutschland als auch weltweit ist Leasing zu einem festen Bestandteil des Wirtschaftsgeschehens geworden. So ist die Diskussion um die Bilanzierung von Leasing nicht zuletzt auch auf dessen wirtschaftliche Bedeutung im Unternehmensbereich zurückzuführen. Die Gründe dafür sind in der Attraktivität des Leasing als Finanzierungssurrogat zu suchen. Je nach vertraglicher Gestaltung bietet es dem Leasingnehmer gegenüber alternativen Finanzierungsmöglichkeiten eine Reihe von Vorzügen. Dabei handelt es sich um Vorteile, die über den "reinen" Zugang zu den Nutzenpotentialen von Wirtschaftsgütern hinausgehen. Zu nennen wären hier z. B. folgende:

- Bereitstellung einer 100 %igen Finanzierung des Leasingobjekts durch den Leasinggeber, ohne Eigenkapital zu binden oder Kreditlinien belasten zu müssen;
- Anpassung des Leasingratenverlaufs an den erwarteten Nutzenverlauf aus den geleasten Kapazitäten unter Liquiditäts- und Erfolgsaspekten (pay-as-you-earn);
- Verwaltungskostensenkungen durch Übernahme von administrativen Aufgaben durch den Leasinggeber;
- Partizipation an der Marktposition des Partners (z. B. günstigere Einkaufskonditionen);

- Versorgung mit Beratungs-, Wartungs- oder sonstigen Dienstleistungen bei vorhandenem Kunden-, Branchen- und Objekt-Know-how des Leasinggebers;
- Flexibilität beim Einsatz von Gütern, die einem schnellen technischen Veralterungsprozeß unterliegen, somit ein effizientes Asset Management;
- steuerliche Vorteile.

Eine Legaldefinition des Begriffs "Leasing" wird weder im deutschen Handels- noch im Steuerrecht bereitgestellt. Die rechtliche Einordnung von Vertragsverhältnissen, die in der Praxis als Leasing gekennzeichnet sind, reicht vom schlichten Mietvertrag des BGB bis zum Ratenkaufvertrag (vgl. HELMSCHROTT (1997), S. 1 f.).

Gemeinsam ist jedoch allen Leasingverhältnissen – und das gilt wohl überwiegend sowohl national als auch international – die zeitlich begrenzte Überlassung von Vermögensgegenständen zur Nutzung gegen Entgelt. Dabei verbleibt das zivilrechtliche Eigentum beim Leasinggeber während der Leasingnehmer über die Vertragslaufzeit das Recht zur Nutzung erhält. Die Risiken und Verpflichtungen, die dem Leasingnehmer und dem Leasinggeber aus dem Vertrag erwachsen, sind weder gesetzlich explizit geregelt, wie z. B. beim bürgerlichrechtlichen Mietvertrag, noch lassen sie sich verallgemeinern. Je nach Vertragstyp können diese jedenfalls erheblich voneinander abweichen (vgl. dazu auch LENZ (1997), S. 25 ff.).

Angesichts der anzutreffenden Vertragsvielfalt ist es nicht verwunderlich, daß die Abbildung von Leasingverhältnissen in der Bilanz zu den wohl komplexeren Fragestellungen der Bilanzierung gehört – und auch dies gilt sowohl national als auch international.

3. Die aktuelle bilanzielle Behandlung von Leasinggeschäften

3.1 Vorbemerkung

Wo liegt denn nun die eigentliche Problematik bei der bilanziellen Behandlung von Leasinggeschäften, die die Diskussion darum nicht abreißen läßt?

Die Antwort ist einfach: Mit dem Abschluß eines Leasingvertrags wird ein schwebendes Geschäft begründet. Dies hat zur Konsequenz, daß der Leasingnehmer grundsätzlich weder die Rechte noch die Pflichten aus dem Leasingvertrag in der Bilanz abzubilden hat, was sich unstrittig aus dem Grundsatz der Nichtbilanzierung schwebender Geschäfte ergibt.

Die Bilanzunwirksamkeit von Leasinggeschäften für den Leasingnehmer gilt jedoch nur solange, als diesem nicht das Leasingobjekt als wirtschaftlichem Eigentümer zugerechnet wird. Ist dies hingegen der Fall, hat er das Leasingobjekt in seiner Bilanz zu aktivieren und eine Verbindlichkeit in korrespondierender Höhe zu passivieren. In den folgenden Perioden ist das Leasingobjekt dann planmäßig abzuschreiben und die Verbindlichkeit um den Tilgungsanteil der Leasingrate zu vermindern (vgl. ausführlich KÜTING/FIGGE (1999), S. 363 f.).

Das Bilanzbild des Leasingnehmers wird somit entscheidend davon beeinflußt, ob dieser wirtschaftlicher Eigentümer des Leasingobjekts im bilanzrechtlichen Sinne ist oder nicht.

Bilanzierung von Leasinggeschäften beim Leasingnehmer

Zurechnung des Leasingobjekts zum Leasinggeber	**Zurechnung des Leasingobjekts zum Leasingnehmer**
• Aufwandswirksame Erfassung der Leasingraten	• Aktivierung und planmäßige Abschreibung des LO • Passivierung einer Verbindlichkeit gegenüber dem LG • Aufspaltung der periodischen Leasingraten in einen erfolgsneutralen Tilgungs- und erfolgswirksamen Zinsanteil

Abbildung 1

So ist es auch die Frage der Bilanzwirksamkeit bzw. -unwirksamkeit von Leasinggeschäften in der Bilanz des Leasingnehmers, die das internationale Fachpublikum beschäftigt, und nicht so sehr die nachgeschalteten Fragen der Bewertung von Leasingobjekt und korrespondierender Verbindlichkeit.

Der Grundsatz der Zurechnung von Vermögensgegenständen zum wirtschaftlichen anstatt zum zivilrechtlichen Eigentümer kommt sowohl handels- und steuerrechtlich als auch nach IAS und US-GAAP zur Anwendung. Allerdings erfährt er in den verschiedenen Rechtskreisen eine unterschiedliche Ausprägung.

3.2 Zurechnung von Leasingobjekten in Deutschland

Im deutschen Handelsrecht wird der Begriff des wirtschaftlichen Eigentums nicht näher konkretisiert. Insbesondere bestehen keine gesetzlichen Regelungen darüber, welche Kriterien bei der Entscheidung, ob ein Leasingnehmer wirtschaftliches Eigentum an einem Leasingobjekt erlangt oder nicht, zugrunde zu legen sind. Mangels solcher klaren Zuordnungsvorschriften im Handelsrecht greift die Unternehmenspraxis deshalb bei der Beurteilung regelmäßig auf die steuerrechtlichen Leasingerlasse zurück.

Eine genauere Betrachtung dieser Zurechnungskriterien (vgl. BUNDESMINISTER DER FINANZEN (1971), S. 264 ff. sowie (1975), S. 72 f.) zeigt, daß innerhalb der Leasingerlasse für die Bestimmung wirtschaftlichen Eigentums an einem Leasingobjekt maßgeblich darauf abgestellt wird, wer Substanz und Ertrag aus dem Wirtschaftsgut vollständig und auf Dauer innehat (vgl. DÖLLERER (1971), S. 536). Nur in den Fällen, in denen sowohl die Chancen als auch die Risiken aus dem Objekt auf den Leasingnehmer übergehen, und zwar nicht nur während der Vertragslaufzeit, sondern auch danach, stuft die Finanzverwaltung diesen als wirtschaftlichen Eigentümer des Leasingobjekts ein.

3.3 Zurechnung von Leasingobjekten nach IAS und US-GAAP

Das Verständnis von wirtschaftlichem Eigentum, das den IAS und US-GAAP zugrunde liegt, ist hingegen weitgehender. So zeigen Beispiele aus der Bilanzierungspraxis deutscher Unternehmen, daß die Umstellung ihrer Rechnungslegung von HGB auf IAS oder US-GAAP teilweise auch eine Umqualifizierung von Leasingverträgen erforderlich macht und zwar mit dem Ergebnis, daß vormals nicht in der Bilanz auszuweisende Leasingobjekte nach der Umstellung zu aktivieren sind.

Im Gegensatz zum deutschen Handelsrecht bestehen mit IAS 17 und SFAS 13 nach IAS und US-GAAP konkrete Vorschriften zur Bilanzierung von Leasingverhältnissen, die insbesondere auch die Frage der Zurechnung des Leasingobjekts umfassen.

Danach wird ein Leasingvertrag als Finance Lease eingestuft und das Leasingobjekt in der Bilanz des Leasingnehmers ausgewiesen, wenn eins der in den Standards aufgeführten Kriterien erfüllt ist. Die in IAS 17 aufgeführten Kriterien entsprechen dabei vom Grundgedanken weitgehend denen nach SFAS 13. Beide Normen orientieren sich bei der Bestimmung der Economic Ownership/ des wirtschaftlichen Eigentums zum Teil an Merkmalen, die auch im Rahmen der deutschen steuerlichen Leasingerlasse zur Anwendung kommen. Dabei handelt es sich zum einen um das Verhältnis von Vertragsdauer zur Nutzungsdauer des Leasingobjekts und zum anderen um den wahrscheinlichen Übergang des rechtlichen Eigentums auf den Leasingnehmer am Ende der Vertragslaufzeit (vgl. ausführlich KÜTING/HELLEN/BRAKENSIEK (1998), S. 1468 ff).

Kriterien für die Zurechnung zum Leasingnehmer nach IAS/US-GAAP

- **Transfer of Ownership Test**
  - ⇒ Übergang des rechtlichen Eigentums am LO auf den LN am Ende der Vertragslaufzeit
- **Bargain Purchase Option Test**
  - ⇒ Dem LN wird eine ‚günstige' Kaufoption eingeräumt
- **Economic Life Test**
  - ⇒ Vertragslaufzeit entspricht weitgehend der wirtschaftlichen Nutzungsdauer des LO
- **Recovery of Investment Test**
  - ⇒ Übernahme des Investitionsrisikos durch den LN
  - ⇒ Kriterium: Verhältnis des Barwerts der Mindestleasingzahlungen zum Marktwert des LO

Abbildung 2

Handelsrechtlich und steuerrechtlich irrelevant für die Bestimmung wirtschaftlichen Eigentums am Leasingobjekt in Deutschland ist jedoch das sowohl nach IAS als auch nach US-GAAP anzuwendende Barwertkriterium. Die Anwendung dieses sog. recovery of investment tests dürfte regelmäßig auch die Ursache für eine von den steuerlichen Leasingerlassen abweichende Klassifizierung von Leasingverträgen bei Umstellung der Bilanzierung auf IAS oder US-GAAP sein.

Nach dem Barwertkriterium ist das Leasingobjekt dem Leasingnehmer zuzurechnen, sofern zu Beginn des Leasingverhältnisses der Barwert der Mindestleasingzahlungen

- mindestens 90 % des Marktwerts beträgt – so lautet die Regelung nach SFAS 13
- bzw. – entsprechend dem Wortlaut in IAS 17 – im wesentlichen mindestens dem Marktwert des Leasingobjekts entspricht.

Diese Vorgehensweise beruht auf der Annahme, daß das vom Leasingnehmer übernommene Investitionsrisiko um so größer ist, je stärker sich der Barwert der Mindestleasingraten dem Marktwert des Leasingobjekts annähert. Übernimmt aber der Leasingnehmer einen erheblichen Teil des Investitionsrisikos, so wird dem Leasingnehmer eher die Rolle eines Käufers anstatt eines Mieters zugeordnet mit der Folge der entsprechenden Zurechnung des Leasingobjekts.

Wendet man das Barwertkriterium auf erlaßkonforme, in der deutschen Praxis zur Anwendung kommende Leasingverträge an, so zeigt sich, daß es in einer Vielzahl von Fällen erfüllt ist. Dies gilt im wesentlichen für die Beurteilung von Leasinggeschäften unter SFAS 13 – mit der Konsequenz der Zuordnung des Objektes zum Leasingnehmer. IAS 17 ist dagegen etwas weicher.

3.4 Vergleich und Würdigung

Wie ist nun angesichts dieses Hintergrunds die häufig anzutreffende Behauptung einzuschätzen, die Leasingbilanzierung nach IAS oder US-GAAP sei der deutschen Rechnungslegung unter Informationsgesichtspunkten überlegen, da sie sich weniger an zivilrechtlichen Formalien als an wirtschaftlichen Gegebenheiten orientiere?

Vergleich der Zurechnungskriterien nach IAS/US-GAAP und HGB

	IAS/US-GAAP	HGB
Übergang rechtlichen Eigentums	✓	✓
Günstige Kaufoption	✓	✓
Nutzungsdauer	✓	✓
Investitionsrisiko	✓	!

Abbildung 3

Diese Aussage kann so nicht gelten. Sowohl in der deutschen Rechnungslegung als auch nach IAS und US-GAAP werden Leasingobjekte nicht dem zivilrechtlichen, sondern dem wirtschaftlichen Eigentümer zugerechnet, wenngleich das

Verständnis von wirtschaftlichem Eigentum nach HGB, IAS und US-GAAP nicht deckungsgleich ist. So entspricht eine Zuordnung von Leasingobjekten zum Leasingnehmer allein aufgrund des Barwertkriteriums nicht dem deutschen Verständnis von wirtschaftlichem Eigentum. Denn hierbei wird ein Verbleib von z. T. erheblichen Chancen beim Leasinggeber, z. B. in Form von Verkaufserlösen, nach Ende der Vertragslaufzeit nicht gebührend berücksichtigt. Ein Merkmal, das aus handelsrechtlicher Sicht für die Entscheidung als bedeutsam erachtet wird (vgl. dazu KÜTING/HELLEN/BRAKENSIEK (1999), S. 42).

Bemerkenswert erscheint in diesem Zusammenhang, daß nach US-GAAP eigentlich generell eine Gesamtbeurteilung vorgenommen werden soll, ob i. w. alle Chancen und Risiken aus dem Eigentum am Objekt auf den Leasingnehmer übergegangen sind oder nicht. Die Konkretisierung dieses sog. Risks and Rewards Approach auf Basis des Barwertkriteriums erfüllt diese Anforderung jedoch nicht.

Der Grund für die unterschiedliche Konkretisierung von wirtschaftlichem Eigentum ist wohl in den Rahmenbedingungen der Rechnungslegung in Deutschland und den USA zu suchen. Stichworte wie

- Gläubigerschutz versus Informationsfunktion
- die Stellung des Grundsatzes der Substance over Form sowie
- das Verhältnis von Handels- und Steuerbilanz

könnten in diesem Zusammenhang eine Bedeutung erhalten und die Unterschiede erklären.

Welche Auffassung von wirtschaftlichem Eigentum den Informationswünschen der Adressaten aber nun mehr entgegenkommt, läßt sich pauschal nicht beantworten.

Zu warnen ist insbesondere vor der Behauptung, daß die Regelungen nach IAS und US-GAAP adressatenfreundlicher sind, weil sie im Vergleich zu den steuerlichen Leasingerlassen häufiger zu einem Ausweis des Leasingobjekts in der Bilanz des Leasingnehmers führen. Abgesehen davon, daß der Ausweis der Objekte in der Bilanz des Leasingnehmers noch keinen Gütestandard per se darstellt und zunächst deutsche Vertragsgestaltungen zu treffen scheint, ignoriert diese Aussage, daß faktisch die Gestaltung von Leasingverträgen in den USA sich den in SFAS 13 genannten – insbesondere kritischen – Kriterien angepaßt hat mit der Konsequenz, daß – ähnlich der Situation in Deutschland – Leasingobjekte regelmäßig nicht in der Bilanz des Leasingnehmers ausgewiesen werden. Als Beispiel seien hier die sog. synthetic leases genannt.

An diesem Zusammenspiel von Rechnungslegungsregeln und darauf reagierenden Sachverhaltsgestaltungen (durch Vertragsgestaltung) zeigen sich – stellvertretend für andere Sachverhalte – die Grenzen der inhaltlichen Harmonisierung der Rechnungslegung durch Anwendung von einzig formal einheitlichen Rechnungslegungsstandards.

Die Vergleichbarkeit der Konzernabschlüsse deutscher Unternehmen mit denen us-amerikanischer Unternehmen würde deshalb bei Anwendung von SFAS 13 eher ab- als zunehmen. Denn obwohl die Finanzierung über Leasing eine vergleichbare wirtschaftliche Bedeutung für die betreffenden Unternehmen hat, werden die Verträge unterschiedlich im Konzernabschluß abgebildet, weil die nationale Vertragsgestaltung die nationalen Rechnungslegungsvorgaben berücksichtigt, jedoch nicht die internationalen.

Als internationaler Standard wäre SFAS 13 aus diesem Grund wohl eher abzulehnen, da er die Anforderung der Vergleichbarkeit nicht zu erfüllen vermag. Denn, so führt der FASB selbst aus: "Greater comparability of accounting information is not to be attained by making unlike things look similar any more than by making like things look different. A high quality accounting standard requires accounting for similar transactions and circumstances similarly and accounting for different transactions and circumstances differently" (FASB (1999), S. 21).

4. Aktuelle Tendenzen im internationalen Rahmen

4.1 Vorbemerkung

Beschäftigen wir uns mit der Harmonisierung von Rechnungslegung oder der Übernahme ausländischer Bilanzierungsnormen in deutsches Recht, gilt es nicht nur, ein Augenmerk auf die bereits bestehenden Regelungen zu werfen. Richtungsweisend können auch neue Ansätze sein, denen sich die Standardsetter zuwenden.

Während der letzten 10 Jahre galt das Interesse der angelsächsischen Standardsetter insbesondere den Financial Instruments. Die wachsende Bedeutung von originären und derivativen Finanzinstrumenten für die Unternehmen sollte durch eine adäquate Berichterstattung begleitet werden (vgl. insbesondere FASB (1991)). Adressiert wurde unter anderem auch das Problem des sog. off balance sheet financing, d.h. die Bilanzunwirksamkeit bestimmter Transaktionen und Risiken. Dennoch blieb die Bilanzierung von Leasinggeschäften – trotz der Kritik, die an dem off balance sheet-Effekt immer wieder laut wurde – von diesem umfassenden Projekt weitgehend ausgeklammert und zwar sowohl seitens des FASB als auch des IASC.

Obwohl IAS 17 erst im Jahre 1997 in überarbeiteter Version verabschiedet wurde, sind die Standardsetter wie das FASB - aber auch das IASC - z. Zt. offenkundig mit den Vorbereitungen für eine grundlegende Konzeptionsüberarbeitung der Leasingbilanzierung beschäftigt.

So ist seit der Veröffentlichung des sog. Warren McGregor Papiers (vgl. MCGREGOR (1996)) im Jahr 1996 eine verstärkte offizielle Auseinandersetzung mit diesem Thema beim IASC, FASB und auch beim englischen ASB zu beobachten, die bei ihren Überlegungen zur Neukonzeption stets Rückgriff nehmen auf die zentralen Eckpunkte des McGregor-Papiers.

Bei dem Warren McGregor Papier handelt es sich um ein Arbeitspapier zur Bilanzierung von Leasinggeschäften, welches von der G 4 + 1 - Gruppe, bestehend aus Mitgliedern der Standardsetter aus Australien, Kanada, Neuseeland, Großbritannien und den USA und Vertretern des IASC, konzipiert wurde.

Nun drängt sich bei der Entwicklung eines solchen Vorschlags durch eine Arbeitsgruppe - exklusiv aus dem angelsächsischen Rechtskreis - in einem Umfeld, das von Harmonisierungsbemühungen geprägt ist, automatisch die Frage auf, inwiefern dieser den Anforderungen eines internationalen Standards gerecht werden könnte, d.h. inwiefern sich auf seiner Basis eine Konsensfähigkeit nationaler Standardsetter erreichen ließe.

4.2 Der Ansatz zur Bilanzierung von Leasing nach dem Warren McGregor Papier

Die Verfasser des sog. New Approach nennen als Motivation für ihr Tätigwerden die Unzulänglichkeit der derzeit bestehenden Regelungen zur Leasingbilanzierung (vgl. McGREGOR (1996), S. 9 ff). Diese konkretisiere sich insbesondere darin, daß Nutzenpotentiale und Verpflichtungen aus Leasingverträgen beträchtlichen Umfangs bei einer Zurechnung des Leasingobjekts zum Leasinggeber keine Berücksichtigung in der Bilanz des Leasingnehmers fänden. Damit würden dem Adressaten entscheidungsrelevante Daten vorenthalten.

Als Lösung schlägt die Arbeitsgruppe nun vor, künftig für alle unkündbaren Miet- und Leasingverträge, von denen sich der Leasingnehmer nicht ohne Schaden i. w. S. lösen kann, in der Bilanz des Leasingnehmers ein Nutzungsrecht zu aktivieren und diesem die mit Abschluß des Miet- bzw. Leasingvertrags parallel entstehende Verbindlichkeit gegenüberzustellen. Mit einer solchen Vorgehensweise sieht die Arbeitsgruppe sichergestellt, daß alle wirtschaftlichen Effekte aus dem Abschluß von Miet- und Leasingverträgen in der Bilanz des Leasingnehmers ausgewiesen werden, während gleichzeitig auf eine komplizierte Beurteilung des Übergangs von Chancen und Risiken aus dem Leasingobjekt verzichtet werden kann.

Das Warren McGregor Papier – Lösungsansatz

Gleichbehandlung aller unkündbaren Miet- und Leasingverträge

Leasingnehmer		Leasinggeber	
Nutzungsrecht am LO	Verbindlichkeit ggü. LG	Forderung ggü. LN	
		Restwert am LO	

⇒ Zerlegung von Vermögensgegenständen in Teilkomponenten

⇒ Bilanzierung von Rechten und Pflichten aus schwebenden Geschäften

Abbildung 4

Unterlegt wird dieser "neue" Ansatz zur Leasingbilanzierung mit dem Argument, daß die mit Abschluß des Miet- bzw. Leasingvertrags entstehenden Rechte und Verpflichtungen den Definitionen eines asset bzw. einer liability der beteiligten Staaten entsprechen, die allesamt dem angelsächsischen Rechtskreis angehören.

Nun ist dieser Ansatz zur Leasingbilanzierung nicht wirklich neu. Bereits 1964 wurde eine solche Vorgehensweise in einer Studie des AICPA vorgeschlagen. Sie konnte sich jedoch bis heute nicht durchsetzen, was wohl damit zu erklären ist, daß sich auch in den USA der Grundsatz der Nichtbilanzierung von Ansprüchen und Pflichten aus schwebenden Geschäften durchgesetzt hat, wenngleich dieser nicht wie bei uns explizit niedergeschrieben ist.

Würde man dem Vorschlag des McGregor-Papiers – also dem sog. asset and liability approach – folgen, so würde die daraus folgende generelle Bilanzierung von Nutzungsrechten und Verpflichtungen aus Miet- und Leasingverträgen bedeuten, daß der Grundsatz der Nichtbilanzierung schwebender Geschäfte punktuell durchbrochen wird. Die Betonung liegt hier auf punktuell, denn die Arbeitsgruppe schließt zwar eine Auswirkung auf die bilanzielle Behandlung anderer schwebender Geschäfte nicht aus, erachtet aber eine Gleichbehandlung aller schwebenden Verträge keinesfalls als eine Voraussetzung für den vorgeschlagenen Ansatz zur Leasingbilanzierung.

Würde nun eine Umsetzung dieses Konzepts bspw. seitens des IASC erfolgen, würde die Bilanzierung von Leasing in der Gesamtheit aller Dauerschuldverhältnisse sowie anderer schwebender Geschäfte eine Sonderstellung einnehmen, die ungerechtfertigt ist. Denn wieso sollen die aus dem Abschluß eines Leasingvertrags resultierenden Rechte und Pflichten für den Jahresabschlußadressaten von größerem Interesse sein als die bspw. aus langfristigen Lieferverträgen oder Arbeitsverhältnissen entstehenden Rechte und Pflichten?

Eine solche Vorgehensweise widerspricht mithin der weitverbreiteten Forderung nach konsistenten, auf einem theoretischen Fundament aufbauenden Rechnungslegungsstandards und würde weiterhin dem so stark propagierten Grundsatz von "substance over form" widersprechen. Faktische wirtschaftliche Zwänge werden zu Gunsten einer formalrechtlichen Betrachtungsweise negiert. Denn selbst wenn rechtlich die Möglichkeit bestünde, alle Arbeits-, Mietverhältnisse und Lieferverträge kurzfristig zu kündigen, so kann sich das Unternehmen dennoch nicht faktisch der langfristigen Verpflichtung und Notwendigkeit zur Zahlung von Löhnen, Mieten und Material entziehen, wenn es weiterhin seinem Geschäftszweck nachkommen will.

4.3 Würdigung des Warren McGregor Papiers aus handelsrechtlicher Sicht

Die Idee, aus der Definition von Vermögensgegenständen und Schulden eine Bilanzierungspflicht für Nutzungsrechte und Verbindlichkeiten aus Dauerschuldverhältnissen abzuleiten, ist auch in Deutschland nicht unbekannt. Allerdings ist diese Diskussion bislang rein theoretischer Natur geblieben (vgl. z. B. BABEL (1997), S. 83 ff.).

So hat das Prinzip der Nichtbilanzierung schwebender Geschäfte seinen festen Platz im deutschen Bilanzrecht erhalten, obwohl dieser Bilanzierungsgrundsatz kein unumstößliches Dogma darstellt und durchaus zur Disposition stand. Jedoch wurde offensichtlich das Informationsdefizit seitens der Adressaten nicht als so gravierend erachtet. Es gibt vielmehr Stimmen, nach denen es der Informationsfunktion des Jahresabschlusses und seiner Klarheit und Übersichtlichkeit förderlich ist, auf einen Ausweis sich gegenüberstehender und einander ausgleichender Ansprüche und Verpflichtungen zu verzichten und somit eine unnötige Bilanzaufblähung zu vermeiden.

Ohnehin scheint häufig in Vergessenheit zu geraten, daß die Informationsfunktion nicht allein der Bilanz, sondern dem Jahresabschluß insgesamt zukommt und eine Information im Anhang angesichts der erweiterten Möglichkeiten der Darstellung dem Adressaten unter Umständen mehr entgegenkommt, als eine rein zahlenmäßige Angabe, so wie sie der Ausweis in der Bilanz erfordert.

Es schließt sich die Frage an, ob sich der Ansatz von Warren McGregor zur Leasingbilanzierung – so wie dort vorgesehen - auch ohne eine generelle Aufgabe des Grundsatzes der Nichtbilanzierung schwebender Geschäfte in Deutschland umsetzen ließe. Um die Antwort vorwegzunehmen: Nein.

Während die fallbezogene Regelung von Sachverhalten in den USA durchaus Tradition hat, ist sie in Deutschland eher unbekannt. Wollte man den Grundsatz der Nichtbilanzierung schwebender Geschäfte aufrecht erhalten, ließe sich die Bilanzierung von Nutzungsrechten und Verbindlichkeiten aus Miet- und Leasinggeschäften deshalb in Deutschland nur dadurch rechtfertigen, daß diese Geschäfte aufgrund ihrer besonderen Eigenschaften bei wirtschaftlicher Betrachtung keine schwebenden Geschäfte darstellen, sondern bspw. ein Rechtskauf vorliegt.

Eine solche Auffassung hätte zur Konsequenz, daß sowohl das Recht als erworbener Vermögensgegenstand, als auch die in Raten zu zahlende Verbindlichkeit in der Bilanz anzusetzen wäre. Bei genauer Betrachtung erweist sich eine solche Separierung von anderen Dauerschuldverhältnissen jedoch als willkürlich und nicht von unserem Rechtssystem gedeckt (Grundsatz der Einheitlichkeit der Rechtsordnung).

Zudem stellt sich die Frage, ob sich die Anstrengung für einen solchen Klimmzug lohnen würde. Denn schließlich würde mit der Umqualifizierung von Miete und Leasing als Rechtskauf nur ein willkürlich abgegrenzter Bruchteil der insgesamt bestehenden Nutzenpotentiale und finanziellen Verpflichtungen aus schwebenden Geschäften herausgegriffen. Der Informationsnutzen hieraus ist wohl eher in Frage zu stellen (vgl. auch KÜTING/HELLEN/BRAKENSIEK (1999), S. 44).

Im Ergebnis ist der Ansatz von Warren McGregor als Leitbild für einen möglichen deutschen Rechnungslegungsstandard wohl abzulehnen (vgl. zur Kritik auch MELLWIG (1998), S. 13 f.). Ebenso ist sein Beitrag zur Harmonisierung und seine Akzeptanz als internationaler high quality accounting standard in Frage zu stellen. Denn welche Konsequenzen würden sich bei der Umsetzung des Vorschlags von Warren McGregor bspw. für deutsche IAS-Bilanzierer oder auch für einen Großteil anderer europäischer IAS-Bilanzierer ergeben?

Die Antwort ist relativ einfach und wenig überraschend. Da die Umsetzung des Konzepts in das nationale Recht aufgrund des Verbots der Bilanzierung schwebender Geschäfte häufig nicht möglich sein wird – so auf jeden Fall die Situation in Deutschland – würden Einzel- und Konzernabschluß erheblich auseinanderlaufen. Berücksichtigt man weiterhin, daß auch der daraus resultierende Informationsgewinn für die Adressaten eher zweifelhaft ist, ergibt sich keinesfalls der Nutzen, der die mit der Implementierung des Ansatzes von McGregor einhergehenden Probleme rechtfertigen würde. Es bleibt zu hoffen, daß die internationalen Gremien der Willkürlichkeit dieses Ansatzes Rechnung tragen und eine seriöse Diskussion um den Grundsatz der Nichtbilanzierung oder Bilanzierung schwebender Geschäfte generell führen.

Mit Spannung ist zu erwarten, wie sich das DRSC zu diesem Thema stellt, sollte es sich dafür entscheiden, die Bilanzierung von Leasing auf seine Agenda zu setzen. Die Erarbeitung eines deutschen Rechnungslegungsstandards zum Thema Leasing stellt – soviel steht fest – keine einfache Aufgabe dar, wird das

DRSC doch – für welchen Ansatz es auch immer sich entscheidet – auf jeden Fall Kritik für seine Entscheidung ernten.

So würde eine uneingeschränkte Befürwortung der bestehenden Grundsätze die Kritik derer heraufbeschwören, die eine völlige Angleichung der deutschen Rechnungslegung an internationale, insbesondere US-amerikanische Vorschriften fordern.

Aber auch eine Anlehnung an den zur Zeit aktuellen IAS 17 würde vermutlich angesichts der Diskussion um die neueren Vorschläge zur Leasingbilanzierung nach dem Warren McGregor Papier auf Widerstand stoßen. Müßte sich doch der DRSC in diesem Fall den Vorwurf gefallen lassen, der Entwicklung hinterherzuhinken.

Gegen die Übernahme der Idee von McGregor spricht aber wiederum die Unvereinbarkeit mit dem im Handelsrecht kodifizierten Grundsatz der Nichtbilanzierung schwebender Geschäfte.

Insgesamt bleibt festzustellen, daß die Weiterentwicklung der Bilanzierung in Deutschland sowie auch die internationale Harmonisierung der Rechnungslegung zweifellos ein Ziel darstellt, dessen Verfolgung wünschenswert und förderungswürdig ist. Und ohne Frage gilt dies auch für komplexe Fragestellungen, wie die des Leasing. Auch hier besteht die Notwendigkeit einer einheitlichen Regelungsbasis, wenn man den Wettbewerb der Systeme für nicht effizient und zielführend betrachtet. Jedoch ist es gerade komplexen Sachverhalten immanent, daß sich diese nicht auf eine einzige Zahl reduzieren lassen, ohne daß dadurch ein erhebliches Informationspotential verloren geht. Dies gilt insbesondere bei Transaktionen, deren Ausgestaltung stark von handelsrechtlichen, steuerrechtlichen oder auch insolvenzrechtlichen Besonderheiten des jeweiligen nationalen Umfelds geprägt ist.

Damit stellt sich die Frage, ob Harmonisierungsbemühungen, die die Bilanz und Gewinn- und Verlustrechnung zur Informationsbasis für Investoren machen wollen, überhaupt von Erfolg gekrönt sein können und nicht eher die Unternehmensberichterstattung insgesamt Grundlage für eine Harmonisierung sein sollte.

5. Vom Financial Accounting zum Business Reporting

Ein Blick in die Literatur zeigt, daß sich die Diskussion um die Harmonisierung der Rechnungslegung häufig auf Details der Bilanzierung und Bewertung beschränkt.

Gespräche mit Finanzanalysten und anderen Mitgliedern der financial community zeigen jedoch, daß diese viel mehr an der erweiterten Berichterstattung im Anhang, Lagebericht oder freien Teil des Geschäftsberichts interessiert sind und im Zweifel auf zusätzliche Unternehmensinformationen z. B. aus Analystengesprächen mit dem Management zurückgreifen können. Diesen Informationen wird ein höherer Stellenwert eingeräumt als dem eigentlichen Rechenwerk des Jahresabschlusses. Eine Erkenntnis, der im Rahmen der Diskussion um die Harmonisierung der Rechnungslegung zu wenig Beachtung geschenkt wird.

So sind es wieder einmal die US-Amerikaner, die hier eine Vorreiterrolle einnehmen. Mit der veröffentlichten Studie "Improving Business Reporting – A Customer Focus, Meeting the Information Needs of Investors and Creditors" haben sie schon vor Jahren einen Maßstab für die Fortentwicklung der Rechnungslegung gesetzt, dem sich auch die internationalen Harmonisierungsbemühungen nicht verschließen können: Die Kundenorientierung der Unternehmensberichterstattung (vgl. AICPA (1994)).

Die Studie – auch bekannt unter dem Titel "Jenkins Report" – basiert auf einer empirischen Analyse der Informationsbedürfnisse von professionellen Investoren und Kreditgebern. Bemerkenswert ist, daß die aus der Untersuchung abgeleiteten Empfehlungen des Committee sich nur zu einem geringen Teil auf Bilanzierungs- und Bewertungsfragen beziehen. Der Fokus liegt vielmehr auf der Berichterstattung von verbalen und nicht-finanziellen Informationen, so auch hinsichtlich der Bilanzierung von Leasing.

Daß die Leasingbilanzierung im Zusammenhang mit dem off balance sheet financing im Jenkins Report aufgegriffen wird, ist nicht weiter verwunderlich (vgl. AICPA (1994), S. 77), sind die Informationen über Risiken, Rechte und Pflichten aus bilanzunwirksamen Finanzierungstransaktionen zweifelsohne entscheidungsnützlich für die Adressaten und somit von Interesse. Empfohlen werden deshalb erweiterte Angaben zu Leasinggeschäften, bei denen die Leasingobjekte nicht dem Leasingnehmer zugerechnet werden und die deshalb nicht aus der Bilanz ersichtlich sind, darunter bspw. die Restlaufzeit der Verträge und auch der Barwert der Mindestleasingzahlungen, durch die auf künftige finanzielle Verpflichtungen des Leasingnehmers geschlossen werden kann.

Eine Änderung der Bilanzierung von Leasinggeschäften, wie bspw. in Anlehnung an das Warren McGregor Papier, wird hingegen nicht empfohlen, obwohl damit das Problem der Bilanzunwirksamkeit gelöst würde. Während die Forderung nach erweiterten Anhangsangaben von den Befragten jedoch einhellig betont wurde, gingen die Meinungen bei der Frage der angemessenen Bilanzierung von Leasingverhältnissen auseinander. Als Konsequenz wurde in dieser Analyse von einer Empfehlung zur Überarbeitung der Leasingbilanzierung abgesehen (vgl. AICPA (1994), S. 79).

Erläuterungen im Anhang zur Bilanzierung und Bewertung sind gerade dazu prädestiniert, unterschiedliche Auffassungen über eine adäquate Rechnungslegung zu überbrücken, und zwar gilt dies nicht nur auf nationaler Ebene, sondern insbesondere auch im Hinblick auf internationale Divergenzen, die aus den Notwendigkeiten unterschiedlicher Rahmenbedingungen erwachsen sind. Denn im Gegensatz zu Bilanzierungs- und Bewertungsvorschriften kann den Erläuterungsvorschriften der Vorteil zugeschrieben werden, daß ihre nationale Umsetzung weniger problembehaftet ist. Schließlich bestehen hinsichtlich der Erläuterung im wesentlichen keine normierten Restriktionen.

Die Voraussetzung dafür, daß Vorschriften zur erweiterten Berichterstattung – sei es innerhalb der Erläuterungen zur Bilanz und Gewinn- und Verlustrechnung oder sonstigen Unternehmensberichterstattung – auch tatsächlich zur Verbesserung und Vergleichbarkeit der Information beitragen, ist natürlich zum einen deren nationale Umsetzung und Verbindlichkeit, zum anderen jedoch auch deren Befolgung. Denn wie die Praxis zeigt, geht das eine nicht zwingend mit dem anderen einher. Eine Harmonisierung der Unternehmensberichterstattung kann sich nicht in einem Regelwerk erschöpfen, von ebenso großer Bedeutung ist es, daß dessen Befolgung auch sichergestellt wird.

Dies mag wohl einer der Gründe sein, warum im Jenkins Report auch die Rolle des Wirtschaftsprüfers und sein möglicher Beitrag zu einer kundenfreundlichen Unternehmensberichterstattung mit in die Überlegungen einbezogen werden (vgl. AICPA (1994), S. 101 ff.).

Insgesamt macht der Jenkins Report beispielhaft deutlich, daß die Vereinheitlichung von Bilanzierungs- und Bewertungsregeln allein nicht der Schlüssel zum Erfolg ist, wenn es darum geht, den Anforderungen der internationalen

Kapitalmärkte gerecht zu werden. Gerade dies ist aber das Hauptanliegen der Harmonisierungsbemühungen, weshalb ein Umdenken diesbezüglich absolut unumgänglich erscheint.

6. Schlußbemerkung

Die Diskussion um die Bilanzierung schwebender Geschäfte ist nicht neu. Die Frage der Abbildung künftiger finanzieller Verpflichtungen in der Bilanz stellt viel mehr ein altes und generelles Problem dar. Es ist jedoch mehr als fraglich, ob die Lösung dieses Problems in der simplen Aufgabe des Grundsatzes der Nichtbilanzierung schwebender Geschäfte liegen kann.

Denn auch durch die Abbildung schwebender Geschäfte in der Bilanz ist nach wie vor ein vollständiger Ausweis künftiger finanzieller Verpflichtungen nicht gewährleistet. Wie soll z. B. die Lösung aussehen für nur kurzfristig bindende Verträge, die jedoch faktisch langfristige Verpflichtungen nach sich ziehen? Wie finden Arbeitsverträge oder Sukzessivlieferungsverträge ihren Platz in der Bilanz?

Die Aufgabe des Grundsatzes der Nichtbilanzierung schwebender Geschäfte würde zu einer Bilanzaufblähung führen, ohne daß damit ein substantieller Informationsgewinn, nämlich der vollständige Ausweis künftiger finanzieller Verpflichtungen, einherginge.

Dies gilt um so mehr, wenn sich die Diskussion um die Bilanzierung schwebender Geschäfte allein auf Leasing beschränkt. Es ist weder systemkonform noch erscheint die Annahme logisch, allein durch die Bilanzierung von Leasinggeschäften - und damit lediglich einer Teilmenge von schwebenden Geschäften - ein generelles Problem zu lösen oder der Problemlösung auch nur näher zu kommen.

Die derzeit festzustellende Tendenz, die Bilanz mit Informationen zu überfrachten und wachsende Informationsanforderungen an sie zu stellen, ist m. E. eher zweifelhaft. Denn es ist der Bilanz als Rechenwerk nun einmal immanent, nur einen begrenzten Einblick in das unternehmerische Geschehen gewähren zu können. Insbesondere ist die Bilanz ungeeignet, allein die Last der Harmonisierung der Rechnungslegung zu tragen. Grund dafür sind insbesondere die umfangreichen Möglichkeiten zur Sachverhaltsgestaltung in Ländern, in denen das case law vorherrscht, wie z. B. in den USA. Übergeordnete Grundsätze, die uns in Deutschland bei der Vertragsgestaltung zivilrechtlich binden, liegen dort in diesem Umfang nicht vor.

Es erscheint deshalb m. E. sinnvoll, das Rechenwerk des Jahresabschlusses mit seinem jetzigen Inhalt zu erhalten und durch zusätzliche Informationen im Anhang sowie ein aussagekräftiges Business Reporting die Informationsbedürfnisse der nationalen und internationalen Adressaten zu befriedigen.

Literaturverzeichnis

AICPA (1994), Improving Business Reporting – A Customer Focus: Meeting the Information Needs of Investors and Creditors, Comprehensive Report of the Special Committee on Financial Reporting, New York 1994.

BABEL, Mathias (1997), Ansatz und Bewertung von Nutzungsrechten, Frankfurt a.M. 1997.

BUNDESMINISTER DER FINANZEN (1971), Schreiben IV B/2 – S 2170-31/71 vom 19.4.1971, in: BStBl. I 1971, S. 264-266.

BUNDESMINISTER DER FINANZEN (1975), Schreiben IV B/2 – S 2170-161/75 vom 22.12.1975, in: BB 1976, S. 72-73.

DÖLLERER, Georg (1971), Leasing – wirtschaftliches Eigentum oder Nutzungsrecht? BB 1971, S. 535-540.

FASB (1991), Discussion Memorandum – an analysis of issues related to Recognition and Measurement of Financial Instruments, in: Financial Accounting Series No. 109-A, Norwalk 1991.

FASB (1999), International Accounting Standard Setting: A Vision for the future, Norwalk 1999.

HELMSCHROTT, Harald (1997), Leasinggeschäfte in der Handels- und Steuerbilanz, Wiesbaden 1997.

KÜTING, Karlheinz/HELLEN, Heinz-Hermann/BRAKENSIEK, Sonja (1998), Leasing in der nationalen und internationalen Bilanzierung, in: BB 1998, S. 1465-1473.

KÜTING, Karlheinz/HELLEN, Heinz-Hermann/BRAKENSIEK, Sonja (1999), Die Bilanzierung von Leasinggeschäften nach IAS und US-GAAP, in: DStR 1999, S. 39-44.

KÜTING Karlheinz/FIGGE, Horst (1999), Mobilien-Leasing in der Handels- und Steuerbilanz, in: Betrieb und Wirtschaft 1999, S. 361-364.

LENZ, Peter (1997), Die Bilanzierung von Mobilien-Leasingverträgen gemäß deutschem Handelsrecht und U.S.-Generally Accepted Accounting Principles: Ein kritischer Vergleich, Diss., Saarbrücken 1997.

MCGREGOR, Warren (1996), Accounting for Leases – A New Approach, 1996.

MELLWIG, Winfried (1998), Die bilanzielle Darstellung von Leasingverträgen nach den Grundsätzen des IASC – Derzeitige Regelung und Reformvorschläge – , DB-Beilage Nr. 12/98.

WP/StB Wolfgang Müller
Partner
Arthur Andersen WPG StBG mbH, Eschborn/Frankfurt am Main

Die Bilanzierung latenter Steuern nach US-GAAP, IAS und HGB

Gliederung

1. Einleitung

Erstellt ein Unternehmen einen Konzernabschluss nach den Vorschriften der International Accounting Standards (IAS) oder den US-GAAP, sei es zusätzlich zu dem handelsrechtlichen Konzernabschluss oder als befreienden internationalen Konzernabschluss gemäss der Befreiungsvorschrift des § 292a HGB, so ergeben sich in der Regel eine Reihe von zwingenden Unterschieden und Anpassungserfordernissen im Vergleich zu der seither praktizierten Bilanzierung und Bewertung entsprechend den Rechnungslegungsvorschriften des HGB.

Unabhängig davon welche Unterschiede im jeweiligen Einzelfall von Bedeutung sein mögen handelt es sich in der Regel um Sachverhalte, die zwingend zur Bilanzierung latenter Steuern führen. Darüber hinaus unterscheiden sich die Vorschriften zur Bilanzierung latenter Steuern nach HGB, IAS und US-GAAP, so dass sich bereits aus diesen unterschiedlichen Regelungsinhalten beim Übergang auf die internationale Rechnungslegung Unterschiede und demzufolge Anpassungsnotwendigkeiten ergeben können.

Ziel dieses Beitrages ist es, einen Überblick über die Grundlagen der bei der Erstellung eines internationalen Konzernabschlusses relevanten Vorschriften des IAS 12 und des US amerikanischen Standards FAS 109 zu vermitteln und auf wesentliche Unterschiede zur Bilanzierung latenter Steuern nach den Vorschriften des HGB hinzuweisen, ohne jedoch im Rahmen dieses Beitrages auf alle Einzelfragen und Details eingehen zu können. Hierzu sei auf die Angaben zur weiterführenden Literatur verwiesen.

2. Konzeptionelle und rechtliche Grundlagen der Bilanzierung latenter Steuern

2.1 Konzepte der Steuerabgrenzung

In der Literatur werden zwei Konzepte als Grundlage der Bilanzierung latenter Steuern unterschieden: Das Temporary-Konzept und das Timing-Konzept.

Dem Temporary-Konzept liegt eine bilanzorientierte Betrachtungsweise zugrunde. Gegenstand der latenten Steuerabgrenzung sind danach Unterschiede zwischen dem Wertansatz in der Handelsbilanz („reporting base") und der Steuerbilanz („tax base") der einzelnen Vermögensgegenstände und Schulden. Bezüglich dieser Differenzen wird zwischen temporären Unterschieden, die sich im Zeitablauf umkehren und zu einer höheren oder geringeren Steuerbelastung führen und permanenten Differenzen unterschieden. Dabei ist es grundsätzlich unerheblich, ob diese Differenzen erfolgswirksam oder erfolgsneutral z.B. im Rahmen der Erstkonsolidierung durch Allokation stiller Reserven entstanden sind.

Im Gegensatz hierzu liegt dem Timing-Konzept eine GuV-orientierte Betrachtungsweise zugrunde. Gegenstand der latenten Steuerabgrenzung sind demnach Unterschiede zwischen dem handelsrechtlichen und steuerrechtlichen Ergebnis, die sich in späteren Perioden umkehren. Anders als das Temporary-Konzept stellt das Timing-Konzept somit auf Unterschiede aus Bilanzierungs-, Bewertungs- und Konsolidierungsmassnahmen ab, die sich sowohl bei ihrer Entstehung als auch bei der Umkehrung in der Gewinn- und Verlustrechnung niederschlagen.

Unterschieden werden in diesem Zusammenhang

- „timing differences", das sind Ergebnisunterschiede die sich in einem absehbaren Zeitraum wieder umkehren
- „permanent differences", die sich im Zeitablauf nicht wieder umkehren, sowie
- „quasi permanent differences", deren Umkehrung nur sehr langfristig, z.B. erst bei Verkauf des betreffenden Vermögensgegenstandes, erfolgt.

2.2 Methoden zur Berechnung der Steuerabgrenzung

In der Literatur werden im wesentlichen drei Methoden zur Berechnung der Steuerabgrenzung unterschieden: Die „Deferral" Methode, die „Liability" Methode sowie die „Net of Tax" Methode. Letztgenannte ist für die Rechnungslegung nach HGB, US-GAAP und IAS jedoch ohne Relevanz, aus diesem Grund soll sie nachfolgend nicht näher dargestellt werden.

Ziel der „Deferral" Methode ist der Ausweis des periodengerechten Steueraufwands. In Folge dessen erfolgt die Berechnung der latenten Steuern mit dem aktuellen, zum Zeitpunkt des Entstehens der in die Berechnung der latenten Steuern einbezogenen Bilanzierungs- und Bewertungsunterschiede geltenden Steuersatzes. Sofern sich in Folgejahren der Steuersatz ändert, bleibt dies ohne Auswirkung, das heisst es erfolgt keine (rückwirkende) Anpassung der in Vorjahren gebildeten Steuerabgrenzungen.

Im Gegensatz hierzu stellt die „Liability" Methode auf einen zutreffenden Vermögensausweis ab. Die Berechnung der latenten Steuern hat dementsprechend mit dem im Zeitpunkt der Umkehr der in die Berechnung der latenten Steuern einbezogenen Bilanzierungs- und Bewertungsdifferenzen massgeblichen Steuersatz zu erfolgen, da dieser die mit der Umkehrung verbundene tatsächliche Steuerbe- oder Entlastung bestimmt. Dem Ziel eines zutreffenden Vermögensausweises entsprechend hat nach der „Liability" Methode bei Änderungen der Steuergesetzgebung, z.B. des Steuersatzes, auch eine rückwirkende Anpassung der in Vorjahren gebildeten Steuerabgrenzungen zu erfolgen.

2.3 Vorschriften zur Steuerabgrenzung

Die grundlegenden Vorschriften zur Bilanzierung latenter Steuern nach US-GAAP ergeben sich aus FAS 109, „Accounting for Income Taxes", für einen nach den International Accounting Standards (IAS) aufgestellten (Konzern-) Abschluss ist IAS 12 (revised 1996) massgebend. Beide Vorschriften basieren auf dem „Temporary" Konzept. Gegenstand der Steuerabgrenzung sind sowohl nach FAS 109 als auch IAS 12 damit Unterschiede zwischen dem Steuerbilanzwert von Vermögensgegenständen und Schulden und dem nach IAS bzw. US-

GAAP bilanzierten Wert. Sowohl nach IAS als auch nach US-GAAP erfolgt die Berechnung der latenten Steuern entsprechend der „Liability“ Methode. Grundsätzlich besteht dabei eine Pflicht zum Ansatz sowohl aktiver als auch passiver latenter Steuern, die Aktivitierungspflicht bezieht sich auch auf Vorteile aus steuerlichen Verlustvorträgen. Allerdings sind aktive latente Steuern hinsichtlich ihrer Werthaltigkeit zu beurteilen, gegebenenfalls ist eine teilweise oder vollständige Wertberichtigung erforderlich.

Die Vorschriften des HGB basieren demgegenüber auf dem GuV-orientierten „Timing“-Konzept, die Berechnung erfolgt nach der „Liability“-Methode. Für nach § 274 bzw. § 298 i.V.m. § 274 HGB gebildete aktive Steuerabgrenzungen besteht ein Aktivierungswahlrecht, für nach § 306 HGB gebildete aktive latente Steuern besteht eine Aktivierungspflicht. Für passive latente Steuern besteht ein generelles Passivierungsgebot. Im Unterschied zu FAS 109 und IAS 12 (revised 1996) dürfen in einem handelsrechtlichen Jahres- bzw. Konzernabschluss zumindest nach herrschender Meinung keine aktiven latenten Steuern auf steuerliche Verlustvorträge bilanziert werden.

Im Gegensatz zu den nach handelsrechtlichen Vorschriften bilanzierten latenten Steuern beziehen sowohl IAS 12 als auch FAS 109 „quasi-permanente“ Differenzen in die Steuerabgrenzung mit ein, nach der in der Literatur überwiegend vertretenen Aufassung sind diese nicht Gegenstand einer Steuerabgrenzung nach den Vorschriften des HGB.

3. Bilanzierung und Bewertung latenter Steuern

3.1 Schritte zur Ermittlung latenter Steuern

Bei der Ermittlung latenter Steuern ist nach US-GAAP und IAS in folgenden Schritten vorzugehen:

1. Ermittlung sämtlicher temporärer Differenzen nach Art und Höhe durch Vergleich des Wertansatzes in der Steuerbilanz mit dem korrespondierenden Wertansatz im IAS bzw. US-GAAP Abschluss. In die Betrachtung sind demnach nicht nur Bilanzierungs- und Bewertungsunterschiede zwischen einem

z.B. nach den Vorschriften des HGB einerseits und dem IAS oder US-GAAP andererseits aufgestellten Jahresabschluss einzubeziehen, sondern auch von den handelsrechtlichen Wertansätzen abweichende Wertansätze in der Steuerbilanz einschliesslich steuerlicher Ergänzungsbilanzen.

2. Ermittlung steuerlicher Verlustvorträge
3. Berechnung der latenten Steuerschulden und Berechnung der aktiven latenten Steuern auf in Schritt 1. ermittelte temporäre Differenzen, soweit diese nicht explizit im Rahmen von den Ausnahmeregelungen des IAS 12 oder FAS 109 von der Steuerabgrenzung ausgenommen sind, sowie auf in Schritt 2 ermittelte Verlustvorträge
4. Bewertung der latenten Steueransprüche und Bildung, soweit erforderlich, einer Wertberichtigung auf latente Steueransprüche.

Diese Schritte sind gesondert für jedes Steuersubjekt („tax paying entity") zu vollziehen.

3.2 Die Beurteilung der Werthaltigkeit latenter Steueransprüche

Bei der Beurteilung der Werthaltigkeit latenter Steueransprüche und der damit verbundenen Entscheidung über die Notwendigkeit der Bildung einer Wertberichtigung auf diese Steueransprüche ist die Einschätzung der Wahrscheinlichkeit der Realisierbarkeit dieser Ansprüche entscheidend.

Ist die Wahrscheinlichkeit einer Realisierbarkeit mit mehr als 50 % anzusetzen („more likely than not"), so ist der Steueranspruch nach FAS 109 in voller Höhe zu bilanzieren, andernfalls ist eine teilweise oder vollständige Wertberichtigung erforderlich. Nach IAS 12 muss es wahrscheinlich sein („probable"), dass die mit den aktiven latenten Steuern verbundenen Vorteile realisiert, d.h. mit steuerpflichtigen zukünftigen Gewinnen verrechnet werden können. Unterschiede zu der Bilanzierung nach US-GAAP können sich daraus ergeben, dass aus dem Begriff „probable" eine höhere Anforderung an die Wahrscheinlichkeit der tatsächlichen Nutzung folgt als aus „more likely than not".

Anhaltspunkte, die für eine Werthaltigkeit latenter Steueransprüche sprechen, sind z.B. zukünftig zu versteuernde temporäre Differenzen, positive Ertragsaussichten, die zu einem zukünftig zu versteuernden Einkommen führen sowie Steuerplanungsstrategien.

Für die Bildung einer Wertberichtigung sprechen demgegenüber z.B. in der jüngsten Vergangenheit angefallene oder für die Zukunft zu erwartende Verluste sowie der drohende Verfall steuerlicher Verlustvorträge.

Die Beurteilung der Werthaltigkeit aktiver latenter Steuern ist zu jedem Bilanzstichtag vorzunehmen, gegebenenfalls ist der Betrag einer gebildeten Wertberichtigung anzupassen bzw. eine Wertberichtigung in späteren Perioden erstmals zu bilden.

3.3 Steuersatz

Entsprechend dem Konzept der bilanzorientierten Liability-Methode sind zur Berechnung der Steuerlatenzen grundsätzlich die im Zeitpunkt der Umkehrung der temporären Differenzen massgebenden, zukünftigen Steuersätze anzuwenden.

Eine Einschränkung gilt diesbezüglich insoweit, als die zu erwartenden Steuersätze für US-GAAP Zwecke gemäss FAS 109 auf der Grundlage der Steuersätze festzulegen sind, die am Bilanzstichtag in Kraft („enacted") sind bzw. deren Inkrafttreten gemäss IAS 12 mit hinreichender Sicherheit angenommen werden kann. Sowohl nach IAS als auch nach US-GAAP sind der Berechnung gesellschafts- bzw. sachverhaltsbezogene Steuersätze zugrunde zu legen.

Anders als nach der für die Rechnungslegung nach HGB in der Praxis anzutreffenden Vorgehensweise ist die Verwendung eines pauschalen oder durchschnittlichen Konzernsteuersatzes somit nicht zulässig und allenfalls unter (Un-)wesentlichkeitsgesichtspunkten tolerierbar.

Änderungen der Steuergesetzgebung fliessen in der Periode in die Berechnung der latenten Steuern ein, in der die Änderung in Kraft tritt (US-GAAP) bzw. wahrscheinlich ist (IAS). Zu den relevanten Änderungen der Steuergesetzgebung zählen z.B. Änderungen des Steuersatzes und der steuerlichen Bilanzierungs- und Bewertungsvorschriften.

Die gesamte Auswirkung der Gesetzesänderung auf den Betrag der latenten Steuern, einschliesslich der sich auf in Vorjahren bilanzierte latente Steuern ergebenden Anpassungen, sind grundsätzlich ergebniswirksam zu erfassen, auch bei rückwirkender Gesetzesänderung erfolgt keine Änderung der Vorjahresabschlüsse.

4. Latente Steuern im Konzernabschluss

Die vorstehenden Ausführungen zur Bilanzierung latenter Steuern auf temporäre Unterschiede und steuerliche Verlustvorträge gelten gleichermassen für nach IAS oder US-GAAP erstellte Einzelabschlüsse und Konzernabschlüsse.

Im Rahmen der Erstellung eines Konzernabschlusses ergeben sich einige Besonderheiten, insbesondere im Zusammenhang mit der Erstkonsolidierung einer neu erworbenen Tochtergesellschaft. Diese beinhalten insbesondere den Zusammenhang zwischen der Bilanzierung der latenten Steuern und dem Betrag eines Firmenwertes (Goodwill) sowie die Bilanzierung latenter Steuern auf Verlustvorträge.

4.1 Latente Steuern und Goodwill

Im Rahmen der Erstkonsolidierung einer Tochtergesellschaft erfolgt eine Aufrechnung der Anschaffungskosten der Beteiligung mit dem anteiligen Eigenkapital der Tochtergesellschaft. Für die Einbeziehung einer Tochtergesellschaft in einen internationalen Konzernabschluss ist dabei zunächst der Jahresabschluss der Tochtergesellschaft nach den jeweils massgebenden internationalen Vorschriften aufzustellen. Dies schliesst die Ermittlung latenter Steuern auf Ebene des Einzelabschlusses ein.

Im nächsten Schritt erfolgt die Aufdeckung stiller Reserven samt Abgrenzung darauf zu bildender latenter Steuern und anschliessend die Verrechnung der Anschaffungskosten der Beteiligung mit dem so neu ermittelten Eigenkapital. Eine verbleibende Differenz ist als Goodwill auszuweisen.

Der Goodwill stellt folglich eine Residualgrösse dar, dessen Höhe sich u.a. auch in Abhängigkeit von dem Betrag der latenten Steuern ermittelt.

Die Definition des Goodwill als Residualgrösse bedeutet ferner, dass auf den Goodwill selbst im Rahmen der Erstkonsolidierung keine latenten Steuern gebildet werden, selbst in den Fällen, in denen mit dem Goodwill eine temporäre Differenz verbunden ist.

Sofern der Goodwill bzw. die in Folgejahren zu verrechnenden Goodwillabschreibungen steuerlich abzugsfähig sind, ergeben sich allerdings in Folgejahren möglicherweise latente Steuern begründende temporäre Differenzen, insbesondere aus unterschiedlichen Abschreibungsdauern im Konzernabschluss einerseits und in der steuerlichen Gewinnermittlung (Steuerbilanz) andererseits.

Erschwerend wirkt sich hierbei aus, dass sich bereits im Erstkonsolidierungszeitpunkt der Betrag des Goodwill in der Regel von dem Betrag des steuerlich abzugsfähigen Goodwill unterscheidet. Dabei sind zwei Fallkonstellationen zu unterscheiden:

1. Der im Konzernabschluss ausgewiesene Goodwill (Bsp.: 15.000) ist höher als der nach den steuerlichen Vorschriften ermittelte Goodwill (Bsp.: 10.000)
2. Der im Konzernabschluss ausgewiesene Goodwill (Bsp.: 10.000) ist niedriger als der nach den steuerlichen Vorschriften ermittelte Goodwill (Bsp.: 15.000)

Im ersten Fall ist der den steuerlichen Betrag übersteigende Betrag des im Konzernabschluss ausgewiesenen Goodwill auch in Folgejahren für die Berechnung der latenten Steuern ohne Bedeutung, latente Steuern ergeben sich im Fall unterschiedlicher Abschreibungsdauern allein bezogen auf den gemeinsamen Ausgangsbetrag (hier 10.000).

Im zweiten Fall sind bezogen auf den gemeinsamen Ausgangsbetrag, wie vorstehend beschrieben, im Rahmen der Folgekonsolidierung latente Steuern zu berücksichtigen. Ferner sind in einem nach US-GAAP aufgestellten Konzernabschluss in den Folgejahren die mit der Abschreibung des übersteigenden, steuerlich abzugsfähigen Betrages (im Beispiel 5.000) verbundenen Steuerwirkungen im Konzernabschluss bei dem Betrag des Konzerngoodwill zu erfassen, was komplexe Berechnungen erfordert. Hierzu sei auf das Beispiel in FAS 109, Paragraph 263 verwiesen. Die Vorschriften des IAS 12 beinhalten für diesen Fall demgegenüber keine expliziten, vergleichbaren Regelungen.

Ähnlich komplexe Berechnungen sind nach US-GAAP im Falle eines negativen Goodwill erforderlich. Auch dieser wird – wie dargestellt – als Residualgrösse ermittelt. Anschliessend erfolgt jedoch eine Allokation des negativen Goodwill auf langfristige Aktiva mit Ausnahme börsengängiger Wertpapiere. Durch diese Allokation verändert sich die „reporting base“ dieser Aktiva und damit auch der Betrag der temporären Differenzen mit entsprechender Folgewirkung auf den Betrag der latenten Steuern was wiederum eine Auswirkung auf die Höhe des (negativen) Goodwill hat. Zur Lösung dieses Problems ist es daher erforderlich, den Betrag der latenten Steuern über ein Iterationsverfahren zu ermitteln. In einem IAS-Konzernabschluss stellt sich dieses Problem nicht, da (zukünftig) gemäss IAS 22 (revised 1998) ein negativer Goodwill nicht (mehr) zu einer Abstockung auf der Aktivseite führt, sondern der Betrag des negativen Goodwill in voller Höhe bilanziert wird.

4.2 Latente Steuern auf Verlustvorträge im Rahmen der Erstkonsolidierung

Im Rahmen der Erstkonsolidierung eines Tochterunternehmens ist eine Neueinschätzung der Werthaltigkeit eines deferred tax asset vorzunehmen und zwar nicht nur bezogen auf ein bei der Tochtergesellschaft bilanziertes oder zu bilanzierendes „tax-asset“, sondern auch in Bezug auf „tax-assets“ des Mutterunternehmens.

Verfügt ein Mutterunternehmen z.B. über steuerliche Verlustvorträge und wurden die daraus resultierenden latenten Steueransprüche in der Vergangenheit wegen fehlender Gewinnerwartungen wertberichtigt, ist es denkbar, dass aufgrund des Erwerbs einer profitablen Tochtergesellschaft diese Verlustvorträge zukünftig genutzt werden können. Ähnliche Überlegungen können dazu führen, dass ein bisher nicht bilanzierter Steueranspruch bei dem Tochterunternehmen nun zum Ansatz gelangt. In beiden Fällen erfolgt die Neubewertung der Steueransprüche erfolgsneutral im Rahmen der Erstkonsolidierung zu Gunsten bzw. zu Lasten der Residualgrösse Goodwill (vgl. hierzu FAS 109 Paragraph 266 sowie IAS 12 Paragraph 67).

Unterbleibt die Aktivierung latenter Steueransprüche des Tochterunternehmens und stellt sich in Folgeperioden heraus, dass die Ansprüche als werthaltig anzusehen sind, so ist die Auflösung der Wertberichtigung bzw. der steuerliche Vorteil aus der Nutzung dieser Verlustvorträge zunächst erfolgsneutral gegen dem Goodwill und andere erworbene langfristige immaterielle Vermögensgegenstände zu verrechnen (IAS: nur Goodwill), lediglich ein verbleibender Restbetrag ist erfolgswirksam als Steuerertrag zu erfassen.

5. Sonstige Regelungen

Ergänzend zu den vorstehend dargestellten Regelungen ist darauf hinzuweisen, dass bei der Bewertung latenter Steuern eine Abzinsung ungeachtet des möglichen langfristigen Charakters der Steuerabgrenzung sowohl nach IAS als auch nach US-GAAP nicht zulässig ist.

Der Ausweis der latenten Steuern erfolgt nach US-GAAP in Abhängigkeit von den der Abgrenzung zugrunde liegenden Abschlussposten getrennt als „current" oder „non-current", nach IAS erfolgt ein Ausweis grundsätzlich unter den „non-current" Aktiva oder Passiva.

Eine Saldierung von aktiven und passiven latenten Steuern ist nach US-GAAP vorzunehmen, soweit sich die Abgrenzungen auf ein Steuersubjekt innerhalb einer Steuerjurisdiktion beziehen, nach IAS nur und soweit ein einklagbares Recht zur Aufrechnung besteht und die Ertragsteuern von der gleichen Steuerbehörde erhoben wurden.

Abschließend sei auf das in § 292a Abs. 2 Nr. 2b HGB kodifizierte sogenannte Einklangerfordernis hingewiesen.

Der deutsche Standardisierungsrat hat sich in dem Entwurf eines Deutschen Rechnungslegungsstandards Nr. 1 (DRS 1) vom 23. September 1999 unter anderem mit der Frage befasst, ob die Aktivierung latenter Steuern auf steuerliche Verlustvorträge nach IAS und US-GAAP wie in § 292 a Abs. 2 Nr. 2b gefordert im Einklang mit den EG-Bilanzierungsrichtlinien steht und festgestellt, dass die Aktivierung steuerlicher Vorteile aus Verlustvorträgen nach IAS 12 und FAS 109 im Konzernabschluss das Einklangserfordernis des § 292a HGB erfüllt.

6. Sonderfragen im Zusammenhang mit dem deutschen Körperschaftsteuersystem

Das Institut der Wirtschaftsprüfer in Deutschland hat kürzlich die Stellungnahme „Einzelfragen zur Anwendung von IAS (IDW RS HFA 2)" veröffentlicht, in der unter anderem auch aus den Besonderheiten des deutschen Körperschaftsteuersystems resultierende Fragen und deren Einfluss auf die Bilanzierung latenter Steuern nach IAS 12 angesprochen werden. Die behandelten Fragen umfassen insbesondere die Themenkomplexe gespaltener Körperschaftsteuersatz und körperschaftsteuerliches Anrechnungsverfahren.

Die im Hinblick auf die im Rahmen dieses Beitrages dargestellten Regelungen des IAS 12 relevanten Aussagen dieser Stellungnahme lassen sich wie folgt zusammenfassen:

- zur Berechnung der latenten Steuern ist grundsätzlich die Ausschüttungsbelastung in Höhe von 30 % heranzuziehen, ein auf Grundlage des erwarteten Ausschüttungsverhaltens ermittelter höherer Steuersatz ist (derzeit) jedoch nicht zu beanstanden. Zukünftig bei Dividendenausschüttungen realisierbare Körperschaftsteuerminderungen sind in analoger Anwendung von IAS 12 als „deferred tax asset" zu aktivieren, für nicht mit Körperschaftsteuer belastete einbehaltene Gewinne ist über die Passivierung latenter Steuern die Ausschüttungsbelastung herzustellen
- bei einer Tochtergesellschaft vorhandene Anrechnungsguthaben sind von einem anrechnungsberechtigten Gesellschafter und soweit dem die Re-

gelung des § 50c EStG nicht entgegensteht im Rahmen der Erstkonsolidierung als solche gesondert vom Goodwill zu bilanzieren. Auch nach der Erstkonsolidierung entstandene Anrechnungsguthaben sind im Konzernabschluss zu aktivieren. In Anbetracht der zugrunde liegenden Annahme einer späteren Ausschüttung an die Gesellschafter des Mutterunternehmens ist gleichzeitig eine passive Steuerabgrenzung in Höhe der Ausschüttungsbelastung der Muttergesellschaft zu erfassen

- auf im Rahmen der Erstkonsolidierung aufgedeckte stille Reserven und daraus resultierende Bewertungsdifferenzen sind im Falle eines anrechnungsberechtigten Mutterunternehmens und soweit dem die Regelung des § 50c EStG nicht entgegensteht, entgegen dem Wortlaut des IAS 12 keine (passiven) latenten Körperschaftsteuern abzugrenzen. Als Begründung wird ausgeführt dass diesen aus Sicht des Mutterunternehmens ein entsprechendes latentes KSt-Guthaben gegenübersteht, das die mit der Umkehrung der temporären Differenzen verbundene Steuerauswirkung auf Ebene der Tochtergesellschaft spätestens beim Verkauf der Beteiligung aufhebt.

Es ist darauf hinzuweisen, dass sich die Stellungnahme des IDW ausschliesslich auf die Bilanzierung latenter Steuern gemäss IAS 12 bezieht. Mit Ausnahme der Frage der Behandlung von Körperschaftsteuerminderungsansprüchen gibt es für die Berechnung latenter Steuern in einem US-GAAP Abschluss keine die aus den Besonderheiten des deutschen Körperschaftsteuersystems auftretenden Fragen behandelnden Regelungen. Bezüglich der Körperschaftsteuerminderungen hat die Emergency Issues Task Force (EITF) des Financial Accounting Standards Board (FASB) in der Verlautbarung EITF 95-10 entschieden, dass diese Minderungsansprüche in einem nach US-GAAP aufgestellten (Einzel-) Abschluss eines Tochterunternehmens nicht als aktive latente Steuern bilanziert, sondern erst in dem Zeitpunkt in dem der Anspruch in einer Steuerklärung geltend gemacht wird, zu erfassen ist. Diese Regelung wurden allerdings insoweit relativiert als nach EITF 95-20 im Konzernabschluss der KSt-Minderungsanspruch zusammen mit anderen bei einer Gewinnausschüttung anfallenden steuerlichen Konsequenzen zu erfassen ist, soweit das Mutterunternehmen diese Gewinne nicht dauerhaft in der Tochtergesellschaft zu thesaurieren beabsichtigt.

Folgt man der Auffassung des IDW, so wäre es aufgrund der weitgehenden insbesondere konzeptionellen Übereinstimmung des IAS 12 mit FAS 109 konsequent, die vom IDW aufgestellten Grundsätze auch in einem nach US-GAAP aufgestellten Konzernabschluss anzuwenden.

Es stellt sich jedoch die Frage, ob die amerikanische Börsenaufsichtsbehörde SEC bei einem Listing eines Unternehmens in den USA eine solche Bilanzierungsweise akzeptieren würde.

7. Erläuterungsvorschriften

Neben den Regelungen zur Bilanzierung und Bewertung der latenten Steuern beinhalten FAS 109 und IAS 12 sehr umfangreiche Erläuterungsvorschriften. Hierzu zählt insbesondere

- die Darstellung der wesentlichen Bestandteile des Steueraufwands
- eine Überleitungsrechnung zwischen dem in der Gewinn- und Verlustrechnung ausgewiesenen Steueraufwand zu dem Steueraufwand, der sich aus der Multiplikation des anzuwendenden Steuersatzes und dem im Jahresabschluss ausgewiesenen Ergebnis vor Ertragsteuern ergibt
- Detailinformationen zu bilanzierten latenten Steuern und deren Grundlagen (Art der temporären Differenzen, Verlustvorträge)

sowie eine Vielzahl weiterer Details, wobei sich nach IAS und US-GAAP die erforderlichen Angaben teilweise unterscheiden.

In der Praxis der Konzernrechnungslegung stellen diese Erläuterungsvorschriften nicht zu unterschätzende Anforderungen an den Bilanzierenden, bedarf es doch einer systematischen Erhebung von Daten, die in der Konzernzentrale in der Regel nicht vorgehalten werden. Insofern kommt der Einrichtung bzw. dem Ausbau des Konzernberichtswesens eine besondere Bedeutung zu. Gerade bei der erstmaligen Erstellung eines internationalen Konzernjahresabschlusses zeigt sich in der Praxis, dass der damit verbundene Aufwand häufig unterschätzt wird. Eine frühzeitige und umfassende Vorbereitung ist unerlässlich.

8. Zusammenfassung

Im Unterschied zu der Bilanzierung latenter Steuern nach den Vorschriften des HGB müssen in einem nach IAS oder US-GAAP aufgestellten Jahres- bzw. Konzernabschluss grundsätzlich alle Differenzen zwischen dem steuerlichen Wertansatz und dem sich aus den internationalen Vorschriften ergebenden Wertansatz in die Berechnung der latenten Steuern einbezogen werden, deren Umkehr zu einer steuerlichen Be- oder Entlastung führt. Diese beinhalten auch Differenzen, die aus den Allokationen stiller Reserven im Rahmen der Erstkonsolidierung resultieren sowie generell „quasi-permanente“ Differenzen, die nach überwiegender Literaturmeinung nicht zu einer Abgrenzung latenter Steuern nach HGB führen. Für aktive latente Steuern besteht, deren Werthaltigkeit vorausgesetzt, eine generelle Aktivierungspflicht. Auch die nach den internationalen Regelungen bestehende Pflicht zur Aktivierung latenter Steuern auf steuerliche Verlustvorträge stellt einen wesentlichen Unterschied zu den handelsrechtlichen Bilanzierungsvorschriften dar.

Die Vorschriften zur Bilanzierung latenter Steuern nach IAS oder US-GAAP sind in der Praxis häufig mit Problemen verbunden, denn die Berechnung der latenten Steuern und die Ermittlung der notwendigen im Vergleich zum HGB deutlich umfangreicheren Anhang-Erläuterungen sind nicht nur aufwendig und komplex, sondern sie beinhalten auch besondere hohe und detaillierte Anforderungen an das konzerninterne Berichtswesen.

Literaturverzeichnis

ARTHUR ANDERSEN: Accounting for Income Taxes, Interpretations of Statement 109, 1994.

DUSEMOND, MICHAEL: Ursachen latenter Steuern im Konzernabschluss nach HGB und IAS, in: Küting, Karlheinz; Langenbucher, Günter; Internationale Rechnungslegung, Festschrift für Professor Dr. Claus-Peter Weber, Stuttgart 1999.

FINANCIAL ACCOUNTING STANDARDS BOARD (FAS B): The IASC-US Companrison Project: A report on the similarities and differences between IASC Standards and US-GAAP, Second Edition, Norwalk, 1999.

INSTITUT DER WIRTSCHAFTSPRÜFER (IDW): Stellungnahme zur Rechnungslegung: Einzelfragen zur Anwendung von IAS (IDW RS HFA 2), in: IDW-Fachnachrichten Nr. 7, 1999.

Integrierte Konzernsteuerung, Wertorientierte Unternehmensführung und Konvergenz des Rechnungswesens

Dipl.-Wirtsch.-Ing. Heinz-Jürgen Weiss
Geschäftsführer
Arthur Andersen Managementberatung GmbH, Eschborn/Frankfurt a.M.[*]

Integrierte Konzernsteuerung – Das Managementinstrumentarium zur Optimierung mittel- und langfristiger Stakeholderinteressen

Gliederung

[*] Der Verfasser dankt seinem Mitarbeiter Herrn Dipl.-Kfm. Matthias Heiden für wertvolle Hinweise und seine stete Diskussionsbereitschaft.

1. Einleitung

In einem sich immer komplexer darstellenden Wirtschafts- und Wettbewerbsumfeld müssen sich Unternehmer an der Schwelle zum neuen Jahrtausend beim Übergang zur wissens- und technologiegetriebenen New Economy (vgl. grundlegend CAMBRIDGE TECHNOLOGY PARTNERS (1999)) neuen Herausforderungen stellen. Kunden-, Wettbewerber- und Mitarbeiterverhalten ändern sich in immer kürzeren Abständen. Versteht man Management als die Bewältigung von Komplexität zur Erreichung der Unternehmensziele (vgl. etwa schon GUTENBERG (1979), S. 131 ff.), so wird deutlich, daß die Anforderungen an eine zeitgemäße Konzernsteuerung über die Verfolgung kurzfristiger Erfolgsziele und die damit verbundene periodische – häufig noch rein vergangenheitsorientierte - Konzernrechnungslegung hinausgehen. So rücken aufgrund ihrer strategischen Bedeutung zusehends Themen wie Integrated Customer Management (vgl. KLEINALTENKAMP (1996)), Risikomanagement (vgl. ausführlich WEISS/HALEM (1997); SPANNAGL/HÄßLER (1999); HEIDEN/GARNIER/WEISS (2000)) und Wissensmanagement (vgl. SCHOLZ (1997), S. 276 ff.) in das Blickfeld der Konzernspitze.

Der vorliegende Beitrag skizziert zunächst die aus einem dynamischen Unternehmensumfeld erwachsende Komplexität. Hierauf aufbauend wird ein flexibles Steuerungskonzept zur Bewältigung der anstehenden Aufgaben entwickelt, das es anschließend durch entsprechende Informationstechnologie abzusichern gilt. Zusammenfassung und Ausblick runden die Betrachtung der Integrierten Konzernsteuerung ab.

2. Neue Herausforderungen an die Unternehmen

Eine 1997 im Rahmen des eigenen Strategiefindungsprozesses von ARTHUR ANDERSEN in Auftrag gegebene Untersuchung ergab, daß die Dynamik im heutigen Unternehmensumfeld im wesentlichen durch dreizehn Megatrends determiniert wird (vgl. alternativ schon NAISBITT (1982)):

Megatrend	**Inhalt**
Knowledge Management	Ständiges organisationales Lernen zur Wahrung/Erzielung von Wettbewerbsvorteilen.
Technology	Technologische Innovationen eröffnen neue Geschäfts- und Managementmöglichkeiten.
Supply Chain Integration	Unternehmensübergreifendes Lieferkettenmanagement.
Strategic Alliances	Kooperationen zur Erschließung neuer Märkte und Produkte.
Communication	Globale, digitale Kommunikationsinfrastruktur als Plattform der Konzernsteuerung.
Convergence	Zusammenwachsen von Unternehmen unterschiedlicher Branchen (z.B. Energieversorger und Telekommunikationsunternehmen).
Deregulation	Abbau staatlicher Regulierungsvorschriften.
Privatization	Privatisierungsprogramme.
Core Competencies	Kernkompetenzorientierung.
Governance and Shareholders	Stärkung der Corporate Governance sowie Ausweitung der Shareholder Value-Orientierung.
Electronic Commerce	Elektronischer Handel (Business-to-business, business-to-consumer, consumer-to-consumer).
Globalization	Zunahme des grenzüberschreitenden Handels, Integration von Märkten.
Emerging Markets	Fortentwicklung der Schwellenländer, neue Handelsströme.

Abbildung 1: Megatrends

Diese Megatrends können charakterisiert werden als Bewegungen von einem bisherigen Zustand zu einem Neuen. „Der jetzige Zustand der Gesellschaft und der Umwelt wird dabei als ein Zwischenzeitalter gesehen, eine Übergangsspanne vom Alten ins Neue, in der aus beiden Zeitaltern bereits Elemente bestehen oder noch vorhanden sind“ (SCHOLZ (1997), S. 33). Somit gilt es, die Relevanz der Megatrends für das eigene Unternehmen festzustellen, um sich strategisch positionieren zu können. Ebenfalls zu berücksichtigen ist das komplexe Beziehungsgeflecht zwischen den einzelnen Trends, die sich gegenseitig bedingen und verstärken.

Schon an dieser Stelle sei angemerkt, daß auch einzelne Führungsfunktionen sich dem Wandel stellen müssen. Beispielhaft sei die „Finance Function of the Future“ angesprochen. Sie schreibt der unternehmerischen „Finance Function“ – hier zu verstehen als die Gesamtheit von Finanz- und Rechnungswesen sowie Controlling – und dem Finanzvorstand zukünftig eine deutlich strategischere Rolle als bisher zu (vgl. PABST (1997), S. 242 f.).

Abb. 2 verdeutlicht weitere Einflüsse aus dem dynamischen Unternehmensumfeld anhand bedeutender Stakeholder:

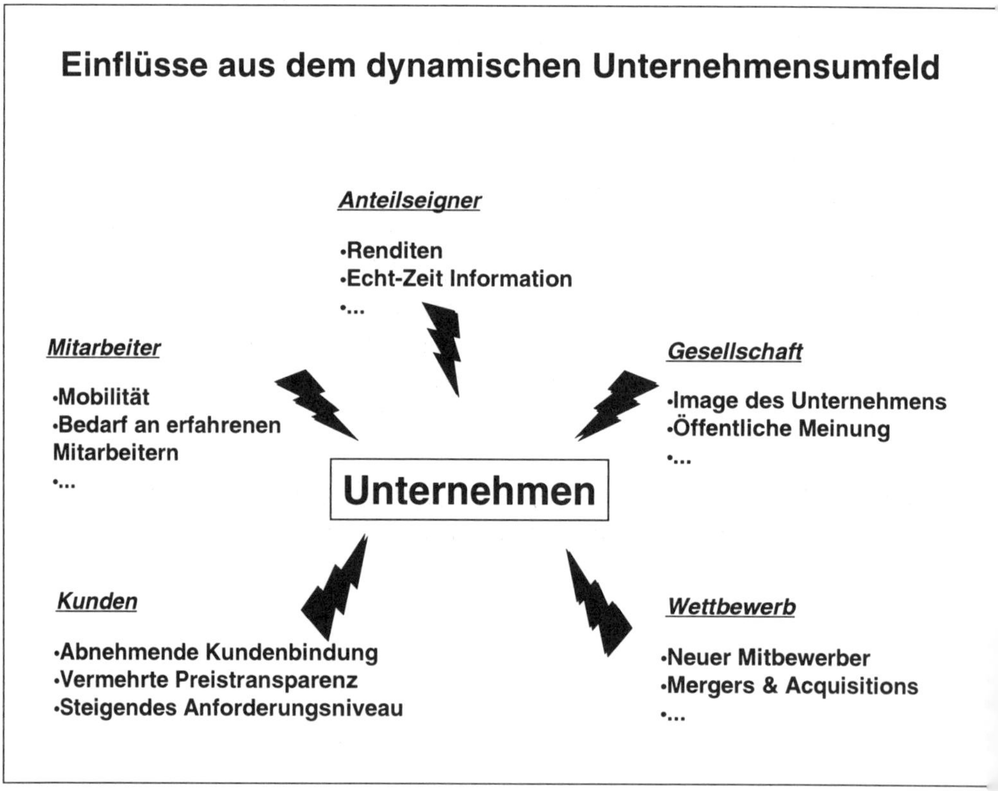

Abbildung 2: Stakeholder-Einflüsse aus dem dynamischen Unternehmensumfeld

Festzuhalten ist hier, daß eine Shareholder Value-orientierte Unternehmensführung bei entsprechender Umsetzung im Sinne Rappaports allen Stakeholdern zugutekommt (vgl. RAPPAPORT (1995), S. 12 f.; WEISS/HEIDEN (2000)). In der Praxis erscheint eine explizite Berücksichtigung der Stakeholderansprüche – ohne Vernebelung der unternehmerischen Zielfunktion - jedoch aufgrund erheblicher Implementierungsprobleme der Shareholder Value-Idee angebracht. Der „deutsche Shareholder-Kapitalismus (ist; d. Verf.) zunehmend Stakeholder-geprägt“ (LORSON (1999), S. 1336).

Für die Unternehmen ergibt sich unter dem Druck von Stakeholdern und Megatrends ein Zwang zur ständigen Veränderung. Es gilt, globale Visionen und Strategien zu entwickeln sowie entsprechende globale Partnerschaften mit Kunden und Lieferanten zu bilden. Die Philosophie des Managements wird zunehmend geprägt sein von globalem Denken und dem Willen zu operativer Unabhängigkeit. Traditionelle Rollenverteilungen müssen überdacht werden. Ein Stichwort lautet: Konzernzentrale vs. Profit-Center. (vgl. COPELAND/KOLLER/MURRIN (1995), S. 336 ff.; SIMON (2000), S. 33). Adäquate Performance-Management-Systeme leisten ebenso entsprechende Hilfestellung in der Konzernsteuerung wie eine zu entwickelnde integrierte IT-Architektur, abgeflachte Organisationsstrukturen und nach Best Practice-Kriterien optimierte Geschäftsprozesse (vgl. hierzu SCHEER (1999), S. 1338 ff.).

Abb. 3 liefert inhaltliche Beispiele für vorgenannte abstrakte Veränderungsprozesse, die immer strategiekonform zu erfolgen haben.

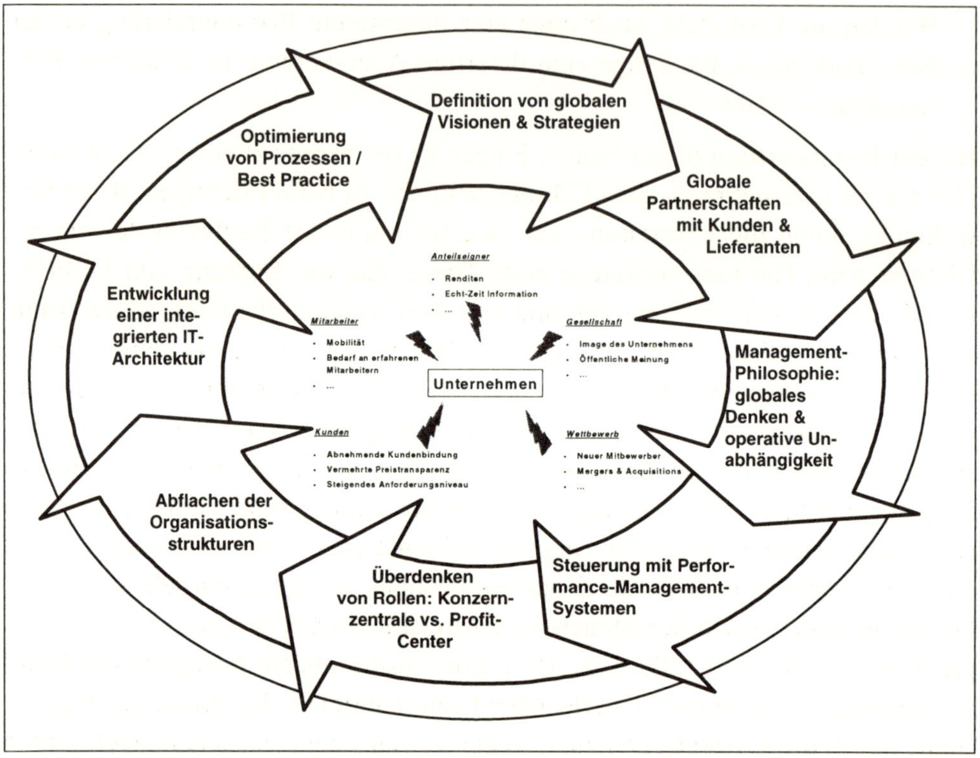

Abbildung 3: Strategiekonforme Veränderungsprozesse

3. Bewältigen der Herausforderungen durch ein flexibles Steuerungskonzept

3.1 Konzernrechnungslegung als Einstieg

In den vergangenen Jahren ist eine stetige Internationalisierung der deutschen Rechnungslegung zu beobachten (vgl. GARNIER (1999), S. 987; ZWIRNER/ WOHLGEMUTH (2000), S. 86).

- Warum ist die Anwendung der US-GAAP/IAS-Vorschriften so modern?

- Würden die US-GAAP auch ohne eine angestrebte Börsennotierung an der New York Stock Exchange eine derartige Anerkennung in deutschen Führungsetagen finden?

Bei der Beantwortung dieser beiden Fragen ist die bereits angesprochene Komplexität der unternehmerischen Führungsaufgabe zu berücksichtigen, deren Bewältigung durch die Umstellung auf eine internationale Rechnungslegung erleichtert wird. Die hier vertretene erste These, daß die Nutzung von IAS/US-GAAP die Effizienz der internen und externen Kommunikation erhöhen, kann wie folgt begründet werden: Internationale Rechnungslegungsstandards vereinfachen die zwischenbetriebliche Vergleichbarkeit, steigern somit die Transparenz und weisen einen verbesserten Entscheidungsnutzen auf. Diese drei Feststellungen behalten ihre Gültigkeit sowohl bei der Betrachtung von Rechnungslegungsdaten im Zeitablauf als auch bei Länder- und Geschäftsvergleichen. Internationale Rechnungslegungsinformationen sind steuerungs- bzw. entscheidungsrelevanter als ihr deutsches Pendant, das weiterhin sehr stark vom Gläubigerschutz sowie der Steuer- und Ausschüttungsbemessungsfunktion geprägt ist (vgl. KÜTING (2000), S. 154). Zur - insbesondere bezüglich der Konzernsteuerung - bedingten Überlegenheit internationaler Rechnungslegungssysteme tragen die konzeptionell angestrebte Vermittlung entscheidungsrelevanter Informationen für die Stakeholder, z.B. durch eine geringere Anzahl von Gestaltungsspielräumen und die höhere Bedeutung nichtfinanzieller und prospektiver Informationen bei (vgl. etwa DUSEMOND/KESSLER (2000); PELLENS (1999), S. 132 ff.).

Die Informationsanforderungen des Kapitalmarkts wie Entscheidungsorientierung, Verständlichkeit, Verläßlichkeit, Nachvollziehbarkeit und Glaubwürdigkeit werden (durch IAS bzw. US-GAAP) einerseits besser durch Daten des externen Rechnungswesens als durch interne, komplexe (deutsche) Modelle ermittelt. Andererseits werden traditionelle deutsche (interne) Steuerungsinstrumente in Frage gestellt (vgl. BRUNS (1999), S. 586).

Elemente internationaler Rechnungslegungssysteme finden zusehends auch Eingang in das deutsche Normensystem. So strebt der Gesetzgeber die Ausdehnung des Anwenderkreises eines befreienden Konzernabschluß i.S.d. bisherigen § 292 a HGB (vgl. nur ZWIRNER (1999)) an. Die international bereits seit längerer Zeit offenzulegende Segmentberichterstattung und Kapitalflußrechnung sind im Zuge des KonTraG im § 297 Abs. 1 HGB verankert worden (vgl. KÜTING/WEBER (2000), S. 437 ff.). Ein internationaler Konzernabschluß ist sowohl Visitenkarte als auch betriebliches Informationsinstrument. Die Ebene des reinen „Legal Act" der Rechnungslegungspflicht wird dabei verlassen. Management und Investoren haben identische Informationsbedürfnisse für die Allokation finanzieller Ressourcen. Zu beachten ist, daß bei einer auf Daten des externen Rechnungswesens aufbauenden Konzernsteuerung zunächst das Management Adressat der Informationen ist und erst dann die Financial Community und weitere Stakeholder.

Bei Anwendung internationaler Rechnungslegungsstandards wird konzernweit zum Zwecke der globalen Konzernführung eine einheitliche Sprache gesprochen. Die Taschen sind sowohl nach innen als auch nach außen gläsern, nicht alleine deswegen, weil man sie freiwillig öffnet, sondern weil Informationstechnologie, Benchmarks und die nicht nur am Absatzmarkt erfolgreichere Konkurrenz dazu zwingt. Dennoch ist darauf hinzuweisen, daß die Durchgängigkeit einer Konzernsteuerungskonzeption „als Brücke von abstrakten Finanzgrößen hin zu den Größen des operativen Geschäfts" (ZWIRNER/WOHLGEMUTH (2000), S. 84) wie z.B. im RAG-Konzern (vgl. den Beitrag von TRÜTZSCHLER in diesem Buch), bei MANNESMANN (vgl. DENOKE/ROHN (1999).) oder PREUSSAG (vgl. GANZ (1999)) auch auf Basis einer Konzernrechnungslegung nach HGB möglich ist.

Hieraus folgt die zweite These hinsichtlich einer internationalisierten Konzernrechnungslegung: Sie erleichtert die Ermittlung einer wertorientierten Spitzenkennzahl.

Sinn einer Segmentierung muß es sein, eine möglichst objektive Beurteilung einzelner Sparten/Geschäftsfelder/Unternehmenseinheiten hinsichtlich

- ihres Erfolgsbeitrages zum Gesamtergebnis des Konzerns;
- ihrer Leistungsfähigkeit im Vergleich zu direkten Wettbewerbern und anderen Konzerneinheiten;
- ihres Beitrages zum Unternehmenswert zu erreichen.

Anforderungen an eine derartige Spitzenkennzahl – denkbar wären hier EVA oder Shareholder Value Added (Operativer Cash Flow – Gesamtkapitalkosten) sind ihre Aktualität/Geschwindigkeit, Nicht-Gestaltbarkeit, Kommunizierbarkeit. Theoretische Implementierungsprobleme, wie sie bei der Zuordnung von Eigenkapital zu den einzelnen Segmenten entstehen, sind pragmatisch, ergebnisorientiert und nach dem Grundsatz der Wesentlichkeit zu lösen (vgl. ARTHUR ANDERSEN/EUROPEAN BUSINESS SCHOOL (1999), S. 17 ff.).

Die Notwendigkeit der Beurteilung dezentraler Einheiten geht einher mit einer in den letzten Jahren verstärkt zu beobachtenden Dezentralisierung unternehmerischer Verantwortung. So ist bei vielen (Holding-)Vorständen vielerorts eine Hinwendung zu strategischen Aufgaben zu beobachten. Die operative Verantwortung liegt bei den einzelnen Unternehmenseinheiten. Eine derartig dezentralisierte Verantwortung verlangt zwecks eines zielorientierten Managements die (konsolidierte) Abbildung von Märkten und Regionen (vgl. schon SCHMALENBACH (1948), S. 8 ff.; vgl. ausführlich WEISS (1995)).

Neben der Abbildung der (juristischen) Gesellschaftsstruktur ist eine Management-orientierte Unternehmensstruktur darzustellen. Voraussetzung ist eine analoge aufbauorganisatorische Ausrichtung („structure follows strategy", vgl. CHANDLER (1962), S. 15 f.) im Sinne eines kontinuierlich durchzuführenden Organisational Alignment. Ein Data Warehouse und OLAP-Technologien liefern entsprechende technologische Unterstützung bei Datenorganisation und Steuerung dezentraler Konzerneinheiten (vgl. HAUSER (1999); SCHEER (1998), S. 81 f.). Es geht nicht nur um retrospektives Performance Measurement. Zukunftsorientierung impliziert die Möglichkeit, Cash-Flow-Betrachtungen anzustellen und auf aus Marktdaten abgeleitete Diskontierungssätze zuzugreifen. Entsprechend zu integrierende Planungsprozesse verbinden operative und strategische Sicht. Zur Steuerungsunterstützung auf den verschiedenen Unternehmensebenen ist ein finanzbasiertes (Vorstands-)Berichtswesen zu konzipieren (vgl. nachstehende Abbildung 4). „Die Integration des Ziel- und Messgrössensystems in die strategische und operative Planung sowie die Integration der Zielgrössen für Messgrössen in die Zielvereinbarungen sind wichtige Elemente bei der Umsetzung" (Brunner (2000), S. 26) der Integrierten Konzernsteuerung.

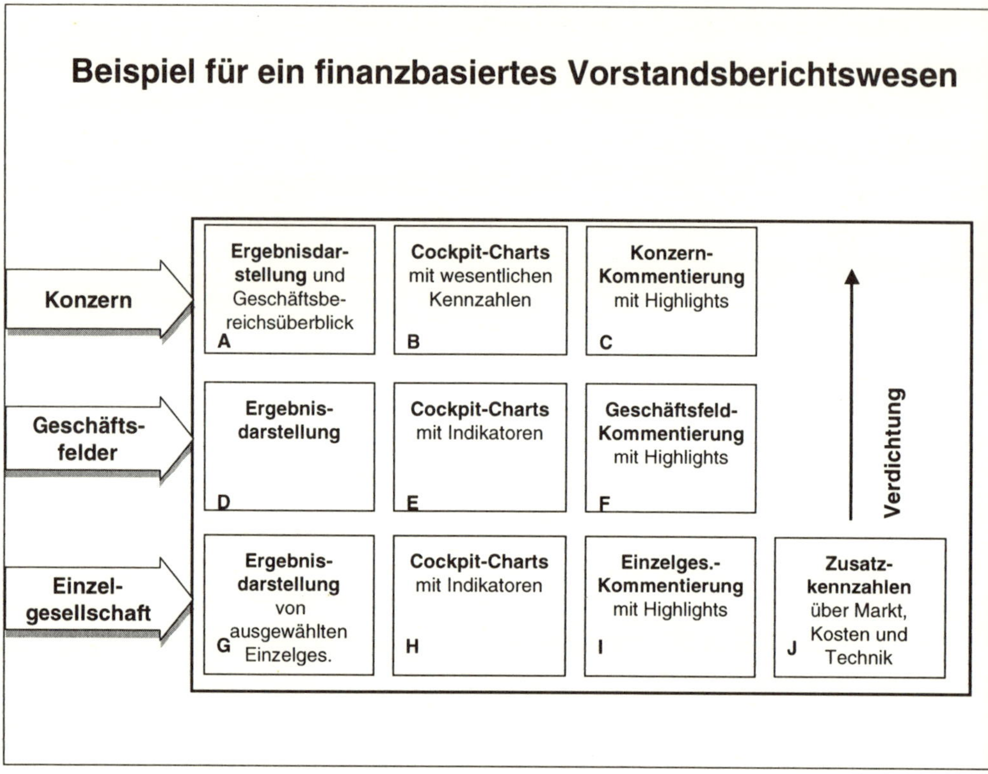

Abbildung 4: Beispiel für ein finanzbasiertes Vorstandsberichtswesen

Nicht unerwähnt bleiben kann hier die jüngst unter dem Stichwort Konvergenz des Rechnungswesens diskutierte Forderung „den für die Steuerungsrechnung benötigten Input nicht mehr ... aus dem Bereich der Kostenrechnung bzw. der kalkulatorischen Unternehmensrechnung abzufragen, sondern aus dem externen Rechnungswesen zu erheben“ (KÜTING (2000), S. 160). Wesentliche Impulse gehen hierbei von der bereits erwähnten zunehmenden Internationalisierung der Rechnungslegung und der Shareholder Value-Orientierung aus (vgl. KÜTING (2000) S. 160; SIEFKE (1999)). „Durch das kapitalmarktorientierte einheitliche Rechnungswesen wird die Identifikation des Managements mit den Wertvorstellungen der Kapitalgeber gefördert und die Verwendung von Marktmechanismen für die interne Steuerung forciert … Durch die Internationalisierung des Berichtswesens, die stärkere Betonung der Zahlungsebene und die Verknüpfung mit Marktdaten ist auch die Schaffung eines effektiven, operativen und strategischen Controlling möglich. Damit kann der langfristige Beitrag einzelner Geschäftsbereiche zum Unternehmenswert ... (transparent; d. Verf.) überwacht und gesteuert werden“ (MENN (1999), S. 647, im Original teilweise fett).

Ergänzend sei angemerkt, daß die klassische entscheidungsorientierte Kostenrechnung (vgl. KILGER (1993), S. 231 ff. bzw. 827 ff.) vom Harmonisierungsprozeß unberührt bleibt (vgl. KÜTING/LORSON (1999), S. 54).

Nachstehende Abb. 5 gibt einen inhaltlichen Überblick über den Harmonisierungsprozeß:

Was versteht man unter “Zusammenführung von internem und externem Rechnungswesen“?

- •Benutzung eines **einheitlichen Standards** zur Erstellung von Berichtsdaten in Bilanzierung und Controlling im Ist und Plan, folglich Aufgabe von kalkulatorischen Größen

- •**Deckungsgleichheit von Bilanzierungs-, Bewertungs- und Steuerungseinheiten** (Segmenten) im internen und externen Berichtswesen

- •Verwendung von **einheitlichen Informationsplattformen** für Bilanzierung und Controlling (insbesondere auf Konzernebene)

- •Zwingende Kooperation, wenn nicht sogar weitgehende **organisatorische Zusammenlegung** der (häufig getrennten) Abteilungen für Bilanzierung und Controlling

Abbildung 5: Harmonisierung von internem und externem Rechnungswesen

Die bereits erwähnte Optimierung der Geschäftsprozesse macht auch vor dem Konzernrechnungswesen nicht halt. Zwei wesentliche Dinge sind aus Steuerungssicht erwähnenswert:

(1) Der angesprochene Wandel der Finanzfunktion zur „Finance Function of the Future" bringt neben dem Funktionswandel auch neue Anforderungen an die zu berichtenden Informationen (vgl. Abb. 6 und 7):

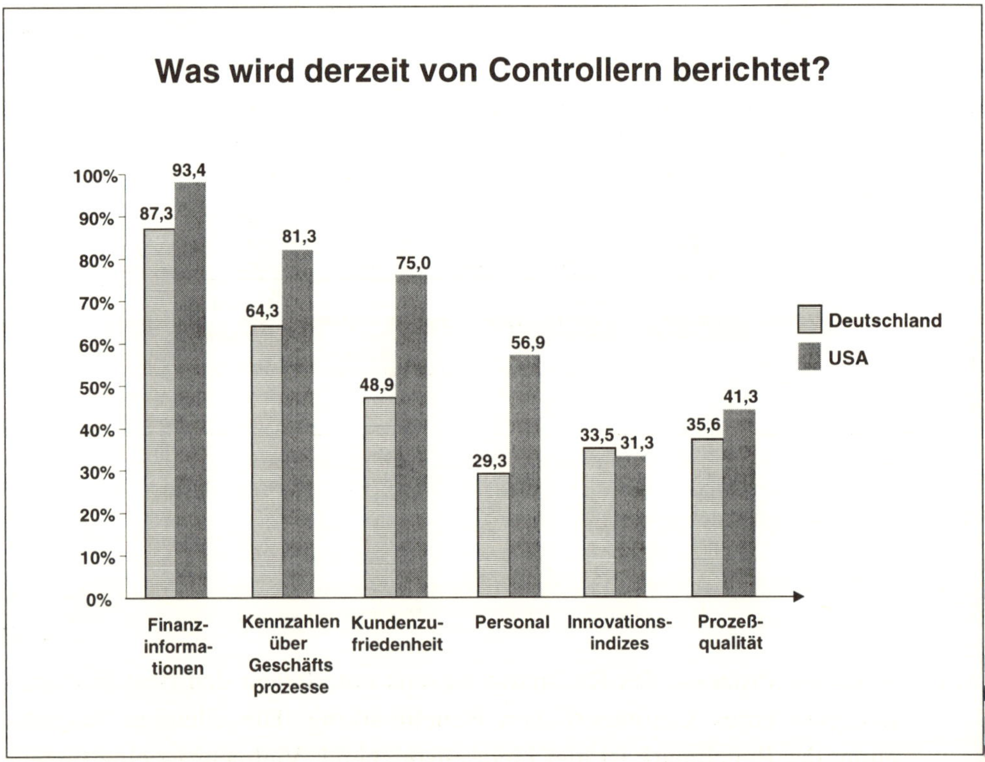

Abbildung 6: Derzeitige Berichtsinhalte

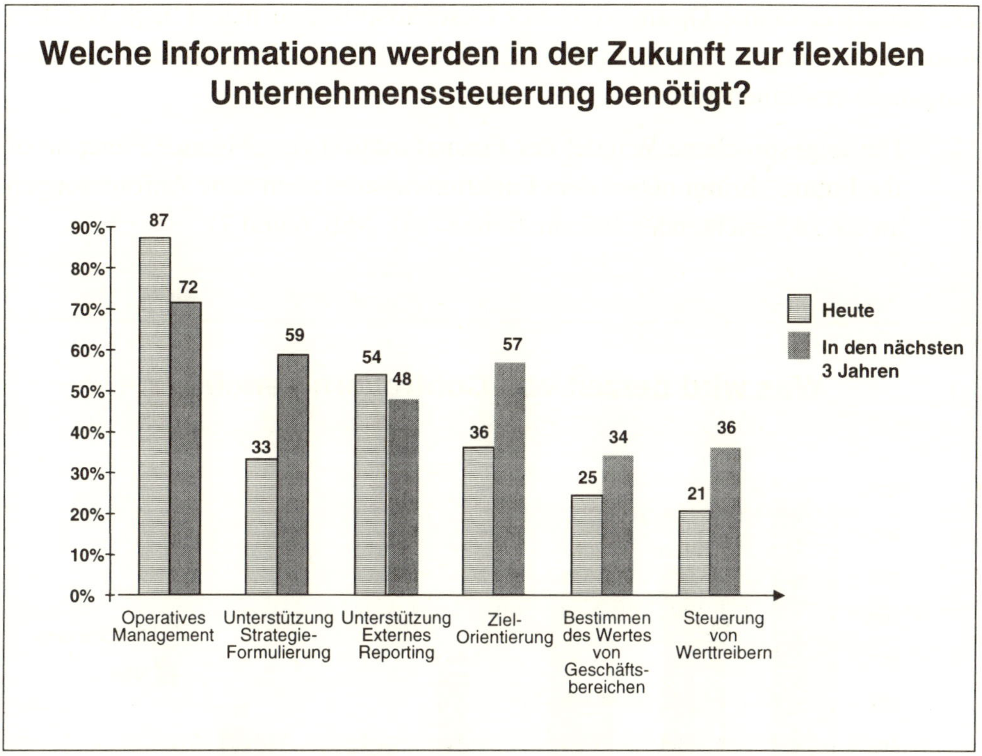

Abbildung 7: Zukünftige Berichtsinhalte

(2) Auch die Prozesse des Rechnungswesens unterliegen den Best Practice-Kriterien eines kontinuierlichen Benchmarking. Die alleinige Nachahmung der Benchmark ist hier nicht ausreichend. Vielmehr ist eine (unternehmensspezifische) Fortentwicklung anzustreben, um selbst zum Orientierungspunkt für Wettbewerber zu werden (vgl. KÜTING/HÜTTEN/LORSON (1995), Teil I+II; STADLER/WEIßBERGER (1999)). Der globale Wettbewerb zwingt zum Einsatz von »State-of-the-Art« oder »World Class« Instrumenten. Damit soll ein Kosten-, Zeit- oder Qualitätsvorsprung (nicht nur bei den Produkten sondern auch bei jeder relevanten Information) erreicht werden. Eine einheitliche Konzernsprache in Form einer internationalen internen/externen Rechnungslegung erleichtert diesen Optimierungsprozeß.

Als Fazit ist für die Entwicklung eines flexiblen Konzernsteuerungsinstrumentariums festzuhalten, daß die Konzernrechnungslegung nur ein Mosaikstein der Steuerung ist, denn

(1) Konzernrechnungslegung ist zu retrospektiv statt vorausschauend.

(2) Sie ist zu finanzgetrieben und berücksichtigt qualitative (und operative) Werttreiber nicht.

(3) Externe Marktinformationen entfallen völlig. Die Anbindung an die Außenwelt ist unzureichend.

3.2 Wertorientierte Steuerung

Die Meßlatte für strategisches Management liegt hoch. Folgende Problemfelder lassen sich beobachten:

- Auch wenn Shareholder Value-Konzepte laut verkündet werden, sind sie nicht durchgängig und insbesondere ohne sichtbare Anbindung an die Konzern- und Geschäftsstrategie (vgl. ARTHUR ANDERSEN/GFD (1999), S. 7). Empirisch zeigt sich jedoch, daß z.B. im Bereich des STOXX 50-Index den Top 10 Performern am Aktienmarkt auch eine entsprechende Shareholder Value-Orientierung von den institutionellen Investoren bescheinigt wird. Problematisch erscheint, daß den „Worst 10" eine mangelhafte Anteilseignerorientierung angelastet wird (vgl. ARTHUR ANDERSEN/GFD (1999), S. 15 ff.). Da es sich hierbei durchweg um europäische „Blue Chips" handelt, bleibt vor dem Hintergrund resultierender Kapitalkostennachteile gegenüber anderen Global Playern zu hoffen, daß sich die Ergebnisse in weniger liquiden Marktsegmenten nicht weiter verschlechtern.
- Vielfach verhindert die Konzernorganisation die notwendige Transparenz.
- Oft verhindert die Rollenverteilung zwischen Holding bzw. Vorstand und den operativ Verantwortlichen die unternehmerische (Eigen-)Initiative.
- Der Management-Prozeß (Strategiefindung, Zielvereinbarung, Realisierung, Sanktionierung) wird nicht konsequent eingehalten.

- Die Informationsverfügbarkeit hinkt der schnellen Reaktionsgeschwindigkeit und Gestaltung hinterher.

Die dargestellten Veränderungen der Rahmenbedingungen erfordern ein integriertes und flexibles Steuerungskonzept, welches wie nachstehend modelliert werden kann:

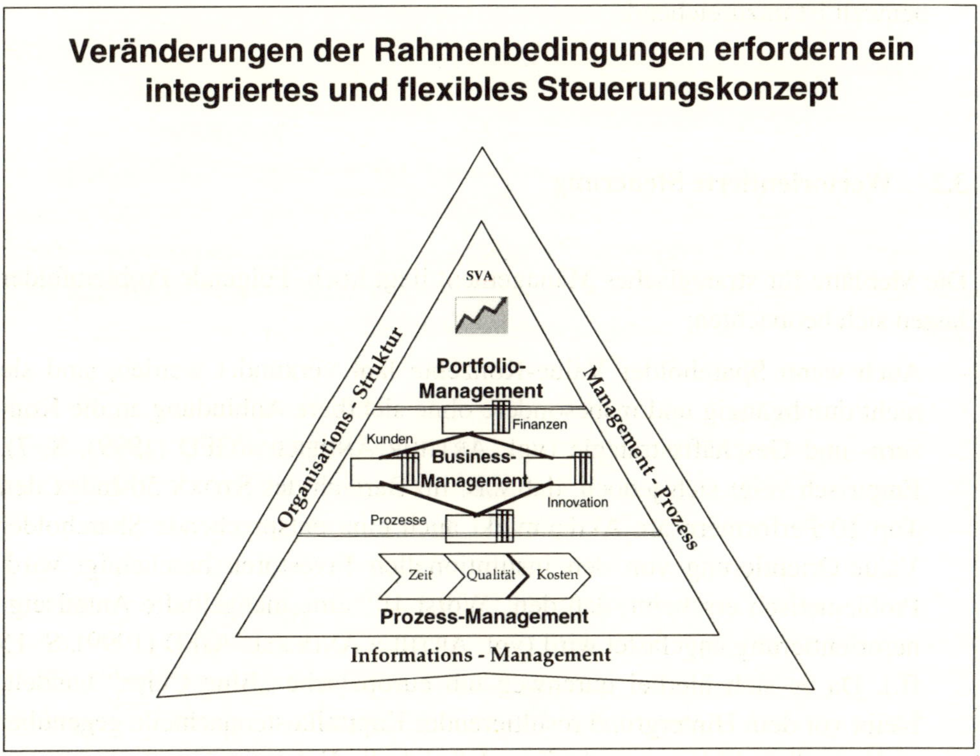

Abbildung 8: Konzeption der Integrierten Konzernsteuerung

Das Modell der Integrierten Konzernsteuerung (vgl. auch ausführlich WEISS (1999), S. 650 ff.) kann charakterisiert werden als

- die Verbindung von Unternehmenszielen (Strategie), Unternehmensprozessen und -strukturen (Ausrichtung auf die Strategie, Operationalisierung), Kommunikation und Informationssysteme und vor allem Menschen,
- die einheitliche Ausrichtung aller Unternehmenskräfte,
- die systematische Verbindung von Strategie, Ressourceneinsatz, Geschäftsprozessen, Steuerungs- und Meßgrößen sowie Motivationsanreizen,
- permanentes Monitoring wertsteigernder Prozesse.

Der Integrationsgrad ist dabei abhängig von der jeweiligen Führungsphilosophie des Managements. Kennzeichnend für die theoretische Konzeption und anstrebenswert in der praktischen Konzernsteuerung ist die gemeinsame Zielausrichtung. Statt vieler Konzernstrategien und Performance Management-Systeme auf den verschiedenen Steuerungsebenen wird hier eine geschlossene Konzernsteuerungskonzeption angestrebt. Sie baut auf einer integrierten – im weiteren Verlauf noch zu betrachtenden – IT-Architektur auf. Organisationsstruktur und Managementprozesse sind über die Ebenen hinweg anzupassen, um eine einheitliche Ausrichtung der Kräfte zu gewährleisten. Die drei aufgezeigten Ebenen benötigen für die ihnen zugewiesenen Aufgaben eigene Indikatoren. Entscheidend ist die Durchgängigkeit der Konzeption, die – wie angesprochen – in der Unternehmenspraxis häufig nicht anzutreffen ist. Den Mitarbeitern auf der Prozeßebene gilt es zu vermitteln, was auf der operativen Ebene geleistet werden muß, damit die von der Konzernführung vorgegebenen Mindestrenditen erreicht werden können, denn strategische und operative Steuerung werden in der Integrierten Konzernsteuerung in einem durchgängigen Ziel- und Meßgrößensystem miteinander verbunden. Aber auch der „Adressatenkreis, Middle und Lower Management‘ wird (häufig; d. Verf.) nicht in das Shareholder Value-Zielsystem einbezogen, so daß Shareholder Value automatisch das Instrument einzelner Topmanager wird, vom Restunternehmen aber argwöhnisch betrachtet wird“ (GENTNER (1999), S. 46), und sind deshalb als die für das Performance Management der Prozeßebene verantwortlichen Managementebenen explizit zu berücksichtigen.

In der Portfoliosteuerung an der Konzernspitze erfolgen strategische Grundausrichtung und Ressourcenallokation. Zu den Aktivitäten zählen die Fixierung der Mindestverzinsung, aktives Portfoliomanagement, grundlegende Investitionsentscheidungen und die Entwicklung des Managements. Hierzu werden im Managementprozess nur einige, wenige strategierelevante Indikatoren, wie z.B. hochverdichtete wertorientierte Spitzenkennzahlen benötigt. Aus Sicht der Integrierten Konzernsteuerung kommt es weniger auf eine theoriekonforme Auseinandersetzung mit den Vor- und Nachteilen einzelner Shareholder Value-Konzepte (vgl. hierzu LORSON (1999)) an, sondern eher auf deren unternehmensspezifische Strategierelevanz und die Unterstützung des Integrationsgedankens. Ein geeignetes Konzept stellt beispielsweise die von ARTHUR ANDERSEN entwickelte Shareholder Value Added-Konzeption dar. Periodische Leistungs- und mehrperiodische Wertmessung – also operative und strategische Sicht – werden in einer Wertkennzahl kombiniert.

Auf der Geschäftsbereichsebene wird der strategische Rahmen ausgefüllt, überwacht und unterstützt sowie neue Investitionsobjekte identifiziert. Bereitzustellen sind strategierelevante Leistungsindikatoren.

Die Prozessebene – hier liegen die Erfolgsfaktoren in den Prozessen – bestimmt die Ziele für operative Werttreiber, steuert die operative Tätigkeit und entscheidet über Investitionen vor Ort. An die übergeordnete Geschäftsbereichsebene werden technisch-ökonomische Leistungsindikatoren berichtet.

Zur Unterstützung der Durchgängigkeit von Steuerungskonzepten eignen sich Balanced Scorecards (vgl. BRUNNER/ROTH (1999); vgl. auch MATHEIS/SCHALCH (1999) für ein Beispiel der Verbindung von Shareholder Value-Ziel mit der operativen Ebene mittels Balanced Scorecard.). Sie eignen sich sowohl zur Ableitung als auch zur Darstellung relevanter Werttreiber. Gegenüber traditionellen Ansätzen, die auf die Optimierung eines aktuellen Zustandes durch Überwachung und Verbesserung vorhandener Prozesse sowie die Messung heutiger Abläufe in der Leistungserstellung bis zum Kunden fokussieren, haben Scorecard-Ansätze eine strategisch ausgerichtete Veränderung eines aktuellen Zustands zum Ziel. Dazu werden erfolgskritische Prozesse, die unter Umständen noch gar nicht organisiert sind, identifiziert und schließlich gesteuert. Ziele und Indikatoren für langfristige Innovationserfordernisse sowie die (kurzfristig gegebene) Wertschöpfungskette werden miteinander verbunden.

Die Herstellung dieser Durchgängigkeit über die hier diskutierten Konzernebenen hinweg stellt eine komplexe Aufgabe dar, für die es keinen wissenschaftlichen Lösungsansatz gibt. Es kommt eher auf ein unternehmensspezifisches Herunterbrechen der Vision/Mission bis hin zu strategiekonformen Werttreibern an. Um letztere zu identifizieren und priorisieren bedarf es in der Beratungspraxis etlicher Vorarbeiten beispielsweise Workshops, Cause-Loop-Diagramme u.ä..

Modellhaft läßt sich der Prozeß zur Identifikation geeigneter Leistungsindikatoren in fünf Schritten darstellen:

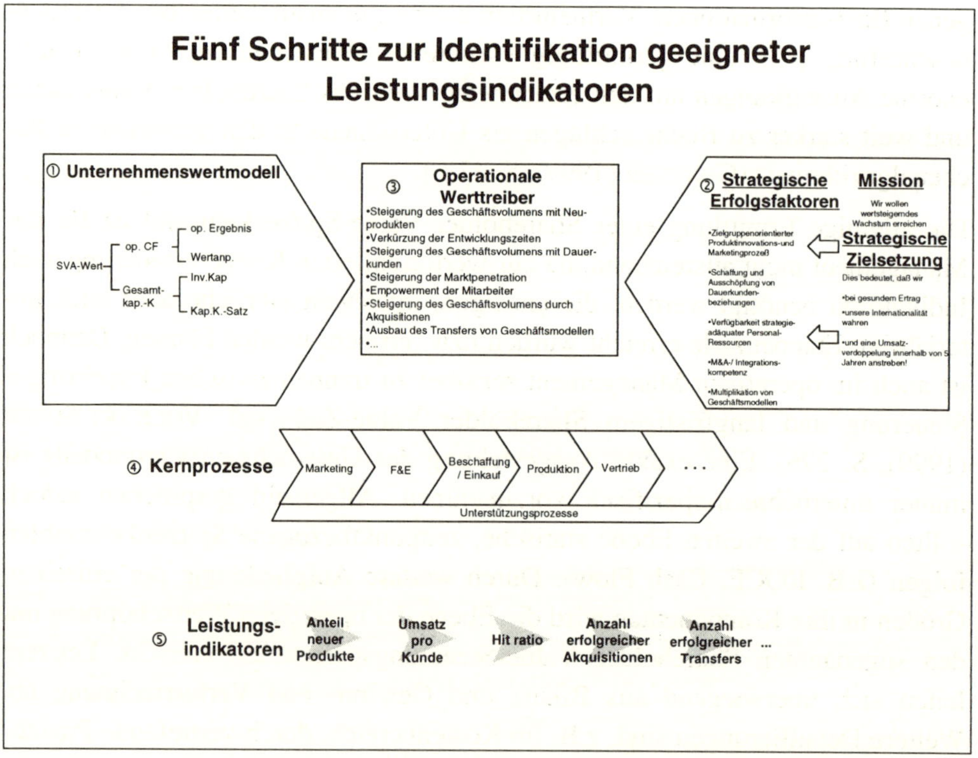

Abbildung 9: Konzept und Aufbau eines wertorientierten Steuerungsmodells (Werttreibermodell)

Ausgangspunkt ist die Erstellung eines aussagefähigen Unternehmenswertmodells. Dazu existieren verschiedene (Shareholder Value-)Ansätze. Die Abbildung zeigt den Shareholder Value Added-Ansatz. Es ist ratsam auf vorhandene, gesicherte Planungszyklen im Unternehmen aufzusetzen und damit auch die Akzeptanz und Vertrautheit der verwendeten Daten durch das Management sicherzustellen. Grundlage können hier drei- bis fünfjährige nach Vorbild eines Jahresabschlusses gegliederte Mittelfristplanungen sein, aus denen entsprechende Free Cash Flows abgeleitet werden können. Unter Heranziehung langfristiger Planungsprämissen und Eckwerte aus der strategischen Planung können dann zur Bestimmung des Fortführungswertes auch entsprechende Free Cash Flows für den der Detailplanung nachgelagerten Zeitraum abgeleitet werden. Von besonderer Bedeutung ist „die Qualität der zur Ermittlung herangezogenen Basisinformationen. Vermeintlich kleine Ungenauigkeiten bei der Datenbeschaffung (z.B. eine geringfügig variierende Wachstumsrate) können u.U. enorme Auswirkungen auf den errechneten Wert des Shareholder Value haben und weit stärker zu Buche schlagen als Unterschiede in den verwendeten Rechenalgorithmen“ (Gentner (1999), S. 47 f.).

Die alleinige Ermittlung einer Shareholder Value-Spitzenkennzahl ist für das Management nicht ausreichend, da zur wertorientierten Konzernsteuerung auch Indikatoren benötigt werden, die anzeigen, inwieweit jährliche aber auch unterjährige Etappenziele erreicht wurden bzw. erreicht werden können. Dennoch ist auch im operativen Management sensibel zu trennen zwischen kurzfristiger Steuerung und langfristigem Shareholder Value-Ziel (vgl. Volkart/Suter (1999), S. 296). Eine exakte Ausgestaltung des Unternehmenswertmodells ist immer unternehmensspezifisch vorzunehmen. Allgemein gesprochen jedoch sollten auf der zweiten Ebene statische, zeitpunktbezogene Spitzenkennzahlen folgen (z.B. ROCE, Cash Flow). Durch weitere Aufgliederung der einzelnen Größen in ihre Komponenten wird die Ebene der operativen Wertschöpfung mit den sogenannten Shareholder Value-Steuerungsparametern erreicht. Letztere leiten sich überwiegend aus Bilanz und Gewinn- und Verlustrechnung ab. Weitere Detaillierungen sind, z.B. im Kostenbereich, durch vertiefende Prozeßkostenanalyse möglich.

Um das Ziel, ein Auseinanderdriften von Shareholder Value-Management auf Holdingebene und operativem Business Management auf unteren Unternehmensebenen zu verhindern, muß die Unternehmensstrategie integriert werden (Schritt 2). Strategische Erfolgsfaktoren stellen hier das entscheidende Bindeglied dar. Es gilt nunmehr, operationale Werttreiber (Business Driver) einzuführen (Schritt 3). Diese konkreten Geschäftsziele stellen die operativen Vorgaben für den gesamten Konzern dar und decken die wesentlichen Stellhebel für die Erreichung des Shareholder Value-Ziels ab. Charakteristisch für die operationalen Werttreiber ist, daß sie sowohl das Unternehmenswertmodell als auch die strategischen Erfolgsfaktoren konkretisieren und somit Shareholder Value und Strategie verbinden. In diesem Zusammenhang ist nochmals herauszustellen, daß einerseits die im Unternehmenswertmodell herausgearbeiteten Shareholder Value-Steuerungsparameter kritisch auf ihre Wesentlichkeit für die Wertschaffung zu untersuchen sind. Andererseits ist auf die positive Korrelation zwischen operationalen Werttreibern, die in enger Abstimmung mit dem Management auf Geschäftsfeldebene zu erarbeiten sind, und Steuerungsparametern zu achten.

Im Sinne der vorgestellten Durchgängigkeit bleibt die Anbindung an die Prozeßebene, auf der die eigentliche Wertschöpfung erfolgt (Schritte 4+5). Ausgangspunkt ist die Ermittlung erfolgskritischer Kernprozesse, z.B. mit Hilfe des ARTHUR ANDERSEN-Prozeßklassifizierungsschema. Die operationalen Werttreiber (Key Performance Indicators) sind in Abstimmung mit dem Management den Geschäftsprozessen zuzuordnen. Diese Kernprozesse müssen zur Errichtung der Konzernstrategie optimiert werden (vgl. ausführlich zur Geschäftsprozeßoptimierung SCHEER (2000), S. 869 u. 878 ff.). Die so für ein spezifisches Geschäftsfeld festgestellte Prozeßstruktur wird anschließend den Business Drivern gegenübergestellt, um unter Wertsteigerungsgesichtspunkten relevante Prozesse herauszufiltern. Entsprechende Branchendaten können unterstützend, z.B. im Sinne eines Benchmarking, herangezogen werden. So wird transparent, welche Prozesse in der Regel auf welche Business Driver wirken und damit in der weiteren Prozeßgestaltung eine besondere Rolle spielen. Auch die Ermittlung der Kernprozesse sollte hier nochmal geschäftsfeldspezifisch adaptiert und diskutiert werden. Die Anzahl der relevanten und somit vom Management zu überwachenden Prozesse muß überschaubar gehalten werden (vgl. auch GENTNER (1999), S. 54 ff.).

Für alle Prozesse kann allein „World Class“ die Benchmark sein, soll die Strategie unternehmenswertsteigernd umgesetzt werden.

Nicht zuletzt ist neben dem Konkretisierungszweck und den damit verbundenen Anforderungen an die Werttreiber (Korrelation mit den Shareholder Value-Steuerungsparametern und Wesentlichkeit) auch darauf zu achten, daß sie die Einbeziehung aller Mitarbeiter gewährleisten. Auf diesem Wege kann nämlich sichergestellt werden, daß Wertsteigerung kein abstraktes Ziel mehr darstellt, sondern eine Vorgabe, die sich über alle Unternehmensebenen und Prozesse zieht und für jeden Mitarbeiter nachvollziehbar wird. So ermöglicht der Einsatz des Balanced Scorecard-Instrumentariums auch ein gemeinsames Strategieverständnis und stellt sicher, daß das Wertsteigerungsziel nicht auf Ebene des Top-Managements verbleibt (vgl. auch KÜTING/HEIDEN/LORSON (2000), S. 6 f.).

Die dargestellten Zusammenhänge verdeutlicht Abbildung 10:

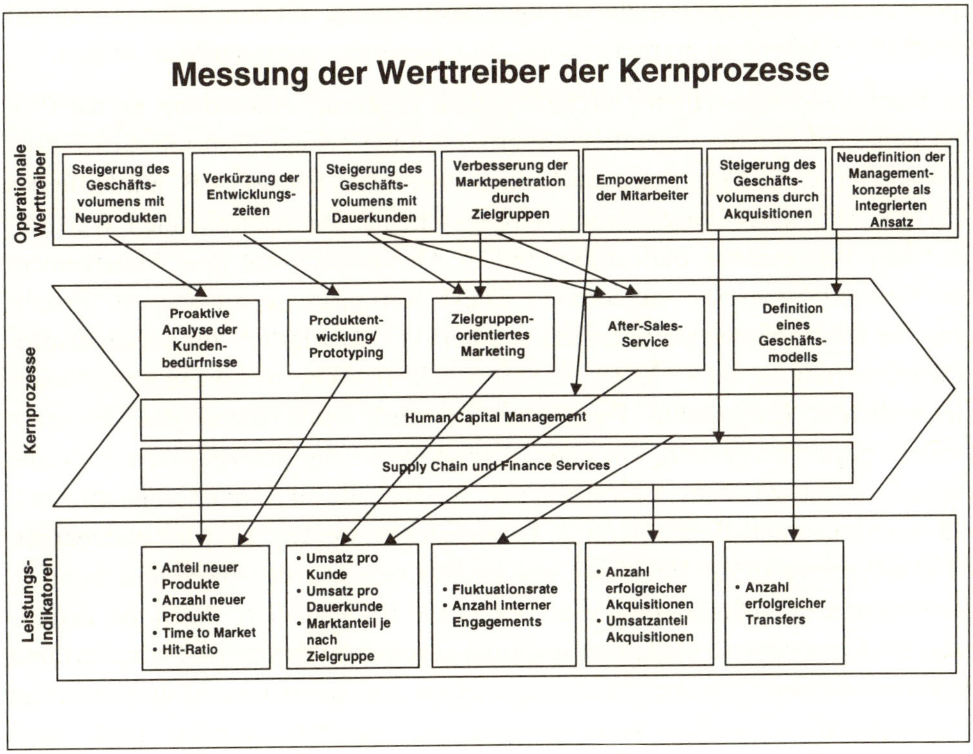

Abbildung 10: Ermittlung von konkreten Geschäftszielen und Performance Indikatoren

Der Aufbau eines Integrierten Konzernsteuerungsmodells darf keine einmalige Übung bleiben. Integrierte Konzernsteuerung erfolgt über ein permanentes Monitoring wertsteigernder Aktivitäten und Prozesse. Hierbei geht es nicht um vergangenheitsorientiertes Controlling, sondern um die unten aufgezeigte Kontrolle der Frühindikatoren und vor allem um die Nutzung des durchgängigen Steuerungssystems für prospektive Analyse- und Simulationszwecke. So ermöglicht die Anbindung an die operative Ebene insbesondere die Ableitung von wechselseitigen Elastizitäten zwischen Werttreiberveränderung und Shareholder Value-Veränderung im spezifischen Unternehmenskontext (vgl. ausführlich WEISS (1999), S. 662 f.). Der in der betrieblichen Praxis häufig anzutreffende Fehler, daß „der Fokus oft auf reinen Ergebnisgrössen ... und nicht auf den Faktoren (liegt; d. Verf.), die den eigentlichen Erfolg auf jeder Steuerungsebene des Unternehmens erst möglich machen" (BRUNNER (2000), S. 19 f.) wird vermieden.

Hierzu müssen Shareholder Value-orientierte Informationen in das Berichtswesen integriert werden. Dies kann mittels Balanced Scorecards erreicht werden (vgl. noch zögernd KAPLAN/NORTON (1993), S. 141). Das zur erfolgreichen Strategieumsetzung entwickelte Instrumentarium (vgl. grundlegend KAPLAN/NORTON (1997)) dient hier der multiperspektivischen Aufbereitung und Darstellung unterschiedlicher, strategischer und operativer Steuerungsebenen für die Entscheidungsträger. Der Integrationsgedanke wird konsequent umgesetzt (vgl. Abbildung 11), indem die Top-Scorecard von der Portfolioebene bis auf die Prozeßebene zu den einzelnen Mitarbeitern heruntergebrochen wird. „Hierbei ist entscheidend, daß dieselben Gedanken, die zur Erstellung der Top Balanced Scorecard geführt haben, auch auf den nachfolgenden Ebenen angewandt werden und somit ein mehrdimensionales, an der unmittelbaren operativen Prozeßleistung orientiertes Zielsystem in der Unternehmung entsteht" (GENTNER (1999), S. 58).

Wenn dies in der Literatur zwar kritisch betrachtet wird (vgl. nur WEBER/SCHÄFFER (1999)), so steht doch das Ziel im Vordergrund, relevante Informationen mit effizienter Entscheidungsfindung zu kombinieren. Aus Praxissicht ist festzustellen, daß der Einsatz von Balanced Scorecards vielfach richtige Verhaltensweisen initiiert und entscheidungsunterstützende Informationen liefert. Dabei treten in ihrer unternehmensspezifischen Ausgestaltung (formal) gleichrangige Werttreiberperspektiven nebeneinander (Kunden, interne Perspektive sowie die Lern- und Entwicklungsperspektive). Die berichteten Informationselemente greifen die ermittelten Ursache-Wirkungs-Zusammenhänge zwischen operativen und strategischen Steuerungsgrößen wieder auf. Durch diese Betrachtungsweise lassen sich frühzeitiger und verursachungsorientierter als durch herkömmliche monetäre Steuerungsgrößen Abweichungen von der anvisierten strategischen Stoßrichtung erkennen („lead indicators"). Gegensteuerungsmaßnahmen auf den entsprechenden Ebenen können so rechtzeitig eingeleitet werden, um das im Zentrum stehende Shareholder Value-Ziel („lag indicator") nicht zu verfehlen, da die zentrale Finanzperspektive letztlich das Resultat der anderen Perspektiven ist (vgl. KÜTING/HEIDEN/LORSON (2000), S. 6).

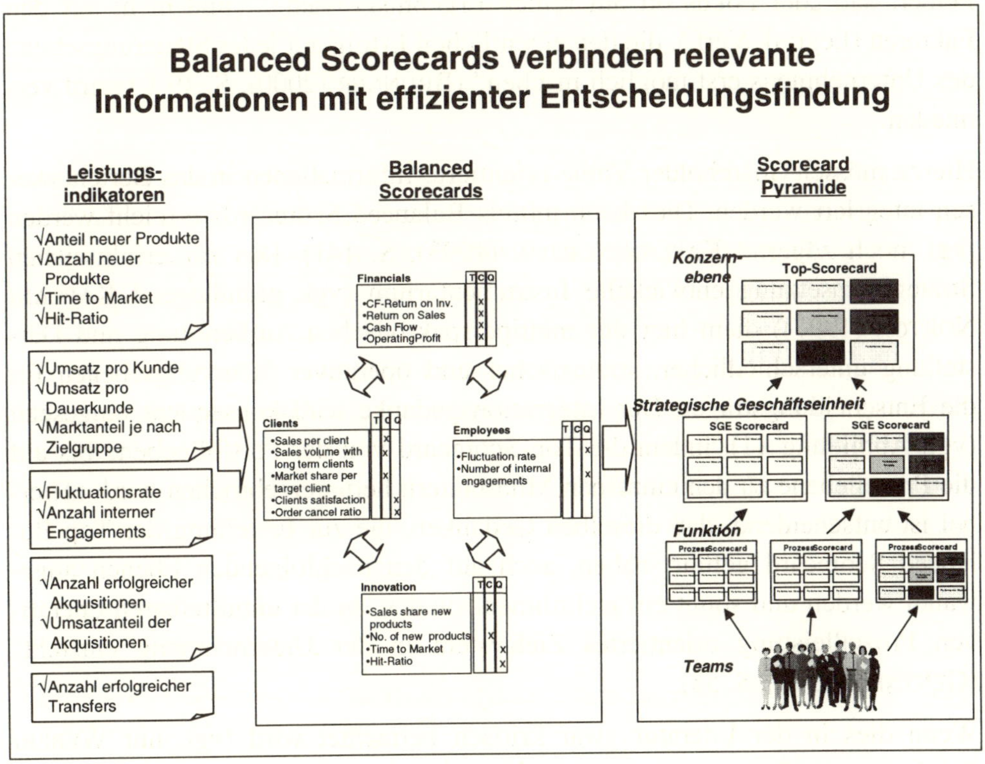

Abbildung 11: Balanced Scorecard in der Integrierten Konzernsteuerung

Abschließend soll an dieser Stelle noch darauf hingewiesen werden, daß ein integrierter Konzernsteuerungsansatz Auswirkungen auf alle betrieblichen Teilfunktionen hat. Seine Anwendung verursacht nicht nur inhaltlich (wertorientierte Unternehmenskultur, zahlungsstromorientierte Planungs- und Steuerungssysteme, Anreizsysteme in der Personalführung etc.) sondern nicht zuletzt auch aufgrund der Prozeßoptimierung und des ständigen Vergleichs mit dem jeweiligen „World-Class“ Prozeßstandard mitunter erhebliche Umwälzung(-smöglichkeit)en. Ohne sie an dieser Stelle weiter vertiefen zu wollen seien noch folgende Aspekte angesprochen:

Die New Economy fördert die Verbreitung neuer Unternehmens- und Kooperationsformen. Genannt seien beispielhaft der Trend zum globalen Supply Chain Management (vgl. BECKER/GEIMER (1999)), Entwicklungspartnerschaften, Produktionsnetzwerke und die zunehmende Virtualisierung (vgl. OHMAE (1989); SCHOLZ (1997), S. 143 ff.). In Abhängigkeit von der Einmaligkeit der zu erfüllenden betrieblichen Aufgabe und des dazugehörigen Komplexitätsgrades ist zu entscheiden, wer welche Führungsrolle einnimmt. Outsourcing bzw. Shared Services-Konzepte bieten sich für wenig komplexe, ständig zu lösende Aufgaben an (vgl. PABST (1997)), während sich frequente jedoch komplexe Aufgaben in strategischen Partnerschaften langfristig gemeinsam bewältigen lassen. Management und Controller werden hierbei zusehends zu „Change Agents“. Gemeinsam gilt es – im Sinne eines Change Enablement –, so komplexe Projekte wie die Veränderung gewohnter Führungssysteme, die Konzentration auf Kernkompetenzen, das Führen in neuen Organisationsformen und das Management neuer zunehmend wertorientierter und nichtfinanzieller Zielgrößen erfolgreich zu gestalten.

3.3 Externe Information und Kommunikation

Empirische Untersuchungen verdeutlichen die nach wie vor systembedingte mangelhafte Berichterstattung am (deutschen) Kapitalmarkt. Sowohl auf quantitativer Ebene (Quartalsdaten, Segmentberichte, Transaktionen mit Insidern, Managementvergütung) als auch auf qualitativer Ebene (Perspektiven, Chancen und Risiken, Marktstrukturen, Personendaten) besteht noch erhebliches Verbesserungspotential. Wenn (zukunftsorientierte) nichtfinanziellen Größen in der Steuerung eine zunehmende Bedeutung zukommt, so werden auch Angaben zu Strategien und Zielen in der externen Berichterstattung immer wichtiger (vgl. HIRST (1998), S. 94). Hiervon ist nicht nur die Kommunikation mit den Eigenkapitalgebern betroffen. Auch für Bondholder und Ratingagenturen, die ebenfalls zum erweiterten Adressatenkreis unternehmerischer Investor Relations zu zählen sind (vgl. WEISS/HEIDEN (2000), S. 38), sind neben finanziellen vor allem nicht-monetäre Informationen zu Geschäftschancen und –risiken im Meinungsbildungsprozeß der Anleger von entscheidender Bedeutung (vgl. WENK (1998), S. 110 ff.).

Festzuhalten ist: „Erst ein Gleichklang zwischen interner Wertsteigerung und … Kapitalmarktkommunikation wird zu entsprechenden Börsenkursen führen" (KÜTING (2000), S. 155) und nur dann erreicht die Integrierte Konzernsteuerung das Ziel einer nachhaltigen Unternehmenswertsteigerung. Deshalb sind die Informationsbedürfnisse der Adressaten in einer aktiven Investor Relations-Politik zwingend zu berücksichtigen. Die Wertorientierung des Managements, seine Strategien und Maßnahmen müssen intern wie extern nachvollziehbar sein (vgl. KÜTING/HEIDEN/LORSON (2000), S. 4 ff.). Unterstützung erfährt das Management in diesem Prozeß durch neue Technologien und Kommunikationsmöglichkeiten. Stellvertretend seien hier der Einsatz des Internet im Rahmen von Investor Relations (vgl. WEISS/HEIDEN (2000 a), S. 31) sowie das Stakeholder Relationship Management-Modul im SAP Strategic Enterprise Management (vgl. DAUM (1999), S. 42 f.) genannt. Aber auch das bisherige „Paradepferd" (DÜRR (1995), S. 64) der Investor Relations, der Geschäftsbericht, wird weiterhin von erheblicher Bedeutung sein. Hier gibt es ausreichend Ansätze für Verbesserungen (vgl. HÜTTEN (2000)).

4. Absicherung des Steuerungskonzeptes mit Informationstechnologie

Nach geeigneten Entlohnungssystemen zur Einbindung und Motivation der Mitarbeiter, wie z.B. Aktienoptionen, ist die Informationstechnologie wichtigster Katalysator für die Integrierte Konzernsteuerung. Denn nur eine vertikale informationstechnologische Unterstützung kann die erfolgreiche Umsetzung des vorgestellten Konzeptes gewährleisten, da die Komplexität des strategischen Managements einer integrierten Gesamtsicht bedarf. Die Verknüpfung von Transaktionssystemen mit der IT-Welt des Finanzwesens erlaubt der Unternehmensführung ein kontinuierliches top-down Performance Management bis auf die operative Ebene unter gleichzeitigem kontinuierlichen Feedback aus den nachgelagerten IT-Systemen. Nutzern und Erstellern muß die integrierte Plattform gleichermaßen zur Verfügung stehen (vgl. NORTON u.a. (1999), S. 38; dort auch Abbildung 12).

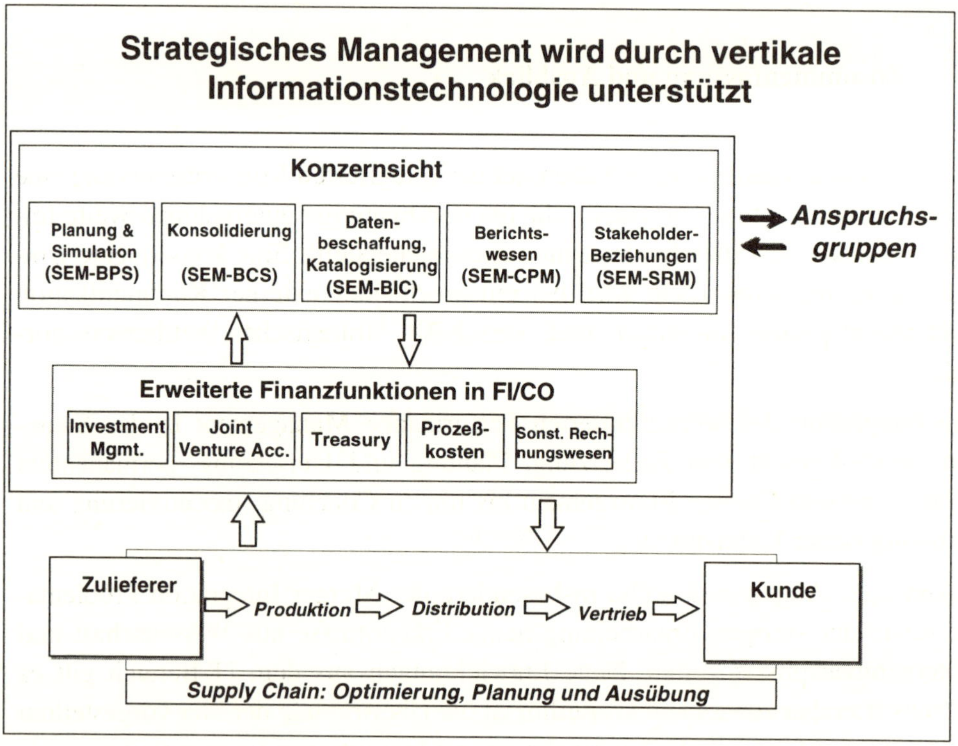

Abbildung 12: Unterstützung des strategischen Managements durch vertikale Informationstechnologie

Softwarehersteller haben mit immer komplexeren Standardsoftware-Angeboten reagiert. Gut nachvollziehen läßt sich dieser Trend der letzten Jahre anhand der Weiterentwicklung der SAP-Produkte vom FI-LC im R/3 über das EC-Modul hin zur Vision der strategisch-wertorientierten Unternehmensführung mittels SAP Strategic Enterprise Management (SEM). Von Release zu Release hat sich sowohl die Anzahl der vernetzten bearbeitbaren Themen als auch die Anzahl der Adressaten erhöht.

Zukünftig gilt es im IT-Bereich weitere aktuelle Fragen der Konzernsteuerung wie Risikomanagement, Treasury, Human Resources und Knowledge Management zu integrieren.

5. Zusammenfassung und Ausblick

Die gemachten Ausführungen haben mit der Integrierten Konzernsteuerung eine Steuerungskonzeption vorgestellt, die die durchgängige unternehmensweite Implementierung des Shareholder Value-Ziels sicherstellt. Eine konsequente Umsetzung strategischer Ziele wird bei entsprechender externer Kommunikation vom Kapitalmarkt honoriert und verschafft strategische Wettbewerbsvorteile.

Die Integration des wertorientierten Performance Management in das Steuerungsmodell reicht von Zielsetzung, Planung und Umsetzung, permanentem Monitoring und Change Management bis hin zu Coaching, Incentivierung und technologischer Unterstützung.

Zukünftiges Augenmerk sollte insbesondere der Merger Integration Problematik sowie der stetigen Einarbeitung neuer Erkenntnisse aus Wissenschaft und Unternehmenspraxis gelten. Neue Entwicklungen aus dem IT-Bereich gilt es nutzenstiftend anzuwenden. Weiterhin ist die Übertragung der hier vorgestellten Konzeption auf öffentliche Unternehmen und Institutionen voranzutreiben.

Literaturverzeichnis

ARTHUR ANDERSEN/EUROPEAN BUSINESS SCHOOL (1999), Steuerung von Immobilien-Gesellschaften nach dem Shareholder Value-Konzept, Frankfurt a.M. 1999.

ARTHUR ANDERSEN/GFD GESELLSCHAFT FÜR FINANZKOMMUNIKATION (1999), STOXX 50. Shareholder Value und Investor Relations im Wettbewerb um institutionelles Kapital, Frankfurt a.M. 1999.

BECKER/GLEIM (1999), Prozeßgestaltung und Leistungsmessung – wesentliche Bestandteile für eine Weltklasse Supply Chain, HMD 207/1999, S. 25-34.

BRUNNER (1999), Ein integrierter Ansatz zur wertsteigernden Unternehmensführung. Value-Based Management und Balanced Scorecard, Der Schweizer Treuhänder 2000, S. 19-28.

BRUNNER/ROTH (1999), Performance-Management und Balanced Scorecard in der Unternehmenspraxis, io management 7/8 1999, S. 50-55.

BRUNS (1999), Harmonisierung des externen und internen Rechnungswesens auf Basis internationaler Bilanzierungsvorschriften, in: Küting/Langenbucher (Hrsg.): Internationale Rechnungslegung. Festschrift für Professor Dr. Claus-Peter Weber zum 60. Geburtstag, Stuttgart 1999, S. 585-603.

CAMBRIDGE TECHNOLOGY PARTNERS (1999), New Economy Primer. White Paper, Cambridge 1999.

CHANDLER (1962), Strategy and Structure. Chapters in the history of the Industrial Enterprise, Cambridge/Mass.-London 1962.

COPELAND/KOLLER/MURRIN (1995), Valuation. Measuring and Managing the Value of Companies, 2. Aufl., New York 1995.

DAUM (1999), Strategie-Funktionalitäten. Strategic Enterprise Management zur Unterstützung der Unternehmensführung, is report 3/99, S. 40-43.

DENOKE/ROHN (1999), Steuerungsgrößen der wertorientierten Unternehmensführung bei Mannesmann, in: Bühner/Sulzbach (Hrsg.), Wertorientierte Steuerungs- und Führungssysteme. Shareholder Value in der Praxis, Stuttgart 1999, S. 139-154.

DÜRR (1995), Investor Relations. Handbuch für Finanzmarketing und Unternehmenskommunikation, 2. Aufl., München-Wien 1995.

DUSEMOND/KESSLER (2000), Rechnungslegung kompakt. Einzel- und Konzernabschluß nach HGB mit Erläuterung abweichender Rechnungslegungspraktiken nach IAS und US-GAAP. Lehrbuch mit Fallstudien zur Bilanzpolitik, München-Wien 2000.

GANZ (1999), Shareholder Value als Analyse- und Portfolioinstrument dargestellt anhand des Premium-Konzepts der Preussag AG, in: Bühner/Sulzbach (Hrsg.), Wertorientierte Steuerungs- und Führungssysteme. Shareholder Value in der Praxis, Stuttgart 1999, S. 67-94.

GARNIER (1999), Die Zukunft des deutschen Bilanzrechts – Eine vorausschauende Nachlese, StuB 1999, S. 987-988.

GENTNER (1999), Wertorientierte Unternehmenssteuerung – die Verbindung von Shareholder Value und Performance Management zu einem permanenten Führungs- und Steuerungssystem, in: Bühner/Sulzbach (Hrsg.), Wertorientierte Steuerungs- und Führungssysteme. Shareholder Value in der Praxis, Stuttgart 1999, S. 43-66.

GUTENBERG (1979), Grundlagen der Betriebswirtschaftslehre, Bd. 1 – Die Produktion, 23. unveränderte Aufl., Berlin u.a. 1979.

HAUSER (1999), Integration durch Data Warehouse-Konzepte. Datenhomogenität zwischen Rechnungswesen und Controlling, is report 12/98 + 1/99, S. 32-35.

HEIDEN/GARNIER/WEISS (2000), Wertsteigerung durch Frühwarnsysteme. Risikomanagement ist Pflicht, Risikoberichte noch die Ausnahme, Lebensmittel-Zeitung vom 25.02.2000, S. 50-52.

HIRST (1998), Rechenschaftspflicht gegenüber Aktionären als Faktor im Standortwettbewerb, in: Börsig/Coenenberg (Hrsg.): Controlling und Rechnungswesen im internationalen Wettbewerb. Kongress-Dokumentation 51. Deutscher Betriebswirtschafter-Tag 1997, Stuttgart 1998, S. 87-102.

HÜTTEN (2000), Der Geschäftsbericht als Informationsinstrument. Rechtsgrundlagen – Funktionen – Optimierungsmöglichkeiten, Düsseldorf 2000.

KAPLAN/NORTON (1993), Putting the Balanced Scorecard to Work, HBR September-October 1993, S. 134-147.

KAPLAN/NORTON (1997), Balanced Scorecard, Stuttgart 1997.

KILGER (1993), Flexible Plankostenrechnung und Deckungsbeitragsrechnung, 10. Aufl., Wiesbaden 1993.

KLEINALTENKAMP (1996), Customer Integration – Kundenintegration als Leitbild für das Business-to-Business-Marketing, in: Kleinaltenkamp/Fließ/Jacob (Hrsg.): Customer Integration. Von der Kundenorientierung zur Kundenintegration, Wiesbaden 1996, S. 13-24.

KÜTING (2000), Perspektiven der externen Rechnungslegung – Auf dem Wege zu einem umfassenden Business-Reporting -, Der Schweizer Treuhänder 2000, S. 153-168.

KÜTING/LORSON (1999), Harmonisierung des Rechnungswesens aus Sicht der externen Rechnungslegung, krp Sonderheft 3/99, S. 47-57.

KÜTING/WEBER (2000), Der Konzernabschluß. Lehrbuch und Fallstudie zur Praxis der Konzernrechnungslegung, 6. Aufl., Stuttgart 2000.

KÜTING/HEIDEN/LORSON (2000), Neuere Ansätze der Bilanzanalyse – Externe unternehmenswertorientierte Performancemessung -, Beilage zu BBK Heft 1/2000.

KÜTING/HÜTTEN/LORSON (1995), Shareholder-Value: Grundüberlegungen zu Benchmarks der Kommunikationsstrategie in der externen Berichterstattung (Teil I+II), DStR 1995, S. 1805-1809 u. 1846-1851.

LORSON (1999), Shareholder Value-Ansätze – Zweck, Konzepte und Entwicklungstendenzen, DB 1999, S. 1329-1339.

MATHEIS/SCHALCH (1999), Balanced Scorecard und Economic Value Added, io management 4/1999, S. 37-43.

MENN (1999), Auswirkungen der internationalen Bilanzierungspraxis auf Unternehmensrechnung und Controlling, in: Küting/Langenbucher (Hrsg.): Internationale Rechnungslegung. Festschrift für Professor Dr. Claus-Peter Weber zum 60. Geburtstag, Stuttgart 1999, S. 632-647.

NAISBITT (1982), Megatrends. Ten Directives Transforming our Lives, New York 1982.

NORTON u.a. (1999), SAP Strategic Enterprise Management. Translating Strategy into Action: The Balanced Scorecard, Walldorf 1999.

OHMAE (1989), The Global Logic of Strategic Alliances, HBR March-April 1989, S. 143-154.

PABST (1997), Reengineering im Konzernberichtswesen, in: Küting/Weber (Hrsg.): Das Rechnungswesen auf dem Prüfstand. Antworten auf die Konzernierung der deutschen Wirtschaft im Spannungsfeld der Globalisierung, Frankfurt a. M. 1997.

PELLENS (1999), Internationale Rechnungslegung, 3. Aufl., Stuttgart 1999.

RAPPAPORT (1995), Shareholder Value, 1. Aufl., Stuttgart 1995.

SCHEER (1998), ARIS – Vom Geschäftsprozeß zum Anwendungssystem, 3. Aufl., Berlin u.a. 1998.

SCHEER (1999), Geschäftsprozeßmanagement mit dem ARIS – House of Business Engineering, WISU 1999, S. 1330-1346.

SCHEER (2000), Informationstechnische Grundlagen der Betriebswirtschaftlichen Beratung, in: Küting/Weber (Hrsg.): Saarbrücker Handbuch der Betriebswirtschaftlichen Beratung, 2. Aufl., Herne 2000, S. 859-904.

SCHMALENBACH (1948), Pretiale Wirtschaftslenkung. Band 2: Pretiale Lenkung des Betriebes, Bremen 1948.

SCHOLZ (1997), Strategische Organisation. Prinzipien zur Vitalisierung und Virtualisierung, Landsberg/Lech 1997.

SIEFKE (1999), Externes Rechnungswsen als Datenbasis der Unternehmenssteuerung. Vergleich mit der Kostenrechnung und Shareholder-Value-Ansätzen, Wiesbaden 1999.

SIMON (2000), Der Abschied von der klassischen Holdingstruktur, in: FAZ v. 31.01.2000, S. 33.

SPANNAGL/HÄßLER (1999), Ein Ansatz zur Implementierung eines Risikomanagement-Prozesses, DStR 1999, S. 1826-1832.

STADLER/WEIßBERGER (1999), Benchmarking des Berichtswesens. Mehr Effizienz und Kundenorientierung im Controlling, Controlling 1999, S. 5-11.

VOLKART/SUTER (1999), WACC-Kapitalkostenkonzept bei grossen Schweizer Gesellschaften weitgehend umgesetzt, Der Schweizer Treuhänder 1999, S. 291-298.

WEBER/SCHÄFFER (1999), Führung im Konzern mit der Balanced Scorecard, krp 1999, S. 153-157.

WEISS (1995), Konsolidierung als Instrument der Unternehmensführung, in: Küting/Weber (Hrsg.), Das Rechnungswesen im Konzern. Intern-Extern, Stuttgart 1995, S. 119-128.

WEISS (1999), Integrierte Konzernsteuerung: Strategiekonform, wertorientiert, global konsistent, technisch auf dem neuesten Stand, in: Küting/Langenbucher (Hrsg.): Internationale Rechnungslegung. Festschrift für Professor Dr. Claus-Peter Weber zum 60. Geburtstag, Stuttgart 1999, S. 649-669.

WEISS/HALEM (1997), Management von Geschäftsrisiken, in: Küting/Weber (Hrsg.), Das Rechnungswesen auf dem Prüfstand. Antworten auf die Konzernierung der deutschen Wirtschaft im Spannungsfeld der Globalisierung, Frankfurt a.M. 1997, S. 336-351.

WEISS/HEIDEN (2000), Shareholder und Bondholder – Zwei Welten oder Partner?, BB 2000, S. 35-39.

WEISS/HEIDEN (2000 a), Investor Relations im Internet, in: FAZ v. 07.02.00, S. 31.

WENK (1998), Kriterien und Vorgehensweise bei der Unternehmensanalyse und Anforderungen an die externe Rechnungslegung aus der Sicht von Standard & Poor's, in: Börsig/Coenenberg (Hrsg.): Controlling und Rechnungswesen im internationalen Wettbewerb. Kongress-Dokumentation 51. Deutscher Betriebswirtschafter-Tag 1997, Stuttgart 1998, S. 103-122.

ZWIRNER (1999), Ausweitung der Möglichkeiten zur internationalen Bilanzierung? – Geplante Änderung des § 292a HGB-E durch das KapCoRiLiG-, StuB 1999, S. 879-884.

ZWIRNER/WOHLGEMUTH (2000), Vergangenheitsorientierung vs. Prognosefähigkeit: Das Konzernrechnungswsen im neuen Jahrtausend – Resümee der 5. Fachtagung: Das Rechnungswesen im Konzern -, StuB 2000, S. 83-88.

Dipl.-Phys. Marcus Wefers
Development Manager SEM-CPM
SAP AG, Walldorf

Strategische Unternehmensführung mit der Balanced Scorecard

Gliederung

1. Einleitung
2. Unzulänglichkeiten typischer Performance Management Systeme
3. Schwierigkeiten der Strategie-Umsetzung
4. Balanced Scorecard-Ansatz
    - 4.1 Grundelemente der Balanced Scorecard
    - 4.2 Perspektiven in der Balanced Scorecard
    - 4.3 Zuordnung von Verantwortung
    - 4.4 Situationsanalysen
    - 4.5 Kaskadierende Scorecards
    - 4.6 Strategy Map
    - 4.7 Analysen einzelner Strategien
    - 4.8 Kennzahlen und Werttreiber
    - 4.9 Textuelle Information
5. Einbettung der Balanced Scorecard in SEM

1. Einleitung

Im Rahmen der Maßnahmen zu Produktivitätssteigerungen der vergangenen Jahre wurde eine Anzahl neuer Managementtechniken eingeführt. Verfahren wie TQM, Process Reengineering, Outsourcing oder Core Competencies, um nur einige zu nennen, haben zu deutlich effizienteren Geschäftsprozessen geführt. Erstaunlicherweise konnten diese Verbesserungen oftmals nicht in dauerhafte Steigerungen der Profitabilität umgesetzt werden. Der Stratgieexperte Michael PORTER kommt zu dem Schluß, daß viele Unternehmen die Optimierung operativer Geschäftsprozesse mit strategischem Verhalten gleich setzen [vgl. PORTER96]. Erst durch die Verbindung der operativen mit der strategischen Unternehmensführung können kurz- und mittelfristige Entscheidungen mit langfristigen Zielen abgestimmt werden.

Seiner Meinung nach differenzieren sich Wettbewerber untereinander durch die Art und Weise wie sie die Vielzahl ineinandergreifender Aktivitäten entlang der Wertschöpfungskette managen. Eine strategische Positionierung erfolgt erst, wenn ein Unternehmen bewußt *andere* Aktivitäten wählt als die Wettbewerber oder die gleichen Aktivitäten mit *anderen* Verfahren oder Techniken durchgeführt werden.

Unternehmen können sich nur dann einen dauerhaften Wettbewerbsvorteil sichern, wenn sie eine von Wettbewerbern differenzierende Marktpositionierung haben, ihre Geschäftsprozesse auf die Strategie abgestimmt haben und dabei eine klare Festlegung zugunsten einer strategischen Ausrichtung in Kauf genommen werden. Für die Durchsetzung der dafür notwendigen komplexen Strategien verwenden viele Unternehmen Management Systeme.

Ein weiterer Aspekt, der die strategische Unternehmensführung in der letzten Dekade nachhaltig beeinflußt hat, ist die zunehmende Ausrichtung von Unternehmen auf den Shareholder-Value. Das Konzept hat sich mittlerweile etabliert und verstärkt den Wettbewerb um knappes Kapital. Institutionelle Investoren haben haben durch ihre Fonds großen Einfluß und gesteigerte Renditeerwartungen. Diese Erwartungen erfordern die Verfolgung wertsteigernder Strategien mit dem Ziel einer langfristig guten Aktienperformance. Die Erreichung der strategischen Ziele hängt von einer durchgängigen Umsetzung der Strategie ab. Dabei werden die strategischen Geschäftsbereiche der Unternehmen oftmals stark restrukturiert wie die Beispiele von Aventis, Nokia und Mannesmann zeigen.

Institutionelle Investoren dirigieren große Finanzströme und entscheiden darüber, welche Unternehmen sie in ihr Portfolio aufnehmen. Durch diese Entwicklung haben Kapitalkosten für Unternehmen stark an Bedeutung gewonnen. Diese können minimiert werden, wenn Unternehmen die mittel- bis langfristigen Renditeerwartungen der Investoren mit akzeptablen Risiken befriedigen. Institutionelle Investoren und Finanzanalysten beeinflussen durch ihr Anlageverhalten und ihre Unternehmensbewertungen mittlerweile spürbar die Unternehmensstrategien.

Beide oben dargestellten Aspekte zeigen die Notwendigkeit für strategische Unternehmensführung aufgrund der verschärften globalen Wettbewerbssituation bezüglich Kunden und Kapital. Das von ROBERT KAPLAN und DAVID NORTON vorgestellte Konzept der Balanced Scorecard [vgl. KAPLAN/NORTON96 HBS] ist ein dafür geeignetes Instrument, da es die Unternehmensstrategie in operative Geschäftsprozesse zerlegt und dadurch für die handelnden Personen ausführbar macht. Die Balanced Scorecard bildet den Rahmen für die Verteilung der Resourcen des Unternehmens entsprechend der Strategien. Über die Zuordnung von Verantwortlichen zu allen Strategie-Elementen werden regelmäßig die Expertenmeinungen zum Erfolg der Strategieumsetzung eingeholt. Kaskadierende Scorecards tragen dazu bei, Strategien tief in der Organisation bei den operativen Abteilungen transparent zu machen, so daß die Geschäftsprozesse eine strategische Ausrichtung erfahren.

2. Unzulänglichkeiten typischer Performance Management Systeme

Typische Performance Management Systeme haben oftmals eine Ausrichtung auf rein finanzielle Ziele. Kennzahlen wie Umsatzwachstum, EBITDA, diverse Renditekennzahlen und Cash Flow sind wichtige Kennzahlen eines Unternehmens, deren Ergebnis auf einer Vielzahl ineinandergreifender Aktivitäten entlang der Wertschöpfungskette basieren. Aktivitäten, die sich aus der Interpretation dieser Finanzkennzahlen ableiten, sind daher vergangenheitsorientierte *Reaktionen.*

Dieser Nachteil wurde mit der Einführung des Shareholder Value-Konzepts Ende der 80er Jahre abgeschwächt, da zukünftige Cash Flows prognostiziert und auf den Bewertungsstichtag diskontiert werden. Aus Sicht der Operationalisierung von Strategien verbleibt der Nachteil, daß Cash Flows die Grundlage des Shareholder Value-Ansatz bilden, statt auf Aktivitäten und Prozesse abzustellen, die als Resultat zu einem positiven Cash Flow führen [KAPLAN/ NORTON92]. Strategische Unternehmensführung über Finanzkennzahlen ist unzureichend, da zukünftige Wertsteigerungen eines Unternehmens durch Investitionen in Kunden, Zulieferer, Forschung und Entwicklung, Mitarbeiter und Technologie gemanagt werden müssen.

Aus Sicht der Strategieumsetzung vereinen typische Performance Management Systems die folgenden Nachteile:

- Unternehmensstrategien werden nicht explizit in ihre Elemente zerlegt
- Fehlende Verbindung zwischen Unternehmensstrategien und operativen Geschäftsprozessen
- Einseitige Fokussierung auf Finanzkennzahlen
- Aktivitäten sind vergangenheitsorientiert und daher nur reaktiv
- Bonus und Incentives sind nicht an den Erfolg der Strategieumsetzung gebunden
- Zuordnung von Ressourcen haben keinen Bezug zur Strategie
- Feedback von Experten und Verantwortlichen ist taktisch statt strategisch

Eine Reihe neuerer Studien kommt zu dem Schluß, daß Unternehmen von institutionellen Investoren und Analysten nicht mehr nach reinen Finanzkriterien bewertet werden. Diese leiten ihre Unternehmensbeurteilungen aus Shareholder-Value basierten Bewertungsmodellen ab, die auf quantitativen Prognosen der wichtigsten Werttreiber beruhen. Dabei stellte sich heraus, daß die Prognosen der operativen Ergebnisse von Unternehmen besser werden, wenn nicht-finanzielle Informationen berücksichtigt werden [EY98]. Dieser Studie zufolge berücksichtigen Portfolio Manager nicht-finanzielle Informationen zu 35 % bei ihren Investitionentscheidungen. Von 38 identifizierten Einflußfaktoren rangieren die folgenden an erster Stelle:

1. Fähigkeit die Unternehmens-Strategie umzusetzen
2. Glaubwürdigkeit / Fähigkeiten des Managements
3. Qualität der Unternehmensstrategie
4. Innovationsvermögen
5. Fähigkeit talentierten Nachwuchs einzustellen
6. Marktposition

Des weiteren besteht ein enger Zusammenhang zwischen der Kommunikation von Strategien durch Investor Relations Abteilungen von Unternehmen und den Anlageempfehlungen von Investoren. Für 69 % der befragten Investoren ist Investor Relationship ein wichtiges bis sehr wichtiges Anlagekriterium [AA99].

Beide Studien belegen, daß Unternehmen nicht nur finanzielle und weiteren Kennzahlen balancieren müssen, sondern sich auf die professionelle Strategieumsetzung fokussieren sollten. Beide Aspekte sind Teil des Balanced Scorecard Konzepts.

3. Schwierigkeiten der Strategie-Umsetzung

"Es ist ein Mißverständnis zu glauben, daß die Entwicklung der richtigen Unternehmensstrategie für Firmen zu entscheidenden Wettbewerbsvorteilen führt. In Wirklichkeit ist die Formulierung der Strategie weniger als die erste Hälfte der Schlacht. In der Mehrzahl der Fälle – schätzungsweise 70 % – treten die Probleme bei der mangelhaften Umsetzung auf." [Fortune99]

Einer amerikanischen Untersuchung zufolge scheitert die erfolgreiche Strategieumsetzung an einer der folgenden Barrieren [vgl. NORTON96]:

1. **Strategie-Barriere**
   Die Strategie wird nicht operationalisiert. Nur 40 % des mittleren Management und nur 5 % der übrigen Mitarbeiter verstehen die Strategie des Unternehmens.

2. **Zielkongruenz-Barriere**
   Nur 50 % des Top-Managements und 20 % des mittleren Managements haben ein Bonussystem, das direkt mit den mittel- bis langfristigen Zielen der Strategie verbunden ist.

3. **Management-Barriere**
   85 % der Management Teams verbringen weniger als 1 Stunde pro Monat zur Strategie Diskussion.

4. **Ressourcen-Barriere**
   60 % der Ressourcen der Unternehmen haben keinen direkten Bezug zur Strategie.

Die BSC ist nicht das Allheilmittel für alle diese Probleme. Aber ihre Architektur erlaubt es bei richtiger Anwendung, vielen dieser Unzulänglichkeiten zu begegnen.

4. Balanced Scorecard-Ansatz

KAPLAN und NORTON verstehen die Balanced Scorecard (BSC) als *Strategisches Management System* mit folgenden Aspekten [KAPLAN/NORTON96]

1. Transparent formulierte Strategien
2. Kommunikation der Strategie innerhalb des gesamten Unternehmens
3. Abstimmung der Unternehmens-Strategie mit den Zielen der Mitarbeiter
4. Verbindung von Strategie-Elementen und dem jährlichen Budget
5. Identifizierung und Abstimmung strategischer Initiativen
6. Regelmäßige Performance Reviews mit Feedback und der daraus eventuell notwendigen Strategieanpassung

4.1 Grundelemente der Balanced Scorecard

Die BSC wird oft mißverstanden als Gruppierung von Kennzahlen in 4 Perspektiven, bei der lediglich finanzielle Kennzahlen um nicht-finanzielle ergänzt werden. Kennzahlen sind tatsächlich ein wichtiger Bestandteil der Scorecard; sie bilden aber nicht das Rückgrat.

Im Mittelpunkt stehen die **Strategien** und ihre Zerlegung in Strategie-Elemente (engl.: Strategic Objectives). Diese **Objectives** beschreiben detailliert die verschiedenen Aspekte der Strategie. Die in Abbildung 1 als Beispiel gezeigte Strategie "Innovation verbessern" beinhaltet das Objective "Verstärktes Wachstum in Schlüsselsegmenten" Die Integration der einzelnen Objectives untereinander wird über eine **Ursache-Wirkungskette** hergestellt. Die Summe der Objectives bildet die Strategie.

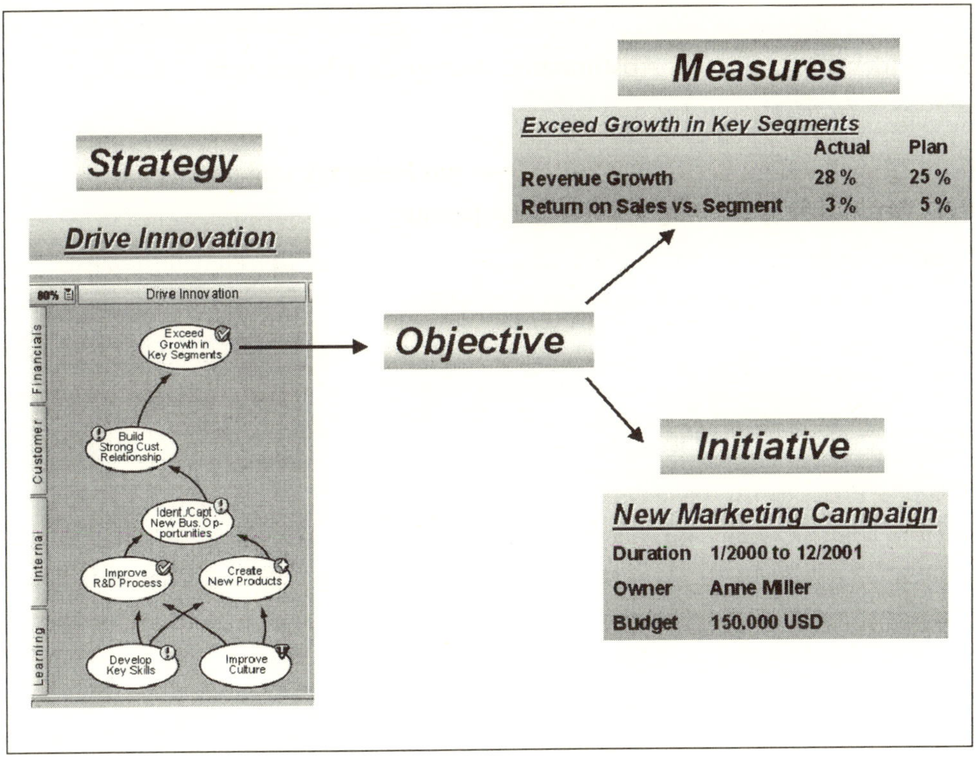

Abbildung 1: Objectives als zentraler Bestandteil der Balanced Scorecard
(Quelle: SAP AG)

Die Umsetzung der Strategie erfolgt über **Initiativen** und Programme, die den einzelnen Objectives zugeordnet sind. Diese strategischen Initiativen sind der Motor der Strategieumsetzung. Nach Ansicht von Kaplan und Norton haben strategische Initiativen eine Schlüsselrolle bei der Zuordnung von finanziellen Ressourcen und Mitarbeitern. Durch Initiativen kann die Verbindung zwischen Budgets und der Strategie hergestellt werden.

Der Erfolg der Strategieumsetzung wird über die den Objectives zugeordneten **Kennzahlen** verfolgt.

4.2 Perspektiven in der Balanced Scorecard

KAPLAN und NORTON schlagen vor, die Strategie aus den folgenden 4 Perspektiven zu betrachten.

<u>Lernen & Wachstum-Perspektive</u>

Wo muß das Know-How der Mitarbeiter und die (technische) Infrastruktur im Unternehmen verbessert werden um die Strategien erfolgreich durchzusetzen? Sind die Mitarbeiter ausreichend motiviert und existiert ein Klima, das den Wandel unterstützt?

<u>Interne Prozeß-Perspektive</u>

Welche Prozesse müssen verbessert werden um die Kunden zufrieden zu stellen? Tausende von Aktivitäten finden täglich statt, aber nicht alle haben eine strategische Relevanz. Das Design einer Scorecard erfordert die Identifizierung derjeniegen kritischen Geschäftsprozesse, welche die Kundenzufriedenheit und die Finanzziele nachhaltig beeinflussen [NORTON/SAP99].

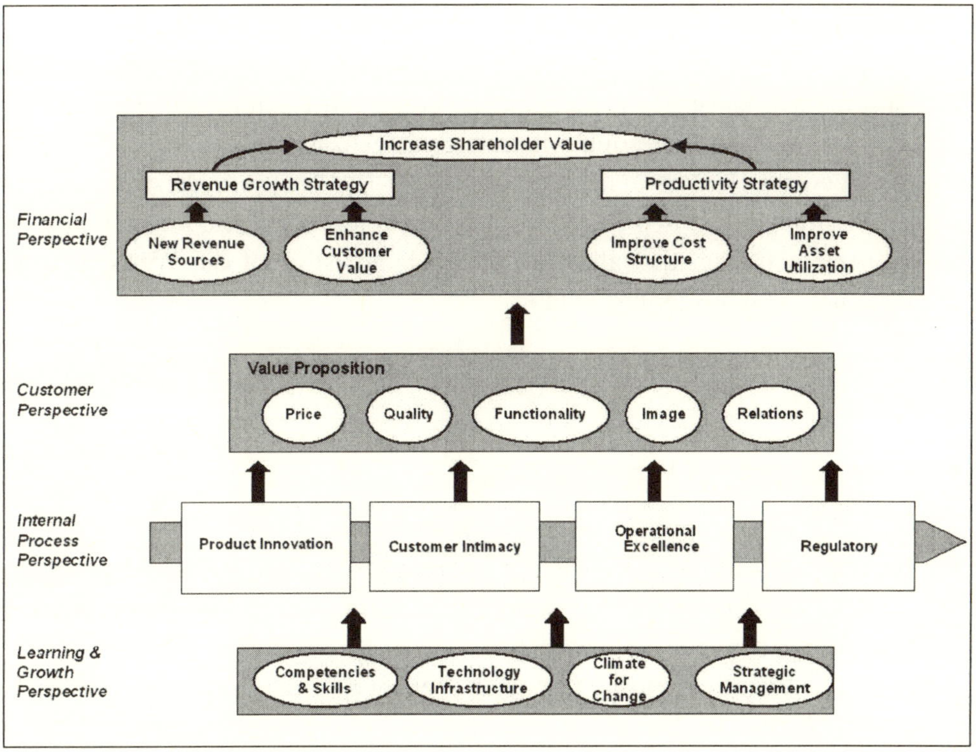

Abbildung 2: *4 Perspektiven der Balanced Scorecard*
(Quelle: Balanced Scorecard Collaborative)

Kunden-Perspektive

Was können die Kunden vom Unternehmen erwarten, wenn die Strategie erfolgreich umsetzt wird? Unternehmen können sich nur dann profitabel und dauerhaft gegenüber Konkurrenten differenzieren, wenn sie ihr Angebotsprofil (engl. Value Proposition), bestehend aus Produkt- und Service-Attributen, Image und Verhältnis zum Kunden sorgfältig wählen und auf die gewählten Kunden- und Marktsegmente abstimmen [vgl. TREACY/WIERSEMA95]. Die in der Kunden-Perspektive gewählte Strategie entscheidet über die zukünftige finanzielle Performance des Unternehmens.

Finanz-Perspektive

Welches finanzielle Ergebnis kann den Shareholdern präsentiert werden, wenn die Strategie erfolgreich umgesetzt wird? Finanzielle Objectives beschreiben die langfristigen Ziele des Unternehmens bezüglich Kapitalrenditen, Profitabilität, Umsatzwachstum, Produktivitätssteigerungen, Kostenreduktionen und Risikomanagement [KAPLAN/NORTON96 HBS]. Die Objectives der anderen Perspektiven münden letztlich in der finanziellen Perspektive. Sie tragen damit der Sichtweise Rechnung, daß alle Aktivitäten langfristig auf die Wertsteigerung des Unternehmens ausgerichtet sind.

4.3 Zuordnung von Verantwortung

Ein weiterer wesentlicher Aspekt der Balanced Scorecard ist die Abstimmung von Zielen der Verantwortlichen und Experten mit denen des entsprechenden Verantwortungsbereichs im Unternehmen. Dies geschieht über die explizite Zuordnung der **Verantwortung** für einen Teilbereich der Strategie, also eines Objectives. In der in Abbildung 1 gezeigten Strategie *Innovation verbessern* übernimmt der Manager der Forschungs- und Entwicklungsabteilung die Verantwortung für das Objective *Schnellere Produktentwicklung*. Experten aus dem F&E-Team oder der Manager selber übernehmen die Verantwortung für die zugeordneten Initiativen (*Verbesserte Forschungseinrichtungen, etc.*) und die zugeordneten Kennzahlen (*Zeitspanne zur Markteinführung neuer Produkte, etc.*). In vielen Fällen wird mit der Übernahme von Verantwortung eine variable Leistungsvergütung der Mitarbeiter gekoppelt, die über die Zielvorgaben der Kennzahlen gemessen wird.

4.4 Situationsanalysen

Die Verantwortlichen verfolgen in der Scorecard die Umsetzung ihres Objectives und deren Initiativen im Zeitverlauf und prüfen die zugeordneten Kennzahlen. In periodischen Abständen werden die Objectives, Initiativen und Kennzahlen einem Review unterzogen, Analysen erstellt und als verbale **Beurteilung** in der Scorecard abgelegt. Ein entsprechend gesetzter **Status** signalisiert pauschal den Zustand. Wesentlich dabei ist, daß die Beurteilungen durch das vorrausschauenden Expertenwissen an Aussagekraft gewinnen und daher Fehlentwicklungen bei der Strategieumsetzung frühzeitig erkannt werden.

Mit Hilfe der Ursache-Wirkunsketten können die Verantwortlichen den Einfluß negativer Entwicklungen auf die gesamte Strategie abschätzen. Alle an der Strategie beteiligten Personen und Abteilungen sind über ein **Feedbacksystem** miteinander verbunden und können Kommentare über den Status und die Beurteilungen austauschen. Diese Beurteilungen und Kommentare sind direkt bei den Objectives, Initiativen und Kennzahlen der Scorecard abrufbar. Erfahrungen von Balanced Scorecard Anwendern belegen die Vorteile dieser Offenheit. Anders als bei normalen Reporting-Systemen finden die Scorecard-Anwender eine von den direkten Verantwortlichen mit Zahlen, Fakten, Beurteilungen und Kommentaren **interpretierte Sicht der Strategie** vor. Dieser Prozeß wird von Kaplan und Norton als strategisches Lernen der Executives bezeichnet [KAPLAN/NORTON96].

4.5 Kaskadierende Scorecards

Speziell in großen und komplex strukturierten Unternehmen stellt sich die Frage nach der Anzahl und Integration von Balanced Scorecards. Geht man davon aus, daß Unternehmen mehrere strategische Geschäftsbereiche (SBU) und Tochtergesellschaften wegen der angestrebten Synergien unter Corporate vereinigen, dann sind **kaskadierende Scorecards** ein adäquates Instrument, um die Strategien der einzelnen SBU's aufeinander abzustimmen. Das Corporate Headquarter gibt den Rahmen mit allgemeinen Objectives vor, die von den einzelnen SBU's in individuelle Objectives übersetzt werden. Dabei bleibt der Bezug zwischen allgemeinen und individuellen Objectives erhalten. Das eröffnet den SBU's die Möglichkeit einer individuell formulierten Scorecard, deren Strategie mit Corporate abgestimmt ist und zum anderen einer multi-SBU Analyse der gemeinsam verfolgten Objectives.

4.6 Strategy Map

Die meisten Unternehmen verfolgen bei der Festlegung ihrer Gesamtstrategie eine klare Herausstellung einer Strategie (Fokus-Strategie) und weiteren Neben-Strategien. Das entspricht der Erfahrung von Marktführern, die nicht gleichgewichtig Fokus-Strategien zur

- Innovation,
- Kundennähe und
- Wirtschaftlichkeit bzw. Kostenführerschaft („Operational Excellence“)

verfolgen, sondern eine priorisieren [vgl. TREACY/WIERSEMA95].

Abbildung 3 zeigt die Gesamtstrategie einer SBU mit einer Fokus-Strategie (links) und 2 Neben-Strategien (Mitte und rechts), sowie allen Objectives inklusive deren Status. Diese Sicht auf die Balanced Scorecard wird *Strategy Map* genannt.

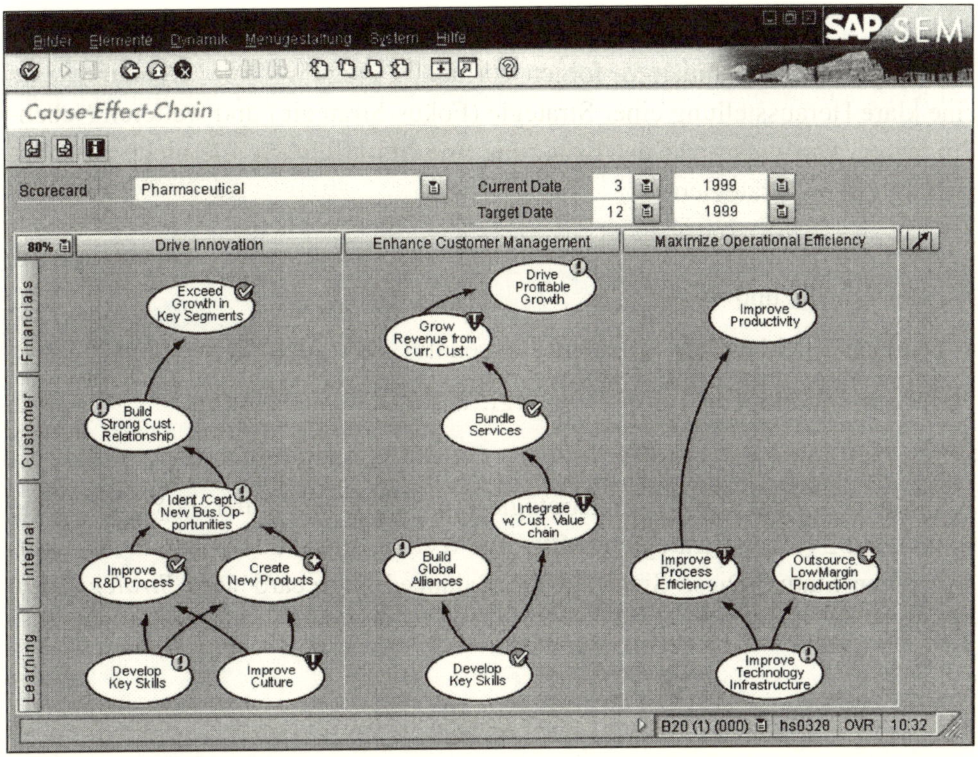

Abbildung 3: *Strategy Map der SAP SEM Balanced Scorecard*
(Quelle: SAP AG)

4.7 Analysen einzelner Strategien

Greift man aus der Strategy Map eine Strategie heraus, so läßt sich diese mit der SAP SEM Balanced Scorecard interaktiv analysieren. Abbildung 4 zeigt im linken Teil die ausgewählte Strategie mit den über die 4 Perspektiven verteilten Objectives. Diese sind über eine Ursache-Wirkungskette miteinander verbunden. Die mittleren und rechten Spalten zeigen die zugeordneten Kennzahlen mit Ist- und Planwerten, sowie die Verantwortlichen. Den Planwerten kommt eine besondere Bedeutung zu, da sie quantitativ das zu erreichende Ziel beschreiben. Darüber hinaus bietet sich die Möglichkeit, weitere Wertspalten für Mehrjahresplanwerte und Forecasts aufzunehmen.

Der jeweilige Status wird über Ikonen dargestellt und kann manuell vom Verantwortlichen gesetzt oder automatisch vom System aus dem Plan-Ist-Vergleich ermittelt werden. Auf Knopfdruck lassen sich die hinterlegten Beurteilungen und Kommentare anzeigen und auf eine Sicht mit zugeordneten Initiativen umschalten.

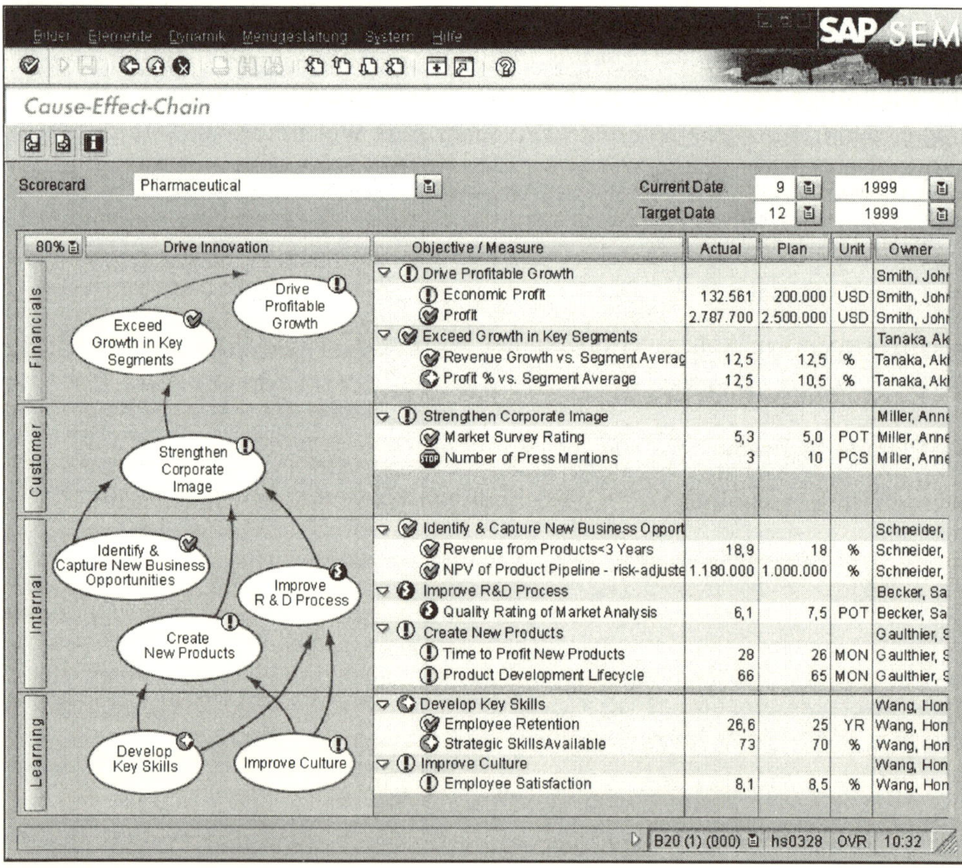

Abbildung 4: Strategie mit Ursache-Wirkungskette, Objectives, Kennzahlen, Plan- Istwerten und Verantwortlichen der SAP SEM Balanced Scorecard
(Quelle: SAP AG)

4.8 Kennzahlen und Werttreiber

Die in der Balanced Scorecard verwendeten Kennzahlen sollten eine Mischung aus allgemeinen (für die Industrie typischen) Kennzahlen und Werttreiber-Kennzahlen sein. Kennzahlen, wie Profitabilität, Marktanteil oder Kundenzufriedenheit messen die Performance vergangener Aktivitäten. Diese werden als *Lagging Indicator* bezeichnet. Es ist wichtig diese in die BSC aufzunehmen, da sie den Stand der Strategieumsetzung rückmelden. Im Vergleich dazu geben Werttreiber-Kennzahlen (*Leading Indicators*) Auskunft über Aktivitäten, die die zukünftige Performance beeinflussen. Die Wertreiber werden in generische und geschäftsspezische unterteilt. Die generische Werttreiber

- Umsatzwachstum,
- EBITDA Marge,
- Cash Steuersatz,
- Investments in Anlagevermögen und Working Capital,
- Kapitalkosten und
- Planungszeitraum

werden für Shareholder Value Berechnungen verwendet [RAPPAPORT86].

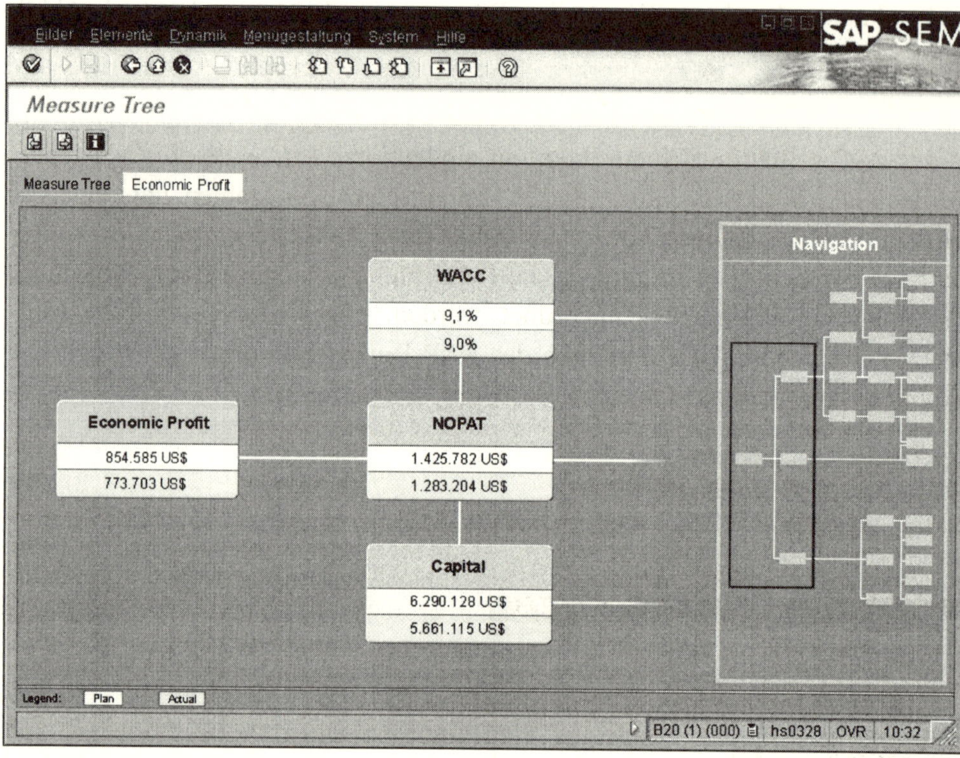

Abbildung 5: *Kennzahlen-Baum für Economic Profit der SAP SEM Balanced Scorecard* (Quelle: SAP AG)

Um tiefere Einsichten in die Geschäftsprozesse des eigenen Unternehmens oder der SBU zu erhalten, werden die generischen Werttreiber in geschäftsspezische Werttreiber zerlegt. Aus Sicht der wertorientierten Unternehmensführung erfolgt anhand von Werttreiber-Analysen eine Umsetzung der Werttreiber in planbare operative Steuerungsgrößen. Anhand von Sensitivitätsanalysen der Werttreiber wird deren Einfluß auf die Zielgrößen, wie *Economic Profit* oder *Free Cash Flow* und somit auf den Wertzuwachs des Unternehmens ermittelt.

Die Zerlegung von Kennzahlen in ihre Bestandteile und weiter in deren Werttreiber kann anhand von Werttreiber-Bäumen visualisiert werden (vgl. Abbildung 5).

In der BSC sollten nur Kennzahlen mit eindeutigem Strategiebezug verwendet werden. Die Wechselwirkung dieser strategischen Kennzahlen untereinander wird mittels der Zuordnung zu den Objectives über die Ursache-Wirkungsketten transparent. Rein diagnostische Kennzahlen sollten nicht den Objectives der Balanced Scorecards zugeordnet werden. Diese findet der Scorecard-Analyst in zugeordneten Berichten des SAP Buisness Information Warehouse (Abbildung 6) oder im Management Cockpit (Abbildung 7).

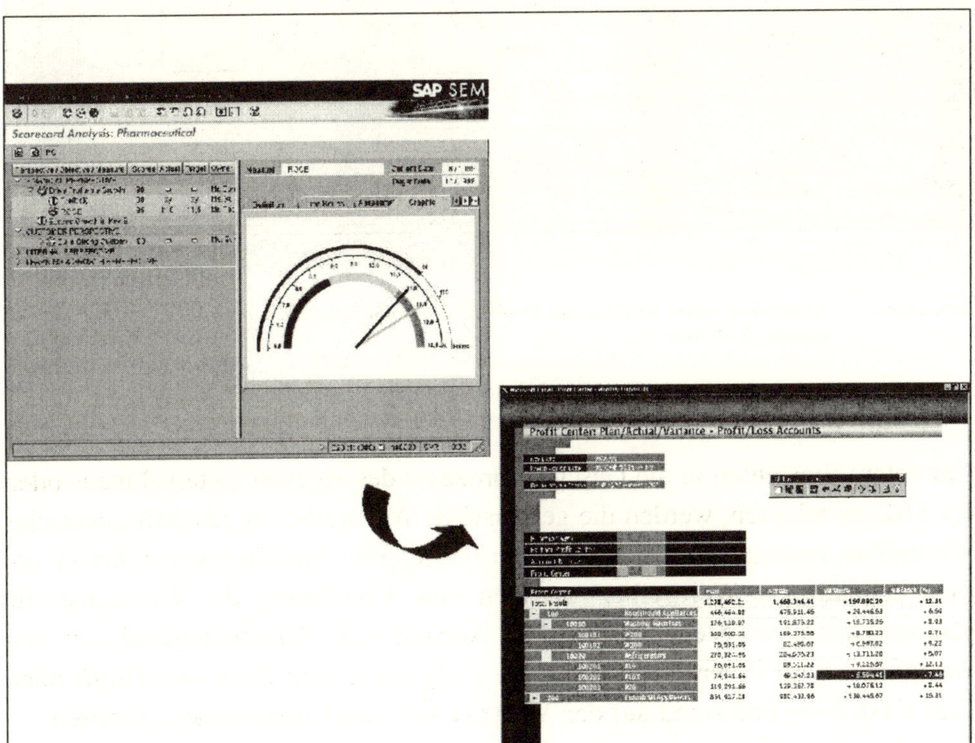

Abbildung 6: *Zuordnung von SAP BW Berichten zur SAP SEM Balanced Scorecard*
(Quelle: SAP AG)

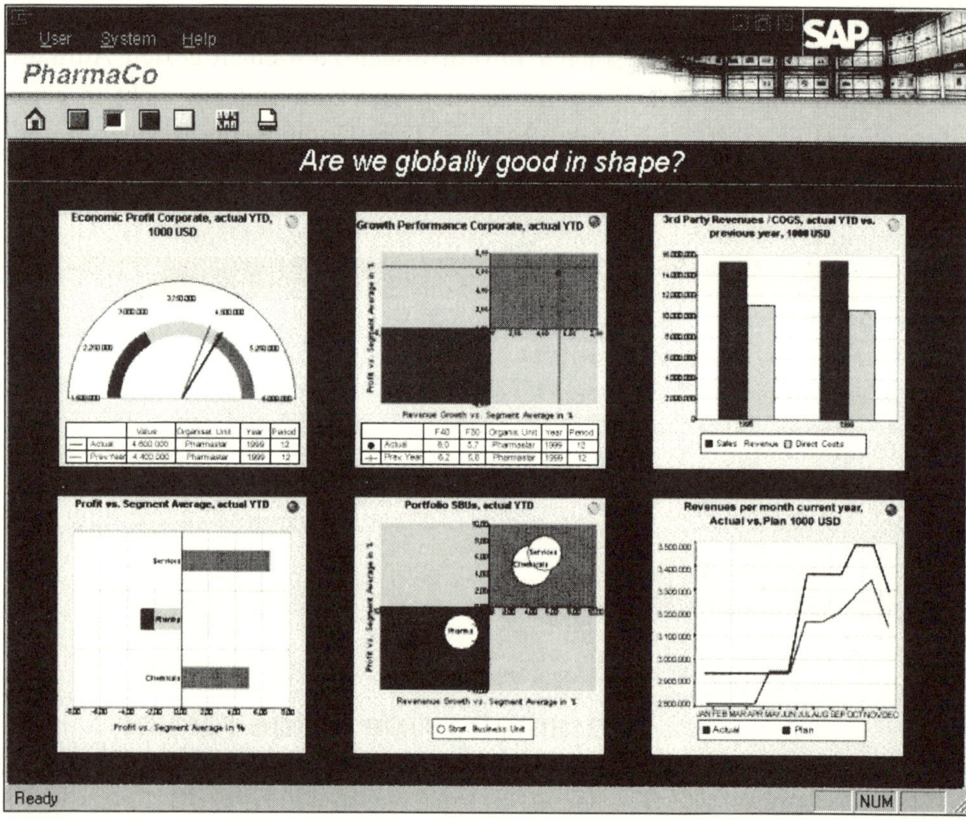

Abbildung 7: *SAP SEM Management Cockpit*
(Quelle: SAP AG)

4.9 Textuelle Informationen

Eine Vielzahl führungsrelevanter Informationen externer Quellen liegt nur in unstrukturierter, textueller Form vor. Im Internet gibt es eine Vielzahl professioneller Informationsanbieter, deren Beiträge für die strategische Unternehmensführung genutzt werden können. Dies umfaßt beispielsweise Marktanalysen, Erwartungen von Finanzanalysten, Studien, Presseerklärungen von Wettbewerbern oder Anforderungen an neue Produkte und Services, um nur einige zu nennen.

Damit mögliche Empfänger solcher Informationen zum einen gezielt Aufträge zur Informationsbeschaffung erteilen können und zum anderen nicht in einer Informationsflut untergehen, bietet SAP SEM die Komponente Business Information Collection (SEM-BIC) an.

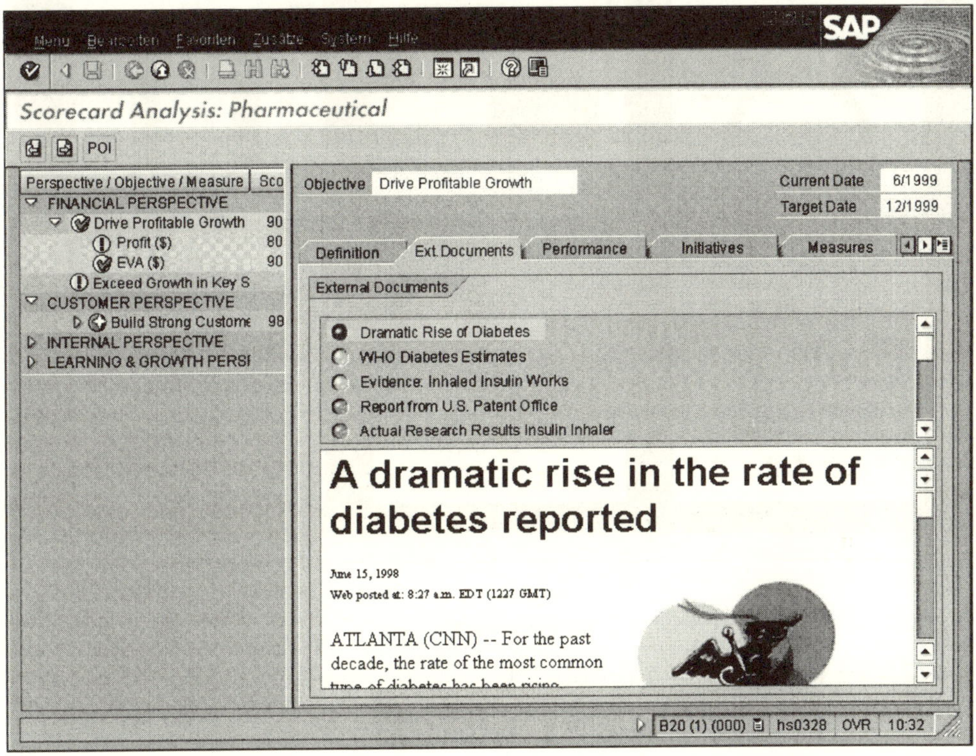

Abbildung 8: *Textuelle Informationen in der SAP Balanced Scorecard* (Quelle: SAP AG)

SEM-BIC ermöglicht außerdem die empfängerspezifische Speicherung dieser Informationen auf beliebigen Merkmalskombinationen des Data Warehouse. Damit können diese Informationen in die SAP Balanced Scorecard integriert werden. Abbildung 8 zeigt eine solche Zuordnung von Analysen zu einem Objective der Finanzperspektive.

5. Einbettung der Balanced Scorecard in SEM

Die Erfahrung der Balanced Scorecard Anwender hat gezeigt, daß die BSC nicht isoliert angewendet wird. Die Balanced Scorecard ist stattdessen eng verknüpft mit weiteren analytischen Anwendungen, die zusammen das Strategic Enterprise Management (SEM) eines Unternehmens bilden. SAP's Lösung für das Strategic Enterprise Management (SAP SEM® (SAP SEM, SAP BW und Management Cockpit sind Warenzeichen der SAP AG)) deckt die folgenden Themen ab

- Balanced Scorecard
- Management Cockpit
- Strategische Planung
- Simulation
- Activity-based Management
- Performance Measurement
- Benchmarking
- Finanz- und Management-Konsolidierung
- Business Information Collection
- Stakeholder Relationship Management

und ist eng mit dem SAP Business Information Warehouse (SAP BW) integriert [vgl. SAP99].

Die weiter oben gezeigten Abbildungen wurden der SAP Balanced Scorecard entnommen, die seit 1999 als Teil von SAP SEM verfügbar ist. Die SAP Balanced Scorecard erhielt Ende 1999 die Zertifizierung der von Robert Kaplan und David Norton gegründeten Firma Balanced Scorecard Collaborative (vgl. www.bscol.com).

6. Einführung einer Balanced Scorecard

Die Implementierung des BSC-Konzepts in Unternehmen ist ein kontinuierlicher Prozess, der in der Regel auf Ebene Corporate oder strategischer Geschäftseinheiten beginnt und von dort aus bis auf operative Ebenen fortgesetzt werden kann. Da es sich bei Einführung der BSC um kein Kennzahlen-Projekt, sondern um die Einführung eines strategischen Management Systems handelt, bedarf es der aktiven Beteiligung des Top-Managements [vgl. Kotter96]. Firmen, die das Konzept der Balanced Scorecard einführen, unterliegen oftmals einem sehr starken Wettbewerb, der im Rahmen der permanenten Strategieanpassung zu massiven Veränderungen der Geschäftsprozesse führen kann. Hierfür muß ein Klima des permanenten Wandels erzeugt werden, das von den Entscheidungsträgern forciert wird.

Ein typisches Unternehmen durchläuft bei der Balanced Scorecard Einführung die folgenden Prozesse.

Strategie und Planung

Analyse der eigenen Geschäftsprozesse unter Einbeziehung der Wettbewerberssituation um ein klares Bild der eigenen Position zu erhalten. Beschaffung von Informationen über Trends und Kundenerwartungen bezüglich Produkt- und Servicestrategie, sowie der Finanzanalysten bezüglich finanzieller Erwartungen. Prüfung, ob eine Shareholder Value Lücke (Value Gap) zwischen aktuellem Businessplan und den Erwartungen der Finanzanalysten besteht. Parallele Modellrechnungen zur Evaluierung von Alternativen und Forecasts zur Schließung des Value Gaps.

Strategie Formulierung

Ausarbeitung von Fokus- und Neben-Strategien und Verfeinerung in Strategie-Elemente (Objectives). Verbindung aller Objectives über die Ursache-Wirkungskette. Identifizierung und Zuordnung strategischer Initiativen zu den Objectives. Festlegung der Kennzahlen zur Messung der Strategie-Umsetzung. Formulierung der Erwartungen durch Planung der Zielwerte der Kennzahlen.

Abgleich der Strategien von Corporate, strategischen Geschäftseinheiten und gemeinsam genutzten Serviceabteilungen über allgemeine Objectives.

Kommunikation der Strategie

Bekanntmachung der geplanten Strategie und deren Bestandteile über Informationsveranstaltungen. Einholung und Berücksichtigung des Feedbacks aller beteiligten Abteilungen mit dem Ziel der Akzeptanz.

Zuordnung der notwendigen Ressourcen

Zuordnung von Verantwortlichen zu Objectives, Kennzahlen und Initiativen. Abstimmung der persönlichen Ziele der Verantwortlichen und Abteilungen mit denen der Strategie. Start von Ausbildungsprogrammen zur Entwicklung der für die Geschäftsprozesse notwendigen Kompetenzen. Ausstattung der strategischen Initiativen mit den notwendigen Teammitgliedern und Budgets.

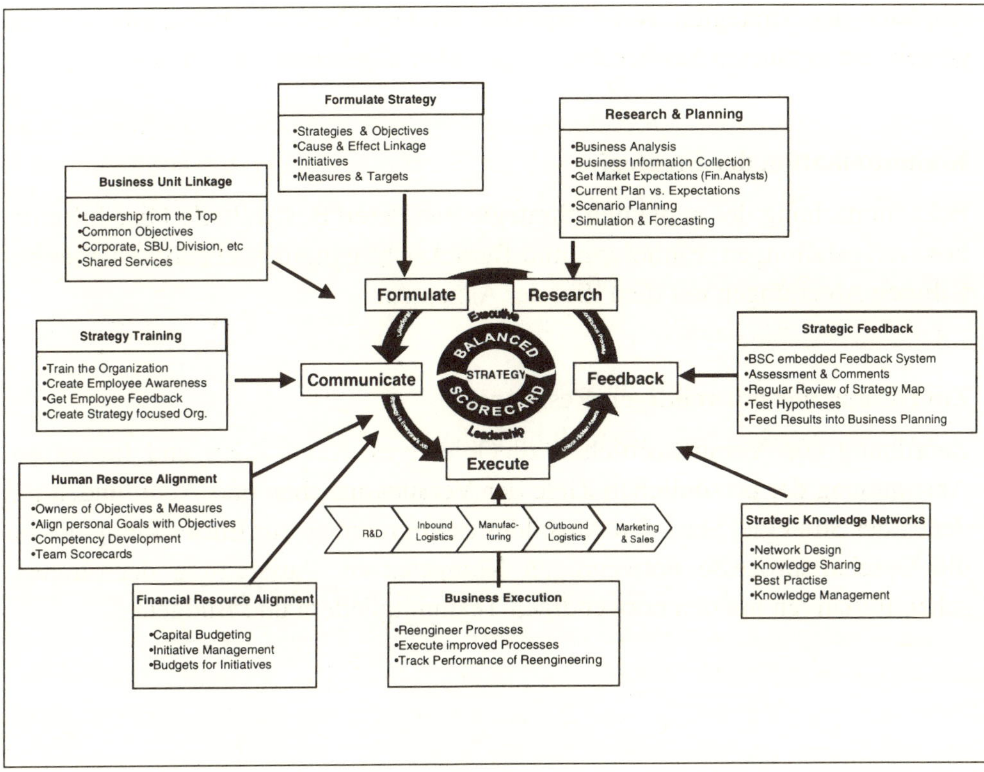

Abbildung 9: *Prozesse einer Balanced Scorecard Einführung*
(Quelle: Balanced Scorecard Collaborative und SAP AG)

Strategie-Umsetzung

Ausführung der verbesserten Geschäftsprozesse und konsequente Umsetzung der Initiativen. Regelmäßige Verfolgung der erzielten Ergebnisse mit Bezug zu den geplanten Zielen.

Strategisches Lernen und Feedback

Regelmäßige Reviews der Objectives, Initiativen und Kennzahlen durch Experten und Verantwortliche. Beteiligung aller mit der Strategie-Umsetzung involvierten Personen und Abteilungen an dem Feedback-Prozeß durch das Hinterlegen von Beurteilungen und Kommentaren der Ergebnisse und zukünftigen Erwartungen. Kontinuierliche Anpassung der Strategie.

7. Strategie Templates

Aufgrund der individuellen Ausrichtung von Unternehmen unterscheiden sich die gewählten Strategien meist erheblich. Dennoch können die von Unternehmen einer Branche angewendeten Strategien kategorisiert werden [vgl.Treacy/Wiersema95]. In der chemischen Industrie haben sich folgende Strategie-Kategorien herausgebildet:

- Innovation ("Innovation")
- Kundennähe ("Customer Intimacy")
- Wirtschaftlichkeit bzw. Kostenführerschaft ("Operational Excellence")
- Gesellschaftliches und politisches Umfeld ("Regulatory")

Basierend auf dieser Kategorisierung, wurden bei SAP SEM in Zusammenarbeit mit der *Balanced Scorecard Collaborative* (vgl. Balanced Scorecard Collaborative (www.bscol.com)), branchenspezifische Strategie-Templates entwickelt. Diese werden nach Fokus- und Nebenstrategien unterschieden und enthalten folgende Komponenten:

- Ausführliche Beschreibung der Strategien
- Strategie-Elemente für jede der 4 Perspektiven
- Ursache-Wirkungsketten
- Vorschläge für Kennzahlen aller Strategie-Elemente

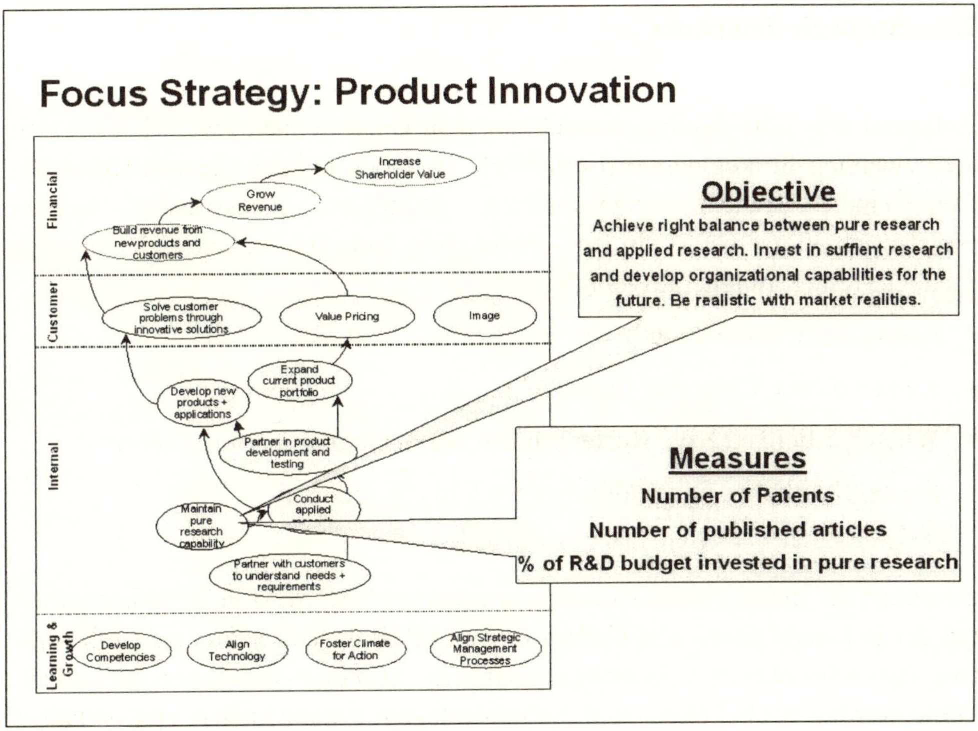

Abbildung 10: *Fokus-Strategie Innovation*
(Quelle: SAP AG)

Strategie Templates können als Diskussionsgrundlage bei der Entwicklung individueller Strategien verwendet werden. Diese branchenspezifischen Templates werden als Teil der SAP SEM Balanced Scorecard ausgeliefert und können leicht auf die individuellen Anforderungen angepaßt werden.

Glossar

Strategy Map	Darstellung der Gesamtstrategie, bestehend aus Fokus- und Nebenstrategien anhand von Ursache-Wirkungsketten der Objectives.
Strategie	Darlegung, wie ein Unternehmen mit den mittel- bis langfristigen Herausforderungen plant umzugehen. Bei vielen Unternehmen werden auf Hypothesen beruhende Szenarien entwickelt, die zur Bewältigung der Herausforderungen zur Alternative stehen. Im BSC Kontext besteht eine Strategie aus Objectives, die über eine Ursache-Wirkungskette miteinander verbunden sind und auch Verbindungen zu Objectives weiterer Strategien aufweisen können.
Strategie-Element (Objective)	Objectives sind die Elemente einer Strategie. Sie werden i.d.R. einer Perpektive zugeordnet und sind über eine Ursache-Wirkungskette miteinander verbunden. Den Objectives werden Kennzahlen und Initiativen zugeordnet.
Ursache-Wirkungskette	Objectives werden über Ursache-Wirkungsketten miteinander verknüpft, um den Einfluß der Objectives auf die Strategien zu verdeutlichen. Dies ist eine bewußt simplifizierende Sicht auf die Realität, mit dem Ziel, das Unternehmen auf die strategisch wichtigen Bereiche zu fokussieren und die Gesamtstrategie kommunizierbar zu machen.
Initiative	Eine Menge von Aktivitäten oder Programmen, die einem oder mehreren Objectives zugeordnet sind. Initiativen dienen der Strategie-Umsetzung und beschreiben, wie die Ressourcen des Unternehmens im Sinne der Strategie eingesetzt werden sollen. In vielen Fällen haben sie einen Sponsor, einen Verantwortlichen, ein Beginn- und erwartetes Endedatum, sowie zugeordnete Mitarbeiter und finanzielle Ressourcen.

Kennzahl	Kennzahlen sind den Objectives zugeordnet und messen den Erfolg der Strategie-Umsetzung. Jeder Kennzahl werden zeitabhängige Zielwerte zugeordnet, die sich beispielsweise aus den Jahresplanungen ableiten lassen.
Score	Darstellung des Status von Objectives, Kennzahlen und Initiativen als relative Nummer. Anhand dieser relativen Maßzahl lassen sich beispielsweise Objectives miteinander vergleichen.
Perspektive	Perspektiven stellen unterschiedliche Sichten auf die Strategie dar. Gebräuchlich sind die 4 Perpektiven *Finanzen / Kunden / Interne Prozesse / Lernen & Wachstum.* Die Anzahl der Perspektiven ist nicht starr festgelegt, und wird von einigen Branchen beispielsweise um eine Perspektive *Zulieferer* erweitert.
Kaskadierende Scorecards	Kaskadierende Scorecards beschreiben die hierarchische Beziehung zwischen Scorecards. Sie unterstützen vergleichende Sichten zwischen Scorecards und erlauben daher Analysen der Srategie-Umsetzung in den verschiedenen Ebenen der Organisation.
Beurteilungen und Kommentare	Verantwortliche von Objectives, Kennzahlen und Initiativen können in regelmäßigen Zeitabständen schriftliche Beurteilungen zum jeweiligen Status in der Scorecard hinterlegen. Die an der Strategie-Umsetzung beteiligten Personen können die Beurteilungen lesen und eigene Kommentare erfassen. Durch dieses Feedback erzielt man eine subjektive Interpretation des Erfolgs der Strategie-Umsetzung.

Literaturverzeichnis

[AA99] ARTHUR ANDERSEN, "STOXX 50 Shareholder Value und Investor Relations im Wettbewerb um institutionelles Kapital", 1999, S.8

[EY98] LOW, JONATHAN UND SIESFELD,TONY / ERNST &YOUNG, "Measures That Matter", *Strategy & Leadership*, March - April 1998, S24

[FORTUNE99] RAM CHARAN UND GEOFFREY COLVIN, "Why CEO's Fail", *Fortune*, 21.Juni 1999

[KAPLAN/NORTON92] KAPLAN, ROBERT UND NORTON, DAVID, "The Balanced Scorecard - Measures That Drive Performance", *Harvard Business Review*, Jan - Feb 1992, S.77

[KAPLAN/NORTON96] KAPLAN, ROBERT UND NORTON, DAVID, "Using the Balanced Scorecard as a Strategic Management System", *Harvard Business Review*, Jan - Feb 1996, S.85

[KAPLAN/NORTON96 HBS] KAPLAN, ROBERT UND NORTON, DAVID, "Translating Strategy Into Action - The Balanced Scorecard", *Harvard Business School Press*, Boston, Massachusetts, 1996

[KOTTER96] KOTTER, JOHN, "Leading Change", *Harvard Business School Press*, Boston, Massachusetts, 1996

[NORTON96] NORTON, DAVID, "Building A Management System to Implement Your Strategy", *Renaissance Solution*, 1996

[NORTON/SAP99] NORTON, DAVID UND SAP AG, "SAP Strategic Enterprise Management. Translating Strategy into Action: The Balanced Scorecard", *SAP Whitepaper*, 1999, S.12

[PORTER96] PORTER, MICHAEL, "What is Strategy", *Harvard Business Review*, Nov-Dec 1996, S.96

[RAPPAPORT86] RAPPAPORT, ALFRED, "Creating Shareholder Value", 1986, S.32

[SIMONS95] SIMONS, ROBERT, "Levers of Control: How Managers Use Innovative Control Systems to Drive Strategic Renewal", *Harvard Business School Press*, Boston, Massachusetts, 1995

[SAP99] SAP AG, "SAP Strategic Enterprise Management – The Functions – A closer Look", *SAP Whitepaper*, 1999

[TREACY/WIERSEMA95] TREACY, MICHAEL UND WIERSEMA, FRED, "The Discipline Of Market Leaders", *Addison-Wesley*, 1995

Heribert Josef Pabst
Geschäftsführender Gesellschafter
Arthur Andersen Managementberatung GmbH, Stuttgart

Value Based Management: Der durchgängige Ansatz zur Umsetzung von Strategien

Gliederung

1. Vorbemerkung

Innerhalb des Serviceportfolios der Arthur Andersen Managementberatung wird Value Based Management (VBM) von unseren Kunden immer häufiger thematisiert. Daher wurde das Value Based Management-Team geschaffen, dem Mitarbeiter mit langjähriger Projekterfahrung im Bereich des Value Based Managements (u.a. im DaimlerChrysler-Konzern, bei Tchibo und T-Mobil) angehören. Die nachfolgenden Ausführungen über unseren ganzheitlichen Ansatz einer wertorientierten Unternehmensführung dienen dazu, die Aufgabenfelder, Lösungsansätze sowie die konzeptionelle Methodik darzustellen. Auf die Herausforderungen, die im Rahmen einer Implementierung der wertorientierten Unternehmensführung in der Unternehmenspraxis zu bewerkstelligen sind, wird anhand eines Praxisbeispieles in der nächsten Ausgabe im Detail eingegangen.

2. Value Based Management bedeutet mehr als Shareholder Value

Internationale Portfoliomanager und Unternehmensanalysten messen der Ausrichtung der Unternehmensstrategie auf den Shareholder Value heute höchste Bedeutung bei. Die Auseinandersetzung mit Shareholder Value und Wertsteigerung war in der Unternehmenspraxis bisher allerdings vor allem durch eine Methodendiskussion über die richtigen finanziellen Steuerungsgrößen gekennzeichnet. Antworten auf die folgenden Defizite bei der wertorientierten Ausrichtung des Unternehmens konnten daher noch nicht gegeben werden:

- Kein einheitliches Zielsystem der einzelnen Unternehmensteile
- Fehlende finanzwirtschaftliche Abgrenzung und Beurteilung unternehmerischer Einheiten
- Mangelnde Transparenz und Verständnis von Ursache- und Wirkungsbeziehungen
- Fehlende Durchgängigkeit der strategischen Ziele und Initiativen sowie ihrer Operationalisierung
- Kein konsequentes Herunterbrechen der Spitzenkennzahl bis auf die unterste Ebene
- Fehlende Anreize für die Zielerreichung und fehlende Verbindlichkeit in Bezug auf die Verfolgung der strategischen Ziele

Hierzu liefert VBM die richtigen Antworten. Es ist der geeignete Rahmen, um die notwendige Wertorientierung unter dem Dach einer ganzheitlichen Strategie auf allen Unternehmensebenen zu etablieren, messbar zu machen und dauerhaft zu verankern.

3. Was Value Based Management im Unternehmen leistet

Eine neue strategische Ausrichtung und ein neues Managementkonzept führen zu tiefgreifenden strukturellen und organisatorischen Veränderungsprozessen, an deren Ende ein anderes, verbessertes Verhalten der einzelnen Mitarbeiter sowie der ganzen Organisation stehen soll. VBM führt dabei über die Operationalisierung strategischer Initiativen auf den einzelnen Unternehmensebenen und deren Verbindung mit den jeweiligen Einflussgrößen zur Verankerung der Wertorientierung auf allen Unternehmensebenen, wobei bestehende Managementkonzepte nicht ersetzt, sondern integriert, neu ausgerichtet und ergänzt werden. Im Vordergrund stehen die

- Schaffung eines durchgängigen Zielsystems
- Fokussierung auf die erfolgskritischen Größen des Unternehmens
- nachhaltige Erfüllung von Kundenanforderungen
- Sicherstellung einer wertsteigernden Ressourcen-Allokation im Unternehmen
- Steigerung der Strategieorientierung bei Führungskräften und Mitarbeitern
- Motivationsverbesserung und stärkeres Feedback an die Mitarbeiter.

4. Die verschiedenen Steuerungsebenen des Value Based Management

VBM erfüllt die Aufgabe, für die jeweiligen Unternehmensebenen beeinflussbare Leistungsindikatoren zu generieren, sie auf einige wesentliche Führungsgrößen zu verdichten und in die Verantwortung des Managements zu stellen. Wie Abbildung 1 veranschaulicht, werden hierbei drei Steuerungsebenen unterschieden: die Portfolio-, die Geschäfts- und die Prozesssteuerung.

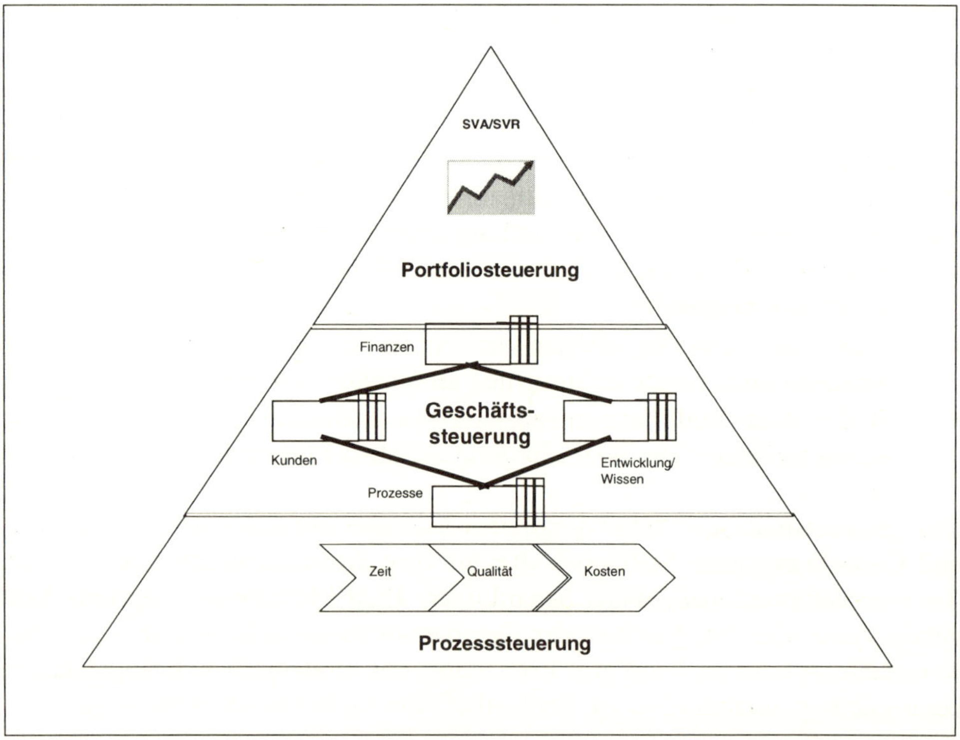

Abbildung 1: Das innere Dreieck des VBM: Die drei Steuerungsebenen

Sie alle betreffen unterschiedliche Dimensionen im Rahmen des VBM-Konzepts, spielen aber bei seiner Realisierung harmonisch miteinander. Dabei stehen im Rahmen der ***Portfoliosteuerung*** zwei Fragen im Vordergrund:

- Welchen Beitrag leisten einzelne Geschäftsbereiche zur Steigerung des Unternehmenswertes?

- Können die einzelnen Geschäftsbereiche die gesetzten Ziele in Bezug auf die Steigerung des Unternehmenswertes langfristig erfüllen?

Die Portfoliosteuerung ermöglicht es, mittels gezielter Marktvergleiche, dem Abgleich der aktuellen Ressourcen-Allokation und der damit erzielten Wertschaffung sowie des Vergleichs zwischen unternehmensinternen Planungen und externen Kapitalmarkterwartungen Aussagen zu Profitabilitätsansprüchen zu treffen. Neben der Identifikation der profitablen Geschäftsbereiche gilt es, strategische Lücken aufzudecken, Handlungsalternativen zur Schließung dieser aufzuzeigen und zu bewerten.

Die ***Geschäftssteuerung*** ermöglicht durch die Abbildung von Ursache- und Wirkungsbeziehungen die Operationalisierung der Wertorientierung auf der nächsten Steuerungsebene. Dabei sind die entscheidenden Fragen:

- Hat die Führungsmannschaft ein einheitliches von allen getragenes Geschäftsverständnis?
- Sind die Steuerungsebenen im Sinne einer Verbindung zwischen Strategie und operativer Steuerung miteinander verzahnt?
- Bilden finanzielle und nichtfinanzielle Steuerungsgrößen die wesentlichen Stellhebel der Wertschaffung auf allen Ebenen ab?

Das geschäftsfeldspezifische Werttreiber-Management dient der Identifikation und Gewichtung aller Stellhebel, die auf den einzelnen Organisationsebenen den Geschäftswert maßgeblich beeinflussen. Dass hierzu eine integrierte Vorgehensweise, die den Einfluss der Geschäftsprozesse auf ein wertorientiertes Kennzahlensystem und auf die Erreichung der strategischen Erfolgsfaktoren berücksichtigt, unabdingbar ist, verdeutlicht die nachfolgende Abbildung.

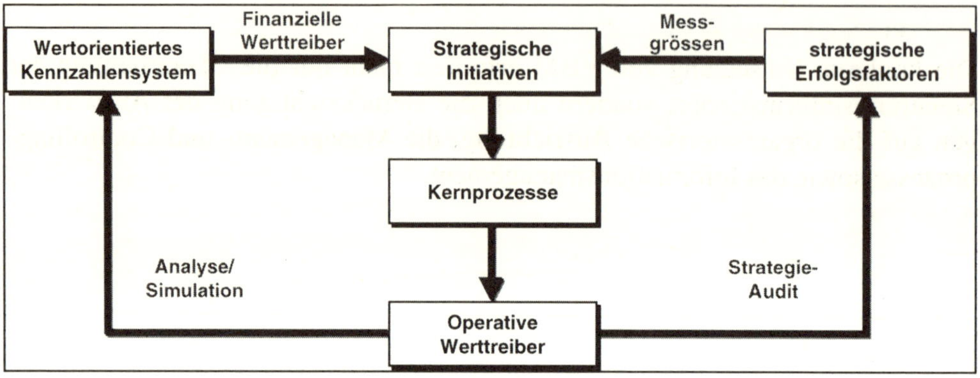

Abbildung 2: Integrierte Vorgehensweise zur Geschäftssteuerung

Mithilfe der wertorientierten Geschäftssteuerung soll erreicht werden, dass Ursache- und Wirkungszusammenhänge transparent und die wesentlichen Ziele in den Blickpunkt genommen werden und dass die operative Steuerung horizontal und vertikal durchgängig ist.

Die eigentliche Wertschöpfung eines Unternehmens erfolgt allerdings erst durch eine effiziente und strategiekonforme Ausgestaltung der Prozesse mithilfe der ***Prozesssteuerung***. Hierfür müssen zunächst folgende Fragen beantwortet werden:

- Wird die Wertsteigerung durch effiziente, strategiekonform ausgestaltete Prozesse unterstützt?

- Sind die Leistungsindikatoren zur Optimierung der Prozesse bekannt?

Analog zur Geschäftssteuerung werden hier Leistungsindikatoren für die einzelnen Kern- und Teilprozesse sowie für die Aktivitäten definiert. Die Geschäftssteuerung zielt folglich auf die Analyse, Strukturierung und Priorisierung der Prozesse, der aufgabengerechten Steuerung der Aktivitäten und der Ermittlung von Kennzahlen, die als Indikatoren für Zielabweichungen dienen.

5. Die Rahmenbedingungen des Value Based Management

Die konkrete Umsetzung von VBM erfordert nicht nur die Überarbeitung der Steuerungsinformationen, sondern auch die Berücksichtigung der Auswirkungen auf die organisatorische Ausrichtung, die Management- und Controllingprozesse sowie das Informationsmanagement.

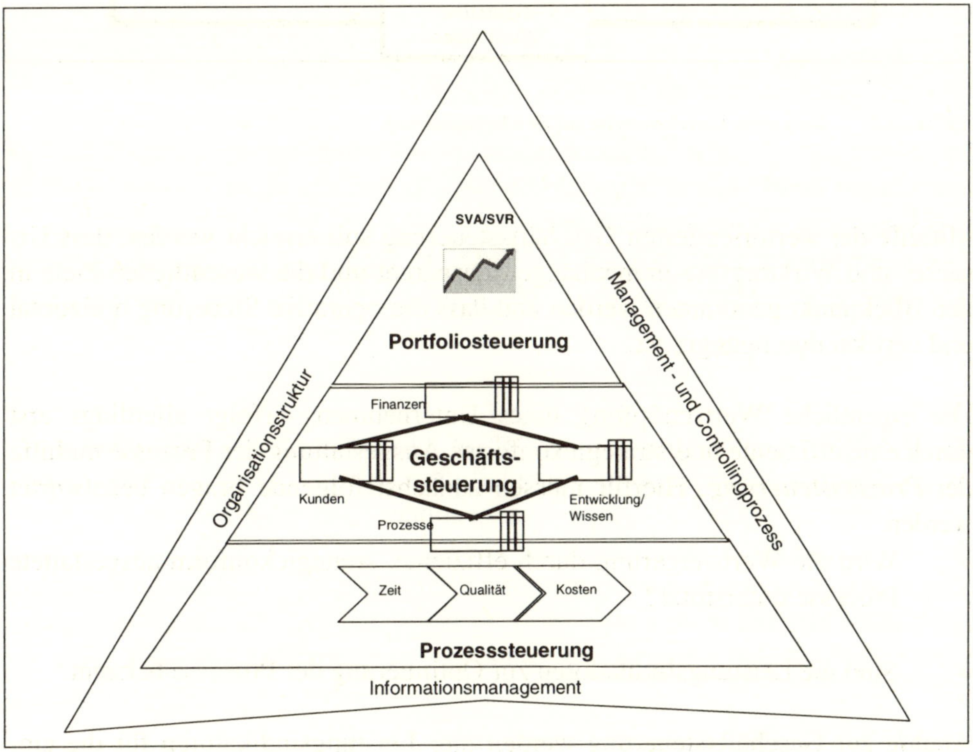

Abbildung 3: Das äußere Dreieck von VBM: Die Rahmenbedingungen

Erst die Neuausrichtung dieser Rahmenvorgaben führt zu einer nachhaltigen und durchgängigen Verankerung von VBM im gesamten Unternehmen. Bei der Gestaltung der ***organisatorischen Ausrichtung*** ist Folgendes zu beachten:

- Ist die eigenständige Führung einzelner strategischer Geschäftsbereiche möglich?

- Lassen sich Ergebnisbeiträge der strategischen Geschäftsbereiche eindeutig ermitteln?
- Können Geschäfte mit stark differierenden Renditeerwartungen oder Risikostrukturen sinnvoll (weiterhin) unter einem Dach geführt werden?
- Existiert, dem Holdingverständnis entsprechend, eine klare Aufgabenabgrenzung zwischen zentralen und dezentralen Aufgaben?

Im Hinblick auf die gewählte Strategie und die identifizierten strategischen Erfolgsfaktoren müssen daher organisatorische Strukturen geschaffen werden, in die die oben aufgeführten Fragestellungen in adäquater Form Eingang finden können.

Den ***Management- und Controllingprozessen*** kommt bei der wertorientierten Ausrichtung des Unternehmens entscheidende Bedeutung zu, wobei folgende zwei Fragen im Vordergrund stehen:

- Sind für die Steuerungsgrößen konkrete Ziele und für deren Erreichung Maßnahmenpläne festgelegt, die kontinuierlich überprüft und berichtet werden?
- Wird die Zielerreichung belohnt?

Die Management- und Controllingprozesse müssen folglich sicherstellen, dass die gewonnenen Steuerungsgrößen und –informationen einerseits an die Steuerungsgrößen des Top-Managements angebunden sind und andererseits jeden Mitarbeiter erreichen, damit diese zu Unternehmern im Unternehmen werden können. Ausserdem müssen die identifizierten Messgrößen auf eine überschaubare Anzahl beschränkt und allen Anspruchsgruppen des Unternehmens gerecht werden sowie den notwendigen Handlungsbedarf rechtzeitig aufzeigen.

Auch im Rahmen der Neugestaltung des ***Informationsmanagements*** sind zentrale Fragestellungen zu beachten:

- Erhalten die Verantwortlichen die benötigten Steuerungsinformationen zeitnah, in der angeforderten Qualität und zu vertretbaren Kosten?
- Unterstützt das Management-Informationssystem den Conrollingkreislauf?
- Sind die eingesetzten Systeme hinreichend flexibel und stellen die Integration von Daten und Prozessen sicher?

Einem auf die Wertorientierung ausgerichteten Informationsmanagement muss es gelingen, Lösungen für diese Fragen aufzuzeigen, damit die operative Steuerung nicht nachhaltig gestört wird. Daher muss im Rahmen des Informationsmanagements neben der systemtechnischen Unterstützung des Führungsprozesses durch geeignete Architekturen, Vorgehensmodelle und Applikationen vor allem Wert auf eine langfristige, vorausschauende Sichtweise in Bezug auf die Schaffung und Erhaltung der notwendigen Flexibilität und der Integration von unternehmensexternen und -internen Daten und Prozessen gelegt werden.

Wie die Ausführungen deutlich gemacht haben, stellt VBM ein umfassendes Managementkonzept dar, das einen konsequenten Ansatz zur Operationalisierung strategischer Ziele bietet und so eine strukturierte Vorgehensweise zur Umsetzung wertsteigernder Strategien ermöglicht.

Axel Weber
Senior Manager Value Based Management
DaimlerChrysler AG, Stuttgart

Wertorientierte Unternehmensführung – Der Werttreiber-Ansatz von DaimlerChrysler*

Gliederung

* Dieser Beitrag wurde bereits in der Zeitschrift Eco, Ausgabe 6/99 veröffentlicht.

1. Vorbemerkung

Die Ausrichtung des Unternehmens am Ziel der nachhaltigen und kontinuierlichen Steigerung des Unternehmenswertes ist in den letzten Jahren weltweit immer stärker in den Vordergrund gerückt. Während sich vor allem im US-amerikanischen Raum bereits seit den 80er Jahren eine wachsende Zahl von Unternehmen an den Zielen und Prinzipien einer wertorientierten Unternehmensführung ausrichtet, läßt sich seit Beginn der 90er Jahre auch im deutschen Sprachraum und ebenso in fast allen anderen entwickelten Industrieländern eine wachsende Bedeutung beobachten. Das Konzept der wertorientierten Unternehmensführung ist gegenwärtig der wohl am häufigsten diskutierte Managementansatz in Theorie und Praxis.

Bei DaimlerChrysler wurde der Prozeß der Umsetzung einer konsequenten wertorientierten Führung schon früh initiiert. Die beiden eigenständigen Unternehmen DaimlerBenz und Chrysler haben unabhängig voneinander jeweils ähnliche Schritte zur Umsetzung eines durchgängigen Gesamtansatzes vollzogen. Die jeweilige konsequente Orientierung am Unternehmenswert wird nach dem Merger selbstverständlich weiterverfolgt. Zur Weiterentwicklung des wertorientierten Führungsansatzes konzentriert man sich aktuell auf die umfassende Implementierung respektive Weiterentwicklung von Werttreiberprozessen in den dezentralen Einheiten (Geschäftsbereiche, Werke, Niederlassungen, Gesellschaften) und in den zentralisierten Funktionen sowie auf die Weiterentwicklung der Vergütungs- bzw. Incentivierungsinstrumente.

2. Wertorientierte Unternehmensführung bei DaimlerChrysler

Den Unternehmenswert nachhaltig und dauerhaft zu steigern ist das oberste Ziel von DaimlerChrysler. Im Mittelpunkt der Unternehmensgestaltung steht mithin die Absicherung und der Ausbau der Ertragskraft des Konzerns durch die stete Steigerung der Profitabilität in allen Geschäftsbereichen sowie ein insgesamt profitables Wachstum. 'Wertorientierung' ist im DaimlerChrysler-Verständnis ein langfristig ausgerichteter Ansatz, der den Ansprüchen der Kunden, der Mitarbeitern und der Aktionären und damit auch der gesellschaftlichen Verantwortung gleichermaßen Rechnung trägt. Nur ein langfristig ertragsstarkes Unternehmen kann mit hervorragenden, innovativen Produkten und Dienstleistungen den Ansprüchen seiner Kunden gerecht werden, kann Arbeitsplätze sichern und ausbauen sowie interessante berufliche Entwicklungsmöglichkeiten bieten. Umgekehrt sind zufriedene Kunden sowie motivierte und engagierte Mitarbeiter Grundvoraussetzung für überlegene Profitabilität und nachhaltig profitables Wachstum.

Bei der Umsetzung des wertorientierten Führungsansatzes im DaimlerChrysler-Konzern war man sich von Beginn an bewußt, daß der Implementierungsprozeß eine Reihe spezieller Kenntnisse voraussetzt – insbesondere auf den Gebieten Controlling, Finanzen, Bilanzen und Strategie –, daß eine Veränderung des Führungsdenkens und -handelns erforderlich war und daß sowohl Umstellungskosten als auch Umstellungszeiten akzeptiert werden mußten. Der gesamte Umsetzungsprozeß wurde (und wird) begleitet von einem enormen Lernprozeß und nicht zuletzt von der Einsicht, daß nur ein durchgängiger Ansatz Erfolg bringen kann.

Der Implementierungsprozeß der wertorientierten Unternehmensführung muß insbesondere auch durch geeignete interne Kommunikationsmaßnahmen unterstützt werden. Vorteilhaft ist es dabei natürlich, erfolgte Umsetzungsschritte und deren Nutzen transparent zu machen und zu diskutieren, statt generell zu bekunden, daß wertorientiert geführt werde. Die jeweiligen Botschaften müssen in jedem Fall zielgruppenspezifisch ausgestaltet, die gesamte Kommunikationsstrategie überzeugend entworfen und umgesetzt werden.

Dem Steuerungssystem von DaimlerChrysler kommt im Rahmen der wertorientierten Ausrichtung der Geschäftstätigkeiten eine zentrale Bedeutung zu. Es ist selbstverständlich konsequent an den Prinzipien einer wertorientierten Unternehmensführung ausgerichtet. Die Tatsache, daß diese Philosophie bereits vor dem Merger sowohl in Auburn Hills als auch in Stuttgart gelebt wurde - auch wenn die Steuerungsgrößen, insbesondere aufgrund unterschiedlicher Rahmenbedingungen (z.B. Kapitalmärkte) nicht identisch waren - und daß beide ehemaligen Unternehmen mit US-GAAP die gleichen Rechnungslegungsprinzipien angewendet haben, hat die Entwicklung eines gemeinsamen Instrumentariums erheblich erleichtert. Im neuen Steuerungssystem wurden die besten Elemente der jeweiligen Vorgängersysteme kombiniert und mithin Effektivität und Effizienz nochmals gesteigert. In diesem Sinne kann auch hier von der Realisierung von Synergieeffekten gesprochen werden.

Wertorientierte Führung umfasst allerdings mehr, als die Anwendung geeigneter Steuerungsgrößen. *Abbildung 1* verdeutlicht die konstituierenden Bausteine des DaimlerChrysler-Ansatzes:

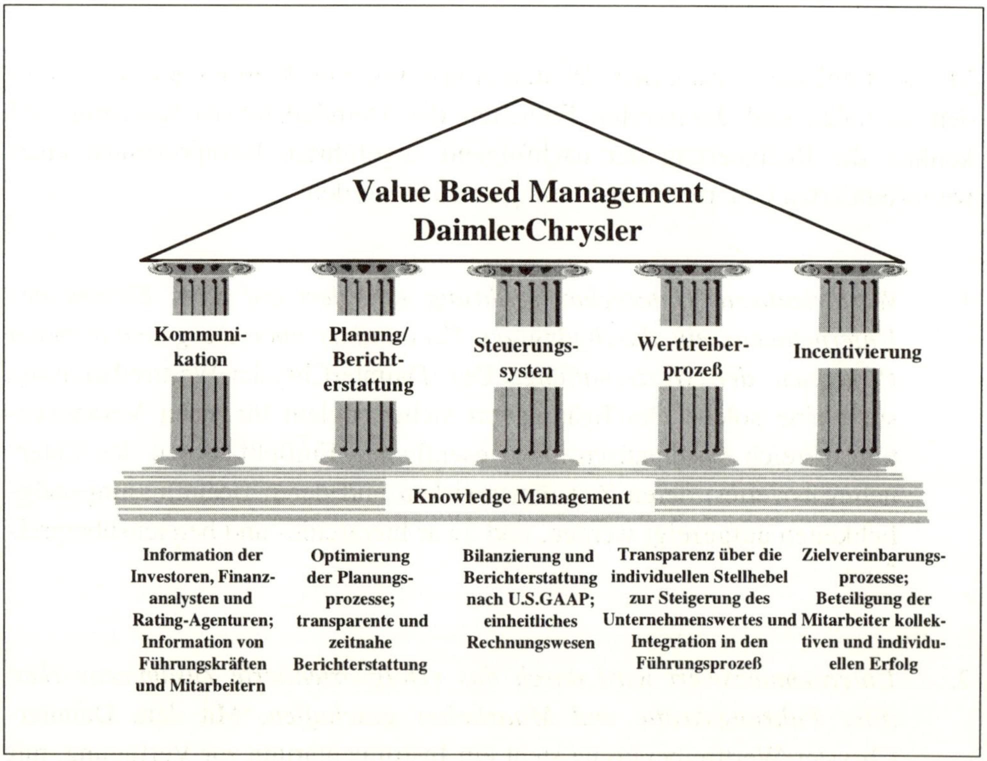

Abbildung 1: Konstituierende Bausteine der wertorientierten Unternehmensführung bei DaimlerChrysler

Eine durchgängige wertorientierte Unternehmensführung macht es in jedem Fall erforderlich, eine Brücke zwischen den Konzernsteuerungsgrößen und den Steuerungsgrößen nachgelagerter Ebenen zu schlagen. Im DaimlerChrysler-Konzern wurde erkannt, daß dies nur durch die Identifikation der jeweiligen individuellen 'Stellhebel zur Steigerung des Unternehmenswertes' (Werttreiber) und deren Einbindung in den Führungsprozeß erreicht werden kann.

3. Implementierung von Werttreiberprozessen

Mit der Implementierung bzw. Weiterentwicklung von Werttreiberprozessen in den zentralen und dezentralen Einheiten des DaimlerChrysler-Konzerns soll konkret die Realisierung der nachfolgend angeführten Kernprinzipien einer wertorientierten Unternehmensführung erreicht werden:

1. *Wertorientierte Unternehmensführung erfordert auf allen Ebenen des Unternehmens ein durchgängiges Verständnis über die grundlegenden Prinzipien der Wertschaffung:* Der DaimlerChrysler-Werttreiberansatz stellt eine solche Durchgängigkeit sicher, indem für jeden Verantwortungsbereich systematisch alle wesentlichen Einflußfaktoren des Unternehmenswertes, deren Zusammenwirken und deren Beeinflussungsmöglichkeiten aufgezeigt werden, und zwar hierarchie- und bereichsübergreifend.

2. *Unternehmenswert wird durch das erfolgsorientierte Zusammenwirken aller Führungskräfte und Mitarbeiter geschaffen*: Mit dem DaimlerChrysler-Werttreiberansatz steht ein Instrumentarium zur Verfügung, mit dem die individuellen Wertbeiträge einer jeden Führungskraft und eines jeden Mitarbeiters nachvollzogen und schließlich zielgerichtet beeinflußt werden können. Gleichzeitig werden so unternehmensweit Lernprozesse unterstützt und unternehmerisches Denken und Handeln gefördert.

3. *Wertorientierung versteht sich als ständiges Bemühen um die Optimierung des Ressourceneinsatzes*: Der DaimlerChrysler-Werttreiberansatz fördert insbesondere auch Erfolgsorientierung und kontinuierliche Verbesserung durch die permanente Auseinandersetzung mit den Erfolgsfaktoren von Geschäften, Prozessen und Funktionen.

Der DaimlerChrysler-Werttreiberansatz dient mithin insbesondere auch der Operationalisierung der wertorientierten Unternehmensführung im Sinne eines generellen und ganzheitlichen Führungsprinzips auf allen Unternehmensebenen und in allen Geschäftsprozessen. *Abbildung 2* verdeutlicht die Einordnung der Werttreiber in das Gesamtsystem der wertorientierten Steuerungsgrößen.

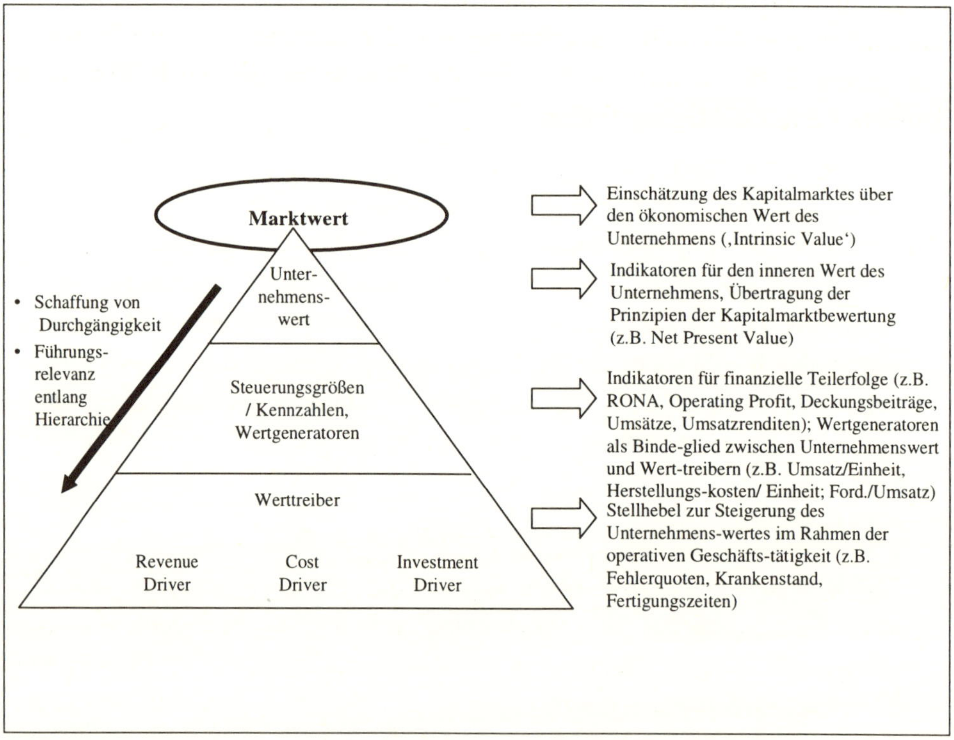

Abbildung 2: Kennzahlenhierachie wertorientierter Steuerungsgrößen

Die Ermittlung der individuellen Werttreiber von Führungskräften und Mitarbeitern erfolgt im Rahmen eines konzerneigenen Ansatzes, der sowohl eine operative als auch eine strategische Steuerungsdimension der Geschäfte berücksichtigt (*Abbildung 3*). Dabei werden im Modell zur Identifikation von Werttreibern die operative Sicht primär über relevante Kennzahlen bzw. Wertgeneratoren und die strategische Sicht primär über die Mission, die strategischen Ziele und strategischen Initiativen (Projekte/Programme) sowie die Kritischen Erfolgsfaktoren der betrachteten Einheit abgebildet. Im Mittelpunkt des Modells stehen die Geschäftsprozesse, aus denen die jeweiligen individuellen Stellhebel der Prozeßbeteiligten (Werttreiber) über die Darstellung und Verdeutlichung von Ursache/Wirkungs-Beziehungen abgeleitet werden.

Der gesamte Prozeß der Identifikation der relevanten Werttreiber einer Führungseinheit gestaltet sich – unabhängig von der spezifischen Vorgehensweise – in jedem Falle iterativ, wobei sowohl Top-down- als auch Bottom-up-Elemente Berücksichtigung finden.

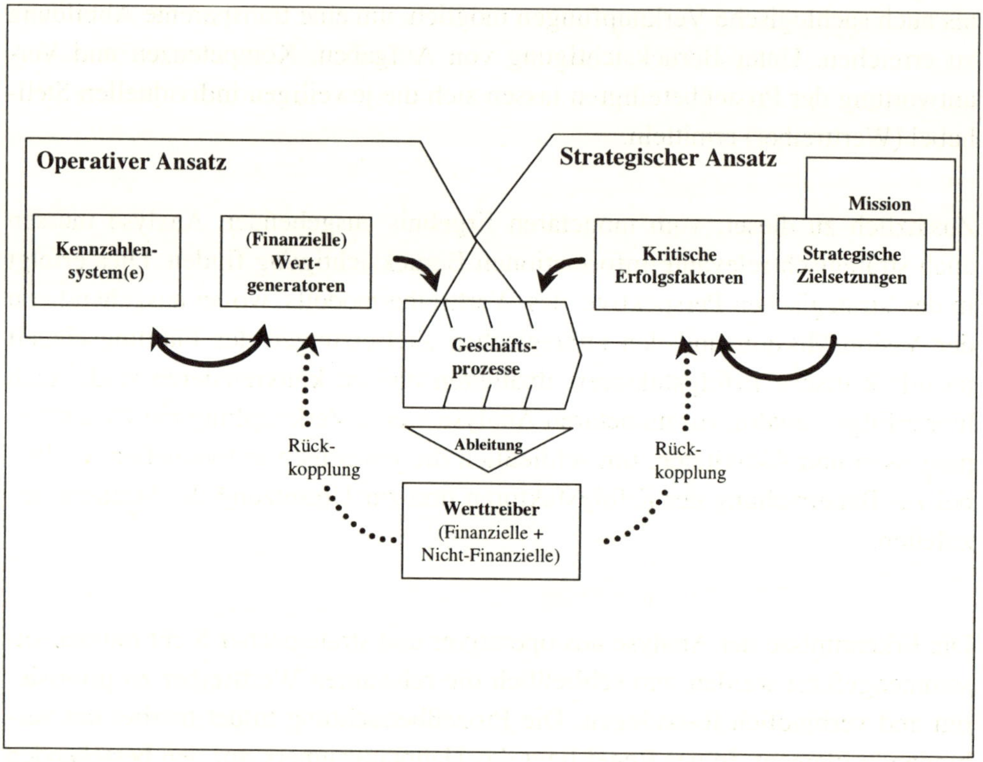

Abbildung 3: DaimlerChrysler-Modell zur Identifikation von Werttreibern

Im operativen Ansatz werden die Wirkungsbeziehungen zwischen den (individuellen) Werttreibern und den Größen Umsätze, Aufwendungen und Investitionen abgebildet. Ausgehend von den Spitzenkennzahlen einer Führungseinheit (z.B. Cash Flow) kann durch das 'Herunterbrechen' derselben – zunächst in Teilkomponenten der relevanten Top-Größe (monetär und nicht-monetär) und sodann in die jeweiligen Einflußgrößen (im wesentlichen nicht-monetär) – ein verzweigtes Beziehungsgeflecht abbildet werden, das Aufschluß über die wesentlichen Komponenten des monetären Erfolges und die hierauf einwirkenden Größen gibt. Ziel ist es, aufzuzeigen, inwieweit Geschäftsprozesse und einzelne Aktivitäten auf das monetäre Ergebnis wirken und zum anderen, welche beeinflußbaren und welche nicht bzw. nur wenig beeinflußbaren Größen innerhalb der Prozesse das monetäre Ergebnis erklären. Hierbei sind sowohl rechnerische als auch sachlogische Verknüpfungen möglich, um eine transparente Abbildung zu erreichen. Unter Berücksichtigung von Aufgaben, Kompetenzen und Verantwortung der Prozeßbeteiligten lassen sich die jeweiligen individuellen Stellhebel (Werttreiber) ermitteln.

Zusätzlich zu dieser, vom monetären Ergebnis ausgehenden Analyse müssen auch strategisch relevante Informationen Berücksichtigung finden. Dies erfolgt in der 'strategischen Perspektive' des Werttreibermodells, wobei ausgehend von der Vision/Mission und den strategischen Zielsetzungen der Führungseinheit jeweils kritische Erfolgsfaktoren abzuleiten und zu konkretisieren sind. Auch hier erfolgt – analog zur monetären Analyse – eine Verknüpfung mit Geschäftsprozessen und Aktivitäten, um schließlich die jeweiligen individuellen Stellhebel zur Beherrschung der Erfolgsfaktoren und zur Umsetzung der Strategie abzuleiten.

Die Erkenntnisse der Analyse aus operativer und strategischer Sicht müssen zusammengeführt werden, um schließlich die relevanten Werttreiber zu priorisieren und verbindlich festzulegen. Die Prozeßbetrachtung bildet hierbei das verbindende Element. In der Regel liegt das Hauptaugenmerk auf den bestehenden Prozessen. Im Rahmen dieser Analyse kann aber auch festgestellt werden, daß eine (Prozeß-)Restrukturierung erforderlich ist, um die strategischen Zielsetzungen zu erfüllen.

Für eine konsequente Ausrichtung aller Entscheidungen und Handlungen auf die kontinuierliche Steigerung des Unternehmenswertes reicht alleine die Kenntnis über das Geschäftssystem bzw. die relevanten Werttreiber nicht aus. Es ist vielmehr notwendig, die identifizierten und priorisierten Werttreiber verbindlich in den Führungsprozeß zu integrieren. Letztlich kann nur so erreicht werden, daß Wertsteigerung ein gelebtes Ziel wird. Die Integration der Werttreiber in den Führungsprozeß umfaßt die Zielplanung, die Maßnahmenplanung und –umsetzung sowie die Berichterstattung und die Kopplung von individuellen Werttreiberzielen an die Incentivierung.

In Abhängigkeit von der hierarchischen Ebene variieren die individuellen Werttreiberziele insbesondere hinsichtlich Detaillierungsgrad (global vs. detail), Reichweite (Gesamtunternehmen vs. Teilprozesse/-aktivitäten) und Aktionsspielraum (frei vs. gebunden).

Hierbei wird insbesondere auch auf konzerninterne und -externe Benchmarks zur Zielfestlegung zurückgegriffen. Die Maßnahmenplanung schließt die Identifikation von Maßnahmen zur Erreichung der Werttreiberziele, deren Abstimmung und Priorisierung mit ein. Begleitet wird die Maßnahmenumsetzung durch ein Berichtswesen, das eine Überwachung der Steuerungseingriffe im Rahmen von Ist-/Soll-Abweichungen zuläßt. Bei der Anbindung der individuellen Werttreiberzielwerte an die Incentivierung, müssen v.a. auch langfristige Anreize im Sinne einer periodenübergreifenden Orientierung gesetzt werden.

Abbildung 4 zeigt das Werttreiberprozeß-Modell des DaimlerChrysler-Konzerns, bestehend aus den beiden Komponenten 'Identifikation von Werttreibern' und 'Steuerung mit Werttreibern'.

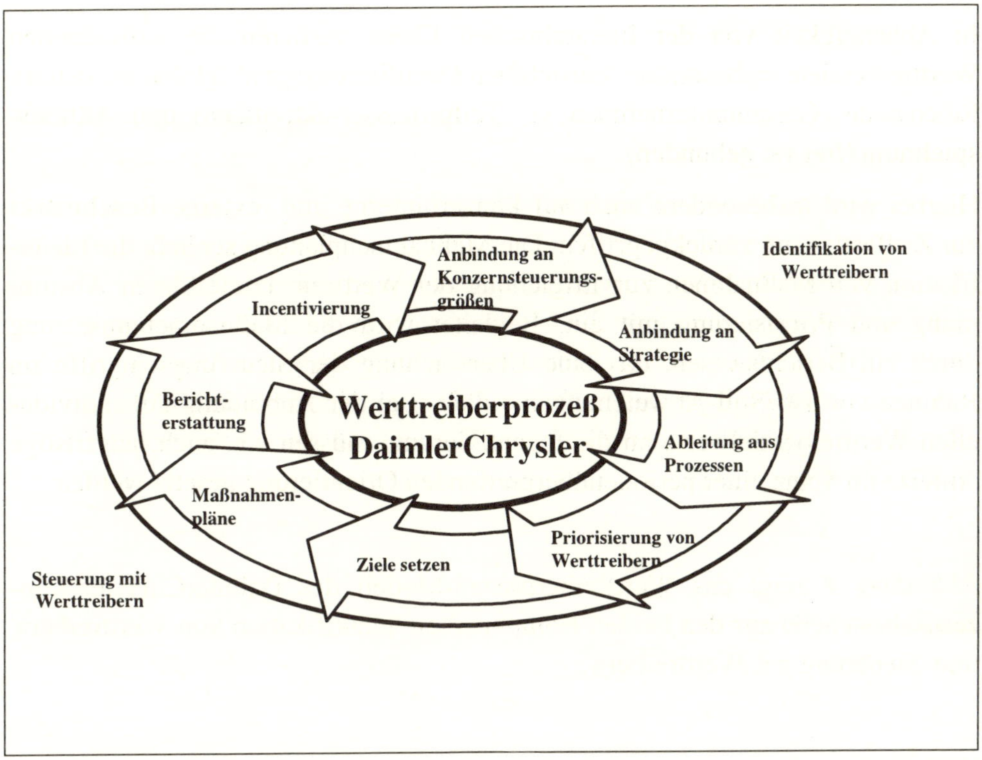

Abbildung 4: Werttreiberprozeß-Modell des DaimlerChrysler-Konzerns

Zum jetzigen Zeitpunkt sind noch nicht alle Elemente des Werttreiberprozesses im DaimlerChrysler-Konzern flächendeckend und vollständig umgesetzt. Die jeweiligen Entwicklungsstände in den dezentralen Einheiten reichen von soliden Grundlagen bis hin zu Best-Practice-Beispielen für einzelne Prozeßschritte oder auch für den gesamten Werttreiberprozeß. Die Implementierung durchgängiger Werttreiberprozesse auf allen Ebenen des Konzerns bildet den derzeitigen Schwerpunkt bei der Weiterentwicklung des wertorientierten Führungsansatzes von DaimlerChrysler. Ziel ist dabei, auf allen Ebenen des Konzerns durchgängige Werttreiberprozesse zu implementieren.

4. Zusammenfassung

Wertorientierung bedeutet langfristigen Unternehmenserfolg anzustreben und dadurch Qualität, Perspektive und Sicherheit für Kunden, Mitarbeiter, Aktionäre und Gesellschaft zu geben. Dabei kann letztlich nur ein durchgängiger Ansatz – der das gesamte Unternehmen erfaßt – nachhaltig und dauerhaft diesen Erfolg sicherstellen. Wertorientiertes Denken und Handeln ist geschäfts-, bereichs-, funktions- und hierarchieübergreifend von jeder Führungskraft und von jedem Mitarbeiter umsetzbar. Jeder einzelne muß nach den Ressourcen fragen, die er kostet und bindet, und nach den Beiträgen, die er erwirtschaftet. Dies v.a. aus dem Verständnis und dem Streben heraus, daß die erbrachten Leistungen höherwertig sein müssen, als die eingesetzten Ressourcen ('Added Value').

Literaturverzeichnis

BRAMMER, R. (1997): Aktueller Stand der Überlegungen zum Verständnis und zur Implementierung von wertorientierter Führung bei Daimler-Benz (unveröffentlichtes Manuskript).

DONLON, J. D., WEBER, A. (1999): Wertorientierte Unternehmensführung im DaimlerChrysler-Konzern, in: Controlling, 11. Jg., Heft 8/9, S. 381-388.

GENTZ, M. (1998): Wertsteigerung setzt erhöhte Transparenz voraus, in: Börsenzeitung vom 21.02.1998.

KAUFMANN, H. (1997): Die Neuausrichtung des Controlling bei der Daimler-Benz AG, in: Horváth , P. (Hrsg., 1997): Das neue Steuerungssystem des Controllers, Stuttgart 1997, S. 35-42.

NICKLAS, M. (1998): Unternehmungswertorientiertes Controlling im internationalen Industriekonzern, Gießen 1998.

NICKLAS, M. HAHN, D.(1999): PuK auf Basis eines einheitlichen periodischen Rechnungswesens und nach US-GAAP, in: Giesel, F., Glaum, M., (Hrsg. 1999): Globalisierung – Herausforderungen an die Unternehmensführung des 21. Jahrhunderts, S. 191-223.

WEBER, A. (1997): Weiterentwicklung der wertorientierten Führung im DaimlerBenz-Konzern - Werttreiberkonzept - (unveröffentlichtes Manuskript).

WIEDMANN, D., NICKLAS, M., CURRLE, M. (I.V.): Identifikation und Evaluation wertrelevanter Geschäftsprozesse, erscheint in: Controlling, Jg. 12.

Dr. Klaus Trützschler
Mitglied des Vorstands
Ruhrkohle AG, Essen

Wertorientierte Unternehmensführung im RAG-Konzern

Gliederung

1. Einleitung

Der RAG-Konzern hat im Laufe des Jahres 1999 konzernweit die wertorientierte Unternehmenssteuerung nach dynamischen Kennzahlen eingeführt. In den folgenden Ausführungen wird zunächst ein kurzer Überblick über den Konzern und seine Aktivitäten gegeben, im Anschluß daran wird der Prozeß der Erarbeitung und Einführung der neuen Steuerungsgrößen geschildert.

2. Der RAG-Konzern

2.1 Die Aktionäre der RAG Aktiengesellschaft

In der Öffentlichkeit herrscht gelegentlich fälschlicherweise die Meinung, bei der RAG handele es sich um ein Unternehmen der öffentlichen Hand. Dies ist nicht so und war auch nie so.

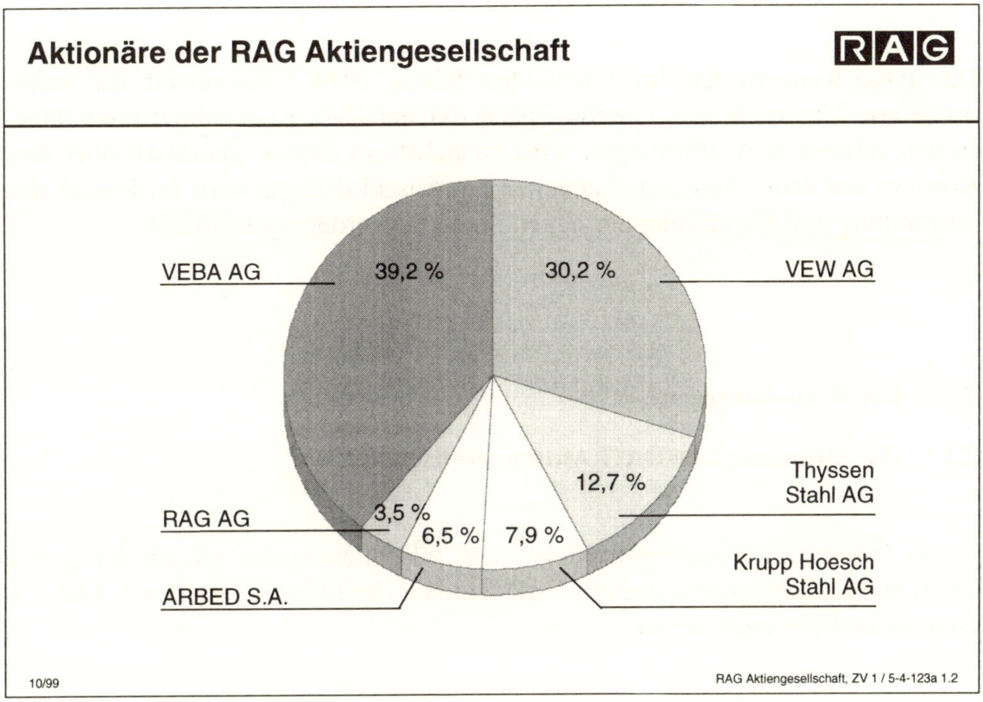

Abbildung 1: Aktionäre der RAG Aktiengesellschaft

Hauptaktionär der RAG Aktiengesellschaft ist die VEBA AG mit knapp 40 % der Anteile. Ein knappes Drittel der Aktien liegt in der Hand der VEW AG. Die drei weiteren Aktionäre sind Thyssen Stahl AG, die Krupp Hoesch Stahl AG sowie die französische Arbed S.A.

2.2 Die RAG-Konzernstruktur

Die RAG wurde Ende 1968 als rein nationales Steinkohleunternehmen unter dem Namen Ruhrkohle AG gegründet. Heute – gut 30 Jahre später – stellt sich die RAG als ein internationaler Konzern auf 6 Säulen mit den Schwerpunkten Bergbau und Energie dar. Im laufenden Jahr wird der Konzern mit insgesamt 103.000 Mitarbeitern einen Umsatz von 26 Mrd. DM erwirtschaften.

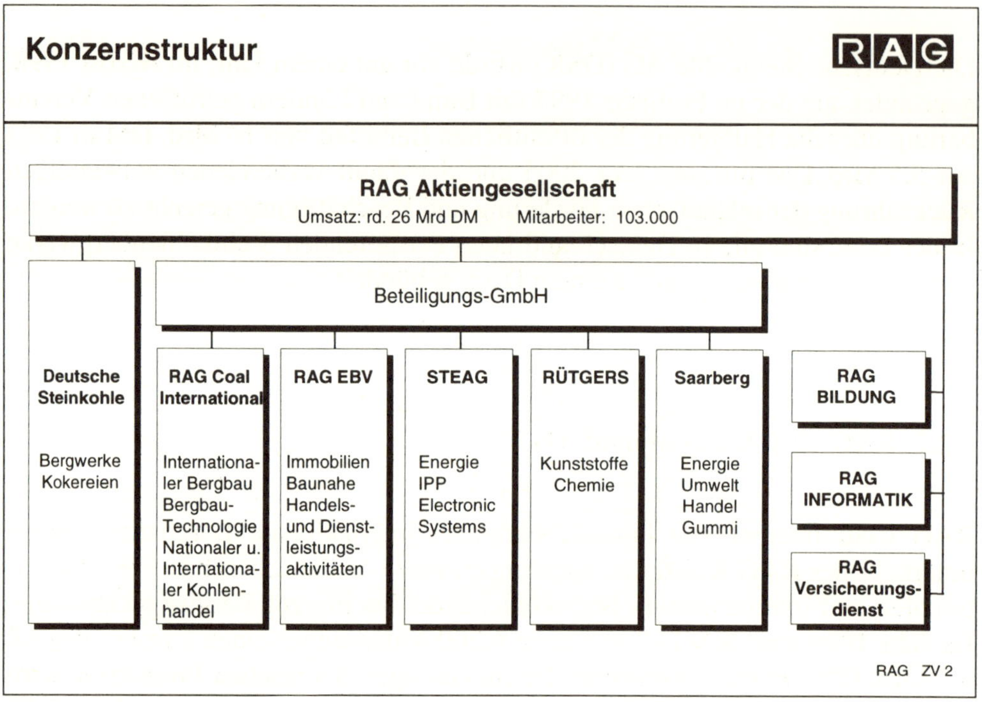

Abbildung 2: RAG-Konzernstruktur

Auch heute ist die Kohle noch ein wesentlicher Bestandteil des Geschäfts. Jedoch ist der Anteil des deutschen Steinkohlenabsatzes, d.h. des subventionierten Bereiches, bezogen auf den Konzernumsatz von ehemals fast 100 % auf heute gut 40 % gesunken. Da die Steinkohle auch in Zukunft ein wichtiger und unverzichtbarer Energieträger bleibt und die weltweite Nachfrage nach Steinkohle sogar noch steigen wird, laufen bereits seit einigen Jahren erhebliche Bemühungen, den Zugriff auf ausländische Kohlevorräte über eigene ausländische Produktionsstätten zu sichern. Heute unterhält die RAG eigene Bergwerke in den USA, Australien und Venezuela. Durch den Erwerb einer amerikanischen Steinkohlegesellschaft – der Cyprus Amax Coal Corporation – im Laufe des Jahres 1999 hat die RAG den zweiten Platz in der Liste der weltweit größten Steinkohleproduzenten erlangt.

2.2.1 Deutsche Steinkohle AG

Die Deutsche Steinkohle AG (DSK) wurde vor gut einem Jahr, im Herbst 1998, gegründet, um der im Frühjahr 1997 mit Bund und Ländern getroffenen Vereinbarung über die Halbierung der öffentlichen Beihilfen von 10 Mrd. DM in 1997 auf 5,5 Mrd. DM bis zum Jahr 2005 und der damit verbundenen notwendigen Rückführung der inländischen Förderung und Beschäftigung gerecht zu werden. In der DSK sind alle in Deutschland noch existierenden Steinkohlenbergwerke und Bergbau-Kokereien unter einem Dach gebündelt.

2.2.2 RAG Coal International AG

RAG Coal International bündelt sämtliche internationale Bergbauaktivitäten innerhalb des RAG-Konzerns, angefangen beim Auslandsbergbau über den nationalen und internationalen Steinkohlehandel bis hin zur Bergbautechnologie. Im Jahr 1999 wird RAG CI mit etwa 6.200 Mitarbeitern einen Umsatz von rd. 6,2 Mrd. DM erzielen. Aufgrund der rückläufigen heimischen Produktion wird der Ausbau der internationalen Steinkohleaktivitäten deutlich forciert. RAG CI tritt am Markt sowohl als weltweiter Steinkohleproduzent über diverse ausländische Beteiligungen auf als auch als zuverlässiger Kohlehändler, der die Kunden mit den gewünschten Mengen und Qualitäten just in time aus deutschen oder internationalen Quellen zu Weltmarktpreisen beliefert. RAG CI ist ein international führendes Handelshaus mit einem Handelsvolumen von rd. 20 Mio. t (1999). Zusätzlich bietet RAG CI Logistik-Leistungen über eine geschlossene Logistik-Kette mit Übersee-Terminals, Binnenschiffen, Verlade-Terminals sowie rd. 400 km eigenem Bahnnetz an. Darüber hinaus ist RAG CI über ihre Tochtergesellschaft DBT Deutsche Bergbau-Technik GmbH weltweiter Anbieter von Strebausrüstungen und Bergbautechnologie, die im hochtechnologisierten deutschen Steinkohlenbergbau permanent erprobt werden.

2.2.3 RAG EBV AG

Im Teilkonzern RAG EBV AG sind Immobilien und baunahe Handels- und Dienstleistungsaktivitäten gebündelt. Schwerpunkt der Immobilien bildet die Wohnungswirtschaft mit etwa 70.000 Wohnungen im eigenen Bestand. Innerhalb der Handelsaktivitäten vertreiben die Unternehmen aus dem Sortimentshandel inzwischen mehr als 13.000 Artikel in 15 Länder. Im laufenden Jahr wird sich der Umsatz von RAG EBV auf gut 1,7 Mrd. DM belaufen, die Belegschaft liegt bei einer Größenordnung von rd. 4.100 Mitarbeitern.

2.2.4 STEAG AG

Der Teilkonzern STEAG AG hat sich von einem ursprünglich rein nationalen Steinkohle-Stromerzeuger ohne eigenes Leitungsnetz zu einem internationalen Kraftwerksbetreiber entwickelt, der darüber hinaus auf internationalen Wachstumsmärkten als Planer, Investor und Betreiber fossil gefeuerter Kraftwerke auftritt. Ein noch relativ junges Standbein der STEAG ist der Bereich Electronic Systems. Dieser umfaßt im wesentlichen den Anlagenbau für die CD- und Maskenfertigung, den Maschinenbau für die Halbleiterindustrie und die Mikrosystemtechnik, in der Komponenten und Systeme überwiegend für die Medizintechnik hergestellt werden. STEAG HamaTech ist der weltweit führende Anbieter von Produktionsausrüstungen für die CD- und DVD-Industrie. DVD (Digital Versatile Disc) steht für eine neue Generation von CD-Datenträgern mit so hoher Speicherdichte, daß nun beispielsweise ganze Spielfilme problemlos auf einer CD abgespeichert werden können. In diesem Jahr wurde STEAG HamaTech sehr erfolgreich an die Börse gebracht. STEAG wird bis zum Jahresende 1999 mit einer Mitarbeiterzahl von rd. 4.500 einen Umsatz in Höhe von gut 2,6 Mrd. DM erzielen.

2.2.5 RÜTGERS AG

Die RÜTGERS AG ist ein Konzern mit den Ursprüngen in der Teerchemie. Heute liegt der Schwerpunkt der Tätigkeiten auf der Herstellung von Vorprodukten der Chemieindustrie, z.B. Pech-Bindemitteln, Harzen, Ölen und Nahrungsmittelgrundstoffen. Im Geschäftsfeld Duroplastische Kunststoffe werden Phenol- und Epoxidharze sowie duroplastische Formmassen produziert. Haupteinsatzgebiete hierfür sind insbesondere KFZ-Zulieferbetriebe z.B. für die Herstellung von Textilvlies, Filtern und Reibbelägen sowie die Elektronikindustrie, aber auch die Lack- und Klebstoffindustrie. Im Bereich der Kunststoffverarbeitung ist RÜTGERS Weltmarktführer bei Elektrolaminaten. Darüber hinaus produziert RÜTGERS PU-Schäume, Sicherheitsfolien für Kfz und Baugläser und Kunststoff-Fensterprofile. Über das Segment Automotive ist RÜTGERS einer der führenden Hersteller für Reibbeläge in der Automobilindustrie, für Schienenfahrzeuge und Industrieanwendungen. RÜTGERS beschäftigt insgesamt fast 13.000 Mitarbeiter und wird bis zum Ende des Jahres einen Umsatz von 4,5 Mrd. DM erzielen.

2.2.6 Saarberg AG

Der Teilkonzern Saarberg AG ist im Zuge der Übernahme der Saarbergwerke im Herbst 1998 gegründet worden. Zum einen sind hier sämtliche Umweltaktivitäten des RAG-Konzerns gebündelt, darüber hinaus liegen die Schwerpunkte der Saarberg-Aktivitäten auf dem Mineralölhandel, der Gummi-Produktion und der Kraftwirtschaft im Saarland. Der Umsatz in Höhe von 4,0 Mrd. DM wird mit einer Belegschaft von gut 7.000 Mitarbeitern erwirtschaftet.

3. Ermittlung wertorientierter Steuerungsgrößen

3.1 Impulsfunktionen der RAG-Holding

Gemäß der kohlepolitischen Vereinbarungen mit der öffentlichen Hand hat sich die RAG Aktiengesellschaft dazu verpflichtet, mit dem sogenannten „Beteiligungsbereich" den deutschen Steinkohlenbergbau zu unterstützen. In den Jahren 2001 - 2005 müssen aus den Gewinnen dieser Beteiligungsgesellschaften jährlich 200 Mio. DM an die Deutsche Steinkohle abgeführt werden. Das bedeutet mehr denn je, die Teilkonzerne so effizient wie möglich zu führen und für die Zukunft fit zu machen.

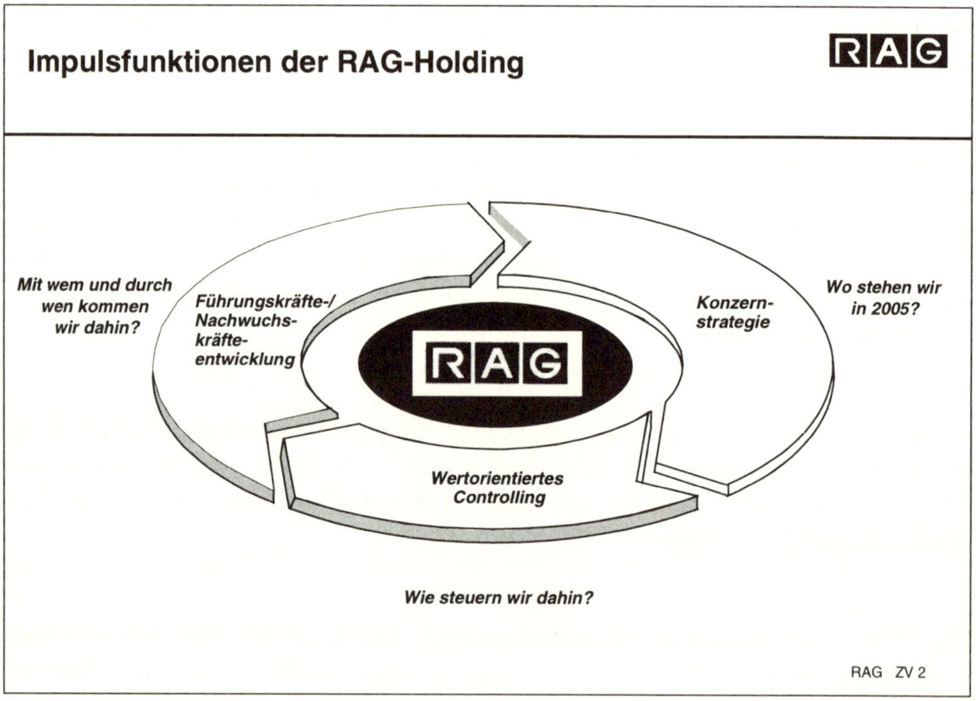

Abbildung 3: Impulsfunktionen der RAG-Holding

In diesem Zusammenhang wurde in einem umfangreichen Strategie-Projekt zunächst eine Bestandsaufnahme durchgeführt und dabei sämtliche Geschäftsaktivitäten kritisch durchleuchtet. Das Ergebnis zeigte, daß die RAG zum damaligen Zeitpunkt viel zu fragmentiert und größtenteils zu renditeschwach war. Einzelne der Teilkonzerne waren in sich wieder stark diversifiziert, Teilkonzernübergreifend gab es zahlreiche Überschneidungen von Aktivitäten. Gleichzeitig waren zu wenige eindeutige Wachstumsfelder zu erkennen und nur eine ungenügende Anzahl von Geschäftsfeldern besaß führende Wettbewerbspositionen. Das strategische Ziel für die RAG hieß somit zunächst Fokussierung und erst danach Ausbau der Kernaktivitäten.

Aufbauend auf diese Analyse wurden die Konzern-Kerngeschäftsfelder eindeutig definiert, auf die sich die Aktivitäten in Zukunft konzentrieren werden. Für die als Nicht-Kerngeschäftsfelder identifizierten Bereiche wurden klare Vorgehensweisen wie etwa Verkauf, Neuausrichtung, Sanierung oder Integration in Kerngeschäftsfelder festgelegt. Auf dem Weg zur Umsetzung der Konzernstrategie ist die RAG bis heute bereits weit vorangeschritten.

Hierbei steht auch der Controlling-Prozeß vor neuen Herausforderungen, denn er muß Schritt halten mit der Weiterentwicklung des Konzerns, mit dem strategischen Ziel, durch Konzentration und Wachstum Werte zu schaffen. In Zusammenarbeit mit den Konzernbereichen wurde in diesem Frühjahr ein wertorientiertes Controlling-System erarbeitet, an dem sich zukünftig die Kapitalzuteilung ausrichten wird.

Als konsequenten dritten Schritt ist darüber hinaus eine deutliche Verbesserung innerhalb der Führungs- und Nachwuchskräfteentwicklung geplant. Bei diesem Thema befindet sich die RAG zur Zeit mit den Teilkonzernen in einer umfassenden Bestandsaufnahme.

Die bisherigen Ausführungen haben gezeigt, daß die RAG Aktiengesellschaft einen Konzern führt, der sich mit seinen Kerngeschäftsfeldern ganz überwiegend subventionsfrei dem globalen Wettbewerb stellen muß. Lediglich der Bereich des deutschen Steinkohlenbergbaus ist aufgrund der geologischen Gegebenheiten ohne „Staatliche Unterstützung“ nicht lebensfähig. Damit steht dieser Bereich außerhalb renditeorientierter Shareholder-Value-Betrachtungen. Alle anderen Teilkonzerne des RAG-Konzerns aber – und das sind von den Teilkonzernen immerhin fünf – müssen sich mit marktwirtschaftlichen, streng wettbewerbsorientierten Maßstäben messen lassen.

3.2 Wertschaffung als positives Ziel

Ziel des wertorientierten Controlling ist es, die Ertragskraft des Geschäftes zu steigern, das vorhandene Kapital möglichst effizient einzusetzen und neue Wachstumsfelder zu erschließen. Marge, Kapitalumschlag und Wachstum sind die drei Hauptthemen im Bereich des wertorientierten Controllings.

Warum ist gerade für die RAG als nicht börsennotiertes Unternehmen eine strikte Wertorientierung überlebenswichtig?

Auch in der RAG ist strikte Wertorientierung überlebenswichtig RAG

Auftrag der RAG	• Durch Wertorientierung und damit Orientierung auf profitables Wachstum aktiver Beitrag zum Strukturwandel • Hierdurch sind Mitarbeiterplätze langfristig gesichert und werden neue geschaffen
Zukunft der RAG	• RAG-Anteilseigner haben sich oder stellen sich momentan wertorientiert auf • Damit kann die RAG nur langfristig bestehen, wenn sie ein klares Profil erhält und sich ebenfalls konsequent wertorientiert ausrichtet
Finanzielle Perspektive	• Nur wertsteigernde Handlungen bringen nachhaltig positiven Selbstfinanzierungseffekt • Auch die RAG muß sich Kapitalmarktkonditionen stellen (Fremdkapitalbeschaffung, Übernahme/Veräußerung von Geschäftseinheiten)

RAG ZV 2

Abbildung 4: Auch in der RAG ist strikte Wertorientierung überlebenswichtig

Gerade durch Wertsteigerung und damit Orientierung auf profitables Wachstum leistet die RAG einen aktiven Beitrag zum Strukturwandel im Ruhrgebiet und im Saarland. Dadurch können Arbeitsplätze langfristig gesichert und auch neue geschaffen werden. Studien haben gezeigt, daß die größten Wertschaffer überdurchschnittlich viele Arbeitsplätze aufgebaut haben. So hat die Untersuchung von über 100 deutschen Industrieunternehmen ergeben, daß über 75 Prozent der wertschaffenden Unternehmen Beschäftigungswachstum erzielen, während es nur 45 Prozent der wertvernichtenden Unternehmen taten. Entsprechendes gilt auch für die USA. Dauerhafte Wertschaffung kann nämlich nicht durch Kostensenkung und Personalabbau erzielt werden. Nur profitables Wachstum setzt genügend finanzielle Mittel für weitere Investitionen frei und bringt langfristig sichere Arbeitsplätze. Und genau das ist neben einem profitablen Ergebniswachstum das Ziel der RAG: langfristig Arbeitsplätze zu sichern, neue zu schaffen und somit den Strukturwandel aktiv voranzutreiben.

Ein weiterer Aspekt ist die Entwicklung bei den RAG-Hauptanteilseignern VEBA, VEW und Thyssen Krupp. Diese sind gerade dabei, sich wertorientiert aufzustellen oder haben es bereits getan. Damit kann die RAG langfristig nur bestehen, wenn sie ein klares Profil erhält und sich ebenfalls konsequent wertorientiert ausrichtet. Zuletzt ist auch die finanzielle Perspektive entscheidend. Nur wertsteigernde Handlungen bringen nachhaltig einen positiven Selbstfinanzierungseffekt. Obwohl die RAG nicht direkt dem Kapitalmarkt ausgesetzt ist, muß sie sich den Kapitalmarktkonditionen stellen. Dies betrifft unter anderem die Fremdkapitalbeschaffung und die Übernahmen bzw. Veräußerungen von Geschäftseinheiten.

3.3 Wertschaffung als Steuerungsinstrument

Im Rahmen eines umfassenden Projektes wurden daher die bestehenden Controlling- und Steuerungsinstrumente systematisch auf den Prüfstand gestellt, um diese wertorientierte Ausrichtung sicherzustellen. In diesem sehr arbeitsintensiven Projekt, welches die Mitarbeiterinnen und Mitarbeiter zusätzlich zu ihrem Tagesgeschäft ausübten, waren über einen Zeitraum von rund sieben Monaten etwa 80 Personen aus den Teilkonzernen und der Holding eingebunden. Dieses Projektteam wurde bewußt mit so vielen Mitarbeiterinnen und Mitarbeitern aus allen Teilkonzernen sowie aus den relevanten Zentralbereichen der Holding besetzt, um die verschiedenen Interessenlagen und spezifischen Aspekte der einzelnen Teilkonzerne und der Holding zu berücksichtigen.

Zunächst wurden sowohl die bestehenden Steuerungsgrößen als auch der vorhandene Controlling-Prozeß kritisch untersucht. Das nicht überraschende Ergebnis hat gezeigt, daß sowohl auf der prozessualen als auch auf der inhaltlichen Seite Verbesserungspotentiale bestanden. Die Optimierung des Controlling-Prozesses und die neuen Steuerungsgrößen wurden in gemeinsamen Teamsitzungen erarbeitet und abgestimmt. Auf diese Weise ist es gelungen, innerhalb eines guten halben Jahres die Führungs- und Steuerungsinstrumente neu auszurichten.

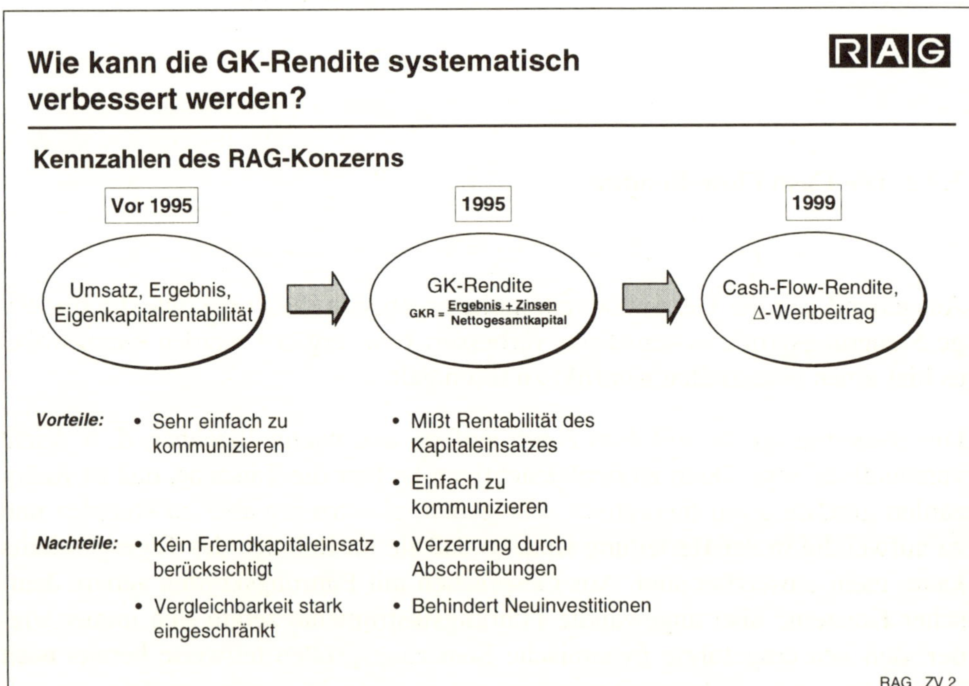

Abbildung 5: Kennzahlen des RAG-Konzerns

Vor 1995 wurde der RAG-Konzern lediglich nach den Größen Umsatz, Ergebnis und Eigenkapitalrentabilität gesteuert. Vorteil dieses Konzeptes ist vor allem die sehr einfache Kommunizierbarkeit. Diesem Vorteil steht jedoch der erhebliche Nachteil gegenüber, daß bei dieser Steuerungsgröße allein die Verzinsung des Eigenkapitals berücksichtigt wird.

Bereits 1995 machte die RAG einen großen Schritt nach vorne und führte als neue Kennzahl die Gesamtkapitalrendite ein. Diese Steuerungsgröße vermochte nun die Rentabilität des gesamten eingesetzten Kapitals zu messen. Weiterhin hat sie den Vorteil, das sie ebenfalls einfach zu kommunizieren ist. Obwohl nun das eingesetzte Kapital berücksichtigt wird, ist aber auch diese Kennzahl mit einigen Nachteilen behaftet. Durch die Orientierung an buchhalterischen Grössen ist die Kennzahl verzerrt. Zum anderen beinhaltet die Gesamtkapitalrendite keine explizite Wachstumskomponente. Und gerade diese Wachstumskomponente ist ein wesentlicher Teil der wertorientierten Steuerung.

3.3.1 Die Cash Flow-Rendite

Ausgehend von der Gesamtkapitalrendite ergab sich die Frage, wie die bisherige Steuerungsgröße systematisch verbessert bzw. ergänzt werden kann, wobei es hier einen potentiellen Konflikt zu lösen galt.

Die Steuerungsgröße soll zum einen einfach und nachvollziehbar, d. h. leicht verständlich, sein. Denn zu berücksichtigen ist hier die Tatsache, daß es Kennzahlen gibt, die zwar theoretisch sehr genau, gleichzeitig aber zu komplex und zu aufwendig in der Herleitung sind, so daß sie im Rahmen des Tagesgeschäfts kaum mehr einsetzbar sind. Aus Gesprächen mit Führungskräften andere deutscher Konzerne über angewandte Führungsinstrumente zeigte sich immer wieder, daß neu eingeführte dynamische Steuerungsgrößen teilweise bereits nach kurzer Anwendungsdauer abgeändert und vereinfacht werden mußten, da sich die Kennzahlen im täglichen Geschäft als nicht praktikabel herausgestellt haben.

Auf der anderen Seite muß jedoch sichergestellt sein, daß die Steuerungsgröße möglichst verzerrungsfrei ein Bild über die tatsächliche Wertschaffung der Geschäfte gibt.

Die Vorgehensweise zur Ermittlung der neuen Kennzahlen soll im folgenden durch ein Beispiel veranschaulicht werden:

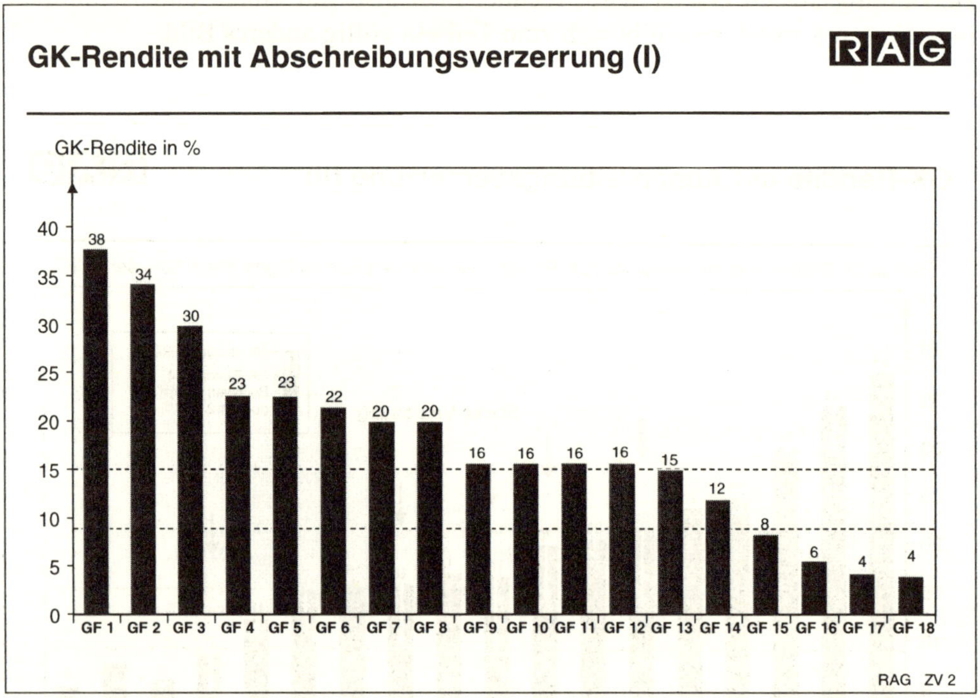

Abbildung 6: GK-Rendite mit Abschreibungsverzerrung (I)

Zunächst wurde die Gesamtkapitalrendite für jedes einzelne Geschäftsfeld des Konzerns ermittelt. Die Gesamtkapitalrendite basiert auf Buchwertansätzen. Sie ist definiert als das Ergebnis vor Körperschaftsteuern und Zinsen, bezogen auf das zu verzinsende Netto-Gesamtkapital. Abbildung 6 zeigt die Gesamtkapitalrendite für einige RAG Geschäftsfelder. Im nächsten Schritt wird die Veränderung der Gesamtkapitalrendite veranschaulicht, wenn das Netto-Gesamtkapital modifiziert wird.

Im Nenner, also im Netto-Gesamtkapital, ist das Vermögen zu Buchwerten enthalten. Nun gibt es einerseits Geschäftsfelder, die z.T. mit sehr stark abgeschriebenen Anlagen und damit einem geringen Netto-Gesamtkapital arbeiten, andererseits aber auch solche, deren Buchwerte nahe an den historischen Anschaffungs- und Herstellungskosten liegen, so daß der Ausweis des Netto-Gesamtkapitals entsprechend hoch ist. Wenn nun zum Zweck der Ausschaltung dieser Problematik der Buchwert pauschal durch die halben Anschaffungs- und Herstellungskosten ersetzt wird, rechnet man also mit einem durchschnittlich investierten Kapital, so ergibt sich zum Teil ein völlig anderes Bild.

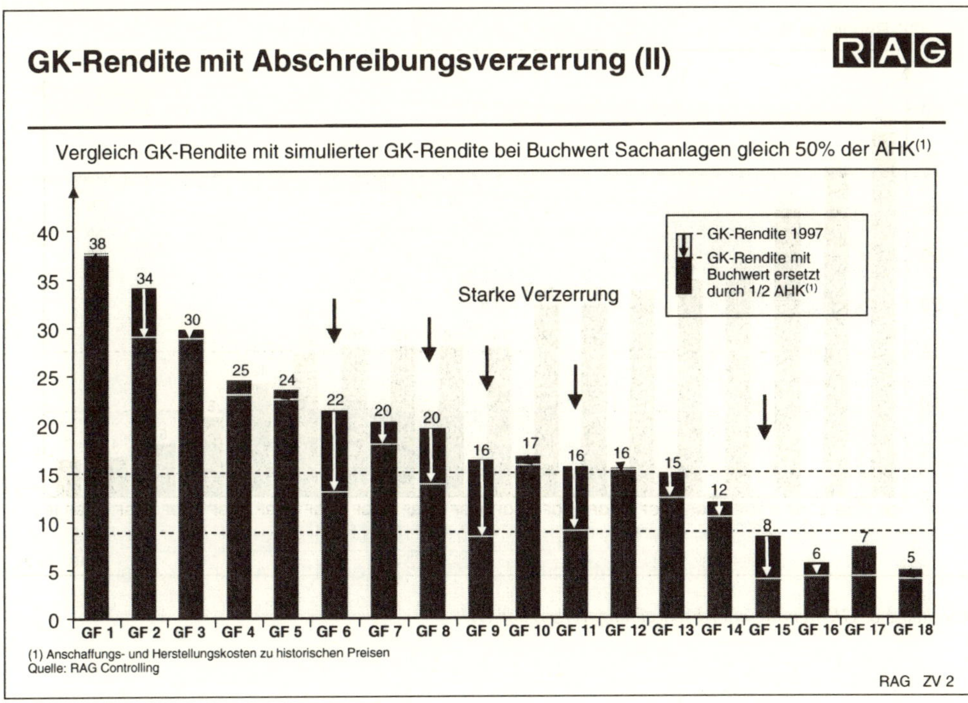

Abbildung 7: GK-Rendite mit Abschreibungsverzerrung (II)

Gerade die anlageintensiven Geschäftsfelder, die zum Teil mit alten, stark abgeschriebenen Anlagen arbeiten, weisen aufgrund der niedrigen Restbuchwerte und einem dementsprechend niedrigen Netto-Gesamtkapital häufig hohe Gesamtkapitalrenditen aus. Werden diese niedrigen Restbuchwerte nun aber durch die halben Anschaffungs- und Herstellungskosten ersetzt, kommt es hier zu einem deutlichen Absinken der Gesamtkapitalrendite, wie beispielsweise bei den Geschäftsfeldern 9 oder 11 in Abbildung 7 zu erkennen ist. Auf der anderen Seite weisen Geschäftsfelder, die sich noch in der Aufbauphase befinden und daher noch mit verhältnismäßig neuen, wenig abgeschriebenen Anlagen arbeiten, eine eher niedrigere Rentabilität aus. Hier führt der Ansatz der halben Anschaffungs- und Herstellungskosten zu einer deutlich besseren Rentabilität, z.B. bei den Geschäftsfeldern 4, 5 und 17. Diese Verzerrungen können somit zu falschen Steuerungsimpulsen führen.

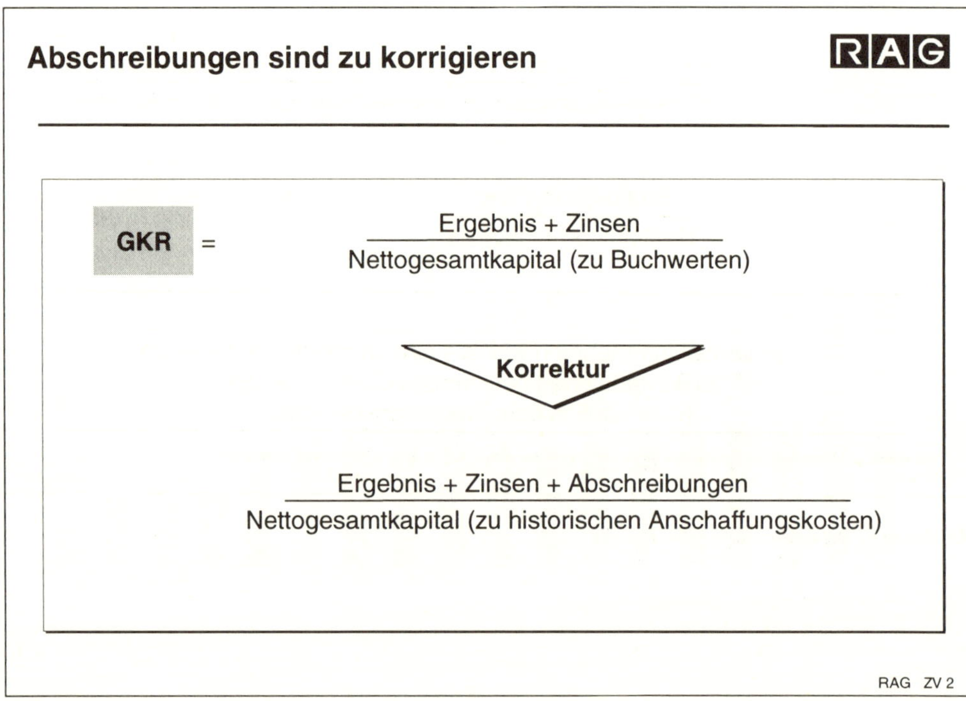

Abbildung 8: Korrektur der Abschreibungen

Diese Erkenntnis hat dazu geführt, die bisherige Steuerungsgröße, die Gesamtkapitalrendite, durch eine neue Steuerungsgröße zu ersetzen. Dafür werden folgende Änderungen vorgenommen: Im Zähler werden zum Ergebnis und den Zinsen die Abschreibungen des Jahres hinzugefügt. Im Nenner wird das Netto-

Gesamtkapital zu Buchwerten durch das Netto-Gesamtkapital zu historischen Anschaffungs- und Herstellungskosten ersetzt. Diese Kennzahl ist nun unabhängig von der Abschreibungsmethodik oder dem Alter der Anlagen.

Dies führt zu einer verbessserten Gesamtkapitalrendite namens CFR (Cash-Flow-Rendite) RAG

Weitere Veränderungen sind die Korrektur der Zuführung von Rückstellungen (1)

$$\text{CFR} = \frac{\text{Ergebnis + Zinsen + Abschreibungen + Rückstellungen}}{\text{Nettogesamtkapital (zu historischen Anschaffungskosten)}}$$

$$= \frac{\text{Brutto-Cash-Flow}}{\text{Bruttoinvestitionsbasis}}$$

Das gesamte Unternehmen wird als eine Investition angesehen, die jedes Jahr einen bestimmten Cash-Flow liefert (sehr ähnlich dem Investitionsdenken)

(1) Zusätzlich gibt es eine Reihe von Detaildefinitionen wie z. B. Goodwill-Behandlung, etc., die bei jeder Kennzahl zu definieren sind

RAG ZV 2

Abbildung 9: Definition Cash-Flow-Rendite

Als weitere Korrektur wird der Zähler zusätzlich um die Zuführung bzw. Auflösung der langfristigen Rückstellungen, also insbesondere den Veränderungen bei den Rückstellungen für Altersversorgung, erweitert. Darüber hinaus wird von einer Vor-Körperschaftsteuer- zu einer Vor-Ertragsteuerbetrachtung übergegangen. Das heißt, statt einer buchhalterischen Ergebnis-Größe wird der operativ erzielte Cash-Flow betrachtet. Diese Veränderungen führen zu der neuen Steuerungsgröße, der Cash-Flow-Rendite. Hierbei wird das ganze Unternehmen als eine Investition angesehen, die jedes Jahr einen bestimmen Cash-Flow liefert. Diese Größe ist somit an die Discounted-Cash-Flow-Rechnung angelehnt, die bei jeder Investition durchgeführt wird.

Mit dieser neuen Steuerungskennzahl sollen künftig profitable Investitionen gefördert und somit letztendlich Beschäftigungswachstum erreicht werden. Dieser Sachverhalt und die unterschiedlichen Aussagen von Gesamtkapitalrendite und Cash-Flow-Rendite sollen an zwei Beispielen verdeutlicht werden.

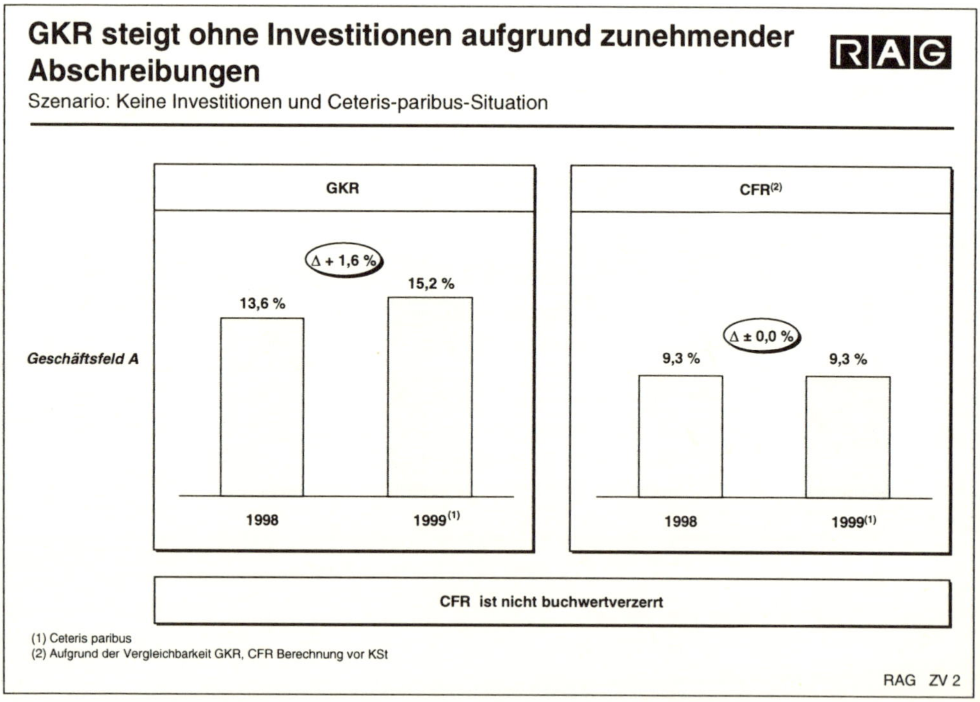

Abbildung 10: Beispiel 1 zur CFR

In einem Geschäftsfeld bleiben von Jahr 1998 zu 1999 alle Sachverhalte unverändert, Investitionen werden keine vorgenommen. Hinsichtlich der Gesamtkapitalrendite zeigt sich, daß sich diese durch die zunehmenden Abschreibungen verändert. Sie steigt um 1,6 Prozentpunkte. Ursache dafür ist die Verringerung des Netto-Gesamtkapitals im Nenner durch die jährlichen Abschreibungen bei gleichbleibendem Jahresergebnis im Zähler. Die Gesamtkapitalrendite impliziert auf diese Weise eine Verbesserung des operativen Geschäfts, die in der Tat jedoch nur auf einen buchhalterischen Sachverhalt zurückzuführen ist. Dieses Phänomen tritt bei allen auf Buchwerten basierenden Renditegrößen auf.

Die Cash-Flow-Rendite hingegen bleibt über die Jahre gleich, da die Abschreibungen sowohl im Zähler als auch im Nenner wieder dazugerechnet werden. Sie ist somit nicht buchwertverzerrt.

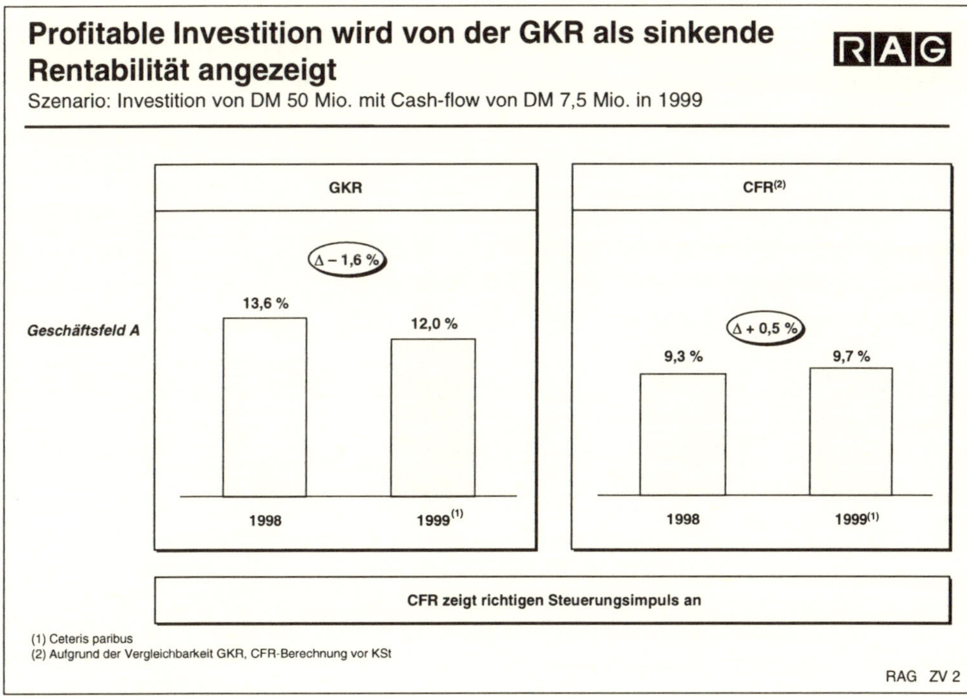

Abbildung 11: Beispiel 2 zur CFR

Gravierender wirken sich die unterschiedlichen Steuerungsimpulse der beiden Renditekennzahlen bei dem folgenden Szenario aus. In einem Geschäftsfeld wird im Jahr 1999 eine Investition von 50 Mio. DM vorgenommen, die einen Cash-Flow von 7,5 Mio. DM erwirtschaftet, also eine sehr rentable Investition. Es sei zunächst die Gesamtkapitalrendite betrachtet. Hierbei verändert sich sowohl der Zähler als auch der Nenner. Im Zähler erhöht sich das Ergebnis durch den zusätzlichen Cash-Flow der Investition. Jedoch steigt der Nenner im Gegensatz zum Zähler überproportional an. Dies kommt dadurch zustande, daß die neue Investition mit dem gesamten Buchwert erstmalig in das Netto-Gesamtkapital aufgenommen wird, welches unter Umständen schon stark abgeschrieben sein kann. Das heißt, ein kleiner Nenner erhöht sich dadurch drastisch. Daher geht die Gesamtkapitalrendite um 1,6 Prozentpunkte nach unten. Somit führt eine sehr profitable Investition zu einer sinkenden Gesamtkapitalrendite mit der Folge, daß die Investition ggf. nicht durchgeführt wird oder zeitlich verzögert wird.

Die Cash-Flow-Rendite verhält sich gegenteilig. Sie zeigt die Profitabilität der Investition richtig an, indem sie im Jahresvergleich durch die vorgenommene Investition um 0,6 Prozentpunkte ansteigt. Sie gibt daher den richtigen Steuerungsimpuls.

Die bisherigen Überlegungen haben gezeigt, daß die verschiedenen Kennzahlen bei gleichem Sachverhalt unterschiedliche Steuerungsimpulse auslösen können. Dies kann zu falschen Entscheidungen führen, wodurch rentable Investitionen unter Umständen verschoben oder gar nicht vorgenommen werden, was tatsächlich in einigen RAG Geschäftsfeldern festgestellt werden konnte. Aus diesem Grund wurde die Steuerungsgröße Cash-Flow-Rendite eingeführt, um diese falschen Steuerungsimpulse in Zukunft möglichst zu vermeiden.

3.3.2 Das Wertbeitragskonzept

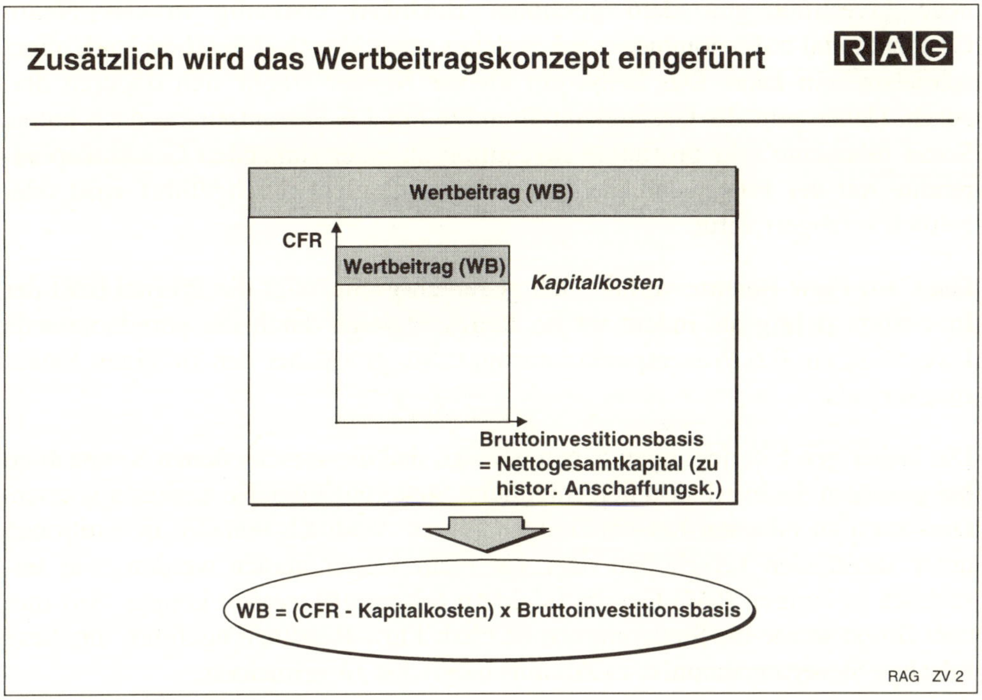

Abbildung 12: Definition Wertbeitrag

Die Frage, die sich als nächstes anschließt, lautet, wie ausgehend von dieser Rendite-Kennziffer das angestrebte profitable Wachstum gemessen werden kann. Die zweite Kennzahl, mit der Rendite und Wachstum darstellt werden, ist der Wertbeitrag. Der Wertbeitrag ist der mit dem eingesetzten Kapital über die Kapitalkosten hinaus erwirtschaftete Cash-Flow eines Unternehmens. Dabei wird das eingesetzte Kapital zu historischen Anschaffungs- und Herstellungskosten bewertet und als Bruttoinvestitionsbasis bezeichnet. Im Abbildung 12 ist der Wertbeitrag als dunkelgraue Fläche dargestellt.

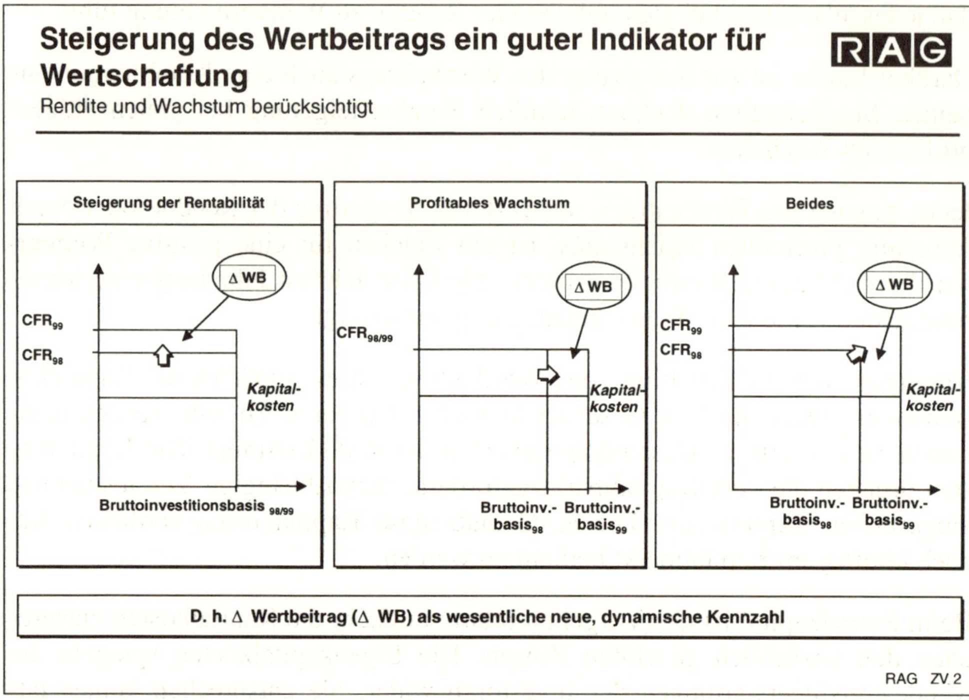

Abbildung 13: Möglichkeiten zur Steigerung des Wertbeitrags

Die Veränderung des Wertbeitrages gegenüber der Vorperiode wird als Delta-Wertbeitrag bezeichnet. Das Ziel ist die Steigerung des Wertbeitrags von Jahr zu Jahr. Zur Realisierung dieses Ziels stehen zwei "Hebel" zur Verfügung: die Rendite und die Bruttoinvestitionsbasis.

Zum einen kann der Wertbeitrag, bei gleichbleibender Bruttoinvestitionsbasis, durch eine Verbesserung der Rendite gesteigert werden. Eine Steigerung der Rendite kann z.B. durch Kostensenkungsmaßnahmen erreicht werden. Dies entspricht dem klassischen Renditedenken.

Zum anderen kann der Wertbeitrag aber auch über eine Erweiterung der Bruttoinvestitionsbasis – das heißt durch Wachstum – bei gleichbleibender, aber hoher Rendite gesteigert werden. Dies gelingt durch profitable Investitionen in Geschäftsfelder, die oberhalb der Kapitalkosten liegen. Hierbei ist aber folgender wichtiger Aspekt zu beachten: bei Geschäftsfeldern, die eine Rendite erzielen, die unterhalb ihrer Kapitalkosten liegt, tritt der gegenläufige Effekt ein, so daß jedes Wachstum bei gleichbleibender Rendite zu Wertvernichtung führt.

Darüber hinaus ist zur Steigerung des Wertbeitrags auch eine Kombination aus beiden Möglichkeiten denkbar, nämlich Renditesteigerung bei gleichzeitigem profitablen Wachstum.

Jeder Anstieg des Wertbeitrags, sei es durch Steigerung der Rendite oder durch Erzielung profitablen Wachstums, ist ein Zeichen für eine positive Wertentwicklung. Mit dem Wertbeitragsunterschied von Jahr zu Jahr liegt eine Steuerungsgröße vor, die die Wertschaffung explizit anzeigt.

Voraussetzung zur Ermittlung des Wertbeitrags ist es, zunächst die Kapitalkosten eines jeden einzelnen Geschäftsfeldes zu definieren. Hierfür wurden in einem ersten Schritt die Gesamtkapitalkosten der RAG bestimmt. Die Kapitalkosten drücken die vom Kapitalmarkt geforderte risikoabhängige Verzinsung des eingesetzten Kapitals aus. Die RAG muß diese Kapitalkosten verdienen, um auch künftig am Kapitalmarkt bedient zu werden.

Beim Fremdkapital ist das Vorgehen relativ einfach; die Kapitalkosten entsprechen den tatsächlich gezahlten Zinsen. Die Eigenkapitalkosten spiegeln die Mindestrenditeerwartungen der Investoren wider. Sie entsprechen keinen tatsächlichen Zahlungen an die Kapitalgeber, sondern den Opportunitätskostenüberlegungen der Anleger. Die Eigenkapitalkosten setzen sich zusammen aus dem langfristigen risikofreien Zinssatz ergänzt um eine Risikoprämie. Diesem Ermittlungsansatz liegt das Capital-asset-pricing-Model (CAPM) zugrunde. Kombiniert man die Fremd- und Eigenkapitalkosten unter Berücksichtigung des Konzern-Verschuldungsgrades, so ergeben sich die Gesamtkapitalkosten der RAG. Diese Gesamtkapitalkosten werden in der Finanztheorie auch als WACC (weighted average costs of capital) bezeichnet.

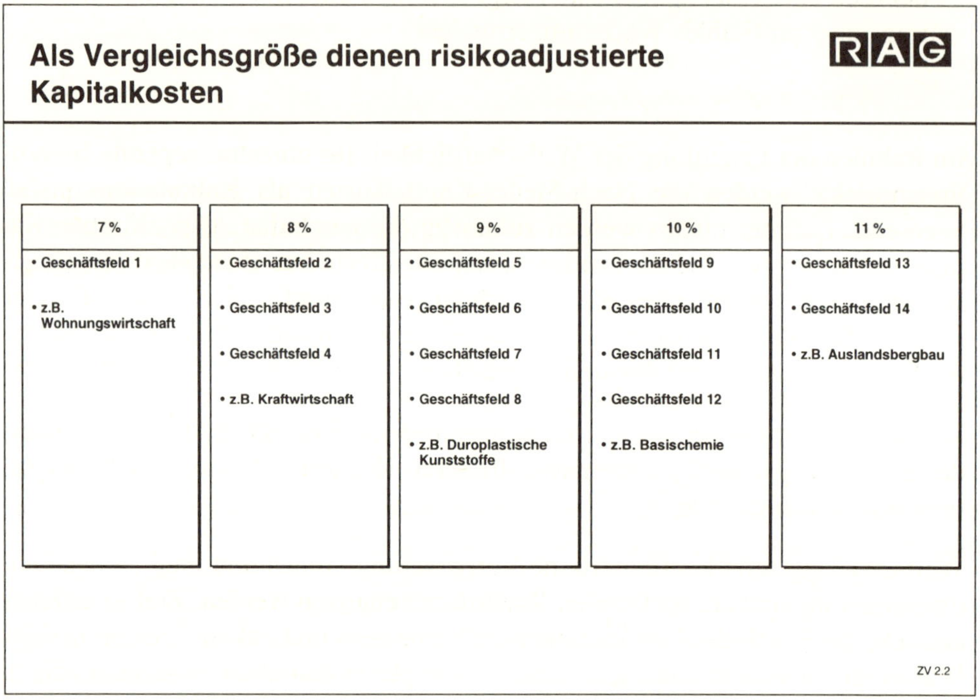

Abbildung 14: Risikoadjustierte Kapitalkosten

Im Anschluß an die Bestimmung der Gesamtkapitalkosten für den RAG-Konzern wurde anhand von qualitativen Kriterienrastern das Risiko der einzelnen Geschäftsfelder bewertet. Hieraus errechnen sich dann für jedes Geschäftsfeld, in Abhängigkeit von der Risikogruppierung, die spezifischen Kapitalkosten, die bei uns im Konzern zwischen 7 und 11 Prozent liegen. Abbildung 14 zeigt z.B. 7 Prozent für die Wohnungswirtschaft und 11 Prozent für den Auslandsbergbau.

Aus dem Wertbeitrags-Konzept lassen sich für die Geschäftsfelder eindeutige Stoßrichtungen ableiten:

- Geschäftsfelder, die unterhalb der Kapitalkosten liegen, müssen ihren Wertbeitrag über den "Hebel" Rendite steigern.

- Geschäftsfelder, die ihre Rendite bereits weitestgehend optimiert haben und deutlich über den Kapitalkosten liegen, sollten eine Steigerung des Wertbeitrags über profitables Wachstum erreichen.

Im Rahmen der Ermittlung der Wirtschaftlichkeit für einzelne geplante Investitionsprojekte werden die Nach-Steuer-Kapitalkosten als Kalkulationszinsfuß angesetzt. Darüber hinaus werden zukünftig die geschäftsfeldspezifischen Kapitalkosten bei Auslandsinvestitionen um entsprechende Zuschläge für die jeweiligen landesspezifischen Risiken erhöht. Basis hierfür sind Länder-Ratings z.B. von Standard & Poors von AAA bis C. Je Ratingstufe ist ein Zuschlag von 0,5 Prozent auf die Kapitalkosten vorgesehen.

Mit der Einführung der neuen Steuerungsgrößen gehört die RAG zu dem Kreis der großen deutschen Unternehmen, die ihren Konzern nach wertbeitragsorientierten Kennzahlen steuern.

Wertschaffung setzt kontinuierliche Verbesserung voraus und muß an der Renditesteigerung und am profitablen Wachstum gemessen werden. Ziel ist es letztendlich, die Fitneß des Unternehmens zu verbessern und zukünftiges profitables Wachstum zu ermöglichen, um somit Arbeitsplätze dauerhaft zu sichern und zu schaffen.

4. Verankerung der Wertschaffung im Unternehmen

Einen Konzern wertorientiert zu führen, setzt nicht nur das Verständnis über die Haupthebel der Wertschaffung, also das Zusammenspiel von Rendite und Bruttoinvestitionsbasis, voraus, sondern erfordert auch die Akzeptanz für Wertmessung innerhalb des Unternehmens, und das bis in die kleinste operative Einheit. Mit anderen Worten, erst wenn die Schrauben der Wertschaffung für alle Mitarbeiter klar und nachvollziehbar verankert sind und Klarheit über deren Zusammensetzung und Wirkung herrscht, beginnt wertorientierte Führung zu greifen. Dieses ist eine Aufgabe, mit deren Umsetzung wir gerade erst begonnen haben und die wir auch in den nächsten Monaten konsequent weiterverfolgen werden. Ziel dieses sogenannten „Werttreibermanagements" ist die Verzahnung der wertorientierten Führungsgrößen mit den operativen Meßgrößen, d.h. es müssen in jedem einzelnen Geschäftsfeld die Werttreiber identifiziert und hinsichtlich ihrer Wirkung auf die wertorientierten Kennzahlen analysiert werden.

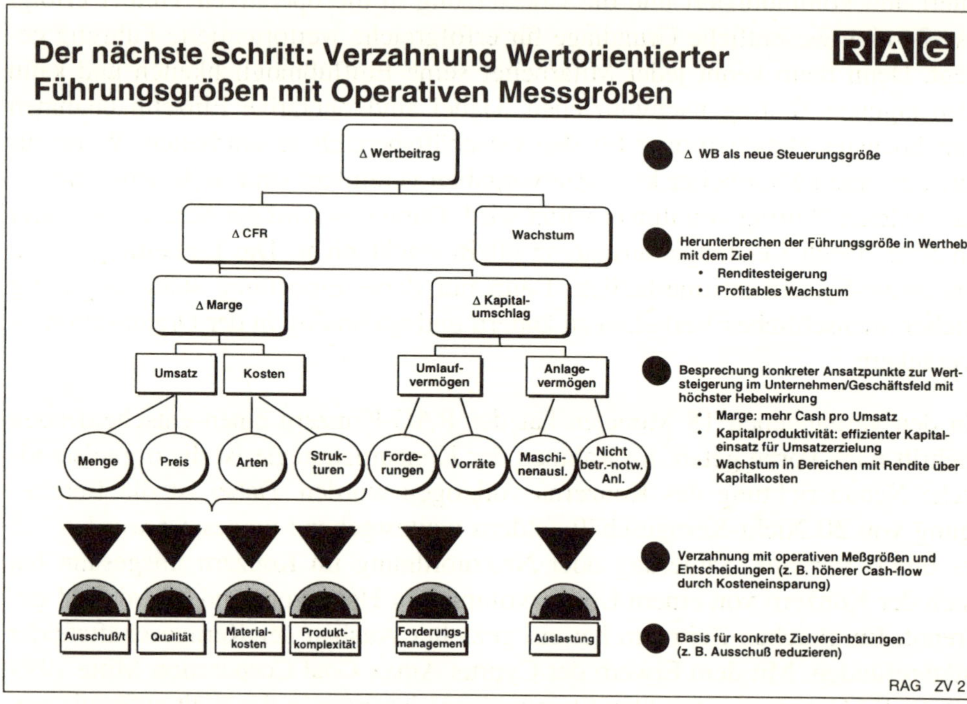

Abbildung 15: Verzahnung wertorientierter Führungsgrößen

Finanzgrößen bleiben trotz aller Trainingsbemühungen für die meisten Mitarbeiter zu abstrakt, um dadurch konkrete Verhaltensänderungen zu erzielen. Darüber hinaus sind die Größen in vielen Fällen für den Einzelnen nicht unmittelbar beeinflußbar und die Wirkung des eigenen Handelns nicht ersichtlich. Aus diesen Gründen ist es umso wichtiger, die Brücke von den abstrakten Finanzgrößen in das operative Geschäft zu schlagen. Ziel dabei ist es, zunächst die operativen Werttreiber zu identifizieren und darauf aufbauend ihre relative Bedeutung herauszuarbeiten. Erst wenn für den einzelnen Mitarbeiter in einem Geschäft deutlich wird, daß er und wie er auf seiner persönlichen Verantwortungsebene direkt den Wert des Unternehmens mitbestimmen kann, z. B. durch

Veränderung des Lagerumschlags, der Produktivität oder der Servicebereitschaft und daß er daran auch gemessen und beurteilt wird, beginnt wertorientierte Führung zu greifen.

Die Bedeutung dieser operativen Verzahnung, also des Werttreibermanagements, sollte nicht unterschätzt werden. Denn erst, wenn die Kenngrößen definiert und kommuniziert und die Übersetzung in die operativen Treiber erfolgt ist, ist eine wesentliche Grundlage für erfolgreiche wertorientierte Führung gelegt. Denn dann kennt jeder Mitarbeiter seine Einflußmöglichkeiten und kann den eigenen Beitrag nachvollziehen. Dabei sind operative Einzelmaßnahmen mit höchster Hebelwirkung für den Geschäftsbereich zu erarbeiten. Wenn für die einzelnen Mitarbeiter klare Zielvorgaben vereinbart sind, weiß jeder einzelne, welcher Beitrag von ihm erwartet wird. Dann erst wird der Beitrag eindeutig meßbar. Doch Leistungstransparenz allein reicht nicht. Die Einbettung in ein Incentive-System ist unerläßlich. Denn nur diese Einbettung stellt langfristig sicher, menschliches Verhalten zu ändern und nachhaltig in der Organisation zu verankern.

In den vergangenen 18 Monaten hat der RAG-Konzern einen entscheidenden Schritt nach vorne getan. Im Rahmen der Konzernstrategie ist die organisatorische Neuausrichtung des Konzerns vollzogen worden. Dabei ist die Bereinigung von 20 Nicht-Kerngeschäftsfeldern weitestgehend umgesetzt worden, sei es durch Verkauf, Sanierung oder Neuzuordnung im Konzern. Insgesamt hat sich der Konzern von einem Umsatzvolumen in Höhe von rund 2 Mrd. DM getrennt. Im gleichen Zeitraum hat ein gezielter Ausbau der Kerngeschäftsfelder stattgefunden. Mit dem Erwerb der Cyprus Amax Coal Corporation Mitte 1999 ist die RAG zum zweitgrößten Steinkohleproduzenten in der Welt aufgestiegen. Im Bereich der Produktion von Elektrolaminaten für Leiterplatten im Geschäftsfeld Kunststoffe Elektronik von RÜTGERS konnte durch die Akquisition des Laminatgeschäfts von Allied Signal die Weltmarktführerschaft erreicht werden. Darüber hinaus ist die wertorientierte Neuausrichtung der Führungs- und Steuerungsinstrumente erfolgt. Denn mit der Cash-Flow-Rendite ist eine Kennzahl eingeführt worden, die frei von buchhalterischen Verzerrungen ist, und durch die Anwendung des Wertbeitragskonzepts wird künftig auch das investierte Kapital berücksichtigt.

Wertorientierte Führung muß gelebt, gefördert und offen kommuniziert werden. Nur so ist die Grundlage dafür gelegt, Wertmanagement in der Kultur des Unternehmens dauerhaft und fest zu verankern – zum Nutzen aller Interessengruppen. Mit diesen Neuerungen ist die RAG auf dem besten Weg, optimale Voraussetzungen zu schaffen, um den Strukturwandel innerhalb der RAG aktiv voranzutreiben und somit den Konzern für die Zukunft auszurichten.

Prof. Dr. Dr. h.c. August-Wilhelm-Scheer
Institut für Wirtschaftsinformatik
Universität des Saarlandes

Controlling unternehmensübergreifender Geschäftsprozesse

Gliederung

1. Einleitung

Eine zunehmende Anzahl von Unternehmen sieht sich aufgrund der voranschreitenden Globalisierung mit der Herausforderung konfrontiert, ihre Aufgaben mit geringeren Kosten, reduzierten Lieferzeiten und kürzeren Produktinnovationszyklen zu erfüllen, um dabei größere Renditen zu erzielen. Einhergehend mit einem Wandel der Märkte zu Käufermärkten und den zunehmend kürzer werdenden Produktlebenszyklen bedeutet dies, dass unternehmensinterne Optimierungsmaßnahmen nicht ausreichen, um den Fortbestand eines Unternehmens langfristig zu sichern.

Die Intensivierung der Zusammenarbeit von Unternehmungen entlang der unternehmensübergreifenden Wertschöpfungskette (Supply Chain) kann dieser Entwicklung entgegenwirken und die Unternehmen für die zukünftigen Anforderungen des Marktes wappnen. Die Ziele einer solchen Zusammenarbeit liegen darin, die Unternehmensleistungen optimal an dem Bedarf des Kunden auszurichten, die Lagerbestände zu verringern und gleichzeitig die Lieferbereitschaft zu erhöhen und Durchlaufzeiten und Kosten zu senken. Für die Wettbewerbsfähigkeit von Unternehmen hat dies zur Folge, dass die systematische Gestaltung betriebsübergreifender Abläufe zunehmend zum kritischen Erfolgsfaktor für das Unternehmensmanagement avanciert. Daraus ergeben sich neue Anforderungen an das Geschäftsprozessmanagement, insbesondere an das Geschäftsprozesscontrolling und das Schnittstellenmanagement zwischen den an der betriebsübergreifenden Wertschöpfungskette kooperierenden Unternehmen.

In diesem Beitrag werden zunächst die veränderten Anforderungen an Unternehmen im globalen Wettbewerb beschrieben. Danach werden, mit dem Focus auf das Geschäftsprozesscontrolling, betriebswirtschaftliche Potentiale und Methoden, wie das Supply Chain Management und das Process Performance Management, zur Bewältigung dieser neuen Anforderungen, dargestellt.

2. Unternehmen in globalen Unternehmensnetzwerken

2.1 Ursachen für den Wandel von Unternehmensstrukturen

Durch weltweite Absatzmärkte und den Abbau politischer Grenzen wandeln sich die traditionellen Organisationsstrukturen von Unternehmungen und Kooperationen zwischen Unternehmen gewinnen zunehmend an Bedeutung. Dies äußert sich nicht nur durch eine steigende Anzahl von Unternehmenskooperationen, sondern auch durch die Entstehung vielfältiger moderner Formen der unternehmerischen Zusammenarbeit, wie Value-Added Partnerships, strategische Allianzen, strategische Netzwerke und virtuelle Unternehmen. Ursache dafür ist die Tatsache, dass in globalen Märkten Unternehmungen vielfach dazu gezwungen sind, auf großen Teilen des Weltmarktes Präsenz zu zeigen. Durch die damit einhergehende Überwindung von Standortgrenzen entsteht ein Bedarf an Ressourcen, den einzelne Unternehmen häufig alleine nicht decken können. Deshalb werden Kooperationen in nationalen und internationalen Geschäftsfeldern eingegangen. Dieses Zusammenwirken ist dadurch gekennzeichnet, dass bisher rechtlich und wirtschaftlich selbständige Unternehmungen zu größeren Wirtschaftseinheiten verbunden werden, ohne dass diese ihre rechtliche Selbständigkeit und Autonomie bei wirtschaftlichen Entscheidungen aufgeben müssen. Vor diesem Hintergrund lassen sich die klassischen Beschreibungsmerkmale von Unternehmensgrenzen, wie sie bislang existierten, nicht mehr eindeutig anwenden. Die Unternehmensgrenzen beginnen zunehmend zu verschwimmen, sich stetig zu verändern oder sich teilweise sogar aufzulösen.

Diese Entwicklung steht in einem direktem Zusammenhang mit der Organisation und dem Management von Geschäftsprozessen in Unternehmungen. In der Vergangenheit wurden in Unternehmen Optimierungsmaßnahmen primär innerhalb der eigenen Unternehmensgrenzen durchgeführt. Geschäftsprozesse wie Entwicklung, Beschaffung, Auftragssteuerung, Produktion, Lagerhaltung, Distribution und Vertrieb wurden vornehmlich aus einer eingeschränkten unternehmensinternen Sicht betrachtet. Zukünftig werden jedoch die Beziehungen zwischen einzelnen Unternehmungen, d. h. die betriebs- bzw. unternehmensübergreifenden Geschäftsprozesse von zentraler Bedeutung für den Geschäftserfolg eines Unternehmens sein.

Die Entwicklungen der Informations- und Kommunikationstechnologien und das Internet als zentrale Plattform des Informationsaustausches bieten hierbei die Basis für neue Gestaltungsmöglichkeiten.

2.2 Kennzeichen unternehmensübergreifender Geschäftsprozesse

Unternehmensübergreifende Geschäftsprozesse sind dadurch gekennzeichnet, dass an ihrer Durchführung Organisationseinheiten verschiedener Unternehmen beteiligt sind. Daraus ergeben sich, im Gegensatz zu unternehmensinternen Geschäftsprozessen, Schnittstellen, die durch die Unternehmensgrenzen entstehen. Diese Schnittstellen können dadurch beschrieben werden, dass der Abschluss von Funktionen in einem Unternehmen Funktionen anstößt, die in einem Partnerunternehmen ausgeführt werden. Mit Schnittstellen sind grundsätzlich Reibungsverluste verbunden. Hierfür lassen sich verschiedene Gründe nennen. Zum einen erschweren Medienbrüche und Redundanzen im Dokumentenfluss zwischen den Partnern die Bereitstellung konsistenter und aktueller Daten, des weiteren erschweren unterschiedliche Niveaus in der Hard- und Softwareausstattung der Unternehmen eine Integration der Informations- und Kommunikationssysteme. Dies hat eine negative Auswirkung auf die Höhe der Transaktionskosten. Um diese Reibungsverluste möglichst gering zu halten und einen effizienten Ablauf sicherzustellen, bedarf es im Fall unternehmensübergreifender Prozesse der Abstimmung zwischen den beteiligten Unternehmen. Dabei kann festgestellt werden, dass der Abstimmungsbedarf bei unternehmensübergreifenden Prozessen, aus den oben genannten Gründen und aufgrund des Fehlens inhärenter organisatorischer Regelungen und Verhaltensrichtlinien, wie dies innerhalb eines Unternehmens gegeben ist, höher ist als bei unternehmensinternen Prozessen.

Zur Bildung dieser unternehmensübergreifenden Geschäftsprozesse können unterschiedliche betriebswirtschaftliche Aspekte der kooperativen Gestaltung betrachtet werden. Angefangen bei der Prozessmodellierung und -gestaltung, über die Prozesskostenbewertung, die Prozesserlösbewertung, die Prozessergebnisberechnung, die Entwicklung, Bewertung und Auswahl von Gestaltungsalternativen, bis zur Überwachung, Kontrolle und Weiterentwicklung betriebsübergreifender Geschäftsprozesse. Diese Aspekte sind durch ein adäquates Schnittstellenmanagement zu unterstützen, um die Kooperationspartner zu einer homogenen (virtuellen) Einheit zu integrieren. Der Grundgedanke der Integration bezieht sich primär auf die Synchronisation der einzelnen Stufen der Wertschöpfungskette. Es kommt darauf an, dass alle Mitglieder der Wertschöpfungskette wissen, was in den vor- und nachgelagerten Stufen passiert, um ihre Planungs- und Steuerungssysteme darauf auszurichten (SCHEER; BOROWSKY (1999), S. 3-14).

3. Anforderungen an ein Controlling unternehmensübergreifender Geschäftsprozesse

In diesem Zusammenhang kommt dem Controlling unternehmensübergreifender Geschäftsprozesse eine wachsende Bedeutung zu. Hierbei ist eine wesentliche Eigenschaft des Controllings seine Koordinationsfunktion. Oblag dem Controlling bisher die Koordination der Planung und Kontrolle der betrieblichen Teilbereiche zur Erreichung der Unternehmensziele, so erweitert sich das Spektrum dieser Funktion auf eine unternehmensübergreifende Dimension.

Bei unternehmensübergreifenden Geschäftsprozessen ist vor allem die Betrachtung der Schnittstellen zwischen den Partnerunternehmen relevant, da neben den unternehmensinternen Abweichungsursachen auch Veränderungen durch einen Wandel des externen Umfeldes der Partnerunternehmen oder des externen Umfeldes der Kooperation erzeugt werden können. Generell können technologische, wirtschaftliche, organisatorische, rechtliche, politische und soziokulturelle Rahmenbedingungen unterschieden werden, die das Umfeld eines unternehmensübergreifenden Geschäftsprozesses charakterisieren. Die Veränderungen dieser Bedingungen sind danach zu differenzieren, ob sie externe Einflüsse darstellen, auf die die Partnerunternehmen reagieren müssen oder ob sie von den Partnerunternehmen bewusst selbst bewirkt werden (HIRSCHMANN (1996), S. 229ff.).

In Abhängigkeit von dem Gegenstand einer Kooperation beziehen sich die Indikatoren zur Erfolgsmessung dabei auf unterschiedliche Typen unternehmensübergreifender Geschäftsprozesse. Analog zur Einteilung der Geschäftsprozesse eines Industriebetriebes in die Hauptprozesse Logistikprozesse, Leistungsgestaltungsprozesse und Informations- und Koordinationsprozesse (Abbildung 1) kann auch für unternehmensübergreifende Geschäftsprozesse verfahren werden (vgl. SCHEER (1997), S, 91 ff.). So können für unternehmensübergreifende Logistikprozesse beispielsweise kooperative Beschaffung, kooperative physische Distribution, kooperative Personalqualifikation, für Leistungsgestaltungsprozesse kooperative Forschung, kooperative Entwicklung, kooperative Entsorgung sowie für Informations- und Koordinationsprozesse kooperative Datenverarbeitung, kooperative Informationsanalyse und kooperative Finanzierung genannt werden.

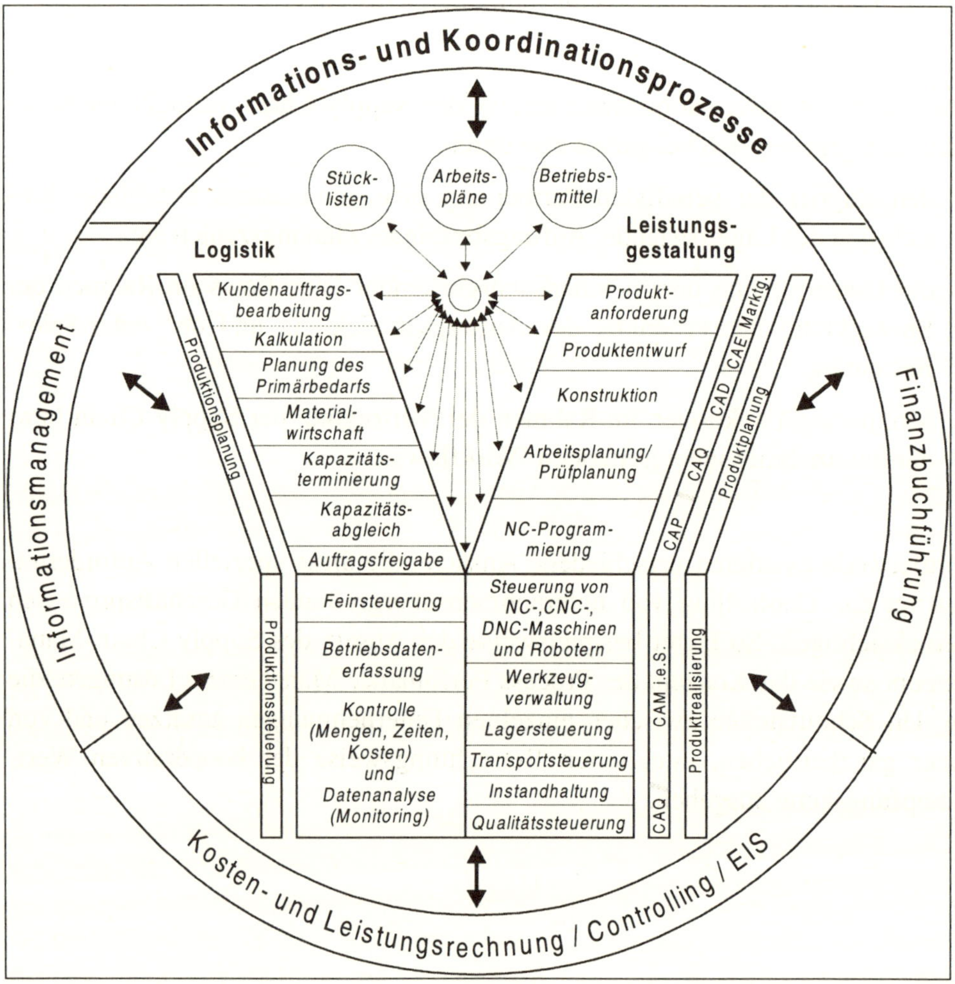

Abbildung 1: *Die Hauptgeschäftsprozesse eines Industriebetriebs*

Das breite Spektrum relevanter Indikatoren zur Erfolgsmessung (z.B. Prozesskosten, Prozesserlöse, Prozessergebnisse, Prozessaktivitäten, Bearbeitungs-, Liege-, Durchlauf-, Such- und Transportzeiten, Schnittstellen zu internen und externen Organisationseinheiten im eigenen und den kooperierenden Unternehmen) sowie die Kommunikations- und Entscheidungswege der Kooperationspartner führen zum Problem der Informationsüberflutung, d. h. der großen Menge heterogener Daten, die innerhalb der unternehmensübergreifenden Prozesskette nicht adäquat ausgewertet werden können. Daher muss das Geschäftsprozesscontrolling für unternehmensübergreifende Geschäftsprozesse Informationsfilter bereitstellen, um die Information empfängergerecht, entscheidungsbezogen, aggregiert und anpassungsfähig bereitzustellen.

Die durch das Informationsmanagement der Supply Chain verfügbaren Informationen ergeben sich beispielsweise durch:

- den Zugriff der beteiligten Partner auf eine gemeinsame Datenbasis hinsichtlich der Lagerbestände, Auftragsbestände, Planungszahlen etc.,
- die Unterstützung unternehmensübergreifender Workflows im Rahmen der Entwicklung der Produkte, der Auftragsabwicklung und der After-Sales-Betreuung.
- Monitoring-Funktionen im Rahmen der Verfolgung der Supply Chain bzw. der unternehmensübergreifenden Workflows.

Mittlerweile existieren verschiedene Ansätze, die diese speziellen Anforderungen an das Controlling von unternehmensübergreifenden Geschäftsprozessen berücksichtigen. So bietet beispielsweise der Ansatz des Supply Chain Management sowie das Konzept des Process Perfomance Management Lösungen, die an den Schnittstellen zwischen einzelnen Unternehmungen ansetzen und von einer ganzheitlichen, integrierten Betrachtungsweise der kooperativen Wertschöpfungskette ausgehen.

4. Supply Chain Management (SCM)

Das oberste Ziel des Supply Chain Managements (SCM) ist es, durch ein neues kooperatives Denken und Handeln, suboptimale Insellösungen einzelner Glieder in der Wertschöpfungskette in ein Gesamtoptimum für die komplette Supply Chain zu verwandeln. Dazu werden unternehmensübergreifende Prozesse und Schnittstellen zwischen Unternehmen in den Mittelpunkt der Optimierungsanstrengungen gestellt. Um dieses Ziel zu realisieren, müssen alle Bausteine der Supply Chain integriert und sämtliche Barrieren zwischen den einzelnen Partnern der Supply Chain im Informations-, Produkt- und Finanzfluss entfernt werden. Die integrierte Betrachtung der Logistikkette von der Auftragsannahme bis zum Versand und die stärkere Betonung der fabriknahen Funktionen durch Leitstandskonzepte sind dabei nicht neu. Die wesentliche Erweiterung betrifft die betriebsübergreifende Betrachtung der Logistik (vgl. Abbildung 2).

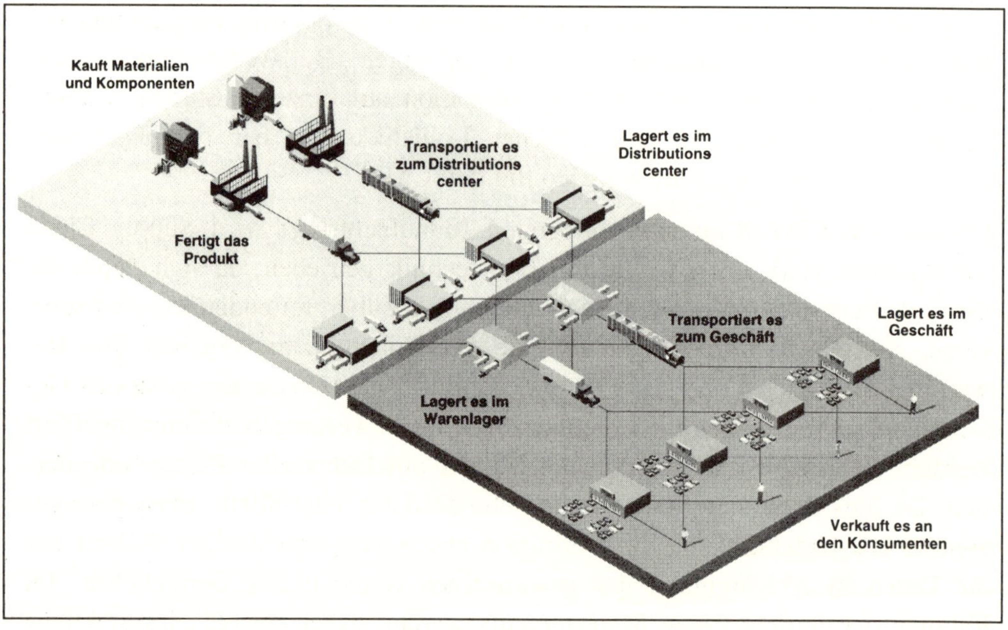

Abbildung 2: Unternehmensübergreifende Supply Chain

Supply Chain Management (SCM) betrachtet das Geflecht von aufeinanderfolgenden Unternehmen, die in der Summe die gewünschte Leistung des Endkunden erbringen (SCHEER; BOROWSKY (1999), S. 3-14). Ziel dieses unternehmensübergreifende Konzeptes ist es, die Prozesse, Organisation und EDV-Systeme mit den Unternehmenszielen abzustimmen und vom Lieferanten des Lieferanten bis zum Kunden des Kunden durchgehend zu integrieren. Die ganzheitliche Sicht auf die Logistik in den Geschäftsprozessen und Unternehmensnetzwerken hilft bei der Realisierung einer verkürzten "time to market" und verlässlicher kurzer Lieferzeiten ebenso, wie beim Abbau der Bestände entlang der Wertschöpfungskette.

Das Controlling unternehmensübergreifender Geschäftsprozesse (Supply Chain Controlling) hat die Aufgabe, sich mit der Zielsetzung, Planung und Steuerung sowie der Informationsversorgung der Supply Chain Manager zu befassen und durch Koordinationen dieser Aktivitäten eine zielgerichtete Regelung der Lieferkette zu gewährleisten. In diesem Sinne ermöglicht das Supply Chain Management Transparenz über aktuelle Bestände und Kapazitäten in allen Standorten durch Online-Vernetzung. Dadurch werden höherer Servicegrad durch Belieferung aus alternativen "Quellen", Glättung von Bedarfsschwankungen und Reduzierung des Aufschaukelns von Schwankungen (Bull-Whip-Effekt), nachvollziehbare und optimierte Auftragsallokation auf einzelne Standorte sowie verbesserte Bestimmung ganzheitlicher Logistikkosten bei Fernbelieferung gewährleistet (vgl. http://www.lis.iao.fhg.de/SCM/).

Ebenso wie CIM (Computer Integrated Manufacturing) wird Supply Chain Management stark über die Informationstechnik getrieben, da sich durch die Besonderheiten des Managements unternehmensübergreifender Geschäftsprozesse, spezielle Anforderungen an eine DV-Unterstützung ergeben. Die Bewertung der Geschäftsprozesse erfolgt verteilt. Zur Analyse des gesamten Geschäftsprozesses müssen die Ergebnisse der Teilbewertungen zusammengeführt werden. Dazu ist ein entsprechender Zugriff auf Daten aller Partner erforderlich. Da dies auch vertrauliche Unternehmensdaten einschließt, muss eine geeignete DV-Unterstützung die Definition anwendungsspezifischer Sichten auf die Daten in Abhängigkeit der gewünschten Berechtigung ermöglichen. Im Rahmen des Supply Chain Managements werden daher sowohl ein effektives Informationsmanagement als auch ein effektives Kooperationsmanagement berücksichtigt. Informationsmanagement stellt das operative Funktionieren des Informationsflusses innerhalb der Supply Chain sicher, Kooperationsmanagement hingegen garantiert das strategische Funktionieren aufgrund pareto-optimaler Zielvereinbarungen, d. h. aufgrund der Sicherstellung des Einzelnutzen aller Partner durch den Gesamtnutzen der Supply Chain. So muss jedes Unternehmen der Supply Chain jederzeit über ausreichende Informationen verfügen können. Eine bedarfsgerechte Bereitstellung von Informationen für alle Beteiligten ist daher eine unabdingbare Voraussetzung dafür, dass die Planung und Steuerung der Wertschöpfungskette den Zielen gerecht wird. Nur durch eine frühe und durchgängige Informationsbereitstellung lassen sich die Produktionsvolumina abstimmen, die Aggregation von Fertigungslosen zu enormen Größen und die Schwankung der Fertigungsvolumina im Zeitablauf vermeiden – dies gilt insbesondere für Unternehmen in den frühen Phasen der Wertschöpfungskette (vgl. Abbildung 3).

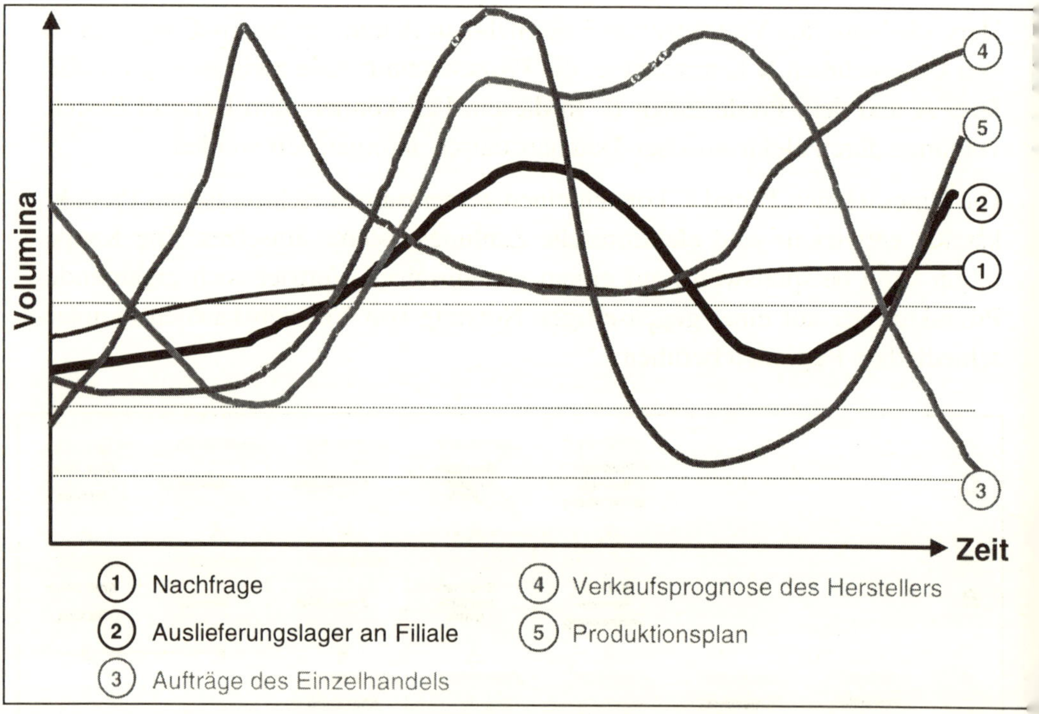

Abbildung 3: Instabilität der Logistikkette (McGUFFOG (1998))

SCM-Tools ermöglichen es Unternehmen, Einblicke in den Datenhaushalt anderer Unternehmen zu nehmen. Auf Basis dessen treffen sie ihre Entscheidungen und können über die Wertschöpfungskette in gewissem Sinne steuernd in die Prozesse der beteiligten Unternehmen eingreifen. Ein effektives Kooperationsmanagement ist daher unabdingbar. Es muss die Basis für gegenseitiges Vertrauen schaffen und in der Folge die Zusammenarbeit weiter stimulieren.

Im nachfolgenden Beispiel wird verdeutlicht, wie der Zugriff auf Informationen der kooperierenden Unternehmen in der Wertschöpfungskette aussehen kann und welche Voraussetzungen für ein unternehmensweites Vertrauen dies mit sich bringt.

In Abbildung 4 sind die Wertschöpfungsketten von drei Unternehmen A, B und C dargestellt. Unternehmen A sei ein Zulieferer von Unternehmen B. Die Unternehmen B und C produzieren Konsumgüter und sind Vertriebspartner. Die Hervorhebung des Vertriebs von Unternehmen A und der Beschaffungslogistik von Unternehmen B kennzeichnet die Prozessschnittstelle zwischen dem Zulieferer A und dem Produzenten B. In diesem Fall können zum Beispiel Bestellvorgänge durch elektronischen Datenaustausch automatisiert werden.

Die Unternehmen B und C können einen gemeinsamen elektronischen Produktkatalog entwickeln und elektronische Zahlungssysteme einsetzen. Die Kooperation kann beispielsweise auf einem gemeinsamen Vertrieb sich ergänzender Produkte oder auf einer gegenseitigen Nutzung von Vertriebskanälen in unterschiedlichen Regionen beruhen.

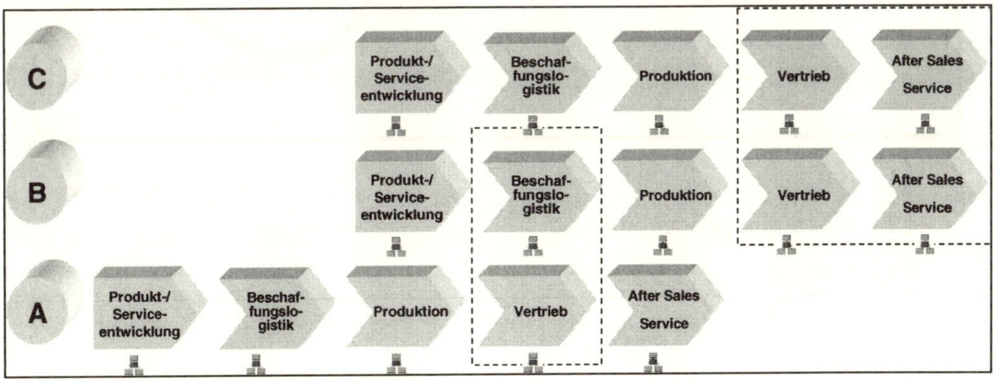

Abbildung 4: Geschäftsprozesse in Unternehmen

An der Schnittstelle zwischen den Unternehmen entspricht die Qualitätskontrolle beim Wareneingang der Endkontrolle des Produktes beim Lieferanten. Beide Kontrollen sollen sicherstellen, dass das fremdbezogene Teil bzw. das Verkaufsteil bestimmte Qualitätsanforderungen erfüllt. Wird zur Unterstützung des operativen Vertriebs- bzw. Beschaffungsprozesses eine Business-to-Business-Anwendung eingeführt, so setzt diese voraus, dass die Unternehmung A der Unternehmung B Zugriff auf ihr operatives System via Internet gewährt. Über eine entsprechend konfigurierte Internetapplikation und unter Einhaltung von Sicherheitsstandards kann Unternehmung B die Prüfberichte der Qualitätskontrolle bei A abrufen. Unternehmen A erhält eine Zugangsberechtigung zu dem Produktionsplanungs- und -steuerungssystem der Unternehmung B und ist dadurch in der Lage, mittelfristig die Bedarfe der Unternehmung A exakt in der eigenen Produktionsplanung zu berücksichtigen. Die Qualitätsprüfung beim Wareneingang von B kann somit entfallen, da jederzeit auf die Prüfberichte bei A zugegriffen werden kann. Dies ist jedoch nur möglich, wenn zuvor ein entsprechendes Vertrauensverhältnis zwischen diesen Partnern geschaffen wurde.

Als praktisches Anwendungsbeispiel für ein innovatives Supply Chain Management-Hilfsmittel kann das Supply-Chain Operations Referencemodel (SCOR) herangezogen werden. Die Ziele von SCOR sind die Entwicklung eines branchenübergreifenden Referenzmodells für SCM, die Definition von Standards für SCM sowie ein Benchmarking von SCM-Konzepten in Unternehmen. Die Definition dieser allgemeingültigen Referenzmodelle für das Supply Chain Management wird vor allem durch den Supply Chain Council (http://www.supply-chain.org) forciert. Der Supply Chain Council ist eine 1996 in den USA gegründete internationale non-profit Initiative, in der sich mittlerweile über 500 Unternehmen und Institutionen zusammengeschlossen haben. Mit dem SCOR-Modell werden einheitliche, vergleichbare und bewertbare Prozessmodelle von Supply Chains erstellt. Neben allgemeinen Supply Chain Management Prozessen sind in SCOR Benchmarks und Best Practice Analysen, basierend auf Best-in-Class-Umsetzungen, enthalten. Ferner wird SCOR zum Abgleich von Softwarefunktionalität mit den Prozessen verwendet. Zur Unterstützung liefert SCOR weiter ein Supply Chain Rahmenwerk und allgemeine Metriken zur Messung der Prozessperformance.

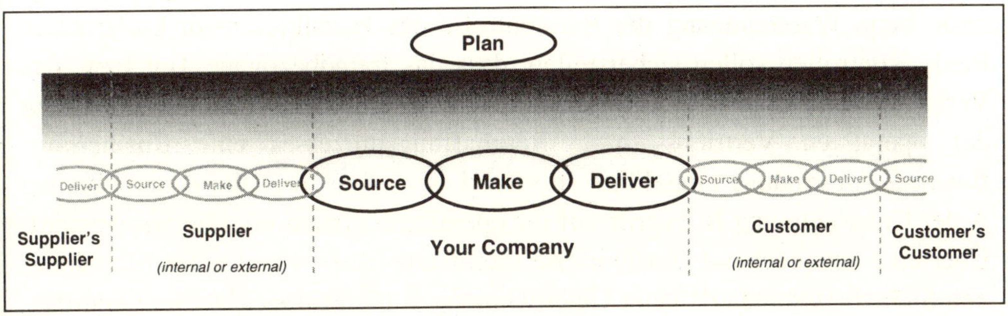

Abbildung 5: SCOR Management Prozesse in der Supply Chain

Das Modell der integrierten Supply Chain in SCOR beinhaltet die gesamte Kundeninteraktion, vom Auftragseingang bis zum Zahlungseingang, alle Materialbewegungen und -transformationen sowie jegliche Marktinteraktion vom Rohstofflieferanten bis zur Produktauslieferung an den Endverbraucher. Diese Interaktionen und Tätigkeiten unterteilt das SCOR-Modell in die vier Managementprozesse: Planen (plan), Beschaffen (source), Herstellen (make) und Vertreiben (deliver).

5. Process Performance Management

Seit den ersten Bemühungen um eine informationstechnologische Unterstützung betrieblicher Entscheidungsträger in den 60er Jahren, wurden eine Fülle von Methoden und Werkzeugen dafür entwickelt. Managementinformationssysteme (MIS) entstanden in den 60er Jahren, Entscheidungsunterstützungssysteme (EUS) bzw. Decision Support Systems (DSS) wurden in den 70er Jahren entwickelt und Führungsinformationssysteme (FIS) bzw. Executive Information Systems (EIS) kamen in den 80er Jahren auf. Die 90er Jahre wurden durch neue Konzepte und Begrifflichkeiten wie Data Warehouse, On-Line Analytical Processing (OLAP) und Data Mining geprägt. All den aufgeführten Systemgattungen ist gemein, dass jeweils die Informationsversorgung betrieblicher Fach- und Führungskräfte zu Analysezwecken im Vordergrund steht. Daher wird vereinzelt auch der Oberbegriff „analytische Informationssysteme“ verwendet. Durchzusetzen scheint sich allerdings mittlerweile der hauptsächlich von Softwareherstellern geprägte Begriff der „Business Intelligence“.

Das Performance Management stellt den Teilbereich des Business Intelligence dar, der sich mit der Messung, Bewertung und Verbesserung der Leistung betriebswirtschaftlich-organisatorischer Objekte befasst. Auch Geschäftsprozesse sind zu diesen Objekten zu zählen.

Wenn heute Unternehmen betriebswirtschaftliche Standardsoftware zur Unterstützung ihrer Prozesse einsetzen, steht dabei die Beschleunigung von Abläufen und die Einsparung von Kosten im Vordergrund. Wollen sie nach der Einführung der Software ihre Prozesse kontinuierlich verbessern, ergibt sich die Schwierigkeit, dass die bisher verfügbaren Anwendungssysteme keine ausreichenden Informationen liefern, welche zur Prozessanalyse geeignet sind.

Die Anpassung der Organisationsstruktur und der betrieblichen Abläufe gehört für alle Unternehmen zu den permanenten Herausforderungen des Wettbewerbs. Zur Unterstützung der schnellen und effizienten Abwicklung des Geschäftsbetriebes werden dazu ständig neue Informationssysteme entwickelt und eingesetzt. Für die Untersuchung des Veränderungsbedarfes und der Einführung der neuen Systeme existieren mittlerweile Werkzeuge, die helfen, Verbesserungspotentiale aufzudecken, Geschäftsprozesse abzubilden und später auf deren Basis Standardsoftwarelösungen einzuführen. Diese unterstützen den Prozess von der Zielformulierung über die Schwachstellenanalyse bis hin zur Einführung des Informationssystems. Eine Rückkopplung von Ausführungsdaten zur Zielebene ist bisher aber noch nicht realisiert, so dass eine kontinuierliche Prozessverbesserung erschwert wird. Da heutzutage die meisten Unternehmen ERP-Systeme zur Unterstützung ihrer Geschäftsprozesse eingeführt haben, sind sie prinzipiell in der Lage aus diesen Softwaresystemen Daten für betriebsübergreifende Controllinganwendungen zu generieren, indem durch geeignete Werkzeuge die Leistung von softwaregestützten Prozessen gemessen und bewertet werden. Durch die Auswertung der während der Laufzeit eines Softwaresystems erzeugten Daten, können prozessbezogene Leistungsdaten wie Durchlaufzeiten, Prozessdurchsatz, Prozessqualität und Häufigkeiten der Durchläufe erhoben und in Form von Kennzahlen für das Controlling aufbereitet werden. Durch den Rückfluss von Informationen aus den unternehmensübergreifenden Prozessen in die Planungs- und Kontrollebene, kann überprüft werden, ob die Prämissen der Planung richtig sind, die geplanten Prozessdurchführungszeiten eingehalten werden, die veranschlagten Prozesskosten über- oder unterschritten werden, die Prozesskapazitäten dem anfallenden Arbeitsaufkommen entsprechen und an welcher Stelle des Prozesses Engpässe liegen oder Störungen auftreten.

Dieses sogenannte „Process Performance Monitoring" kann jedoch nicht durch eine Erweiterung der jeweiligen bestehenden Softwarepakete um eine Monitoring-Komponente erreicht werden, da eine solche Lösung den Nachteil hätte, dass über Systemgrenzen hinweg verlaufende Prozesse nicht verfolgt werden können. Daher ist ein unabhängiges systemübergreifendes Performance-Monitoring-System für das Controlling unternehmensübergreifender Prozesse erforderlich. Diese Lösung zeichnet sich durch einen übergreifenden Ansatz zur Überwachung und Verbesserung der Prozessleistungen aus. Zum Controlling von Geschäftsprozessen können dadurch Informationen aus verschiedenen Anwendungssystemen genutzt werden. Dabei können Schnittstellen zwischen Anwendungen zur Außendienstunterstützung, Supply-Chain-Management-Systemen und ERP-Systemen zur Auftragssteuerung und -abrechnung existieren. Die Herausforderung eines Systems zum Geschäftsprozesscontrolling und damit zur kontinuierlichen Prozessverbesserung ist es, in heterogenen Anwendungslandschaften Prozesse von Anfang bis Ende verfolgen zu können. Da operative Anwendungen keine Standardschnittstellen bieten, aus denen prozessbezogene Leistungsdaten ausgelesen werden können, ist es erforderlich, ein solches System flexibel genug zu gestalten, um sich den verschiedenen Anwendungen anzupassen (vgl. Abbildung 6).

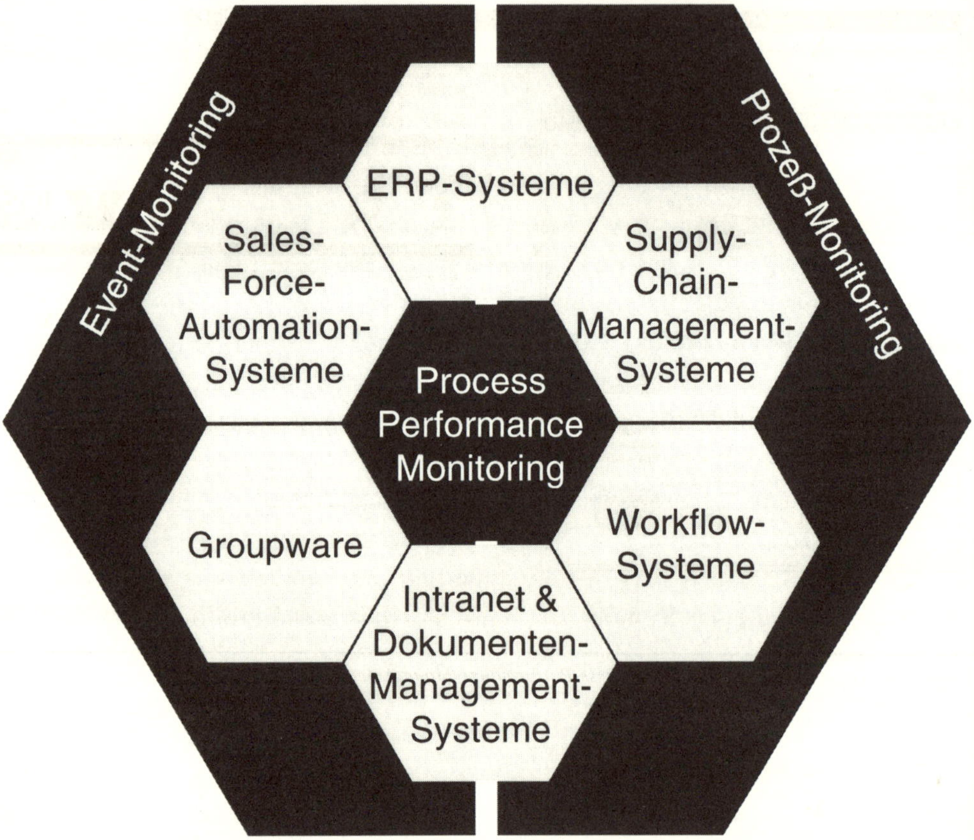

Abbildung 6: Mögliche Quellen betrieblicher Leistungsdaten

Process Performance Management umfasst also den Aufbau einer validen Datenbasis, die Klärung relevanter Kennzahlen und Zielvorgaben, die Analyse der zur Verfügung gestellten Daten und die Visualisierung der Ergebnisse (vgl. Abbildung 7). Aus den gewonnenen Erkenntnissen müssen Konsequenzen gezogen werden und Verbesserungsmaßnahmen folgen.

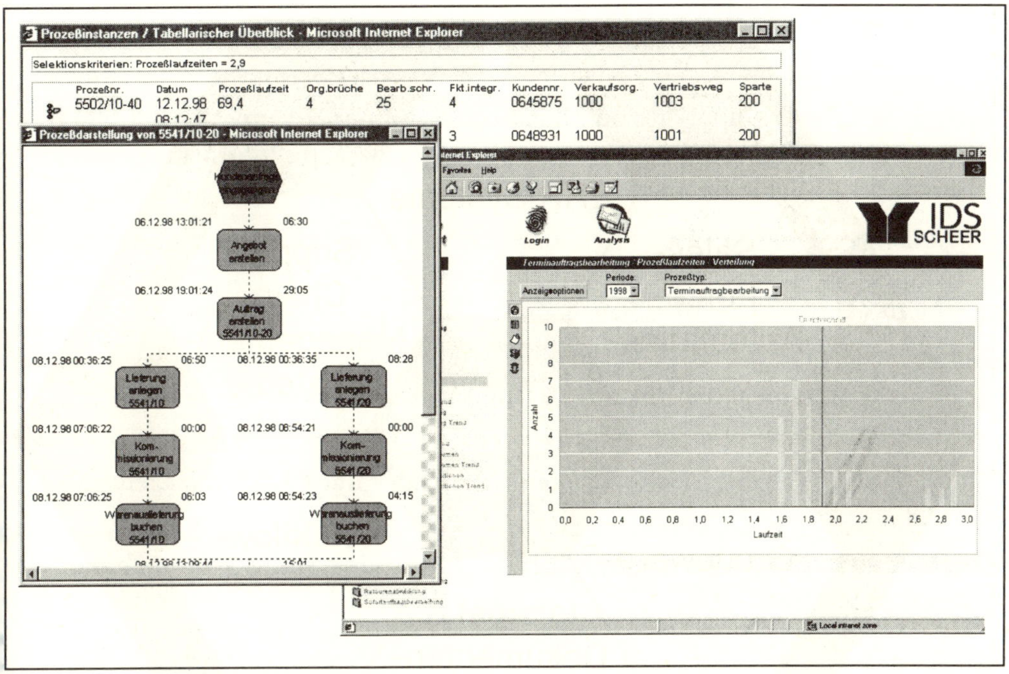

Abbildung 7: *Visualisierung des Process-Performance-Management*

6. Zusammenfassung

In diesem Beitrag wurden die veränderten Anforderungen an ein unternehmensübergreifendes Geschäftsprozesscontrolling dargestellt. Hierbei wurden verschiedene Managementansätze und Softwaretools vorgestellt, die geeignet sind, diese Herausforderungen zu bewältigen. Die unternehmensübergreifende Zusammenarbeit wird in Zukunft weiter zunehmen. Sie kann bei globaler Ausrichtung der Märkte jedoch nur mit Unterstützung von modernen Informations- und Kommunikationssystemen effizient durchgeführt werden.

Literaturverzeichnis

BOTHE, M. (1998), Supply Chain Management – Ein innovatives Logistikkonzept für die ganzheitliche Planung der Supply Chain, in: Information Management & Consulting, 13 (1998) 3, S. 34.

HIRSCHMANN, P (1996), Wertorientiertes Management unternehmensübergreifender Geschäftsprozesse, in: Berkau, C.; Hirschmann, P. (Hrsg.): Kostenorientiertes Geschäftsprozessmanagement, München, 1996, S. 229ff.

KUHN, A.; HELLINGRATH, B.; KLOTH, M. (1998), Anforderungen an das Supply Chain Management der Zukunft, in: Information Management & Consulting, 13 (1998) 3, S. 7-13.

MCGUFFOG, T. (1998), Electronic Commerce and Value Chain Management, 1998.

PRTM (1997), Integrated Supply-Chain Benchmarking Study, Pittiglio Rabin Todd & McGrath , 1997.

SCHEER, A.-W.; BOROWSKY, R. (1999), Supply Chain Management - die Antwort auf neue Logistikanforderungen, in: H. Kopfer, Chr. Bierwirth (Hrsg.): Logistik Management - Intelligente I+K Technologien, Berlin et al., 1999, S. 3-14.

SCHEER, A.-W. (1997), Wirtschaftinformatik. Referenzmodelle für industrielle Geschäftsprozesse, Siebte Auflage, Berlin, 1997.

SCHÖNSLEBEN, P. (1998), Integrales Logistikmanagement: Planung und Steuerung von umfassenden Geschäftsprozessen, Berlin et al. , 1998.

SUPPLY CHAIN COUNCIL (1998), Supply Chain Operations Reference-model (SCOR), Version 3, URL: http://www.supply-chain.org/downloads/scorv3.zip, (1998-12-07).

WIENDAHL, H.-P.; HÖBIG, M.; KUHN, A.; KLOTH, M.; WEBER, J.; FRANKEN, M. (1998), Kennzahlengestützte Prozesse im Supply Chain Management, in: Industrie Management, 14 (1998) 6, S. 18-24.

Dr. Karl-Ludwig Kley
Finanzvorstand
Deutsche Lufthansa AG, Köln

Die externe und interne Rechnungslegung als Basis für eine offene Unternehmenskommunikation

Gliederung

1. Lufthansa - Transparente Finanzkommunikation

Die betriebswirtschaftliche Diskussion der letzten Jahre hat wieder stärker herausgearbeitet, daß die Aufgabe einer Unternehmensleitung in erster Linie die Steigerung des Unternehmenswertes und damit der Anteilsrendite ist (vgl. WEISS, S. 652). Dazu ist es erforderlich, sämtliche Aktivitäten eines Unternehmens im Hinblick auf ihre Auswirkungen auf den Unternehmenswert, der sich i.d.R. im Aktienkurs widerspiegelt, zu beurteilen. Voraussetzung hierfür ist eine entsprechende Ausgestaltung der internen Unternehmenssteuerung.

Grundlage für die Anlageentscheidungen von Investoren ist aber nicht nur die Existenz eines solchen Steuerungssystems. Sie müssen es auch kennen. Die Kommunikation mit den Investoren und ihre Information über die Steuerungsmechanismen werden damit zu einer Voraussetzung für die Übertragung von unternehmerischen Wertsteigerungsmaßnahmen in die Aktienkursbildung.

Kommunikation ist daher ein wichtiger Bestandteil der Finanzstrategie eines Unternehmens. In diesem Zusammenhang soll unter dem Begriff der Kommunikation die auf den Daten des Rechnungswesens basierende Finanzkommunikation verstanden werden. Finanzkommunikation ist die Bereitstellung und der Austausch von Informationen zur Einschätzung der Finanz- und Ertragskraft eines Unternehmens. Entsprechend stehen als Zielgruppen insbesondere aktuelle und potentielle Aktionäre (sowohl institutionelle Anleger als auch Kleinaktionäre) sowie als deren Vertreter die Finanzanalysten und die Wirtschaftspresse im Vordergrund.

Lufthansa hat vor diesem Hintergrund 1998 begonnen, Transparenz als Wesensmerkmal seiner Finanzkommunikation herauszustellen. Damit werden die aus den Principal-Agent-Ansätzen der Wirtschaftstheorie abgeleiteten Interessen- und Informationsasymmetrien zwischen Geschäftsleitung und Anlegern zumindest gemildert, wenn nicht gar vermieden (vgl. GÜNTHER, S.362). Diese Offenheit findet ihre Grenzen lediglich in restriktiv interpretierten wettbewerbsrelevanten Informationen sowie vereinbarten Vertraulichkeiten.

Die Finanzkommunikation nach außen wird dabei so gestaltet, daß alle Aktionäre und Finanzanalysten in gleichem Umfang informiert werden. Eine Differenzierung beispielsweise des Detaillierungsgrades der Berichterstattung nach den unterschiedlichen Interessen und Bedürfnissen der einzelnen Adressatenkreise steht diesem Grundsatz nicht entgegen.

Die Transparenz der wirtschaftlichen Leistungsfähigkeit der Lufthansa wird aber nicht nur durch Umfang und Qualität der bereitgestellten Informationen, sondern auch durch deren Vergleichbarkeit mit den entsprechenden Daten anderer Unternehmen, insbesondere konkurrierender Fluggesellschaften, bestimmt. Diese Vergleichbarkeit stellt Lufthansa durch die Anwendung internationaler Rechnungslegungsstandards und die strikte Einhaltung der entsprechenden Vorschriften sicher.

Zudem wird die Transparenz dadurch gesteigert, daß die vom Management des Unternehmens verfolgten Strategien der wertorientierten Unternehmenssteuerung an für den externen Berichtsadressaten nachvollziehbaren Erfolgsgrößen ausgerichtet werden. Zur Erreichung dieses Ziels ist eine möglichst weitgehende Harmonisierung von interner und externer Rechnungslegung unabdingbar.

Durch die Verwendung einheitlicher Berichtsgrößen für das interne und externe Rechnungswesen wird auch die Möglichkeit geschaffen, die Leistung der Mitarbeiter nach den gleichen, am Unternehmenswert orientierten Maßstäben zu messen, die von den Investoren und Finanzanalysten zur Beurteilung des Unternehmens herangezogen werden.

2. Das Rechnungswesen als Basis für die Finanzkommunikation

2.1 Das externe Rechnungswesen

2.1.1 Umstellung auf IAS

Die Anwendung deutscher Rechnungslegungsvorschriften steht der Erreichung der vorgenannten Ziele eher entgegen. Insbesondere das am Gläubigerschutz orientierte Vorsichtsprinzip führt vielfach zu einer Verzerrung der wirtschaftlich tatsächlich erzielten Ergebnisse. Deshalb hat die Deutsche Lufthansa AG für das Geschäftsjahr 1998 erstmalig einen gemäß § 292a HGB befreienden Konzernabschluß nach den International Accounting Standards (IAS) aufgestellt.

Die Entscheidung der Lufthansa zugunsten der IAS und gegen die Anwendung der US-GAAP ist vor allem mit der globalen Ausrichtung der durch ein international besetztes Gremium formulierten IAS zu begründen. Während die US-GAAP stark durch das sozioökonomische und kulturelle Umfeld der USA beeinflußt sind, versuchen die IAS unterschiedlichen nationalen Gegebenheiten Rechnung zu tragen. Schließlich sind auch die Gestaltungsmöglichkeiten internationaler und damit auch deutscher Interessengruppen im Rahmen der Verabschiedung neuer Standards durch das International Accounting Standards Commitee (IASC) zu berücksichtigen (vgl. KLEY, S. B 1).

Die strikte Anwendung der IAS führt gegenüber der Rechnungslegung nach HGB zu einer höheren Transparenz und damit Vergleichbarkeit der Informationen über die finanzielle Unternehmenssituation, da die IAS an den Informationsinteressen des Kapitalmarktes ausgerichtet sind. Die Darstellung der tatsächlichen wirtschaftlichen Leistungsfähigkeit des Unternehmens ("true and fair view") steht eindeutig im Vordergrund. Folglich spielt das Vorsichtsprinzip eine nur gleichgeordnete Rolle. Aufgrund des fehlenden Maßgeblichkeitsgrundsatzes kommt eine steuerlich motivierte Bilanzierung nicht in Betracht.

Im Sinne einer besseren Vergleichbarkeit - sowohl zwischenbetrieblich als auch im Zeitablauf - sind Bilanzierungs- und Bewertungswahlrechte erheblich eingeschränkt und bedürfen einer entsprechenden Offenlegung und Erläuterung. Ansatz- und Bewertungsstetigkeit haben einen sehr hohen Stellenwert.

Der anlegerorientierten Ausrichtung von Abschlußinformationen dient auch der Grundsatz "substance over form", wonach Sachverhalte nicht primär nach der zugrunde liegenden rechtlichen Gestaltung, sondern nach ihrem wirtschaftlichen Gehalt abzubilden sind. Dies hat beispielsweise bei der Lufthansa für die Bilanzierung von Leasingverhältnissen eine erhebliche Bedeutung.

Dementsprechend erfolgt grundsätzlich eine an betriebswirtschaftlichen Gesichtspunkten orientierte Bewertung der Vermögenswerte und Schulden sowie eine den tatsächlichen Verhältnissen folgende Periodisierung von Aufwendungen und Erträgen. Dies gilt z.B. für die generelle Umrechnung aller monetären Fremdwährungsposten zum Stichtagskurs und die Bewertung aller längerfristigen Verbindlichkeiten (einschließlich Rückstellungen) zum Barwert der erwarteten künftigen Ausgaben. Die anzuwendenden Bewertungsgrundsätze für Anlagevermögen, Vorräte etc. schließen die Bildung stiller Reserven weitestgehend aus. Rückstellungen werden nur für wahrscheinliche und nicht auch für mögliche Verpflichtungen angesetzt. Des weiteren seien in diesem Zusammenhang die unter bestimmten Voraussetzungen bestehende Pflicht zur Aktivierung selbst erstellter immaterieller Vermögenswerte des Anlagevermögens (z.B. Software) und die Teilgewinnrealisierung bei Fertigungsaufträgen erwähnt.

Die Angabe- und Erläuterungspflichten sind als Konsequenz der im Vordergrund stehenden Informationsfunktion deutlich umfassender als nach dem HGB.

Durch die Bilanzierung nach den IAS wird der Konzernabschluß der Lufthansa weltweit mit den IAS-Abschlüssen anderer Konzerne vergleichbar. Für das Geschäftsjahr 1999 werden neben der Lufthansa voraussichtlich zwölf Unternehmen aus dem DAX-30 ihren Konzernabschluß nach den IAS erstellen (Adidas-Salomon, Allianz, Bayer, BMW, Henkel, Hoechst, MAN, Münchner Rück, Preussag, RWE, Schering, Viag). Insbesondere die Durchführung branchenspezifischer Vergleiche mit anderen, ebenfalls nach IAS bilanzierenden Fluggesellschaften wird erleichtert. So erstellen bereits SAir Group, Air France, Finnair und SAS ihre Konzernabschlüsse nach den Vorschriften der International Accounting Standards.

Nach Abschluß der Zusammenarbeit zwischen IASC und der internationalen Organisation der Börsenaufsichtsbehörden (IOSCO) zur Realisierung der weltweiten Börsenzulassung für IAS-Abschlüsse ist bei strikter Anwendung aller vorliegenden IAS eine weitestgehende Vergleichbarkeit mit den nach US-GAAP erstellten Abschlüssen erreicht. Dies ist für Lufthansa insbesondere im Hinblick auf die nach US-GAAP bilanzierenden US-amerikanischen Fluggesellschaften von Bedeutung. Darüber hinaus ist zu erwarten, daß andere nationale Richtliniengeber ihre jeweiligen Rechnungslegungsvorschriften verstärkt den IAS annähern werden und auch insofern die internationale Vergleichbarkeit von Abschlüssen verbessert wird.

Die Erfahrungen im Zusammenhang mit dem erstmals nach den Vorschriften des IASC erstellten Lufthansa-Konzernabschluß für das Jahr 1998 haben gezeigt, daß noch bei vielen Finanzanalysten ein zusätzliches Informationsbedürfnis hinsichtlich einzelner Details der IAS besteht. Dies mag zum Teil auch durch die besonderen, aufgrund der erstmaligen Anwendung der IAS erforderlichen retrospektiven Anpassungsmaßnahmen begründet sein. Vor diesem Hintergrund stellen die Finanzanalysten eine wesentliche Zielgruppe für die weitere Informationspolitik des IASC dar.

2.1.2 Der Geschäftsbericht

Der Geschäftsbericht wird von Lufthansa in erster Linie als Instrument bzw. Medium der Finanzkommunikation des Unternehmens nach außen angesehen. Eine Zweckentfremdung des Geschäftsberichtes als "verdeckte" Werbebroschüre wird es bei Lufthansa auch künftig nicht geben.

So wird der Leser auf jeweils dem aktuellen Modetrend folgende Farbgebungen im Bericht ebenso verzichten müssen wie auf das Umsetzen der Seitenzahlen von außen nach innen, nicht aber auf die sachgerecht strukturierte Darstellung entscheidungsrelevanter Informationen. Lufthansa will im Rahmen der externen Berichterstattung die Werte zum Ausdruck bringen, für die der Konzern auch gegenüber seinen Kunden steht, nämlich Zuverlässigkeit, Solidität, Qualität und Kundenorientierung. Dies verlangt eine an der Bedeutung der zu beschreibenden Sachverhalte ausgerichtete und im Zeitablauf stetige Darstellung. Eine veränderte Gewichtung, die Aufnahme weiterer Informationen oder der Verzicht auf die Veröffentlichung bisher genannter Sachverhalte darf ausschließlich sachlich begründet sein.

In den Geschäftsjahren vor 1998 hat Lufthansa die externe Berichterstattung weitgehend auf das laut Gesetz erforderliche Maß beschränkt. Die Veröffentlichung finanzieller Informationen wird künftig weiter ausgebaut. Dabei gilt es im Rahmen eines interaktiven Prozesses zwischen Unternehmen und Abschlußadressaten die Informationsbedürfnisse zu identifizieren, die sinnvollerweise zu befriedigen sind. Im Hinblick auf die Anfragen der Analysten zum Geschäftsbericht 1998 werden künftig beispielsweise zusätzliche Erläuterungen zu der die Finanzsituation des Konzerns darstellenden Kapitalflußrechnung oder zur Herleitung des in den IAS so nicht vorgesehenen "operativen Ergebnisses" gegeben. Dagegen werden Anfragen, die eher aus individueller Neugier begründet sind, wegen fehlender Relevanz nicht zu einer entsprechend geänderten Darstellung im Geschäftsbericht führen.

Auch dem Ausblick auf künftige Entwicklungen wird Lufthansa ein höheres Gewicht beimessen. Dadurch wird nicht nur den Anforderungen des KonTraG in bezug auf die Offenlegung von Risiken der künftigen Entwicklung (vgl. § 315 Abs. 1 HGB), sondern auch den Erwartungen der Abschlußadressaten hinsichtlich einer vermehrt prospektiven Betrachtung wesentlicher Erfolgsfaktoren, wie beispielweise erwartete Entwicklung der Fluggastzahlen, Perspektiven der bestehenden Airline-Kooperation "Star Alliance" u.a., entsprochen.

2.1.3 Zwischenberichte

Die auf Lufthansa gerichteten Informationsbedürfnisse sind traditionell durch die Kernaktivität des Konzerns, den Luftverkehr, geprägt. Um diesem Bedarf der externen Adressaten gerecht zu werden, werden monatlich luftverkehrsspezifische Leistungsdaten, d.h. Angaben zu angebotener und abgesetzter Kapazität der Luftverkehrsgesellschaften im Konzern, veröffentlicht. Eine sorgfältige Kommentierung soll dabei Fehleinschätzungen der quantitativen Angaben vermeiden. Des weiteren werden quartalsweise Zwischenberichte nach den geltenden Rechnungslegungsvorschriften des IASC erstellt. Beginnend mit dem ersten Quartal des laufenden Geschäftsjahres hat Lufthansa ihre Quartalsberichte grundlegend überarbeitet und der Darstellungsform des Geschäftsberichtes angepaßt. Weitere inhaltliche Verbesserungen der Quartalsberichte insbesondere hinsichtlich der Darstellung künftiger Entwicklungen sind vorgesehen.

2.2 Das interne Rechnungswesen

2.2.1 Ansatzpunkte für eine Konvergenz von internem und externem Rechnungswesen im Lufthansa-Konzern

Im Bereich des internen Rechnungswesens der Lufthansa kann zwischen Erfolgsrechnungen einerseits und Prozeßsteuerungsrechnungen andererseits unterschieden werden. Während die internen Erfolgsrechnungen vorwiegend auf bilanziellen Ist-Werten basieren, sind zum Zwecke der operativen Steuerung auch Prognosedaten bzw. Erwartungswerte erforderlich. Die von der Lufthansa angestrebte Konvergenz zwischen internem und externem Rechnungswesen wird sich, was das interne Berichtswesen anbelangt, vorwiegend auf die internen Erfolgs- bzw. Wertsteigerungsrechnungen konzentrieren (vgl. BRUNS,

S. 595). Die Unabdingbarkeit der externen Rechnungslegung setzt dabei eine Annäherung der internen an die externe Berichterstattung voraus (vgl. KÜTING/LORSON (1998a), S. 471; s.a. KÜPPER, S. 155 ff.).

Das interne Betriebsergebnis errechnet Lufthansa zur Zeit nach Maßgabe der handelsrechtlichen Rechnungslegungsvorschriften unter Berücksichtigung einzelner kalkulatorischer Posten sowie dem neutralen Ergebnis zuzurechnenden Aufwendungen und Erträgen. Die kalkulatorische Korrekturen ergeben sich dabei im wesentlichen bei Abschreibungen und Wartungskosten für eigene Flugzeuge sowie Aufwendungen für im Rahmen von Finanzierungsleasing angemieteten Flugzeugen. Dem neutralen Ergebnis werden u.a. Gewinne und Verluste aus Anlageabgängen, Neubewertungen der Pensionsrückstellungen aufgrund geänderter Rechtsvorschriften, Erträge aus Rückstellungsauflösungen, ergebniswirksame Veränderungen steuerlicher Sonderposten, Auswirkungen aus der Stichtagsbewertung von Treibstoffsicherungsgeschäften sowie die Bildung bestimmter Aufwandsrückstellungen zugerechnet.

Die Erstellung des Konzernabschlusses nach IAS ermöglicht eine weitgehende Annäherung von internem und externem Rechnungswesen, da die Geschäftsvorfälle nach IAS in einer wirtschaftlich zutreffenden und damit auch für die interne Berichterstattung adäquaten Weise abgebildet werden.

Wesentliche Ansatzpunkte für eine Annäherung des internen Berichtswesens an die IAS-Rechnungslegung sind u.a. die Bewertung von Pensionsrückstellungen, die Abschreibungen auf eigene Flugzeuge, die Behandlung von im Wege des Finanzierungsleasing genutzten Flugzeugen sowie die Teilrealisierung bei längerfristigen Fertigungs- oder Dienstleistungsaufträgen. Auch das nach IAS bestehende Bilanzierungsverbot für steuerlich begründete Sonderposten sowie die realitätsnähere Bewertung von Rückstellungen entsprechen prinzipiell den Anforderungen des internen Berichtswesens.

Ziel der Lufthansa ist es, das für interne Zwecke ermittelte interne Betriebsergebnis mit dem gemäß IAS 14 im Konzernabzuschluß darzustellenden betrieblichen Ergebnis der Segmentberichterstattung – abgesehen von einigen wenigen Überleitungspositionen – gleichzusetzen. Nach Abschluß der Harmonisierungsmaßnahmen verbleibende Abweichungen zwischen externem und internem Betriebsergebnis werden sich dabei auf Technikaufwendungen für die Großüberholung von Flugzeugen, Erträge aus Rückstellungsauflösungen, Buchgewinne und -verluste aus Anlageabgängen und die Stichtagsbewertung von Treibstoffsicherungsgeschäften beschränken. Durch eine entsprechende Erläuterung dieser Posten im Geschäftsbericht wird Lufthansa das interne Betriebsergebnis für die externen Berichtsadressaten nachvollziehbar herleiten. Dies ermöglicht eine auf identischen bzw. unmittelbar vergleichbaren Erfolgsgrößen basierende Finanzkommunikation des Konzerns nach innen und außen.

2.2.2 Das neue Wertsteigerungskonzept der Lufthansa

Lufthansa hat bereits in der Vergangenheit die Erfolgs- bzw. Wertsteigerungsrechnungen zum Zwecke der Konzernsteuerung ständig weiterentwickelt. Bezüglich der verwendeten Ergebnisgrößen führte dieser Prozeß von der Umsatzrendite hin zur Kapitalrendite. Seit 1997 werden die Zielergebnisse des Konzerns aus einer Anlegerrendite von 12% auf Basis des Capital Asset Pricing Model (CAPM) abgeleitet. Intern wurden dabei die Ergebnisziele unter Verwendung einer modifizierten Gesamtkapitalrendite, in der bereits unverzinsliches Fremdkapital sowie die Kapitalisierung der Leasingverpflichtungen analog zu IAS 17 berücksichtigt werden, festgelegt.

Neben der Restprivatisierung der Lufthansa im Oktober 1997 waren u.a. die mit der Deregulierung der Kapitalmärkte einhergehende zunehmende Mobilisierung des Kapitals, die wachsende Bedeutung institutioneller Anleger und die sich aus der Konzernrechnungslegung nach IAS ergebenden Möglichkeiten für eine weitgehende Konvergenz von externem und internem Rechnungswesen ausschlaggebend für eine erneute Überprüfung des Steuerungssystems.

Das 1999 neu konzipierte Wertsteigerungskonzept der Lufthansa soll grundsätzlich das Kalkül der Investoren in die Steuerung des Konzerns und vor allem auch in die Steuerung der sieben Geschäftsfelder des Aviation-Konzerns übertragen. Ziel des Ansatzes ist es, Denken und Handeln des Managements mit den Anforderungen und Sichtweisen der Investoren weitestgehend in Übereinstimmung zu bringen (vgl. ENGLERT/SCHOLICH, S. 684). Das neue Steuerungskonzept basiert auf einer Cash flow-Betrachtung. Ausgangspunkt für den nach der derivativen Methode ermittelten Cash flow ist das für die einzelnen Geschäftsfelder bzw. Konzerngesellschaften ermittelte interne Betriebsergebnis. Steuerungskennzahlen dieses Systems sind der Cash Flow Return on Investment (CFROI) als eine relative Rendite-Größe und der Cash Value Added (CVA) als eine absolute Übergewinngröße. Insbesondere die Verwendung des CVA, der die Wertorientierung im Sinne der Erwirtschaftung mindestens der risikoadäquaten Kapitalkosten unmittelbar zum Ausdruck bringt, stellt eine signifikante Erweiterung des Kennzahlenspektrums der Lufthansa dar. Ab dem Jahr 2001 sollen die Zielergebnisse für die einzelnen Geschäftsfelder und die diesen zugeordneten Konzerngesellschaften erstmals nach dem CVA als zentrale Steuerungsgröße ermittelt und die aktuellen Ergebnisse daran gemessen werden.

Ein wesentliches Element des neuen Steuerungssystems ist die Übertragung des Risiko-Rendite-Kalküls in die Steuerung der einzelnen Geschäftsfelder. Da bisher mit Ausnahme der Deutschen Lufthansa AG keine Konzerngesellschaft börsennotiert ist, wurden zu diesem Zweck über interne Management-Befragungen (Scoring-Modell) und intensive Studien der Beta-Faktoren vergleichbarer Unternehmen und Branchen Risikopositionen und damit risikoadäquate Eigenkapitalkostensätze für die einzelnen Geschäftsfelder und die diesen zuzuordnenden Konzerngesellschaften entsprechend dem CAPM-Ansatz ermittelt. Die für die verschiedenen Geschäftsfelder relevanten Gesamtkapitalkosten in Höhe der Weighted Average Cost of Capital (WACC) des investierten Kapitals wurden unter Berücksichtigung der im Rahmen der Steuerungskonzeption für den Konzern vorgegebenen Kapitalstruktur und Fremdkapitalkosten bestimmt. Diese Kapitalkostensätze stellen künftig die geforderte Mindestrendite für das jeweilige Geschäftsfeld dar (hurdle rates).

Die Auswahl des CFROI/CVA-Konzeptes erfolgte anhand eines Bewertungsrasters, in dem die vier Aspekte Entscheidungsorientierung, Wertorientierung, Praktikabilität sowie Nutzbarkeit für Information und Kommunikation evaluiert wurden.

Der Lufthansa-Konzern betreibt vor allem in seinen fliegenden Gesellschaften ein kapitalintensives Geschäft. Dies erfordert die Sensibilisierung des Managements für den effizienten Einsatz von Kapital, insbesondere durch Definition einer diesem Aspekt gerechtwerdenden Steuerungsgröße. So bemißt sich der Wert eines neuen Flugzeuges für Lufthansa nicht nach dessen Sachwert, sondern nach den für dieses Flugzeug geplanten und letztlich auch zu realisierenden Cash flow-Strömen.

Ein weiterer wichtiger Aspekt bei der Festlegung der künftigen Steuerungskennzahlen war das Erreichen einer möglichst weitreichenden Begrenzung von Gestaltungsspielräumen. Dies wird durch Cash flow-Größen eher sichergestellt, da bilanzielle Bewertungsflexibiltäten weitestgehend ausgeschlossen werden. Schwachpunkt der buchwertorientierten Kennzahlen wie Kapitalrendite, Return On Invested Capital (ROIC), Economic Value Added (EVA) etc. ist u.E. vor allem, daß bei einem gleichbleibenden operativen Ergebnis über den durch Abschreibungen sinkenden Buchwert des gebundenen verzinslichen Kapitals ceteris paribus eine steigende Performance ausgewiesen wird, und dies Impulse u.a. für falsche Investitionsentscheidungen liefern kann. So kann dies ggf. auch Anreize liefern, erforderliche Investitionen nicht durchzuführen.

Nicht zuletzt erhofft sich Lufthansa von einer Konzernsteuerung nach dem CFROI/CVA-Konzept eine positive Signalwirkung auf den Kapitalmarkt. Den von der Gesellschaft gesichteten, nicht veröffentlichten Studien zufolge ist kurz- und mittelfristig für den CVA von einer höheren Korrelation mit dem Marktwert des Kapitals als für den buchwertorientierten EVA auszugehen (Quelle: Wertorientierte Kennzahlen und Kapitalmarkt – Eine empirische Analyse von EVA und CVA, ein noch nicht veröffentlichtes Forschungspapier des Lehrstuhls Controlling und Logistik an der WHU Koblenz von JÜRGEN WEBER; s.a. KÜTING/LORSON (1998b), S. 500 ff.).

Das neue Steuerungskonzept sieht in einem ersten Schritt die Bestimmung der bestehenden Kapitalbindung der einzelnen Konzerngesellschaften bzw. Geschäftsfelder vor. Das gebundene Kapital wird ausgehend von der nach IAS erstellten Bilanz als Differenz aus dem Anschaffungswert des investierten Kapitals und den nicht zinspflichtigen Passiva wie beispielsweise Steuerrückstellungen und erhaltenen Anzahlungen ermittelt.

Die durch strikte Anwendung der International Accounting Standards gewährleistete realitätsnahe Bewertung der Vermögenswerte und Schulden ermöglicht in diesem Zusammenhang die Verwendung vorwiegend externer Daten für die interne Unternehmenssteuerung. Als konzeptionell wesentlicher Aspekt ist die Unterscheidung des investierten Kapitals in abschreibbare und nicht abschreibbare Aktiva hervorzuheben. In die Cash flow-Ermittlung wird eine auf das abschreibbare Vermögen bezogene ökonomische Abschreibung einbezogen. Die ökonomische Abschreibung repräsentiert den mit den WACC verzinsten Cash flow, den ein Unternehmen im Rahmen der Nutzungsdauer jährlich erwirtschaften muß, um seine Anschaffungsausgaben für abschreibbare Investitionen zurückzugewinnen. Dadurch wird sichergestellt, daß nur die über die erforderliche Kapitalwiedergewinnung hinausgehenden und als "Free Cash Flow nach

Kapitalrückgewinnung" bezeichneten Zahlungsüberschüsse eines Geschäftsfeldes Maßstab für die Messung der Leistung sind.

Im Rahmen des Strategieprozesses wird ausgehend von der ermittelten Kapitalbindung bestimmt, welchen CVA das jeweilige Geschäftsfeld erreichen soll und kann bzw. welches Kapital für die Umsetzung der vorgesehenen Strategie erforderlich ist. Aus diesen Überlegungen werden entsprechend dem Ansatz einer unternehmenswertorientierten Steuerung Investitions- bzw. Desinvestitionsstrategien abgeleitet.

In der Planungsphase erfolgt eine Überführung der strategischen Ziele in operative Planungsvorgaben. Dies umfaßt neben der Bestimmung der Ziel-Cash flow auch die Dimensionierung von Erlös- und Kostenbudgets sowie die Festlegung operativer Maßnahmen zur Zielerreichung. Als Planungshilfe dient eine Werttreibersystematik, anhand derer die CVA-Sensivität einzelner Maßnahmen verdeutlich wird.

Durch das fast ausschließlich auf IAS-Größen basierende, neue Wertsteigerungskonzept der Lufthansa soll die interne Unternehmenssteuerung den gleichen Kriterien folgen, die auch der Berichterstattung nach außen zugrunde gelegt werden.

Ein nach innen und außen konsistentes System der Unternehmensführung erfordert letztlich nicht nur eine einheitlichen Kriterien folgende Leistungsmessung, sondern ergänzend dazu ein entsprechend ausgestaltetes Vergütungskonzept. Die bereits in der Vergangenheit erfolgte Aufnahme variabler, leistungsbezogener Elemente in die Managementbezüge will Lufthansa daher sukzessive ausbauen.

2.2.3 Grenzen der Konvergenz von internem und externem Rechnungswesen

Die Umsetzung des neuen Steuerungskonzeptes der Lufthansa wird künftig zu einer weitgehenden Annäherung der internen Erfolgs- bzw. Wertsteigerungsrechnungen an die externe Rechnungslegung führen. Die angestrebte Konvergenz zwischen beiden Formen der Berichterstattung findet ihre Grenzen in der Behandlung von aperiodischen bzw. aus Unternehmenssicht ungewöhnlichen

Geschäftsvorfällen. In diesen Fällen muß die interne Erfolgsrechnung, soll die Unternehmenssteuerung glaubhaft und vor allem sachgerecht sein, von der externen Bilanzierung abweichen. In der externen Berichterstattung werden diese Abweichungen allerdings ebenfalls dargestellt, indem ein bereinigtes, in den IAS normalerweise nicht vorgesehenes operatives Ergebnis veröffentlicht wird.

Auch bleibt eine eigenständige, entscheidungsorientierte Kostenrechnung zur kurzfristigen Steuerung auf Produkt- und Geschäftsprozeßebene für den künftigen Erfolg des Konzerns unverzichtbar (vgl. KÜTING/LORSON (1998c), S. 490). So werden beispielsweise zur Gestaltung des Flugstreckennetzes der Lufthansa neben grundsätzlich vergangenheitsbezogenen Ist-Werten zusätzlich Prognose- bzw. Erwartungswerte bezüglich der Entwicklung von Passagierzahlen, Durchschnittserlösen etc. benötigt.

Die aus der externen Rechnungslegung ermittelten Erfolgsgrößen bieten, da sie vergangenheitsbezogen sind, allein keine ausreichende Datenbasis für ein effizientes Agieren innerhalb der Geschäftsprozesse. Durch Antizipation künftiger Entwicklungen werden Risiken für das Unternehmen gemindert und Ertragspotentiale genutzt. Zweck und Aufgabenstellung des internen Rechnungswesen gehen hier über den durch gesetzliche Vorschriften bzw. internationale Bilanzierungsstandards vorgegebenen Rahmen der externen Rechnungslegung hinaus.

3. Die Investor Relations-Tätigkeit der Lufthansa

3.1 Begriffliche Abgrenzung

Das Ziel einer an den Interessen des Kapitalmarktes ausgerichteten Unternehmenssteuerung, nämlich die Steigerung der Aktienrendite, wird nur erreicht, wenn die unternehmensintern ermittelten Daten zur Ertrags- und Finanzkraft dem Kapitalmarkt in qualitativ und quantitativ angemessener Form zur Kenntnis gebracht werden. Hier setzt die Arbeit von Investor Relations an. Investor Relations ist in unseren Augen eine Disziplin, die Kommunikationsexpertise und Finanz-Know how verbindet, um der Finanzgemeinde – der sogenannten

"Financial Community" – ein sachgerechtes Bild von der Leistungskraft und den Zukunftsperspektiven eines Unternehmens zu vermitteln (vgl. TSCHUGG, S. 22). Die "Financial Community" besteht im wesentlichen aus dem Unternehmen als Investitionsobjekt, dem Investor, dem vermittelnden Broker sowie den Finanzanalysten. Investor Relations ist dabei in erster Linie Erwartungsmanagement. Das Ziel besteht darin, die Finanzkommunikation des Unternehmens gegenüber den übrigen Beteiligten der zuvor definierten Gemeinschaft so zu gestalten, daß die aktuellen und potentiellen Anteilseigner umfassend über Stand und Entwicklungschancen ihrer Investition informiert werden. Durch die strikte Anwendung der IAS verbunden mit einer weitgehenden Annäherung von internem und externem Rechnungswesen und der dadurch verbesserten Transparenz der wirtschaftlichen Leistungsfähigkeit des Konzerns schafft Lufthansa die Basis für eine in diesem Sinne ausgerichtete Finanzkommunikation durch Investor Relations.

Anteilseigner und potentielle Investoren machen die eigentliche Zielgruppe der Investor Relations-Tätigkeit aus. Dabei ist sinnvollerweise zwischen Privatanlegern einerseits und institutionellen Investoren andererseits zu unterscheiden. Obwohl für beide Zielgruppen prinzipiell von gleichgerichteten Interessen und somit auch ähnlichen Informationsbedürfnissen auszugehen ist, weist ihre Ansprache jedoch erhebliche Unterschiede auf. So sind angesichts unterschiedlicher Vorkenntnisse Differenzierungen des Detaillierungsgrades und der Sprachebene erforderlich. Auch ist die Dialogintensität zwangsläufig verschieden. Während es im allgemeinen gelingt, den Informationsbedarf der instutionellen Investoren zu identifizieren und zu befriedigen, hat die Ansprache der privaten Anleger – auch aus Machbarkeitsgründen – vorrangig "Einweg"-Informationscharakter.

3.2 Grundsätze der Investor Relations-Arbeit im Lufthansa-Konzern

Wesentliche Aufgabe von Investor Relations ist die Schaffung und Aufrechterhaltung einer Vertrauensbasis zu den externen Adressaten der Finanzkommunikation. Ausschlaggebend dafür sind einerseits ein vertrauenschaffendes Auftreten der Mitarbeiter und andererseits eine zeitnahe, präzise und stringente Informationspraxis bezüglich der Entwicklung des Unternehmens. Eine intakte

Vertrauensbasis wirkt stabilisierend auf die Akteure der "Financial Community". Gerüchte verlieren ihre Wirksamkeit, übereiltes und unbegründetes Agieren der Marktteilnehmer und damit heftige Kursschwankungen werden vermieden. Dies führt zu einer verringerten Volatilität der Aktie und entsprechend niedrigeren Kapitalkosten, ein meßbarer Vorteil guter Investor Relations-Arbeit.

Eine für die externen Informationsempfänger nachvollziehbare Unternehmenssteuerung schafft Vertrauen. Das zuvor dargestellte, vornehmlich an den Interessen des Kapitalmarktes ausgerichtete Wertsteigerungskonzept der Lufthansa steht im Einklang mit diesen Anforderungen.

Aussagen und Prognosen müssen fundiert sein. Leere Versprechungen im Hinblick auf eine bessere Zukunft können vielleicht kurzfristig Schwächen überspielen, langfristig werden dadurch aber alle Bemühungen der Investor Relations-Arbeit zunichte gemacht.

Für eine effiziente Finanzkommunikation nach außen ist ein enger und kontinuierlicher Kontakt zu den Finanzanalysten unerläßlich. Durch eine gleichartige, zeitnahe und faire Kommunikation mit allen Partnern sind die Erwartungen des Marktes in einen sinnvollen Korridor zu lenken. Von diesem Erwartungskorridor abweichende Ergebnisentwicklungen sind unverzüglich in geeigneter Weise zu kommunizieren. Die unmittelbare Korrektur der Erwartungen liegen dabei im unmittelbaren Interesse des Unternehmens. Sie hilft, positive wie negative Überraschungen zu vermeiden und stärkt dadurch wiederum die Vertrauensbasis innerhalb der "Financial Community".

3.3 Instrumente von Investor Relations

Neben den bereits beschriebenen Geschäfts- und Quartalsberichten sind Adhoc-Mitteilungen nach § 15 Wertpapierhandelsgesetz (WpHG), Darstellungen im Internet sowie persönliche Kontakte und Gespräche wesentliche Intrumente der Lufthansa Investor Relations.

§ 15 WpHG verlangt von Emittenten, neue Tatsachen aus dem Tätigkeitsbereich des Unternehmens unverzüglich zu veröffentlichen, wenn diese geeignet sind, den "... Börsenpreis der zugelassenen Wertpapiere erheblich zu beeinflussen...". Lufthansa wird auch künftig das Mittel der Ad-hoc-Mitteilung, der Intention dieser Schutzvorschrift folgend, nur für die gesetzlich geforderten Sachverhalte einsetzen. Eine Instrumentalisierung der gesetzlichen Mitteilungspflicht für allgemeine Zwecke des Finanzmarketing kommt für den Konzern nicht in Betracht.

Lufthansa räumt dem Internet als Instrument der externen Finanzkommunikation hohe Priorität ein. Um den Zugang zu Finanzinformationen zu erleichtern, wurde 1999 eine Investor Relations-Homepage mit eigener Internet-Adresse eingerichtet.

Die strukturierte Finanzkommunikation wird abgerundet durch persönliche Kontakte des Topmanagements zu den externen Partnern. Sie dienen im wesentlichen dazu, auf Basis der routinemäßigen Berichterstattung Hintergründe, Strategien und Markteinschätzungen zu erläutern. Darüber hinaus erhalten die Gesprächspartner die Gelegenheit, sich einen persönlichen Eindruck von der Geschäftsleitung zu verschaffen. Das persönliche Vertrauen in die Unternehmensführung ist oftmals das entscheidende Kriterium für die Investition in eine Aktie.

4. Ergebnis und Zusammenfassung

Die in Übereinstimmung mit den International Accounting Standards stehende Konzernrechnungslegung der Lufthansa ist Basis für die Ausgestaltung der Finanzkommunikation des Konzerns. Durch die strikte Anwendung der IAS verbunden mit der sukzessiven Ausdehnung der externen Berichterstattung wird Lufthansa die steigenden Erwartungen des Kapitalmarktes hinsichtlich der Bereitstellung entscheidungsrelevanter Informationen erfüllen. Insbesondere werden Transparenz und Vergleichbarkeit der Finanzkommunikation nach außen noch weiter verbessert.

Das neu konzipierte Wertsteigerungskonzept der Lufthansa wird zu einer verstärkt an den Interessen der Anteilseigner - also an der Entwicklung der Aktienrendite - ausgerichteten Steuerung der Konzerngesellschaften bzw. Geschäftsfelder führen. Aus den nach IAS ermittelten Daten der externen Berichterstattung werden sachgerechte Kennzahlen für die interne Unternehmenssteuerung abgeleitet. Die externe Rechnungslegung liefert somit die Zielgrößen für die interne Unternehmenssteuerung. Dadurch werden die vom Management getroffenen strategischen Entscheidungen auch für die externen Berichtsadressaten nachvollziehbar.

Die positiven Auswirkungen einer mit einer kapitalmarktorientierten externen Rechnungslegung verbundenen wertsteigerungsbezogenen Konzernsteuerung auf die Entwicklung des Aktienkurses wird Lufthansa nicht zuletzt durch eine auch in Zukunft effiziente Investor Relations-Arbeit sicherstellen.

Literaturverzeichnis

BRUNS, HANS-GEORG, Harmonisierung des externen und internen Rechnungswesens auf Basis internationaler Bilanzierungsvorschriften, Küting/Langenbucher, (Hrsg.), Internationale Rechnungslegung, Stuttgart 1998, S. 585-603.

ENGLERT, JOACHIM/SCHOLICH, MARTIN (1998): Unternehmensführung auf der Basis eines umfassenden Shareholder Value-Management-Konzezptes, in: Betriebs-Berater, Heft 13/1998, Seite 684-689.

GÜNTHER, THOMAS (1999): State-of-the-Art des Wertsteigerungsmanagements, in: Controlling, Heft 8/9, August/September 1999, S. 361-370.

KLEY, KARL-LUDWIG (1999), Abschied von nationalen Konzernabschlüssen, in: Börsenzeitung Nr. 78 v. 24. April 1999, S. B1-B4.

KÜPPER, HANS-ULRICH, Angleichung des externen und internen Rechnungswesens, in: Börsing, Clemens/Coenenberg, Adolf Gerhard (Hrsg.), Controlling und Rechnungswesen im internationalen Wettbewerb, Stuttgart 1998, S. 143-162.

KÜTING, KARLHEINZ/LORSON, PETER (1998a): Anmerkungen zum Spannungsfeld zwischen externen Zielgrößen und internen Steuerungsinstrumenten, in: Betriebs-Berater, Heft 9/1998, S. 469-475.

KÜTING, KARLHEINZ/LORSON, PETER (1998b): Strukturen eines Konzernberichtwesens, in: Küting/Weber (Hrsg.), Handbuch der Konzernrechnungslegung, Band 2, 2. Auflage 1998 (II), S. 469-516.

KÜTING, KARLHEINZ/LORSON, PETER (1998c): Konvergenz von internem und externem Rechnungswesen: Anmerkungen zu Strategien und Konfliktfeldern, in: Die Wirtschaftsprüfung, Heft 11/1998, S. 483-493.

TSCHUGG, MICHAEL (1999): Investor Relations – es bleibt viel zu tun, in: Börsen-Zeitung Nr. 190/1999, Seite 22.

WEISS, HEINZ-JÜRGEN (1999): Integrierte Konzernsteuerung: Strategiekonform, wertorientiert, global konsistent, technisch auf dem neuesten Stand, in: Küting/Langenbucher (Hrsg.), Internationale Rechnungslegung, FS für Weber, Stuttgart 1999, S. 649-670.

Heinz Steffen
Senior Analyst
Commerzbank AG, Frankfurt am Main

Marktstrukturen und Bewertungsverfahren

Gliederung

1. Marktstrukturen Neuer Markt – Marktentwicklung und internationaler Vergleich

Der Neue Markt ist das dominierende Marktsegment für Wachstumsunternehmen in Europa sowohl gemessen an der Marktkapitalisierung als auch an der Anzahl der Unternehmen. Insgesamt 175 Unternehmen waren am 29.10.99 am Neuen Markt mit einer Marktkapitalisierung von EUR 63,41 Mrd. notiert. Im Vergleich zu den anderen Wachstumsbörsen in Frankreich, den Niederlanden, Belgien und Italien vereinigte der Neue Markt 87,3% der gesamten Marktkapitalisierung auf sich. Die Wachstumsdynamik hält unvermindert an. Während die Zahl der Neueinführungen am Neuen Markt von Jahr zu Jahr steigt, verzeichnen die anderen Börsenplätze nur geringes Wachstumspotential bzw. die Anzahl der Neuemissionen geht sogar zurück (Euro-NM Belgien). Betrachtet man den Neuen Markt nach Branchen, so fällt auf, daß vor allem Software- und IT-Dienstleistungsunternehmen mit einem Anteil von 34% gemessen an der Marktkapitalisierung den größten Anteil auf sich vereinen. Gefolgt wird dieser Bereich von den Medienunternehmen mit 19%, der Hochtechnologie mit 14% und der Telekommunikationsindustrie mit 9%. Unternehmen aus der Biotechnologie sind mit einem Anteil von 4% unterrepräsentiert, obwohl sie ebenfalls zu den Zukunftsbranchen zählen. Die Marktkapitalisierung hat sich um die Integration von Broadvision, einem US-Unternehmen für e-commerce Software um 15% erhöht. Ohne Broadvision läge die Marktkapitalisierung bei ca. EUR 9,6 Mrd. Den höchsten Plazierungserlös beim Börsengang erzielte der Direktbroker ConSors AG mit über EUR 399 Mio., gefolgt von AT&S AG mit EUR 350 Mio. und Maxdata mit EUR 284 Mio. Waren es in der Anfangsphase des Neuen Marktes nur inländische Unternehmen, so hat die hohe Attraktivität des Marktsegmentes dazu geführt, daß zunehmend ausländische Unternehmen diesen Markt für sich entdeckt haben. Insgesamt 24 ausländische Unternehmen oder 14% der Gesamtzahl haben den Neuen Markt für sich entdeckt. Allein sieben Unternehmen kamen dabei aus Österreich. Zunehmendes Interesse fand das Duallisting. 7 Unternehmen waren bereits an einer anderen Börse notiert. Die Attraktivität des Wachstumsmarktes liegt auch in der hohen Bewertung, die die Unternehmen beim Börsengang erzielen können. So bewegte sich das Kurs-Gewinn-Verhältnis 1999 bei 81,6x, während es beim DAX bei 24,3x und bei der NASDAQ bei 59,3x lag. Allerdings, unterstellt die Wachstumsraten werden erreicht, normalisiert sich die Bewertung im Jahr 2000 bereits. Dann bewegen sich beide Wachstumsmärkte Neuer Markt und NASDAQ auf einem vergleichbaren Bewertungsniveau. Die Attraktivät der Unternehmen läßt sich vor allem anhand der hohen Wachstumsraten begründen. So verzeichnet der Neue Markt ein Ergebniswachstum (1998-2000) von 95,3%, während die NASDAQ nur Wachstumsraten von 32,9% aufweisen kann. Im Vergleich dazu beträgt das Gewinnwachstum der sogenannten „Alten Industrie“ nur 9,3%. Der Markt billigt den Unternehmen aus den Zukunftsbranchen beim Börsengang deutlich höhere Bewertungen zu. Bieten diese Unternehmen noch innovative Lösungen im Internet an, so entfernt sich die Bewertung oftmals von dem fundamentalen Datenkranz.

Entwicklung der Marktkapitalisierung (indiziert)

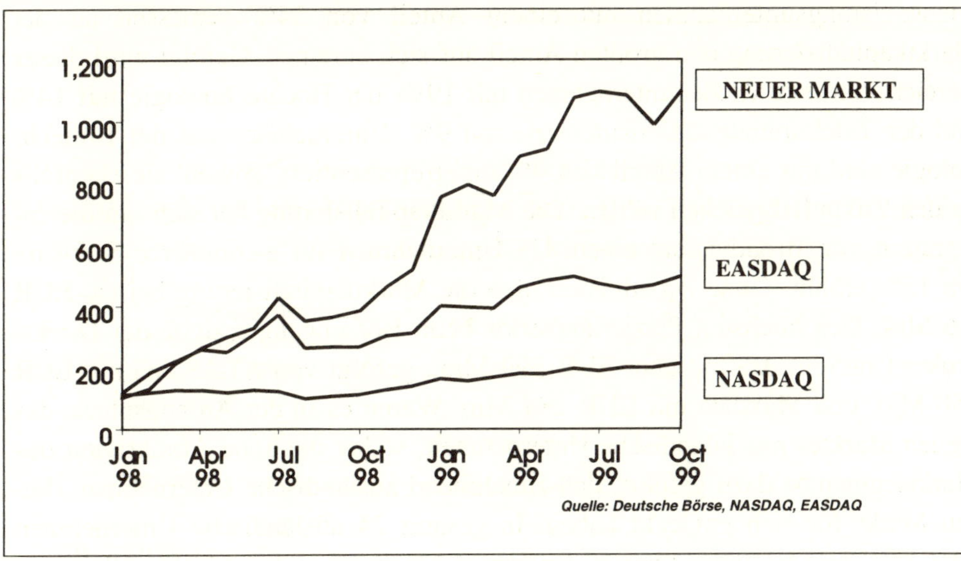

Abbildung 1

Neue Märkte in Europa

Markt	Land	Anz. Unternehmen 29.10.99 (30.07.99)		Markt-kapitalisierung (EUR Mrd.)	%
Neuer Markt	Deutschland	175	(143)	63,41	87,3
Noveau Marché	Frankreich	108	(101)	6,43	8,9
Nieuwe Markt	Niederlande	14	(14)	1,23	1,7
Euro-NM Belgium	Belgien	12	(12)	0,26	0,4
Nouvo Mercato	Italien	5	(1)	1,28	1,8
Summe		314	(271)	72,60	100

Abbildung 2

Marktkapitalisierung nach Branchen (EUR 63,4 Mrd.)

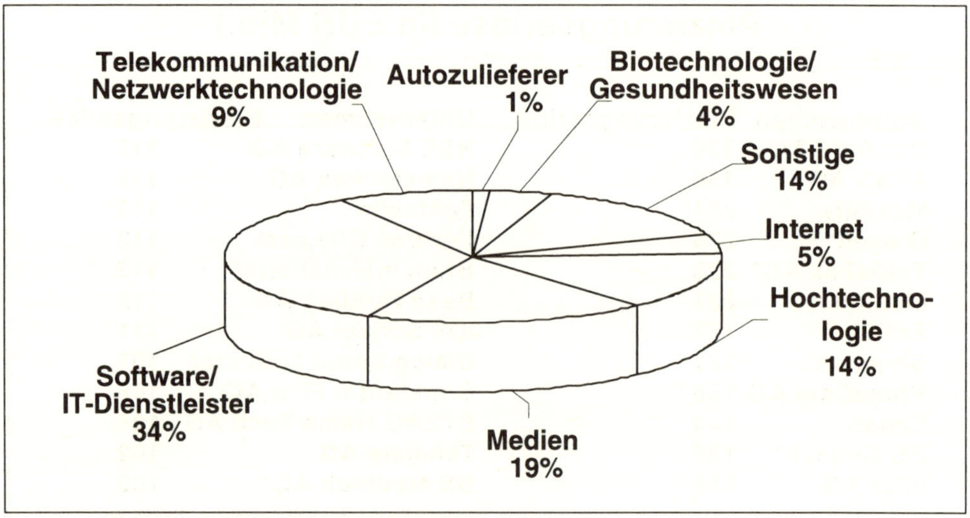

Abbildung 3

Branchenstruktur Neuer Markt

Branche/Index 29.10.99	Marktkap. in M EUR	in (%)	Anzahl Unternehmen	in (%)
Autozulieferer	659	1%	5	3%
Biotechnologie/Gesundheitswesen	2.653	4%	8	5%
Medien	11.813	19%	20	11%
Software/IT-Dienstleister	21.590	34%	66	38%
Software	17.162	27%	35	20%
Software/VAR/Consulting	4.428	7%	31	18%
Internet	3.120	5%	17	10%
Hochtechnologie	8.817	14%	29	17%
Maschinen- und Anlagenbau	4.510	7%	14	8%
EDV Hardware/Elektronik	4.308	7%	15	9%
Telekommunikation/Netzwerktechnologie	5.672	9%	11	6%
Telekommunikation	4.134	7%	5	3%
TK/Netzwerktechnologie	1.538	2%	6	3%
Sonstige	9.083	14%	19	11%
Distribution/Logistik/Marketing	4.218	7%	11	6%
Finanzdienstleistungen	2.945	5%	2	1%
Holding/Diverse	1.919	3%	6	3%
Nemax50	37.844	60%	50	
Neuer Markt gesamt	63.408	100%	175	100%

Abbildung 4

Plazierungserlöse (in EUR Mio.)

Unternehmen	Plazierungserlös	Unternehmen	Plazierungserlös
ConSors AG	399	NSE Software AG	115
AT&S AG	350	Nemetschek AG	115
Maxdata	284	Fantastic	113
Qiagen*	276	Fortune City.com	113
TelDaFax AG*	259	Brain International	112
Medion AG	221	Beko Holding AG	112
Entrium	177	IDS Scheer AG	111
Singulus*	171	Dialog Semiconductor	106
PrimaCom AG	156	Constantin Film AG	106
Elmos	143	STEAG Hama Tech AG	105
BB Biotech*	126	Telegate AG	102
infor AG	116	BB Medtech AG*	100

**) bereits 1998 notiert; Plazierungserlös > 100 EUR Mio.*

Abbildung 5

Anzahl ausländischer Unternehmen

29.10.99

Land	Anzahl	Dual Listings
Österreich	7	1
Ungarn	1	0
Israel	2	0
Kanada	1	0
Niederlande	3	1
Schweiz	5	1
Großbritannien	1	1
USA	4	3
Summe	24	7
% Anteil von NM Unternehmen	14%	

Quelle: Deutsche Börse AG

Abbildung 6

KGV-Kennzahlen 1998 - 2000 (e)

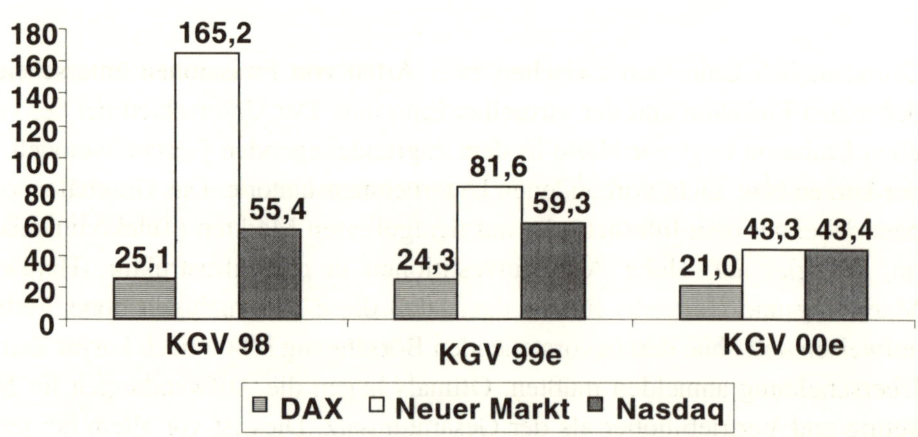

Quelle: Commerzbank AG, I/B/E/S-Konsensus-Schätzungen

Abbildung 7

Ergebniswachstum pro Jahr 1998 - 2000 (e)

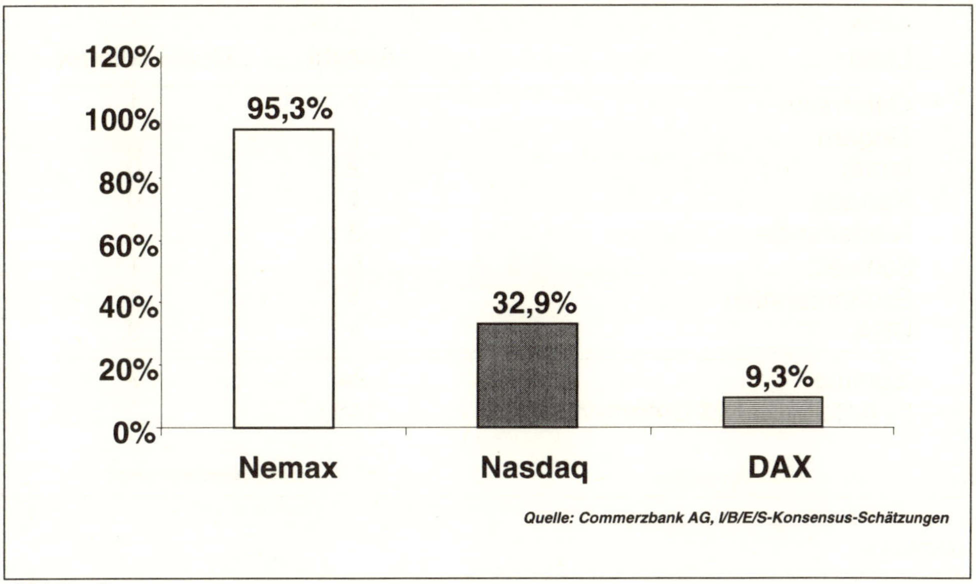

Abbildung 8

2. Die Arten von Emissionen

Grundsätzlich kann man zwischen zwei Arten von Emissionen unterscheiden, der realen Emission und der virtuellen Emission. Der Unterschied bei der virtuellen Emission liegt vor allem in dem zugrundeliegenden Geschäftsmodell und der kurzen bzw. nicht vorhandenen Unternehmenshistorie. Das Geschäftsmodell baut dabei auf dem Internet oder auf deregulierten Märkten (Telekommunikation, Energie) auf. Hohe Anlaufinvestitionen in die Infrastruktur (Hardware, Marketing und Vertrieb) führen dazu, daß diese Unternehmen hohe Verluste aufweisen und ohne den bevorstehenden Börsengang schon nach kurzer Zeit die Überschuldung anmelden müßten. Oftmals liegen die Aufwendungen für Marketing und Vertrieb höher als der Gesamtumsatz. Dies ist vor allem bei reinen Internet-Unternehmen der Fall. Nicht nur die negative Unternehmensentwicklung und damit verbunden die Kennzahlen erschweren die Unternehmensbewertung, sondern auch die Erfahrung des Managements ist nicht immer ausreichend vorhanden und stellt oftmals ein Risikopotential dar. Die Geschäftsmodelle der Unternehmen stützen sich häufig auf exorbitante Wachstumsraten in der Zukunft. Dieses Wachstum gilt es zu managen und zielgerecht zu steuern. Viele Manager können dafür aber keine Erfahrungswerte vorweisen. Schwierig bleibt auch die Suche nach qualifizierten Mitarbeitern, die ein wesentlicher Baustein für die Erfüllung der Wachstumsprognosen sind.

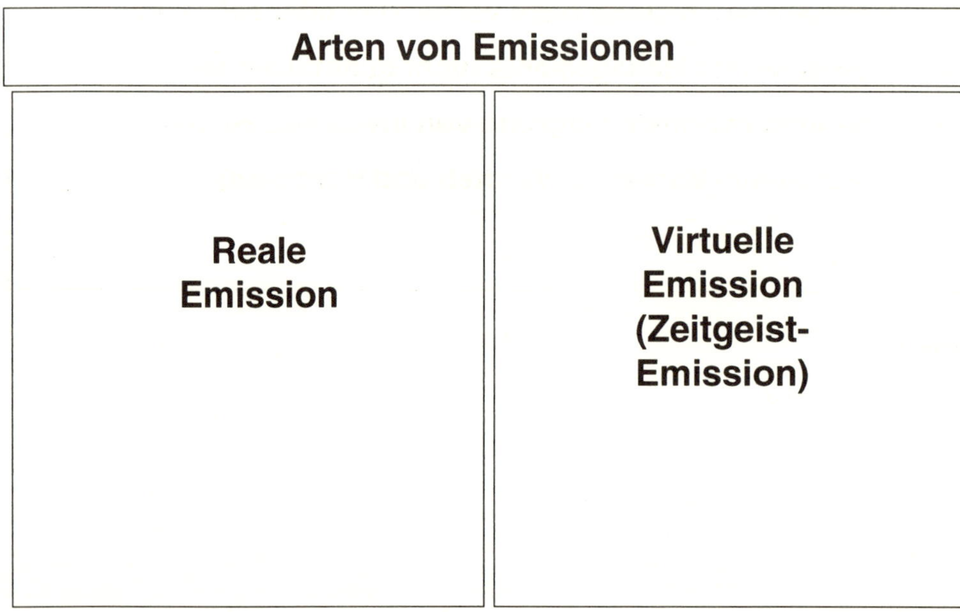

Abbildung 9

Virtuelle Emission
➢ Business Modell baut auf dem Internet oder deregulierten Märkten auf ➢ Unternehmenshistorie nicht vorhanden oder sehr kurz ➢ Know-how des Managements nicht quantifizierbar ➢ hohe Anlaufverluste aufgrund von Investitionen in die Infrastruktur (Marketing, Vertrieb und Hardware)

Abbildung 10

3. Die Methodik der Unternehmensbewertung

Bei der Unternehmensbewertung geht man im ersten Schritt von der Analyse des zu bewertenden Unternehmens aus.

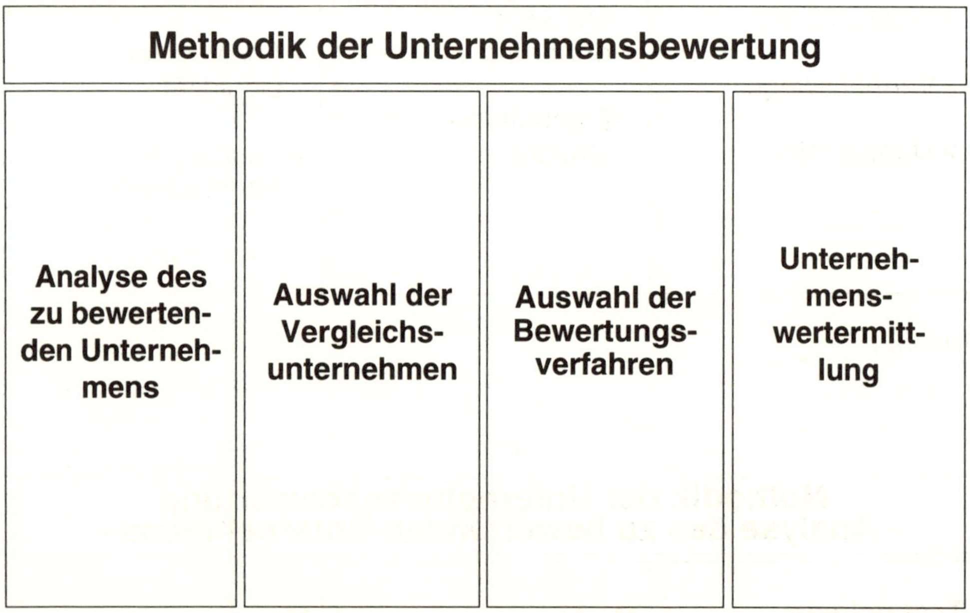

Abbildung 11

Methodik der Unternehmensbewertung
- Analyse des zu bewertenden Unternehmens -

Analyse des wirtschaftlichen Umfelds	Analyse des Managements	Finanzanalyse
➢Absatzmärkte	➢Führungs- und Industrieerfahrung	➢Analyse der Rentabilität
➢Vertriebswege	➢Eigentümerstruktur	➢Analyse der Liquidität
➢Marktanteile		➢Analyse der Kapitalstruktur

Abbildung 12

Methodik der Unternehmensbewertung
- Analyse des zu bewertenden Unternehmens -

Technologie	Markt	Management
➢Externe Gutachter	➢Marktvolumen	➢Erfahrung in der Unternehmensführung
➢Referenzkunden und Partner	➢Konkurrenz	➢Fachliche Qualifikation
➢Reputation der Forscher	➢Markteintrittsbarrieren	➢Entlohnungsstruktur

Abbildung 13

Die weiteren Schritte sind die Auswahl der Vergleichsunternehmen, die Auswahl der Bewertungsverfahren und die Unternehmenswertermittlung. Die Analyse des zu bewertenden Unternehmens setzt sich aus mehreren Komponenten zusammen. Wichtig ist dabei die Analyse des wirtschaftlichen Umfelds, d.h. der Markt in dem sich das Unternehmen bewegt. Untersucht werden dabei die Absatz- und Beschaffungsmärkte, die Vertriebswege und die Marktanteile. Die Analyse der Märkte fokussiert sich dabei auf das jetzige und später erreichbare Marktvolumen, die Wettbewerber sowie die Marktstrukturen. In der internen Unternehmensanalyse stehen im Vordergrund der Untersuchung die fachliche Qualifikation des Managements, die Eigentümerstruktur, die Technologie sowie die Finanzanalyse. Für die Bewertung des Unternehmens und die Darstellung des Wettbewerbsvorteils ist die angewandte Technologie von großer Bedeutung. Die Analyse der Technologie kann dabei von externen Gutachtern und Referenzkunden erfolgen. Allerdings ist dabei gleichzeitig auf die Reputation der Forscher zu achten. Die Finanzanalyse befaßt sich mit der Analyse der Rentabilität, Liquidität und der Kapitalstruktur. Sie quantifiziert den Unternehmenserfolg und integriert dabei gleichzeitig die qualitativen Faktoren der Unternehmensanalyse.

Die Auswahl der Vergleichsunternehmen erscheint auf den ersten Blick relativ einfach. Bei genauerer Betrachtung fällt jedoch auf, daß es keine identischen Unternehmen gibt. Sie unterscheiden sich hinsichtlich ihrer Branche (Internet – Medien), des adressierten Marktes und der angebotenen Produkte und Dienstleistungen.

Methodik der Unternehmensbewertung
- Auswahl der Vergleichsunternehmen -

Auswahlverfahren nach	Auswahlverfahren nach
➢Branche ➢Markt ➢Produkt	➢vergleichbarem Business Modell

Abbildung 14

Viele Unternehmen haben, obwohl sie sich in der gleichen Branche bewegen, unterschiedliche Geschäftsmodelle. Während das eine Unternehmen Produkte verkauft und Einmalerlöse erzielt, vermietet das andere Unternehmen seine Produkte und erhält wiederkehrende Erlöse.

Neue Business Modelle

Kennzahlen 1998	"Alte Welt"	"Neue Welt"	Faktor
Umsatz (USD Mio.)	5.799	610	9,5
Nettoergebnis (USD Mio.)	257	-125	n/a
Ergebnis je Aktie (USD)	3,25	-0,84	n/a
Anzahl Mitarbeiter	33.371	2.100	15,9
Marktkapitalisierg. (USD Mrd.) (per 3.11.99)	6,64	23,75	0,3
	Linde AG	Amazon	

Abbildung 15

Mit dem Internet haben sich die Geschäftsmodelle drastisch verändert. Der Markteintritt ist vor allem für kleinere Unternehmen wesentlich erleichtert worden. Innerhalb kürzester Zeit hat die „neue Welt" die „alte Welt" überholt (gemessen an der Marktkapitalisierung). Dies wird besonders an dem Beispiel der Linde AG und Amazon deutlich. Gemessen am Umsatz ist Linde 9,5mal größer und gemessen an der Zahl der Mitarbeiter 15,9mal als Amazon.

Neue Business Modelle

Amazon Internet-Buchhändler	1998	1999e	2000e	2001e	2002e
Anzahl Anwender in Mio.	6,2	13,3	16,5	19,5	22,0
Wachstum pro Jahr		*115%*	*24%*	*18%*	*13%*
Umsatz je Anwender in USD	98	105	127	135	140
Wachstum pro Jahr		*7%*	*20%*	*6%*	*4%*
Gesamtumsatz in Mio. USD	610	1.403	2.096	2.633	3.080
Wachstum pro Jahr		*130%*	*49%*	*26%*	*17%*
Nettoergebnis je Anwender in USD	-20,9	-45,0	-37,0	-20,0	-8,0
Wachstum pro Jahr		*115%*	*-18%*	*-46%*	*-60%*
Marktkapitalisierung je Anwender (x)	3.830	1.786	1.439	1.218	1.080
Marktkapitalisierung zu Umsatz (x)	39	17	11	9	8
Marktkapitalisierung 3.11.1999 in USD Mio.	23749				

Abbildung 16

Die Ergebnisentwicklung ist bei Amazon negativ, während Linde deutlich positive Ergebniszahlen liefert. Umgekehrt liegt das Verhältnis bei der Marktkapitalisierung. Hier ist Amazon über 3mal größer als die Linde AG. Der wesentliche Unterschied ist hier vor allem in den Wachstumsraten und den Geschäftsmodellen zu sehen. Amazon wächst pro Jahr gemessen am Umsatz deutlich schneller als Linde. Die durchschnittliche Wachstumsrate pro Jahr zwischen 1998-2002 liegt bei geschätzten 50%, während die Wachstumsraten von Linde (ohne Akquisitionen) bei ca. 7% liegen.

Die Bewertung der Unternehmen hängt somit von dem zugrundeliegenden Geschäftsmodell und dem erreichbaren Marktwachstum ab. Die Vielzahl der Geschäftsmodelle, die mittlerweile bei den Unternehmen anzutreffen ist, erschwert allerdings eine richtige Einstufung der Unternehmen sowie die Auswahl der Vergleichsunternehmen.

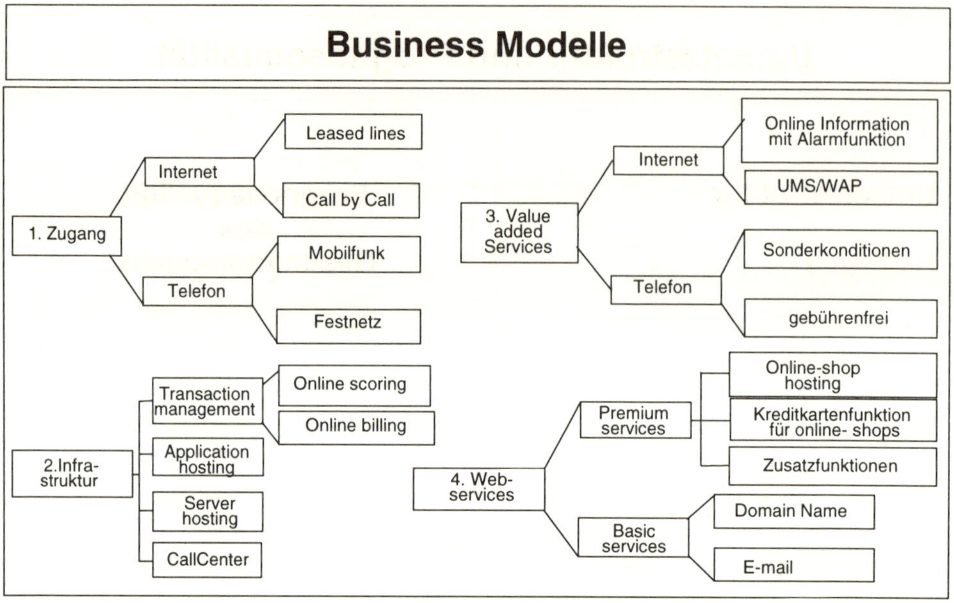

Abbildung 17

Wichtig bei der Unternehmensanalyse ist nicht nur das Geschäftsmodell, sondern auch die Umsatzstruktur und Prognosequalität dieser Umsätze. Bei der Zusammensetzung der Umsatzerlöse bei Softwareunternehmen ist beispielsweise darauf zu achten, welche Komponenten zum Umsatz und Umsatzwachstum beigetragen haben. Häufig sind Hardwareumsätze anzutreffen, die als Handelsware oder geschäftsmodellbedingt einzustufen sind.

Umsatzstruktur und Prognosequalität

Umsatzstruktur

Hardware

➢ Handelsware oder geschäftsmodellbedingt

Software

➢ Eigen- oder Fremdlizenzen

Prognosequalität des Geschäftsmodells

Abbildung 18

Die Hardware als reine Handelsware kann den Umsatz von Softwareunternehmen künstlich erhöhen. Dies spielt vor allem bei der Bewertung Enterprise Value/Umsatz eine wichtige Rolle, da der höhere Umsatz einen höheren Unternehmenswert impliziert. Bei der Software ist ebenfalls zu unterscheiden, ob es Eigen- oder Fremdlizenzen sind. Bei Fremdlizenzen spiegelt sich dies in einem höheren Materialaufwand wider und führt somit zu niedrigeren Ergebnissen. Schwierig ist die Einstufung bei Unternehmen, die noch kein Produkt erstellt haben aber mit dem Börsengang in die Vermarktungsphase mit ihrem eigenerstellten Produkt eintreten werden. Die Prognosequalität des Managements ist ebenfalls von entscheidender Bedeutung beim Börsengang. So prognostizierte das Unternehmen Gigabell im Oktober noch Umsatzerlöse von EUR 20,2 Mio. und ein negatives Ergebnis von EUR 3,1 Mio. das sich nach nur zwei Monaten um nahezu das Dreifache auf EUR 9,2 Mio. verschlechterte. Ebenfalls reduzierte sich der Umsatz um 25% auf EUR 15,3 Mio. Die Prognosequalität von Gigabell hat, bezogen auf den Zeitraum von zwei Monaten, ein Alleinstellungsmerkmal.

Gigabell AG

Gigabell Internet/E-Commerce Dienstleister	Prognose I August ´99	Prognose II Oktober ´99
Umsatz (EUR Mio.)	20,2	15,3
Nettoergebnis (EUR Mio.)	-3,1	-9,2

Weitere Besonderheiten aus dem Emissionsprospekt
1) 27% der Umsatzerlöse in 1998 entfallen auf Hardware
2) Kundenzahl im 2. Quartal ´99 von 28.000 auf 25.450 gefallen
3) 67% der Umsatzkosten entfallen auf Standleitungskosten
4) Qualifikation des Vorstandsvorsitzenden
- zwei Gesellschaften wegen Vermögenslosigkeit gelöscht
- Gehaltssteigerung von TDM 164 auf TDM 600

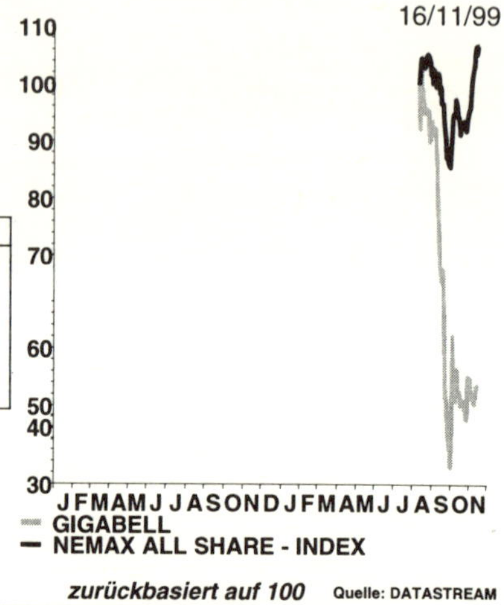

Abbildung 19

Grundsätzlich läßt sich festhalten, daß bei vielen Neuemissionen aggressiv prognostiziert wird um letztendlich einen höheren Unternehmenswert zu erzielen. Viele Unternehmen planen nach dem Hockey-Stick Verfahren. Erst nach dem Börsengang gewinnen Umsatz und Ergebnis deutlich an Dynamik. Teilweise läßt sich diese Planung damit erklären, daß die Unternehmen über ausreichend finanzielle Mittel nach dem Börsengang verfügen und ihre Wachstumspläne wesentlich schneller realisieren können. Allerdings ist häufig nach einem halben Jahr (Auslaufen der Lock-up Periode für die Altaktionäre), wenn Umsatz und Ergebnis nicht so wachsen wie geplant, eine strategische Diffusion anzutreffen. Das Unternehmen strukturiert sich intern um (mangelnde Vergleichbarkeit), akquiriert neue Geschäftsfelder und verändert sein Geschäftsmodell deutlich.

Der Grund für diesen Maßnahmen ist weniger die tatsächliche strategische Ausrichtung des Unternehmens sondern vielmehr die zu starke kurzfristige Fokussierung auf den Aktienkurs.

3.1 Die Bewertung nach dem Multiplikatorenverfahren

Die unterschiedlichen Bewertungsverfahren lassen sich grundsätzlich unterscheiden nach Bewertung nach dem Multiplikatorenverfahren und Bewertung nach der Kapitalwertmethode. Beide Verfahren werden bei der Unternehmensbewertung angewandt, um einen fairen Unternehmenswert errechnen zu können.

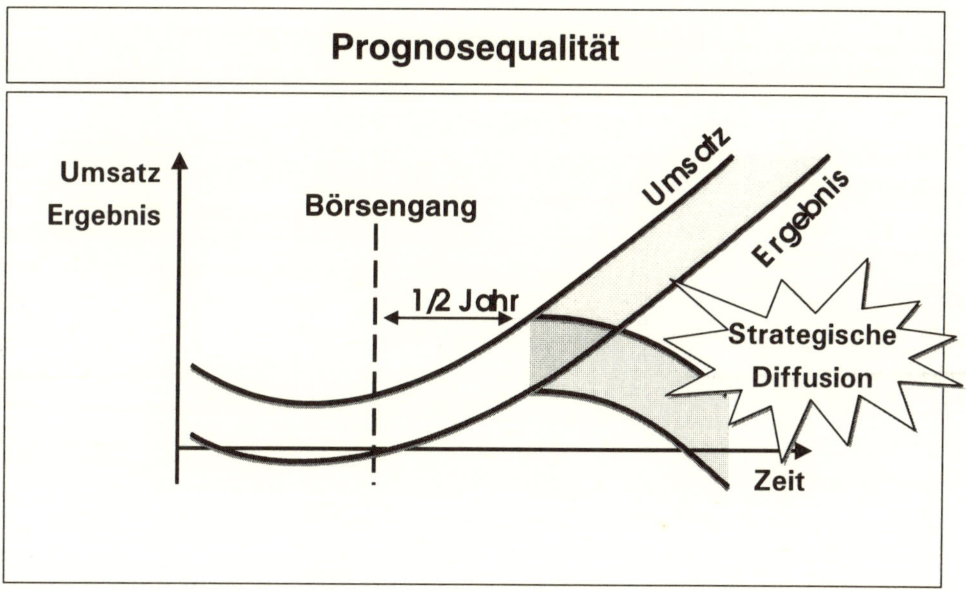

Abbildung 20

Das Multiplikatorenverfahren ermöglicht im Rahmen eines Kennzahlenvergleichs mit einem anderen Unternehmen den Unternehmenswert zu ermitteln, bzw. die Bewertungsbandbreite zu erhalten. Diese sogenannte marktorientierte Bewertung gibt Aufschluß über den fairen Wert eines Unternehmens oder den fairen Kurs einer Aktie.Dabei bezieht sich das Verfahren immer auf die Bezugsgröße Gewinn, Cash Flow etc. eines Jahres. Unberücksichtigt bleiben dabei die Stabilität des erreichten Ertragsniveaus, die längerfristigen Wachstumsaussichten (Zeitraum größer als drei Jahre) und unternehmensindividuelle Risiken.

Mehrere Methoden können bei der Bewertung eingesetzt werden. So unterscheidet man zwischen der Bewertung vergleichbarer Unternehmen (similar public company method), der Emission eines vergleichbaren Unternehmens (IPO-method) und der Übernahme eines vergleichbaren Unternehmens (recent acquisition method).

Multiplikatoren-Verfahren		
Vergleichbare Unternehmen	**Emission eines vergleichbaren Unternehmens**	**Übernahme eines vergleichbaren Unternehmens**
(similar puplic company method)	(IPO-method)	(Recent acquisition method)

Abbildung 21

Multiplikatoren-Verfahren

Enterprise-Value-Verfahren

- EV/Umsatz
- EV/EBITDA
- EV/EBIT
- EV/Capital Employed

Equity-Value-Verfahren

- Kurs-Gewinn-Verhältnis
- Kurs-Cash-Flow-Verhältnis
- Kurs-Buchwert-Verhältnis
- PEG - Ratio

Abbildung 22

Die Schwierigkeiten bei der IPO-method und der recent acquisition method liegt vor allem darin, eine ausreichende Anzahl von Unternehmen für die Bewertung zu bekommen. Die Bewertung erfolgt anhand von Erfolgs- und Finanzkennzahlen vergleichbarer Unternehmen. Der Vorteil ist, daß der Börsenwert dieser Unternehmen die Meinung einer Vielzahl von Marktteilnehmern widerspiegelt. Nachteilig können sich die geringe Liquidität der Aktie bzw. die kurzfristigen Anomalien des Aktienmarktes auswirken.

Bei der Berechnung der Multiplikatoren unterscheidet man zwischen dem Enterprise Value-Verfahren und dem Equity Value-Verfahren. Das Enterprise Value-Verfahren ermittelt zunächst den Gesamtwert eines Unternehmens. Um zum Marktwert des Eigenkapitals zu gelangen, muß der Marktwert des Fremdkapitals subtrahiert werden. Equity Value-Methoden führen dagegen direkt zum Marktwert des Eigenkapitals.

3.1.1 Das Enterprise-Value Verfahren

Der Enterprise Value wird definiert als die Summe der Marktwerte des Eigen- und Fremdkapitals. Bei der Bewertung ist zu berücksichtigen, daß der Enterprise Value den Marktwert des operativen Geschäftes abbildet und nicht den Marktwert einschließlich der nicht operativen Vermögenswerte. In der Vergangenheit wurde die Berechnung des Enterprise Value vor allem als Kenngröße bei der Vorbereitung von möglichen Unternehmensübernahmen eingesetzt.

Berechnungsformeln der Multiplikatoren - Enterprise Value-Verfahren -

EV/Umsatz	(Aktienkurs • Anzahl ausstehender Aktien) + Nettoverschuldung * / Umsatz
EV/EBITDA	(Aktienkurs • Anzahl ausstehender Aktien) + Nettoverschuldung * / EBITDA
EV/EBIT	(Aktienkurs • Anzahl ausstehender Aktien) + Nettoverschuldung * / EBIT
EV/Capital Employed	(Aktienkurs • Anzahl ausstehender Aktien) + Nettoverschuldung * / Capital Employed

** verzinsliche Verbindlichkeiten - zinstragende Aktiva*

Abbildung 23

Berechnung Enterprise Value	
Berechnung Enterprise Value	
	Marktkapitalisierung
+	**Nettoverschuldung (zinstragende Verbindlichkeiten ./. zinstragende Finanzanlagen)**
+	**Anteile Dritter**
+	**Barwert der Leasingverpflichtungen**
+	**Pensionsverpflichtungen**
	Enterprise Value (EV) - Marktwert des Gesamtunternehmens
./.	**Marktwert des Fremdkapitals**
=	**Marktwert des Eigenkapitals**

Abbildung 24

Im Vordergrund stand dabei die Frage, wie viel das operative Kerngeschäft wert ist? Nicht-operative Vermögenswerte – sie tragen nicht zum Geschäftserfolg bei und lassen sich daher veräußern – sind i.d.R. im Anlagevermögen anzutreffen (Sachanlagen, Beteiligungen). Die Einbeziehung dieser Vermögenswerte führt zu einer Verzerrung bei der Kennzahlenberechnung, da sich Umsatz, EBITDA und EBIT auf die operative Ebene beziehen. Das Beteiligungsergebnis, das i.d.R. aus den Finanzanlagen erzielt wird, ist ebenfalls bei der Berechnung von EBITDA (earnings before interest, taxes, depreciation and amortization) und EBIT (earnings before interest and taxes) zu berücksichtigen (wird in Abzug gebracht). Der Enterprise Value stellt den Unternehmenswert des eigentlichen Kerngeschäftes dar. Die Berechnung des Enterprise Value berücksichtigt dabei die Marktkapitalisierung des Unternehmens einschließlich der Nettoverschuldung, der Anteile Dritter sowie die Barwerte der Pensions- und Leasingverpflichtungen. Die Nettoverschuldung des Unternehmens setzt sich zusammen aus den zinstragenden Verbindlichkeiten abzüglich der zinstragenden Finanzanlagen.

Enterprise Value/Umsatz

Der Umsatz ist am wenigsten durch Bilanzierungs- und Bewertungsmethoden beeinflußt. Wichtig ist jedoch die Zusammensetzung der Umsatzerlöse und die Qualität der Umsatzentwicklung. So lassen sich die Umsätze kurzfristig erhöhen (Einmallizenzvergabe an Partner),ohne daß dieser Umsatzsprung in der Zukunft wiederholbar ist. Außerdem berücksichtigt der Umsatz nicht das mögliche Rentabilitätspotential, das sich mit unterschiedlichen Geschäftsmodellen erzielen läßt. Verbrauchssteuern und die unterschiedliche Verbuchung von Dienstleistungsverträgen können zu Verzerrungen führen. Nicht geeignet ist das Enterprise Value-Verfahren für die langfristige Fertigung, dagegen eignet sich das Verfahren besonders bei der Bewertung von Unternehmen, die bisher keine Gewinne erzielen.

Enterprise Value/EBITDA

Besonders im internationalen Vergleich bietet sich die Kennzahl Enterprise Value /EBITDA (Ergebnis vor Zinsen, Steuern, Abschreibungen (Sachanlagen und immaterielle Vermögensgegenstände) an, da sie weitgehend unabhängig von der Aktivierungsmethode, Abschreibungshöhe und der unterschiedlichen Steuersätze eingesetzt werden kann. Nachteilig wirkt sich bei der Berechnung aus, daß bei den zu vergleichenden Unternehmen die gleiche Sachanlagenintensität unterstellt wird. Eine höhere Sachanlagenintensität führt i.d.R. zu einem niedrigeren EBITDA-Multiplikator.

Enterprise Value/EBIT

Bei der Berechnung der Kennzahl Enterprise Value/EBIT (Ergebnis vor Zinsen und Steuern) werden die unterschiedlichen Abschreibungsmöglichkeiten nicht mehr berücksichtigt. Es findet keine Unterscheidung zwischen Goodwill- und Sachanlagen-Abschreibungen statt. Ein wesentlicher Vorteil der EBIT-Kennzahl ist, daß es nicht zu Verzerrungen aufgrund unterschiedlicher Steuersätze und der Ausschüttungspolitik kommt.

Enterprise Value/Capital employed

Die Kennzahl Enterprise Value/Capital employed ist vor allem von Vorteil, wenn das Unternehmen keine Gewinne erzielt. Das Capital employed berechnet sich dabei aus dem Sachanlagevermögen und den immateriellen Vermögensgegenständen zu Buchwerten, dem Working Capital und den sonstigen unverzinslichen Aktiva; abgezogen werden davon die unverzinslichen Passiva.

Berechnung Capital Employed

Capital Employed

	Sachanlagevermögen (Buchwerte)
+	**Immaterielle Vermögensgegenstände (Buchwerte)**
+	**Working Capital**
+	**Sonstige unverzinsliche Aktiva**
./.	**Sonstige unverzinsliche Passiva**
=	**Capital Employed (zu Buchwerten)**

Abbildung 25

Das Working Capital ist die Differenz zwischen den kurzfristigen Forderungen und Verbindlichkeiten. Im Finanzanlagevermögen ausgewiesene Beteiligungen werden nicht erfaßt. Nachteilig wirkt sich bei der Berechnung der Kennzahl aus, daß die Substanzwertbetrachtung im Vordergrund steht und stille Reserven unberücksichtigt bleiben. Außerdem berücksichtigt die Kennzahl die unterschiedlichen Bilanzierungs- und Bewertungsmethoden nicht.

3.1.2 Das Equity-Value Verfahren

Das Equity-Value Verfahren führt im Gegensatz zum Enterprise-Value Verfahren direkt zum Marktwert des Eigenkapitals.

Berechnungsformeln der Multiplikatoren - Equity Value-Verfahren -	
KGV	$\frac{\text{Aktienkurs}}{\text{bereinigter Gewinn pro Aktie}}$
KCF	$\frac{\text{Aktienkurs}}{\text{Cash Flow pro Aktie}}$
Kurs/ Buchwert	$\frac{\text{Aktienkurs}}{\text{Buchwert (Eigenkapital) je Aktie}}$
PEG	$PEG = \frac{\text{KGV 1999e (Prognosejahr)}}{\text{EPS-Wachstum 1999e-2003e}}$

Abbildung 26

Das Kurs-Gewinn-Verhältnis (KGV)

Das Kurs-Gewinn-Verhältnis findet aufgrund seiner einfachen Ermittlung eine weite Verbreitung. Das KGV setzt sich zusammen aus dem Kurs je Aktie dividiert durch den Gewinn je Aktie. Die Ermittlung des Gewinns je Aktie erfolgt nach dem Berechnungsschema der DVFA. Dabei wird der Jahresüberschuß nach Anteilen Dritter um dispositionsbedingte und ungewöhnliche Komponenten bereinigt. Die Bereinigung erfolgt unter Berücksichtigung der steuerlichen

Auswirkungen. Das für die Bewertung notwendige KGV wird von vergleichbaren Unternehmen herangezogen. Erzielt beispielsweise das Unternehmen ein DVFA/SG-Ergebnis von EUR 5 Mio. und das KGV vergleichbarer Unternehmen liegt bei 15, so ergibt sich ein Unternehmenswert (Marktwert des Eigenkapitals) von EUR 75 Mio. (EUR 5 Mio. multipliziert mit dem KGV von 15). Unterstellt wird bei dieser Betrachtungsweise allerdings, daß der Markt in dem KGV die Ausschüttungspolitik, das Risiko und das Wachstum ausreichend berücksichtigt hat. Die Marktdaten somit auf das zu bewertende Unternehmen übertragbar sind. Bisher wenig wurde in der vergleichenden Bewertung die unterschiedliche Rechnungslegung nach HGB, IAS und US-GAAP berücksichtigt. Besonders auffallend ist dies bei den Emissionskosten, die nach DVFA/SG außerordentlicher Aufwand und nach IAS ergebnisneutral mit den Rücklagen verrechnet werden. Auch wirken sich die unterschiedlichen Aktivierungs- und Abschreibungsmethoden auf die Ergebnisentwicklung aus (i.d.R. ergebniserhöhend).

Kurs-Cash-Flow (KCF)

Aufgrund der unterschiedlichen Rechnungslegungsvorschriften und der Bilanzierungspolitik vor allem bei der Aktivierung und Abschreibung des Anlagevermögens sowie der Berücksichtigung von Pensions- und Leasingverpflichtungen ergeben sich im internationalen Vergleich erheblich Bewertungsunterschiede. Berücksichtigt man nur das KGV, kann das ermittlte Ergebnis je Aktie zu Fehlinterpretationen führen. Mit Hilfe des Kurs-Cash-Flow Verhältnisses je Aktie soll dabei ein vergleichbarer Maßstab für die Unternehmensbewertung abgegeben werden.

Kurs-Buchwert-Verhältnis

Die Bezugsgröße Buchwert ist definiert als das Eigenkapital ohne Anteile Dritter zu bilanziellen Buchwerten. Das Eigenkapital setzt sich dabei aus dem eingezahlten gezeichneten Kapital, den Kapital- und Gewinnrücklagen, dem Eigenkapitalanteil des Sonderpostens (50%) abzüglich der Rücklagen für eigene Aktien, der Dividende des Vorjahres sowie der aktivierten Aufwendungen für die Ingangsetzung und Erweiterung des Geschäftsbetriebes zusammen. Das Kurs-Buchwert-Verhältnis stellt die Substanzbetrachtung in den Vordergrund.

Vor allem in temporären Verlustphasen gibt die Kennzahl einen Anhaltspunkt über eine Über- bzw. Unterbewertung des Unternehmens. Allerdings eignet sich die Kennzahl nicht für die Bewertung von Start-up Unternehmen, die teilweise sogar einen negativen Buchwert aufweisen. Nachteilig wirkt sich außerdem aus, daß stille Reserven und unterschiedliche Bilanzierungs-und Bewertungsmethoden nicht berücksichtigt werden. Bei Dienstleistungsunternehmen, die für ihren Geschäftsbetrieb nur eine niedrige Eigenkapitalausstattung benötigen, ist die Kennzahl ebenfalls wenig aussagefähig.

Die PEG-Ratio

Die Wachstumsaussichten des Unternehmens über einen längeren Zeitraum können nicht mit dem KGV ermittelt werden. Unternehmen, die über ein starkes Ergebniswachstum in der Zukunft verfügen, billigt man ein höheres KGV zu als Unternehmen mit einer geringer ausgeprägten Ergebnisdynamik. Das KGV wird sich in den nächsten drei bis fünf Jahren aufgrund der Gewinndynamik wieder abbauen. Als Anhaltspunkt nimmt man dazu die sogenannte PEG-Ratio (Price Earnings Growth – Kennzahl). Man setzt dabei das KGV des ersten Prognosejahres ins Verhältnis zum Ergebniswachstum der durchschnittlichen drei bis fünf Folgejahre. Unterstellt wird bei dieser Berechnung, daß das Wachstum positiv und nachhaltig ist. Hat das Unternehmen ein KGV von 30 und ein erwartetes Ergebniswachstum über die nächsten fünf Jahre von 50%, errechnet sich eine PEG-Ratio von 0,6. Generell gilt, daß alle PEG-Ratios unter 1 bei Wachstumsunternehmen als für den Investor attraktiv eingestuft werden. Höheres Wachstum bedeutet allerdings auch höheres Risiko. Die Risikobetrachtung fließt jedoch nicht in die Bewertung mit ein.

Das Multiplikatoren-Verfahren läßt sich im Vergleich zu anderen Bewertungsverfahren (AVP, Equity) relativ einfach, nachvollziehbar und schnell einsetzen. Unterschiedliche Bilanzierungs- und Bewertungsmethoden im internationalen Vergleich können mit der Bewertung nach dem Enterprise Value-Verfahren besser berücksichtigt werden. Problematisch ist allerdings, daß sich diese Verfahren zur sehr auf einen begrenzten Zeitraum (i.d.R. Dreijahres-Prognose) konzentrieren. Die zukünftige Unternehmensentwicklung fließt dabei kaum in die Bewertung ein. Die Unternehmensbewertung nach der Kapitalwertmethode ist daher eine sinnvolle Ergänzung des Multiplikatoren-Verfahrens.

3.1.3 Die Bewertung nach der Kapitalwertmethode

Die Ermittlung eines nachhaltigen Unternehmenswertes unter Berücksichtigung unterschiedlicher Szenarien in bezug auf Umsatzwachstum, Investitionen und Marktdurchdringung erfolgt mit Bewertungsmodellen. Diese Modelle versuchen, die Unternehmensentwicklung über einen längerfristigen Zeitraum nachzubilden. Modelle wie die Ertragswertmethode oder das Discounted Cash Flow-Verfahren berücksichtigen dabei interne Planungszahlen als auch externe marktorientierte Diskontierungssätze. Der Unternehmenswert wird definiert als der Barwert der den Unternehmenseignern zukünftig zufließenden finanziellen Überschüssen. Für die Ermittlung eines objektivierten Unternehmenswertes nach dem Ertragswertverfahren wird grundsätzlich die Vollausschüttung der Ergebnisse nach Reinvestitionen angenommen (vgl. WP-HANDBUCH 1998, TZ 226).

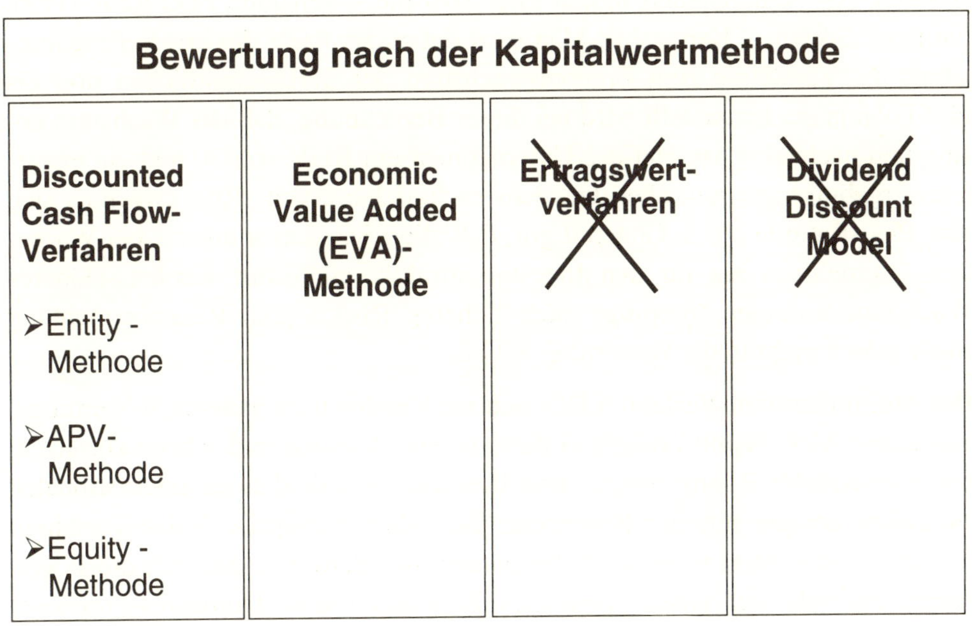

Abbildung 27

RealtechAG
- Beispiel: Ertragswertverfahren -

Realtech AG Software Consulting	1997	1999	Faktor
Umsatz (EUR Mio.)	17,2	25,5	1,5
Nettoergebnis (EUR Mio.)	0,8	4,8	5,7
Ergebnis je Aktie (EUR)	0,1	0,7	5,7
KGV	26,1	72,2	2,8

Bewertungsdatum	27.04.98	22.04.99	Faktor
Unternehmenswert (EUR Mio.)	21,7	343	15,8

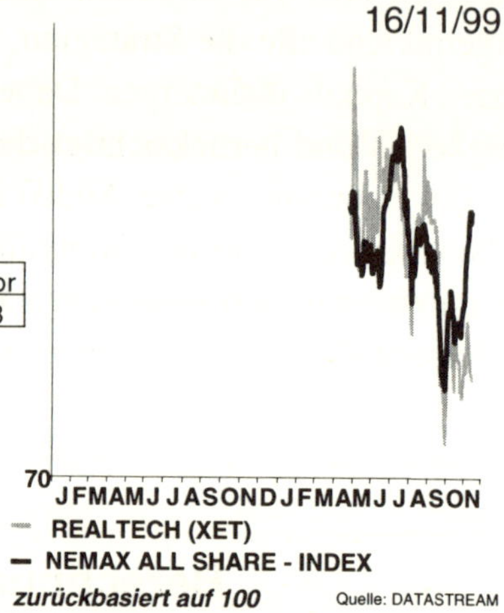

Abbildung 28

Ein Beispiel für die Berechnung des Unternehmenswertes nach dem Ertragswertverfahren ist die Realtech AG. Die erste Unternehmensbewertung fand am 27.04.1998 statt. Der Unternehmenswert betrug EUR 21,7 Mio. Nur knapp ein Jahr später am 22.04.1999 zum Börsengang belief sich der Unternehmenswert auf EUR 343 Mio. und hat sich damit um den Faktor 15,8 erhöht. Im gleichen Zeitraum verbesserte sich das Nettoergebnis nur um den Faktor 5,7 und der Umsatz um den Faktor 1,5. Die starke Abweichung zwischen der Bewertung nach dem Ertragswertfahren und der Börsenbewertung läßt daher andere Bewertungsverfahren zum Einsatz kommen. Das Dividend Discount Model spielt vor allem bei Wachstumsunternehmen keine Rolle mehr, da diese Unternehmen i.d.R. keine oder nur geringe Dividenden zahlen. Die Gewinne werden nicht ausgeschüttet sondern thesauriert zur Finanzierung des weiteren Wachstums. Es bleiben somit zwei Bewertungsverfahren übrig und zwar die EVA™-Methode und das Discounted Cash Flow-Verfahren.

3.1.3.1 Die Economic Value Added (EVA™)-Methode

Das Konzept des Economic Value Added befaßt sich mit der Frage, welche Strategien oder Investitionen sind werterhöhend bzw. wertvernichtend. Wertsteigernd sind alle die Strategien, bei denen die Renditen die Kosten des eingesetzten Kapitals übersteigen. Dabei beschränkt sich EVA™ auf die betrieblichen Tätigkeiten und berücksichtigt die Mindestrenditeforderungen aller Kapitalgeber. Der Economic Value Added ist somit die Differenz zwischen der Gewinngröße (NOPAT) und den Kapitalkosten. Die Kapitalkosten errechnen sich aus den durchschnittlich gewogenen Kapitalkosten multipliziert mit dem investierten Kapital (WACC*investiertes Kapital).

Berechnungsformeln EVA ™	
Economic Profit (EVA)	EVA = NOPAT - WACC x Invested Capital
NOPAT	NOPAT = net operating profit after adjusted taxes
Investiertes Kapital(IC)	IC = Bilanzsumme - nichtverzinsliche kurzfristige Verbindlichkeiten
MVA	Market Value Added (MVA) = Unternehmenswert - Invested Capital

Abbildung 29

Economic Value Added (EVA™) - Verfahren	
	Berechnung NOPAT
	Jahresüberschuß
+	Zuführung zu den passivischen latenten Steuern
+	Erhöhung der LIFO - Reserve
+	Nettoerhöhung aktivierter F&E-Aufwendungen
+	Abschreibungen auf den Geschäfts- und Firmenwert
=	Adjustierter Jahresüberschuß
+	Zinsen
+	fiktive Zinsen auf kapitalisierte Leasingaufwendungen
./.	Steuervorteil aus Zinsen
=	NOPAT (net operating profit after adjusted taxes)

Abbildung 30

Das investierte Kapital ist die Bilanzsumme abzüglich der nichtverzinslichen kurzfristigen Verbindlichkeiten. Bezogen auf die Passivseite der Bilanz setzt sich das investierte Kapital aus dem Eigenkapital und dem verzinslichen Fremdkapital zusammen. Die betriebliche Überrendite ist dann erreicht, wenn der Saldo aus den wertsteigernden Investitionen positiv ist. Die Gewinngröße NOPAT (net operating profit after adjusted taxes) wird anhand der Gewinn-und Verlustrechnung ermittelt und im wesentlichen um Steuern und Zinsen bereinigt. Der steuerliche Vorteil aus der Fremdkapitalfinanzierung wird dabei nicht in der Gewinngröße, sondern im WACC berücksichtigt. Steueradjustierte Zinszahlungen sind zu addieren. Die Abschreibungen auf den Geschäfts-und Firmenwert, die Erhöhung der Lifo-Reserve (Aufdeckung stiller Reserven), die Nettoerhöhung aktivierter F&E-Aufwendungen, die Erfassung von nicht bilanzierten Leasingverpflichtungen und die Zuführung zu den passivischen latenten Steuern sind ebenfalls bei der NOPAT-Berechnung hinzuzufügen. Die Adjustierungen soll die bilanzielle Gewinngröße NOPAT in eine zahlungsstromorientierte Cash-Größe verwandeln (vgl. BÖCKING/NOWAK 1999, S. 285). Die

EVA™-Methode kann somit ohne großen Mehraufwand unmittelbar in eine periodenübergreifende Betrachtung auf Basis der dynamischen Verfahren der Investitionsrechnung integriert werden. Das Konzept ist jedoch sehr stark auf den Jahresabschluß fixiert.

Das EVA™-Konzept kann neben der reinen Performancemessung auch zur Unternehmensbewertung eingesetzt werden. Für die Berechnung des Unternehmenswertes wird der Market Value Added ermittelt. Der Market Value Added (MVA) ergibt sich aus der Diskontierung aller zukünftigen EVA™ mit den gewogenen Kapitalkosten. MVA zeigt die Höhe der Wertsteigerung an, die für den Eigentümer geschaffen wurde. Rechnet man zum MVA den Restwert hinzu, erhält man den Unternehmenswert. MVA bildet die Differenz zwischen dem Unternehmenswert und dem investierten Anfangskapital zum Bewertungsstichtag. Die Restwertermittlung basiert dabei auf dem Modell der ewigen Rente.

3.1.3.2 Das Discounted Cash Flow-Verfahren

Die Unternehmensbewertung nach dem Discounted Cash Flow – Verfahren unterscheidet wiederum nach drei verschiedenen Ansätze, der Entity-Methode, der Adjusted Present Value (APV)-Methode und der Equity-Methode. Die Anwendung der unterschiedlichen Methoden führt bei konsistenten Annahmen zu gleichen Ergebnissen. Der Unterschied der einzelnen Verfahren liegt in dem Ansatz, den sie verfolgen.

Discounted Cash Flow - Verfahren

Entity-Methode	**APV - Methode**	**Equity - Methode**
Ermittlung des Unternehmens-gesamtwertes	Komponentenweise Ermittlung des Unternehmens-gesamtwertes	Ermittlung des Wertes des Eigenkapitals
➢Ermittlung der free cash flows	➢Ermittlung der free cash flows	➢Ermittlung der free cash flows, der den Eigentümern zusteht unter Berücksichtigung der Kapital-struktur
➢Diskontierung mit den durchschnitt-lichen gewogenen Kapitalkosten	➢Diskontierung mit den Kosten des Ei-genkapitals bei ausschließlicher Eigenfinanzierung	➢Diskontierung mit den Kosten des Eigenkapitals
➢Ermittlung des Eigenkapitals nach Abzug des Fremd-kapitals	➢Ermittlung der Vor- und Nachteile der Kapitalstruktur	
	➢Ermittlung von EK nach Abzug FK	

Abbildung 31

Bewertung nach der Entity-Methode

Bei der Entity-Methode wird im ersten Schritt der Unternehmensgesamtwert ermittelt. Der Unternehmensgesamtwert ergibt sich dabei aus der Diskontierung des den Eigen- und Fremdkapitalgebern zustehenden freien Cash Flows bei unterstellter Eigenfinanzierung mit den durchschnittlich gewogenen Kapitalkosten (weighted average cost of capital=WACC). Im zweiten Schritt folgt dann die Ermittlung des Eigenkapitalwertes. Hierbei wird vom Unternehmensgesamtwert das Fremdkapital abgezogen.

Die Adjusted Present Value (APV)-Methode

Die APV-Methode ermittelt den Unternehmensgesamtwert komponentenweise. Im ersten Schritt werden die frei verfügbaren Cash Flows ermittelt, wobei ausschließlich die Eigenfinanzierung unterstellt wird. Der berechnete Wert ist somit losgelöst von der Finanzierungsstruktur des Unternehmens. Im zweiten Schritt werden dann die Wertbeiträge der Finanzierungsseite berechnet. Hierbei ist zu unterscheiden zwischen einem Steuereffekt für das Unternehmen (Unternehmensteuer) und einem für den Investor (Einkommensteuer). Die Summe beider Berechnungen ergibt den Unternehmensgesamtwert. Subtrahiert man vom Unternehmensgesamtwert den Wert, der den Fremdkapitalgebern zuzuordnen ist, erhält man den Wert des Eigenkapitals. Der Vorteil der indirekten Ermittlung des Marktwertes des Eigenkapitals ist, daß die einzelnen Komponenten getrennt bewertet werden und somit der Wertbeitrag wesentlich leichter identifiziert werden kann. Im Vergleich zu den anderen Methoden unterstreicht der APV-Ansatz die Bedeutung der Ausschüttungspolitik für die Bewertung. Für den Investor ist es wichtig zu erfahren, ob die Wertbeiträge aus operativer Tätigkeit oder aus steuerlicher Optimierung stammen.

Bewertung nach der Equity-Methode

Bei der Equity-Methode wird der Marktwert des Eigenkapitals im Vergleich zu den zwei anderen Methoden direkt ermittelt. Die den Eigenkapitalgebern zustehenden freien Cash Flows werden unter Berücksichtigung der tatsächlichen Kapitalstruktur des Unternehmens ermittelt. Die Diskontierung erfolgt mit den Kosten des Eigenkapitals ebenfalls unter Beachtung der realisierten Kapitalstruktur des Unternehmens. Dieser Kostensatz reflektiert das operative Risiko des Unternehmens. Bei der Ermittlung der freien Cash Flows bei gegebener Kapitalstruktur wird das EBIT um Zinserträge aus nicht operativer Tätigkeit und Fremdkapitalzinsen bereinigt. Ebenso werden die Ertragsteuern ohne anrechenbare Körperschaftsteuer kalkuliert. Der Vorteil der Equity-Methode ist die direkte Ermittlung des Marktwertes des Eigenkapitals.

Bestimmung des Kapitalisierungszinssatzes

Alle Bewertungsmodelle nach der DCF-Methode machen die Bestimmung der Eigenkapitalkosten erforderlich. Die Eigenkapitalkosten werden dabei mit Hilfe des Capital Asset Pricing Model (CAPM) abgeleitet. Allerdings findet bei der Herleitung des CAPM die Besteuerung der Anteilseigner keine Berücksichtigung.

Die Risikobewertung erfolgt entweder nach der Sicherheitsäquivalenzmethode oder der Zinszuschlagsmethode. Die Sicherheitsäquivalenzmethode spaltet das allgemeine Unternehmensrisiko auf in ein Teilwagnis und ein Restwagnis. Das Teilwagnis entsteht aufgrund zunehmender Konkurrenz. Das Restwagnis erfolgt nach der Methode der Sicherheitsäquivalenten. Der Sicherheitsäquivalent ist definiert als der sichere Beitrag, zu dem der Investor eine Verteilung von Nettoeinzahlungen abgibt (vgl. DRUKARCZYK 1998, S. 67). Ist das Sicherheitsäquivalent dabei gleich dem Erwartungswert der Zahlungsverteilung, ist der Investor als risikoneutral einzustufen. In der Regel wird die Sicherheitsäquivalenzmethode in der Praxis kaum angewandt, da sie zusätzliche Informationen über die Risikonutzenfunktion der Investoren voraussetzt. Praktikabler ist die Risikozuschlagsmethode oder Zinszuschlagsmethode, bei der auf den Kalkulationszinssatz ein Risikozuschlag erhoben wird. Die Bemessung des Risikozuschlages erfolgt dabei oft willkürlich, da es an der Methode zur Ermittlung des Risikozuschlages fehlt. In der Praxis setzt man das CAPM-Modell ein. Die Eigenkapitalkosten (k) sind definiert als risikoloser Zinssatz (rf) einschließlich unternehmensindividueller Risikoprämie oder k=rf +ß(rm-rf). Für den risikolosen Zinssatz werden die Durchschnittsrenditen öffentlicher Anleihen mit einer Laufzeit von mindestens 10 Jahren (Prognosezeitraum) in die Formel eingesetzt. Die Rendite des Marktportfolios rm greift i.d.R. auf geschätzte Aktienmarktrenditen zurück. Der Betafaktor ß ist das nicht durch eine Diversifikation vermeidbare Risiko (systematische Risiko). Betafaktoren werden mit Hilfe der linearen Regression zwischen der Kursperformance des Einzelwertes und der Rendite des Aktienmarktindex ermittelt. Ein Betafaktor über 1 sagt dabei aus, daß sich der Aktienkurs des Unternehmens stärker als der Aktienmarktindex entwickelt bzw. das Unternehmensrisiko ist größer als das Marktrisiko.

Bewertung nach der Kapitalwertmethode	
Mehrphasen-modell	➢Detailschätzungen über einen Zeitraum v. 5 Jahren ➢Annahme konstanter Wachstumsraten
Risiko-bewertung	➢Sicherheitsäquivalenzmethode ➢Zinszuschlagsmethode
Eigenkapital-kosten CAPM	$Eigenkapitalkosten(k) = rf + ß(rm - rf)$
WACC	$WACC = r_{EK}(MWEK/MWGK) + (1 - s) * r_{FK}(MWFK/MWGK)$

Abbildung 32

Im Konzept des EVA™ (Economic Value Added)-Modells erfolgt die Berechnung des Kapitalkostensatzes mit den gewogenen durchschnittlichen Kapitalkosten (weighted average cost of capital oder WACC). Die Renditeforderungen der Eigen- und Fremdkapitalgeber werden dabei mit ihren jeweiligen Kapitalanteilen gewichtet. Der Kapitalkostensatz ist ein arithmetisches Mittel, dessen Gewichte die Kapitalanteile (EK=Eigenkapital, FK=Fremdkapital, GK=Gesamtkapital) bewertet zu Marktwerten (M) sind (vgl. DRUKARCZYK 1998, S. 159). In einem weiteren Schritt wird der Steuervorteil, der sich aus der Fremdfinanzierung, das sogenannte Tax Shield, ebenfalls berücksichtigt (1-s). Vorteil der WACC-Berechnung ist, daß sie überwiegend von der gewählten Kapitalstruktur unabhängig ist.

Die Bewertung von Wachstumsunternehmen nach der Kapitalwertmethode ist eine analytisch korrekte Bewertungsmethode, die nicht nur eine Periode sondern mehrere Prognoseperioden umfaßt. Die Abhängigkeit von Kursschwankungen ist gering und das Unternehmenswachstum läßt sich mit Hilfe des Modells gut nachbilden. Allerdings reagieren die Modelle sehr sensitiv auf die zugrundegelegten Annahmen über die Kapitalkosten, Margenentwicklung und zukünftige Investitionen und Abschreibungen. Es ist daher nicht verwunderlich, daß das Modell häufig eine weite Bewertungsbandbreite für den Unternehmenswert angibt.

3.1.4 Sonderthemen der Bewertung

Die faire Bewertung von Unternehmen wird noch erschwert durch mangelnde Vergleichbarkeit. Unterschiedliche Rechnungslegungssysteme und –vorschriften erschweren den direkten Vergleich. So können Unternehmen am Neuen Markt nach IAS, US-GAAP oder übergangsweise auch nach HGB bilanzieren. Dies hat erhebliche Auswirkungen auf die Aktivierungsmöglichkeiten und Abschreibungsmethoden. Auffallend ist die unterschiedliche Bilanzierung von Mitarbeiterbeteiligungsprogrammen, die Anerkennung von Softwareumätzen (SOP 97-2), die Bilanzierung von Leasingverpflichtungen und die Pooling of Interests-Methode. Beispielsweise hat das Unternehmen NSE Software AG in der Vergangenheit die Softwareentwicklungskosten aktiviert und mit 50% sofort wieder abgeschrieben. Entwicklungskosten sind aktivierbar, wenn das geschaffene Gut identifizierbar und bewertbar ist, die technische Eignung demonstrierbar, das Gut vermarktet werden soll, ein Markt dafür vorhanden ist und zur Vervollständigung des Projektes ausreichend Ressourcen zur Verfügung stehen. Die Abschreibungen beginnen, wenn das Produkt für den Verkauf oder für die Anwendung zur Verfügung steht (IAS 9). NSE nimmt jetzt erst bei Nutzungsbeginn die Aktivierung und sofortige Abschreibung in Höhe von 50% vor. Diese veränderte Ausweispolitik hat dazu geführt, daß das Ergebnis vor Steuern um 72,8% auf EUR 1,78 Mio. nach EUR 1,03 Mio. gesteigert werden konnte.

NSE Software AG

NSE AG Softwareunternehmen (CRM)	1. Halbjahr ´99 bisher	1. Halbjahr ´99 neu	Veränderung
Umsatz (EUR Mio.)	16,60	16,60	0,0%
Aktivierte Entwicklungskosten	3,17	3,17	
Abschreibungen *)	2,37	1,62	-31,6%
*) Abschreibungsdifferenz		0,75	
Ergebnis vor Steuern (in EUR Mio.)	1,03	1,78	72,8%

Begründung für die veränderte Ausweispolitik (IAS)

Bisher: Sofortige Abschreibung der Entwicklungskosten bei Aktivierung mit 50%

Neu: Abschreibung bei Aktivierung mit 50% erst ab Nutzungsbeginn, da mit größeren Produkten zu rechnen ist

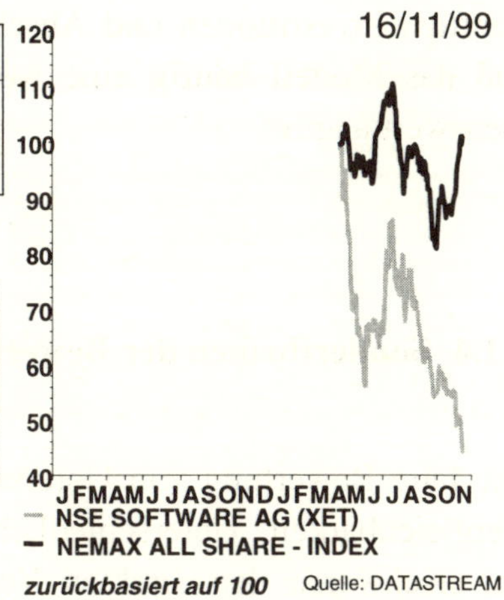

Abbildung 33

Softmatic AG

Softmatic AG Softwareunternehmen (ERP)	1998	1999e	2000e	2001e
Umsatzerlöse in EUR Mio.	12,6	21,4	47,6	68,9
Abschreibungen Software	-1,2	-1,0	-1,0	-1,8
in % vom Umsatz	*9,5%*	*4,7%*	*2,1%*	*2,6%*
Aktivierung der Software	1,9	2,6	3,6	4,0
in % vom Umsatz	*15,1%*	*12,1%*	*7,6%*	*5,8%*
Bilanzsumme	8,7	54,5	61,6	83,1
Aktivierte Software	2,7	4,3	6,9	9,1
in % von der Bilanzsumme	*31,0%*	*7,9%*	*11,2%*	*10,9%*

Begründung für die Ausweispolitik (US-GAAP)

Aktivierte Softwareentwicklungskosten nach SFAS 86
Abschreibungen linear über einen Zeitraum von 2-5 Jahren
Kosten für die Entwicklung neuer Softwareprodukte werden bis zum Zeitpunkt der technologischen Verwertbarkeit aktiviert.

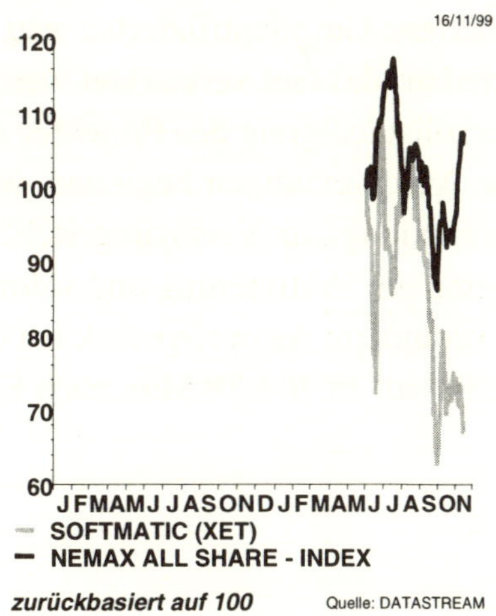

Abbildung 34

BROKAT Infosystems AG

Brokat Infosystems AG	98/99
Softwareunternehmen (E-Commerce)	in DM Mio.
Umsatzerlöse	61,4
Bruttoergebnis vom Umsatz	30,5
Vetriebskosten	-38,1
Allgemeine Verwaltungskosten	-9,8
Forschung- und Entwicklungskosten	-8,3
Aufwendungen aus Abschreibungen Firmenwerte	-0,7
Aufwendungen aus Mitarbeiterbeteiligung	-15,8
Betriebsergebnis	-42,1

Anmerkung: Die Darstellung des Aktienoptionsprogrammes erfolgt Nach den Vorgaben von ABP 25 und unter Berücksichtigung von SFAS 123

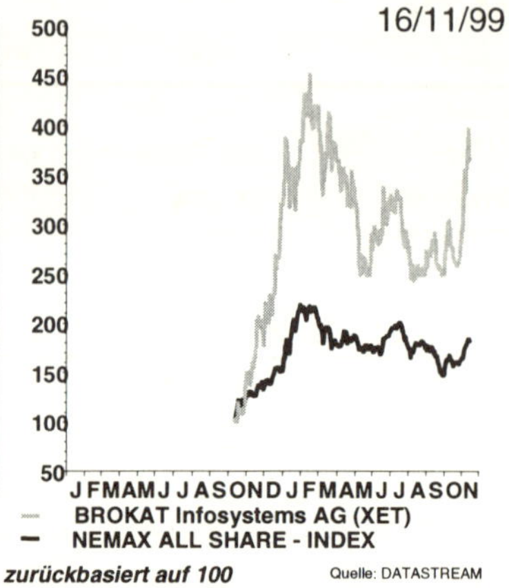

Abbildung 35

BROKAT Infosystems AG

Brokat Infosystems AG	98/99
(US-GAAP)	in DM Mio.
Gezeichnetes Kapital	44,7
Kapitalrücklage	268,2
Bilanzverlust	-45,4
Ausstehender, bereits nicht realisierter Aufwand aus MB *)	-37,7
Kumulierte erfolgsneutrale Eigenkapitalveränderungen	0,5
Eigenkapital	230,4

*) MB - Mitarbeiterbeteiligungsprogramm

Brokat Infosystems AG			Jährliche Abschreibungen
(US-GAAP)	in DM Mio.	Nutzungsdauer	in Mio. DM
Firmenwert	208,1	10 Jahre	20,8
Kundenbeziehungen	5,2	5-8 Jahre	0,8
Technologisches Know-how	4,8	1-3 Jahre	2,4
Software	2,1	3 Jahre	0,7
Mitarbeiterstamm	1,1	9 Jahre	0,1
Summe immaterielle Vermögensgegenstände	221,3		24,8

Anmerkung: Die Abschreibungen erfolgen linear; Anwendung von SOP 98-1 nach dem 15.12.1998 beginnenden Geschäftsjahren

Abbildung 36

EM.TV Merchandising AG

EM.TV

Medien	TMG	EM.TV
Realisierung der Umsatzerlöse	Zeitpunkt der Abnahme	Zeitpunkt der Übertragung
Ausweis der Filmrechte	Umlaufvermögen	Anlagevermögen

Begründung für die Ausweispolitik (IAS 28)

Übernahme von TeleMünchen at equity wirkt ergebniserhöhend

Vorläufiges Ergebnis nach HGB	60 Mio. DM
Vorläufiges Ergebnis nach IAS	120 Mio. DM
At equity (45%)	54 Mio. DM

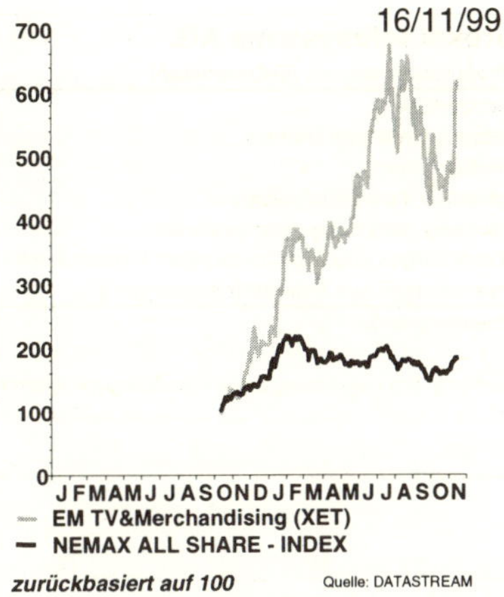

Abbildung 37

Die Aktivierung von Forschungs- und Entwicklungskosten nach US-GAAP ist gerade bei Softwareunternehmen, die am Neuen Markt notiert sind, häufiger anzutreffen. Grundsätzlich sind die F&E-Kosten nicht aktivierungsfähig mit der Ausnahme für die Softwareentwicklung. Die Aktivierungsfähigkeit der Aufwendungen hängt von der sogenannten „technical feasibility" ab (technologische Verwertbarkeit). Erst wenn die nachgewiesen ist, können die Aufwendungen nach SFAS 86 aktiviert werden. Die Abschreibungen erfolgen linear über einen Zeitraum von zwei bis fünf Jahren. Allein 1998 machte die aktivierte Software bei der Softmatic einen Anteil von 31% gemessen an der Bilanzsumme aus.

Ein weiteres Beispiel befaßt sich mit der Bewertung und dem Ausweis von Stockoptions im Jahresabschluß nach ABP 25 und SFAS 123 (fair value accounting). Der Ausweis hängt prinzipiell davon ab, wie die Stockoptions zu klassifizieren sind. Stellen sie eine Vergütung dar (compensatory) oder einen normalen Aktienerwerb (noncompensatory). Eine noncompensatory Klassifizierung führt zu einem veränderten Eigenkapitalausweis und einer veränderten Gewinn- und Verlustrechnung. Es müssen jedoch vier Bedingungen erfüllt sein. Alle Mitarbeiter müssen an dem Programm teilnehmen, die Anzahl der Aktien muß im Verhältnis zum Gehalt stehen, die Ausübungsfrist muß begrenzt sein, und es sollte ein vernünftiger Abschlag (Discount) zum Marktpreis gegeben sein. Für das Unternehmen Brokat hat dieser Ausweis nicht nur in der Bilanz, sondern auch in der Gewinn-und Verlustrechnung erhebliche Auswirkungen. Aufgrund des stark gestiegenen Aktienkurses und des relativ niedrigen Bezugspreises beliefen sich die Aufwendungen aus Mitarbeiterbeteiligungen auf EUR 15,8 Mio. oder 25,7% der Umsatzerlöse. Das Eigenkapital verkürzt sich um EUR 37,7 Mio. aufgrund der noch ausstehenden, aber noch nicht realisierten Aufwendungen aus dem Mitarbeiterbeteiligungsprogramm. Wir halten die Darstellung der Effekte aus dem Mitarbeiterbeteiligungsprogramm von Brokat, obwohl sie auf den ersten Blick negative Auswirkungen haben, für wesentlich transparenter als bei vergleichbaren US-Unternehmen.

Die unterschiedliche Bewertung von Filmrechten spielt in der Medienindustrie eine nicht zu unterschätzende Rolle. Das Unternehmen EM.TV hat 45% der Anteile an TeleMünchen Gruppe (TMG) erworben. TeleMünchen bilanziert nach HGB und EM.TV nach IAS. Die Realsierung der Umsatzerlöse erfolgt bei TeleMünchen zum Zeitpunkt der Abnahme und bei EM.TV zum Zeitpunkt der Übertragung. Die Filmrechte werden bei TMG im Umlaufvermögen und bei EM.TV im Anlagevermögen (Abschreibungspolitik) ausgewiesen. Die Gewinn- und Verlustrechnung von TMG wird zur Zeit aufgrund der hohen Produktionskosten stark beansprucht. Eine Aktivierung nach IAS wäre möglich. Stellt man die Rechnungslegung von TMG auf IAS um, könnte das Unternehmen ein Ergebnis von DM 120 Mio. statt DM 60 Mio. nach HGB ausweisen. At equity konsolidiert ergibt sich ein Ergebnisbeitrag von DM 54 Mio. Das anteilige Jahresergebnis von TMG wird in einer Nebenrechnung angepaßt und das anteilige Eigenkapital auf den Kaufpreis bezogen. In der Handelsbilanz II wird ein Teil des Unterschiedsbetrages den enthaltenen stillen Reserven zugeordnet, in dem die in früheren Jahren als Materialaufwand bzw. Abwertung von Vorräten erfaßten Beträge wieder aufgeholt werden. Interessant ist, daß TeleMünchen die Übertragungsrechte der Champions League erworben hat. Hohe Verluste sind in der Anfangsphase der Vermarktung zu erwarten. Diese Verluste werden jedoch in der Bilanz von EM.TV nicht sichtbar. Es tritt der sogenannte U-Boot Effekt ein. Durch Fortschreibung des Beteiligungswertes um anteilige Jahresfehlbeträge kann der Fall eintreten, daß der Beteiligungswert unter Null sinkt. Der Beteiligungswert wird nicht mehr fortgeschrieben und die Equity Methode ausgesetzt. In den Folgejahren auftretende Jahresfehlbeträge finden keine Berücksichtigung im Beteiligungswert, sondern werden in einer Nebenrechnung fortgeführt. Erst bei positiven Jahresüberschüssen kann die Position auf der Aktivseite wieder aufgeführt werden (U-Boot Effekt).

4. Trends und Perspektiven

Die Methodik der Unternehmensbewertung läßt sich generell in drei Phasen beschreiben. In der ersten Phase werden alle qualitativen und quantitativen Kennzahlen und Kriterien auf das Bewertungsobjekt übertragen. In der Phase Zwei wird die Gewichtung der ausgewählten Bewertungsverfahren vorgenommen. In der dritten Phase wird der Unternehmenswert unter Berücksichtigung von möglichen Bewertungszu- und –abschläge ermittelt.

Neben der reinen Unternehmenswertermittlung spielen aber für die Preisbildung noch andere Faktoren eine wichtige Rolle. So haben sich beispielsweise die rechtlichen Rahmenbedingungen der Deutschen Börse AG sichtlich verschärft, um den Investoren ein möglichst kalkulierbares aktienrechtliches Umfeld anbieten zu können. Der Aktienverkauf vor Ablauf der Lock-up Periode wird durch die Einführung zweier unterschiedlicher Wertpapierkennumern wesentlich transparenter. Der Wechsel vom Freiverkehr in den Neuen Markt ist erst nach zwei Jahren möglich. Unternehmen, die den hohen Qualitätsanforderungen des Neuen Marktes nicht entsprechen, können jetzt kurzfristig nicht mehr den Umweg über den Freiverkehr für sich beanspruchen. Außerdem muß das Eigenkapital mindestens EUR 1,5 Mio. bei Antragstellung (nicht beim erfolgten Börsengang) betragen. Das „friends&family-Programm“ wird nicht mehr dem Streubesitz zugeordnet. Mittlerweile hat sich der Neue Markt als Wachstumsmarkt für innovative Unternehmen in Deutschland und Europa etabliert. Denkbar ist, daß die europäischen Börsen für Wachstumswerte kooperieren und so eine europäische NASDAQ entsteht. Die Segmentierung nach Branchen wird zunehmen, und nicht europäische Unternehmen werden versuchen, ein Duallisting zu erhalten. Mit Marktbereinigungen durch Übernahmen oder Konkurse ist mittelfristig zu rechnen. Die Bewertung der börsennotierten Unternehmen wird sich auf einem relativ hohen Niveau stabilisieren. Die überwiegende Zahl der Unternehmen wird u.E. zur besseren Vergleichbarkeit die Rechnungslegung nach US-GAAP anwenden. Institutionelle Investoren werden ihren Anlagehorizont aufgrund der zahlreichen Investitionsmöglichkeiten tendenziell verkürzen, während die Analysten sich noch stärker auf die Branchen im internationalen Vergleich konzentrieren werden. Die Semantik der Unternehmen, die sich aus der Vielzahl der Wettbewerber herausheben wollen, wird von den Begriffen Internt, E-Commerce und Marktführer geprägt werden. Das vorrangige Bewertungsverfahren für die Wachstumsunternehmen des Neuen Marktes wird das DCF-Verfahren bleiben. Als Ergänzung und zur Überprüfung der Plausibilität dürften aber auch weiterhin die Multiplikatoren-Verfahren für die Unternehmensbewertung herangezogen werden.

Literaturverzeichnis

BÖCKING, HANS JOACHIM/NOWAK KARSTEN 1999, Das Konzept des Economic Value Added, in: Finanzbetrieb 10/1999, S. 281ff.

DRUKARCZYK, JOCHEN 1998, Unternehmensbewertung, 2. Auflage, München 1998.

WP-Handbuch 1998, IDW (Hrsg.), Handbuch für Rechnungslegung, Prüfung und Beratung, Band II, 11. Auflage, Düsseldorf 1998.

Strategic Enterprise Management und Konsolidierungstechnik unter Aufzeigen DV-technischer Lösungsansätze

Prof. Dr. Henning Kagermann
Vorstandssprecher
SAP-AG, Walldorf

Strategische Unternehmensführung bei der SAP AG Erfahrungen und Lösungen eines Software-Unternehmens

Gliederung

1. SAP als Global Player

Bei der Gestaltung des Systems zur Führung der SAP-Gruppe haben wir zwei Grundsätze verfolgt: Verständlichkeit geht vor Genauigkeit und Einheitlichkeit geht vor Gerechtigkeit. Während die Verständlichkeit dadurch erreicht wird, dass wir Methoden verwenden, die für jeden Interessierten nachvollziehbar sind, bedeutet Einheitlichkeit in diesem Zusammenhang, dass wir mit einem einzigen Zahlenwerk arbeiten. Wir machen keine Anpassungen z. B. je nach Adressatenkreis oder Verwendungszweck der Daten. Es ist für ein globales Unternehmen absolut notwendig, dass letztendlich alle Beteiligten mit denselben Zahlen, d. h. mit denselben Fakten leben und sich daran messen lassen.

Die SAP AG ist heute der viertgrößte Softwareanbieter in der Welt. Wir haben 1999 etwa 10 Milliarden DM Umsatz erzielt, davon 80 % außerhalb von Deutschland. Wir sind Marktführer im Bereich betriebswirtschaftlicher Standardsoftware mit einem Marktanteil von 56 % bezogen auf die Top-Five Anbieter, mit etwa 33 %, wenn alle Anbieter zusammen genommen werden. Wir betreuen mit 22.000 Mitarbeitern etwa 12.000 Kunden in 110 Ländern, die zusammengenommen über mehr als 25.000 Installationen verfügen. Wir haben eigene Niederlassungen in über 50 Ländern und arbeiten in weiteren zehn Ländern mit Partnern zusammen.

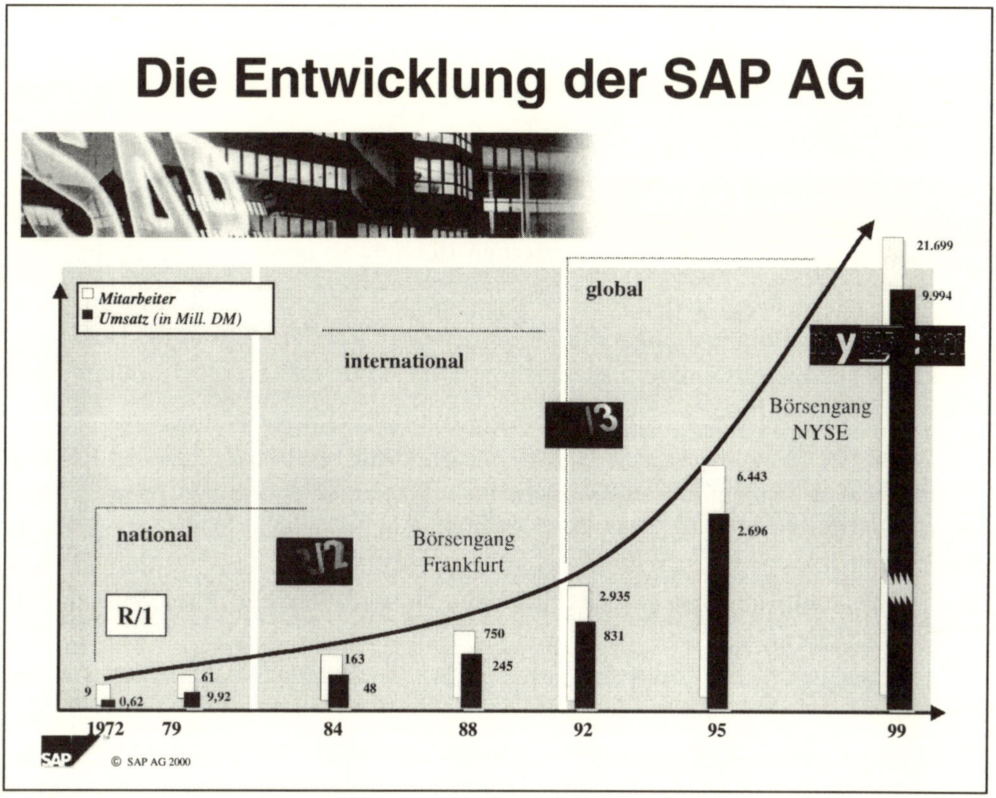

Abbildung 1: Die Entwicklung der SAP

Abbildung 1 zeigt, wie sich die Firma in Bezug auf Umsatz und Mitarbeiter entwickelt hat. In den letzten zehn Jahren hatten wir ein durchschnittliches Wachstum von etwa 40 %. Das Kurs-Gewinn-Verhältnis betrug zuletzt im Januar 2000 rund 130 auf Basis der 99er Gewinne. Es ist offensichtlich, dass der Erfolg der SAP über die 28 Jahre ihres Bestehens ausschließlich vom Erfolg technischer Innovationen abhing.

Die größte Herausforderung bei der strategischen Führung der SAP ist die sehr hohe Änderungsdynamik unseres Marktumfeldes. Deshalb ist es sehr schwierig, über Strategien der nächsten drei bis fünf Jahre zu reden. Jedem, der uns fragt, was wir in fünf Jahren machen werden, sagen wir, dass wir es nicht wissen. Der Schwerpunkt bei der Unternehmensführung liegt weniger auf exakten Prognosen als vielmehr darauf, kulturelle und organisatorische Bedingungen zu schaffen, in denen schnell und angemessen auf Veränderungen im Umfeld reagiert werden kann. Dazu ein paar Beispiele:

- Wir haben in den letzten Jahren den Wechsel vom Einproduktanbieter zum Lösungsanbieter vollzogen.
- Wir haben über die letzten zehn Jahre viele Firmen neu gründen müssen - dies in vielen Ländern. Das bedeutet natürlich einen erheblichen Arbeitsaufwand, sowohl im organisatorischen Bereich als auch im steuerlichen Bereich.
- Wir haben allein im Jahr 1998 7.000 neue Mitarbeiter eingestellt. Dies stellt große Herausforderungen an die Integrationskraft und an die Kommunikation im Unternehmen.
- Wenn wir heute sagen, wir stellen Kundenlösungen bereit, dann ist es ganz klar, dass wir nicht alle diese Lösungen selbst erstellen können. Wir sind seit Jahren darauf angewiesen, Partnerschaften einzugehen. Dazu arbeiten wir mit selbständigen und unabhängigen Partnern in einer Form zusammen, dass die Gesamtlösung, die am Markt angeboten wird, in allen Bereichen qualitativ hochwertig ist.
- Da nach wie vor etwa 80 % der Entwicklung in Deutschland stattfindet, wir aber andererseits 80 % unseres Umsatzes im Ausland erzielen, sind Transferpreise für uns ein Kernthema. Auch hier gilt unser Prinzip der Einfachheit: Die internen Transferpreise entsprechen genau denen, die wir auch steuerlich ansetzen.

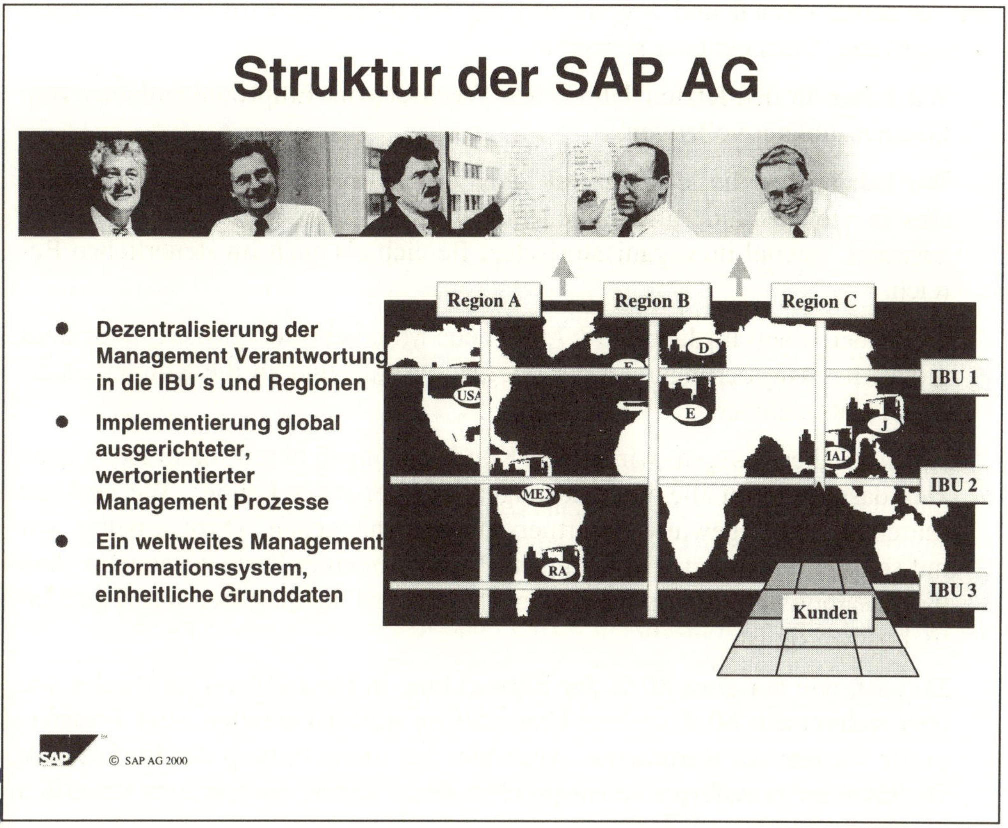

Abbildung 2: Struktur der SAP AG

Wie sieht unsere Organisation aus? Regionen und Business Units bilden eine Matrixorganisation. Sie ist bez. der Regionalstruktur stärker ausgeprägt, da die Länder nach wie vor die primäre Umsatzverantwortung haben. Die meisten Business Units sind an Branchen ausgerichtet (IBU), zu sechs „Sektoren" zusammengefasst und haben weltweite Verantwortung. Die IBUs sind für die Entwicklung der Lösungen zuständig und berichten an verschiedene Vorstände. Demgegenüber sind die Länder zu Regionen gebündelt und berichten zentral an einen einzigen Vorstand. Jeder Kunde wird, auch wenn er global tätig und diversifiziert ist, eindeutig einer IBU und einem Land zugeordnet. Managementmäßig werden allerdings die Umsatz- und Ergebnisanteile fiktiv auf die anderen IBUs und Länder aufgeteilt. Dies geschieht vor dem Hintergrund, dass eine einzige Organisationseinheit die Verantwortung trägt, die anderen Einheiten aber am Erfolg partizipieren sollen.

Die zweite Segmentierung ergibt sich aus unseren Lieferungen und Leistungen: Software, Wartung, Beratung, Training. Wir bezeichnen diese vier Erlösarten als „Lines of Business". Für diese überwachen wir getrennt die Profitabilität.

Im Folgenden ist kurz das Geschäftsfeld dargestellt, in dem wir uns bewegen:

- Die wichtigsten Besonderheiten sind die große Abhängigkeit von Technologiesprüngen und die schnellen Innovationszyklen.
- Aus Sicht des Rechnungswesens ist daneben der sehr hohe Wertschöpfungsanteil am Produkt wichtig. Da wir nur wenige Softwarekomponenten fremdbeziehen, schlägt sich ausbleibender Softwareumsatz zu etwa 90 % im Ergebnis nieder.
- Wir haben relativ lange Entwicklungszyklen. Betrachtet man den benötigten Zeitraum, um ein Produkt aufzusetzen und damit Marktführer zu werden, dauert dies typischerweise 3 - 5 Jahre. Daraus leitet sich ein relativ hohes Erfolgsrisiko ab.
- Aufgrund unserer Präsenz in 110 Ländern müssen wir unterschiedlichste Marktanforderungen abdecken. Sie divergieren deutlich, je nachdem, ob die Lösung etwa in den USA, in Italien oder auch in Indonesien verkauft werden soll.
- Darüber hinaus haben wir divergierende Kundenanforderungen. Unterschiede gibt es hier zwischen unserer bestehenden Kundenbasis und den vielen Neukunden, die wir noch gewinnen wollen. Abweichende Anforderungen kommen auch einerseits von global operierenden Kunden, die häufig über 100 Installationen weltweit für bis zu 100.000 Systemnutzer betreiben, und andererseits vom Marktsegment der kleinen und mittelständischen Kunden mit einer einzigen Installation und 10 - 30 Systemnutzern.

2. Grundpfeiler der Unternehmensführung

2.1 Wertorientierte Unternehmensführung

Wir fühlen uns einer wertorientierten Unternehmensführung im Sinne des Shareholder Value verpflichtet. Im Mittelpunkt steht deshalb auch bei uns der Aktienkurs. Zur Ermittlung des Shareholder Value werden von Seiten der Theorie sehr viele, z. T. sehr anspruchsvolle Methoden vorgeschlagen. Letztendlich denken Investoren und Analysten allerdings sehr einfach. Ich glaube, es ist daher überflüssig, sich als Praktiker über Methoden zu streiten, wenn die Entscheidung über den Kurs letztlich durch den Markt gefällt wird. Für die SAP haben wir im Sinne des Shareholder Value unterhalb des Aktienkurses zwei wesentliche Größen festgelegt:

1. nachhaltiges Wachstum und
2. Earnings per Share.

Natürlich gibt es auch in unserer Branche weitere Einflussgrößen, die wir sehr sorgfältig beobachten: Image, Innovationskraft, Markteintrittsgeschwindigkeit und die Effizienz der internen Prozesse und insbesondere die der einzelnen Mitarbeiter.

2.2 Beteiligung der Mitarbeiter am Unternehmenserfolg – Total Rewards

Ein zweiter Grundpfeiler unserer Unternehmensführung wird in der Beteiligung jedes einzelnen Mitarbeiters am Unternehmenserfolg gesehen. Ein Paket von umfangreichen Sozialleistungen verliert dabei zunehmend an Bedeutung; vielmehr richtet sich das Interesse auf eine Schichtung der Vergütung in fixe, variable und langfristig wirksame Anteile nach amerikanischem Vorbild. Der variable Anteil der Vergütung liegt bei durchschnittlich 30 %, im oberen Management beträgt er in der Regel mehr als 50 %. Er setzt sich aus zwei Komponenten zusammen: einem individuellen, leistungsorientierten Bonus und einem wertorientierten Bestandteil. Dieser besteht in der individuellen Zuteilung von so genannten Stock Appreciation Rights (STARS) an alle Mitarbeiter, die länger als zwei Jahre bei SAP beschäftigt sind. Dieser Teil der Vergütung erfolgt über ein jährliches Programm, bei dem sich der Wert der STARS direkt aus dem Aktienkurs innerhalb eines bestimmten Zeitraums berechnet. Damit ist die Steigerung des Shareholder Value für jeden Mitarbeiter von zentralem Interesse. Zusätzlich wird ab dem Jahr 2000 ein Stock Option Programm für Top-Leistungsträger aufgelegt. Es besteht aus einer Mischung nackter Aktienoptionen mit einer Ausübungshürde und Wandelschuldverschreibungen. Allerdings sehen wir hier in Deutschland einen klaren Standortnachteil, da die vom Gesetz bevorzugten nackten Aktienoptionen mit Ausübungshürde nach US-GAAP als Aufwand in der GuV auszuweisen ist. Die in den USA üblichen Optionen ohne Ausübungshürde müssen demgegenüber nicht in der GuV ausgewiesen werden, was zu einer Verzerrung im Ergebnisvergleich führt.

2.3 Strategische Kunden und Partner

Der dritte Grundpfeiler unserer Unternehmensführung bezieht sich auf unsere strategischen Kunden und Partner. SAP setzt darauf, langfristige Kundenbeziehungen aufzubauen. Deswegen pflegen wir zu unseren Kunden ein partnerschaftliches Verhältnis. Es mündet in einigen Fällen sogar in Entwicklungs- und langfristigen Service-Partnerschaften. Bei der Suche nach Partnern beobachten wir den Markt und achten insbesondere auf kleine, agile Firmen, die neue Ideen haben. Es ist hier nicht unsere Politik, diese Firmen vollständig aufzukaufen, da dies die Gefahr birgt, deren Innovationskraft zu zerstören. Vielmehr gehen wir Minderheitsbeteiligungn ein oder verkaufen deren Produkte unter unserem Namen mit. Damit sichern wir wiederum unsere Kunden ab, um ihnen auch über längere Zeit die geforderte Qualitätsgarantie bieten zu können. Ein anderer Weg der Förderung besteht über unsere zwei Venture Capital Fonds, aus denen wir Risikokapital bereitstellen.

2.4 Kennzahlen der strategischen Unternehmensführung

Nun zur Frage, wie wir führen. Wir führen über ein Kennzahlensystem, dessen Bestandteile wir transparent gemacht haben. Es kommt dabei – welcher Art auch immer das Geschäft sein mag - auf drei einfache Kennzahlen an:

1. Wachstum,
2. Profitabilität und
3. Kundenzufriedenheit.

Wir verwenden diese Kennzahlen durchgängig auf allen Ebenen der Organisation: auf den Ebenen der Gruppe, der Länder, der Sektoren und der Lines of Business.

3. Überblick über den Planungszyklus

3.1 Strategische Planung

Natürlich brauchen auch wir - trotz der oben angesprochenen Änderungsdynamik - eine mittel- bis langfristige Ausrichtung unserer Unternehmensstrategie. Deswegen setzen wir uns als Vorstand wie bei den meisten Unternehmen einmal im Jahr außerhalb des üblichen Geschäftsbetriebs zu einem Strategie-Meeting zusammen. In der Regel kommen wir mit einem einzigen Treffen pro Jahr aus, bei Bedarf schieben wir auch weitere ein.

Was sind die Themen? Wir beginnen in der Regel mit den Erwartungen der Analysten und den Gegebenheiten des Marktes. Wie ändert sich der Markt? Welche neuen Technologietrends gibt es, was machen die Konkurrenten und was fordern die Kunden? Dem gegenüber steht die Frage: was sind unsere eigenen Ziele? Aus diesen Diskussionen werden konkrete Maßnahmen verabschiedet und dokumentiert. Wir stecken so den Planungsrahmen ab. Dieser Bereich der Strategieplanung ist derzeit leider noch nicht systemunterstützt, doch im letzten Teil meiner Ausführungen werde ich darauf eingehen, was hier im kommenden Jahr geändert wird.

3.2 Jährliche Planung, Budgetplanung

Die Vorgaben der Strategieplanung werden in die operative Planung hinein verfeinert. Diese läuft bei uns sehr einfach und komplett systemgestützt. Zweimal im Jahr werden mit unseren Ländern und mit unseren Sektoren so genannte Budget-Meetings abgehalten. Deren Inhalte sind für die Länder und für die Sektoren aufgrund deren unterschiedlichen Verantwortungen verschieden. Die Gespräche für die jeweiligen Bereiche sind standardisiert und basieren – gemäß unserem Grundsatz der Einheitlichkeit - auf gleichen Templates und gleicher Berichterstattung. Natürlich wird in jedem Meeting neben dem Standardrahmen, der für Quervergleiche und die Verbreitung von "best practices" unerläßlich ist, genügend Raum für individuelle Fragestellungen eingeräumt.

3.2.1 Budgetplanung für die Länder

Für ein Land beginnen wir mit dessen Strategie. Sie wird daraufhin geprüft, ob sie mit der Strategie der gesamten SAP-Gruppe im Einklang steht. Danach folgt die Analyse der jeweiligen Zahlen. Dies geschieht systemgestützt und beginnt üblicherweise mit den Mitarbeitern. Hierzu haben wir unser eigenes HR-System im Einsatz. Wir besprechen die Mitarbeiterstruktur und vor allen Dingen die Fähigkeiten der Mitarbeiter. Hierzu haben wir eine "Skill"-Datenbank aufgebaut. Es ist für uns wichtig zu sehen, wie sich die Skills im Laufe der Zeit entwickeln und ob sie unseren strategischen Zielen genügen bzw. wie sie weiter entwickelt werden müssen. Danach wird der Markt analysiert, indem über Marktelastizitäten gesprochen und festgelegt wird, wie in gegebener Zeit neue Interessenten für unsere Lösung gewonnen werden können. Schließlich werden die einzelnen Lines of Business besprochen: Beim Produktumsatz ist das wichtigste Instrument die so genannte Vertriebspipeline. Sie zeigt an, welche Abschlüsse pro Quartal voraussichtlich getätigt werden. Besonderes Augenmerk wird dabei auf die Key-Accounts gelegt, für die in der Regel ein 3-Jahres Geschäftsplan vorliegt. Im Anschluss folgen Details zu den anderen Erlösarten: Wartung, Beratung und Training. Erst zum Schluss werden noch die Finanzdaten besprochen.

Ein wichtiger Punkt in den Planungsbesprechungen ist die Risikosteuerung. Sie ist insbesondere bei der Analyse des Vertriebsprozesses relevant. Ausgehend von einer Datenbasis aus Marktdaten erkennen wir relativ leicht, welche Kunden wir überhaupt in einem Land erreichen können. Dieser Kreis wird kleiner, wenn wir uns in einem weiteren Schritt auf diejenigen Kunden konzentrieren, die als Interessenten überhaupt in Frage kommen und mit denen wir bereits Kontakt haben (so genannte „Suspects"). Dann muss herausgefunden werden, welche Organisationseinheiten in den betreffenden Unternehmen im laufenden Jahr noch die Ressourcen haben, um konkrete Projekte aufzusetzen; damit wird für uns das Kaufinteresse deutlich konkreter (so genannte „Prospects"). Bis hierhin arbeitet das Marketing und übergibt die Information an den Vertrieb. Eine wichtige Steuerungsgröße für das Marketing ist die Anzahl der Suspects, die in Prospects umgewandelt werden können. Diese Kennzahl zeigt, wie qualifiziert das Marketing vorgeht. Mit der Übergabe an den Vertrieb wird eine andere Kenngröße wichtig: Nun ist entscheidend, wie viele der Prospects zu Kunden werden und was es kostet, einen solchen Interessenten zu gewinnen. Wir verfolgen alle Marketingmaßnahmen im Zeitablauf und kostenmäßig.

Ein anderes Beispiel zur Risikosteuerung im Planungsprozess findet sich in der bereits erwähnten Vertriebspipeline. Auch hier machen wir eine so genannte Risikoanalyse pro Quartal und pro Jahr, jeweils gewichtet und ungewichtet. Gewichtet heißt, dass je nach der angenommenen Sicherheit, einen Vertragsabschluss erzielen zu können, ein Faktor eingerechnet wird.

Auf welche Kennzahlen konzentrieren wir uns bei den Ländern? Im Finanzbereich sind dies Umsatz, Deckungsbeitrag, der Net Available Cash Flow und die Forderungsbestände. Im Bereich der Human Resources richtet sich der Blick auf die Mitarbeiterzahl und das Mitarbeiterwachstum sowie auf den Umsatz bzw. Deckungsbeitrag je Mitarbeiter. Beim Vertrieb/Marketing verfolgen wir die Marktdurchdringung pro Kundensegment und pro Branche. Bei unseren Global Key Accounts schauen wir darauf, welche Durchdringung wir mit unseren Produkten erreicht haben bzw. erreichen könnten. Im Vertriebsbereich achten wir neben den o.g. Kennzahlen auf die mittlere Durchlaufzeit eines Vertriebsprojektes, die Vertragsgröße, die Anzahl der Projekte pro Vertriebsmitarbeiter etc. Ähnliche Größen gibt es auch für die anderen Lines of Business.

Die Kennzahlen sind im System gespeichert. Sie dienen auch dem innerbetrieblichen Benchmark zwischen unterschiedlichen Verantwortungsbereichen und werden ständig aktualisiert. Damit ist ein guter Überblick über die Geschäftsentwicklung gewährleistet und es kann unverzüglich auf Fehlentwicklungen reagiert werden.

Die Standardisierung der Budgetgespräche erlaubt es dem verantwortlichen Vorstandsmitglied, eine solche Planungsrunde bei kleinen Ländern in zwei Stunden abzuschließen, bei großen Ländern in ca. vier Stunden.

3.2.2 Budgetplanung für die Sektoren

Bei den Sektoren werden in weiten Teilen die gleichen Kennzahlen wie auch bei den Länderorganisationen betrachtet. Aufgrund der Andersartigkeit der Geschäftsinhalte kommen jedoch noch andere Kennzahlen hinzu. Die Sektoren sind für die Erstellung einer Lösung verantwortlich und daher muss gemessen werden, wie gut diese Lösung ist und ob sie zeitgerecht zur Verfügung steht. Wir haben für jeden Sektor so genannte Solution Maps erstellt. Dort lässt sich visualisieren, in welchen Bereichen wir selbst aktiv sind bzw. die Lösungen von Partnern anbieten, wo wir gut sind, wo wir schwach sind und wo wir uns im Budgetjahr verbessern wollen.

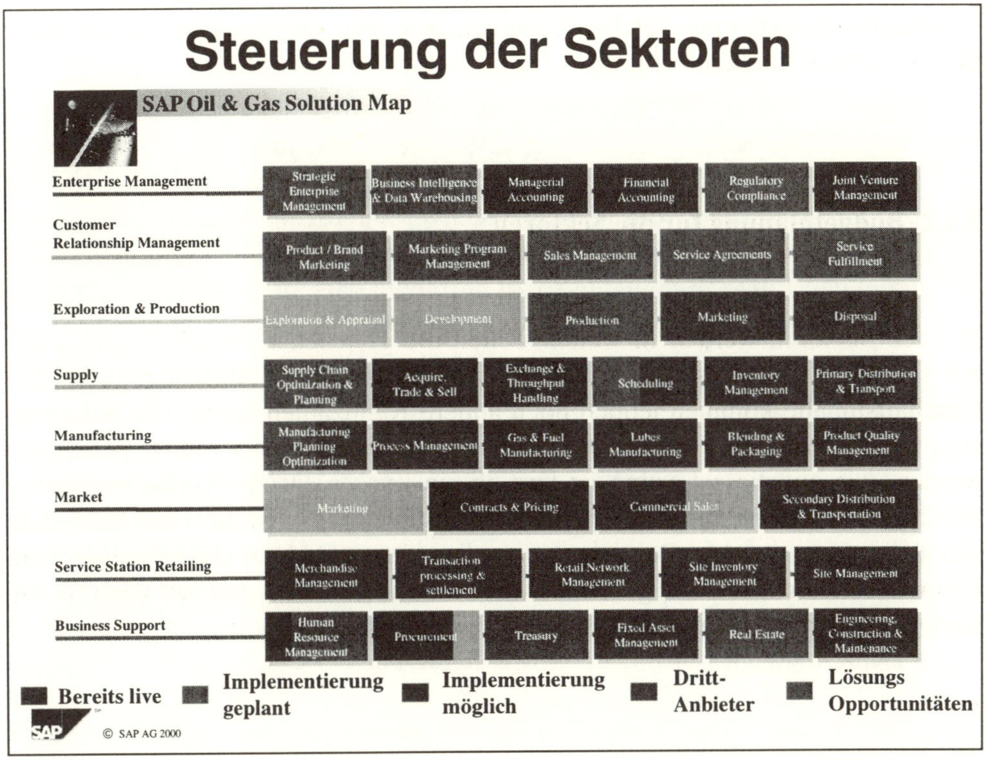

Abbildung 3: Steuerung der Sektoren

Wir nutzen die Solution Maps auch, um darzustellen, in welcher Form unsere Kunden die betreffende Lösung einsetzen. Hieraus lässt sich ableiten, in welchen Bereichen die Funktionalität unserer Lösung für den Kunden besonders wichtig ist. Daneben führen wir weitere Kennzahlen, die erkennen lassen, ob die Lösung zeitgerecht an den Markt gekommen ist.

4. Konzern-Konsolidierung

Seit dem 01. Januar 1999 wird unser Abschluss ausschließlich in der Konzernwährung EURO nach US-GAAP erstellt. Die Umstellung war für unser Geschäft aus verschiedenen Gründen zweckmäßig, allerdings nicht ganz einfach. Sie zog einen Wechsel vom Gesamtkostenverfahren zum Umsatzkostenverfahren nach sich. Wir hatten den Vorsatz, möglichst viele Bewertungsansätze bereits in den Einzelabschlüssen so zu gestalten, dass sie den Vorschriften von US-GAAP für den Konzernabschluß entsprachen, um so die Anzahl der Überleitungspositionen möglichst gering zu halten. Daraus ergaben sich manche Änderungen unserer bisherigen Bewertungspraxis.

- In dem für die SAP besonders kritischen Bereich der Entwicklungsaufwendungen ergaben sich zwei Diskussionspunkte. Der eine betraf deren Aktivierung. Hier kamen wir zu dem Ergebnis, dass Entwicklungsaufwendungen aufgrund der Charakteristika unserer Entwicklung auch nach US-GAAP nicht aktiviert werden müssen. Die Einführung des Umsatzkostenverfahrens hat uns jedoch auf einem ganz anderen Gebiet berührt, nämlich bei den Zeitaufschreibungen. Ein innovatives Unternehmen wie die SAP hat keine Arbeitszeitaufschreibung. Die Mitarbeiter kommen und gehen, wann sie es für richtig erachten. Sie arbeiten üblicherweise sowieso mehr als acht Stunden. Es gibt für uns also keine Kontrollgründe, die für eine Arbeitszeitaufschreibung sprechen. Wohl aber fordert dies das Umsatzkostenverfahren. Denn Mitarbeiter sind zwar einer Stammkostenstelle (z. B. der Entwicklung) zugeordnet, arbeiten aber für verschiedene Lines of Business (z. B. Entwicklung, Wartung, Beratung). Genau diese Kosten müssen nun getrennt ausgewiesen werden. Fast hätten wir zu einer Zeitaufschreibung übergehen müssen, was für unsere Unternehmenskultur nicht sehr förderlich gewesen wäre. Doch wir fanden die Alternative, nicht die tägliche Arbeitszeit absolut, sondern die wöchentlichen Tätigkeitsdaten prozentual aufzuschreiben (z. B. 50 % Entwicklung, 20 % Wartung, 30 % Beratung). Das genügt dem Umsatzkostenverfahren und erhält unsere Kultur.

- Änderungen gegenüber der hergebrachten Bewertung ergaben sich im Bereich der Wartung: Hier sind die Regelungen der US-GAAP konsequenter als die des HGB. Wir haben früher unseren Kunden unsere Software etwa sechs Monate wartungskostenfrei zur Verfügung gestellt, um zu sehen, wie der Kunde sich zurechtfindet. Nach HGB kann hier so verfahren werden, dass der gesamte Umsatz als Produktumsatz gebucht wird. Nach US-GAAP muß dieser in einen Betrag für Software-Umsatz sowie einen Betrag für

Wartung aufgeteilt werden. Es kommt also zu einer Umschichtung von Software- in Wartungserlöse.

- Wie sieht die Behandlung von Wartungserlösen aus Sicht des Shareholder Value aus und was sagen die Analysten dazu? Früher haben Analysten Wartungserlöse geringer geschätzt als Software-Erlöse. Konsequenterweise haben wir unsere Geschäftsbedingungen geändert und die wartungskostenfreie Periode abgeschafft. Es ist interessant zu sehen, dass in Amerika die Analysten jetzt einen anderen Weg gehen und Wartungserlöse, da sie wiederkehrende Erlöse darstellen, als hochwertiger ansehen. Diese Haltung kommt uns entgegen und sie zeigt, welchen Einfluss Analysten auf die Bewertung haben können.
- Änderungen ergaben sich auch im Bereich der Bewertung von Großprojekten: Fortan gilt die Methode „Percentage of Completion". Große Projekte werden dabei mit Blick auf den zu erwartenden Erfolg gebucht. Dies ist für uns wichtig. Wir haben gelegentlich Verträge in der Größenordnung von 50 Mio. DM, bei denen die Software nicht zu 100 % fertig ist. Sie wird schrittweise beim Kunden komplettiert. Diesen Sachverhalt nach deutschem Recht zu bilanzieren, wäre eine Katastrophe. Die Aufwendungen müssten während der gesamten Laufzeit ergebnisbelastend gebucht werden. Nach US-GAAP können wir Umsatzanteile buchen, weil wir bereits Aufwendungen hatten. So kommt uns auch diese Methode entgegen.

Wir haben nach nunmehr gut einem Jahr das Gefühl, dass US-GAAP die Transparenz in der Berichterstattung fördert und damit auch steuernd nach innen wirkt. US-GAAP bringt uns noch näher an die Quartalsberichterstattung; es zwingt auch den Vorstand, permanent die Effizienz im Auge zu behalten.

Ein weiterer Punkt ist die Vergleichbarkeit mit den internationalen Konkurrenten. Alle unsere Konkurrenten publizieren nach US-GAAP. Dies war der Grund, warum wir US-GAAP gewählt haben und nicht IAS. IAS macht in unserem Fall keinen Sinn, wenn die Berichte von den meisten Nutzern doch nach US-GAAP konvertiert werden müssten. Letztendlich entscheidet der Investor; die meisten Investoren der SAP sind zwar nach wie vor in Europa angesiedelt, doch sie hängen von der Meinungsbildung der Key-Finanz-Analysten ab, und diese sitzen in unserer Branche derzeit in den USA (wie auch unsere Hauptkonkurrenten) und verwenden US-GAAP.

SAP hat - was die Vorgehensweise im Rechnungswesen betrifft - sehr früh eindeutige Rahmenbedingungen vorgegeben und keine Ausnahmen zugelassen. Wir haben heute für alle wesentlichen Abläufe Mustergeschäftsprozesse definiert. Wir haben für alle Landesgesellschaften einen einheitlichen Kontenplan, einheitliche Kostenstellen inkl. der Organisationsstruktur, einheitliche Berichtsperioden, einheitliche Währung und einheitliche Buchungsregeln. Alle Daten sind in einem zentralen R/3-System weltweit in Echtzeit verfügbar; alle Mitarbeiter greifen auf dieselben Daten zu. Dies erleichtert die Kommunikation enorm und setzt voraus, dass das Rechnungswesen mit großer Disziplin geführt wird. Das System erlaubt natürlich den Durchgriff von aggregierten Zahlen bis hinunter auf den ursprünglichen Buchungsbeleg. Das ist für mich persönlich zwar unwichtig, hat aber für unsere Buchhalter große Bedeutung.

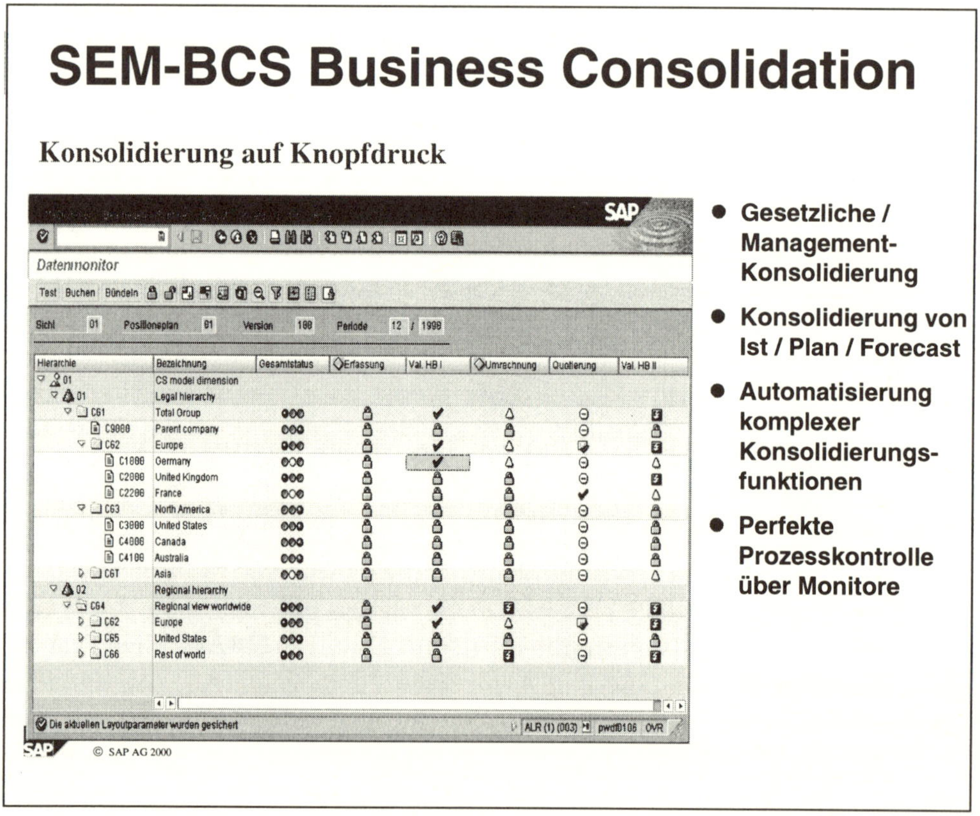

Abbildung 4: SEM BCS Business Consolidation

SAP nutzt zur Konsolidierung natürlich die eigene Konsolidierungssoftware. US-GAAP fordert eine quartalsmäßige Bilanz- und Kapitalflussrechnung sowie eine Gewinn- und Verlustrechnung. Das ist problemlos möglich. Wir berichten spätestens am 20. des Folgemonats alle Zahlen. Das erscheint recht lange. Wir möchten die Daten in Zukunft binnen einer Woche verfügbar haben. Der lange Zeitraum hat aber nichts mit dem System zu tun; es könnte den Abschluss in einem Tag erstellen. Es liegt an anderen Faktoren, die durch die Vorschriften des US-GAAP begründet sind. Verzögerungen treten beispielsweise bei Großverträgen auf, bei denen – wie oben ausgeführt – nach US-GAAP eine genaue Durchleuchtung bezüglich der Umsatzrealisierung nötig ist. Der zweite Problembereich sind Fixpreisprojekte. Hier müssen wegen der Percentage-of-Completion Methode alle Aufwendungen insbesondere auch von unterbeauftragten Partnerfirmen gesammelt werden und dies dauert aus denselben Gründen wie früher noch immer zu lange.

5. Performance-Überwachung

Zur Performance-Überwachung nutzen wir unser Business Information Warehouse (SAP BW).

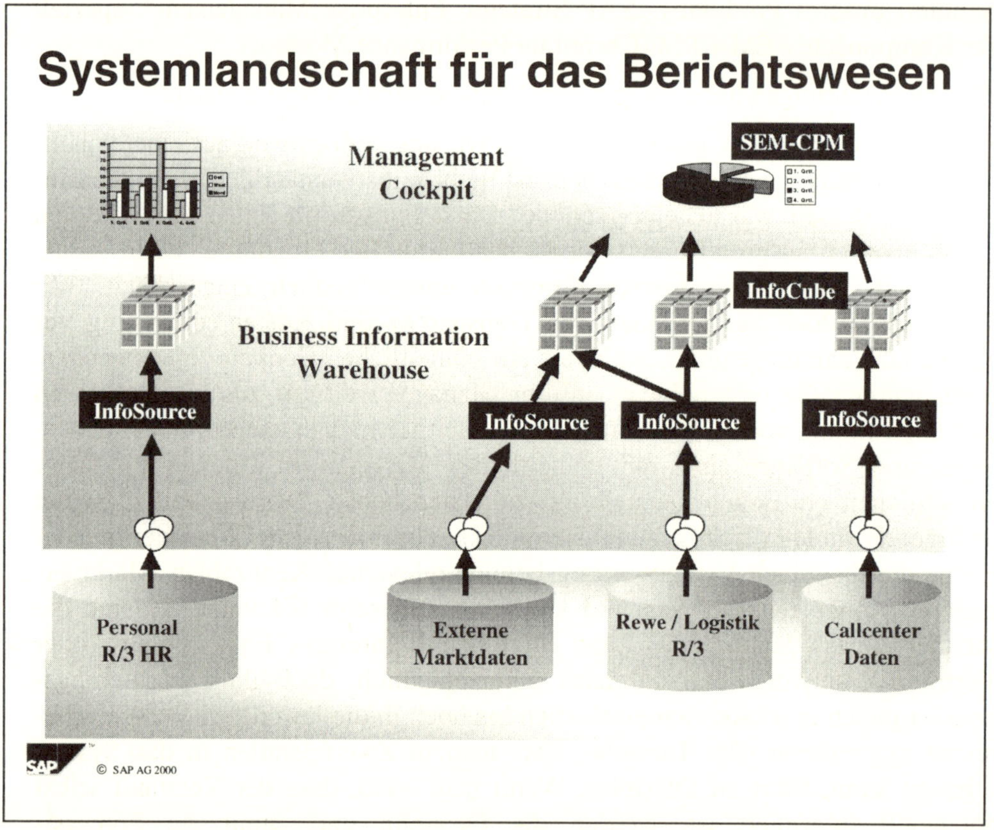

Abbildung 5: Systemlandschaft für das Berichtswesen

Wesentliche Voraussetzung für ein funktionierendes Berichtswesen ist ein einheitliches Daten-Repository. Wir haben derzeit vier Systeme im Einsatz: ein aus Sicherheitsgründen getrenntes Personalsystem (R/3 HR), ein einheitliches System für Rechnungswesen und Logistik (R/3 RW und R/3 LO), ein System, das wir selbst entwickelt haben, um die Call-Center-Daten zu erfassen (wird demnächst durch ein Standardsystem abgelöst), sowie ein weiteres selbst entwickeltes System für externe Marktdaten (auch dieses wird durch ein Standardsystem abgelöst). Damit werden wir in Zukunft für die Abwicklung der operativen Prozesse nur noch drei Systeme haben. Darüber liegt das Business Information Warehouse, das die Daten in so genannten InfoCubes zusammenführt. Aus diesem Daten-Pool wird das gesamte Reporting des Konzerns versorgt, insbesondere auch das sogenannte Management Cockpit. Es ist ein Bestandteil unseres Produktes „SAP Strategic Enterprise Management", speziell der Komponente SEM-CPM (Corporate Performance Monitor).

Welche Erfahrungen habe ich mit dem Management Cockpit gemacht?

Zum einen erscheint es mir wichtig, dass wir uns konzernweit auf eine einheitliche Oberfläche geeinigt haben. Dies ist nicht selbstverständlich, denn die Einschätzung dessen, was als eine „schöne" Darstellungsform gelten soll, wird von den Menschen aufgrund unterschiedlicher kultureller Prägung z. B. in Japan, Frankreich oder Lateinamerika durchaus unterschiedlich eingeschätzt. Wir haben uns jedoch aus Gründen der Transparenz und Kostenreduzierung vor einem Jahr darauf geeinigt, weltweit ein einheitliches Cockpit zu verwenden. Dazu wurden die besten Ideen unserer Manager weltweit zusammengetragen und abgestimmt, sodass wir nun neben einheitlichen Metadaten, Anwendungsdaten und Software auch ein einheitliches Management Cockpit mit einer einheitlichen grafischen Darstellung der Daten haben. Das Cockpit in seiner heutigen Form lässt sich personalisieren. D.h. etwa, dass jeder Manager in jeder Ebene die für seinen Verantwortungsbereich relevanten Kennzahlen, Marktvergleiche, Konkurrenzanalysen und Ähnliches angezeigt bekommt. So sind die Inhalte je nach Sektor oder Land für einen Beratungs-, Entwicklungs- oder Vertriebsverantwortlichen durchaus unterschiedlich, doch ihr Detaillierungsgrad ist gleich und lässt sich einheitlich bis hoch in die jeweiligen Vorstandsbereiche aggregieren. Die Tatsache, dass man in Zweifelsfällen in das System schauen kann, führt zu Disziplin. Wenn man weiß, dass der Vorstand selbst potenziell informiert ist, werden die Disziplin und damit die Forecast-Genauigkeit höher. Dies kommt letztendlich auch wieder den Shareholdern zugute.

Zum anderen haben wir eine weitere Erfahrung gemacht: Die konsequente Nutzung des Management Cockpits ist wichtig für seine Akzeptanz im gesamten Unternehmen. Das Cockpit ist der einzige Zugang zur Information, gleichgültig, ob man sich selbst in wenigen Minuten einen Überblick über den Stand des Unternehmens verschaffen möchte oder ob ein Manager in einer Vorstandssitzung die Zahlen seines Bereiches vertritt und präsentiert. Dazu kommt, dass das Management Cockpit auf einen tragbaren PC heruntergeladen und offline für Auswertungen genutzt werden kann oder sich via Internet von jedem Ort der Welt mit dem aktuellsten Stand der Daten versorgen kann.

Allerdings gibt es keinen Zweifel, dass der Wert des Management Cockpits entscheidend von der Qualität der Daten abhängt. Dies fordert allen Zulieferern ein hohes Maß an Disziplin ab, jegliche Informationen zeitnah und vollständig zur Verfügung zu stellen.

6. Risiko-Management

Laut KonTraG sind wir zu einem Risiko-Management verpflichtet. Wir schauen, wie dort vorgesehen, in drei Richtungen:

1. Marktrisiken,
2. Produkt- und Projektrisiken sowie
3. Finanzrisiken.

Wichtigstes Risiko ist für uns das Marktrisiko. Dieses wird wesentlich durch das Geschäftsportfolio beeinflusst. Wir haben uns in den letzen Jahren bemüht, hier ein ausgeglichenes Portfolio zu bekommen. Wir waren ein Einproduktunternehmen, das 70 bis 75 % der Erlöse aus dem Produktverkauf erzielte. Dies stellte ein erhöhtes Risiko dar. Unser Portfolio ist heute ausgeglichener, da wir mehrere Produkte anbieten. Wir haben außerdem einen etwas höheren Serviceanteil und auch mehr Wartungseinnahmen, sodass die Mischung zwischen Einmalerlösen und dauernden Erlösen besser geworden ist. Wir arbeiten daran, diese auch vom Risiko her noch stabiler werden zu lassen.

Bei den Produkten und bei den Projekten haben wir zwei Risikobereiche. Zum einen die Entwicklungsprojekte. Hier ist „time to market" besonders wichtig. Wir berichten quartalsmäßig an die SEC in einem Risikoreport nach US-GAAP. Dieser enthält Angaben darüber, ob Projekte verschoben wurden, ob die Qualität der Produkte gut ist usw.. Dies ist ein gesetzlich vorzulegendes Dokument, und der Vorstand macht sich strafbar, wenn hier nicht auf potenzielle Risiken hingewiesen wird. Ein anderer Risikobereich sind die Fixpreisprojekte. Auch diese werden entsprechend dokumentiert und wir verfolgen, ob und in welcher Höhe der geplante Deckungsbeitrag erreicht wird.

Die Risiken im Finanzbereich hingegen sind für uns nicht ganz so kritisch. Aber dennoch können wir sie aufgrund unserer internationalen Präsenz nicht außer acht lassen, wie ein kleines Beispiel zeigt: Es kann passieren, dass durch ein – wenn auch für uns strategisch unwichtiges – Land wie beispielsweise Russland das Gesamtergebnis beeinträchtigt wird, nachdem dort eine Finanzkrise eingetreten ist, in deren Folge die Forderungsbestände zu riskant wurden. Als Reaktion haben wir daraufhin dort von normaler Buchführung auf die Cash-Methode umgestellt; d.h., wir buchen nur noch, wenn Geld fließt. Dies ist in einem solchen Umfeld die einzige Möglichkeit der Vorsorge. Außenstände werden sehr frühzeitig beobachtet, und es wird rechtzeitig entschieden, ob in kritischen Ländern auf die vorsichtigste aller möglichen Buchungsformen umgestellt wird. Vonseiten der Wirtschaftsprüfer wird dieses Verfahren in der Regel akzeptiert.

Von einem anderen Bereich, nämlich dem der Wechselkurse, geht für uns kein hohes Risiko aus, da wir – wo sinnvoll – Hedging unserer Lizenzeinnahmen betreiben. Daneben nutzen wir auch die klassischen Instrumente des Vertragscontrollings und der Bilanzanalyse und ziehen diese Auswertungen heran, um Risiken zu identifizieren und frühzeitig gegensteuern zu können.

7. Shareholder Relationship Management

Es gibt keinen Zweifel darüber, dass zum Themengebiet der Strategischen Unternehmensführung ein koordiniertes Shareholder Relationship Management gehört. Denn diese Interessentengruppe bestimmt maßgeblich den Wert unseres Unternehmens. Allerdings bedienen wir uns nicht der Methoden wie EVA® und MVA, die mit Wertorientierung in Verbindung gebracht werden, und ich möchte mich auch nicht an dem Methodenstreit beteiligen. Die Verfahren wurden in unserem Hause eingehend analysiert; doch kamen wir zu dem Schluss, dass mit diesen Methoden in unserem schnell wachsenden und dynamischen Marktsegment keine verbesserten Aussagen erzielt werden können. Wir greifen diese Ansätze gerne auf, wenn auch Analysten sie nutzen. Da dies derzeit aber nicht der Fall ist, ginge zuviel Transparenz verloren, wollte man eine Berichterstattung z. B. gemäß EVA® in eine Berichterstattung gemäß US-GAAP überführen. Auch Einfachheit und Klarheit wird von den Analysten bei der Beurteilung des Sharepreises honoriert.

Im Zusammenhang mit dem Shareholder Relationship Management haben wir folgende Aktivitäten institutionalisiert:

- Wir halten quartalsweise weltweit Telefonkonferenzen mit Finanzanalysten ab. Hieran beteiligen sich oft bis zu 400 Teilnehmer. Dennoch wird diese Präsens beispielsweise von den Analysten in USA immer noch nicht als ausreichend angesehen. Man erwartet darüber hinaus während der Quartale die Verfügbarkeit des Top-Management sowie der Top-Entwickler für Gespräche mit Investoren, möglichst alle zwei bis drei Wochen.
- Wir veranstalten Symposien, z. B. eines jährlich in New York, an dem etwa 150 Analysten teilnehmen. Wir hielten letztes Jahr sieben Konferenzen ab, zu denen wir Analysten einluden und ihnen die Produkte zeigten.
- Außerdem pflegen wir zahlreiche Einzelkontakte, so etwa in 1999 rund 230 one-to-one Diskussionen, 40 Gruppendiskussionen und 100 Telefoninterviews.
- Wir machen Online-Chats über das Internet.

Für uns ist das Shareholder Relationship Management eine wichtige Säule unserer Geschäftspolitik.

8. Einbindung der SAP SEM® Komponenten

In Abbildung 6 werden die Stationen der Strategischen Unternehmenssteuerung, wie sie bei SAP praktiziert werden, im Überblick dargestellt.

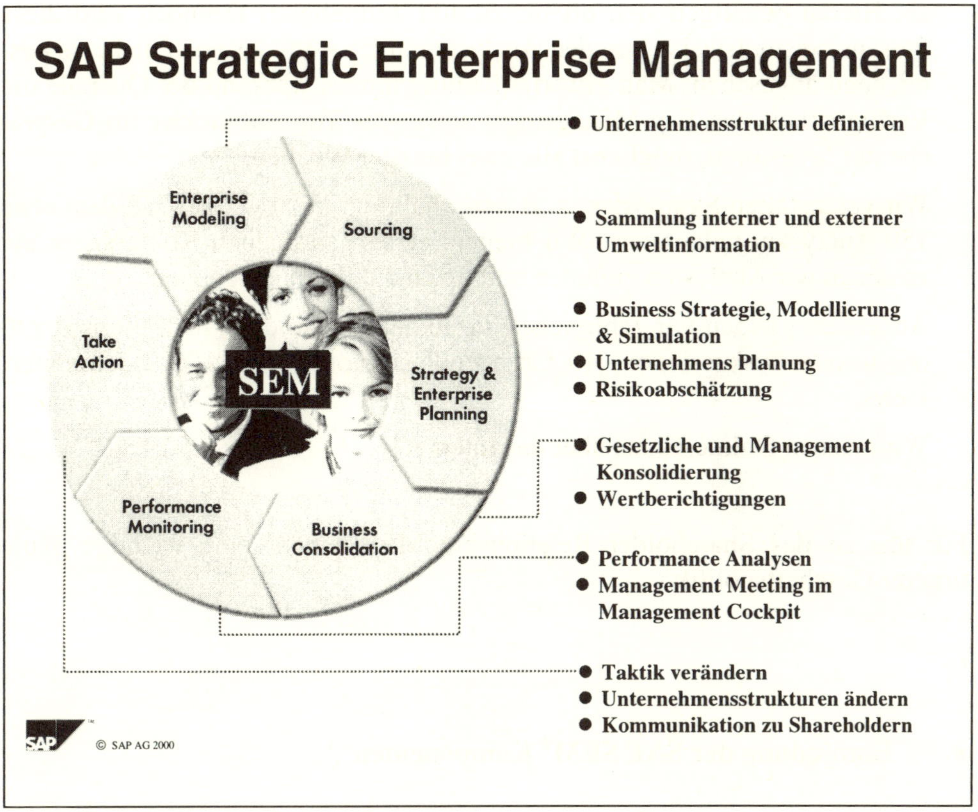

Abbildung 6: SAP Strategic Enterprise Management

Es beginnt damit, die Unternehmensstruktur zu definieren. Wir haben weltweit eine einheitliche Unternehmensstruktur vorgegeben. Das war extrem wichtig, um die Managementstrukturen von den Finanzstrukturen zu trennen, um einheitliche Rollenbeschreibungen zu erhalten und um eine Skill-Datenbank aufbauen zu können. Wir sammeln interne und externe Informationen. In der Phase der Planung wird die Strategie festgelegt, und es werden Simulationen durchgeführt. Im Ist werden die Finanzdaten konsolidiert. Sie gehen zusammen mit den nicht finanziellen Größen in die Performance-Analysen ein und werden im Management Cockpit dargestellt. Die Analysen haben, falls notwendig, Auswirkungen auf das operative Geschäft.

Alle diese Schritte könnten über unser Produkt SAP SEM® (SAP Strategic Enterprise Management) abgebildet werden.

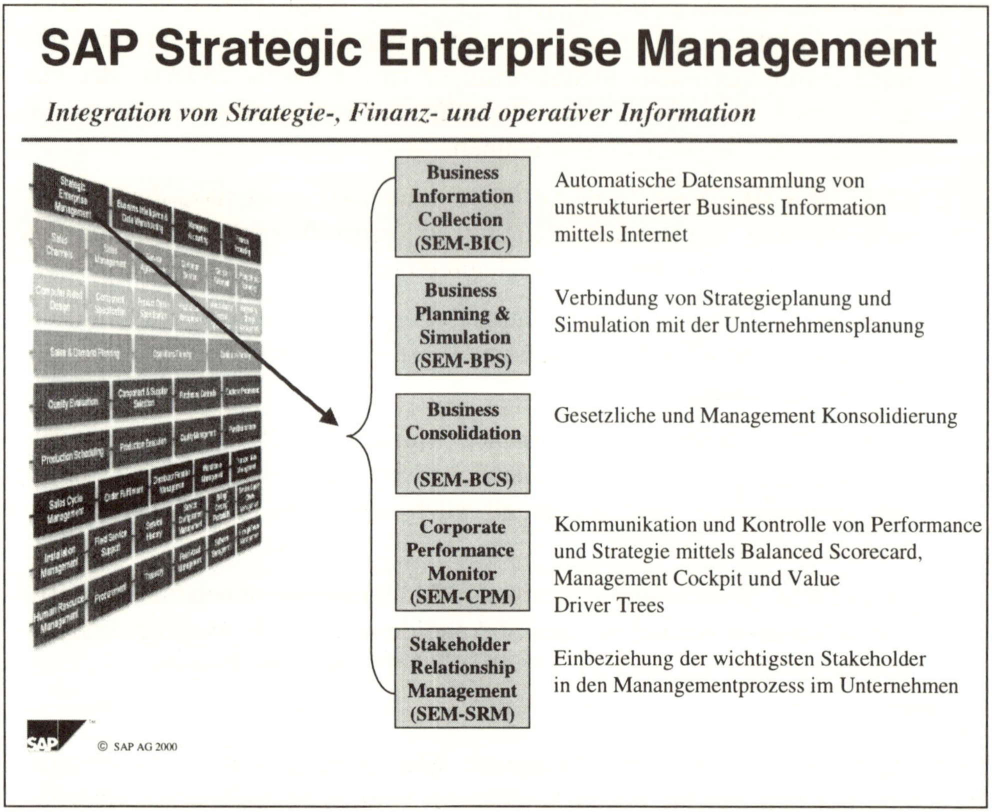

Abbildung 7: Die fünf Komponenten des SAP SEM® und die Solution Map

SAP SEM® unterstützt in integrierter Weise den kompletten strategischen Managementprozess von der Sammlung externer Informationen zu den Stakeholdererwartungen, über die strategische Planung, die operative Unternehmensplanung bzw. rollierende Planung, die Finanzkonsolidierung, die Beschaffung von Werttreiberinformationen und die Performanceüberwachung bis zum Stakeholder Relationship Management.

SAP SEM® besteht aus fünf Komponenten:

1. SEM-BIC (Business Information Collection) dient speziell der Beschaffung unstrukturierter Managementinformationen über das Internet, die dann automatisch oder halbautomatisch in die interne Struktur der Planungs- und Reportingsysteme überführt und mit deren strukturierten Informationen integriert werden können.
2. SEM-BPS (Business Planning and Simulation) unterstützt die strategische Planung, die Szenario-Planung, die modellbasierte Simulation und ermöglicht eine rollierende Vorschaurechnung.
3. SEM-BCS (Business Consolidation) automatisiert und beschleunigt die Finanzkonsolidierung für das externe Berichtswesen und für das Managementberichtswesen.
4. SEM-CPM (Corporate Performance Monitor) stellt moderne Analyse- und Interpretationsmodelle (Balanced Scorecard, Management Cockpit, Werttreiberbäume etc.) basierend auch auf nicht-finanziellen Performance-Indikatoren bereit.
5. SEM-SRM (Stakeholder Relationship Management) unterstützt eine effiziente Kommunikation mit den Stakeholdern, wie z. B. Mailings und Befragungen über das Internet, aber auch über klassische Medien.

SAP SEM® ist nicht auf eine bestimmte Management-Methode beschränkt. Basierend auf den beschriebenen Funktionen können beispielsweise verschiedene Formen des Value-Based-Management (Economic Profit mit diversen Variationen, Discounted Cash Flow usw.), Balanced Scorecard, Portfolio Management, Activity-Based-Management, Target Costing, Risk Management und Asset/Liability Management implementiert werden. Diese Methoden berühren im Allgemeinen mehrere der oben genannten fünf Komponenten.

Bei SAP SEM® handelt es sich um eine so genannte analytische Anwendung, die - im Gegensatz zu klassischen ERP-Anwendungen – nicht an fest vorgegebene Datenstrukturen gebunden ist. SAP SEM® eröffnet so die Möglichkeit, je nach Branche, Unternehmen bzw. aktueller strategischer Situation individuelle Datenmodelle einfach und schnell zu erstellen.

SAP SEM® basiert auf dem SAP Business Information Warehouse, unserer Data-Warehouse- und OLAP-Lösung. Alle SEM-Komponenten operieren somit auf den gleichen Daten und sind auch funktional miteinander durch eine Komponentenarchitektur integriert. SAP SEM® kann unabhängig von SAP R/3 implementiert sowie betrieben werden und kann auch mit anderen Systemen zusammenarbeiten.

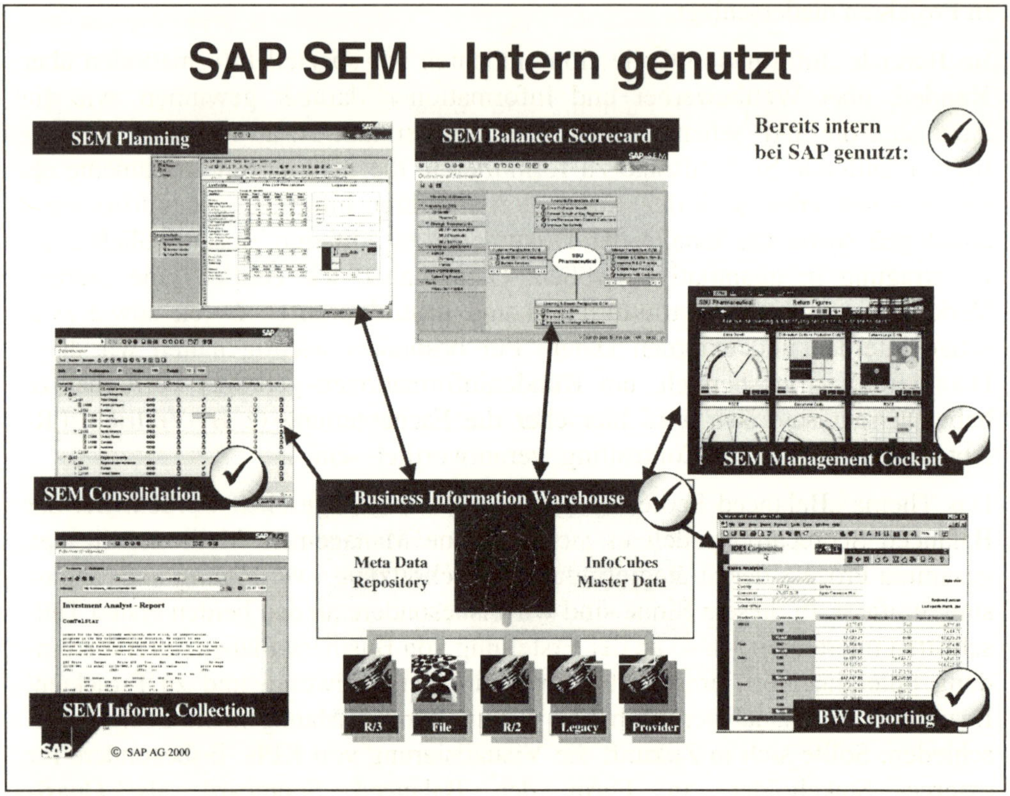

Abbildung 8: SAP SEM® - Intern genutzt

In Abbildung 8 ist dargestellt, welche Teile des SAP SEM® wir bereits verwenden und welche wir einsetzen werden.

Basierend auf unserem SAP Business Information Warehouse (BW) nutzen wir die Konsolidierung, das Management Cockpit und das BW Reporting. Es gibt zwei Bereiche, für die wir weitere Komponenten einführen werden. Das sind die Bereiche „Planung“ und „Information Collection“.

Im Bereich „Planung“ ist für uns die systemgestützte Verbindung zwischen der strategischen Planung und den Detailplänen der einzelnen Verantwortungsbereiche besonders wichtig. Wir wollen hier unsere strategischen Ziele ablegen, gegebenenfalls die dazugehörigen Business-Pläne und Simulations-Szenarien. Weiterhin möchten wir erkennen können, wie daraus operationale Bereichspläne werden und wie sich das in den Zielen und Vergütungen der Mitarbeiter und in Projekten niederschlägt.

Im Bereich „Information Collection" möchten wir speziell Informationen über Kunden, über Wettbewerber und Informationen darüber gewinnen, wie die Analysten die SAP sehen. Die Funktionalität erlaubt es, ad hoc oder automatisch ablaufende Suchaufträge zu formulieren, die gefundenen Dokumente als solche – gegliedert nach den Adressaten und ihren Informationsbedürfnissen – abzulegen sowie die Inhalte der Dokumente zu editieren einschließlich einer Übertragung in quantitative Größen. Dann haben wir endlich eine saubere Verknüpfung zwischen strukturierten und unstrukturierten Daten sowie zwischen internen und externen Daten. Für besonders wichtig halten wir diese Daten im Vertriebsbereich, um Kundeninformationen geordnet verfügbar zu haben. Organisatorisch wird hier eher die Fachabteilung (z. B. Vertrieb, PR-Abteilung) als etwa das Controlling, verantwortlich sein.

Das Thema „Balanced Scorecard" muss differenziert gesehen werden. Bei der Balanced Scorecard handelt es sich um eine Management-Methode, die den gesamten Prozess der Strategiefindung, -durchsetzung, -verfolgung und -anpassung umfasst. In diesem Sinne sind wir insbesondere an den beiden ersten Teilschritten interessiert – also an der Erstellung von Business-Plänen, ihrer Verbindung untereinander, ihrer Verbindung zum Personalwesen und zu Projekten. Bezüglich der Visualisierung haben wir uns für das Management Cockpit entschieden. Sollte sich in Zukunft die Visualisierung von KPIs, insbesondere für externe Stakeholder, in Form der Balanced Scorecard als Quasi-Industriestandard durchsetzen, dann werden auch wir das als zusätzliche Präsentationsform einsetzen.

9. Zusammenfassung

Als einer der weltweit größten Software-Hersteller muss die SAP AG ein starkes Wachstum sowohl an Produktvielfalt als auch an Marktanteilen, daraus resultierend auch an Mitarbeitern verkraften. Um dies in „geordneten Bahnen" verlaufen zu lassen, bedarf es eines ausgefeilten Instrumentariums zur Unternehmenslenkung. Die Grundpfeiler sind Wertorientierte Unternehmensführung, Mitarbeiterbeteiligung und Kundenorientierung. Im vorangehenden Artikel wurde des Weiteren ein Überblick über den Planungszyklus (Strategische Planung, Budgetplanung, Konzernkonsolidierung und Performance-Überwachung) gegeben. Schließlich wurde das Risk-Management sowie der Einsatz des SAP Strategic Enterprise Management (SAP SEM®) angesprochen.

Professor Patrick M. Georges
Neurosurgeon, University Medical Center Vésale, Belgium
Director, International Institute for Human Intelligence Management

How Management Cockpits Facilitate Managerial Work

Content

1. Introduction

Many companies are currently equipped with several computerized conference rooms called decision rooms. These are «cockpits» used to manage a department, division, factory or entire company. They are called by various names. «Management Cockpit®,» «Decision Room,» «Business Room,» «Management Room,» «Control, Command, Communication and Intelligence Center» are the most frequently used terms. They are often mentioned in the press. But all decision rooms have the same purpose – to provide managers working in teams an ideal information environment in which to make and implement decisions. This is a key management responsibility, which explains why the DRs we studied are in such great use – two-and-a-half hours a day, on average. According to our study, 55% of Fortune 500 companies have one or more decision rooms in operation or one or more DRs planned.

A DR displays information to a manager the way an airplane cockpit presents information to the pilot. Just like a cockpit, the DR provides the instruments a manager needs to run a business unit. All the indicators necessary for making decisions and monitoring implementation are clearly displayed. This room also serves as a decision support system, including cause-and-effect analyses and an «auto-pilot» program for the automatic processing of simple and frequent problems.

The room is powered by special DR management software. Executive Committee DRs are generally installed by highly-specialized experts who work exclusively in this field. Furthermore, only a few specialized companies produce the customized hardware required.

Decisions rooms are used for various purposes. They mainly serve as a place for all of the management team's important meetings. They are also used for special assignments, such as gathering information on customers and competitors, running cost-reduction efforts, managing mergers and acquisitions, and achieving certain norms of quality and speed.

DRs have significant advantages over older information software, such as management information systems. The organization and presentation of information is clearly superior to those offered by the most modern software. Computerized and non-computerized information is displayed using the same interface. A decision room unites, in one location and at the same time, the company's three major engines: its knowledge, decision makers and means of action.

The purpose of the DR and its Cockpit Officer is to increase sales activity, which is very likely to occur for two simple reasons. First, sales activity is measured more precisely and frequently. And, as is well known, «what gets measured gets done.» Second, figures and sales-related messages are displayed by large, vivid, clear visuals that show comparisons, objectives and constraints in all of the company's decision rooms. It is hard to imagine anything more motivating for the sales force.

It is worth your while to visit a modern DR. Some are true war rooms for civilian use. Others are «virtual» rooms, largely invisible outside their hours of operation.

2. Improving intelligence with a better environment and organization of work is simple and completely feasible

The DR is an ergonomic work tool designed to enhance intelligence and the ability to act in those who use it.

Making a decision is a mental task carried out by the human brain. The brain's frontal lobes process the information and make a choice.

This specific mental task can be facilitated by a specially-designed environment and organization of work. These methods are called Organizational Intelligence.

«Only your Organizational Intelligence can be improved through the discipline of work. It's too late for your rational and emotional intelligence.»

1. **Improve your rational intelligence? It's too late.** Rational intelligence refers to the reasoning ability that IQ (Intelligence Quotient) tests attempt to measure. It is partly determined by our genes and is thus difficult to modify through our own efforts, including education.

2. It is also too late to significantly improve emotional intelligence. Emotional intelligence is the new term for what has long been known as social intelligence. Experts know that this type of intelligence is strongly influenced by our parents and peers during the first ten to twenty years of life. Trying to improve our emotional intelligence as adults, therefore, often turns out to be difficult and disappointing.

3. It is possible and simple to improve organizational intelligence. Organizational intelligence refers to our productivity, which means, for example, having the discipline to read a difficult report on a desk void of any other documents. This practice significantly increases our understanding of the report. The explanation is simple. Memorization and comprehension are enhanced when work is carried out on a visual field comprised of only one source of information. It's as simple as that.

This is only one very common and simple example. Organizational Intelligence has a great deal more to offer in the way of recommendations, equipment and working methods.

First we will present some general rules of Organizational Intelligence. We will then discuss the rules that apply to a particular type of intelligence – decision-making – that is used in the design of decision rooms.

Following are examples of Organizational Intelligence and working environments that increase intellectual productivity. Some of these norms are included in Ergo-9000 certification of offices and the organization of work in companies.

Avoid human voices. Hearing a human voice, even one that is barely audible, greatly disturbs intellectual tasks. A person's intellectual capacity can be reduced by more than one-third. Many kinds of measurements have demonstrated that irrelevant voices are constantly perceived, processed and retained by the brains of people working in offices, especially in open-plan work spaces.

Protect yourself from interruptions. An interruption by a telephone call or impromptu visitor is very costly in terms of lost productivity and stress to the person interrupted while working and thinking. Some interruptions are worthwhile, but many are more costly than beneficial. Easy accessibility that results, for example, from an open door, significantly increases the frequency of non-beneficial interruptions. It has been proven that people who protect themselves from interruptions improve their intellectual productivity. And finding a way to effectively protect yourself can prevent the loss of important opportunities. Depending on their level of responsibility, managers should be able to spend up to 30% of their working time largely protected from interruptions. Some managers even take work home to finally get some real work done.

Avoid morning meetings. Most people tested have better short-term memory performance in the morning than in the afternoon. Work involving deep thinking, writing and problem-solving requires the high-level functioning of a person's short-term memory. It is therefore advisable to schedule this type of work for the morning. The first meetings of the day should be postponed for several hours because employees often perform such work alone.

Work «off-line» more often. You have to make the following choice when it comes to human intelligence: you either do it fast or you do it well. If you wish to give a quick answer, answer the telephone when it rings. If you want to give a good answer, turn on your answering machine and call back after listening to the message.

When someone calls you on the phone, you have to answer that person's questions right away. Human intelligence must therefore use its fastest processing strategies. Unfortunately, these strategies are also the least effective. However, if you call back after listening to the message and the caller's request, those few minutes of reflection allow the brain to call upon processing strategies that are slower but much more effective.

Every study shows that communication between two colleagues improves when they make frequent use of their answering machines.

Do not read your mail first thing in the morning. In simple terms, human intelligence classifies its tasks by order of importance according to their sequence during the work day. If reading the mail is your first mental task of the day, your mind will permanently consider this task a very important priority. It will also believe that your major goal is to read the mail and take care of others' problems. This may be true for certain jobs, but not for those mainly involving planning, decision-making and strategizing. It is helpful to delay reading your mail for one or two hours after coming to work. Your daily productivity will improve and, for the most part, will not cause any problems or loss of opportunity.

Buy your own desk lamp. The light reaching you from the window or ceiling is often far from ideal for reading or optimizing your productivity and satisfaction at work.

Ergo-9000 audits of work conditions and organization often reveal serious mistakes in this area. A well-adjusted desk lamp provides the type of light that falls within the Ergo-9000 norms.

There are many other recommendations as simple and obvious as these examples. Scientists are merely rediscovering the common sense long known by our predecessors.

The advise of a consultant specializing in office organization can help a company increase its productivity and quality of work by up to 12%.

Organizational intelligence regularly succeeds in doubling or tripling the performance of an individual or team on intellectual tasks. This is accomplished through better organized work, a better work environment and better equipment, such as more effectively designed software.

3. How does the decision room improve the intelligence of those who work in it?

When the company's reporting is presented in the DR format, it informs managers and motivates them to act much more effectively than when it is presented on the computer screens of a typical management information system. Following are some techniques we often use in DRs to achieve this result.

«The way information is organized and presented is critical for decision-making. Ergonomics – the science of people at work – must be strictly followed.»

Information in the form of questions and answers. This kind of presentation corresponds much better than many other methods to the way the human mind actually works. Using tables of figures broken down by results, product and region may be useful for an organization, but they are difficult to interpret for a human brain, which instead asks simple questions such as, «Are we in difficulty?»; «Are we taking enough or too many risks?»; and «Are we selling more aggressively?».

Decision support visuals. Such visual aids facilitate the mental task of analyzing information. They allow the manager, even when tired or pressed for time, to understand a situation at a glance. In creating these visuals, the same ergonomic rules apply whether intended for an airplane cockpit or a DR.

The Instrument Landing System (ILS) visual is a good example. This visual aid lets managers quickly know whether a goal will be met at the end of the quarter. It alerts managers at an early stage, thus allowing them to revise a plan or project in time or make a faster and more appropriate decision.

The Objective Targeting Visual (OTV) significantly reduces the amount of time managers need to detect a problem. A manager would require much more time to discover the same problem if the data were presented more traditionally in the form of standard charts and tables of figures.

Another example is the computerized conference table in the DR. The table displays a map symbolizing the company's position on the economic battle field. By observing this map, decision makers intuitively understand the source of both problems and solutions.

A DR can call on more than 35 types of ergonomic visuals that support decision-making and are displayed by various kinds of graphics software.

Six-screen computers. Most computers have only one screen. DR computers have six, displaying information over two square meters (23.5 square feet) of screens. The increase in the quality and speed of decision-making fully justifies this layout. Managers who read information off one screen inevitably superimpose windows, documents and tables because of the lack of space. However, the human mind has greater difficulty linking, comparing and integrating information that does not appear at the same time and in the same visual field. The simple reason is that memorization must be added to the mental process. With six screens filling the decision-maker's entire visual field, all information relevant to the decision can be viewed at the same time, without the distortions caused by the added effort of memorization.

Four levels of visual synthesis. The decision-maker can easily move from the visual mode, «Management by Exception,» which summarizes – in the form of a traffic light – the major difficulties and deviations from norms, to the visual mode, «Management by Objective,» which presents the company's distance from its goals, its chances of reaching them and the risks involved. By simply pressing a key, the decision-maker can also choose the visual mode, «Management by Control,» which displays trends and positioning, or the visual mode, «Management Information System,» the standard method that is of little use in decision-making.

Information display in the form of a map room – a sort of war room – rather than in the form of a computer screen. Anything large and permanently displayed holds an important place in the human mind, while anything small that easily vanishes is not considered important.

In a DR, the display of sales figures is much larger than the display of office-cleaning costs. In standard tables of figures, all tables are the same size. A manager knows of course that a deviation in one set of figures is more significant than a deviation in the other set. However, at the level of deep mental processing, the manager will consider a row of figures in one table as important as a row in a second table if both tables are the same size. The DR corrects this human decision-making bias by tailoring the size of display to the degree of importance of the data.

In a decision room, an indicator signals a problem by automatically occupying more space in managers' visual field and conveying the major causes. This simple technique strongly enhances the situation awareness of managers, and facilitates the rapid understanding of a problem by the room's users.

Many experiments have shown that people react more or less quickly and more or less effectively to a certain piece of information according to the quality and ergonomics of the way it is presented.

«It is much easier to work and make decisions as a team in a decision room than alone in front of a computer screen.»

Simplifying and consolidating information. A manager's brain receives five times more information at work than he or she can comfortably process. The DR's role is therefore to simplify, summarize and consolidate the flow of information received by managers, which corresponds to the optimal way information is processed by the brain. This knowledge about stress management and mental work load comes from studies of fighter plane pilots and cockpits.

Complying with Ergo-9000 norms. Most DRs in large companies throughout the world are certified Ergo-9000. Light, noise, the flow of information, office furniture and equipment, managerial tasks and work methods are audited and optimized to guarantee the highest level of productivity, job satisfaction and feelings of security among knowledge workers.

Human Intelligence Sectors		Amplification technique in the decision room
Vision	→	Wall Display System
Memory	→	Flight Deck
Language	→	Ergo-com
Decision	→	Cockpit Briefing
Movement	→	Cockpit Line

Exhibit 1

4. How do you turn your conference room into a true DR?

You basically need two installations: a Wall Display System for visuals and messages and a Flight Deck, a computerized desk for the person in charge of maintaining the room. Of course, a conference table and chairs are also necessary. An important detail is the use of swivel chairs to allow participants to turn easily toward the screens, charts and dials surrounding them in the room.

«It's a manager's dream – sitting in the pilot's seat to fully understand and run the business.»

The Wall Display System. In this system, information is displayed on the walls of the conference room. It can be very simple technically, such as a light box for transparencies, or very sophisticated, like flat screens that integrate screens with software, video-conferencing and images from cameras in the field.

Exhibit 2

The Wall Display System occupies all four walls of the room. The black wall answers basic and critical questions concerning a specific business unit, the blue wall answers questions on internal issues, the red wall answers questions concerning information from outside the company, and the white wall monitors various actions that have been taken.

The black wall can, for example, answer financial questions and detect critical situations. The blue wall can answer questions about productivity, speed and quality. And the red wall can answers questions about customers, competitors and the company's external environment.

Each wall typically displays six Logical Views. A Logical view is an electronic panel or screen that displays a managerial question and its answer in the form of six indicators. The question is a frequent query by managers on the current and future state of their business. The answer to each question is presented in the form of six performance or activity indicators. Each indicator may be represented by «traffic signals,» decision support visuals, a chart showing trends and positioning or a table of figures.

A decision support visual combines several indicators. The purpose is to provide the manager with a clearly understandable message, and not only figures.

An example of a DR Logical View at a large insurance company

The Question

«Are we selling more actively?»

The Answer: Yes

1. *The «Client Contact Time» increased more than 10% in three of the five most important regions.*
2. *The «Time to Sell $1 Million» decreased 30 days on average for the three major products.*
3. *The «Cost to Sell $1 Million» decreased by 5% at the ten major points of sale.*
4. *The overall «Bidding Volume» increased by 3% in six months.*

5. The overall «Win Rate» remained stable at 20% of bidding volume.

6. The «Number of Man Days Spent Selling» increased exactly according to the marketing plan.

The Wall Display system also often includes video-conferencing screens and two whiteboards. One of these boards formalizes all the decisions made during the Cockpit Briefing. The other board provides Hot News, such as the biggest sale of the week, the largest expense of the week, the highest-level employees that left and joined the company, the most threatening action by a competitor, and the most worrying move by a customer.

Exhibit 3

The second important installation, present in all DRs, is the **Flight Deck.** This is a computerized desk with two seats and six screens. It includes a powerful integrated and secured computer that guarantees managers the ability to run their business unit even in the event of a breakdown in the central server, a virus or other accidents.

The Flight Deck is often equipped with a Critical Communications Center. This software allows managers using the room to be put into immediate and priority contact with all key staff members in their business unit.

Of course, the room itself is secured. In fact, it is every competitor's dream to enter such a room where, at a glance, it could understand the strategy, plans, strengths and weaknesses of the competing company.

5. The information content of a DR: answers to questions and means of action

The ideal DR provides managers all the information necessary to run their business unit. This information is broken down into three categories: information that provides knowledge, information that helps managers make safe decisions, and information that allows them to take action and implement decisions.

Approximately one-third of this information is in the form of figures displayed as visuals. Another third is provided in words in the form of business messages. And the final third is presented in images, either alone or in sequence.

«I have 100 questions that need answering and I can only find the answer to half of them in our computers. And we spent a lot of money on information technology.»

After six to nine months of use, a DR that has been well trained and educated by its Cockpit Officer can easily respond to more than 100 of the questions most frequently asked by the managers who use it. Some of the most common questions are: «Are we in good shape overall?» «Are we taking too many risks or not enough?» «Is our information technology department improving its performance?» «Will we reach our goals at the end of the quarter?» «Are we in difficulty?» «What are our salespeople doing in the field?» «Are we quickly reducing our most critical

completion times?» «Are we following through on our plans?»; «How are outside economic factors affecting our performance?» «Are we improving the quality of our staff?»

All decision rooms measure not only performance but also business activities, such as the following sales activities: «Time Facing Customer», «Bidding Volume / Win Rate Index», and «The Customer Mood Index.» DRs fortunate enough to be equipped with such integrated management software as SAP's R/3 can measure more than 100 activity indicators that predict and explain performance and financial results. To be certified, a DR must offer at least three indicators that probe deeper than financial performance to give managers a minimum of six months between the first signs of difficulty and poor financial results.

In addition to performance and activity indicators, modern DRs are also equipped with many sensors. These are measurements regularly taken by special Cockpit Lines through sampling and statistics. Sensors focus on the critical processes of the business unit or company, warning managers when there are significant deviations from norms of quality and speed.

Three examples of sensors installed in an information technology company's decision room:

The «Time to Fill a Position» Sensor

This sensor measures the number of days between the date a company posts a job and the date the new employee starts to work. Managers must be alerted, for example, when a company is taking 90 days to hire a business development manager and 60 days is the norm. When a significant deviation occurs, this sensor signals a clear and present danger. The danger could be that a competitor is seeking the same type of employee, the company is less attractive or the salary offer is lower than the competitor's.

The «Absenteeism of Fewer Than Three Days» sensor

An employee absence lasting more than three days in a row is often due to illness. However, absences of fewer than three days by several employees in the same work unit often signals decreased motivation and morale in the unit. If this sensor suddenly starts to increase in one unit, it is always worthwhile to look into the absenteeism and discuss it with the manager.

The «Coverage Index» sensor

This sensor measures how long it takes a company to computerize. All companies have plans for computerizing certain priority tasks. Gradual computerization is measured on the G scale. Level 0 is a task completely carried out by people, while level 7 is a fully computerized task.

If this sensor indicates that a large number of tasks are still at level 2 while most tasks at a comparable company are at level 4, the company is at risk.

In summary, decision rooms are the ideal complement for a company's operating charts. Operating charts provide performance measurements. Decisions rooms supplement these measurements with activity indicators and sensors that allow managers to understand and improve performance.

The information content of decision rooms is also made up of figures. These figures are obtained both from in-house computers and vendors that sell such information as market share and competitor and customer data.

These are figures that portray the company's past and future. They reflect the values that represent its objectives, constraints and comparative strategies rather than the current state of the business unit being managed. Almost all decision rooms we have studied are used for management by objective, management by exception and management by comparison (benchmarking). The positions of the best business units or companies are represented by special benchmarking markers on the DR dials and gauges.

These comparative positions are obtained in-house if benchmarking compares business units within the same company. In the case of external benchmarking, information on comparative positions is purchased from vendors.

But the information does not consist of figures alone. Many decisions are influenced by news, rumors, conversations and texts.

The initial challenge was to standardize the flow of disparate texts into the DR. That problem was resolved by using the Ergo-Com program, which grew out of the methods of communication between pilots and control towers. A limited and controlled vocabulary, a single communications channel, a syntax, and rules for filtering texts enable the DR production of highly significant and short texts called business messages.

Concerning decision support itself, many DRs and their Cockpit Officers are trained to load and restore decision-making models. These models help the manager with decision-making just as a checklist helps an airplane pilot during difficult situations.

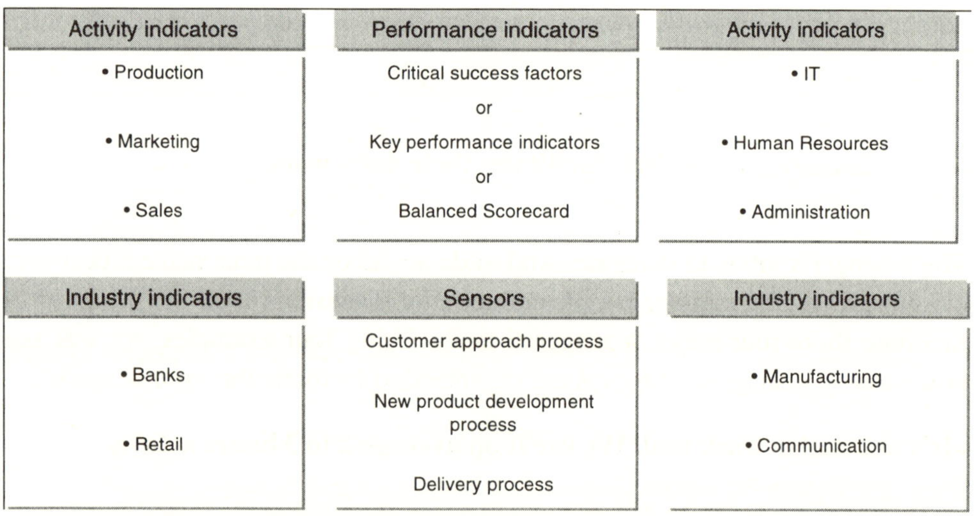

Exhibit 4

The information content of a decision room varies according to the way in which the room is used, as demonstrated by the following three examples.

DR for Banks

The indicators focus on risks, profitability by customer segment, and synergy with insurance products.

DR for Human Resources Departments

The indicators focus on the management of personnel files, the effectiveness of training, and the length of time it takes to hire a new employee.

DR for Executive Committees

Only the Black Wall and White Wall are displayed. Operational indicators are less useful at this level. Only strategies and the monitoring of major changes are on view.

---

6. Managers' use of DRs facilitates their daily work

The manager's job is to delegate. And to do so, he or she must make a decision, organize the work, manage people and monitor. Decision rooms are designed to facilitate these four major managerial tasks. Using four examples, we will see how modern management rooms are organized to facilitate this type of work.

«It's our major work tool. We use it on average 2 to 3 hours a day.»

How DRs facilitate managers' work

Decision support

Information: *Cockpit Briefings*

Understanding: *the Wall Display System*

Organizational support

Organizational support

Management:	*management by objective, exception and comparison*

Management support

Focus:	*reporting packages*
Motivation:	*DR network*

Monitoring support

Security:	*DR certification*
Knowledge:	*the Cockpit Lines*

The **Cockpit Briefing** is one way of using a DR. This strict organization of a meeting facilitates team decision-making. When you attend a meeting in a DR, you will notice that the meetings are much more productive than in a normal conference room. The first reason is the very engrossing and motivating environment. The second reason is that the Cockpit Briefing's strict rules are followed.

These Cockpit Briefings are generally held Friday afternoon for reasons of efficiency. They last one-and-a-half hours. The person in charge of the Cockpit Briefing follows a strict procedure for reviewing problematic Logical Views. He or she ends the meeting by initiating action in response to the decisions just made. To get the company moving, the managers activate the DR's implementation system. This procedure ensures both the reliable implementation of decisions and follow-up in the field. During the Cockpit Briefing, the Cockpit Officer stores and formalizes the collective intelligence generated by the discussions. This is done by creating new Logical Views, which are classified with the other Logical Views in the Flight Deck. They are automatically reactivated if a similar case or situation occurs at a later time.

Decision rooms are often equipped with a video-conferencing system, which allows people outside the room to actively participate in the Cockpit Briefing. The video conference is arranged in such a way as to allow a perfect view of the Logical Views.

The DR also helps managers with their role as organizers of work; the **Cockpit Lines** are especially useful in this area. A Cockpit Line is a program included in DR software that organizes the gathering of information not found in a company's computers. These different Cockpit Lines answer questions whose response cannot be located in the company's computers by sending out specialized «agents» to measure, question and calculate. Some examples of questions whose answers are found by these programs are: «Are we selling more aggressively?»; «Are our major projects in good shape?»; «What are our competitors doing?»; and «Are we improving the quality of our staff?»

The Cockpit Lines connect information vendor Web sites and all the company's decision rooms in one network.

It generally takes 30 to 40 days to set up a Cockpit Line. Some specialized DRs used by marketing departments have as many as five Cockpit Lines solely dedicated to monitoring customers and competitors.

Decision rooms also facilitate the manager's role as leader. These rooms are a powerful tool for disseminating ideas and strategies. The DR network is an unequaled communication tool for the manager who knows how to use it.

By choosing several basic indicators and displaying them on the DR's Wall Display System, managers clarify their strategies, give them form and substance, and make them visible to everyone.

The installation of a DR imposes a difficult exercise on managers – clarifying their strategies. However, managers will quickly reap the benefits of disseminating the Logical Views they have selected through the company's DR network by seeing their vision taking shape.

A manager of a large computer company told us he had secured his leadership by making his strategy visible and concrete in his company's decision rooms. The DR network also provides managers with feedback from the field, allowing them to quickly refine their strategies. By simply opening the door of the DR and looking at the visuals on the wall, managers instantly grasp the consequences of prior decisions and what action should be taken to correct a problematic situation.

DR **certification** is an important program that supports managers as they monitor the company's activities.

Managers must monitor the results of these activities to ensure they conform to the company's objectives.

The certification program consists of verifying 250 DR norms and best practices. It verifies whether all indicators necessary to the effective management of a company or department are being measured appropriately. It also checks whether managers are informed in time when a problem emerges. In addition, the certification report verifies whether the subsidiarity of the company's decision rooms is functioning effectively. It checks whether the sensors issued by each room are distributed to all the key sectors and critical activities of the company or DR-equipped department.

The certification auditor also determines whether the assignment of work and objectives by the DR network creates White Spaces or Black Spaces, which are very harmful to the entire company.

White Spaces are errors caused when DRs forget to assign responsibilities to certain business sectors and leave them without managers or objectives. Black Spaces are errors caused when the distribution of work and resources generates an unusual level of conflict among managers trying to reach different goals in the same territory or with the same resources.

Gaining DR certification by a specialized auditor assures managers that, in the decision room, they know everything they need to know to make decisions safely, visually, clearly and ergonomically – and with the vision of a pilot.

Decisions rooms consist of three integrated programs:

1. A sensory program that provides information.
2. A decision-support program that helps with decision-making.
3. An implementing program that acts or supports action.

The sensory program includes three types of receptors:

1. Performance measurements
2. Activity measurements
3. Danger-sensitive Cockpit Lines

The decision-support program includes three types of models:

4. Operating-report models
5. Presentation models
6. Decision-making models

The implementing program includes three types of driving forces:

7. The motor Cockpit Lines
8. The company's other decision rooms
9. Automatic plans of action

The Cockpit Lines are the nerves of the company. The sensory Cockpit Lines carry information to the decision room. The motor Cockpit Lines diffuse this information, providing the operational units with the advice and instructions necessary to carry out decisions.

An example of a motor Cockpit Line:

The decision

Increase the sales force in the Chicago region in order to increase revenue by 5%.

What the motor Cockpit Line can do

Suggest that it will be necessary to hire ten more salespeople to reach the 5% goal.

Verify that authorizations, budgets and other constraints are compatible with this decision.

Recall what effect similar decisions had in the past.

Activate the «Hiring of Salespeople» process and monitor the performance of the process implementing the decision.

Provide feedback on the implementation of the decision and point out any deviations from the process of increasing sales by hiring salespeople.

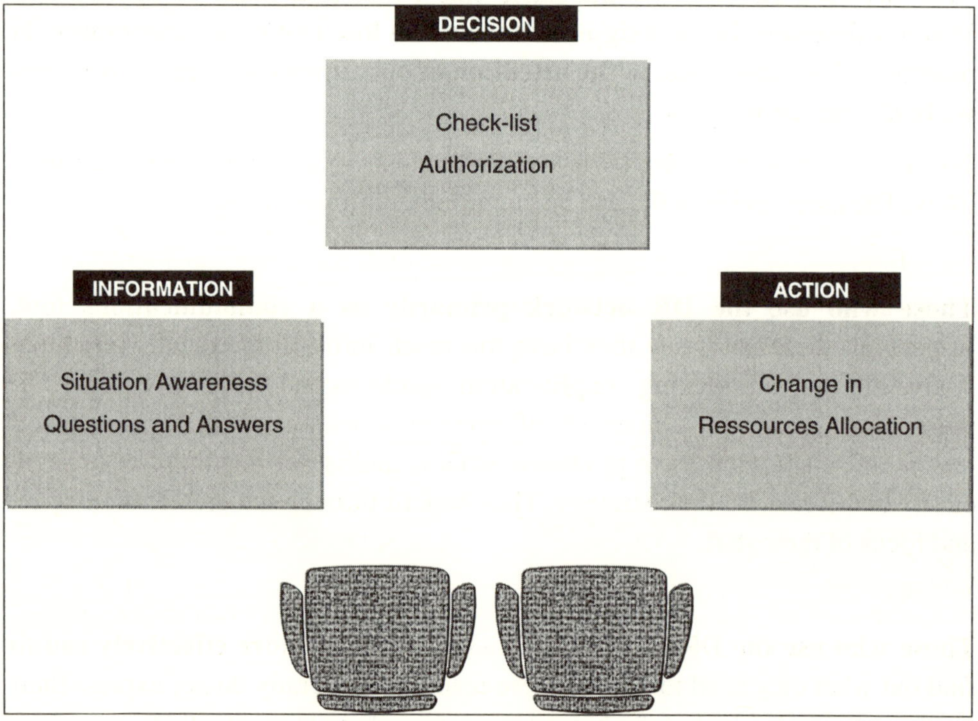

Exhibit 5

7. There are numerous benefits but they can be varied and unexpected

The benefits vary greatly. They range from more productive meetings to the success of difficult assignments, such as the reduction of costs and completion times, the increase in sales activities and the resolution of problematic situations when the DR is used as a Crisis Center.

«We invested $200,000 to purchase this room and make it operational. When it detected the first signs that we could lose two major customers six months before they came to the attention of our finance managers, we knew we had invested wisely.»

To carry out this study, we reviewed 50 decision rooms and interviewed their users. The users and benefits can be classified in different groups.

Those who use the DR network primarily as a communications tool. In general, these users say they have too much information about everything. Above all, they are seeking simplification, synthesis and uniformity of presentation of the numerous sources of information. They view the DR as an excellent exercise allowing them to choose what is and is not important in order to clarify and formalize their strategy. They benefit through the greater motivation and focus of their staff.

Those who use the DR's Cockpit Lines to monitor more effectively and to find out what they need to know. These managers generally do not express their needs quite so clearly, but the benefit they are seeking is exactly that.

They want to feel safer about their decisions. Their major argument is that, thanks to the indicators that alert them to trouble, they discover a problem or deviation six to nine months earlier than is the case with standard reporting.

Those who use the DR to implement a new type of management, such as reengineering, benchmarking or monitoring of major projects. They claim a return on their investment in the room through improved employee productivity.

But decision rooms don't only have benefits. There are also potential traps.

A major trap is not making sufficient use of the room and its equipment, but instead being content with using the software and consulting the DR program. It is true that the DR can look intimidating. But it's the very heart of the program, and it's the physical and visual aspect of the «war room» that makes it successful and induces people to act and succeed.

Another trap is not respecting the corporate culture. For example, in a large hospital where a DR had been installed, one of the indicators measured and compared the reputations of the top doctors. Reputation can be simply measured by calculating the average distance patients travel to consult with a certain doctor at the hospital.

It's a reliable, accepted and very realistic index that is easy to calculate from the time the patient is admitted. But this-overly straightforward measurement was poorly presented to the doctors, who rejected the entire program even though the hospital was in great need of improved performance.

The DR has become indispensable in certain sectors of the economy. Some of the DR's functions are in fact critical to many different industries.

The following are five typical examples:

Sector	***Objective***	***DR Function***
Banking/Insurance	*Risk management*	*Cockpit Line Risk*
Transportation Logistics Distribution	*Reduction of completion*	*Cockpit Line Completion times*
Public Sector	*Openness Competition*	*Red Wall*
Manufacturing	*Cost reduction*	*Blue Wall*
Holding / Headquarters	*Values Corporate culture*	*DR network*

Exhibit 6

8. Installing a DR

Installation takes about one year and involves the joint effort of many specialists: ergonomists, management controllers, computer experts, project managers, network and telecommunications specialists, business strategy experts, office equipment specialists and graphic designers.

«Three months after purchasing our new DR, we held our first Cockpit Briefing. But it took one year for all the indicators we were hoping for to become operational.»

Installation consists of four phases and 15 well-defined tasks. The design phase determines the network architecture for the company's decision rooms. The next phase involves equipping the conference rooms chosen. Training managers to use the room is the third phase, followed by the final phase of computerizing the rooms.

Following are some critical tasks during installation:

Converting a conference room into a DR. The room selected must be at least six meters by eight meters (19.8 feet by 26.4 feet) and have a system of controlled access. It's a normal conference room that will be dedicated solely to DR operations. It must be very close to its users' offices. The Wall Display System and Flight Deck must be chosen with care. The Cockpit Officer should be selected from among the company's assistant managers. The officer's assignment is to keep the room «combat-ready» for four or five different types of meetings.

Choosing indicators by reviewing operating-chart databases. The DR software comes with operating-chart and decision-making models adapted to each type of industry. These models are predetermined by type of industry, type of function and level of responsibility. As a result, the DR software serving the Executive Committee of a computer company will not provide the same indicators as the DR software used by an automobile factory. It remains to future users of the room to adapt the model to their specific needs. During installation, users will be trained and advised on how to adapt their models.

Training the management team. Running a business with a decision room is a little like piloting a plane as opposed to driving a car. You need to take lessons. You have to know how to interpret the new graphics and understand the consequences of variations in indicators that up to now have not been measured. Because managing is much more direct between the decision-maker and the person carrying out the decision, managers must get used to the much faster reaction times of their departments or work units.

Linking the company's and DR's management software. Fifty per cent of the information useful to decision-makers is not found in computers. And 30% of the information used to make decisions is in the form of messages rather than figures. It is therefore understandable that the easy part of wiring the room is the link with the company's computers – especially if the company is lucky enough to be equipped with integrated management software. Installing the Cockpit Lines and monitoring communications are the critical aspects of installation.

In practice: the Management Cockpit

A ready-to-use, commercial solution for the DR

This product includes everything necessary for the success of your DR project: specialized software, equipment, training, and project management.

It is the buyer's responsibility to make the room operational, which can be done with the help of the company's audit and information technology departments. The buyer can also seek help from consultants certified in this highly-specialized field.

A Management Cockpit is ready for the first Cockpit Briefings approximately three months after installation begins.

---

9. Diverse technologies are used in the DR

Every multimedia technique is used in the most elaborate DRs, whereas others, although highly operational, are still manual and use only the software necessary for the management of the room.

Telecommunications techniques often allow the most sophisticated DRs to be fully mobile, autonomous and accident-proof, somewhat similar to military headquarters.

Some rooms resemble the space shuttle cockpit and others are simple conference rooms with paper charts on the walls.

The DR's most frequently used software. Napoleon is credited with setting up the first true decision rooms, even though there are earlier historical traces of such rooms.

These military headquarters did not owe their existence to modern information technology. Many rooms still function perfectly well due to their staff rather than their software. However, it is the advent of modern management software that has truly popularized this management tool.

Top management software packages, such as SAP's R/3, are the real «nervous system» of the company and thus create the need for a company «brain,» such as the modern DR.

«Management software is the company's digital nervous system, and the DR is its brain.»

Excluding the management software that serves as the DR's major provider of internal information, the most frequently used software is the one that manages the room and its Cockpit Lines. MCsoft is by far the best known and most widely used.

This software is primarily a human interface, an explorer that gathers internal data from the company's software and external data from the Internet or information vendors. It also gathers advice and knowledge from experts, consultants and business schools through CorpIntel systems.

The Flight Deck of a typical DR can accommodate up to ten different types of software, such as contact management, project management, graphics, geographic and executive information systems software as well as the software that manages the DR and its network.

Each DR is an Intranet site in the internal computer network. When a DR does not have the answer to a question, it automatically directs the Cockpit Officer to the Intranet site of another DR, which will itself provide the answer.

All authorized managers can consult the DR over the Internet using their portable computers and can reproduce the original room in any other conference room.

«Our DR is the ideal complement to our management information systems software. The MIS software provides information. The DR helps us make decisions and take action.»

10. Summary

Decision rooms are a simple and proven method for improving the performance of teams, departments and entire companies. This improvement is achieved because employees are motivated by focusing on what is most important. Improved performance is consolidated by measuring activities, because what gets measured gets done. Studies on DRs' impact on companies indicate that sales activity increases, costs decrease and projects end on time without going over budget.

11. Glossary

Additional information about decision rooms is provided below. These are the terms most often used by managers who work in DRs.

Activity

Instruction to carry out a series of tasks in the network for a defined period of time. An activity involves a cost and a workload.

Agent

Employee or software able to perform a task and add value to a piece of information or equipment.

Indicator Agent

Mini computer program that calculates the value of an indicator upon request. For example, the Revenue Agent for New Products finds all products that have been launched within the past year, calculates their total revenue and compares this revenue to the revenue of all products sold by the company.

Automated Consulting

Advice or suggestions given by a software program to a person.

Benchmarking

Standardization and marking by the DR in comparison with the comparable indicator values achieved by internal business units (internal benchmarking) or other companies (external benchmarking).

Black Wall

A DR wall displaying the company's most significant performance indicators.

Blue Wall

A DR wall displaying performance indicators related to internal operations.

Business Fundamentals

Indicators that represent targeted quality standards rather than performance.

Capacity

Resources available to carry out a task.

Certification

DR audit guaranteeing the room's users that the DR complies with ergonomic, computerization and monitoring norms.

Charting Conventions

Conventions for representing an economic activity with three-dimensional graphics.

Chief Cockpit Officer

Member of the management team in charge of questions posted in the DR.

Cockpit Officer

Company manager in charge of the DR, its maintenance and any modifications necessary as a function of the situations handled in the room.

Cockpit Briefing

A DR meeting. Five to six different types of meetings can usually be held in the same room. This meeting is highly structured and follows decision-making rules.

Cockpit Line

Computerized method of measuring company performance.

CorpIntel

Method of organizing work based on the use of the DR network as an interface between the company's software and staff.

Customer

Object containing all information related to a customer.

Datamining

Looking for significant information in a database. The Minor Agent, for example, discovers that a supermarket sells more beer than socks on Wednesdays.

Datawarehouse

Database management software consisting of information more useful to company management than to operations.

Document

Object that records an event, such as an invoice, shipment of material or journal entry.

DSS Decision Support System

System that helps managers make decisions.

EIS

Information software for decision-makers.

ErgoCom

Controlled natural language of 300 words that aims to minimize the sources of confusion in corporate communications.

Ergo-9000

Knowledge base concerning the organization of intellectual work.

ERP software

Integrated business management software.

Flight Deck

Computerized work station with two seats and six screens covering an area of two square meters (23.5 square feet). This work station is ergonomic to facilitate decision-making and information analysis.

Forecast Accuracy Automation

Automatic adjustment of a human forecast as a function of prior forecasting performance by the same person.

Human Intelligence Management

Techniques and methods for optimizing human intelligence by managing the employee's environment and work organization.

Hot News

Business message written in the Ergo-com language.

Idling value

Underused value or resource.

ILS Instrument Landing System

Decision support visual showing the position of a generic performance indicator with respect to its objectives and major causal indicator.

Intruder

DR version specially equipped to seek intelligence on competitors and potential customers. This version is especially used by corporate marketing departments.

Logical View

Managerial question answered by performance or activity indicators.

Management Cockpit

Corporate «command post» analogous to an airplane cockpit that serves as a work station for the management team and a computerized conference room.

Management Cockpit®

Ready-to-use DR, registered trademark of SAP, delivered by N.E.T. Research.

Management Engineering

Managing a company through work organization and computerization.

Management by Exception

Determining the acceptable ranges for indicator values and organizing DR cascading in the company, facilitating management by exception.

Management Review Committee

Computer program for evaluating managers. This program helps rationalize evaluation by minimizing the impact of emotion and office politics on performance reviews. The program offers individualized evaluations, termination risks, replacement plans, succession plans, etc. Material

A good or service that is purchased, produced, modified or sold by a work unit.

MCsoft

Management software used in Management Cockpits.

Mission Statement

Founding text of the company, specifying its reason for being in terms of how it distinguishes itself from competitors and partners. The DR is only certified if it can be determined whether the company is meeting the objectives of its mission statement.

Network

Series of tasks with the resources and time necessary to complete the tasks. These tasks are linked in a network allowing the software to calculate the total time and critical paths necessary for completion.

Object - cost

Object associated with costs, such as a cost center, internal order, etc.

Internal order

Instruction to move an object, such as a production order, network order, etc.

External order

Purchase or sales order.

OTV Objective Targeting Visual

Decision support visual displaying several generic indicators and using ILS presentation.

Overshoot

Surpassing a target, such as selling or producing more than was targeted.

Point S

Ideal amount of uncertainty in the environment for optimal human performance.

Red Wall

DR wall displaying performance indicators related to internal operations.

Result

Periodic assessment of the current value of costs and orders, such as quantities produced, revenue collected, etc.

Sensoring

Method of gathering information through sampling of certain basic transactions. This method supplements reporting, which collects and combines all available information.

Small Label

Company activities or sectors that must be monitored.

Strain

Physical or mental strain caused by the design of a work station.

Stress

Perception by a person or software of strain caused by a work station.

Template

Selection of Logical Views, Indicators or Benchmarks representing the business content of a DR.

Termination Risk

Program that calculates the risk of losing an employee who is critical to the well-being of the company. The risk of involuntarily losing such an employee within three months is assessed at 10%, 50% or 90% on the basis of 20 assessment criteria.

Tower

Special DR version for corporate headquarters, which do not have operational responsibilities and often include only a Black Wall to monitor strategic indicators and a White Wall to monitor major changes.

Traffic Light Panel

Decision support visual displaying a set of warning lights focused on the company's key processes and projects.

Transaction

Creation or modification of an event in order to generate a document or generic data.

Visual

Image or graphic combining several variable indicators against a background of fixed indicators.

Visual Drill Down

Successive exploration of the four levels of visual and synthetic representation of information: traffic lights for management by exception; decision-making visuals for management by objective; standard charts for management by audit; and tables of figures for management by data.

Wall Display System

Computerized system displaying information visuals on a wall.

Waves

Decision support visual indicating whether the current value of an economic factor is favorable or unfavorable to certain performance indicators.

White Wall

DR wall displaying indicators monitoring performance in the field.

Management Cockpit is a registered trademark of SAP, originally created by Professor Patrick M. Georges and delivered by N.E.T. Research.

This article discusses the experience of the author and N.E.T. Research teams during the installation of 50 decision rooms over the past five years. The author wishes to thank the following companies that participated in this study: Baxter, Carrier, Citibank, Crédit Suisse, DHL, Disney, Hewlett-Packard, IBM, Philips, SAP and Unilever.

The author would like to especially thank Henning Kagermann, CEO of SAP AG, who gave unstinting support to this research on applying human intelligence to software.

The author also extends special thanks to engineers and collaborators Jean-Marie Poucet, Joris Oster, Gérard Degrève and Chantal Dickers, without whom this study would not have been possible.

Jürgen H. Daum
Product Manager SEM
SAP AG, Walldorf

SEM-SRM Stakeholder Relationship Management

Gliederung

1. Weshalb ist StakeholderValue / Stakeholder Relations ein Thema ?

Die Begriffe Shareholder und Shareholder Value sind bekannt. Zunehmend taucht in der Wirtschaftspresse aber auch der Begriff Stakeholder auf – vor allem im angelsächsischen Sprachraum.

Im folgenden wird der Autor darstellen, weshalb das Thema Stakeholder Relationship Management in einer zunehmend auf Wissen und auf „Intangible Assets" basierenden Wirtschaft an Bedeutung gewinnt und eine wichtige Managementaufgabe geworden ist. Im nächsten Kapitel wird dann dargestellt, welche Möglichkeiten die Informationstechnologie hier heute bietet, was im Anschluß durch einen SRM-Beispielprozess illustriert wird.

1.1 Definition des Stakeholders

Ein Stakeholder ist eine Organisation oder eine Einzelperson, die auf ein Unternehmen „setzt", indem diese

- Geld in das Unternehmen mit einer bestimmten Renditeerwartung investiert (**Investor**)
- die Produkte des Unternehmens kauft und Geld für ein Leistungsversprechen seitens des Unternehmens bezahlt und auf die Leistungserfüllung vertraut (**Kunde**)
- seine Arbeitskraft, sein Wissen und seine Kreativität gegen Bezahlung in den Wertschöpfungsprozess des Unternehmens einbringt mit der Erwartung, für das eigene berufliche Fortkommen das richtige Unternehmen gewählt zu haben (**Mitarbeiter**)
- Steuergelder in die gewerbliche Infrastruktur und in Bildung investiert (**staatliche Einrichtungen**, **Kommunen**) und ein Unternehmen insgesamt fördert – sei es auch nur durch eine positive Bewertung (**allgemeine Öffentlichkeit**)
- Geld und andere Geschäftsopportunitäten (die mit anderen Partnern möglich wären) im Vertrauen auf eine verlässliche und profitable Partnerschaft investiert (**Geschäftspartner**)

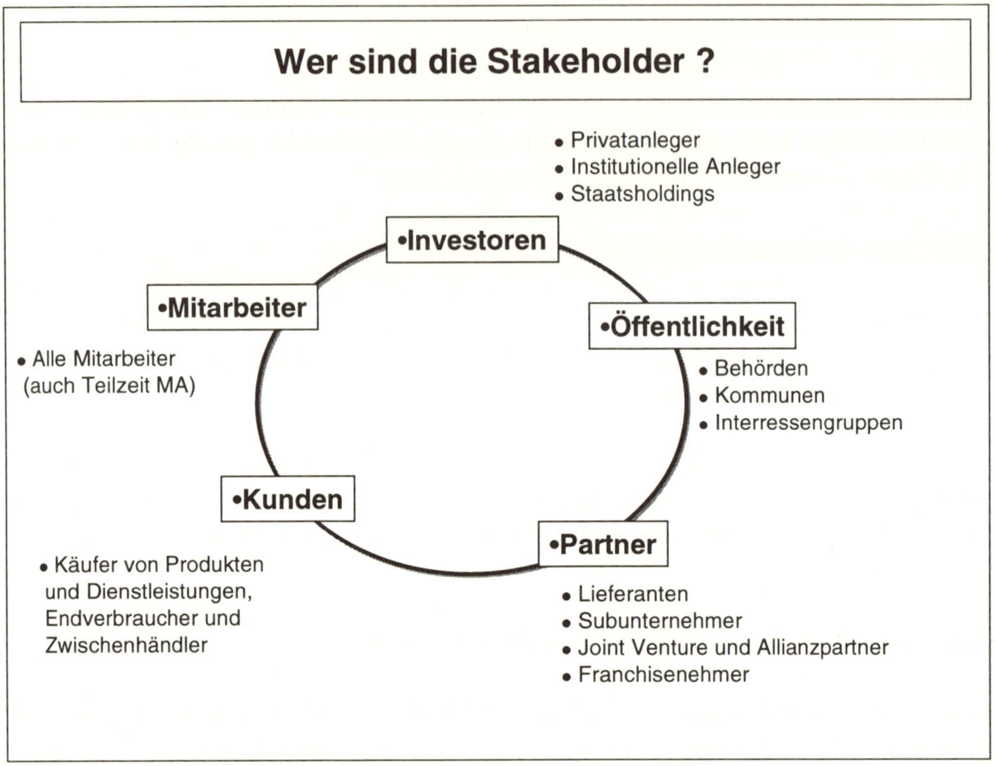

Abbildung 1: Das „Stakeholder Netzwerk" eines Unternehmens

Ein Stakeholder ist also jemand, der sein wirtschaftliches Schicksal mit dem Unternehmen verbunden hat und somit ein vitales Interesse am wirtschaftlichen Erfolg des Unternehmens hat.

Im Einzelnen sind die Erwartungen der verschiedenen Stakeholdergruppen an das Unternehmen aber durchaus unterschiedlich. Während ein Investor in erster Linie an einer möglichst hohen Überrendite interessiert ist, sind die Interessen der Geschäftspartner, der Kunden und der Mitarbeiter andere und laufen möglicherweise den der Investoren zuwider.

1.2 Weshalb müssen sich Unternehmensleitungen heute mit ihren Stakeholdern intensiv befassen ?

Industrieunternehmen hatten schon immer mit Investoren, Mitarbeiter, Geschäftspartner usw. zu tun. Weshalb rücken Stakeholder gerade heute in den Aufmerksamkeitsfokus der Unternehmensleitung ?

Die Antwort darauf ist zweifach:

- Stakeholder haben heute höhere Erwartungen an das Unternehmen
- Stakeholder haben heute in der Regel auch die Macht, ihre Interessen gegenüber der Unternehmensleitung durchzusetzen.

Gerade der letzte Punkt stellt eine der wesentlichen Änderungen in den letzten Jahren dar, mit gravierenden Auswirkungen auf die Art, wie ein Unternehmen in der Zukunft geführt und gesteuert werden wird und wie Wirtschaft insgesamt funktionieren wird.

Die ersten Konsequenzen daraus sind bereits spürbar:

Durch die Globalisierung der Finanzmärkte konzentriert sich das Kapital zunehmend in den Händen von sogenannten institutionellen Investoren, von professionellen Fondsmanagern. Da diese wiederum ihren Kunden, den Anlegern, verpflichtet sind und um diese im Wettbewerb mit anderen Aktienfonds und anderen Anlageformen stehen, ist es in der Regel ihr einziges Ziel, eine möglichst hohe Rendite für ihre Kunden zu erwirtschaften. Im Gegensatz zu einem Privatinvestor kann ein institutioneller Anleger mit einem Unternehmen, das nicht „performt", wenig Geduld haben, da seine Kunden diese mit ihm auch nicht haben werden. Hinzu kommt, daß institutionelle Investoren heute über solche Mengen an anzulegendem Kapital verfügen, daß ein Investment oft einen großen Anteil an der Gesamtzahl der frei im Handel befindlichen Aktien des Unternehmens umfaßt. Dies verbietet es einem Investor, die Aktien eines erfolgloseren Unternehmens einfach zu verkaufen. Aufgrund der Menge der auf den Markt kommenden zu verkaufenden Aktien würde der Kurs sofort einbrechen und der Investor hätte viel Wert vernichtet. Die einzige Möglichkeit in einem solchen Fall ist: Einfluß auf das Management ausüben und, falls das nichts hilft, für dessen Ablösung optieren. Durch die Größe des Anteils des Investors am Gesamtkapital des Unternehmens besitzt er auch die nötige Macht dazu, und diese wird zunehmend genutzt.

Andere Stakeholder wie Mitarbeiter und Geschäftspartner haben auf einem globalen Markt mehr Wahlmöglichkeiten, dadurch nimmt die Loyalität gegenüber dem Unternehmen tendenziell ab. Qualifizierte Mitarbeiter in der Softwareindustrie können ihren Arbeitgeber heute weltweit frei wählen. Kunden können heute, dank des Euros, Preise in den verschiedenen Ländern Europas direkt miteinander vergleichen. Eine Tatsache, die nicht nur der Automobilindustrie zunehmend Kopfzerbrechen bereitet. Darüber hinaus sind Geschäftspartner, dank der globalen Weltwirtschaft, nicht mehr in dem Maße auf das eigene Unternehmen angewiesen, wie das vielleicht in der Vergangenheit der Fall war, und nutzen diese zunehmende Macht zum Beispiel bei Preisverhandlungen.

Eine weitere wichtige Entwicklung, die vor allem die großen transnationalen Unternehmen betrifft, ist, daß die Öffentlichkeit und wichtige Interessengruppen von diesen die Übernahme von mehr sozialer Verantwortung erwarten und bei Nichtbeachtung dieser Erwartungen mit empfindlichen Sanktionen aufwarten:

Der Einfluß staatlicher Organe auf transnationale Unternehmen, die überall und nirgends zu Hause sind, nimmt zunehmend ab. Gerade weil solche Unternehmen in vielen Ländern mit ähnlicher Präsenz auftreten, kann man nicht mehr exakt sagen, welcher Nationalität ein solches Unternehmen angehört. Ein transnationales Unternehmen kann zum Beispiel relativ einfach eine seiner Niederlassungen in einem Land mit niedrigen Unternehmenssteuern zum Unternehmenshauptsitz erklären und sich so dem Fiskus bzw. dem Zugriff nationaler Regierungen in einem Hochsteuerland wie Deutschland ganz legal entziehen. Dies gilt nicht nur für das Thema Steuern. Viele Politiker sind deshalb inzwischen überzeugt, daß solche Unternehmen in Zukunft durch nationale Regierungen und Behörden nicht mehr zu kontrollieren sind. Gerade diese Unmöglichkeit der Kontrolle einerseits verbunden mit einem zunehmenden Einfluß auf das tägliche Leben von Millionen, ja vielleicht Milliarden von Menschen (Beispiel: die „Coca-Cola Kultur") schafft ein zunehmendes Bedrohungsgefühl auf seiten der Konsumenten und Bürger. Dies ist die Basis für die „Nongovernmental Organizations (NGOs)", also Aktivisten- und Interessengruppen, die mit einer Professionalität über die Medien agieren, wie dies bisher nur von der Regenbogenpresse bzw. den großen amerikanischen Nachrichtengesellschaften bekannt war.

Als Beispiel sei hier der Fall Shell zu nennen. Wie sich nach Abflauen des Medienspektakels herausgestellt hat, hatte Shell recht: die Versenkung der Bohrinsel Brent Spar hätte niemals die Auswirkungen gehabt, die Greenpeace der Öffentlichkeit glauben machen wollte. Aber der Schaden für Shell war nicht mehr rückgängig zu machen. Für Shell selbst und viele andere Unternehmen war dieser Fall deshalb eine Lehre, Aktivistengruppen und die Öffentliche Meinung sehr ernst zu nehmen. Ein Unternehmen, das nicht sorgfältig auf seine Reputation in der Offentlichkeit und gegenüber NGOs achtet, wird in Zukunft große Probleme bekommen, erfolgreich Geschäfte zu machen. Zahlreiche große Firmen haben das erkannt und verhandeln aktiv mit NGOs. Zum Beispiel hat der CEO von BP/Amoco, John Browne, Greenpeace versprochen, innerhalb von fünf Jahren ein neues Geschäftsfeld im Bereich erneuerbare Energien/ Solarenergie mit einem Volumen von einer Milliarde Dollar zu schaffen. Er schlägt damit gleich zwei Fliegen mit einer Klappe: er geht auf die Interessen von Greenpeace ein und verschafft gleichzeitig seinem Unternehmen ein besseres Image in der Öffentlichkeit (PETERS (1999), Seite 5).

Zusammenfassend läßt sich also festhalten: In den letzten Jahren hat sich die Unternehmensumwelt zu einem „Stakeholder Markt" gewandelt. Hat man unter guter Unternehmensführung noch vor einigen Jahren einen reinen intern orientierten Prozess verstanden, der sicherstellt daß man seine Wertschöpfungsprozesse im Griff hat und seinen Kunden attraktive Produkte zu wettbewerbsfähigen Preisen bietet, um dann am Ende, quasi automatisch, auch mit einem positiven Ergebnis für die Investoren aufzuwarten, so dreht sich dieser Prozess nun gänzlich um. An erster Stelle stehen jetzt die Erwartungen der wichtigsten Stakeholder an das Unternehmen. Daran müssen sich die Unternehmensstrategie und die Prioritäten im internen Managementprozess ausrichten. Unternehmensführung hat sich damit von einem inside-out zu einem outside-in Prozess gewandelt. Dies stellt einen wichtigen Paradigmenwechsel dar und beeinflußt die „Best Practice" in der Unternehmensführung signifikant.

1.3 Wie sind die Herausforderungen im „Stakeholder Markt" zu meistern?

Nun gibt es zwei Möglichkeiten, wie man mit dieser Situation aus Sicht der Unternehmensleitung umgehen kann. Man kann diese fordernden, nun mächtigen Stakeholder als Plage ansehen, die das Management einfach von seiner Arbeit abhalten. Viele Manager sehen dies auch heute genau so. Sie sehen das Unternehmen als Spielball der zum Teil gegenläufigen Interessen der Stakeholder.

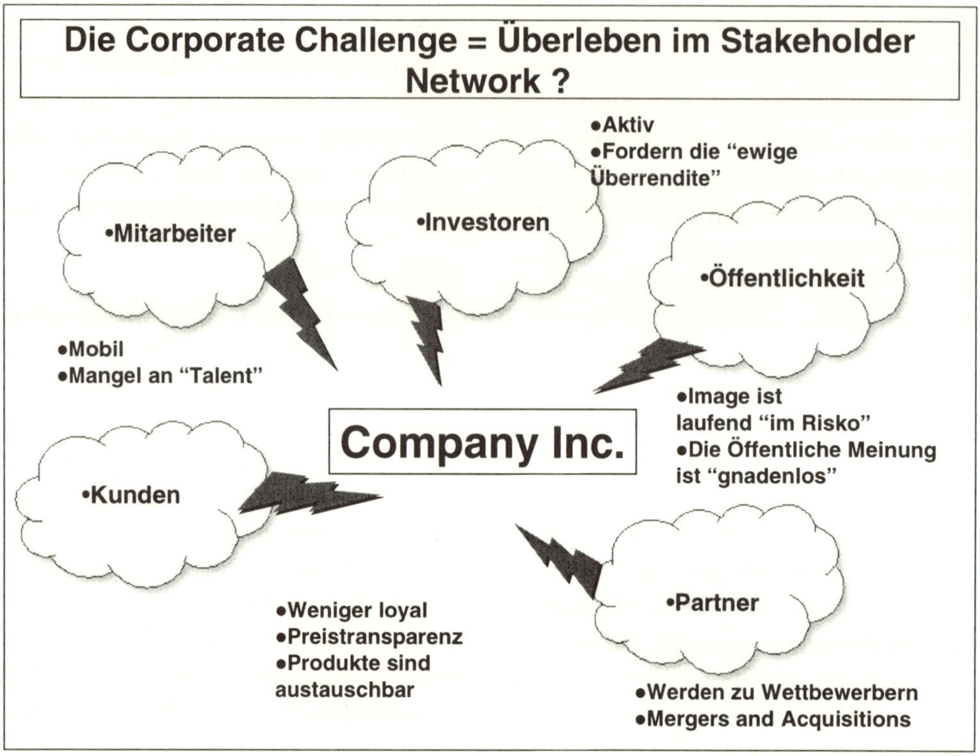

Abbildung 2: Manche Unternehmenslenker sehen sich heute schutzlos den Erwartungen und Interessen der Stakeholder ausgeliefert

Das Unternehmensschiff ist den Naturgewalten seitens der Stakeholder schutzlos ausgeliefert und schaukelt ziellos durch die Wellen. Um etwa den wachsenden Renditeerwartungen der Investoren zu entsprechen, wäre eine mögliche Maßnahme, Mitarbeiter zu entlassen. Damit würde aber das Image in der Öffentlichkeit, gegenüber Geschäftspartnern und Kunden geschädigt. Zudem würden dann auch die Leistungsträger das Unternehmen verlassen, also gerade die, die man halten wollte und auf die das Unternehmen angewiesen ist. Oder man könnte die Preise erhöhen und würde damit aber sicher seinen Wettbewerbern zuarbeiten und den eigenen Marktanteil verringern. Eine andere Möglichkeit wäre, bei den Lieferanten mit Gewalt bessere Konditionen durchzusetzen. Die Gefahr ist hier, daß der Lieferant dies mit einem schlechteren Service vergilt und damit indirekt über die eigenen Produkte wieder einen Schaden auf der Marktseite verursacht.

Die Annahme, die allen diesen möglichen Maßnahmen zugrunde liegt, ist: was dem einen gegeben wird (dem Investor), muß einem anderen (Mitarbeiter, Kunde, Geschäftspartner) genommen werden. Doch so funktioniert Wirtschaft nicht bzw. wenn das vielleicht in einigen regulierten Märkten so war, funktioniert das in Zukunft immer weniger, da Märkte dereguliert werden. Das Unternehmen schadet durch ein auf dieser Annahme basierendes Handeln sich selbst und damit auch den Investoren.

Die alternative Sichtweise wäre die, daß man die einzelnen Stakeholder selbst als einen Wert sieht, den diese für das Unternehmen darstellen. Da alle Stakeholder am Unternehmenserfolg in irgend einer Weise partizipieren, kann Wert für alle geschaffen werden, indem den Erwartungen einer Stakeholdergruppe entsprochen wird. Zum Beispiel kann eine Investition in die Mitarbeiter den Wert der Mitarbeiter für das Unternehmen direkt (Fortbildung) oder indirekt (Sozialleistungen, Stock Option etc.) erhöhen, vor allem wenn es sich um Wissensträger handelt, die man so mehr an das Unternehmen binden kann, das somit eine bessere Wettbewerbspostion erlangt. Läßt sich diese „Wertsteigerung" kommunizieren, wird sich diese im Aktienkurs niederschlagen und kommt damit auch den Investoren zugute. Durch ein proaktives Stakeholder Relationship Management ließen sich also die scheinbar gegenläufigen Erwartungen zweier Stakeholdergruppen gleichzeitig erfüllen.

Die Stichworte sind dabei „proaktives Stakeholder Relationship Management" und „Kommunikation".

Da die eigentlichen vom Management geschaffenen Werte zunehmend solche Werte sind, die nicht in der Bilanz und GuV erscheinen, spielt die Kommunkation und das Relationship Management eine entscheidende Rolle im Wertmanagement. Lassen Sie mich das näher erläutern.

Betrachten wir das Verhältniss zwischen Marktkapitalisierung und dem Buchwert des Eigenkapitals bei drei bekannten Unternehmen:

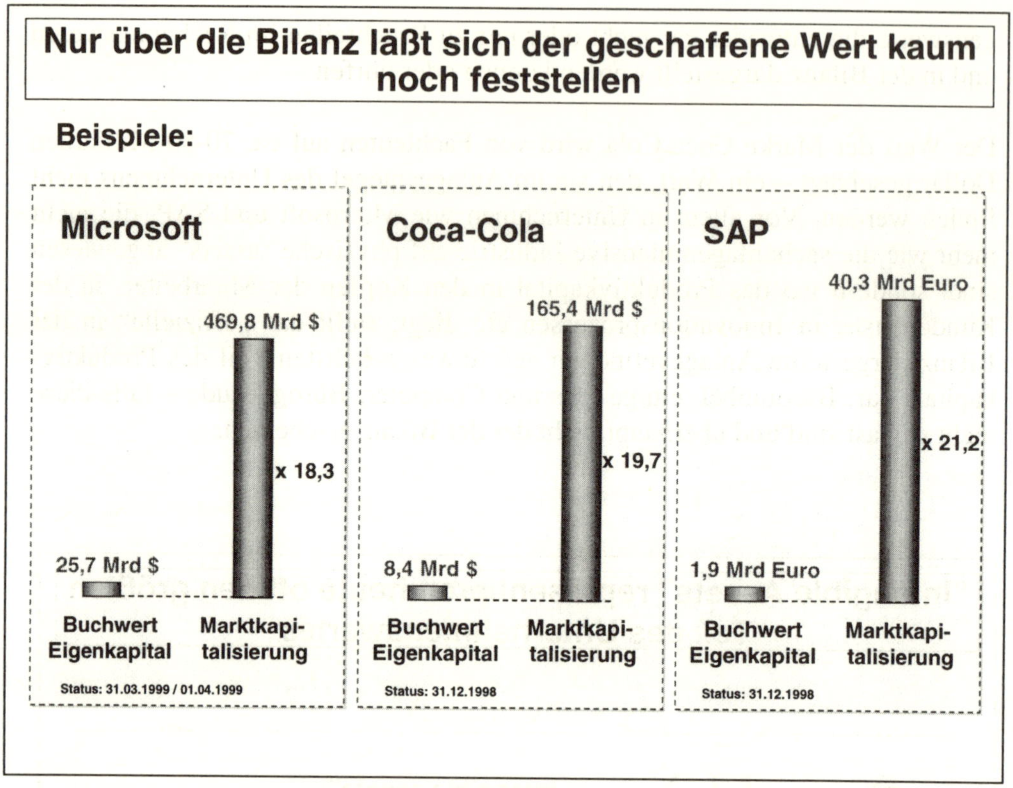

Abbildung 3: *Im „Knowledge Age" klaffen Markt- und Buchwert eines Unternehmens zunehmend auseinander*

Microsoft weist per 31.3./1.4.1999 ein Verhältniss von Buchwert des Eigenkapitals zum Marktwert des Unternehmens von 18,3, Coca-Cola per 31.12.1998 ein Verhältniss von 19,7 und SAP zum selben Datum ein Verhältniss von 21,2 auf. Im Durchschnitt stellt also das, was in der Bilanz dieser Unternehmen an Werten, an Zahlen, auftaucht, etwa nur ein Zwanzigstel dessen dar, was dem wirklichen Wert entspricht, den die Aktionäre und Analysten diesem Unternehmen an der Börse beimessen.

Die Beispiele zeigen, daß das Rechnungswesen, dessen Aufgabe es doch auch ist, geschaffene Werte oder vernichtete Werte für die Aktionäre objektiv nachvollziehbar darzustellen, dazu in seiner heutigen Ausprägung nicht mehr in der Lage ist. Der Grund dafür ist, daß in einer „New Economy", in der Wissen, Information und Image zum wichtigsten Produktivfaktor werden, „intangible assets" die größten Vermögenswerte der Unternehmen darstellen – Vermögenswerte die entweder gar nicht oder nur zu Bruchteilen im Rechnungswesen und in der Bilanz dargestellt werden können oder dürfen.

Der Wert der Marke Coca-Cola wird von Fachleuten auf ca. 70-80 Milliarden Dollar geschätzt – ein Wert, den sie im Anlagespiegel des Unternehmens nicht finden werden. Vor allem in Unternehmen wie Microsoft und SAP, die nicht mehr wie die sachanlagenintensive Industrie auf physische „assets" angewiesen sind, sondern wo das Produktivkapital in den Köpfen der Mitarbeiter, in der Kundenbasis, in Innovationsprozessen etc. liegt, stellt das „offizielle" in der Bilanz dargestellte Anlagevermögen den unwesentlichsten Teil des Produktivkapitals dar: Büromöbel, einige PCs und Computer, Bürogebäude – falls diese nicht geleast sind und überhaupt nicht der der Bilanz erscheinen.

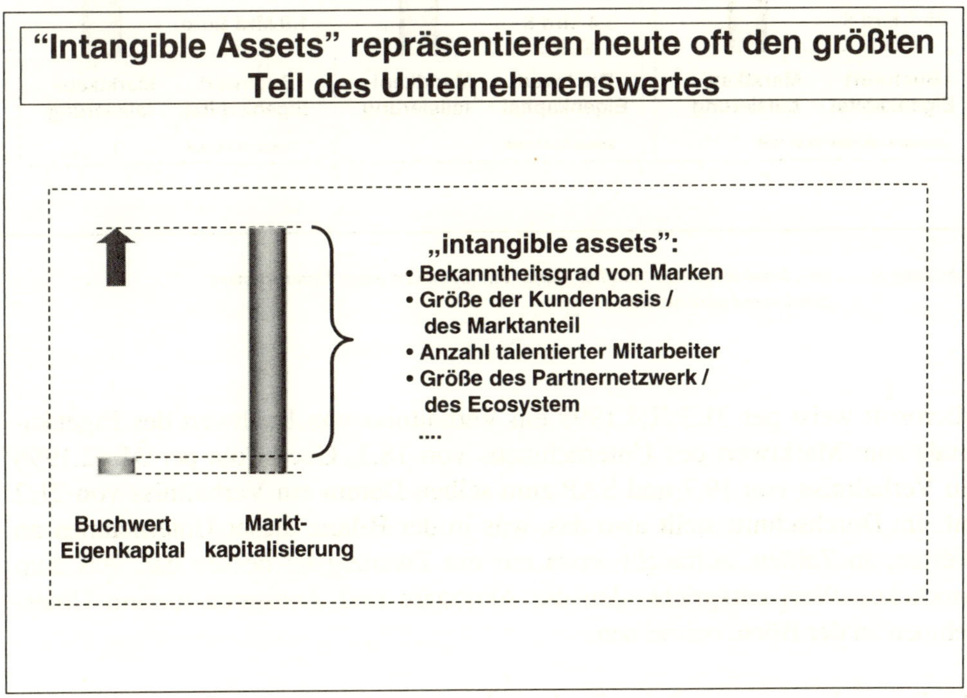

Abbildung 4: Das Produktivkapital vieler moderner Unternehmen besteht zunehmend in „intangible assets"

Bei allen drei Unternehmen wurde aber der größte Wertzuwachs in den letzten Jahren nicht bei den „tangible", sondern gerade bei den „intangible assets" erzielt!

Nimmt man diese Unternehmen als Signal, wohin die Reise generell in den nächsten Jahren bei vielen Unternehmen gehen wird, ist klar, daß die eigentliche Managementleistung in Zukunft im Schaffen und Vermehren der „intangible assets" bestehen wird. Wertzuwachs und Wachstum wird vor allem hier stattfinden. Selbst in traditionellen Branchen wird zunehmend Wissen und Information eingesetzt, um z.B. durch intelligentes Supply Chain Management das Umlaufvermögen zu reduzieren oder ganze Zwischenläger (und dann auch das entsprechende Anlagevermögen) zu eliminieren. Da durch derartige Prozessinnovationen in der Regel auch die Reaktionsgeschwindigkeit auf Kundenanforderungen und damit die Wettbewerbsfähigkeit zunimmt, sinkt nicht nur der Wert der „assets" in der Bilanz, sondern erhöht sich auch der Wert der „intangibles". In einer „Knowledge Economy" nimmt die Bedeutung von Wissen und Information als Produktivfaktor immer mehr zu und deren Anteil, der in den Produkten selbst„steckt", ebenfalls (STEWART (1997) Seite 3-17).

Die Herausforderung, die sich hier für die Unternehmensleitung stellt, ist die, daß sich Managementleistung immer weniger objektiv über das Rechungswesen quantifizieren läßt.
Durch das einfache Veröffentlichen des Jahresabschlußes ist die Unternehmensleitung bereits heute nicht mehr in der Lage, geschaffene Werte, die sich ja in der Regel oft erst in der Zukunft über Cash-Flows realisieren, an Investoren und Finanzanalysten zu kommunizieren.

Gerade weil zunehmend der größte Teil der Managementleistung subjektiver Beurteilung ausgesetzt ist und kaum objektiv durch eine „einseitige Rechnungslegung" durch das Management kommunizierbar ist, bedarf es eines Meinungsbildungsprozesses, bei dem die Unternehmensleitung eine aktive Rolle spielen muß. Das Management muß den „Kapitalmarkt" vom Wert der eigenen Leistung überzeugen. Das geschieht in der Regel durch zwei Instrumente:

- erstens durch eine offene aktive Informationspolitik, die dem Investor oder Stakeholder eine bessere Beurteilung des Unternehmenswertes, speziell des Werts, also des Cash-Flow Generierungspotentials der „intangibles", ermöglicht
- zweitens durch ein professionelles internes Managementsystem, das es der Unternehmensleitung erlaubt, den Fortschritt beim Schaffen von

Werten (vor allem von intangible assets) auch intern zu messen und zu steuern, um nach extern verläßliche Prognosen abgeben zu können

Im übrigen gilt Gleiches nicht nur für die Kommunikation mit Investoren sondern auch mit anderen Stakeholdergruppen. Beispiele dafür sind, daß immer mehr Unternehmen einen Umweltbericht veröffentlichen und interne Managementsysteme für den Bereich „Safety, Environment and Health" einrichten.

1.4 Eine aktive Informationspolitik als Basis für die Realisierung des Wertes der „intangibles" eines Unternehmens

Untersuchungen belegen, daß die Unternehmen, die eine aktive professionelle Informationspolitik betreiben, mit einem Bonus am Kapitalmarkt belohnt werden, also einen höheren Aktienkurs erzielen können.

Durch eine regelmäßige, zeitnahe und transparente Berichterstattung kann ein Investor besser die zukünftige Rendite und das Cash-Flow Potential eines Unternehmens beurteilen. Eine Unterbewertung des Unternehmens bzw. der Managementleistung ist damit weniger wahrscheinlich, und eine sogenannte Wertlücke kann vermieden werden. Gleichzeitig wird durch eine regelmäßige und transparente Berichterstattung das Risiko des Investors reduziert. Dies vermindert dessen Riskozuschlag und damit die vom zukünftigen „Return" abgezogenen Kapitalkosten und erhöht damit den Shareholder Value.

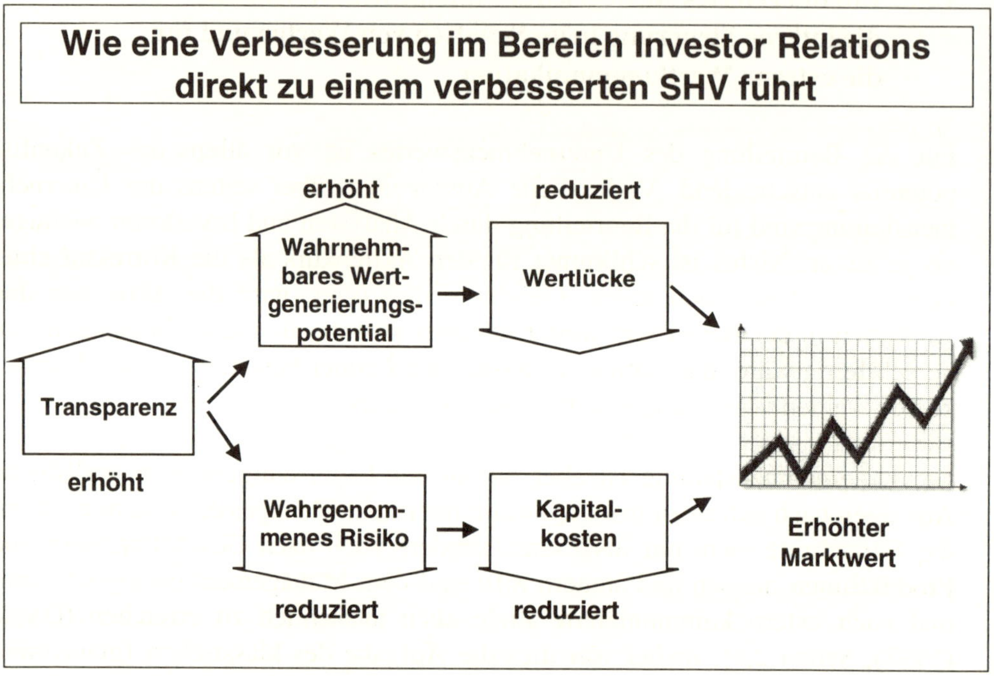

Abbildung 5: *Eine regelmäßige, zeitnahe und transparente Berichterstattung hat eine direkte positive Wirkung auf den Marktwert eines Unternehmens*

Nach einer Studie von ARTHUR ANDERSEN in Zusammenarbeit mit GFD – Gesellschaft für Finanzkommunikation gibt es einen klaren Zusammenhang zwischen überdurchschnittlicher Aktienperformance und der Qualität der Investor Relations (ARTHUR ANDERSEN (1999), Seite 30). Die hinsichtlich der Qualität ihrer Investor Relations als unter den Top 10 des STOXX 50 bewerteten Unternehmen wurden auch hinsichtlich ihrer zukünftigen Shareholder Value-Ausrichtung von den Investoren mit gut bis sehr gut beurteilt und erzielten in der Vergangenheit meistens eine überdurchschnittliche Aktienperformance. Die Qualität der externen Kommunkation stellt damit für die Investoren ein klares Anlagekriterium und für das Management einen wichtigen Werthebel dar.

1.5 Ein integriertes strategisches Managementsystem für die interne Steuerung beim Schaffen von Werten und für die externe Wertkommunikation

Für die Beurteilung des Unternehmenswertes ist vor allem das Zukunftspotential entscheidend. Verlässliche Aussagen darüber seitens der Unternehmensleitung sind für die Beurteilung durch Analysten und Investoren wichtiger als je zuvor. Nichts ist schlimmer für den Aktienkurs als die Korrektur einer Gewinnerwartung nach unten. Geschieht dies öfter, wird die Aktie von den Analysten in der Bewertung weiter herunter gestuft, als vielleicht fundamental gerechtfertig wäre: das subjektive Risiko wird höher bewertet und die Kapitalkosten werden vom Analysten nach oben korrigiert .

Die Unternehmensleitung ist aber nur in der Lage, einigermaßen verläßliche Aussagen nach extern zu machen, wenn intern ein Managementsystem existiert, das Fortschritte nicht nur insgesamt, sondern auch nach Geschäftsfeldern und Produktlinien messen und steuern hilft und dem Management ermöglicht, einmal nach extern kommunizierte Ziele auch tatsächlich zu erreichen (DAUM (1998), Seiten 2,4). Bisher war dies die Aufgabe des klassischen finanzorientierten Rechnungswesens. Da die „intangibles“ darin nicht auftauchen, optimiert ein rein rechnungsbasiertes Managementsystem, drastisch ausgedrückt, lediglich den Buchwert des Unternehmens.

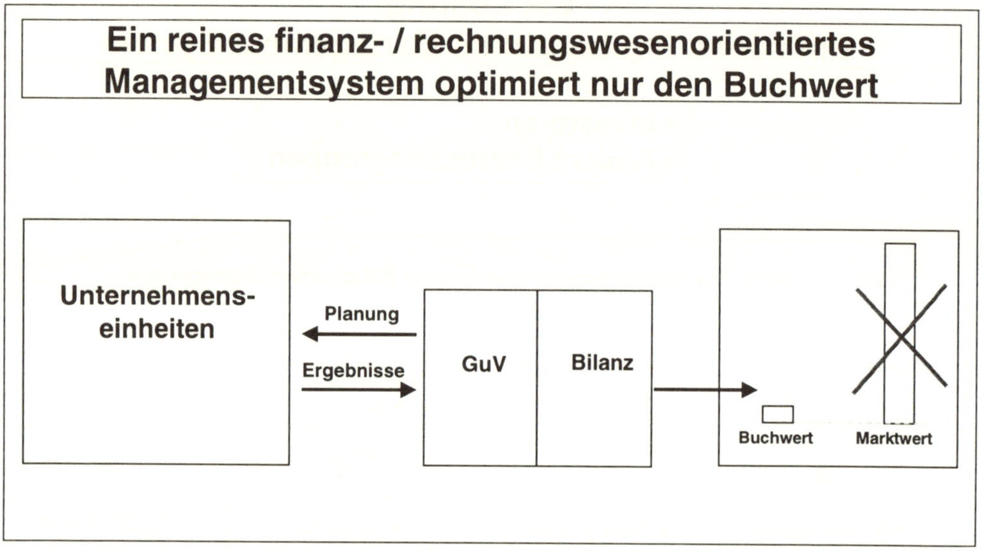

Abbildung 6: Ein rein rechnungswesenbasiertes Managementsystem läßt die eigentlichen Werttreiber des Marktwertes, die „intangibles", außen vor

Was benötigt wird, ist eine Transparenz bei den nichtfinanziellen Werttreibern je internem Bereich, die zumindest eine annähernde Beurteilung zulassen, ob Werte bei „intangibles" geschaffen oder vernichtet wurden. Diese Werttreiber wiederum sind von der Strategie abhängig und diese von den Erwartungen der Stakeholder einerseits und vom vorhandenen Potential in den Produktmärkten und von den entsprechenden Kompetenzen im Unternehmen.

Es ist also ein integriertes strategisches Managementsystem erforderlich, das sowohl die Stakeholder einbindet, als auch die interne Umsetzung der Stakeholderziele sicherstellt und diesen Prozess laufend optimiert.

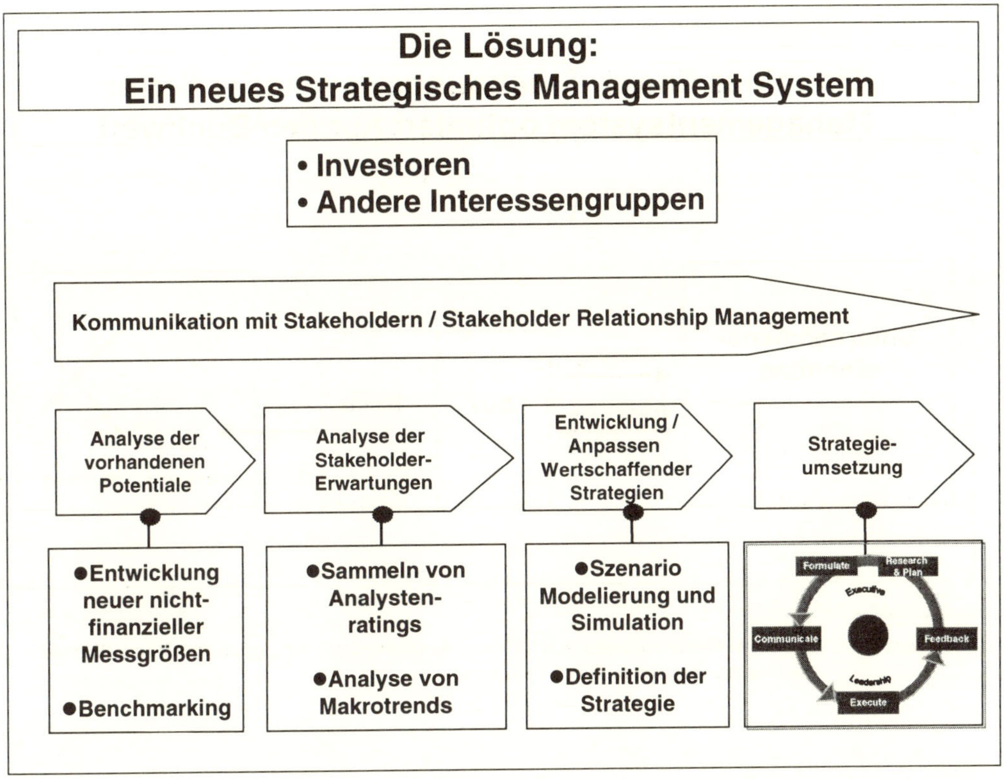

Abbildung 7: *Von der Istaufnahme über die Analyse der Stakeholder Erwartungen und der Strategiedefinition bis zur internen Strategieumsetzung stellt ein strategisches Managementsystem sicher, daß alle wertschaffenden Instrumente ineinandergreifen*

Wichtig für die Realisierung des Wertes der „intangibles“ eines Unternehmens ist also nicht nur eine professionelle Stakeholderkommunikation, sondern auch ein internes Managementsystem, das sicherstellt, daß das Unternehmen sich möglichst weitgehend mit seinen Stakeholdern intergriert, deren Erwartungen möglichst übertrifft und kommunizierte Ziele erreicht.

Beides muß ineinander greifen. Ohne Kommunikation können Investoren den wahren Wert des Unternehmens nicht „schätzen“ und das Unternehmen ist unterbewertet, ohne entsprechendes Managementsystem kann die Unternehmensleitung Fortschritte intern nicht messen und hat kein „Material“ um nach außen zu kommunizieren und kann intern nicht nach den für den Kapitalmarkt oder andere Stakeholder wichtige Kriterien steuern.

1.6 Das Beispiel Skandia

Als Beispiel für ein Unternehmen, das hier als Pionier aufgetreten ist, möchte ich die schwedische Firma Skandia nennen. Skandia ist als Finanzdienstleister ein Unternehmen, dessen „assets“ in hohem Maße von „intangibles“ bestimmt werden, die bei Skandia „Intellectual Capital“ genannt werden.

Skandia hat neben dem üblichen Geschäftsbericht für das Geschäftsjahr 1997 zusätzlich einen „Intellectual Capital Prototype Report“ herausgegeben, in dem zunächst das Konzept des Intellectual Capital und das entsprechende Managementsystem bei Skandia erläutert werden. Im zweiten Teil werden, wie in einem Geschäftsbericht, Zahlen dargestellt (SKANDIA (1998), Seite 20-21). Der Unterschied zum üblichen Geschäftsbericht ist, daß diese Zahlen nur zum Teil die Entwicklung der Finanzperformance darstellen. Den größten Teil nehmen Zahlen ein, die die Entwicklung beim Intellectual Capital belegen.

Wichtiger erster Schritt laut Skandia ist, daß das Management selbst versteht, was die Basis für das zukünftige Gewinn- bzw. Cash-Flow- Generierungspotential ist. In dem erwähnten Report wird also zunächst analysiert, aus welchen Bestandteilen sich das „Intellectual Capital“ bei Skandia zusammensetzt, das als Differenz des Marktwertes des Unternehmens zum „Financial Capital“ (Adjusted Shareholders Equity – Buchwert Eigenkapital) definiert ist.

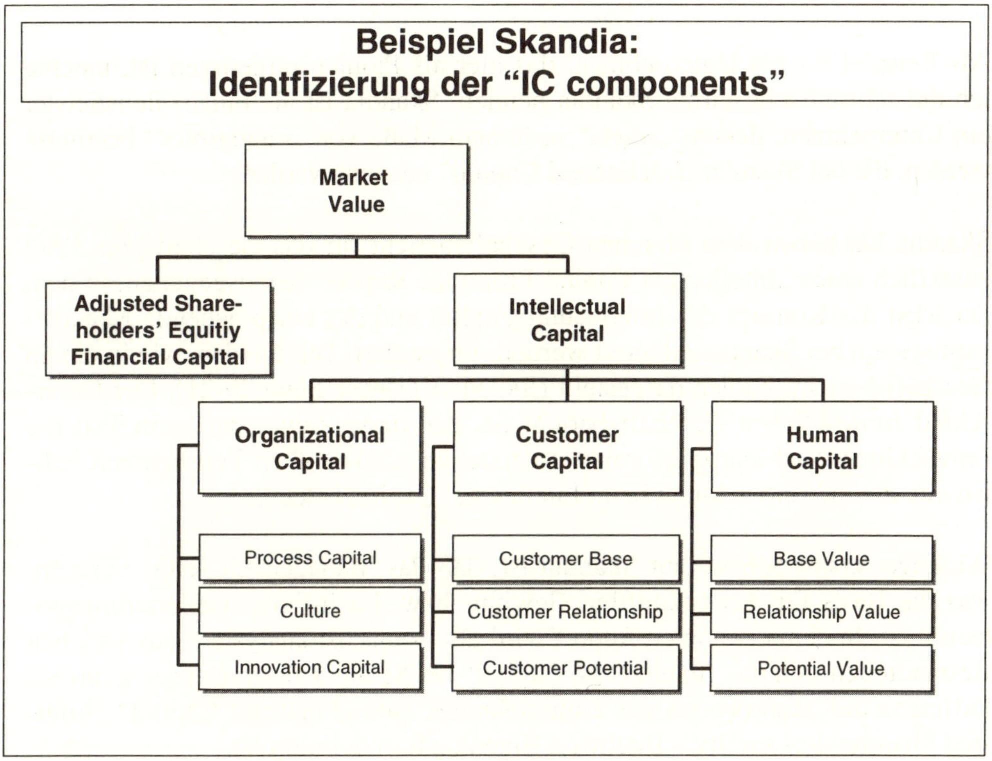

Abbildung 8: Analyse der Bestandteile der „intangibles" bzw. des Intellectual Capitals bei Skandia (SKANDIA (1998), Seite 4)

Wertzuwachs entsteht durch die Interaktion zwischen „human capital" und „structural capital". Dabei wird durch ständige Erneuerung, Innovation und Transformation individuelles Wissen (human capital) in dauerhaften Wert für die Organisation (structural capital) umgewandelt. Es wird als eine der wichtigsten Aufgaben des Managements angesehen, für ein Umfeld zu sorgen, daß diese Transformation von individueller Kompetenz in „organizational capital" sicherstellt und so Multiplikationseffekte in der Organisation ermöglicht.

Dazu hat Skandia ein Managementsystem („Skandia Navigator") entwickelt, das eine ausgewogene Sicht auf verschiedene Perspektiven des Geschäftssystems ermöglicht, denen jeweils die entsprechenden Bereiche des Intellectual Capital zugeordnet wurden (Financial Focus – Financial Capital, Customer Focus – Customer Capital, Process Focus – Organizational Capital, Human

Focus – Human Capital und Renewal and Development Focus als Rahmenprozess). Dieses Managementsystem basiert auf dem Konzept der Balanced Scorecard, bei dem man einen Ausgleich zwischen langfristigen und kurzfristigen Erfolgsfaktoren sucht, um die erfolgreiche Umsetzung der Strategie im gesamten Unternehmen sicherzustellen (siehe SAP AG UND NORTON (1999), SAP Strategic Enterprise Management – Translating Strategy into Action: The Balanced Scorecard).

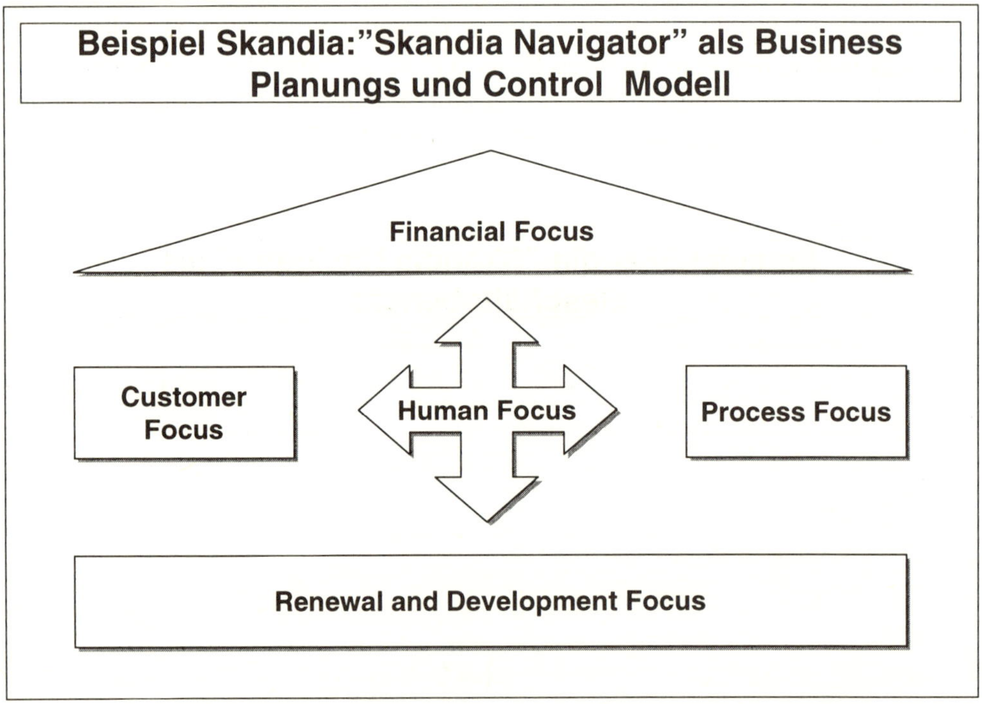

Abbildung 9: Das Skandia Managementsystem zur Planung und Überwachung der Fortschritte in den verschiedenen Intellectual Capital Bereichen (Skandia (1998), Seite 5)

Der „Skandia Navigator“ dient als Basis für die Planung und die Performanceüberwachung. Er dient auch dazu, die Unternehmensziele für die einzelnen Bereiche in konkrete Vorgaben und individuelle Ziele für alle Mitarbeiter herunterzubrechen. Man hat dafür für alle Bereiche und Ebenen entsprechende Meßgrößen entwickelt. Über ein PC-basiertes Tool ist man in der Lage, die aktuelle

Situation in allen Bereichen und Ebenen zu analysieren und Simulationen durchzuführen.

Aber nicht nur die Treibergrößen für Intellectual Capital werden gemessen. Auch das Intellectual Capital selbst wird in seiner Entwicklung auf unterschiedlichen Aggregationsebenen in der Zeitachse dargestellt. Mit diesem Werkzeug („IC-Index^{TM}") können auch Veränderungen beim Intellectual Capital mit Veränderungen des Marktwertes des Unternehmens verglichen werden, um die interne Steuerung und auch die Prognosegenauigkeit zu verbessern. Die wichtigsten Meßgrößen zum Intellectual Capital werden von Skandia veröffentlicht und stellen eine wichtige Basis für die Kommunikation mit den Investoren dar (s. Abbildung 10). Der Erfolg gibt Skandia recht. Seit Einführung des Konzeptes hat der Aktienkurs des Unternehmens überdurchschnittlich zugelegt.

Beispiel Skandia:"Skandia Navigator" als Geschäftsbericht

AMERICAN SKANDIA

American Skandia provides variable annuities and is the sixth-largest company in the US variable annuity market.

	1997	1996	1995	1994*
FINANCIAL FOCUS				
Return on capital employed (%)[1]	21.9	27.1	28.7	12.2
Operating result (MSEK)	1,027	579	355	115
Value added/employee (SEK 000s)	2,616	2,206	1,904	1,666
CUSTOMER FOCUS				
Number of contracts	189,104	133,641	87,836	59,089
Savings/contract (SEK 000s)	499	396	360	333
Surrender ratio (%)[2]	4.4	4.4	4.1	4.2
Points of sale	45,881	33,287	18,012	11,573
HUMAN FOCUS				
Number of employees, full-time	599	418	300	220
Number of managers	88	86	81	62
Of whom, women	50	27	28	13
Training expense/employee (SEK 000s)	2.7	15.4	2.5	9.8
PROCESS FOCUS				
Number of contracts/employee	316	320	293	268
Adm. exp./gross premiums written (%)	3.5	2.9	3.3	2.9
IT expense/admin. expense (%)	8.1	12.5	13.1	8.8
RENEWAL & DEVELOPMENT FOCUS				
Share of gross premiums written from new launches (%)	0.9	23.7	49.2	11.1
Increase in net premiums written (%)	31.9	113.7	29.9	17.8
Development expense/adm. exp. (%)	9.8	9.9	10.1	11.6
Share of staff under 40 years (%)	76	78	81	72

[1] Changed calculation methods for 1996 and 1997
[2] Surrenders during the year in relation to the average mathematical reserve, net.

SKANDIA REAL ESTATE

Skandia is one of Sweden's largest property owners, with about 300 holdings.

	1997	1996	1995	1994*
FINANCIAL FOCUS				
Direct yield (%)	5.96	5.93	6.16	6.60
Net operating income (MSEK)	1,130	1,215	1,258	1,399
Market value (MSEK)	19,206	20,092	20,702	21,504
Total yield (%)	7.73	-0.62	5.06	4.44
CUSTOMER FOCUS				
Customer satisfaction index (max. value = 100)	69	58	56	n.a.
Average lease (years)	n.a.	8.8	8.5	n.a.
Average rent (SEK/sq.m.)	951	960	970	1,040
Telephone accessibility (%)	60	71	60	n.a.
HUMAN FOCUS				
Human capital index (max. value = 1,000)	n.a.	615	617	n.a.
Employee turnover (%)	10.0	10.1	7.9	7.7
Average years of service with company	12.0	10.0	10.1	10.2
College graduates/ total number of office staff (%)	36	32	31	31
PROCESS FOCUS				
Occupancy rate measured by area (%)	93.7	91.8	89.7	89.3
Financial occupancy rate (%)	96.2	94.9	93.0	91.2
Net operating income per sq. m. (SEK)	553	569	590	657
Costs per sq. m., Sweden (SEK)	304	274	276	272
RENEWAL & DEVELOPMENT FOCUS				
Property turnover: purchases (%)	0.2	3.1	3.2	0.8
Property turnover: sales (%)	8.1	1.1	6.1	0.4
Change and development of existing holdings (MSEK)	235	311	333	313
Training expense/ administrative expense (%)	0.8	1.0	1.5	1.0

Abbildung 10: Meßgrößen über die Entwicklung des Intellectual Capital spielen eine entscheidende Rolle im entsprechenden Geschäftsbericht von Skandia (SKANDIA (1998), Seite 20-21)

1.7 Zusammenfassung: Worum geht es beim Thema Stakeholder Relationship Management?

Das Ziel des Stakeholder Relationship Management ist es also, über einen laufenden Dialog mit Stakeholdern eine Meinungsbildung auf Seiten der Stakeholder im Sinne des Managements zu fördern. Die Stakeholder sollen in der Lage sein, den wahren Wert des Unternehmens für sie wahrzunehmen, um diesen über eine entsprechende „Wertschätzung" (z.B. über den Aktienkurs) auch zu realisieren.

Dazu müssen

- die Stakeholder bekannt und individuell ansprechbar sein
- die Erwartungen und „key issues" der Stakeholder identifiziert werden, um die Unternehmensstrategie darauf abzustellen und
- die Umsetzung dieser Strategie überwacht und gesteuert und die Stakeholder über die Fortschritte laufend informiert werden

Dies erfordert ein strategisches Managementsystem, das die Stakeholder aktiv in diesen Managementprozess einbindet und gleichzeitig die interne Umsetzung und laufende Optimierung der Strategie möglich macht.

2. Weshalb ist heute für ein professioinelles Stakeholder Relationship Management IT-Support erforderlich?

Im wesentlichen sind es zwei Gründe, weshalb jedes professionelle Stakeholder oder Investor Relationship Management in Zukunft nicht an IT-Unterstützung vorbeikommen wird:

- Da Stakeholder oder Investor Relations kein einmaliger Vorgang mehr pro Geschäftsjahr ist, sondern eine laufende Aufgabe, muß dies aus den bereits genannten Gründen mit dem strategischen Managementprozess integriert werden, um eine optimale Koppelung zwischen externer Kommunikation und internem Tun zu erreichen.
- Durch die wachsenden Ansprüche der Stakeholder an die Qualität und Zielgruppenoriertierung der Kommunikation einerseits und die wachsen-

de Zahl der Stakeholder andererseits wird Stakeholder Relationship Management zu einem Massengeschäft, das zunehmend auf IT-gestützte Prozessoptimierung angewiesen sein wird.

2.1 Integration des internen Managementprozesses und der externen Kommunkation

Eine wichtige Voraussetzung für diese Integration ist, wie bereits am Beispiel Skandia dargestellt, daß die gleichen Daten sowohl für die interne Steuerung als auch für die externe Kommunkation verwendet werden können. Die aggregierten Daten des Gesamtergebnisses, der Entwicklung in den verschiedenen Bereichen der „intangibles", die nach außen berichtet werden, müssen sich einfach vom Management nach internen Gesichtspunkten deaggregieren lassen, um feststellen zu können, welche Bereiche wieviel zur Gesamtperformance beigetragen haben. Gleichzeitig muß auf der Prozessebene eine enge Integration zwischen der strategischen Planung, der operativen Planung, der Performanceüberwachung und der externen Kommunikatoin möglich sein. Dazu werden eine einheitliche Datenbasis und Anwendungen benötigt, die eine enge Verzahnung der Prozessschritte ermöglichen.

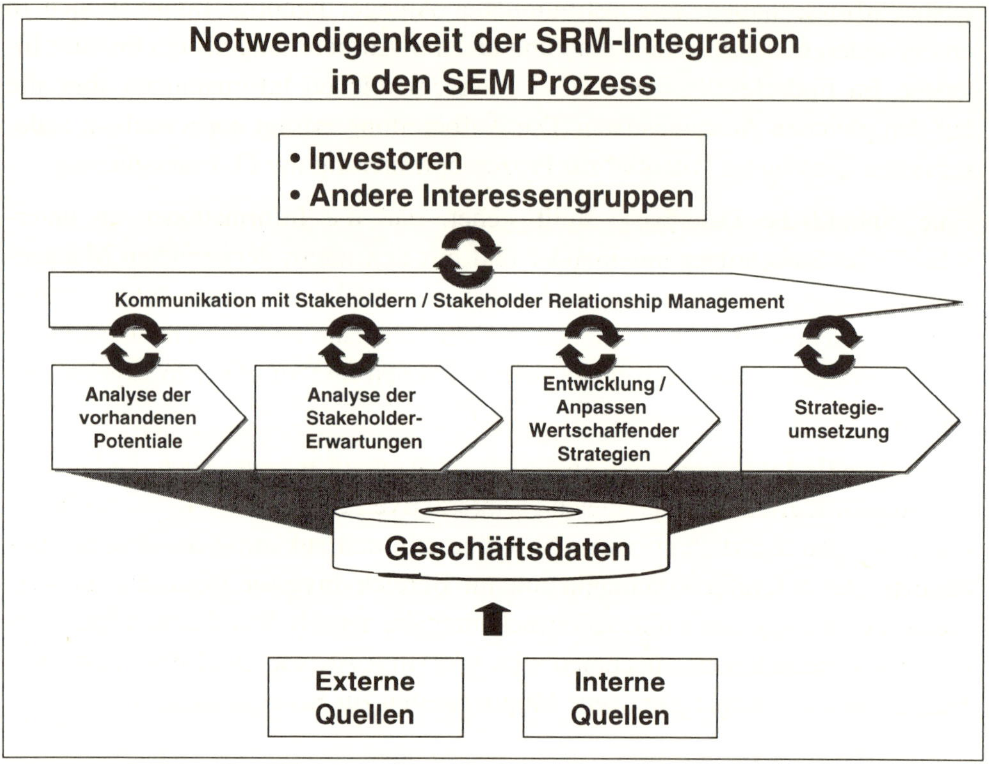

Abbildung 11: Zur effizienten Integration des SRM in den strategischen Managementprozess sind eine einheitliche Datenbasis und integrierte Anwendungen für strategische und operative Plannung, Performanceüberwachung und Stakeholder Relations erforderlich

2.2 Stakeholder Relations ist als „Massengeschäft" zunehmend auf IT-gestützte Prozessoptimierung angewiesen

Die Kommunikation mit einer wachsenden Zahl von zu informierenden Stakeholdern (z.B. private Investoren, institutionelle Investoren, Analysten, Interessengruppen, Geschäftspartner und Mitarbeiter), mit denen immer häufiger kommuniziert werden muß, wird zunehmend ein Massengeschäft.

Hinzu kommt, daß die verschiedenen Stakeholder unterschiedliche Informationsbedürfnisse haben. Ein institutioneller Anleger benötigt Informationen in einem anderen Detaillierungsgrad und anderer Aufbereitung als ein privater Investor. Im Endeffekt basieren diese unterschiedlichen Informationen aber alle auf den gleichen Ausgangsdaten. Die Aufbereitung erfolgt nur jeweils in anderer Form. Dies bietet Potential zur Prozessoptimierung mit IT-Unterstützung.

Eine einheitliche Datenbasis stellt sicher, daß die Informationen an unterschiedliche Stakeholder miteinander und mit den intern verwendeten Managementinformationen konsistent sind. Über entsprechende Anwendungsfunktionen kann sichergestellt werden, daß Berichtsschemata und Berechnungslogiken für Kennzahlen wiederverwendet werden können und zu gleichen Ergebnissen führen.

Institutionelle Investoren und Analysten schätzen zwar heute noch die Qualität der Standardberichte im Vergleich zu interaktiven Stakeholder Relations höher ein. Aber grundsätzlich stimmen diese überein, daß zukünftig die absolute Bedeutung der Interaktivkommunkation im Bereich Investor Relations im Vergleich zur einseitigen Informationsbekanntgabe mittels Standardberichten seitens des Unternehmens zunehmen wird (ARTHUR ANDERSEN (1999), Seite 34). Hier bietet das Internet ganz neue Möglichkeiten zur Kommunikation:

- Das Unternehmen ist in der Lage, dem Stakeholder Informationen on-demand 24-Stunden am Tag mit top-aktuellen Daten zur Verfügung zu stellen
- Zusätzlich zu einfachen Reports sind Online-Simulationen möglich: der Analyst kann sich die gleichen Zahlen nach unterschiedlichen Bewertungsverfahren (LIFO, FIFO, Buchwert, Marktbewertung etc.), Kennzahlsystemen (ROI, CFROI, EVA etc.) oder Rechnungslegungsgrundsätzen (z.B. US-GAAP, HGB oder andere lokale GAAP) darstellen lassen, um ein besseres Verständnis der aktuellen Situation zu erhalten. Ebenfalls technisch einfach möglich ist der online Zugriff auf einfache Prognosemodelle, um z.B. den Einfluß einer Wechselkursänderung oder einer Veränderung des Marktanteils oder der Kundenbasis auf das Gesamtergebniss zu analysieren. Zwar gibt es noch das Problem - speziell im amerikanischen Kapitalmarkt -, daß man aufgrund veröffentlichter falscher Prognosewerte als Unternehmen verklagt werden kann. Aber der

Trend, daß Unternehmen in Zukunft zumindest die Basiswerte für Prognosen, die dann möglicherweise von den Analysten selbst vorgenommen werden, zur Verfügung stellen, wird immer deutlicher. Es gibt auch bereits Unternehmen, die unter entsprechenden Vorbehalten, komplette Prognosemodelle für Analysten veröffentlichen.

- Das Unternehmen ist in der Lage, Online-Fragebögen über das Internet bzw. entsprechende Links über E-Mails an Analysten und wichtige Meinungsführer zu versenden, um organisiertes Feedback z.B. über eine neue Strategie und entsprechende Prognosen der Investoren einzuholen, die Ergebnisse in der Unternehmensdatenbank zu speichern und für die eigene strategische Planung und das Managementreporting (das ja jeweils auf der gleichen Datenbank basiert) direkt zu verwenden. Man könnte sich in der Zukunft sogar vorstellen, daß man dies zu einem regelrechten elektronischen Marktplatz ausbauen könnte, um interaktiv in einer Analysten- und Investoren-Community z.B. eine gemeinsame Meinung zum Wert bestimmter „intangible assets" herbeizuführen, die dann mit diesem Wert in die Bilanz des Unternehmens eingehen würden, um doch noch wieder eine direktere Korrelation zwischen Bilanz und Marktbewertung herbeizuführen.

3. Die SEM-SRM Lösung der SAP AG

3.1 Überblick

SEM-SRM ist eine Komponente des SAP Strategic Enterprise Management – ein neues Produkt der SAP AG, das unabhängig von SAP R/3 implementiert und betrieben werden und auch mit anderen ERP-Systemen zusammenarbeiten kann.

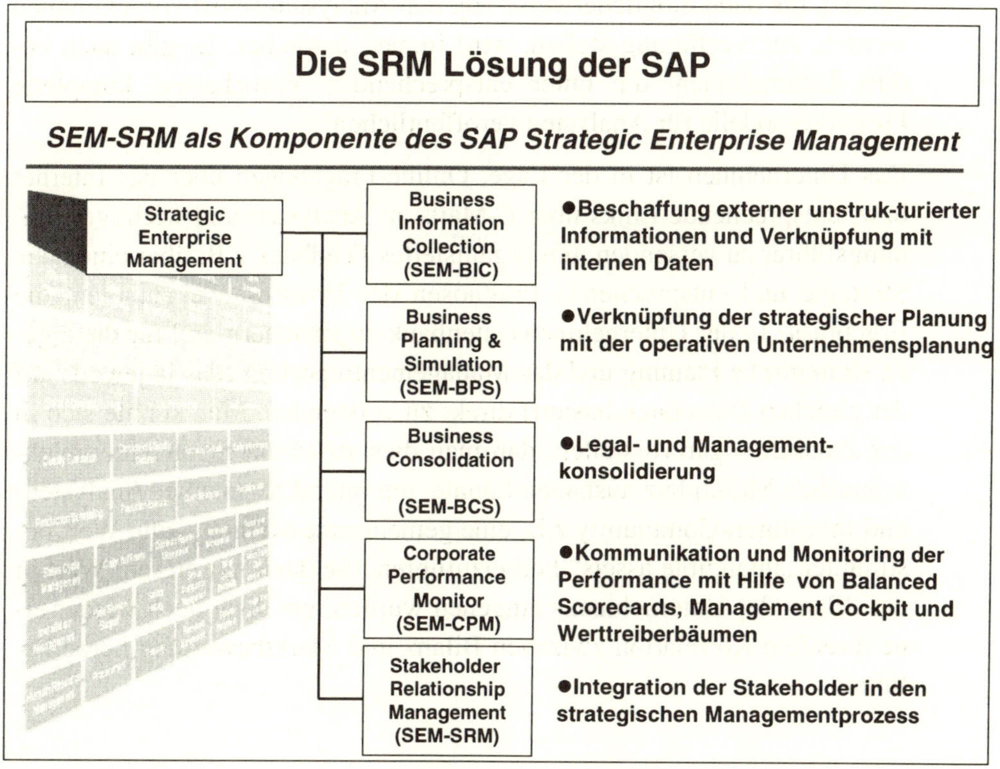

Abbildung 12: SAP Strategic Enterprise Management

SAP SEM® unterstützt in integrierter Weise den kompletten strategischen Managementprozess von der Sammlung externer Informationen zu den Stakeholdererwartungen, über die strategischen Planung, die operative Unternehmensplanung bzw. rollierende Planung, die Finanzkonsolidierung, die Beschaffung von Werttreiberinformationen und die Performanceüberwachung bis zum Stakeholder Relationship Management.

SAP SEM® besteht aus fünf funktionalen Komponenten:

- SEM-BIC Business Information Collection dient speziell auch zur Beschaffung unstrukturierter Managementinformationen über das Internet, die dann automatisiert oder halbautomatisiert in die interne Struktur der

Planungs- und Reportingsysteme überführt und mit den strukturierten Informationen, den „Zahlen“, integriert werden können

- SEM-BPS Business Planning & Simulation unterstützt die strategische Planung, Szenario Planung und modellbasierten Simulation und beschleunigt den Unternehmensplanungsprozess und eine rollierende Vorschaurechnung
- SEM-BCS Business Consolidation automatisiert und beschleunigt die Finanzkonsolidierung für das externe und interne Managementberichtswesen
- SEM-CPM Corporate Performance Monitor dient der Bereitstellung moderner Analyse- und Interpretationsmodelle basierend auch auf nichtfinanziellen Performanceindikatoren (Balanced Scorecards, Management Cockpit, Werttreiberbäumen etc.)
- SEM-SRM Stakeholder Relationship Management unterstützt eine effiziente bidirektionale Stakeholder Kommunikation über das Internet aber auch über klassische Medien, wie z.B. Mailings

3.2 Architektur

Bei SAP SEM® handelt es sich um eine sogenannte analytische Anwendung, die, im Gegensatz zu klassischen ERP-Anwendungen, nicht an fest vorgegebene Datenstrukturen gebunden ist. SAP SEM® eröffnet so die Möglichkeit, je nach Branche, Unternehmen bzw. aktueller strategischer Situation und Anforderung kundenindividuelle Datenmodelle einfach und schnell zu erstellen und die SAP SEM®- Anwendungen in integrierter Weise darauf ablaufen zu lassen.

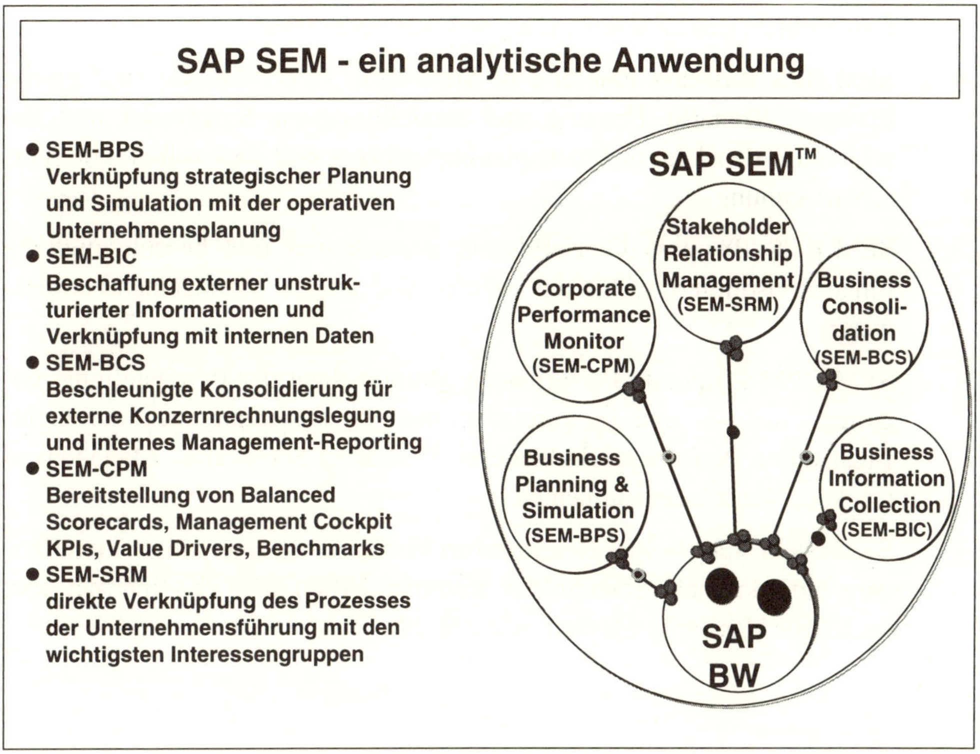

Abbildung 13: SAP SEM® basiert auf dem SAP Business Information Warehouse, der Data Warehouse und OLAP-Server Lösung der SAP. Alle Komponenten operieren somit auf den gleichen Daten und sind auch direkt miteinander mittels einer Komponentenarchitektur integriert

3.3 Funktionen

Die Komponente SEM-SRM besteht aus drei funktionalen Teilkomponenten:

- Der Stakeholder Report Builder stellt Werkzeuge des SEM-CPM und SEM-BPS bereit, um basierend auf der SEM-Datenbank (BW Infocubes) Stakeholder Reports, Scorecards oder auch Management Cockpit Settings z.B. für Analystenmeetings im Management Cockpit Raum, zu erstellen und entweder über ein Stakeholder Internet Portal oder auch ausgedruckt zu publizieren

- Der Stakeholder Communication Processor erlaubt die individuelle Zuordnung von Reports etc. zu Stakeholdern, um z.B. sicherzustellen, daß ein Stakeholder über das Internet nur auf den für ihn bestimmten Report oder auf das für ihn bestimmte Simulationsmodell Zugriff hat. Darüber hinaus können elektronische Fragebögen publiziert, Mailings versendet und über E-Mail eingehende Anfragen per Workflow verarbeitet werden. Der Stakeholder Communication Processor umfaßt auch eine sogenannte Kontaktdatenbank, in der alle Kontakte mit Stakeholdern und entsprechende Zusatzinformationen festgehalten und für weitere Aktionen verwendet werden können

- Der Stakeholder Profile Builder stellt das datentechnische Zentrum des SEM-SRM dar: hier werden alle Stakeholder in einer Datenbank abgelegt, klassifiziert, ihr Informationsbedarfsprofil definiert und Zusatzinformationen wie z.B. Ansprechpartner festgehalten

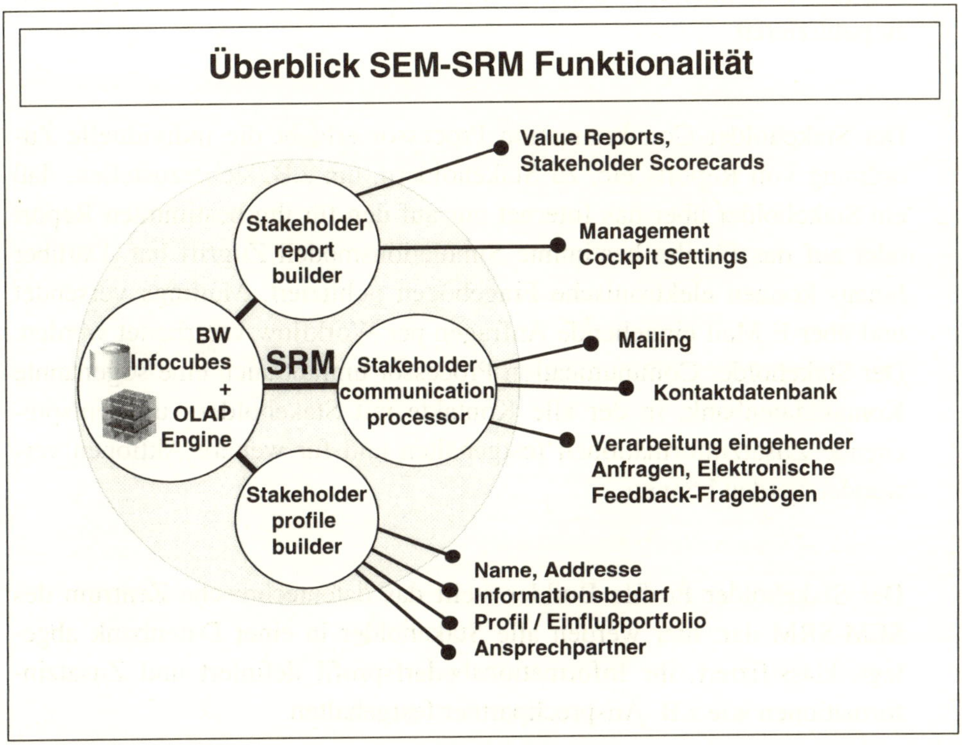

Abbildung 14: Funktionale Teilkomponenten des SEM-SRM

4. Beispiel eines mit SAP SEM unterstützten SRM Prozesses

Das Beispielunternehmen „ComTelStar“, ein international tätiger Hersteller von Telekommunikationsgeräten, ist ein fiktives Unternehmen.

ComTelStar ist in drei operative Geschäftsbereiche gegliedert: Landlines, Consumer Mobiles (Mobiltelefone), Business Solutions.

ComTelStar hat in den letzten 6 Monaten an der Börse überdurchschnittlich performt.

Dieser nachhaltige Erfolg am Kapitalmarkt stellt das Management vor eine Herausforderung ....

Ist das Management in der Lage, den gestiegenen Erwartungen der Anleger und Analysten gerecht zu werden ?

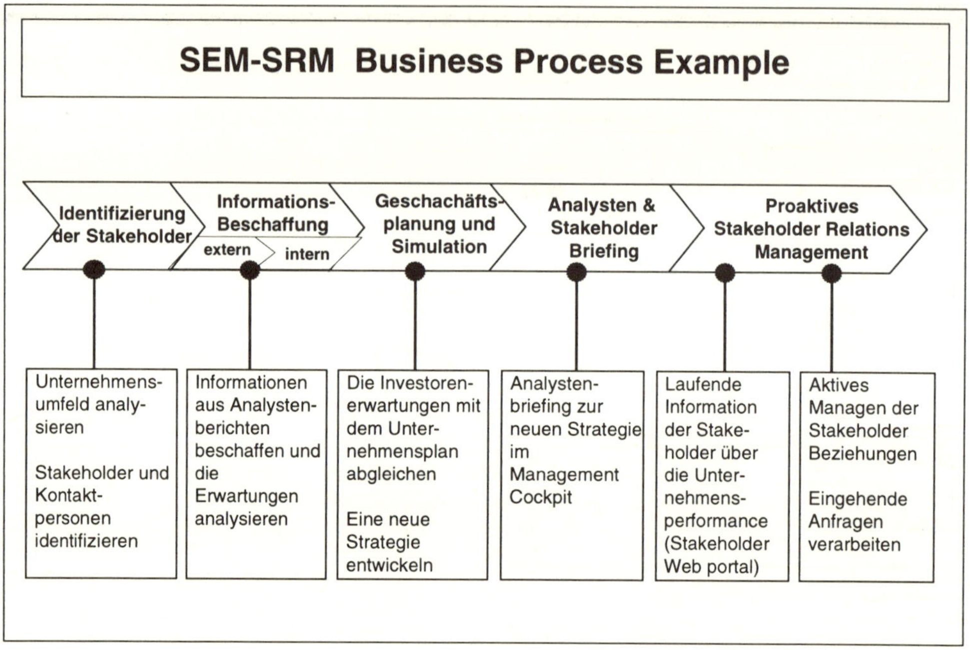

Abbildung 15: Mit SAP SEM unterstützter SRM-Prozess bei ComTelStar

4.1 Stakeholder Research bei ComTelStar

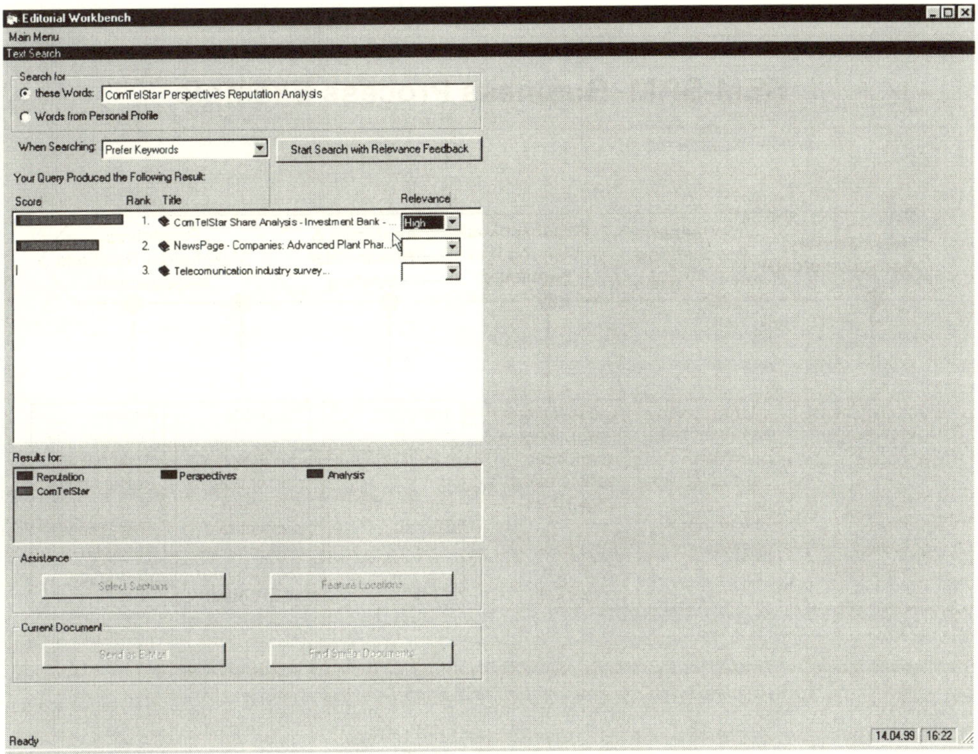

Abbildung 16: *Investor Relations beobachtet mittels SEM-BIC laufend das Unternehmens-umfeld und prüft, von wem, wie oft und in welchem Zusammenhang das eigene Unternehmen erwähnt wird. Dadurch lassen sich die Meinungsführer im Markt frühzeitig identifizieren.*

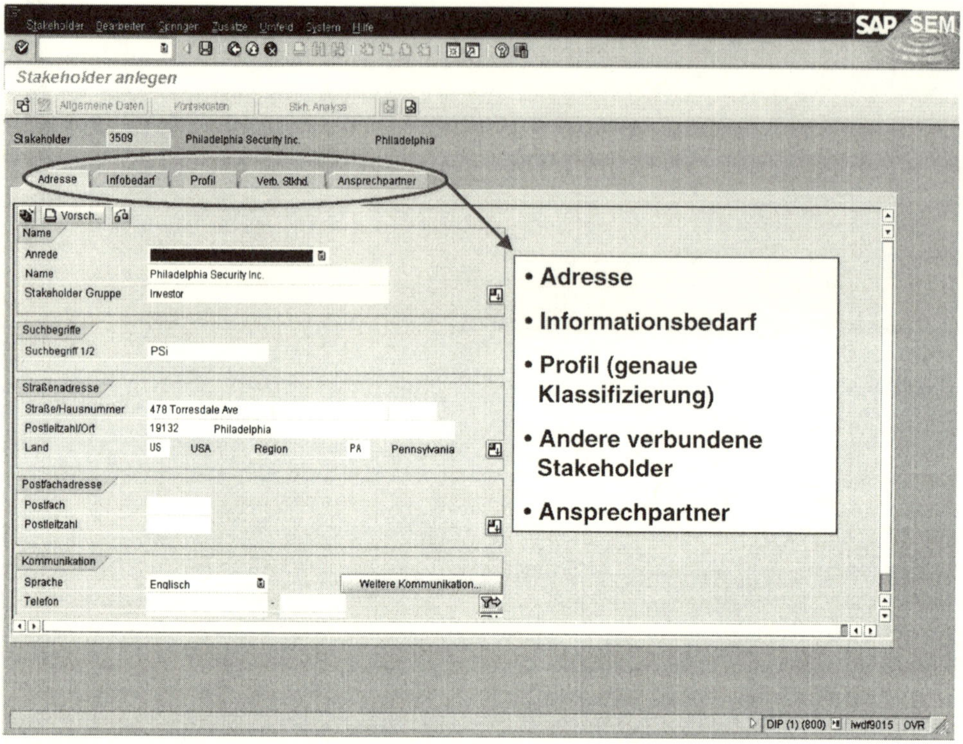

Abbildung 17: *Die identifizierten Meinungsführer werden als Stakeholder mittels des Stakeholder Profile Builder definiert und in der Datenbank angelegt.*

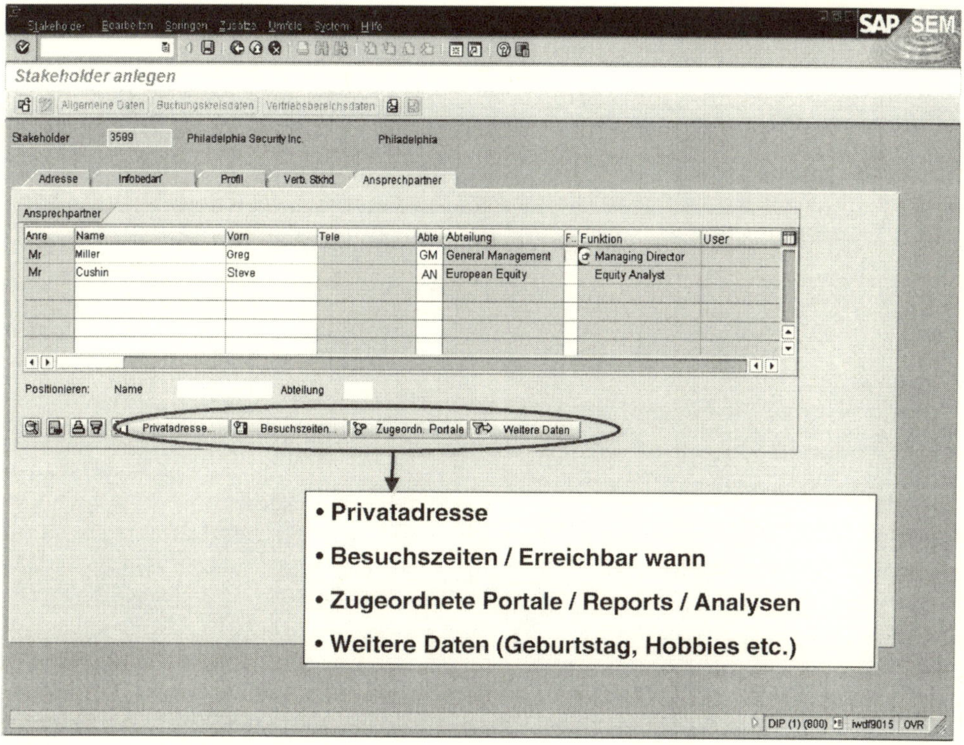

Abbildung 18: Die zugehörigen Ansprechpartner werden definiert, charakterisiert und notwendige Zusatzinformationen eingegeben.

4.2 Beschaffung von Informationen über die Analysten-Erwartungen

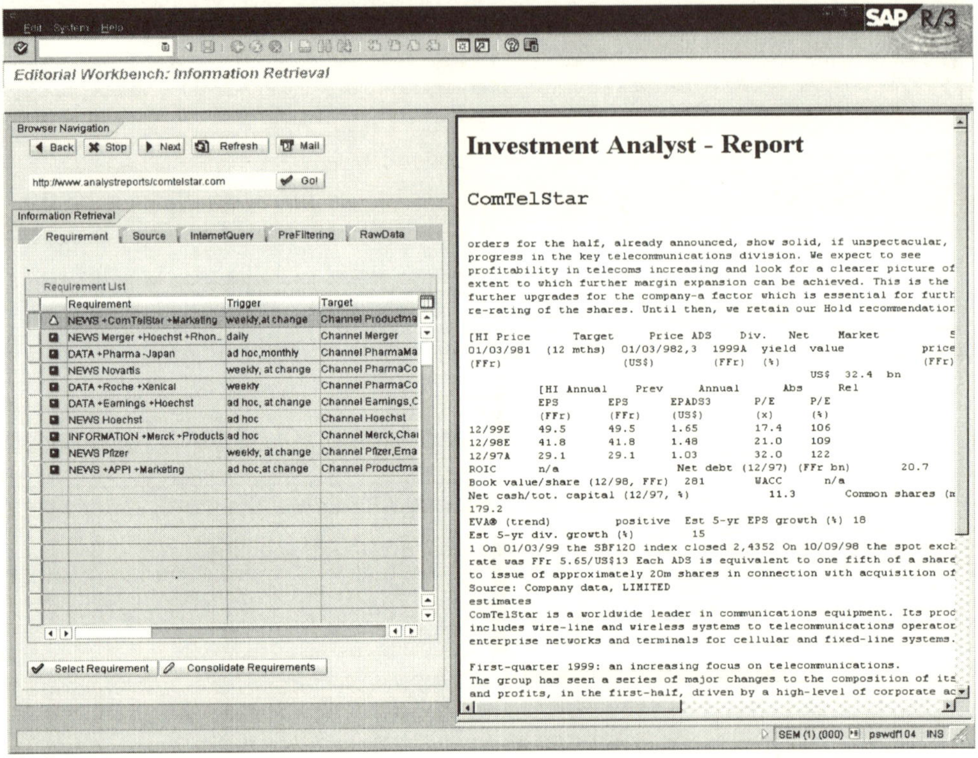

Abbildung 19: Automatisierte Beschaffung von Analystenratings über das Internet mittels SEM-BIC.

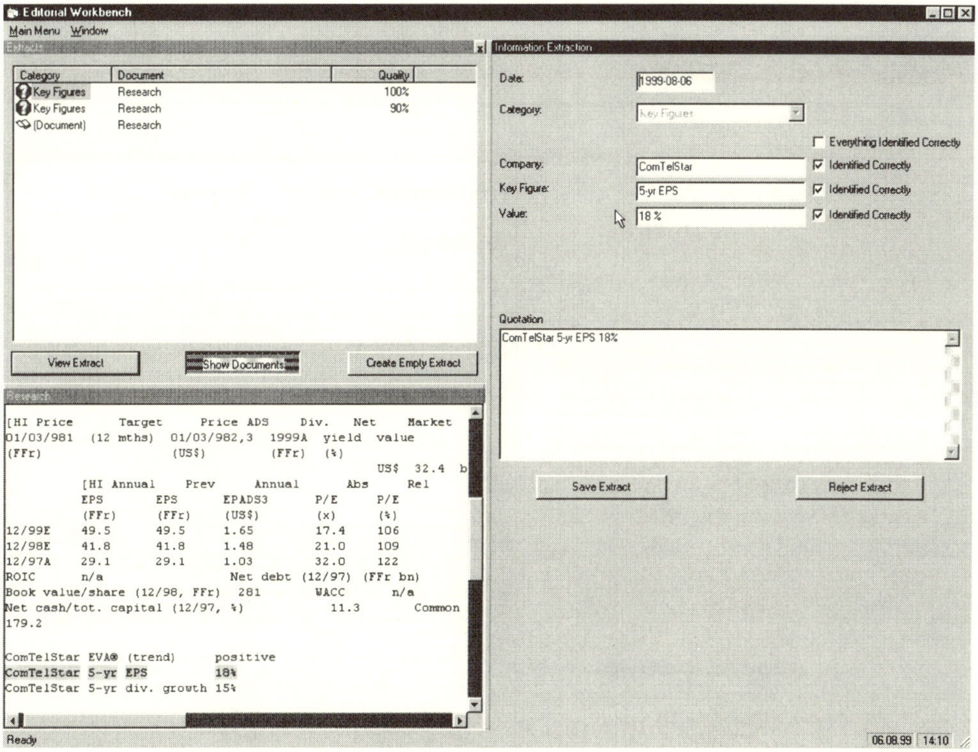

Abbildung 20: *Automatisches Erkennen der dem Analystenrating zugrunde liegenden quantitativen Erwartungen (EPS) im Text und Extraktion.*

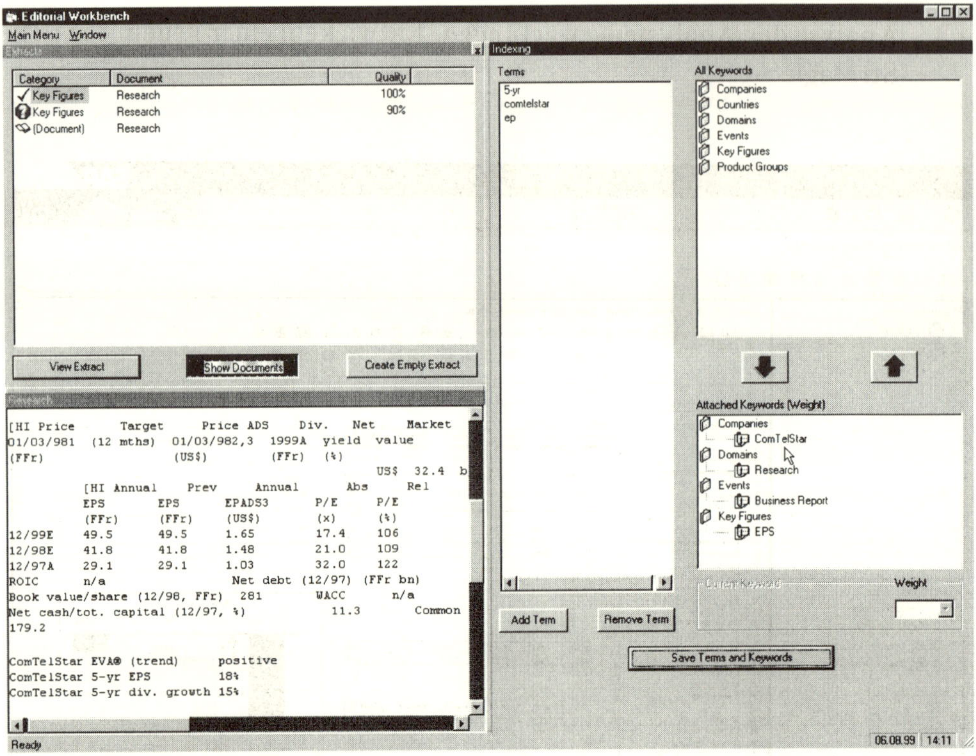

Abbildung 21: *Ablage des Orginaldokuments im Archiv und elektronische Zuordnung zu den Informationsobjekten der Datenbank für spätere Auswertungen und für die automatische Verknüpfung mit den „Zahlen" in der Datenbank.*

4.3 Analyse der Analystenerwartungen, Entwickeln einer neuen Strategie

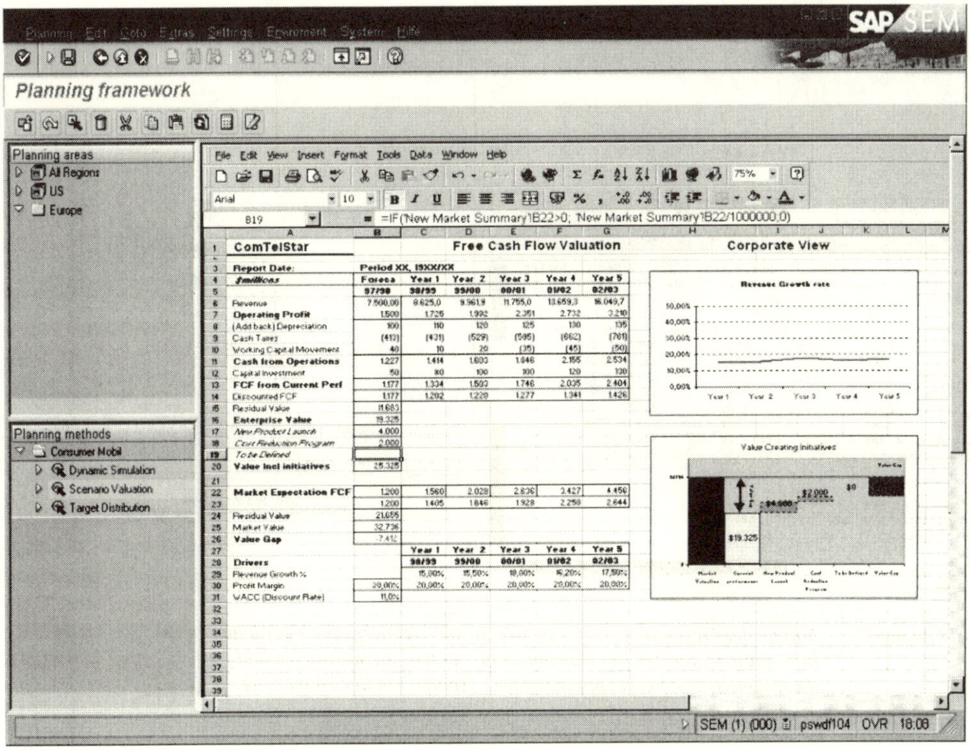

Abbildung 22: Abgleich der Analystenerwartung mit dem Unternehmensplan mittels SEM-BPS (mittels DCF-Bewertung).

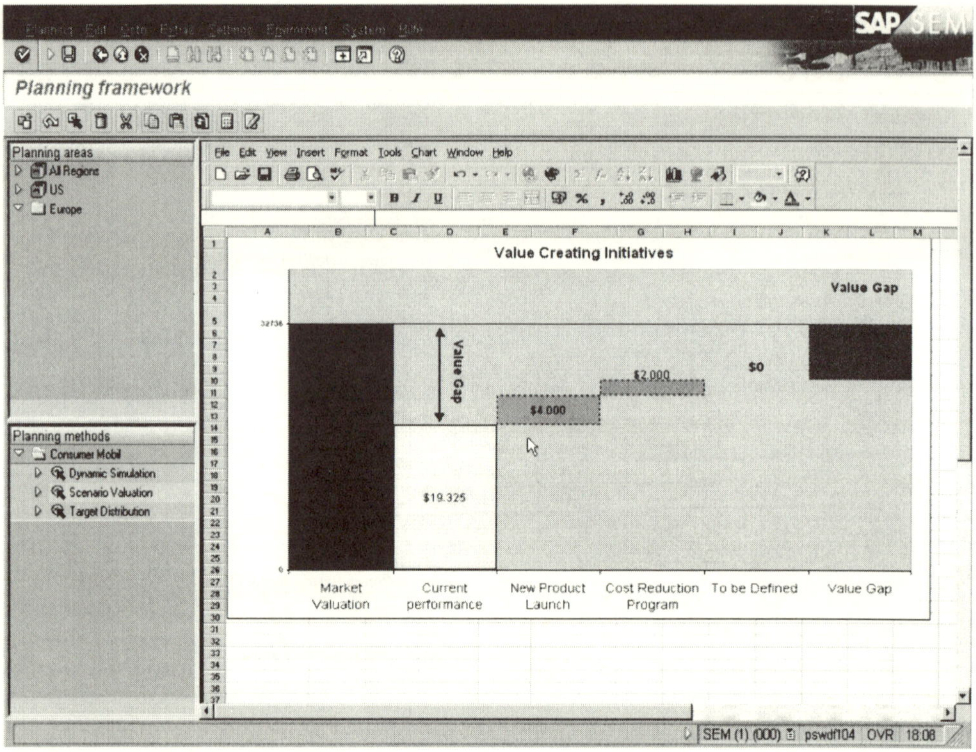

Abbildung 23: *Die Wertlücke wird transparent: Die Erwartungen der Analysten sind weit höher, als der eigene aktuelle Unternehmensplan hergibt.*

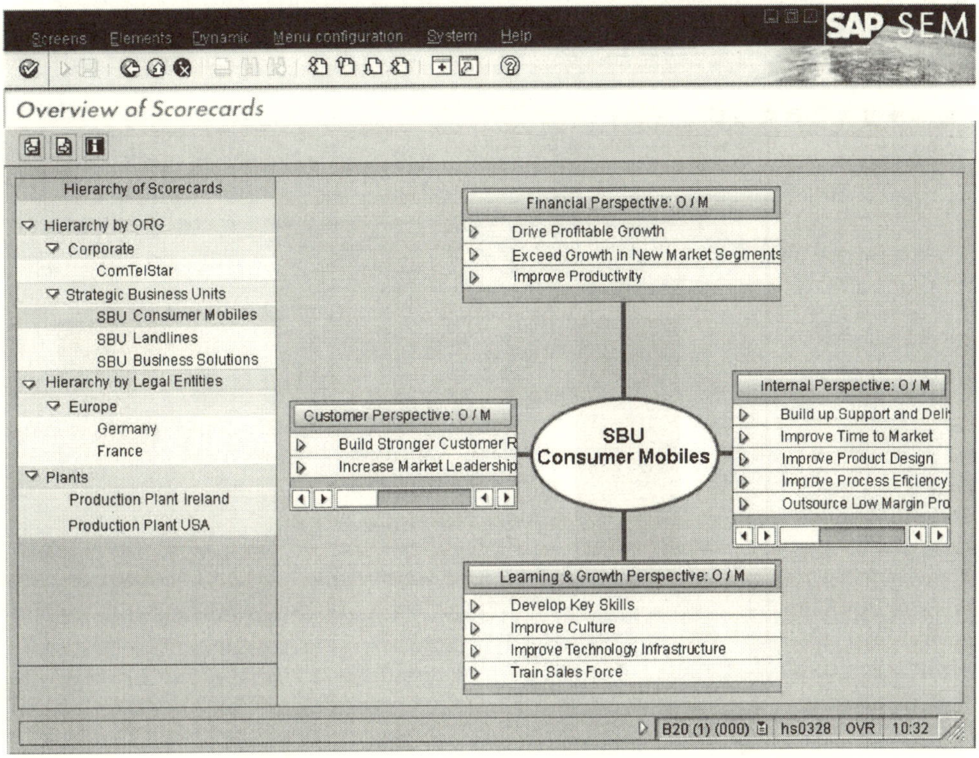

Abbildung 24: *Das Managementteam trifft sich, um eine neue wertsteigernde Strategie für die wichtigste SBU zu entwickeln und identifiziert die Erfolgsfaktoren für deren Umsetzung (SEM-CPM).*

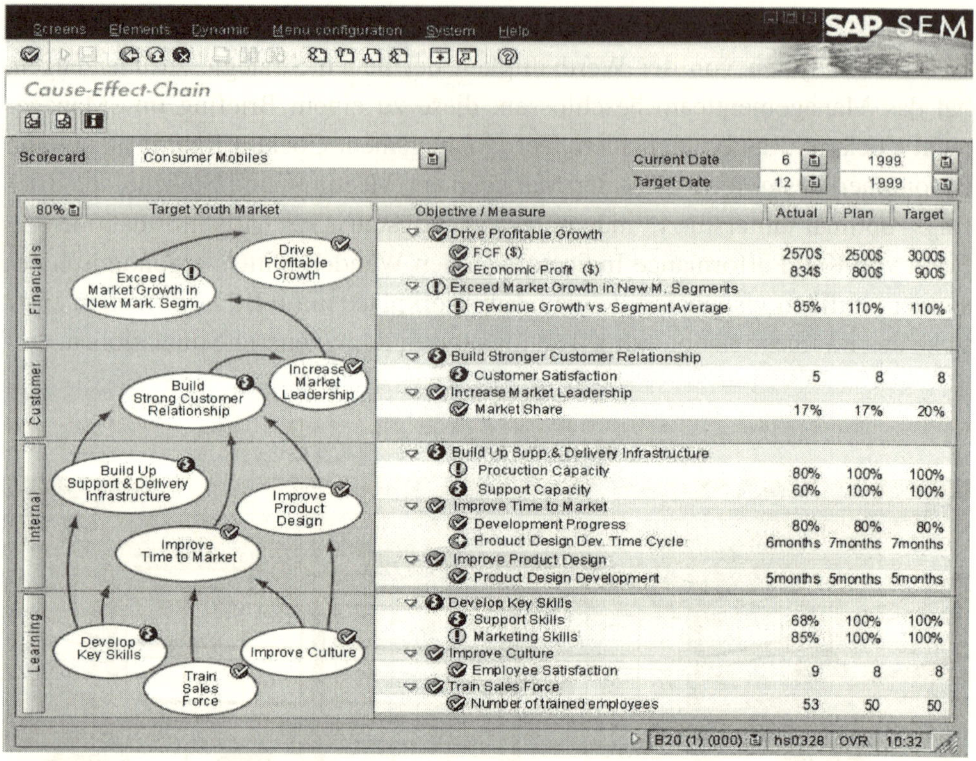

Abbildung 25: *Für jeden Erfolgsfaktor werden entsprechende Ziele und Meßgrößen definiert. Mittels einer „Strategie Map" werden die Abhängigkeiten der einzelnen strategischen Ziele voneinander modelliert.*

4.4 Analystenbriefing zur neuen Strategie im „Management Cockpit“

Um die Analysten von der Werthaltigkeit der neuen Strategie zu überzeugen, hat das Managementteam beschlossen, diese zu einem Briefing im „Management Cockpit“ Raum einzuladen. Der „Management Cockpit Raum“ ist ein von Ergonomen designter Raum, der Management Meetings und Stakeholder Briefings optimal unterstützt, indem die wichtigsten Geschäftsinformationen in Form von Key Performance Indicators an den Wänden mittels ergonomisch designter Grafiken visualisiert werden. Ein Workplace mit 6 Bildschirmen in einer Ecke des Raumes erlaubt online Detailanalysen und Szenario-Simulationen.

Abbildung 26: Analysten-Briefing im „Management Cockpit Raum“: das Managementteam überzeugt die Analysten von der Werthaltigkeit der neuen Strategie.

4.5 Laufende Information der Stakeholder über ein Stakeholder Portal

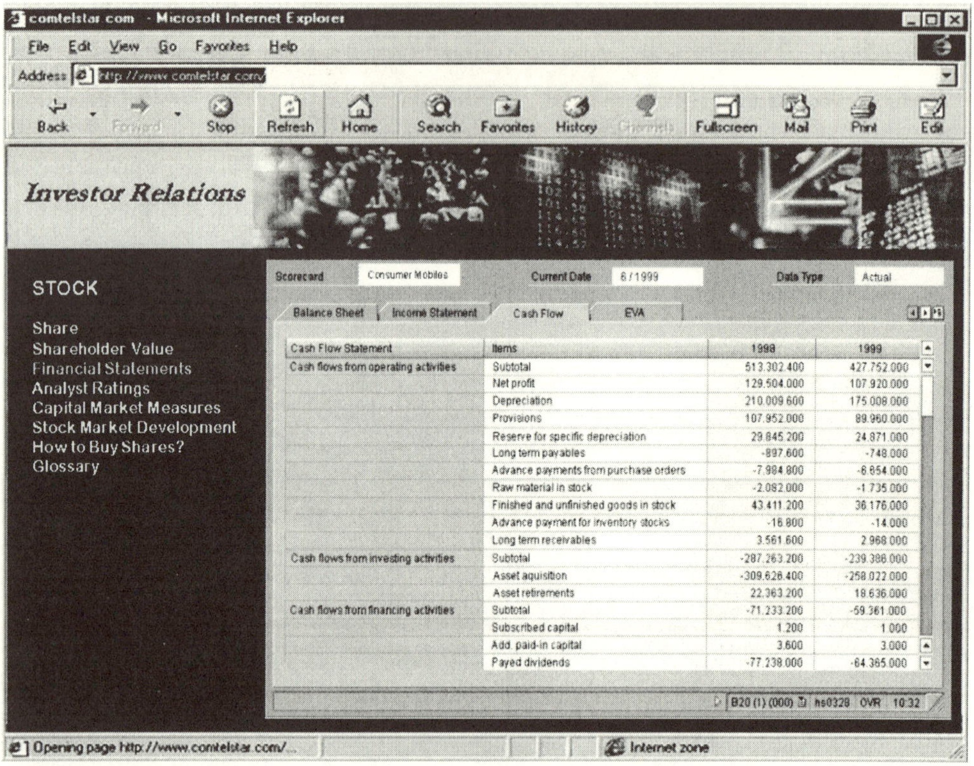

Abbildung 27: Online Information im Stakeholder Portal zur Finanzperformance.

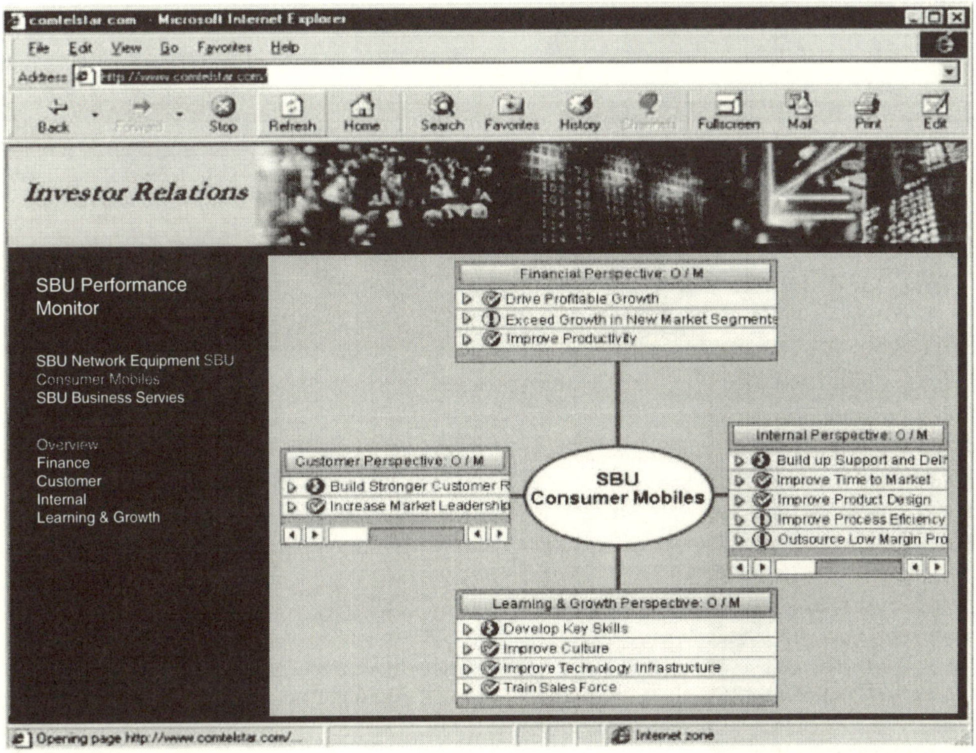

Abbildung 28: *Online Informationen im Stakeholder Portal über Fortschritte im Bereich „Intangibles" und bei der Strategieumsetzung.*

4.6 Aktives Managen der Stakeholder Beziehungen, effizientes Bearbeiten eingehender Stakeholder Anfragen

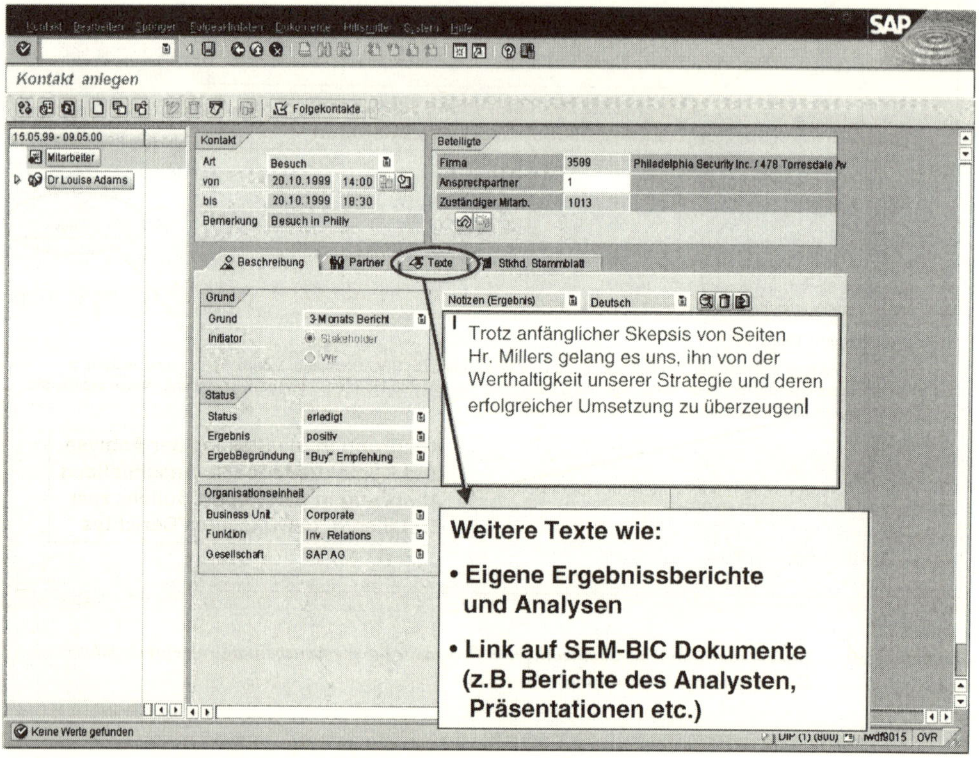

Abbildung 29: *Pflege der Kontaktdatenbank als Basis für ein Proaktives StakeholderRelationship Management.*

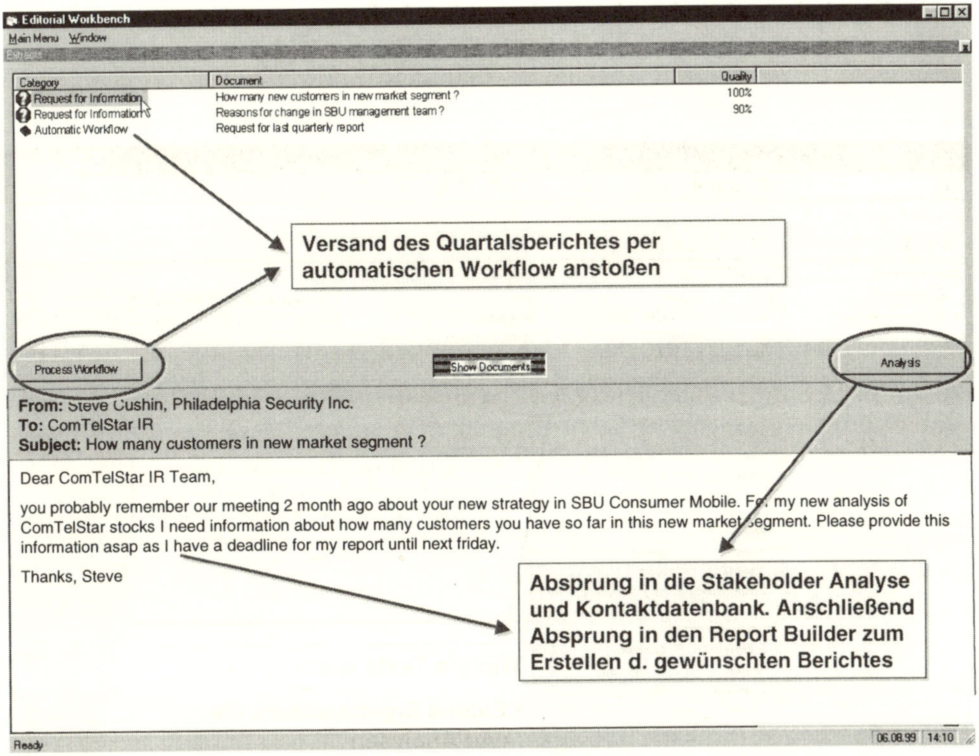

Abbildung 30: Stakeholder Inbox im Communication Processor für die Bearbeitung von eingehenden E-Mails mittels automatischem Workflow.

Die Umsetzung der neuen Strategie gelang bei ComTelStar. Dank der profesionellen Investor Relations Arbeit haben sich diese Anstrengungen nach 12 Monaten auch in einem gestiegenen Aktienkurs bemerkbar gemacht.

5. Zusammenfassung der Ergebnisse

Stakeholder spielen eine zunehmend wichtigere Rolle in der „New Economy". Der größte Teil des Wertes vieler Unternehmen ist schon heute von der „Wertschätzung" der Stakeholder abhängig. Denn der Wert der „Intangibles" oder des „Intellectual Capitals" manifestiert sich erst über einen interaktiven Meinungsbildungsprozess zwischen der Unternehmensleitung und den wichtigsten Meinungsführern in den Stakeholdermärkten. Ein professionelles und qualitativ hochwertiges Stakeholder Relationship Management ist deshalb einmal ein wichtiger Werthebel für das Management und gleichzeitig ein „Anlagekriterium" für potentielle Stakeholder geworden, ganz gleich ob dies Investoren, Mitarbeiter, Geschäftspartner, Kunden oder andere Interessengruppen sind.

Die SEM-SRM Lösung der SAP integriert den SRM Prozess direkt mit dem strategischen Managementprozess und verbindet so das, was extern kommuniziert wird, mit dem, was intern getan wird. Darüber hinaus werden die SRM Prozesse selbst verbessert und teilweise automatisiert. Mittels eines Stakeholder Self Service Web Portal läßt sich zusätzlich das Serviceangebot für die Stakeholder signifikant verbessern.

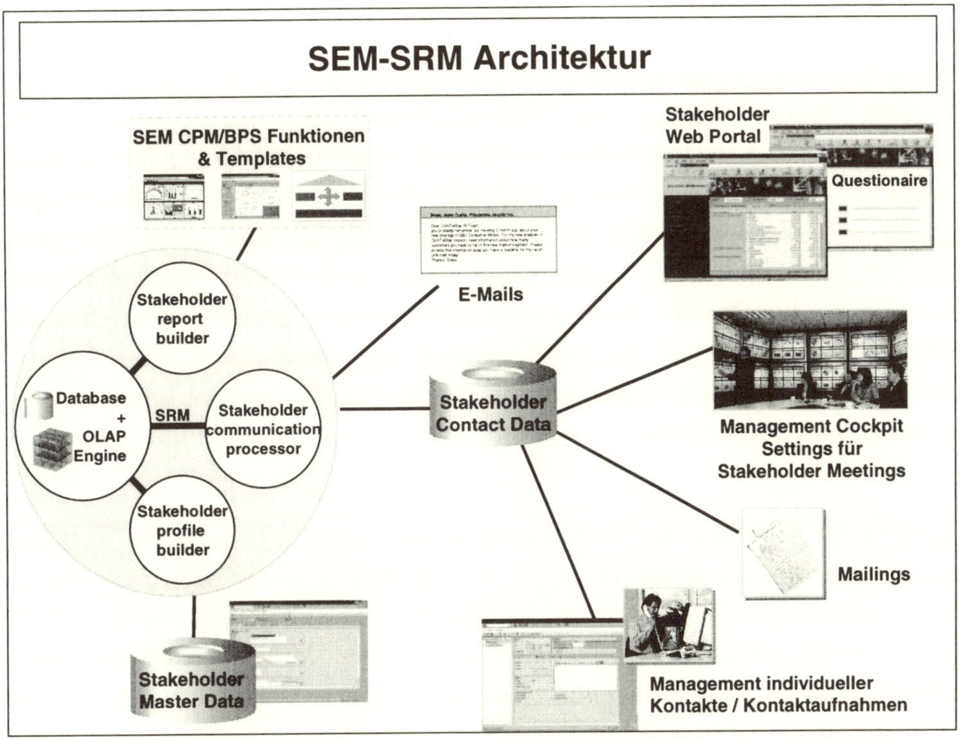

Abbildung 31: Die SEM-SRM Lösung der SAP AG im Überlick

Literaturverzeichnis

ARTHUR ANDERSEN, STOXX 50 Shareholder Value und Investor Relations im Wettbewerb um institutionelles Kapital (Studie), Eschborn, 1999.

DAUM, JÜRGEN H., Challenges in implementing Value Based Management - Panel Discussion at the SAP Strategic Enterprise Management Conference September 29-30, 1998 in Strasbourg, In: SAPNet (http://sapnet.com/sem, media center/literature), Walldorf, 1999.

PETERS, GLEN, Waltzing with the raptors: a practical roadmap to protecting your company's reputation, New York, 1999.

SAP AG, SAP Strategic Enterprise Management – Enabling Value Based Management (White Paper), Walldorf, 1998.

SAP AG UND NORTON, DAVID, SAP Strategic Enterprise Management – Translating strategy into action: the balanced scorecard (White Paper), Walldorf, 1999.

SAP AG, SAP Strategic Enterprise Management – Die Funktionen (White Paper), Walldorf, 1999.

SKANDIA, Human capital in transformation: intellectual capital prototype report, 1998.

STEWART, THOMAS A., Intellectual capital: the new wealth of organizations, New York, 1997.

Ulrich Hauke
Product Manager Management SEM
SAP AG, Walldorf

Moderne Konzernplanung mit SAP SEM™-BPS – Business Planning and Simulation

Gliederung

3. SAP SEM-BPS Version 2.0A

3.1 Bedienkonzept und Architektur

3.2 Planungsgebiete, Planungsebenen und Planungspakete

3.3 Integration

3.4 Speicher- und Simulationskonzept

3.5 Planungsfunktionen

3.6 Planungsapplikationen

3.7 Modellierungsarten

3.8 Simulation, Optimierung und Risiko Management

1. Der Planungsprozess im Konzern

Der Planungsprozess im Konzern ist ein interdisziplinärer, stark vernetzter und in der Regel sehr komplexer Vorgang. In Abhängigkeit vom Konzernverbund (horizontal, vertikal, finanziell usw.) unterscheidet sich der Planungsprozess in sachlicher und zeitlicher Hinsicht signifikant. Dennoch lassen sich Gemeinsamkeiten in bezug auf organisatorische und methodische Ansätze im Planungsprozess finden.

Nachfolgend wird der Begriff „Planung“ erläutert und hinsichtlich seiner typischen Ausprägung im Konzern als Ganzes beleuchtet. Auf spezielle Planungsmethoden (z.B. Finanzplanung) und Simulation wird später eingegangen.

Der Begriff „Planung“ ist uneinheitlich definiert und wird zuweilen unterschiedlich interpretiert. Das Wesen und Ziel der Planung läßt sich in folgenden Aussagen zusammenfassen:

- Planung beschreibt zukünftiges Handeln
- Planung heißt Zufall durch “Irrtum” zu ersetzen
- Der Plan ist das Beste, was wir über die Zukunft wissen
- Ziele setzen und Wege zur Zielerreichung finden
- Strategie und Richtung kommunizieren
- Erwartete Resultate quantifizieren, sodaß Ursachenanalysen bei Istabweichungen möglich sind
- Messlatte für Motivation und Leistung setzen
- Basis für die Ressourcenallokation festlegen
- Kommunikation der erwarteten Resultate an Teilhaber, Aktionäre, Mitarbeiter etc. (Stakeholder)

Typisch für die Planung sind demnach die Zukunftsausrichtung, die starke Strukturierung von Problemen und Problemorientierung, die Quantifizierung von qualitativen Sachverhalten, Terminierung, Budgetierung, Zielfindung und Zielsetzung, Kommentierung und Kommunikation von Sachverhalten und Szenarienbildung wahrscheinlicher sowie unwahrscheinlicher Zukunftslagen. Gliedern läßt sich Planung nach folgenden Kriterien:

- Art (z. B. strategisch, operativ)
- Umfang (z. B. Geschäftsplanung)
- Zeitraum (z. B. kurz-, mittel- und langfristig) und
- Gegenstand (z. B. Finanzplanung, Investitionsplanung).

Für eine Konzernplanung stellt sich die Herausforderung, die unterschiedlichen Planungen nach Art, Umfang, Zeitraum und Gegenstand miteinander zu verknüpfen und in einen Gesamtzusammenhang zu bringen. Folgende Faktoren sind in der Praxis der Konzernplanung besonders zu berücksichtigen:

- Planungsphilosophie (z. B. Shareholder-Value-Orientierung)
- Planungskultur
- Planungszeitraum (z. B. jährlich, quartalsweise)
- Planungsablauf (z. B. Bottom Up mit Revisionen)
- Planungskoordination (z. B. Plandatenaustausch)
- Planungsinterdependenzen (z. B. zwischen Divisionen und Regionen)
- Planungsabwicklung (z. B. Planungsdokumentversand)
- Planungsaggregation und -disaggregation (z. B. GuV-Konsolidierung)
- Plangenehmigungsverfahren mit Planungsautorisation (z. B. Autorisierung einer Produktlinienentscheidung durch den Vorstand).

1.1 Die Vorbereitung und Durchführung der Planung im Konzern

In der Regel einmal jährlich bereitet das zentrale Controlling den Planungsprozess vor. In dieser Phase kümmert sich das Konzerncontrolling insbesondere um die Überarbeitung der Standardplanung (Business as Usual) und um das Einsammeln und Abstimmen von Istdaten. In dem zunehmend dynamischen Konzerngeschäft sind deshalb neu hinzugekommene bzw. abgestoßene Konzernbereiche und Geschäftsfelder, Umstrukturierungen sowie die Implementierung neuer Steuerungsinstrumente zu berücksichtigen. Das hat meist massive Auswirkungen auf Planungsformulare, Planungsstandards, Plangenehmigungsprozeduren, Planungsgebiete, Planungsobjekte, Konsolidierungsverfahren und Planungsinterdependenzen.

Die Durchführung des Planungsprozesses ist nicht minder komplex und dynamisch. Es beginnt mit dem Weiterleiten von Planungsformularen an Planungseinheiten und deren Planungsverantwortliche. Diese müssen die für ihren Bereich notwendige analytische und detaillierte Planung unter Einhaltung eines Zeitrahmens durchführen. Eine Verkürzung der Zeitvorgaben für die Bearbeitung der Pläne und die wachsende Dynamik in den dezentralen Controllingbereichen führt dazu, daß die Planung meist auf vereinfachten Annahmen und höheren Aggregationsstufen erfolgt.

Das zentrale Controlling ist zunächst mit der Überwachung der Einhaltung der überarbeiteten Planungsprämissen und Planungsrichtlinien befasst, bevor die Teilpläne eingesammelt und konsolidiert werden. Sind die Pläne konsistent und schlüssig, werden sie an die Planungsverantwortlichen der nächsthöheren Führungsebene weitergeleitet bzw. einem interdisziplinären Team von Planungsverantwortlichen zugeführt. Hierbei kommt es meistens zu nachhaltigen Änderungen von Zielvorgaben und Strukturen, was eine Revision auf den vorstehenden Einheiten notwendig macht. Dieser Prozess geht weiter bis zur Ebene des Vorstandes, der letztlich den Plan mit seinen Erwartungen und denen der Stakeholder abgleicht und einer endgültigen Revision und Verabschiedung zuführt.

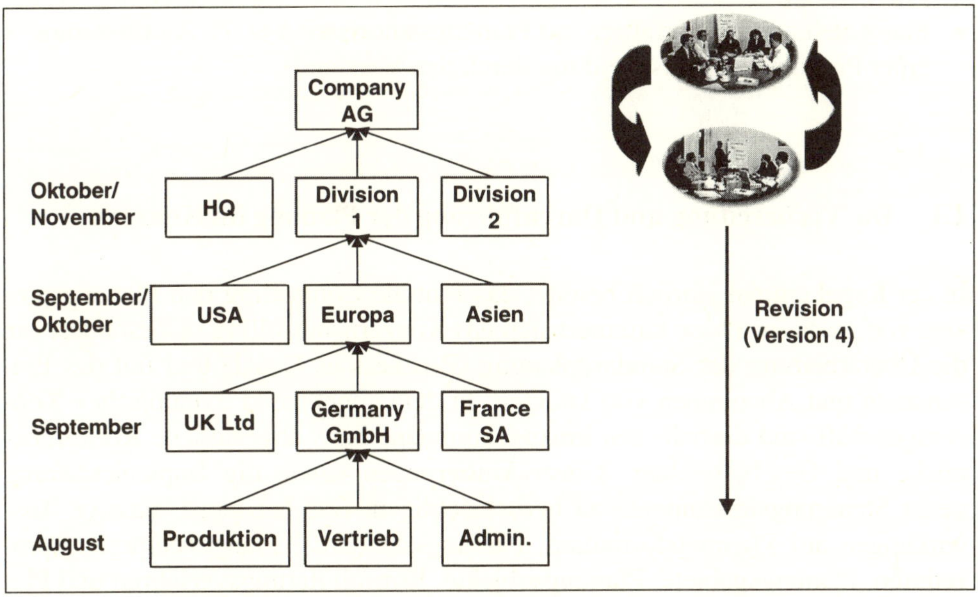

Abbildung 1: Der Planungsprozess in komplexen Organisationen.

1.2 Die Probleme und Verbesserungspotenziale im Planungsprozess

Im letzten Abschnitt wurde deutlich, wie in der Konzernpraxis geplant wird und mit welchen Herausforderungen das Konzerncontrolling heute konfrontiert ist. Daraus lassen sich drei Problemgruppen ableiten:

- IT-Infrastruktur und Planungssysteme
- Restriktionen im Planungsablauf
- Unbestimmte Entscheidungsqualität.

Nachstehend wird näher auf die Problemgruppen eingegangen und Lösungsansätze werden beschrieben. Im darauf folgenden Kapitel steht die Softwarelösung SAP SEM-BPS im Mittelpunkt, die die wesentlichen Lösungsansätze beinhaltet.

1.2.1 Die Probleme in IT Infrastruktur und Planungssystemen

Hierbei geht es im wesentlichen um die Fragestellung, wie die vorhandene IT-Infrastruktur verbessert und den aktuellen und zukünftigen Anforderungen gerecht werden kann.

Vorhandene Planungssysteme und Planungstools sind in den meisten IT-Abteilungen eines Konzerns sehr heterogen und wenig integriert. Das führt zu einem Verlust der Datenintegration und zu einem erhöhten Aufwand beim systemübergreifenden Datenaustausch. Systemschnittstellen sind meistens nicht standardisiert und der Austausch sehr zeitaufwendig. Gerade das hat aber zur Folge, daß aktualisierte Plandaten, die z. B. in einem Rolling-Forecast-Prozess benötigt werden, zu spät oder nur unzuverlässig zur Verfügung stehen. Das aber gefährdet wiederum die Qualität des Planungsprozesses und kann bei wichtigen Entscheidugen zu Fehlannahmen führen.

Plandaten müssen vielfach in spezialisierte Planungsanwendungen vorhandener Mainframesysteme und gleichzeitig in Spreadsheets eingegeben werden, was den Trainings- und Erfassungsaufwand, aber auch die Fehleranfälligkeit erhöht. Zudem führt ein Mangel an Transparenz darüber, welche Prozesse in welchen Systemen ablaufen, auch dazu, dass viele dieser Anwendungen nur noch die Bedeutung eines statistischen Erfassungssystems haben. Fraglich ist dann ohnehin, ob diese Systeme noch mit dem aktuellen Business Modell zusammenpassen. Die Wartung dieser Systeme durch den Systemadministrator erfordert genaue Kenntnisse über individuell programmierte Anwendungen und deren

Schnittstellen. Das Risiko des Know-how-Verlustes steigt mit dem Grad an Individualität und dem Alter dieser Anwendungen. Komplexe Programlogik verhindert oft die Nachbildung in Spreadsheets.

Aus betriebswirtschaftlicher Sicht ist es geradezu bedenklich, daß unternehmensweit gültige Planungswerkzeuge, Datenstrukturen und Definitionen (z.B. Key Performance Indicators) in den Planungssystemen eine uneinheitliche Semantik besitzen und daher das Datenmaterial nur systemlokal gültig und sinnvoll ist. Nur aufwendige Schnittstellen und genaue Systemkentnisse können hier noch helfen, die Kosten dafür steigen aber ins Unermessliche. Begonnene Projekte und Einführungen von Data-Warehouse-Lösungen sollen diese Probleme im "Ist" beseitigen und lösen. Was dabei nicht beachtet wird ist die Tatsache, daß aussagekräftige Plan-Ist-Vergleiche nur dann sinnvoll sind, wenn die zugrundeliegende Infrastruktur für Plan- und Istdaten dieselbe ist.

Im Kapitel 1.1 wurde bereits auf die hohe Dynamik im heutigen Business hingewiesen. Mergers and Acquisitions, Shareholder Value, Asset Management, kürzere Reorganisationszyklen u.v.m. führen zu der Frage, wie vorhandene Planungssysteme effizient und schnell an die neuen Bedingungen angepasst werden können. Werden ganze Unternehmensteile aus- bzw. eingegliedert, so sind die vorhandenen Systeme schnell zusammenzuführen und zu verbinden. Da die Unternehmensteile global agierender Unternehmen regional verteilt sind, muß der Datenaustausch meist über Ländergrenzen hinweg organisiert werden. Eine Planleitstelle sammelt, verteilt und überwacht diesen Prozess meistens ohne Systemunterstützung.

Gefordert ist ein integriertes und unternehmensweit einsetzbares Planungssystem, das auf den Prinzipien von Standardsoftware fußt. Dieses System muß einfache Wartung des Planungsmodells und ein hohes Maß an Transparenz für die Fachabteilung liefern. Flexibilität bei der Benutzung ist gerade bei dem Thema Planung eine zwingende Anforderung, dennoch darf dabei die Integration eines unternehmensweiten Planungsmodelles nicht verloren gehen. Eine einheitliche Planungsmethodik, eindeutige Datendefinitionen und ein universelles Bedienerkonzept reduzieren Schulungs-, Bedienungs- und Wartungsaufwand und erhöhen die Aussagefähigkeit von Plandaten. Für sinnvolle Plan-Ist-Abweichungsanalysen muss die Planungslösung mit einer Reporting- und Data-Warehouse-Lösungen eng verknüpft sein. Physische und logische Verteilung der Konzernplanung sowie die schnelle Anpassung an neue Gegebenheiten müssen von einem solchen System unterstützt werden.

1.2.2 Die Restriktionen im Planungsablauf

In Kapitel 1.1 wurde deutlich, dass das Business deutlich dynamischer und schnelllebiger wird, was sich schon heute im Konzerncontrolling niederschlägt. Zusammenschlüsse, Strategieänderungen und Innovationsschübe führen zu deutlich gestiegenen Anforderungen im Hinblick auf den Planungsprozess. Hieraus ergeben sich eine Reihe von Problemen, die zu lösen sind.

Der Planungshorizont schwankt je nach Industrie bzw. Betriebstyp zwischen einem und fünf Jahren. Tendenziell ist ein solcher Planungshorizont aber zu kurz, um Annahmen über langfristige Erwartungen und Ausrichtungen zu treffen. Das wiederum führt dazu, daß die Planer sich zu stark an den aktuellen Trends ausrichten und zu wenig langfristige Faktoren ins Kalkül ziehen. Langfristige und großräumige Betrachtungen bilden aber die Grundlage, um explizite Annahmen für unterschiedliche Szenarien zu treffen und damit das Unternehmen schon frühzeitig auf unterschiedliche Zukunftslagen vorzubereiten. Das ist die Basis, um ein Unternehmen aus einer reaktiven und rückwärtsgerichteten Situation in eine zukunftsgestaltende und prospektive Situation zu bringen.

Der jährliche Planungszyklus hat oftmals den Charakter eines jährlichen Ereignisses, das in einem vorgegebenen Zeitraum stattfindet. Immer häufiger wird dann außerhalb dieses Planungszyklus das zentrale Controlling mit Ad-Hoc-Fragestellungen konfrontiert, die eine außerordentliche Planungsrunde erforderlich machen. Da die Organsation und die IT-Infrastruktur aber auf diesen außerordentlichen Vorgang nicht vorbereitet sind, erfolgt die Planung zu vage und ungenau. Es entsteht die Notwendigkeit, daß Unternehmen von statischen und diskreten Planungszyklen Abstand nehmen und dass statt dessen Planung als ein rollierender und niemals endender Vorgang implementiert wird.

Damit verbunden ist die Frage nach einer engeren Verzahnung strategischer und operativer Planung. Meistens werden im jährlichen Planungszyklus die strategische und operative Planung voneinander getrennt erstellt und danach abgestimmt. Die Anzahl der strategischen Entscheidungen, die für ein Unternehmen zu treffen sind, nimmt in dem dynamischen Geschäftsumfeld stark zu. Da diese strategischen Entscheidungen (z. B. Merger) und die dazugehörigen strategische Planungen aber schnell umzusetzen, sind ist eine stärkere Verzahnung der strategischen Planung mit der operativen Planung im Sinne einer Verschmelzung notwendig. Die effiziente Operationalisierung der Strategie ist wie die Forderung nach einer kontinuierlichen Planung eine Frage der Implementierung und der dazu notwendigen Instrumente. Geeignete und sehr populäre Instrumente sind beispielsweise die Balanced Scorecard und Value Driver Management. Das Konzept der Balanced Scorecard befindet sich bei etwa 25% der amerikanischen Unternehmen in der Erprobungs- und Implementierungsphase. Für solche Unternehmen ist es wichtig, Planungssysteme mit geeigneten Systemen zur Unterstützung der Balanced Scorecard zu integrieren.

Weiter nimmt für börsennotierte Konzerne die Bedeutung der Kapitalmärkte zu. Es ist für das Top-Management eine vitale Herausforderung, die Erwartungen des Kapitalmarktes zu kennen und die Beziehungen zu den Buy-side- und Sell-side- Analysten zu pflegen. Schätzt der Kapitalmarkt die Konzernperformance schlechter ein als sie tatsächlich ist, fällt dessen Aktienkurs. In diesem Augenblick ist der Konzern gegen feindliche Übernahmen ungeschützt und das Top-Management bedroht. Das macht Instrumente notwendig, die für eine Balance zwischen den Kapitalmarkterwartungen und dem tatsächlichen Geschäftsplan sorgen (Stakeholder Relationship Management). Im Unternehmensplanungsprozess müssen die Konsenserwartungen des Kapitalmarktes internalisiert und mit den eigenen Erwartungen abgeglichen werden. Planungssysteme, die diesen Prozess unterstützen, sollten deshalb über entsprechende Schnittstellen und Abgleichmechanismen verfügen. Werden Unternehmen auch intern nach den Prinzipien des Shareholder-Value-Ansatzes gesteuert, sind weitere Steuerungsinstrumente für die Planung notwendig. Gebräuchlich ist das "Value Creation Performance Measurement" und das Werttreibermanagement. Bestandteil des Werttreibermanagements ist das wertbasierte Planen, bei dem alle operativen und strategischen Faktoren, die einen signifikanten Einfluß auf den Wert des Unternehmens haben in einen mathematischen Zusammenhang gebracht werden. Dabei werden die Werttreiber analytisch geplant und so optimiert, das der Unternehmenswert sich maximiert. Die Planungssysteme müssen über entsprechend unterstützende Komponenten verfügen.

In den nächsten Jahren führen E-Commerce und B2B zu neuen Formen in der Planung. Planungssysteme beziehen sich heute inhaltlich und sachlich auf das eigene Unternehmen und dessen Geschäfte. Externe Erwartungen, wie beispielsweise Marktdaten, werden zur Zeit von den entsprechenden Fachabteilungen ermittelt und vom Controlling erfasst und geprüft. Das ist ein zeitaufwendiger und von vielzähligen Medienbrüchen gekennzeichneter Vorgang. Mit der wachsenden Verbreitung von Internetportalen und dem Internet als Technologieinfrastruktur für E-Commerce entfallen Medienbrüche, und die für die Planung erforderlichen externen Erwartungen lassen sich direkt zwischen den Geschäftspartnern austauschen. Sind die Planungssysteme der Geschäftspartner miteinander gekoppelt und sachlogisch verbunden, so spricht man von "Collaborative Planning". Planungssysteme sollten schon heute diesen Anforderungen gewachsen sein bzw. über eine entsprechend offene Architektur für "Collaborative Planning" verfügen.

1.2.3 Die Unbestimmtheit der Entscheidungsqualität

Obgleich Informationen schneller und in höherer Güte verfügbar sind, stellt sich die Frage, ob sich die Entscheidungsqualität in gleichem Maße wie die Informationsqualität verbessert. Zwar können heute Schiefstände im Unternehmen durch eine verbesserte Informationslogistik schneller erkannt werden. Dennoch ist fraglich, ob dabei die richtigen Entscheidungen zur Behebung der Schiefstände getroffen werden. Information ist zunächst der Nährboden für bessere Management-Entscheidungen, aber keine Garantie dafür. Der Schlüssel liegt im Verständnis, das der Manager über die wirklichen Zusammenhänge und Gegebenheiten in seinem Entscheidungsbereich hat. Sind diese modellhaften Annahmen fehlerhaft, führt das trotz verbesserter Information zu Fehlentscheidungen.

KPI- (Key Performance Indicator) Initiativen sollen im ersten Schritt helfen, mehr Transparenz über die wesentlichen Erfolgsfaktoren in den Entscheidungsbereichen zu schaffen. Dabei wird versucht, diejenigen Faktoren ausfindig und messbar zu machen, die für den Erfolg eines Bereiches verantwortlich sind. Neben rein finanziellen Größen konzentriert man sich bei diesen Bemühungen auch auf die Einbeziehung von nichtfinanziellen Größen, wie beispielsweise "durchschnittliche Anzahl der F&E-Innovationen mit einem Vermarktungshorizont < 3 Jahren", und weiche Faktoren, wie beispielsweise "Forschungsmotivation im Prozesslabor". Die Anzahl von 150 - 250 KPI's pro Betriebstyp ist typisch. Meist geht damit eine Änderung des Kompensations- und Steuerungssystems einher. Manager werden an der Zielerreichung der KPI's gemessen und danach bezahlt. Damit richten sich die Entscheidungen an den erfolgsrelevanten Größen aus. Zielvorgaben und Plan-Ist-Abweichungsanalysen sollen helfen, die KPI's in die richtige Richtung zu lenken und den Plan zu erfüllen.

Sicherlich sind KPI-Projekte der erste Schritt in Richtung eines verbesserten Verständnisses über die Entscheidungsbereiche von Manager. Dennoch reicht die reine Identifikation von KPI's und die Ausrichtung von Entscheidungen an denselben bei weitem noch nicht aus. Was in vielen KPI-Projekten völlig vernachlässigt wird, ist der Versuch, ein besseres Verständnis von Ursache-Wirkungsgefügen, Kaskadeneffekten und Rückkopplungsschleifen zu schaffen.

KPI's stehen in Wirklichkeit in einem ursächlichen Zusammenhang und können nicht isoliert voneinander betrachtet werden. So kann natürlich die Kundenzufriedenheit nicht steigen, ohne dass die Produktqualität, Produktfeatures, Kundennutzen, Lieferzeit, Lieferservice usw. Berücksichtigung finden. Tarifentscheidungen können kaskadenartige Wirkungen zur Folge haben, beispielsweise Streiks, Produktionsengpässe, Lieferschwierigkeiten, unzufriedene Kunden, Finanzierungsprobleme, fallende Aktienkurse usw. Die Vielschichtigkeit des realen Business erfordert Instrumente, die dabei helfen, ein besseres Modellverständnis über die Wirklichkeit zu erlangen, den Lernprozess zu beschleunigen und damit den Manager in die Lage versetzen, fundiertere und bessere Entscheidungen zu treffen. Solche Instrumente müssen sich den ständig ändernden Umfeldbedingungen anpassen lassen und adaptives Lernen unterstützen.

2. Die Unterstützung des Planungsprozesses im Konzern mit SAP SEM-BPS Business Planning and Simulation

Im ersten Kapitel wurde der typische Planungsprozess im Konzern vorgestellt, und es wurde auf Probleme, Verbesserungspotenziale und Herausforderungen eingegangen. In diesem Kapitel wird SAP's Lösung zur Konzernplanung vorgestellt. Dabei wird Bezug genommen auf die in Kapitel 1.2 erarbeiteten Lösungsansätze. Im dritten und letzten Kapitel wird die aktuell verfügbare Version 2.0 von SEM-BPS kurz vorgestellt.

2.1 Integriertes Planungssystem

SEM-BPS ist ein einheitliches Planungssystem, das eine integrierte Planung ermöglicht, die auf generischen Planungsmethoden in verteilten Systemumgebungen basiert. Benutzeroberfläche, Bedienkonzept und Methodik sind universell konzipiert und damit bereichsübergreifend und unternehmensweit einsetzbar. SEM-BPS fußt auf der Technologie des SAP Business Information Warehouse und ist damit eng mit dem Reporting verzahnt. Datenmodellierung und Planungsmethoden sind mehrdimensional ausgelegt und damit sehr flexibel. Freie Sichten auf die Planung und die Verwendung von Standardbegriffen aus dem SAP-System R/3 geben dem Planungssystem die notwendige Flexibilität.

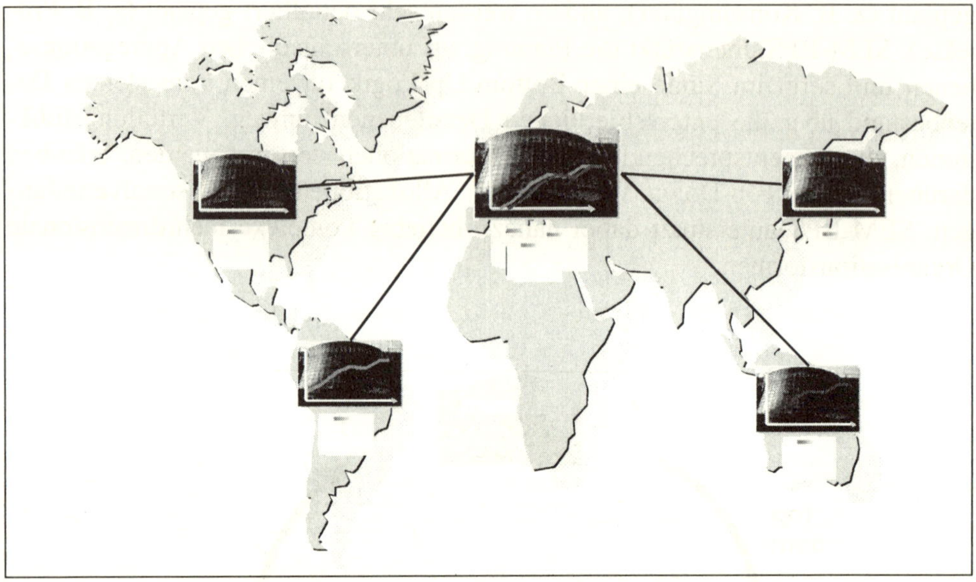

Abbildung 2: Konzernplanung in verteilten Umgebungen.

Durch einfache Bedienung und die einheitliche Gestaltung des Systems können Einführung, Wartungs- und Schulungsaufwendungen niedrig gehalten werden. Eine physikalische Verteilung des Systems auf beispielsweise mehrere Regionen ist möglich.

2.2 Hochverdichtete Geschäftsplanung in komplexen Organisationen

Mit seiner Architektur und seinem Datenmodell unterstützt SEM-BPS unterschiedliche Planungsstrategien. Dazu gehören automatische Bottom-Up Planung, Top-Down-Verteilung und zentrale bzw. dezentrale Planung. Die Anbindung von existierenden SAP-Lösungen und Fremdlösungen ist ebenso möglich wie die Nutzung von SEM-BPS im Einzelbetrieb. Werden existierende SAP-Lösungen angeschlossen, läßt sich hier der Integrationsvorteil nutzen. In Abhängigkeit vom Einsatzbereich der vorhandenen SAP-Lösung (z. B. Marktsegment- und Ergenisrechnung CO-PA) ist zu entscheiden, wie SEM-BPS im Verhältnis dazu eingesetzt wird.

Eine Anforderung an ein Planungssystem ist die integrierte Planung auf unterschiedlichen Aggregationsstufen. Teile des Geschäftes werden hochaggregiert geplant (z. B. Konsumgüter), andere werden sehr detailliert geplant (z. B. Projekte). SEM-BPS unterstützt die Planung auf unterschiedlichen Aggregationsebenen und sorgt im Sinne einer Bottom-Up-Logik für einen konsistenten Datenbestand über die unterschiedlichen Detailebenen hinweg. Verteilungsfunktionen, die mit entsprechenden Split-Informationen versorgt werden, erlauben darüber hinaus Top-Down Verteilungen, Allokationen und Saisonalverteilungen. SEM-BPS unterstützt dabei nahezu beliebig komplexe mehrdimensionale Organisationsformen.

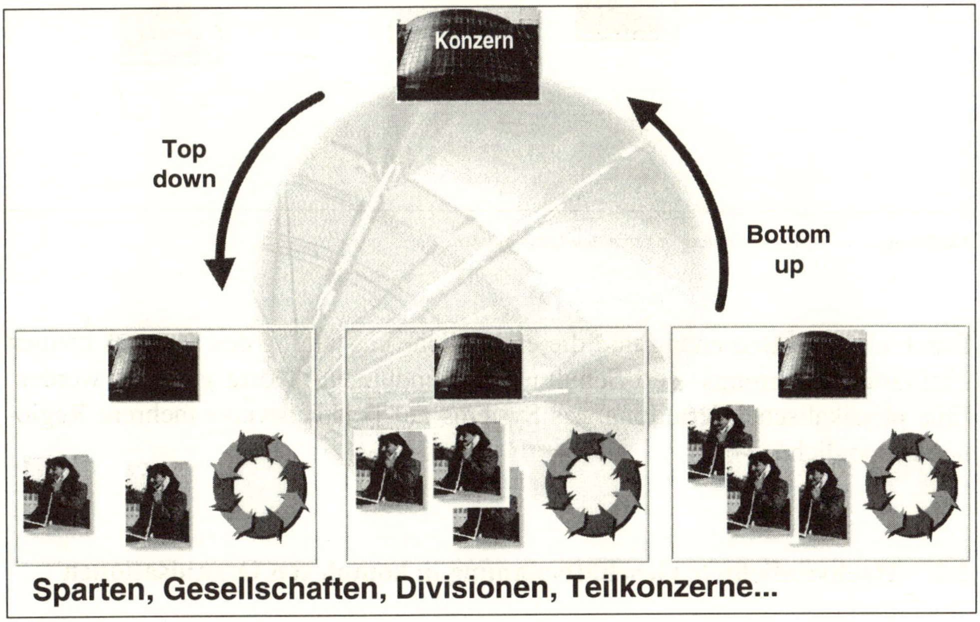

Abbildung 3: Planungsstrategien zwischen Konzernmutter und Managementeinheiten.

2.3 Integration von Mangementprozessen auf unterschiedlichen Ebenen

Managementprozesse werden durch die SAP-SEM-Komponenten ganzheitlich unterstützt. Abhängig vom Einsatz von SEM auf unterschiedlichen Konzernebenen können sich diese Prozesse stark voneinander unterscheiden. Wichtig ist aber, daß die verschiedenen Ebenen miteinander verbunden sind und nicht isoliert voneinander ablaufen. So muss beispielsweise eine Vertriebskanalentscheidung auf Produktebene ggf. bis zur Konzernmutter durchschlagen und transparent sein. Weiter ist es wichtig, dass innerhalb jeder Ebene die unterschiedlichen SEM Komponenten ineinandergreifen. Die Konsolidierung beispielsweise kann wichtige Ist-Daten aus der Managementkonsolidierung für die Planung liefern. Dabei müssen die Kontenpläne der Planung in die der Konsolidierung überführbar bzw. identisch sein.

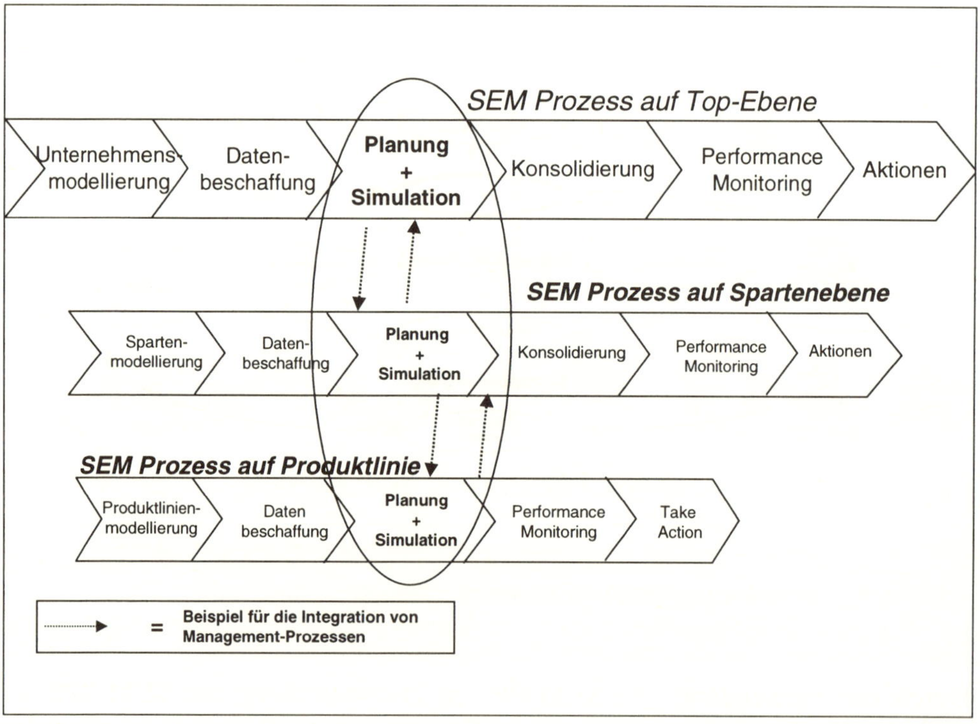

Abbildung 4: Integration von Management Prozessen.

2.4 Integration von strategischer mit operativer Planung

Wie in Kapitel 1 gesehen ist die engere Verknüpfung der operativen mit der strategischen Planung ein wichtiger Verbesserungsansatz im Planungsprozess. SEM-BPS unterstützt durch seine Architektur beide Planungsarten und verbindet sie miteinander. Im strategischen Planungsprozess werden sehr viele qualitative Analysen und unstrukturierte Informationen verwendet, beispielsweise zur Durchführung einer SWOT-Analyse. Diese werden dann nach den Strategieberatungen quantifiziert und operationalisiert. SEM-BPS ist in der Lage, den Strategiefindungsprozess und den Operationalisierungsprozess auf derselben Datenbasis zu fundieren und damit eng miteinander zu verbinden. Strategische Dokumente, die in der Regel viele textliche Informationen enthalten, können mit SEM-BIC in das System eingecheckt und mit den Infoobjects von SAP SEM kontiert werden. Damit wird der Zugriff und die Verwendung auf diese Informationen im SEM-BPS ermöglicht.

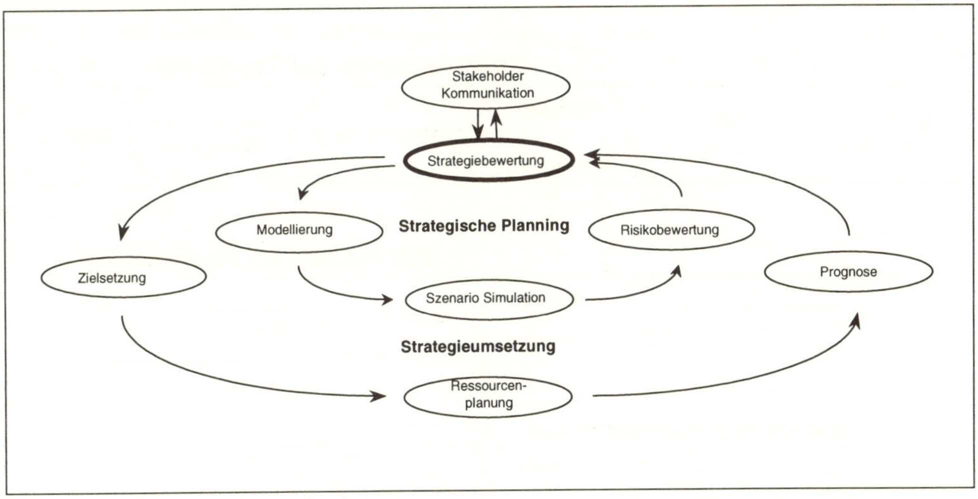

Abbildung 5: Verbindung von strategischer mit operativer Planung.

Durch die Verwendung von SEM-BIC in Zusammenhang mit SEM-BPS ist weiterhin die Einbindung von externen Erwartungen (z. B. Eearnings per share Konsenserwartungen des Kapitalmarktes) in das SEM-BPS und damit in den Planungsprozess möglich.

2.5 Modellbasierte Planung

Transaktionssysteme wie das SAP-System R/3 wurden in den vergangenen Jahren zur Geschäftsprozessoptimierung implementiert. Die große Zahl an vordefinierten und optimierten Geschäftsprozessen hat die Effizienz in den operativen Unternehmenprozessen nachhaltig gesteigert. Im Vordergrund standen Kostenreduktion und Business Reingeneering, d. h. die "Dinge richtig zu tun". Nachdem nun diese Art der operativen Geschäftsprozessoptimierung in vielen Betrieben abgeschlossen ist, geht es jetzt vermehrt um die Optimierung der Managementprozesse und damit mehr um die Fragestellung, "die richtigen Dinge zu tun". Diese Fragestellungen haben häufig einen strategischen Charakter, weil es hier um grundsätzliche Aspekte wie beispielsweise die Produkt-Markt-Kombination der Zukunft geht. Zur Beantwortung solcher Fragestellungen können Transaktionssysteme nur in begrenztem Maße eingesetzt werden. Das Unternehmensdatenmodell, Bewegungs- und Stammdaten sind in einer Transaktionsumgebung sehr volatil und nah am Ist-Geschäft. In einer szenarienbasierten Planung aber befindet man sich in einer zukünftigen Modellwelt, die nicht unbedingt mit dem Ist-Modell übereinstimmen muss. Ferner ist es hier erwünscht und notwendig, daß auch strukturelle Fragestellungen wie "What-If-Analysen" oder "How-to-solve-Analysen" durchgeführt werden. Diese erfordern aber Strukturänderungen, die im laufenden Transaktionssystem nicht einfach geändert werden können. SEM-BPS ist eine solche analytische Planungsanwendung, die losgelöst vom Transaktionssystem ist und deren Datenstrukturen modellbasiert sind.

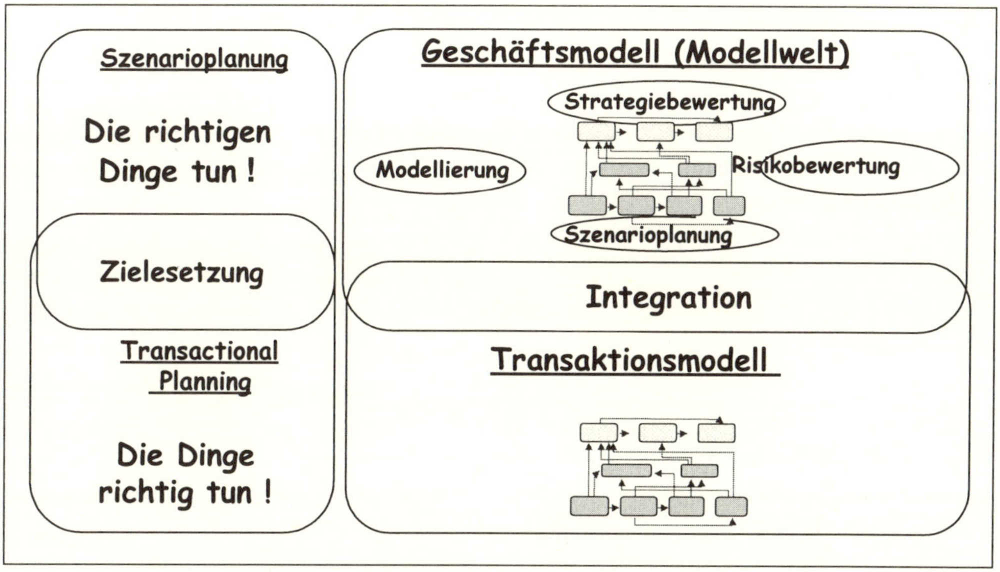

Abbildung 6: Modellwelt vs. Transaktionswelt.

Geschäftsmodell und Transaktionsmodell sollten so weit wie möglich integriert sein, um Dateninkonsistenzen und Mehrfachpflege zu verhindern. Dennoch ist diese Forderung nicht trivial, weil Planstrukturen häufig verschieden von den Iststrukturen sein können. Damit wird die Forderung nach einer Top-Down-Integration von SEM-BPS zurück in ein Transaktionssystem wie R/3 abgeschwächt. Ein einfaches Zurückschreiben beispielsweise von Budgetdaten erfordert in vielen Fällen zunächst eine Anpassung des Transaktionssystems.

2.6 Datenfluß

Ein einfache Beschaffung von Istdaten aus vorgelagerten Transaktionssystemen in SEM-BPS ist hingegen sehr einfach. Es stehen alle Hilfsmittel des SAP Business Information Warehouse zur Verfügung, um Daten und Metadaten automatisiert zu beschaffen. Mit diesen Hilfsmitteln können auch Plandaten aus vorgelagerten Transaktionssystemen beschafft werden.

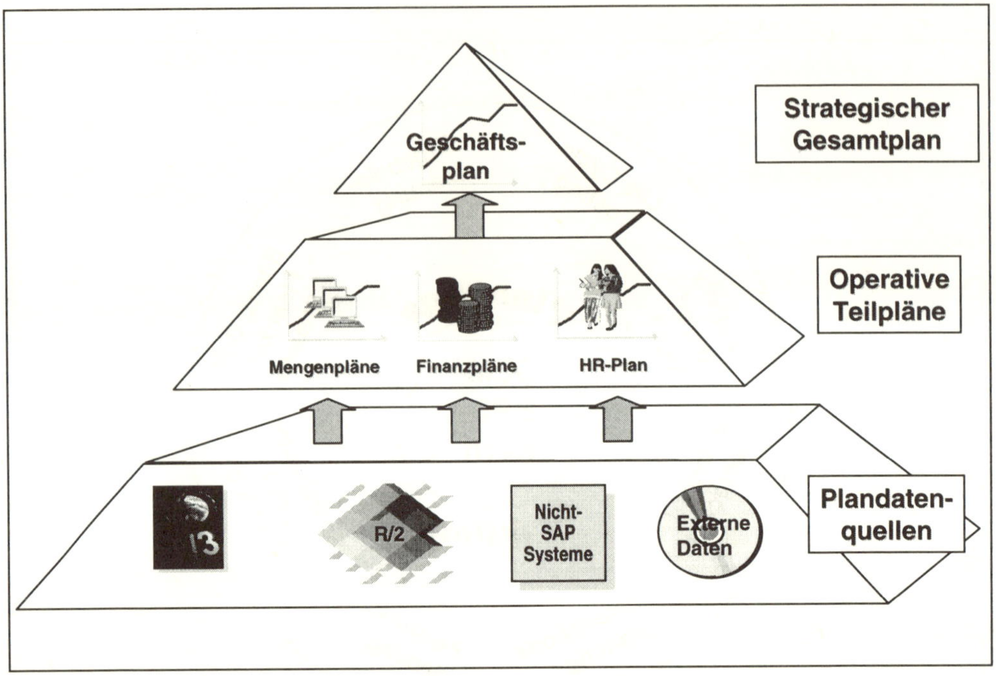

Abbildung 7: Datenfluss nach SEM-BPS.

Neben vorgelagerten Transaktionssystemen ist SEM-BPS auch in der Lage, Daten aus SAP-fremden Systemen oder beispielsweise aus MS-Excel zu übernehmen. Dabei findet die gesamte Datenaufbereitung im SEM mittels SAP-Business-Information-Warehouse-Technologie statt, die Stand Januar 2000 bereits über 1000-mal weltweit versendet wurde.

2.7 Unterstützte Planungsprozesse

SEM-BPS besitzt einen generischen Kern, der für die einheitliche Benutzung, Methodik und Datenmodellierung sorgt. Darauf lassen sich nach den entsprechenden Fragestellungen ausgerichtete Planungsmodelle bauen. Neben dem rein generischen Ansatz ist geplant, spezielle Anwendungsfelder mit den jeweils spezialisierten Werkzeugen und Methoden zu liefern. Dazu gehören u. a. spezielle Funktionen zur Finanz-, GuV- und Bilanzplanung, wie z. B. Kontenfindung, Periodenzuordnungen und Zeitverzögerungen. Die nachstehende Abbildung enthält einige Beispiele geplanter Spezialfelder der Planung:

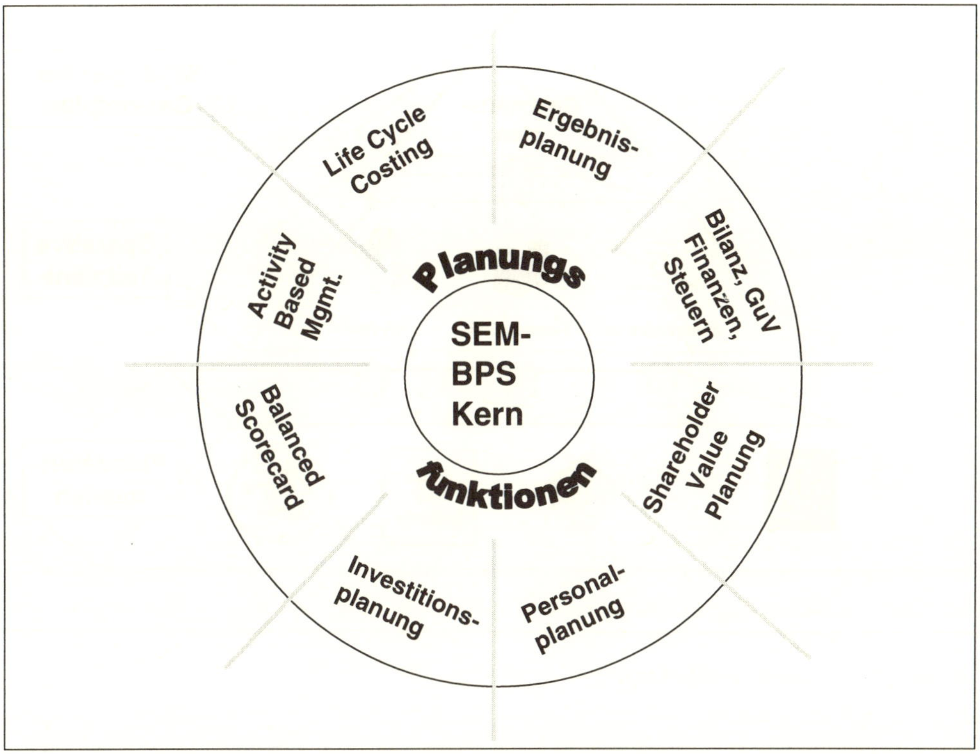

Abbildung 8: Planungsanwendungen und generischer Planungskern.

2.8 Modellierungsarten

In SEM-BPS gibt es zwei Arten der Planungsmodellierung: die klassische Modellierung und die dynamische Modellierung. Beide basieren auf einem mehrdimensionalen Datenmodell, das unterschiedliche Sichten erlaubt, beispielsweise nach organisatorischen Elementen auf das Planungsmodell. Umgekehrt bedeutet das, dass einem mehrdimensionalen Datenmodell mehrere klassische und dynamische Datenmodelle zugeordnet werden können.

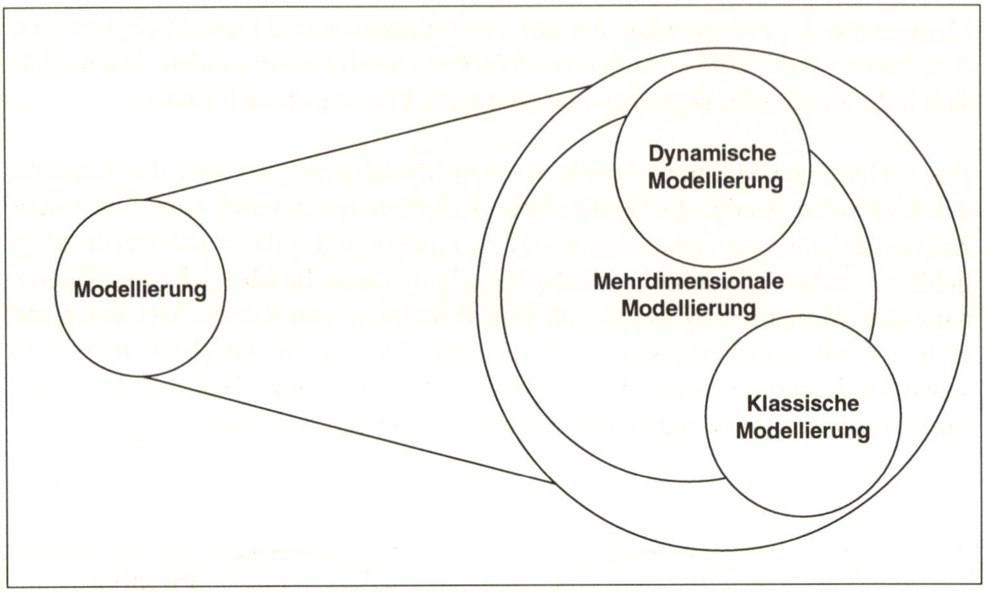

Abbildung 9: Modellierungsarten in SEM-BPS.

Die klassische Modellierung ist am ehesten geeignet, die gängigen Planungsmodelle wie beispielsweise eine Investitionsplanung mit Ressourcenplanung, Cash-Flow-Planung, Zinsfußplanung und Steuerplanung abzubilden. Auch andere Planungsmodelle sind möglich, und prinzipiell gibt es hier keine Beschränkung auf festgelegte Planungsarten. Planungsgrößen werden bei der klassischen Modellierung meistens in einer Kalkulationsreihenfolge auf einem Tabellenblatt unter- und nebeneinander geschrieben. Sie stehen durch lineare oder nichtlineare Formeln in Bezug zueinander. Auf diese einzelnen Größen bzw. Größengruppen (z. B. alle Aufwendungen in einer GuV) kann man nun mittels spezieller Planungsmethoden Einfluss nehmen. Beispielsweise könnten alle Aufwendungen per Planungsmethode um 10% gekürzt werden.

Unterteilt man eine GuV-Planung in einzelne logische Teilpläne, so ergibt sich eine im klassischen Sinne integrierte GuV-Planung. Jeder Teilplan nimmt direkt oder indirekt Einfluß auf die Größen in der GuV. Bestimmte Teilpläne sind aus anderen Teilplänen logisch und methodisch ableitbar, sofern das notwendige Regelwerk existiert und modelliert ist. Mit den SEM-BPS-Methoden ist es möglich, Größen eines Teilplanes in Größen eines anderen Teilplanes bei gleichzeitiger Ableitung von Sichten zu überführen. Beispielsweise könnten die

Mengen aus dem Absatzplan, die pro Vertriebsregion und Produkt geplant wurden, nun in Produktionsmengen auf Werken transformiert werden. Daraus läßt sich individuell nach Betriebstypen geeignete Planungsmodell finden.

Das wesentliche Merkmal der klassischen Modellierung ist aber die Tatsache, daß hier keine Feedbackschleifen bzw. Zirkelbezüge möglich sind. Um solche Zusammenhänge zu visualisieren und zu modellieren, gibt es die zweite Möglichkeit der Modellierung in SEM-BPS, die dynamische Modellierung. Die dynamische Modellierung beruht auf den Prinzipien von System Dynamics und erlaubt explizit Zirkelbezüge und Feedbackschleifen. Im Vergleich zur klassischen Modellierung kann man hier sehr gut Kaskadierungseffekte, Zeitverzögerungseffekte und zeitdynamische Wellenbewegungen erkennen.

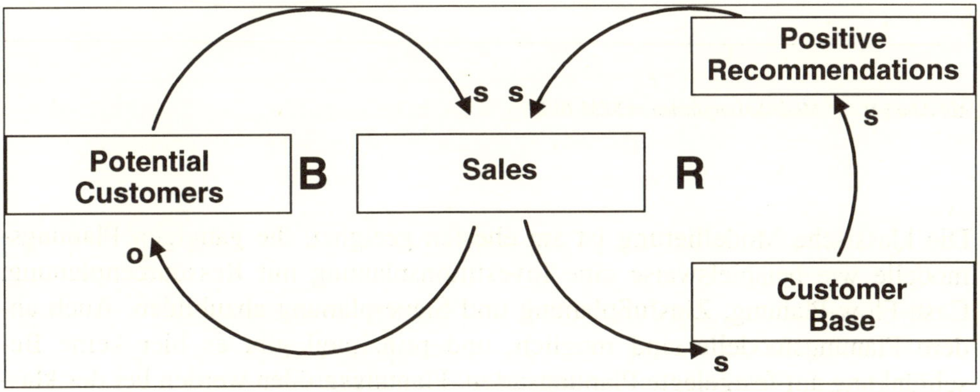

Abbildung 10: Feedbackschleifen der dynamischen Simulation.

Ferner lassen sich weiche Faktoren wie beispielsweise Kundenzufriedenheit sehr gut quantifizieren und in dem Modell beschreiben. Das Erstellen der Planungsmodelle ist ähnlich komplex wie bei der klassischen Modellierung, geschieht in SEM-BPS aber ausschließlich durch grafische Elemente und deren Zusammenhänge.

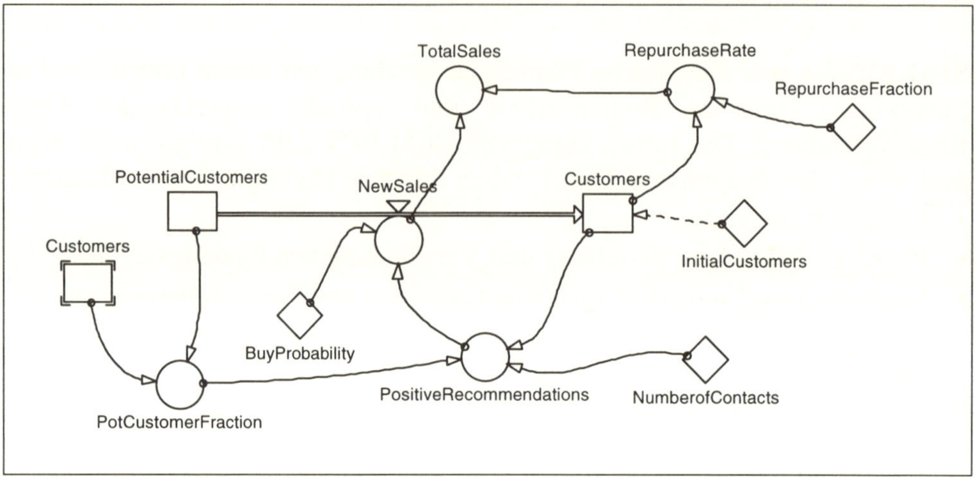

Abbildung 11: Dynamische Modellierung durch grafische Elemente.

Typische Einsatzbereiche der dynamischen Modellierung sind Finanzplanung und Optimierung, Risikoplanung, Produktentscheidungen, Preisstrategien, Wettbewerbsstrategien u.v.m. Insbesondere läßt sich aber die dynamische Modellierung als Lernhilfe für Manager einsetzen, um die Ursache-Wirkungsbeziehungen der bereichsspezifischen KPI's zu identifizieren. Es können neue Hypothesen aufgestellt und mit historischen Daten verifiziert bzw. falsifiziert werden. Werden Wahrscheinlichkeiten von Variablen mit in die Modellbetrachtungen einbezogen, so können Risikoanalysen und Entscheidungen bei gegebenem Konfidenzniveau durchgeführt werden.

Klassische und dynamische Modellierung ergänzen sich durch ihre Grundeigenschaften in hervorragender Weise. Dadurch, dass die Modelle beider Methoden auf derselben Datenbasis fussen, können Annahmen und Rechenergebnisse beider Modelle in beliebiger Weise untereinander ausgetauscht und verwendet werden. Mit der klassischen Planung lassen sich vorhandene Planungsformen sehr gut integrieren und nachbilden. Die dynamische Modellierung wird eher für strategische Fragestellungen und im Schulungsbereich eingesetzt.

3. SAP-SEM BPS Version 2.0A

SEM-BPS ist eine analytische Planungsanwendung mit einem hohen Grad an Flexibilität, einfacher Bedienbarkeit und optisch ansprechender Oberflächengestaltung. Die Entwicklung von SEM-BPS 2.0A erfolgte unter ergonomischen Gesichtspunkten. Dabei stehen folgende Highlights im Vordergrund:

- MS-Excel-Integration
- Planungs-Wizard zur Erstellung und Verwendung von Planungslayouts
- Logische Tree-Navigation für Planungsgebiete und Planningfunktionen
- Single Point of Entry für Planung, Simulation und Customizing
- Kontextsensitives Bedienkonzept
- Hohes Maß an Selbsterklärung.

Die Version 2.0A ist seit 12/99 verfügbar. Für Juni 2000 ist SEM-BPS Version 2.0B geplant.

3.1 Bedienkonzept und Architektur

SEM-BPS verfolgt das ergonomische Konzept einer einheitlichen Bedienoberfläche, in der Customizing, Modellierung, Simulation und Planung durchgeführt werden. Dadurch werden Medienbrüche vermieden und der Anwender behält stets den Überblick bei der Durchführung von unterschiedlichen analytischen und planerischen Aufgaben. Einfache Maussteuerung und ergonomische Anwendungselemente stehen im Vordergrund der SEM-BPS-Bedienungsmerkmale.

Die Bedienungsoberfläche von SEM-BPS besteht aus drei Teilfenstern:

- Planungsgebiete
- Planungsmethoden
- Anwendungen/Parametrisierung.

Der Bildschirmaufbau des Planungseinstiegs entspricht der folgenden Grafik:

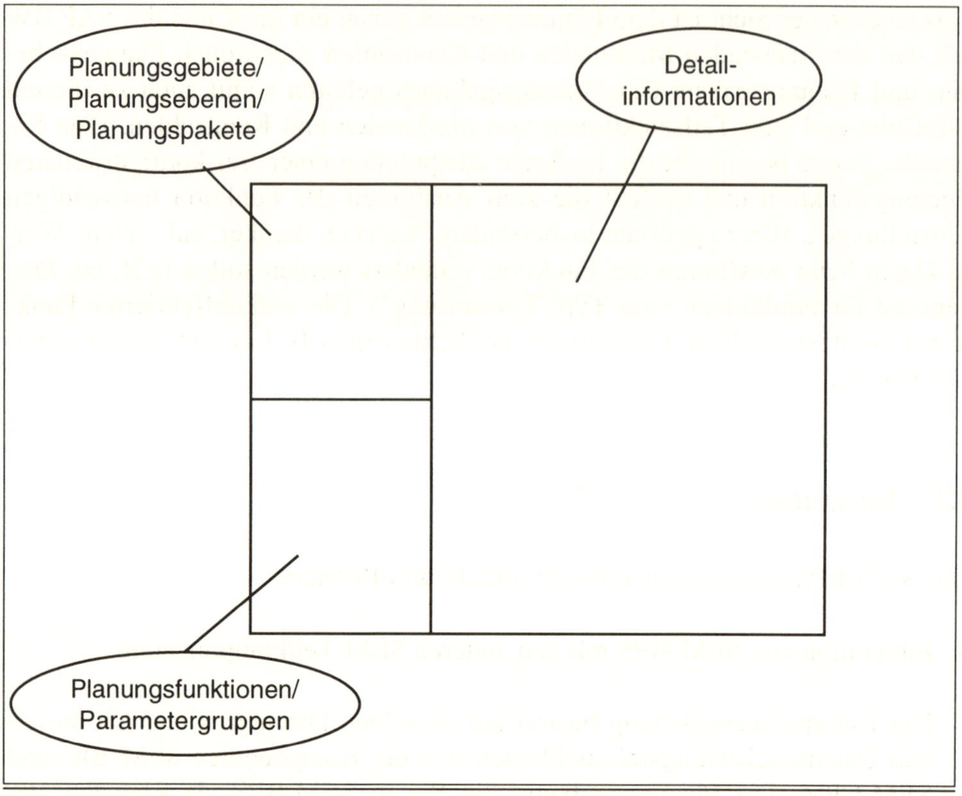

Abbildung 12: Planungseingang.

3.2 Planungsgebiete, Planungsebenen und Planungspakete

Planungsgebiete repräsentieren einen im betriebswirtschaftlichen Sinne abgeschlossenen Teilbereich des gesamten Planungsumfanges und können frei definiert werden. Ferner können Planungsgebiete in Planungsebenen unterteilt werden, die Teilaspekte des Planungsgebietes darstellen. Jedem Planungsgebiet wird ein Arbeitsvorrat von Planungspaketen zugeordnet, die vom Planer bearbeitet werden. Mit diesem flexiblen Organisationsverfahren Planungsgebiete/-ebenen/-pakete können beispielsweise folgende Strukturen abgebildet werden:

- Konzern, Teilkonzern, Konsolidierungseinheit
- Sparte, Geschäftsbereich, Produktlinie
- Region, Land, Funktionsbereich
- Projekt, Teilprojekt, Initiative.

Aus technischer Sicht ist dem Planungsgebiet genau ein InfoCube des SAP BW mit den entsprechenden Merkmalen und Kennzahlen zugeordnet. Planungsebenen und Planungspakete des Planungsgebietes gehören somit auch zu diesem InfoCube und sind Teilselektionen von Merkmalen und Kennzahlen. Eine Parametergruppe beschreibt die konkrete Ausprägung einer frei konfigurierbaren Planungsfunktion und umfaßt die zum Ausführen der Funktion notwendigen Einstellungen. Hierzu gehören insbesondere Angaben darüber, auf welche Weise Daten beim Ausführen der Funktion verändert werden sollen (z.B. ein Prozentsatz für Funktionen vom Typ "Umwertung"). Die vorkonfigurierten Funktionen besitzen ähnliche Einstellungsmöglichkeiten (z.B. Layouts für die manuelle Planung).

3.3 Integration

Das SEM-BPS Intergrationskonzept umfaßt drei Bereiche:

- Integration von SEM-BPS mit den anderen SEM-Teilkomponenten:

  Die Unternehmensplanung basiert auf derselben Datenbasis und hat dieselben Datenbeschaffungsmöglichkeiten wie die Komponenten SEM-BIC und SEM-CPM. Die Planungsgebiete, die Sie in SEM-BPS als Elemente der obersten Ebene der Planungsarchitektur anlegen, dienen zugleich als Referenzdatenquelle für die Funktion Balanced Scorecard und Management Cockpit, die Sie in SEM-CPM einsetzen können.

- Integration von SEM-BPS mit dem System R/3 und SAP fremden Datenquellen:

  Aufgrund der hohen Integration mit dem System SAP R/3 ist es möglich, aggregierte Plan- und Istdaten zur weiteren Verwendung in SEM-BPS zu laden. Dabei werden die Daten so bereinigt, daß die operative Planung mit der Planung in SEM-BPS abgestimmt ist. Eine Datenübernahme aus SAP-fremden Systemen und Dateien ist auch möglich.

- Integration von SEM-BPS mit APO, CRM und BW:

  Das Datenmodell von SEM-BPS basiert auf BW-Technologie. Eine Planungsebene wird genau einem InfoCube zugeordnet, d. h. in der Planung stehen die Infoobjects des InfoCubes zur Verfügung. Plandaten gelangen beim Verbuchen in den zugeordneten InfoCube und werden dort gespeichert. APO und CRM verwenden ebenfalls BW-Technologie, um Plandaten mehrdimensional in InfoCubes zu speichern. Auf einen InfoCube können demzufolge potentiell CRM, APO und SEM planerisch wirken und die darin liegenden Stamm- und Bewegungsdaten teilen.

3.4 Speicher- und Simulationskonzept

SEM-BPS erlaubt es Ihnen, während einer Planungssitzung beliebige Änderungen an den Elementen der Planung vorzunehmen oder neue Elemente anzulegen (z.B. Planungsgebiete, Planungsfunktionen, Planungslayouts, Datenselektionen, geänderte Plandaten usw.), ohne daß Sie jede Änderung sofort speichern müssen. Das Programm sammelt alle Änderungen, die Sie innerhalb einer Planungssitzung vornehmen, und speichert diese auf Ihren ausdrücklichen Wunsch oder nach einer entsprechenden Meldung am Ende der Planungssitzung.
Sie haben so die Möglichkeit, innerhalb des Planungsbildschirms frei zu navigieren, und Sie können selbst entscheiden, ob Sie die Änderungen, die Sie vornehmen, dauerhaft speichern oder lieber verwerfen wollen. Außerdem werden durch dieses Verfahren erheblich verbesserte Antwortzeiten erzielt.

3.5 Planungsfunktionen

Unter Planungsfunktionen werden allgemeine und spezielle Planungs- und Simulationsanwendungen zusammengefaßt, die einer Planungsebene zugeordnet sind. Bei der Anwendung der Planungsfunktionen können Sie existierende Plan- oder Istdaten einer Version als Vorlage für Plandaten einer anderen Version verwenden. Ebenso können Sie vorhandene Daten eines Zeitraumes als Vorlage für einen anderen Zeitraum verwenden. Der Vorteil ist, daß Sie dabei mit geringem Aufwand größere Datenmengen bearbeiten können, beispielsweise wenn Ihre Planung auf den Istdaten des Vorjahres basiert. Zusätzlich können Sie bestimmte Änderungen an den Daten vornehmen.

Allgemeine Planungs- und Simulationsanwendungen in SAP SEM 2.0A sind:

Funktion	**Beschreibung**
Kopieren	Sie verwenden diese Funktion, wenn Sie Plan- bzw. Istdaten aus einer Version in eine andere Version bzw. aus einem Zeitraum in einen anderen Zeitraum kopieren wollen. Sie können jahresübergreifende Referenzdaten nehmen, z.B. von 010.1997 bis 004.1998, und auch jahresübergreifend kopieren. Die Anzahl der Perioden im Referenz- und Planbereich muß bei dieser Funktion gleich sein.
Umbuchen	Sie verwenden diese Funktion wie die Funktion Kopieren. Es kann innerhalb eines Planungspaketes umgebucht werden, und beim Umbuchen wird der alte Datensatz gelöscht. Beim Umbuchen müssen Felder ausgewählt werden, die sich ändern. Bei den Planungsparametern geben Sie den alten und den neuen Wert an. Es wird vom alten auf den neuen Wert umgebucht.
Verteilung	Sie verwenden diese Funktion, wenn Sie Plandaten Top-Down verteilen, von einer Sachebene auf eine andere Sachebene allozieren oder mit Zeitbezug saisonale Verteilen möchten. Aus betriebswirtschaftlicher Sicht dient die Funktion z. B. • der Allokation von Kapital • der Budgetierung • der Zielsetzung • der Saisonalverteilung Sie können jahresübergreifende Referenzdaten nehmen, z.B. von 010.1997 bis 004.1998 oder jahresübergreifend planen. Anstelle von Referenzdaten können Sie auch Verteilungsschlüssel (evtl. stattdessen das Wort Äquivalenzziffern verwenden) als Basis für die Verteilung angeben.

Prognose	Sie verwenden diese Funktion, wenn Sie Plandaten automatisch hochrechnen wollen. Es stehen u.a. folgende Prognosestrategien zur Auswahl: Exponentielle Glättung (mit und ohne Test auf Trend und Saisonalität) Gleitender Durchschnitt • Konstantmodell • Trendmodell • Test auf Trend und Saisonalität.
Umwerten	Wenn Sie bestehende Plan- bzw. Istdaten zuzüglich eines Zu- bzw. Abschlags als Grundlage für neue Plandaten nehmen wollen, können Sie dies als prozentuale Angabe in einer Parametergruppe definieren. Die Referenzdaten werden dann um diesen Zu- bzw. Abschlag ergänzt.
Löschen	Mit dieser Funktion löschen Sie diejenigen Datensätze aus dem Planungspaket, die die angegebenn Bedingungen erfüllen.
Formel	Sie können Formeln definieren, mit denen Sie festlegen, auf welche Weise die Bewegungsdaten bei der Erzeugung der Plandaten verarbeitet werden sollen. Mit Formelfunktionen können Sie erweiterte mathematische Funktionen für die Berechnung der Plandaten verwenden. Beispiele: Multiplikation, Division, Addition, Subtraktion, Abzinsung, ewige Rente, lineare Abschreibung, degressive Abschreibung.
Exit-Funktion	Für besondere Zwecke können Sie eigene Planungsfunktionen definieren. Dazu müssen Sie Funktionsbausteine bereitstellen, mit denen Sie die Bewegungsdaten verändern.

Abbildung 13: Planungsfunktionen

3.6 Planungsapplikationen

In SEM-BPS 2.0A sind drei Planungsapplikationen eingebunden:

- MS-Excel
- Powersim Studio
- Powersim Solver.

MS Excel und Powersim Studio sind unter Beibehaltung ihrer vollen Funktionsfähigkeit in SEM-BPS integriert. Die Einbindung erfolgt datenseitig und auf der Ebene der Bedienoberfläche:

Datenintegration

Die Datenintegration bezieht sich auf Stammdaten, Bewegungsdaten und Applikationsdateien. Stamm- und Bewegungsdaten eines gewählten Planungspaketes stehen den PC-Applikationen realtime zur Verfügung, können mit den Features derselben modifiziert und jederzeit verbucht werden. Ein Wechsel zwischen den PC-Applikationen und auch zwischen den Planungsfunktionen ist ohne Datenverlust möglich. Die Dateien der Planungsapplikationen werden zentral in SEM-BPS gesichert und geladen, ohne dass die Notwendigkeit besteht, auf lokale Dateien und Datenbestände zurückzugreifen. Dadurch wird ein unternehmensweiter Zugriff auf gleiche Stamm- und Bewegungsdaten sowie die Modelle der jeweiligen Applikation ermöglicht.

Integration mit der Benutzerschnittstelle von SAP SEM

Über die Selektion eines Planungsgebietes und einer Planungsebene werden die der Planungsebene zugeordneten Planungsapplikationen angesteuert. Die konkreten Ausprägungen einer Planungsapplikation werden angezeigt und können von dort gestartet werden. Im rechts liegenden Anwendungsfenster wird dann die entsprechende Planungsapplikation mit Datei, Stamm- und Bewegungsdaten aufgerufen. Innerhalb des Anwendungsfensters kann die Anwendung über lokale Menüs gesteuert und die applikationsspezifischen Features aufgerufen werden.

Neben allgemeinen Integrationsmerkmalen gibt es spezifische Integrationsansätze bei MS-Excel und Powersim Studio:

MS-Excel-Integration

MS-Excel ist eine tabellenorientierte Planungsapplikation, die in den Fachabteilungen weit verbreitet ist. MS-Excel verbindet ein hohes Maß an Flexibilität mit der Möglichkeit, klassisch zu budgetieren und zu planen. Die Datenintegration mit SEM-BPS wird über Planungslayouts hergestellt, die im Layout Painter von SEM-BPS erstellt und dann automatisch in die erste Arbeitsmappe von MS-Excel generiert werden. Daten, die in dem von SEM-BPS erstellten Planungslayout eingegeben bzw. verändert werden, sind logisch mit einem SEM-BPS-Planungspaket verbunden und können im zugehörigen InfoCube verbucht werden. Zudem können bei der Definition von Planungslayouts im Layout Painter andere Arbeitsmappen vorkonfiguriert werden, die mit den SEM-BPS Daten aus dem Planungslayout verbunden sind. In einer Planungssitzung werden die anderen Arbeitsblätter mit den Daten aus SEM-BPS gefüllt und am Ende der Planungssitzung per Makro in das Planungslayout zurückgeschrieben und in SEM-BPS verbucht. Mit dieser Kombination lösen Sie die individuell sehr unterschiedlichen Anforderungen an eine Planungsanwendung mit dem gewünschten Maß an Datenintegration und Planungsstandardisierung bei minimalem Wartungsaufwand.

Integration von Powersim Studio

Powersim Studio ist eine Planungsapplikation mit Schwerpunkt auf den Gebieten Simulation und Optimierung. Im Gegensatz zu MS-Excel werden Zusammenhänge durch grafische Planungsmodelle visualisiert und quantifiziert. Auf Basis der erstellten Planungsmodelle lassen sich dann zeitdynamische Zusammenhänge simulieren und Entscheidungen hinsichtlich gesetzter Ziele optimieren. Insbesondere die Verwendung historischer Daten aus den InfoCubes zur Optimierung von Simulationsmodellen ist üblich. Im Abschnitt Simulation, Optimierung und Risikomanagement finden Sie weitere Informationen zur Anwendung von Powersim.

Die Selektion von Planungsgebieten, -ebenen, -paketen und Planungsfunktionen und das Aufrufen von Studio geschieht analog zu MS-Excel. Die Erstellung eines neuen Modelles wird im Applikationsfenster durchgeführt. Erst danach werden Stamm- und Bewegungsdaten des Modelles mit denen des Planungsgebietes verbunden. Daten aus Simulationsergebnissen werden danach automatisch in die entsprechende Planungsebene transferiert. Diese Verbindungsregeln sind permanent einem entsprechenden Simulationsmodell zugeordnet, aber können jederzeit geändert werden.

3.7 Modellierungsarten (multidimensional, linear/dynamisch)

Bei der Modellierung verfolgt SEM-BPS ein zweistufiges Konzept. In der ersten Stufe wird das mehrdimensionale Datenmodell mit allen für die Planung notwendigen Sichten und Kennzahlen aufgebaut und ggf. mit Daten aus Vorsystemen versorgt. Technisch werden dazu die Standardfunktionen des SAP Business Information Warehouse genutzt. Danach werden in der zweiten Stufe diesen Datenstrukturen (InfoCubes) Planungsgebiete zugeordnet, in denen die entsprechenden Sichten, Kennzahlen und Bewegungsdaten (Infoobjects) zur Verfügung stehen. Auf den untergeordneten Planungsebenen und Planungspaketen werden lineare und dynamische Planungsmodelle (z. B. Parametrisierung von Planungsfunktionen, MS-Excel-Modelle, Powersim-Modelle) erstellt und in einen Gesamtzusammenhang gebracht (z.B. Bilanz- und GuV-Planung).

3.8 Simulation, Optimierung und Risikomanagement

Im Abschnitt Speicher- und Simulationskonzept wurde bereits auf die generellen Simulationsmöglichkeiten eingegangen. In SEM-BPS gibt es darüber hinaus eine Vielzahl von Stellschrauben zur Durchführung von What-If-Fragestellungen. Das sind im wesentlichen die Planungsfunktionen und die Planungsapplikationen. Bei den Planungsfunktionen könnten beispielsweise folgende What-If-Analysen durchgeführt werden:

- Preisänderungen in Formeln und Analyse der Auswirkungen auf die GuV
- Veränderungen von Allokationsschlüsseln für das Budget und Analyse der Auswirkungen auf das Ergebnis der betroffenen Verantwortungsbereiche
- Variation von Prognoseparametern und Analyse der Auswirkungen auf erwartete Absatzmengen.

Diese Aktivitäten sind solange simulativ, bis die Werte gebucht werden. Die Buchungen können in unterschiedliche Versionen, z. B. optimistisch, pessimistisch etc. erfolgen und dann verglichen werden. Dadurch werden die Simulationen entscheidungsrelevant und nachvollziehbar.

Bei Planungsapplikationen wird meist auf der Basis eines lokalen Modells simuliert und geplant. Für die Bereiche dynamische Simulation, Risk Assessment und Risikomanagement werden Powersim Studio und Powersim Solver eingesetzt, die in SAP SEM integriert sind.

Stefan Karl
Development Manager SEM-BCS
SAP AG, Walldorf

SAP Konsolidierung – Funktionalität und Kundennutzen

Gliederung

1. Einleitung

Die Anforderungen an das Berichtswesen eines Konzerns sind in den vergangenen Jahren beständig gestiegen: (1) der externe Konzernabschluß ersetzt den Einzelabschluß als Instrument der Unternehmenskommunikation, (2) Abschlüsse werden monatlich, zumindest aber quartalsweise erstellt, (3) externe und interne Rechenwerke sind zu vereinheitlichen, (4) Abschlüsse sind nach verschiedenen Rechnungslegungsvorschriften zu erstellen, (5) das Konzernberichtswesen sollte ein integraler Bestandteil der strategischen Unternehmensführung sein.

Begleitet werden diese Anforderungen von teilweise deutlich verkürzten Berichts- und Bearbeitungszeiten im Wettbewerb der Konzerne um den Kapitalmarkt sowie häufig auch Personalabbau in den Fachabteilungen. Eine leistungsfähige Softwareunterstützung ist deshalb unabdingbar.

Wir betrachten in diesem Beitrag die „Konsolidierung“ als wichtige Teilfunktion eines Konzernberichtswesens. Nach einer Diskussion der Anforderungen stellen wir ausführlich die Konsolidierungsprodukte „EC-CS Konsolidierung“ und „SEM-BCS Business Consolidation“ der SAP AG mit ihrer Philosophie, der allgemeinen Funktionalität und dem daraus ableitbaren Kundennutzen vor. Am Beispiel der Eigenkapitalanalyse erläutern wir funktionale Eigenschaften der SAP- Lösung im Detail.

2. Anforderungen an eine moderne Konsolidierung

Primäre Aufgabe der Konsolidierung ist die Bereitstellung von Funktionen zur Übernahme und Prüfung von beliebigen Daten meldepflichtiger Einheiten eines Konzerns, ihre Einzelbearbeitung durch bspw. Währungsumrechnung oder Vereinheitlichung von Wertansätzen, die Aggregation über alle Einheiten sowie insbesondere die Eliminierung und Konsolidierung von internen Beziehungen. Basis dieser Maßnahmen ist ein detailliertes Wissen über die internen oder externen, hierarchischen Strukturen eines Konzerns, weshalb entsprechende Modellierungsfunktionen unverzichtbarer Bestandteil jeder Konsolidierungslösung sind.

Die Abgrenzung zwischen der Konsolidierung im engeren Sinne und dem Konzernberichtswesen als Gesamtfunktion verläuft einerseits im Bereich der Datengewinnung und andererseits im Berichtswesen.

- Die Zusammenführung von Plandaten unter Eliminierung von Innenbeziehungen verstehen wir bspw. als Konsolidierungsfunktion, das Erzeugen von Periodenumsätzen durch saisonale Verteilung eines Gesamtumsatzes hingegen als Planungsfunktion. Wie unten ausgeführt, sollte diese Abgrenzung aber dahingehend durchlässig sein, daß Konsolidierungs- und Planungsfunktionen auf den gleichen Daten arbeiten bzw. sich gegenseitig aufrufen können.
- Viele Konsolidierungssysteme beinhalten Funktionen zur interaktiven Analyse der errechneten Ergebnisse und Berichtsgeneratoren. Gleichwohl wird ein Konzernberichtswesensystem häufig über weitere, außerhalb der eigentlichen Konsolidierung liegende, mächtigere Funktionen (z.B. zur grafischen Aufbereitung und Anzeige in einem Management Cockpit) verfügen.
- In der Praxis findet sich schließlich noch die Situation, daß von Konzernberichtswesen, primär Management-Reporting, gesprochen und dabei eine Sammlung und Aggregation von Daten ohne Anwendung von Konsolidierungsfunktionen verstanden wird. Andererseits wird die zunehmende Integration von internem und externem Rechnungswesen den Methoden der externen Rechnungslegung, und damit der Konsolidierung, im gesamten Konzernberichtswesen Vorschub leisten.

2.1 Inhaltliche Anforderungen

Die Abbildung der klassischen Konsolidierungsmaßnahmen wie Währungsumrechnung, Schuldenkonsolidierung oder Kapitalkonsolidierung erwarten die meisten Anwender eines Konsolidierungssystems. Im Gespräch mit Kunden und Interessenten ist jedoch festzustellen, daß die Ansprüche an die vollautomatische Abdeckung auch komplexer Situationen deutlich steigen. Neben den oben genannten Aspekten wie verkürzte Berichtstermine und Personalabbau trägt hierzu sicherlich auch die komplexere Realität mit häufigeren Firmenkäufen, -verkäufen, Fusionen oder anderen Formen der Umorganisation bei.

Weitere Anforderungen an die Konsolidierung ergeben sich insbesondere durch:

Integration von internem und externem Berichtswesen

- Flexibles Datenmodell mit kundendefinierbaren Dimensionen für interne Analysen (z.B. nach Marktsegmenten, Kundengruppen, Regionen)
- Konsistente Weiterverarbeitung der kundendefinierbaren Dimensionen in allen automatischen Konsolidierungsfunktionen (z.B. Splitt von Ergebniseffekten auf Produktgruppen / Marktsegmente in einer Zwischenerfolgseliminierung)
- Modellierung paralleler und matrixartiger Unternehmensstrukturen
- Automatische Abstimmung zwischen verschiedenen Rechenwerken (insbesondere in der Übergangsphase vor der Vereinheitlichung von Strukturen und Inhalten)
- Automatische Überleitungen zwischen Rechenwerken (z.B. quartalsweise externe Konsolidierung, aber automatische Fortführung von aufgedeckten Geschäftswerten im monatlichen, internen Berichtswesen)

Segment-Berichterstattung

- Die Anforderungen einer Segment-Berichterstattung an die Konsolidierung sind weitgehend deckungsgleich mit denen eines ambitionierten internen Berichtswesens.
- Zusätzliche Anforderungen ergeben sich häufig an die datenliefernden Systeme für den Einzelabschluß, nämlich die Kontierung der Segmentinformation und der entsprechenden Partner-Information.
- Die Konsolidierung selbst sollte Techniken zum Umgang mit unterschiedlicher Detaillierung auf Segment- und Partner-Segment-Ebene bereitstellen. Gleiches gilt für Verteilungsfunktionen für den Fall nicht ausreichend aufbereiteter Meldedaten.

Abschlüsse nach internationaler Rechnungslegung

- IAS, US-GAAP oder andere internationale Rechnungslegungen verlangen erweiterte Funktionalität für bspw. Währungsumrechnung, Zwischenerfolgseliminierung, Kapitalkonsolidierung und Latente Steuern.

- Das Kapitalaufnahmeerleichterungsgesetz ermöglicht mit §292a HGB befreiende Nicht-HGB-Konzernabschlüsse in Deutschland. Gleichwohl benötigen weiterhin viele Konzerne im In- und Ausland die Möglichkeit zur parallelen Erstellung von Abschlüssen nach unterschiedlichen Vorschriften.
- Bei nur geringen Abweichungen zwischen verschiedenen Rechnungslegungen sollte eine komplette Neukonsolidierung für jedes der Rechenwerke vermeidbar sein.

Wertorientierte Unternehmensführung

- Die Orientierung unternehmerischen Handelns an der Wertschöpfung für die Stakeholder des Unternehmens spiegelt sich in Theorie und Praxis in einer Vielzahl von Verfahren und Kennzahlen (z.B. Economic Profit, Market Value Added, Cash Flow-ROI etc.) wider. Die meisten dieser Verfahren beinhalten gewisse von der handelsrechtlichen Darstellung abweichende Interpretationen von Sachverhalten. So werden beispielsweise Marketingausgaben nicht als Aufwand der Periode, sondern als Investition mit Abschreibungen über die Folgeperioden angesehen.
- Ein Konsolidierungssystem sollte über Möglichkeiten zur Durchführung dieser sog. „Value Adjustments" verfügen sowie eine parallele Konsolidierung mit oder ohne Adjustments oder mit einem Teil der Adjustments erlauben.

2.2 Anforderungen an die Prozesse

Die unter 2.1 genannten inhaltlichen Anforderungen sollten weitgehend automatisiert, schnell und fehlerfrei abgedeckt werden. Daraus leiten sich folgende Anforderungen ab:

- Integration zu den ERP-Systemen des Einzelabschlusses für eine schnelle und konsistente Datenversorgung
- Integration der Konsolidierung und des Konzernberichtswesens in den Gesamtprozess der strategischen Unternehmensführung (vgl. Abbildung 1)
- Mehrbenutzerbetrieb mit Zugriff auch durch die meldepflichtigen Einheiten (Parallelisierung von Tätigkeiten, „Quality at Source")

– Komfortable Statusübersicht über die verschiedenen Rechenwerke und den Fortschritt ihrer Bearbeitung, ggf. ergänzt um Workflow zwischen den Sachbearbeitern

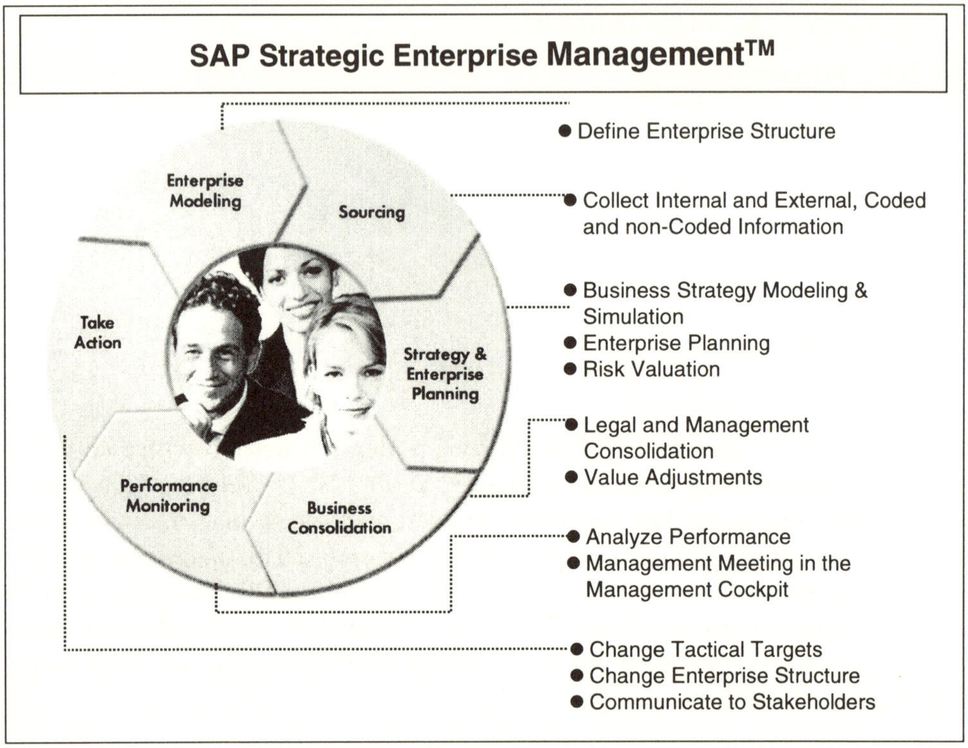

Abbildung 1: SAP Strategic Enterprise Management – Prozeßkette

2.3 Anforderungen an die Bedienung

Funktionale Mächtigkeit und schnelle Bearbeitungszeiten sind Grundvoraussetzungen eines guten Konsolidierungssystems. Aus Sicht der Endanwender sind eine

- ergonomische Benutzeroberfläche,
- leichte Erlernbarkeit,
- Personalisierbarkeit und

weitere wichtige Anforderungen.

3. SAP Konsolidierung

Die SAP AG ist weltweiter Marktführer im Bereich betriebswirtschaftlicher Standard-Software. Seit mehr als 10 Jahren verfügt SAP über eine Konsolidierungslösung, die heute bei mehreren hundert deutschen und internationalen Konzernen in ca. 25 Ländern im Einsatz ist. Kunden der SAP Lösung sind einerseits sehr große Konzerne mit bis zu 1000 Gesellschaften, andererseits auch kleinere Konzerne mit wenig mehr als 10 Gesellschaften. Die SAP Konsolidierung kann sowohl integriert zu den anderen SAP-Produkten als auch völlig „stand-alone“ betrieben werden.

3.1 Produkte

Ausgangspunkt der SAP-Entwicklung Ende der 80er Jahre waren die Anforderungen an den externen Konzernabschluß nach HGB. Entsprechend der in Kapitel 2 diskutierten Anforderungen wurde die SAP Konsolidierung in den letzten Jahren funktional und technologisch massiv erweitert. Unter der Bezeichnung

R/3 EC-CS Konsolidierung

verfügt SAP heute über eine moderne Client-Server-Lösung mit sehr guter Benutzeroberfläche, umfassender automatischer Funktionalität, voller Integration von Gesetzlicher und Management-Konsolidierung, beliebigen Datenkategorien (Ist, Plan, Prognose, etc.) sowie paralleler Unterstützung internationaler Rechnungslegungsgrundsätze.

Mit dem Produkt SEM Strategic Enterprise Management™ bietet SAP seit Mitte 1999 auch Software-Unterstützung für den gesamten Prozeß der (strategischen) Unternehmensführung an.

Die Konsolidierung ist ein integraler Bestandteil von SEM, sie heißt dort

SEM-BCS Business Consolidation

Bezogen auf die Konsolidierungsfunktionalität unterscheiden sich EC-CS und SEM-BCS nicht. Wesentlicher Unterschied beider Produkte ist hingegen die enge Kopplung von SEM-BCS zu den anderen SEM-Komponenten. SEM ist eine analytische Anwendung, die ihre Daten im SAP Business Information Warehouse (SAP BW) ablegt. Die verschiedenen SEM-Komponenten kommunizieren über die gemeinsame Datenbank bzw. rufen sich gegenseitig auf. Damit können bspw. in der Komponente SEM-BPS (Business Planning and Simulation) erzeugte Daten direkt konsolidiert werden bzw. die konsolidierten Ist- und Planzahlen unmittelbar im Management Cockpit und der Balanced Scorecard der Komponente SEM-CPM (Corporate Performance Monitor) angezeigt bzw. bewertet werden.

SAP Strategic Enterprise Management™

- **SEM-BPS**
  Verknüpfung strategischer Planung und Simulation mit der operativen Unternehmensplanung
- **SEM-BIC**
  Beschaffung externer unstruk-turierter Informationen und Verknüpfung mit internen Daten
- **SEM-BCS**
  Beschleunigte Konsolidierung für externe Konzernrechnungslegung und internes Management-Reporting
- **SEM-CPM**
  Bereitstellung von Balanced Scorecards, Management Cockpit, KPIs, Value Drivers, Benchmarks
- **SEM-SRM**
  direkte Verknüpfung des Prozesses der Unternehmensführung mit den wichtigsten Interessengruppen

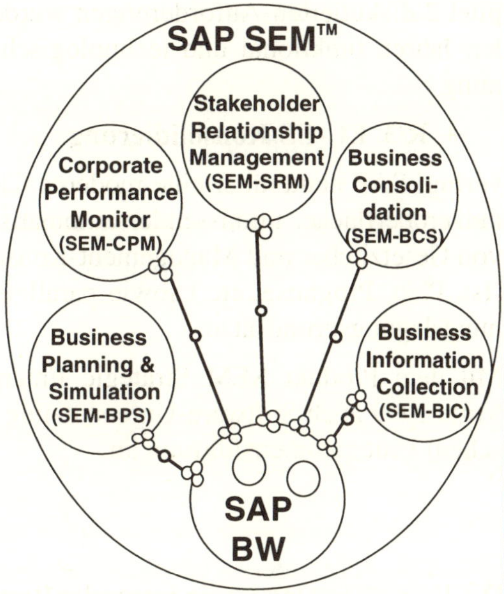

Abbildung 2: SAP Strategic Enterprise Management – Komponenten

3.2 Philosophie

SAP stellt seinen Kunden umfassende, sofort einsetzbare Konsolidierungsfunktionen mit einer konsistenten Logik auch für komplizierte betriebswirtschaftliche Sachverhalte bereit. Die Nutzung dieser Funktionen erfolgt durch eine einfache Auswahl von Optionen – in der Regel weiter unterstützt durch ausgelieferte SAP-Vorschläge.

Im Bereich Kapitalkonsolidierung kann der Kunde beispielsweise

- direkt von SAP vordefinierte Methoden für Voll-, Quoten- oder Equity-Konsolidierung verwenden,

- die SAP Methoden durch Verändern von Parametern, z.B. andere Abschreibungsdauer, geringfügig anpassen oder
- Methoden durch Angabe der Buchungspositionen, Geschäftswertbehandlung, Art der Rechnungslegung etc. vollständig selbst definieren.

Die gesamte Komplexität der Kapitalkonsolidierung mit ihren Vorgängen wie Erstkonsolidierung, sukzessiver Erwerb, Abgang, Transfer oder indirekter Anteilsänderung wird komplett von SAP abgedeckt.

Im Gegensatz zu einem Teil der Wettbewerber ist für diese sehr umfangreiche Standardfunktionalität keinerlei Programmierung durch den Kunden erforderlich. SAP bietet die Programmierung über sogenannte Exits als zusätzliche Option an, die aber nur bei sehr speziellen Kundenanforderungen benötigt wird.

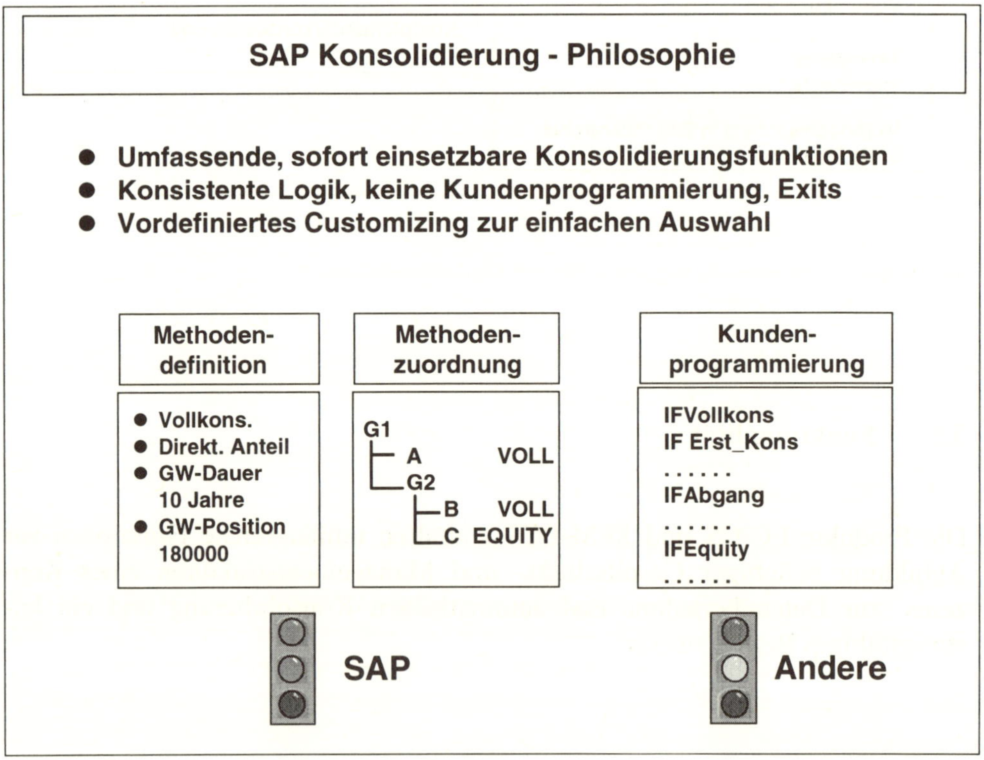

Abbildung 3: SAP Konsolidierung – Philosophie

Automatische Kapitalkonsolidierung

Automatische Belegerstellung für

Erstkonsolidierung

Folgekonsolidierung
Abschreibung Geschäftswert

Sukzessiver Erwerb

Indirekte Anteilserhöhung
Indirekte Anteilserniedrigung
Indirekte Umbuchung

Kapitalerhöhung
Kapitalherabsetzung

Teilumbuchung
Vollumbuchung

Teilabgang
Vollabgang

Methodenwechsel in Zeit / Hierarchie
Stille Reserven

Vorgangsnummer Kapitalkonsolidierung

Eindeutige Verknüpfung von

- Datenmeldung Beteiligung / Kapital
- Buchungsbeleg

Arten der Einbeziehung

Vollkonsolidierung

Quotenkonsolidierung

At-Equity-Konsolidierung

Komplementärkonsolidierung

Abbildung 4: Automatische Vorgänge in der SAP Kapitalkonsolidierung

3.3 Funktionalität

Die Produkte EC-CS und SEM-BCS enthalten umfangreiche Funktionen zur Abbildung beliebiger Gesellschafts- und Managementstrukturen eines Konzerns, zur Datenübernahme und automatischen Konsolidierung und ein leistungsfähiges Berichtswesen.

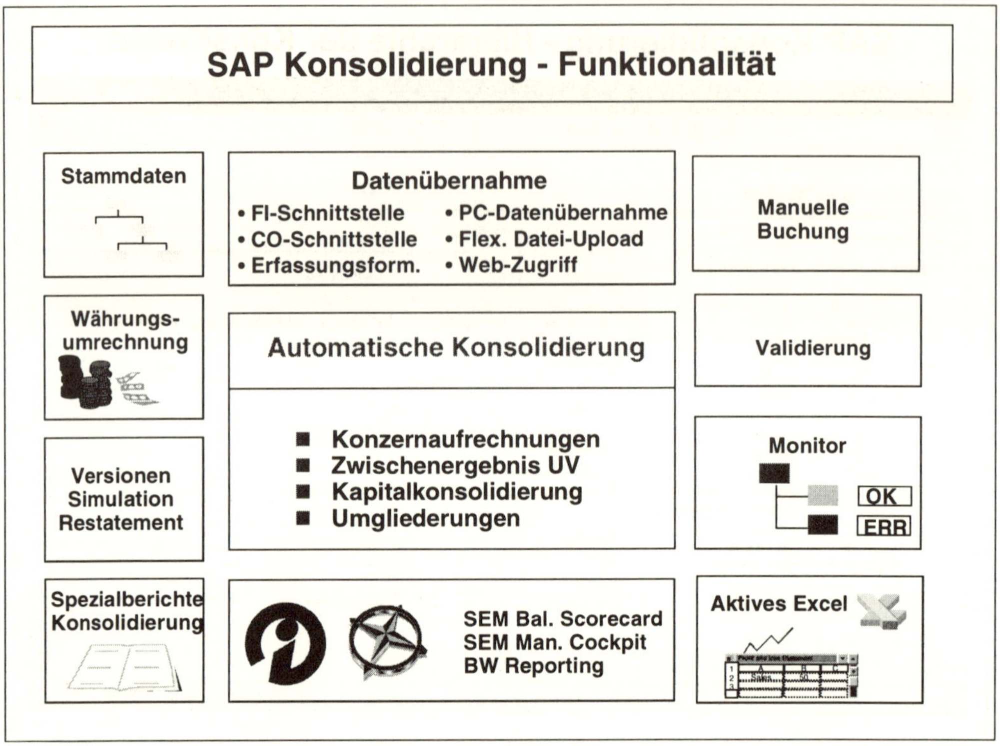

Abbildung 5: SAP Konsolidierung – Funktionalität

Wir nennen nachfolgend jeweils die wichtigsten Eigenschaften:

<u>Highlights im Bereich Strukturierung / Flexibilität</u>

- Mehrdimensionales Datenmodell mit festen und kundendefinierbaren Dimensionen (z.B. Profit Center, Produktgruppen, Kundengruppen, Regionen)
- Flexible Hierarchien von Konsolidierungseinheiten und –kreisen
- Flexible Hierarchien über Positionen und kundendefinierte Dimensionen
- Beliebig viele Positionspläne
- Versionskonzept zur Abbildung unterschiedlicher Datenkategorien (Ist, Plan, etc.), verschiedener Rechnungslegungen, für Simulation oder Restatement

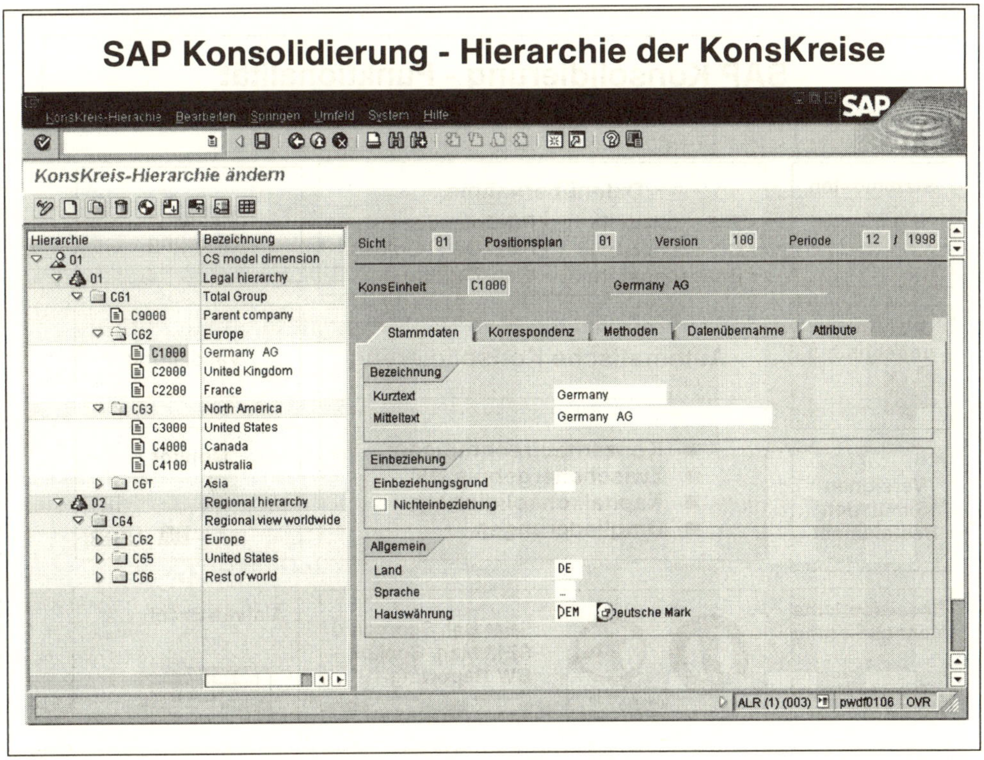

Abbildung 6: SAP Konsolidierung – Hierarchie der Konsolidierungskreise

<u>Highlights im Bereich Datenübernahme</u>

- Online-Erfassung von Abschlüssen in der Konsolidierungskomponente
- MS Access – Erfassungsmodul für Tochtergesellschaften ohne SAP-Software
- Flexible Input-Schnittstellen für Daten aus Fremdsystemen
- Übernahme aus anderen EC-CS- und SEM-BCS-Installationen (Stufenkonsolidierung)
- Integration mit den SAP-Anwendungen für Einzelabschlüsse
- Integration zur SAP-Planung
- Übernahme von HBI- und / oder HBII-Daten
- Manuelle Buchung / Laden von Belegen, Musterbelege, Dauerbelege

- Übernahme aus anderen EC-CS- und SEM-BCS-Installationen (Stufenkonsolidierung)
- Integration mit den SAP-Anwendungen für Einzelabschlüsse
- Integration zur SAP-Planung
- Übernahme von HBI- und / oder HBII-Daten
- Manuelle Buchung / Laden von Belegen, Musterbelege, Dauerbelege
- Kundendefinierbare Validierungen (Prüfregeln) – zentral und dezentral

Highlights im Bereich Konsolidierungsfunktionen

- Automatische Konsolidierungsmaßnahmen (inkl. Belegerstellung)
- Währungsumrechnung, EURO-Funktionalität, Währungsreform
- Schuldenkonsolidierung, Aufwands- und Ertragskonsolidierung
- Beteiligungsertragseliminierung, Eliminierung von Rückstellungen etc.
- Zwischenerfolgseliminierung im Umlaufvermögen
- Umgliederung (Verteilung, Saldierung, Value Adjustments, etc.)
- Kapitalkonsolidierung nach allen Methoden und Varianten
- Quotierung nach Minimum- oder Produktquote
- Automatische Zusatzbuchungen bei Hierarchieänderungen
- Latente Steuern und automatische Ergebniseffekte

Highlights im Bereich Prozeßdefinition und -steuerung

- Zeit- und versionsabhängiger Melde- und Konsolidierungsumfang
- Daten- und Konsolidierungsmonitor zur perfekten Status-Kontrolle
- Daten- und Konsolidierungsmonitor als Launchpad für alle Funktionen
- Einzelstart und Bündelung von Maßnahmen, Konsolidierung auf Knopfdruck
- Mehrbenutzerbetrieb mit umfangreichem Berechtigungskonzept auf Objekt- und Maßnahmenebene

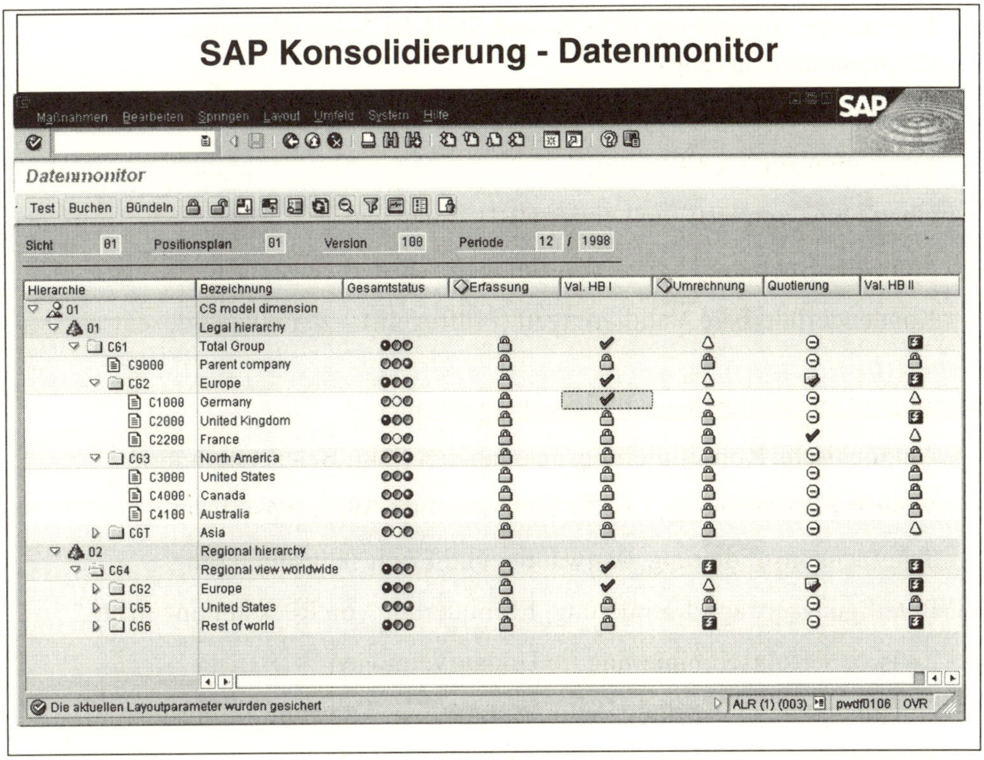

Abbildung 7: SAP Konsolidierung – Datenmonitor

<u>Highlights im Bereich Berichtswesen</u>

- Leistungsfähige Berichtstools, vordefinierte Berichte, Ad-hoc-Berichte
- Drilldown innerhalb von Berichten, Bericht-Bericht-Schnittstelle
- Aktives-Excel-Schnittstelle für stets aktuelle Daten
- Web-Reporting im Browser (über SAP Business Information Warehouse)
- Management Cockpit und Balanced Scorecard als Interpretationsmodelle
- Speicherung von Konsolidierungsprotokollen in den beiden Monitoren, spätere Anzeige und Analyse auf Knopfdruck (z.B. bei Abschlußprüfung)
- Belegauswertungen, Einzelnachweise
- Spezialberichte (Anteilsbesitz, Beteiligungen, Kapital, Stille Reserven, etc.)

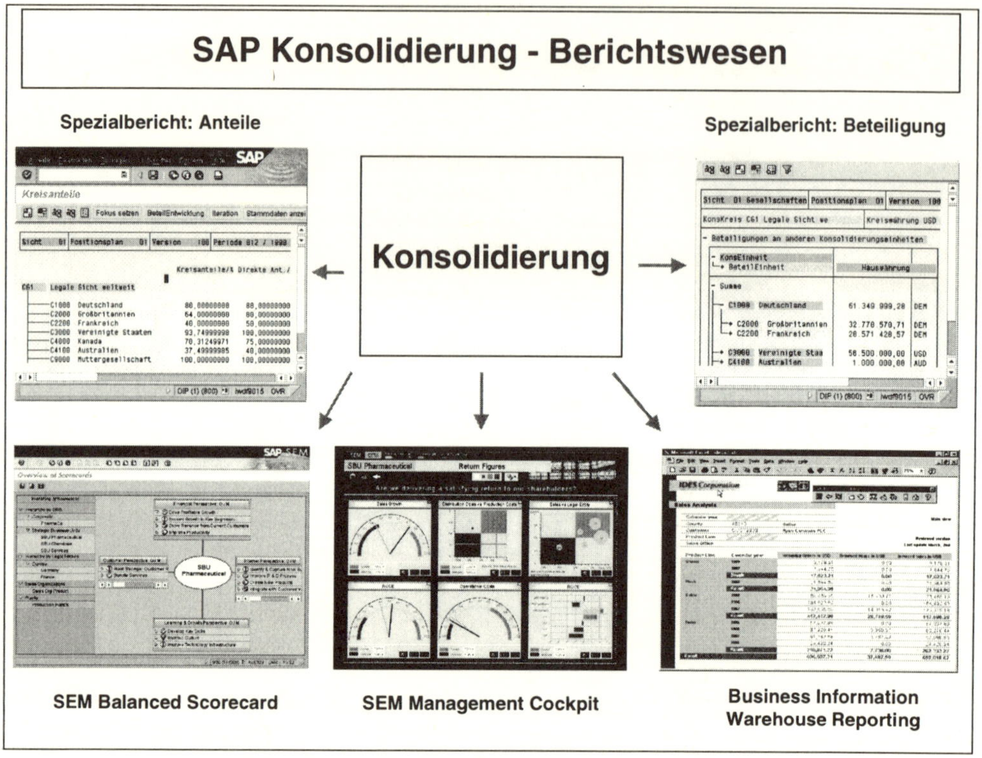

Abbildung 8: SAP Konsolidierung - Berichtswesen

Highlights im Bereich Bedienbarkeit

- Moderne Benutzeroberfläche (vgl. Abbildungen 6-8)
- MS Excel Frontend für Erfassung und Reporting
- Personalisierung (z.B. über Benutzerrollen)
- Umfangreiche Hilfefunktionen und Dokumentation
- Gleichzeitige Verfügbarkeit mehrerer Sprachen und Schriftarten im System, benutzerspezifische Währungsdezimal- und Datumsdarstellung

Highlights im Bereich Systemeigenschaften

- Ablauffähigkeit auf sehr vielen Hardware-Plattformen, Betriebssystemen und Datenbanksystemen
- Hohe Skalierbarkeit des Systems – Nutzung durch wenige Anwender in einer Konzernzentrale oder weltweit durch Mitarbeiter aller Gesellschaften
- Hohe Datenvolumina und große Verarbeitungsgeschwindigkeit
- Installationsfreier Zugriff per Internet Browser für alle Funktionen der SAP Konsolidierung

3.4 Kundennutzen

Die im vorangehenden Abschnitt beschriebenen Eigenschaften der SAP Konsolidierung bieten den Kunden zahlreiche Vorteile in der Erstellung von Abschlüssen. Bei einer stark aggregierten Betrachtungsweise manifestierten sie sich in folgendem Kundennutzen:

Integriertes, qualitativ hochwertiges Konzernberichtswesen

Kurze / verkürzte Abschlußdauern

Wir nennen nochmals die wesentlichen Argumente für eine SAP Lösung, beginnend mit den Inhalten und der Qualität des Konzernberichtswesens:

- Integration von gesetzlicher und Management-Konsolidierung
- Integration der Konsolidierung in die strategische Unternehmensführung
- Integration verschiedener Rechnungslegungsvorschriften
- Integration verschiedener Datenkategorien – gleichartige Verfahren möglich
- Qualität durch automatische Schnittstellen zu SAP-Anwendungen für den Einzelabschluß (optional)
- Qualität durch Direktzugriff / Prozeßverantwortung dezentraler Mitarbeiter. Dies gilt von der Erfassung und Prüfung von Einzelabschlußdaten bis hin zur Konsolidierung ganzer Teilkonzerne im Zentralsystem.
- Qualität durch umfassende, sofort einsetzbare Konsolidierungsfunktionen mit konsistenter Logik

- Qualität durch perfekte Status-Übersicht und -Kontrolle im Monitor: korrekte Reihenfolge der Maßnahmen / kein Vergessen von Maßnahmen
- Umfassendes Berichtswesen mit modernen Interpretationsmodellen

Für viele Konzerne ist die weitere Verkürzung der Abschlußdauer ein wesentlicher Wettbewerbsfaktor am Kapitalmarkt. Die SAP Lösung bietet gute Voraussetzungen, dieses Ziel zu erreichen:

- Umfangreiche automatische Funktionalität auch für komplexe Vorgänge
- Gute Unterstützung manueller Tätigkeiten (Belegvorerfassung, Musterbelege)
- Hohe Parallelisierung durch Mehrbenutzerbetrieb in der Konzernzentrale, insbesondere bei Einbeziehung der meldepflichtigen Einheiten in den Prozeß
- Monitore mit intelligenter Status-Verwaltung auf Ebene von Konsolidierungseinheiten / Konsolidierungskreisen und Maßnahmen: bereits durchgeführte Maßnahmen müssen nur bei Änderungen neu ausgeführt werden.
- Große Verarbeitungsgeschwindigkeit auch bei hohem Datenvolumen

4. Funktionalität am Beispiel – Eigenkapitalanalyse

Die Analyse und Dokumentation der Eigenkapitalveränderungen des Konzerns ist als „Statement of Stockholders‘ Equity" Pflichtbestandteil eines Konzernabschlusses nach US GAAP. Auch in HGB-Abschlüssen oder für interne Zwecke wird der Analyse des Eigenkapitals häufig eine hohe Priorität zugewiesen. Abbildung 9 zeigt verschiedene in der Praxis geforderte Ausweise. Ihre Erstellung ist in der Regel eine schwierige und zeitaufwendige Arbeit.

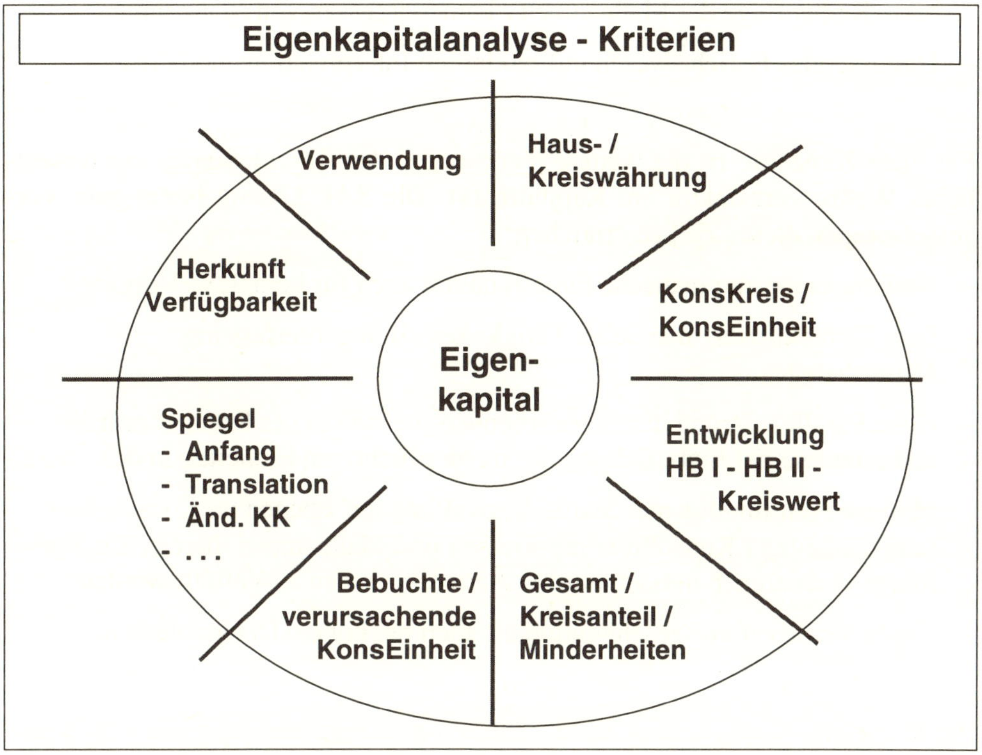

Abbildung 9: Kriterien für die Eigenkapitalanalyse

Wir stellen nachfolgend die Funktionalität der SAP Konsolidierung für die Eigenkapitalanalyse vor. Nach Wahl entsprechender Parameter werden alle aufgezeigten Aspekte in den Buchungen des Systems automatisch berücksichtigt. Damit ergeben sich eine deutliche Reduktion des Aufwandes einerseits und qualitativ sehr gute Analyseergebnisse andererseits.

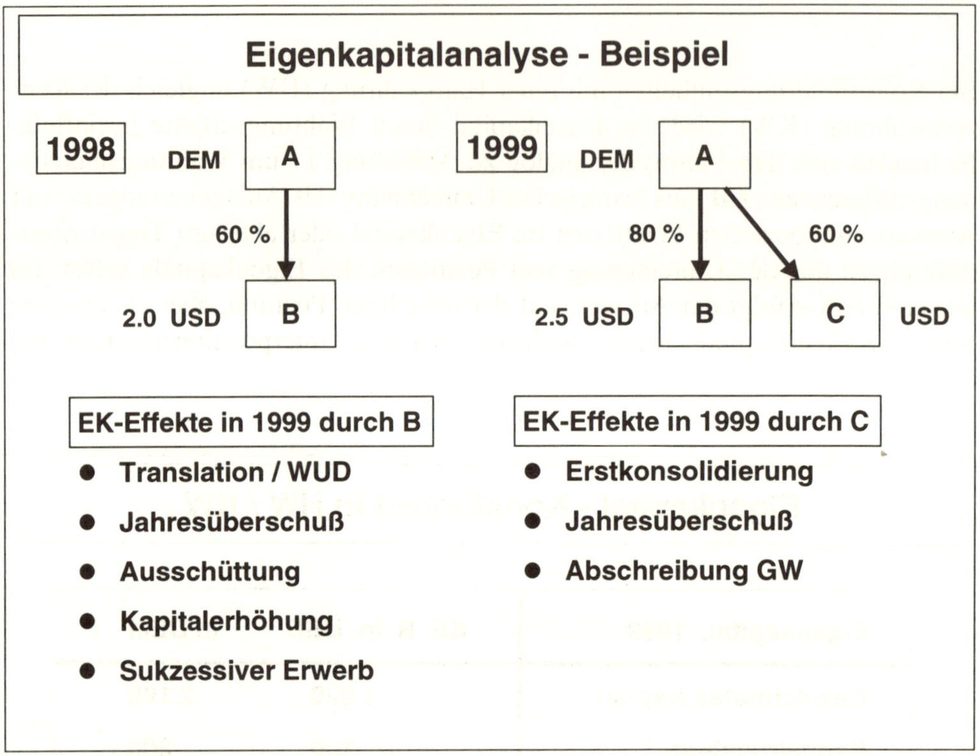

Abbildung 10: Beispiel zur Eigenkapitalanalyse

4.1 Gliederung und Verwendung

Eine elementare Analyse des Eigenkapitals besteht in seiner Unterteilung nach Herkunft, Zweck, Bindungsgrad und Verfügbarkeit, wie sie teilweise auch in den Rechnungslegungsvorschriften (z.B. § 267 HGB) vorgeschrieben ist. Die SAP Konsolidierung verwendet dafür das Konzept der Position.

Die Überleitung vom Jahresüberschuß zum Bilanzgewinn wird als Gewinnverwendung bezeichnet. Dabei sind Angaben über Ergebnisvortrag, Ausschüttung, Einstellung in die / Entnahme aus den Rücklagen, etc. erforderlich. SAP verwendet als Gliederungsmerkmal der Gewinnverwendung wiederum Positionen – alternativ als Bestandteil der Bilanz oder im Anschluß an die Gewinn- und Verlustrechnung.

4.2 Währungseffekte

Bei Konsolidierungseinheiten mit einer Hauswährung (HW) ungleich der Konzernwährung (KW) wird das Eigenkapital durch Währungseffekte beeinflußt. Es handelt sich dabei entweder analog zu Abbildung 11 um Währungsumrechnungsdifferenzen (z.B. aus historischer Umrechnung des Anlagevermögens) mit Ausweis auf speziellen Positionen im Eigenkapital oder aber um Translationsdifferenzen aus der Umrechnung von Positionen des Eigenkapitals selbst. Im letzteren Fall erfolgt der Ausweis auf der jeweiligen Position, aber als separate Spalte im Eigenkapitalspiegel – realisiert über sog. Unterpositionen (siehe Abbildung 14).

Eigenkapital - KonsEinheit in HW / KW

Eigenkapital, 1999	KE B in USD	in DEM
Gezeichnetes Kapital	1.000	2.100
Kapitalrücklage	100	200
Gewinnrücklage	200	500
Bilanzgewinn	100	250
WUD aus AV, GKap, RL		- 550
	1.400	2.500

SAP Konsolidierung

- Beliebige Kurs- und Umrechnungsarten pro Position
- Ausweis von WUD auf separaten Positionen möglich
- Ausweis von Translationseffekten pro Position

Abbildung 11: Währungseffekte im Eigenkapital

4.3 Konsolidierungseffekte

Eigenkapitalanalyse im Konzern bedeutet einerseits separate Analyse und Vergleich von einzelnen Konsolidierungseinheiten, Gruppen von Einheiten oder des gesamten Konsolidierungskreises, andererseits auch den Nachweis der Entwicklung des Eigenkapitals von der Datenmeldung über die einzelnen Konsolidierungsmaßnahmen hinweg zum konsolidierten Kreiswert bzw. den jeweiligen Minderheitenanteilen. SAP verwendet verschiedene Belegarten pro betriebswirtschaftlicher Konsolidierungsmaßnahme, so daß die Einzeleffekte im Berichtswesen z.B. als separate Zeile oder Spalte darstellbar sind. Von diesen summarischen Werten ist ein Drilldown bis zum einzelnen Buchungsbeleg möglich.

Eigenkapital - Entwicklung HB I - HB II - Kreiswert

Eigenkapital, 1999	HB II	. . .	Kapkons	Kreis
Gez. Kapital	8.100	. . .	- 3.100	5.000
Kapitalrücklage	1.200	. . .	- 200	1.000
Gewinnrücklage	1.500	. . .	- 200	1.300
. . .	. . .	. . .	. . .	. . .
Minderheiten	0	0	900	900

SAP Konsolidierung

- Belegprinzip analog Einzelabschluß
- Belegart pro KonsMaßnahme (Bet.ertrag, Schuldenkons., . . .)
- Mehr Detail möglich (z.B. Belegart für Voll / Equity)

Abbildung 12: Eigenkapitalanalyse – Entwicklung vom HB I-Wert zum Kreiswert

4.4 Kreisanteile und Minderheitenanteile

Bei der Analyse des Kreisanteils am Eigenkapital muß man zwischen dem Ausweis in der Bilanz und dem auf den Kreis entfallenden rechnerischen Anteil differenzieren. Abbildung 13 zeigt, daß die Position Kapitalrücklage durch eine Erstkonsolidierung komplett eliminiert wurde. Es wird folglich der Kreiswert 0 ausgewiesen. Für eine interne Analyse beträgt der rechnerische Kreisanteil an der Kapitalrücklage hingegen 80% von 200 = 160.

Eigenkapital - Gesamt / Kreisanteil / Minderheiten

Eigenkapital, KE B	HB II	Kreis	Kreisant.	Mind.ant.
Gez. Kapital	2.100	0	1.680	420
Kapitalrücklage	200	0	160	40
Gewinnrücklage	500	300	400	100
Bilanzgewinn	250	30	200	50
WUD	- 550	- 330	- 440	- 110
Summe	2.500	0	2.000	500

SAP Konsolidierung

- Analyse Minderheitenanteil auf gleichem Detail möglich
- Ausweis Kreisanteil mit / ohne Eliminierung

Abbildung 13: Eigenkapitalanalyse – Kreisanteil und Minderheitenanteil

4.5 Eigenkapitalspiegel

Wesentliches Merkmal eines Eigenkapitalspiegels ist die Darstellung der Entwicklung vom Anfangswert (= Endwert Vorjahr) zum aktuellen Gesamtwert für jede Eigenkapitalposition. Abbildung 14 zeigt typische, in der Praxis geforderte Bewegungen im Spiegel. Es ist zu beachten, daß ein Teil der Bewegungen schon von den Gesellschaften des Konzerns gemeldet werden muß (z.B. Kapitalerhöhung), andere sich hingegen erst aus dem Konsolidierungsprozeß ergeben (z.B. Translationsdifferenzen, Zugang / Abgang aus dem Konsolidierungskreis).

Eigenkapital - Bewegungen im Spiegel

- **Anfangsbestand**
- **Translationsdifferenz**
- **Zugang / Abgang KonsKreis**
- **Jahresüberschuß aus GuV**
- **Einstellung in / Entnahme aus Rücklagen**
- **Ausschüttungen**
- **Kapitalerhöhungen / Kapitalherabsetzung**
- **Zukauf / Abgang**
- **Umbuchung Minderheitenanteil**
- **Eliminierung Kreisanteil**
- **Sonstiges**

SAP Lösung:

Unterpositionen

Abbildung 14: Eigenkapitalanalyse – Bewegungen im Eigenkapitalspiegel

Die SAP Konsolidierung bildet Eigenkapitalbewegungen über vom Anwender frei wählbare Unterpositionen ab, ein SAP-Vorschlag ist Bestandteil jeder Systemauslieferung. Alle in Abbildung 14 gezeigten Bewegungen werden automatisch korrekt ausgewiesen. Bewegungen durch Abgang oder Zugang von Konsolidierungseinheiten werden bspw. pro Konsolidierungskreis separat berechnet.

Die Funktionalität der Kapitalkonsolidierung hat einen entscheidenden Einfluß auf die erreichbare Güte einer Eigenkapitalanalyse. Dies ist dadurch begründet, daß von einer Gesellschaft gemeldete Bewegungen (z.B. Kapitalerhöhung) im Eigenkapital vollständig eliminiert oder auch nur teilweise auf Minderheitenpositionen umgegliedert werden. Andererseits muß die Kapitalkonsolidierung Bewegungen im Eigenkapitalspiegel buchen, auch wenn gar keine originären Kapitalveränderungen vorliegen (z.B. bei sukzessivem Erwerb).

Es lassen sich zwei unterschiedliche Ansätze verfolgen. Bei einer **Nettodarstellung** erfolgen die Eliminierungen der Kapitalkonsolidierung auf den gemeldeten Unterpositionen der Kapitalpositionen, die Information wird an die jeweilige Minderheitenposition vererbt. Unter dem Blickwinkel eines Kapitalspiegels erfolgen Datenmeldung und Eliminierung quasi in der gleichen Spalte. In Abbildung 15 wird also trotz einer Kapitalerhöhung von 500 (1. Zeile) im Konsolidierungskreis weiterhin ein Gezeichnetes Kapital von 0 ausgewiesen (3. Zeile). Auf der Minderheitenposition ist ablesbar, daß die Erhöhung von 200 durch eine Kapitalerhöhung verursacht wurde.

Eigenkapital - Nettodarstellung

Eigenkapital, KE B	Kap.erhöhung	Sukz. Erwerb
Gez. Kap. HB II	500	
Kreisanteil	60 %	+ 20 %
Gez. Kapital	0	
Min Gez. Kap.	200	- 100

SAP Konsolidierung

- Netto = Elim. auf der Meldeunterposition (sofern vorhanden),
  Elim. Kreis / Minderheiten auf gleicher Unterposition
- Brutto / Netto im Customizing wählbar

Abbildung 15: Eigenkapitalspiegel – Nettodarstellung

Bei der **Bruttodarstellung** erfolgt eine weitere Differenzierung: Datenmeldung, Eliminierung des Kreisanteils und Umgliederung des Minderheitenanteils verwenden unterschiedliche Unterpositionen. Damit ergibt sich natürlich auch in Abbildung 16 ein Kreiswert von 0 für das Gezeichnete Kapital. Andererseits bleibt die Berechnung transparent, und dies auch über Perioden- und Jahresgrenzen hinweg.

Eigenkapital - Bruttodarstellung

Eigenkapital, KE B	Kapitalerhöhung Meldung	Kapitalerhöhung Kreis	Kapitalerhöhung Min.	Sukz. Erwerb Kreis	Sukz. Erwerb Min.
Gez. Kap. HB II	500				
Kreisanteil	60 %			+ 20 %	
Gez. Kapital	500	- 300	-200	- 100	100
Min Gez. Kap.			200		- 100

SAP Konsolidierung

- Brutto = Spezielle Unterposition für Eliminierung Kreisanteil
  Spezielle Unterposition für Buchung Minderheiten
  Unterpositionen vorgangsabhängig

Abbildung 16: Eigenkapitalspiegel - Bruttodarstellung

Netto- und Bruttodarstellung werden in der SAP Konsolidierung voll unterstützt.

5. Zusammenfassung

Die Konsolidierung ist eine wichtige Teilfunktion des Konzernberichtswesens, welches seinerseits in den Gesamtprozeß der Konzernsteuerung integriert sein sollte. Die SAP AG bietet mit dem Produkt SAP Strategic Enterprise Management und der Komponente SAP Konsolidierung eine umfassende Software-Unterstützung für diese Aufgaben an.

Die SAP Konsolidierung zeichnet sich durch umfangreiche, sofort einsetzbare Standardfunktionalität in den Bereichen Strukturierung, Datenübernahme, automatische Eliminierung/Konsolidierung, Prozeßdefinition- und -steuerung sowie Berichtswesen aus. Sie verfügt über eine moderne Benutzeroberfläche und eine skalierbare Systemarchitektur mit Mehrbenutzerbetrieb durch die Konzernzentrale und dezentrale Einheiten, großer Verarbeitungsgeschwindigkeit und optionalem Zugriff per Internet Browser.

Die SAP Konsolidierung ermöglicht damit ein integriertes, qualitativ hochwertiges Konzernberichtswesen und bietet gute Voraussetzungen für kurze bzw. verkürzte Abschlußzeiten.

Literaturverzeichnis

KARL, S. (1997), Anforderungen an eine softwaregestützte Kapitalkonsolidierung, in: Küting, K. / Weber, C.-P.: Das Rechnungswesen auf dem Prüfstand, Institut für Medienentwicklung und Kommunikation GmbH, Frankfurt 1997.

KÜTING, K., GÖTH, P., STRICKMANN, M. (1997), Die Dokumentation des Konzerneigenkapitals (Teil I), DStR 1997, S. 935 ff.

KÜTING, K., GÖTH, P., STRICKMANN, M. (1997), Die Dokumentation des Konzerneigenkapitals (Teil II), DStR 1997, S. 978 ff.

SAP (1999), SAP Strategic Enterprise Management – Die Funktionen, White Paper, SAP AG, Walldorf 1999.

Dipl.-Wirtsch.-Inform. Winfried Eickhoff
Projektleiter Einführungsprojekte SAP R/3 EC-CS / CS-AA-WELT
Arthur Andersen Managementberatung GmbH, Eschborn/Frankfurt a.M.

Einführung von Konzerninformationssystemen am Beispiel von SAP R/3 EC-CS / CS-AA-WELT

Gliederung

1. Vorbemerkung

Hochkomplexe interne Strukturen und Prozesse auf der einen Seite, dynamische Märkte und die veränderten, teilweise verschärften gesetzlichen Anforderungen (z.B. durch KonTraG) auf der anderen Seite, verlangen schnelle, nachvollziehbare Entscheidungen und flexible Reaktionen des Managements. Durch die zunehmende Globalisierung ergibt sich immer häufiger die Anforderung, neben dem Konzernreporting nach Landesrecht (z.B. HGB) auch nach internationalen Rechnungslegungsgrundsätzen (IAS / US-GAAP) zu berichten.

Die Grundlage hierfür ist eine aktuelle, managementorientierte Informationsaufbereitung und –darstellung durch ein integriertes Konzernsteuerungs-/ informationssystem, das die relevanten Kennzahlen des Konzerns, der Teilkonzerne und Gesellschaften, der strategischen Geschäftsfelder bis hin zu den Produktgruppen sowie der einzelnen Verantwortungsbereiche auf allen Ebenen zur Verfügung stellt und vergleichbar macht. Somit liefert es dem Management nicht nur optimale, zeitnahe Entscheidungsgrundlagen zur wertorientierten Konzernsteuerung, sondern ermöglicht ihm darüber hinaus, seinen Pflichten im Bereich der Konzernrechnungslegung nachzukommen oder im Chancen- und Risikomanagement zu unterstützen.

Das von der SAP AG entwickelte und in R/3 integrierte Modul EC-CS (Enterprise Controlling - Consolidation) sowie das von Arthur Andersen unter dem Namen "CS-AA-WELT" ab 2000 vertriebene Konsolidierungssystem erfüllen diese Anforderungen. Das aus einer Entwicklungs- und Produktkooperation zwischen der SAP AG und der Arthur Andersen Managementberatung GmbH hervorgegangene CS-AA-WELT wird die identische Funktionalität wie EC-CS beinhalten, jedoch als "stand-alone-System“ konzipiert, benötigt das Unternehmen lizenzrechtlich keine SAP R/3 Installation. Der Leistungsumfang der Systeme umfasst allgemeine Konsolidierungsfunktionen, die sowohl für die externe Rechnungslegung als auch für die interne Konzernberichterstattung eingesetzt werden. Integrierte Anwendungsgebiete sind, neben der gesetzlich geforderten Konzernberichterstattung nach HGB, US-GAAP oder IAS auf Gesellschaftsebene, eine Geschäftsbereichskonsolidierung, eine Profitcenterkonsolidierung oder auch eine Berichterstattung auf der Basis von Daten einer konzernweiten Produktergebnisrechnung. Dabei können die einzelnen Berichts-/ Konsolidierungsarten durch eine regelbasierte Abstimmung der externen und internen Daten harmonisiert werden (vgl. hierzu auch (SAP AG (1997), S. 2-2 ff.).

Dieser Artikel skizziert Einführungsstrategien von Konzernsteuerungs-/ informationssystemen und stellt eine Vorgehensweise dar, die am Beispiel der Einführung von EC-CS / CS-AA-WELT eine schnelle und sichere Systemimplementierung in Konzernen ermöglicht.

2. Einführungsstrategien

2.1 Einleitung

Die Problemstellungen, die im Rahmen der integrierten Konzernsteuerung und Konzernrechnungslegung derzeit in zahlreichen Konzernzentralen und Holdings diskutiert werden, erfordern adäquate Lösungen durch Veränderungen der Informations- und Anwendungsarchitektur. Entsprechend beinhalten die Mehrzahl der Projekte, die im Rahmen von Optimierungen bzw. Veränderungen der Konzernsteuerung oder der Konzernrechnungslegung initiiert werden, neue Systemeinführungen bzw. Systemveränderungen. Bespiele hierfür sind:

- Performanceverbesserung durch wertorientierte Steuerung, z.B. EVA, Free Cash Flow, ROI etc. (zu Steuerungsgrößen siehe auch (BÜHNER / TUSCHKE (1999)), Kap. 4, Seite 11 ff.)
- Integration von Akquisitionen in stark diversifizierten Konzernen
- Einführung bzw. Überarbeitung der Strategischen Geschäftsfelder und -einheiten oder Profit Center und Fokussierung auf Konzernaktivitäten
- Verbesserung von Reportingprozessen in Ist und Plan
- Umstieg auf internationale Rechnungslegung (US-GAAP oder IAS) .

Die Anforderungen an die Funktionalität des Konzernsteuerungs/-informationssystems werden dabei durch die Prozessgestaltung des im Konzern realisierten Steuerungskonzeptes definiert. Das Konzernsteuerungskonzept wiederum stellt die Umsetzung des Konzernverständnisses und somit der Konzernsteuerungsphilosophie dar.

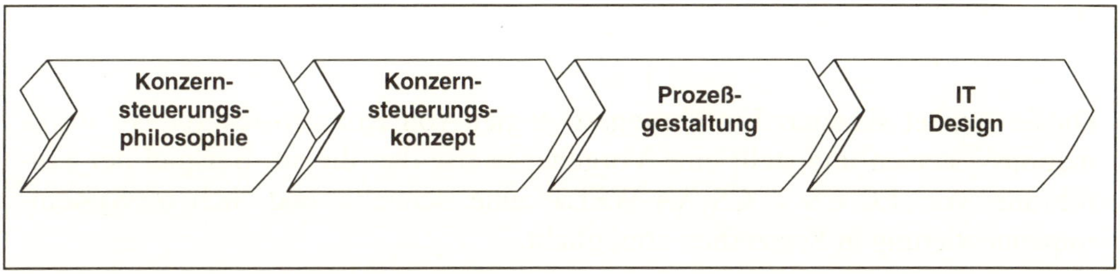

Abbildung1: Ableitung des Systemdesign

Das Design eines Systems zur Konzernsteuerung bzw. zur Gewinnung von Konzerninformationen ist in letzter Konsequenz eine Umsetzung der Steuerungsstrategie, die aus der Konzernphilosophie hervorgeht.

2.2 Konzernsteuerungsdefinition

Als Folge der Konzernphilosophie und der daraus abgeleiteten Steuerungsstrategie, werden die zu beeinflussenden bzw. zu berichtenden Objekte definiert (siehe Abbildung 2). Daraus resultierend können, in Abhängigkeit des Konzern- bzw. des Führungsverständnisses, Steuerungs- bzw. Berichtsobjekte nicht nur strategische Geschäftsfelder (SGF) und -einheiten (SGE), sondern auch Produktgruppen und in einigen Fällen sogar einzelne Produkte darstellen. Der Übergang von der Konzernsteuerung zur Bereichssteuerung ist entsprechend fließend und überlappt sich häufig.

Gegenstand der Konzernsteuerung ist das Management, der Konzern mit seinen Teilkonzernen und Gesellschaften und die strategischen Geschäftsfelder/ -einheiten. Die Bereichssteuerung beschäftigt sich primär mit den einzelnen Mitarbeitern, den Gesellschaften, den Produkte und Prozessen.

Im Rahmen von Systemeinführungen ist eine Analyse dieser beiden Einflussbereiche durchzuführen und aufeinander abzustimmen. Die zu steuernden bzw. zu berichtenden Objekte sind klar zu identifizieren und, sofern nicht bereits erfolgt, zu definieren. Sie bilden den Ausgangspunkt der Analyse des Konzernsteuerungskonzeptes.

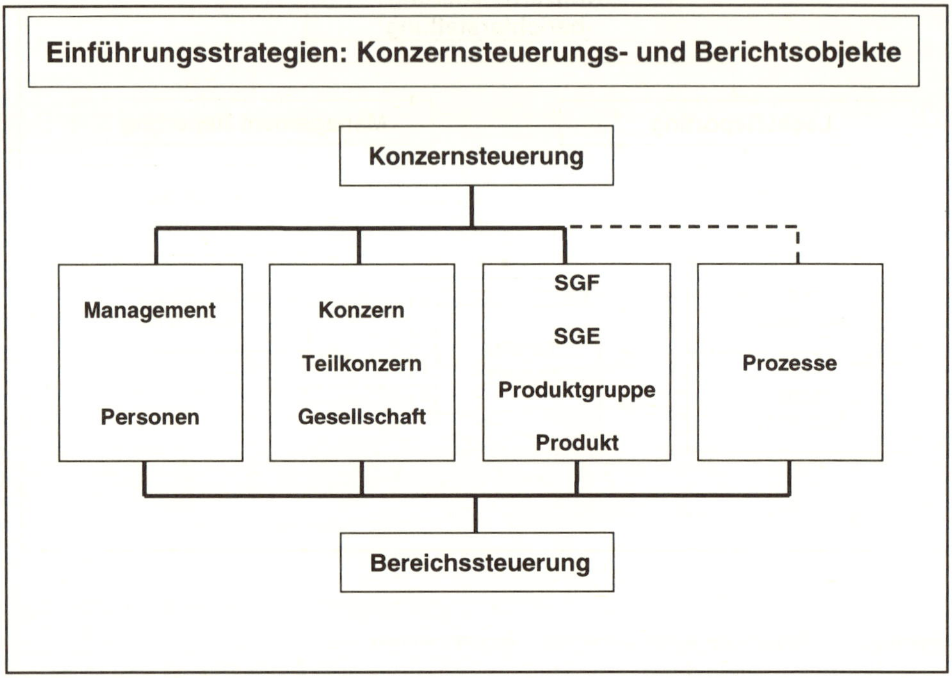

Abbildung 2: Objekte der Konzern- und Bereichssteuerung

2.3 Konzernsteuerungskonzept

Das Konzernsteuerungskonzept bildet die Ausgangsbasis der Systemeinführungsstrategie. Allgemein kann zwischen der legalen Berichterstattung (Legal Reporting) und der Managementberichterstattung (Management Reporting) unterschieden werden (siehe Abbildung 3).

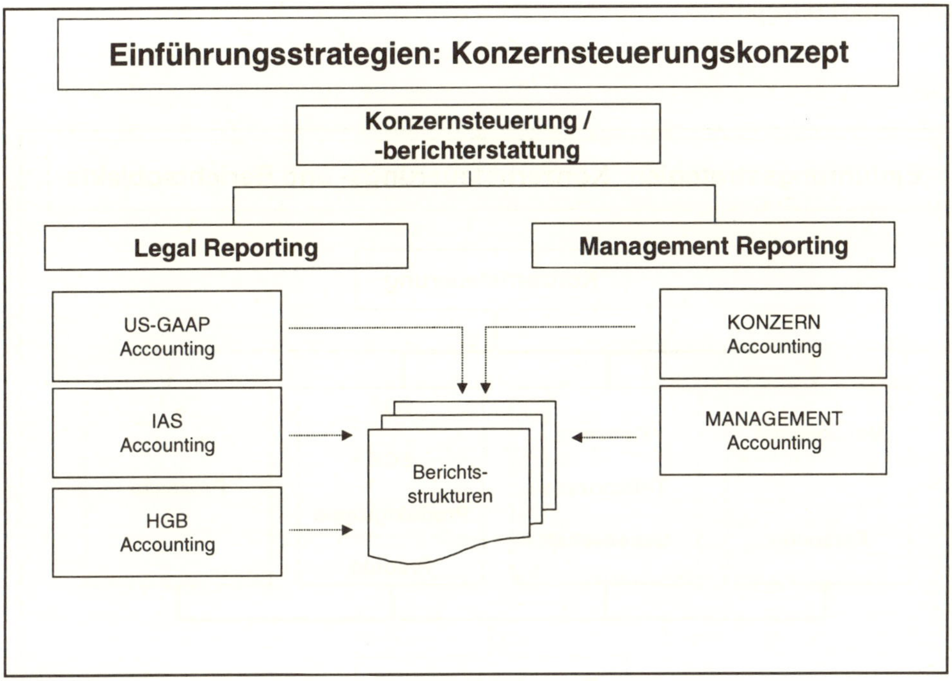

Abbildung 3: Bereiche der Konzernsteuerung / -berichterstattung

Die Konzernberichterstattung umfasst die Bereitstellung von relevanten Informationen für die unterschiedlichen Adressaten. Diese sind beispielsweise Banken, Anteilseigner, Kunden, Lieferanten, Mitarbeiter, Wirtschaftsprüfer, etc..

Voraussetzung für das später zu entwickelnde Systemdesign der Legalen Berichterstattung (**Legal Reporting**) ist eine genaue Untersuchung der im Unternehmen angewandten Konzepte der Konzernrechnungslegung. Diese Konzepte müssen, soweit sie in der Unternehmung bereits vorhanden sind, detailliert analysiert und gegebenenfalls den neuen Anforderungen entsprechend erweitert oder angepasst werden. Unter Berücksichtigung von gesetzlichen Vorschriften (HGB, IAS, US-GAAP, KonTraG etc.) gilt es, beispielsweise Konzepte für die Konzernkonsolidierung, benötigte Anhangsangaben, Kapitalflussrechnung bzw. Cash Flow Rechnung oder die Marktsegmentberichterstattung festzulegen und die Anforderungen für das Systemdesign zu bestimmen (Erläuterungen zu gesetzlichen Rahmenbedingungen nach HGB sind in (Küting/Weber (1998)), nach US-GAAP und IAS in (KÜTING/LANGENBUCHER (1999) und Ausführungen zu KonTraG in (ARTHUR ANDERSEN (1999)) enthalten).

Konzerninformationssysteme des **Management Reporting** liefern Informationen für unternehmensspezifische Steuerungsinhalte anhand von verschiedenen Kenngrößen, die es im voraus festzulegen gilt. Inwieweit hier eine vollständige Balanced-Scorecard, einzelne Kennzahlensysteme oder nur ausgewählte Steuerungsgrößen berichtet werden, ist von der jeweiligen spezifischen Anforderung abhängig. Ausgehend von der Art bzw. dem Zweck des einzuführenden Management Reportings (Konzern Accounting oder Management Accounting) gilt es die Fristigkeiten, die Periodizität und die Steuerungsinhalte zu definieren. Die Fristigkeit beschreibt den Zeithorizont, der nach lang-, mittel- und kurzfristig unterteilt werden kann. Die Periodizität definiert den zugehörigen Zeitabschnitt wie z.B. Jahr, Quartal oder Monat.

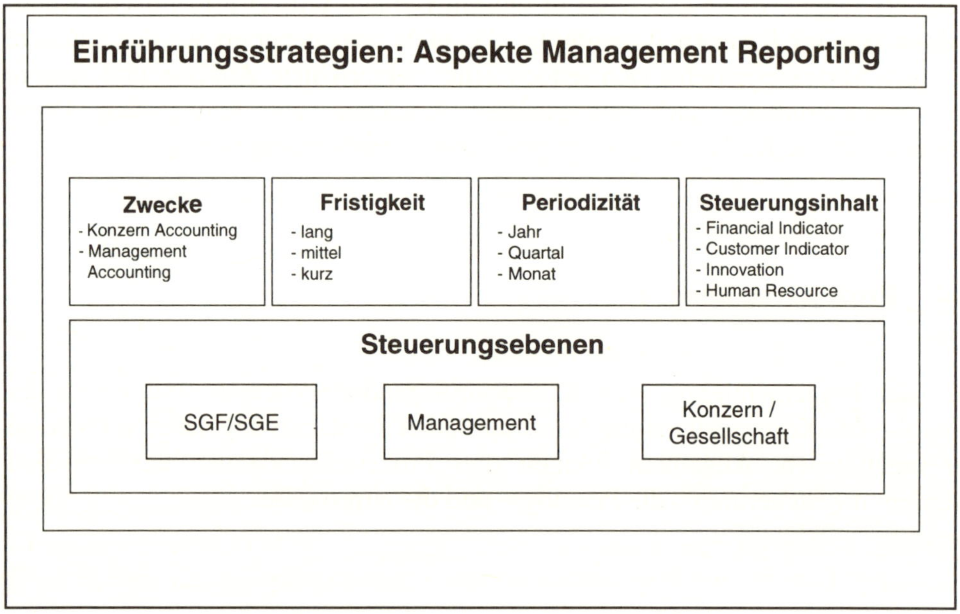

Abbildung 4: Aspekte des Management Reporting

Die Bereitstellung relevanter Informationen für strategische Unternehmensentscheidungen ist Gegenstand des **Konzern Accounting.** Es soll den Entscheidungsträger mit wesentlichen Führungsinformationen versorgen und ihn bei seiner Entscheidungsfindung unterstützen. Die Gestaltungsparameter sind der Konzern mit den Gesellschaften und die strategischen Geschäftsfelder sowie die zugehörigen strategischen Geschäftseinheiten. Mögliche Inhalte können Finanz- und Beschaffungs-, Produktions- und Absatzkennzahlen etc. sein, die in Form von Ad-hoc-, Portfolio-, Analyse- oder Risikoberichten nach verschiedenen Fristigkeiten und Periodizität darzustellen sind. Beispielsweise können Regionen-, Vorjahres-, Plan/Ist- oder Strukturanalysen für das Handelsergebnis, Fertigungsergebnis, den Free-Cash-Flow, den Umsatz, die Personal- und Materialkosten oder auch Risikokennzahlen für den Personalbereich, die Liquidität, der Bestand oder Investitionen ermittelt und aufbereitet werden.

Das **Management Accounting** ist integraler Bestandteil der Leistungsbeurteilung des Managements und umfasst die Messung und Beurteilung der Managementleistung. Entsprechend beinhalten Informationssysteme hier die Ermittlung von Kennzahlen, die im Einflussbereich des zu beurteilenden Managements liegen. Zwar existieren in diesem Bereich teilweise identische Kennzahlen wie im Konzern Accounting, die nicht neu generiert werden müssen, darüber hinaus empfiehlt sich jedoch eine zielgerichtete Analyse und spätere Systembeschreibung nach individuellen Aspekten bzw. Kenngrößen. Diese können z.B. die Basis einer leistungsbezogenen Entlohnung sein.

2.4 Prozessgestaltung

Bei der Implementierung von Konzerninformationssystemen sind neben der Analyse des Konzernsteuerungskonzeptes auch die daraus abgeleiteten Prozesse zu untersuchen. Allgemein können drei Prozessdimensionen unterschieden werden: die Steuerungs-, die Planungs- und die Istprozesse.

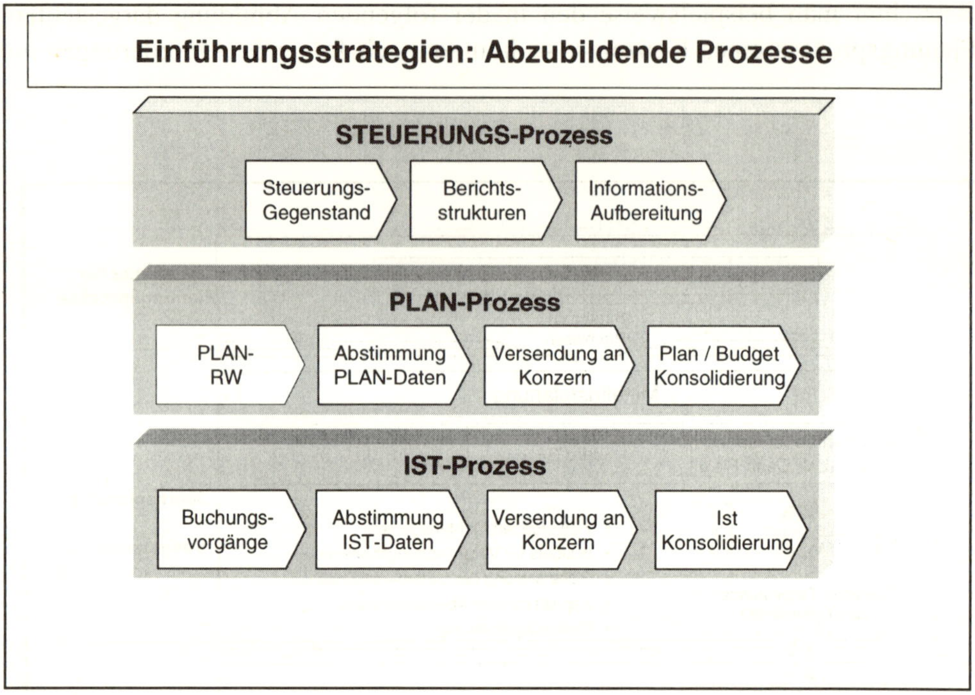

Abbildung 5: Prozessdimensionen des Konzernberichtswesens

Der **Steuerungsprozess** definiert sich durch den festgelegten Steuerungsgegenstand, der daraus abgeleiteten Berichtsstrukturen und der Art der Informationsaufbereitung. Der **Planungsprozess** beinhaltet die Tätigkeiten des Planungsrechnungswesens mit den Einzel- bzw. Teilplänen, der Abstimmung der Plandaten sowie ihrer Übertragung an die Konzernzentrale und der abschließenden Budget- bzw. Plankonsolidierung (siehe auch Abbildung 6). Die **Istprozesse** umfassen die Buchungsvorgänge der Einzelgesellschaften (Debitoren-, Kreditoren-, Anlagenbuchhaltung etc. sowie die Abschlusstätigkeiten z.B. Abgrenzungen oder Bildung von Rückstellungen im Rahmen des Jahresabschlusses), die konzernweite Abstimmung der Istdaten sowie deren Zusammenführung im Konzern und der Konsolidierung.

Betrachtet man beispielsweise den in der folgenden Abbildung dargestellten Planungsprozess eines Konzerns, so könnten sich folgende Anforderungen an

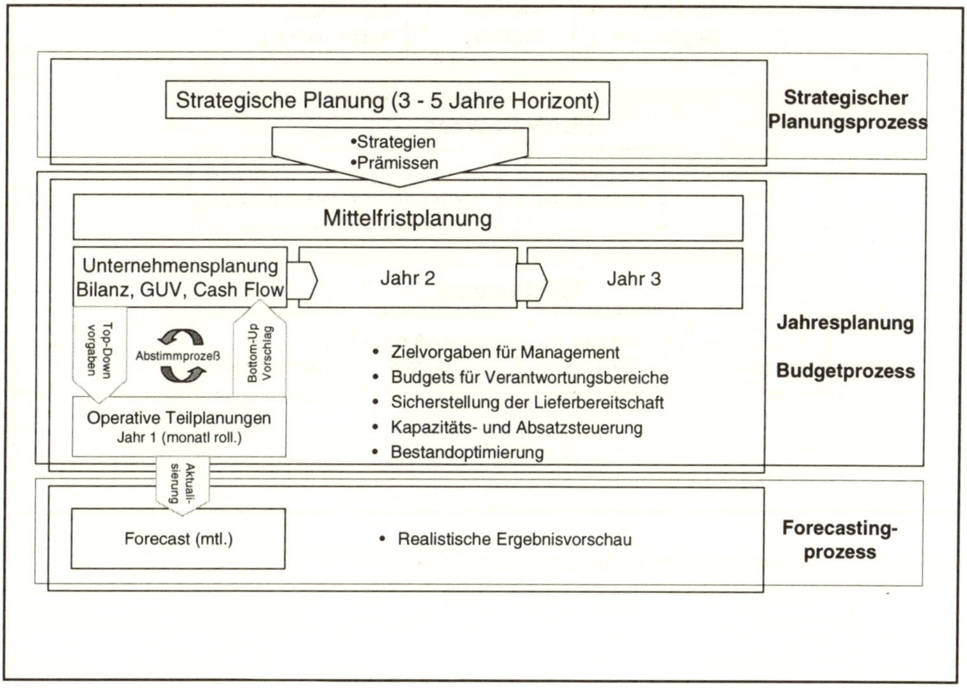

Abbildung 6: Beispiel eines Planungsprozesses

das zu implementierende Konzerninformationssystem ergeben:

- **Forecast:**
  Ermittlung von (konsolidierten) monatlichen Forecastzahlen
- **Mittelfristplanung:**
  a) Ermittlung von konsolidierten Jahresforecastzahlen (Konzern)
  b) Ermittlung von konsolidierten Budgetwerten (Konzern) für das folgende Jahr als Jahreswert und Monatsscheiben
  c) Ermittlung von konsolidierten Jahreswerten für die Planjahre zwei und drei

- **Strategische Planung:**
  Darstellung von konsolidierten Zielgrößen in drei bis fünf Jahren

Während die Steuerungs- und Planungsprozesse allgemein dem Management Reporting zuzuordnen sind, werden die im Rahmen der Istprozesse erzeugten Daten sowohl für das Management als auch für das Legale Reporting verwendet. In diesem Kontext stellen beispielsweise Systemanforderungen zur handelsrechtlichen Konzernkonsolidierung eine Kombination der Ausprägung von Istprozessen und des Legal Reporting dar.

2.5 IT-Design von Konzerninformationssystemen

2.5.1 Allgemeine Aspekte des Systemdesign

Das IT-Design von Konzernsteuerungs- und Informationssystemen wird aus dem Konzernsteuerungskonzept und der daraus abgebildeten Prozessgestaltung abgeleitet. Bevor das Systemdesign festgelegt wird, sind entsprechend alle Bereiche auf strukturelle Integrität zu überprüfen und gegebenenfalls eine inhaltliche Abstimmung vorzunehmen. Dies impliziert, dass auch bei Einführungsprojekten, bei denen nur ein Teilbereich (z.B. die Einführung einer legalen US-GAAP-Konsolidierung) abgebildet werden soll, auch das Konzernsteuerungskonzept sowie die Prozessgestaltung der angrenzenden Bereiche zu analysieren sind. Nur so ist eine Synchronisation zwischen den einzelnen Steuerungs- bzw. Reportingbereichen und den Prozessdimensionen möglich bzw. sichergestellt. Ohne diese Abstimmung ergibt sich bei der Eingliederung in das „Gesamtberichtssystem" und bei der späteren Anwendung ein Strukturbruch, der entweder zu zeit- und kostenintensiven Abstimmprozessen zwischen den verschiedenen Reportingbereichen führt oder, sofern die strukturellen Unterschiede nicht frühzeitig erkannt werden, sogar Fehlentscheidungen des Managements nach sich zieht.

Sofern diese Voraussetzungen erfüllt sind, unterscheiden sich die Tätigkeiten bei der Einführung von Konzerninformationssystemen im allgemeinen nicht grundlegend von sonstigen Softwareeinführungsprojekten. Zuerst ist eine Softwareauswahl vorzunehmen, eine Einführungsstrategie festzulegen und das Fachkonzept und die Spezifikation zu definieren. Abschließend erfolgt die Systemimplentierung mit den zugehörigen Systemtests sowie den Anwenderschulungen.

Die Einführung setzt jedoch ein umfassendes Know-How des Projektteams in den verschiedenen Untersuchungsbereichen (Konzernsteuerung, Konzernrechnungslegung etc.) sowie projektbezogene Einführungserfahrungen hinsichtlich des gewählten Softwaresystems voraus. Eine Beschreibung der Projektphasen für die Einführung eines Konzerninformations-/konsolidierungssystems sowie die Anforderungen an das Projektteam wird im nächsten Kapitel beispielhaft für EC-CS vorgenommen. Ein Anwendungsbeispiel für ein Systemdesign mit EC-CS ist im folgenden Abschnitt dargestellt.

2.5.2 Anwendungsbeispiel für ein Systemdesign mit EC-CS

Die folgenden Ausführungen skizzieren exemplarisch eine mögliche Projektstrategie zur Einführung von SAP R/3 EC-CS und eine daraus abgeleitete Anwendungsarchitektur, die in einem Unternehmen realisiert werden könnte und in konzernspezifischen Varianten bereits in diversen Unternehmen eingeführt wurde.

Zur Lösung von konzeptionellen und systemtechnischen Problemen kann in Konzernen ein einheitliches standardisiertes, integriertes Konzernberichtswesen realisiert werden. Die erarbeitete Projektstrategie sieht vor, sowohl die legale handelsrechtliche Konsolidierung für den Quartals-/ Jahresabschluss, als auch die Konsolidierung nach Managementgesichtspunkten (Monatsberichtswesen) sowie eine Konsolidierung der Budgetierung/3-Jahresplanung mit EC-CS zu ermöglichen. Darüber hinaus sollen auch denkbare später aufkommende Anforderungen (z.B. Berichtserstellung nach internationalen Vorschriften US-GAAP) mit dem System realisierbar sein und, sofern möglich, bereits bei der Einführung der HGB-Konsolidierung Berücksichtigung finden. Selbstverständlich soll das System die Erstellung von Berichten und Analysen (u.a. zur Ermittlung von Kennzahlen, im Rahmen des Chancen- und Risikomanagements etc.) ermöglichen und so einen Teil der Informationen liefern, die nach KonTraG benötigt werden.

Des weiteren wird gefordert, bei der Einführung einer neuen Software die Integration in die vorhandene Systemlandschaft zu berücksichtigen. Dies impliziert die Integration in die vorhandene SAP R/3 Systemlandschaft, eine automatisierte Datenbeschaffung / Datenübernahme, die Bereitstellung von externen Berichten und Informationen und die Realisierung von Schnittstellen zu bereits existierenden Konzerninformationssystemen.

Zur Erfüllung dieser Anforderungen kann die in der Abbildung 7 dargestellte Anwendungsarchitektur mit EC-CS realisiert werden. Für jede Konsolidierungsart kann eine Version definiert werden, welche die zugehörigen Daten in Abhängigkeit der Periode und des Jahres speichert. Die Datenerfassung für die handelsrechtliche Konsolidierung kann entweder mit dem von der SAP AG für EC-CS unter ACCESS entwickeltem dezentralen Erfassungstool oder mit EXCEL erfolgen. Darüber hinaus existieren Standardschnittstellen zur automatischen Datenübernahme aus SAP R/3 FI und Schnittstellen für das Einlesen von ASCII-Datenfiles, die aus operativen nicht SAP Finanzbuchhaltungssystemen generiert werden.

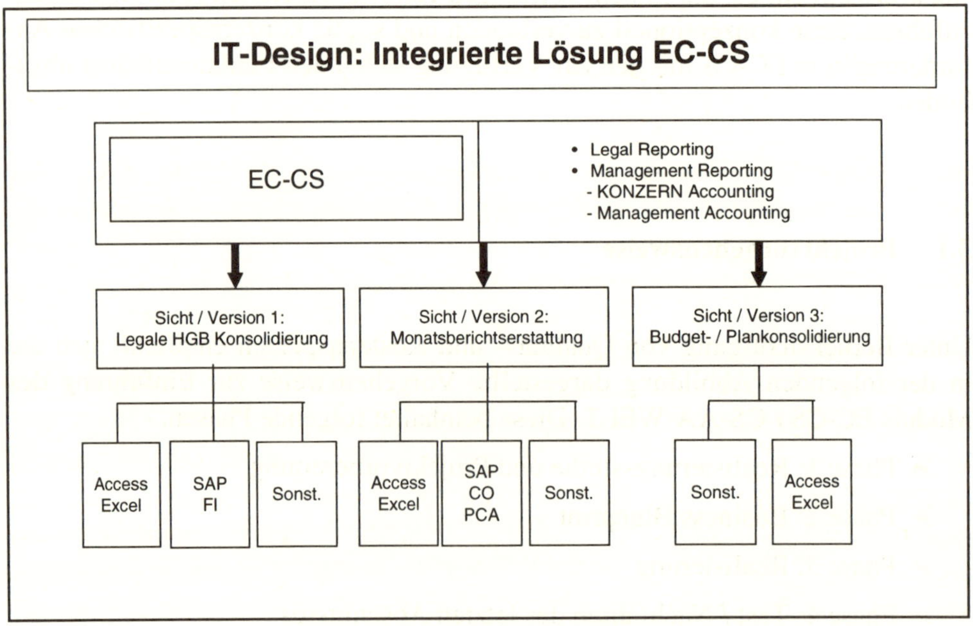

Abbildung 7: Beispiel einer integrierten Systemarchitektur von EC-CS

Während die Datenerfassung für die Budget-/Plankonsolidierung allgemein manuell mit dem dezentralen Erfassungstool unter ACCESS oder mit EXCEL erfolgt, können die Daten zur Monatsberichterstattung für Gesellschaften, die R/3 im Einsatz haben aus den SAP R/3 Modulen FI, CO und dem EC-PCA automatisch übernommen werden.

Die systemtechnische Harmonisierung der Konsolidierungsarten erfolgt über ein „referenzierendes Versionenkonzept“, welches für unterschiedliche Konsolidierungsarten teilweise gleiche Systemeinstellungen und somit gleiche Konsolidierungslogiken verwendet.

3. Einführung am Beispiel von EC-CS / CS-AA-WELT

Die folgenden Ausführungen beschreiben eine Vorgehensweise zur Einführung von EC-CS sowie weitere Rahmenbedingungen, die sich bei zahlreichen Einführungsprojekten in der Praxis bewährt haben. Die dargestellte Vorgehensweise ermöglicht es, die in dem vorherigen Kapitel erläuterten Analysen durchzuführen, diese konzeptionell zu verbinden und so die konzernspezifischen Anforderungen in EC-CS mit den zur Verfügung stehenden Funktionalitäten abzubilden.

3.1 Projektvorgehensweise

Unter Berücksichtigung von Qualitäts- und Kostenaspekten empfiehlt sich die in der folgenden Abbildung dargestellte Vorgehensweise zur Einführung des Moduls EC-CS / CS-AA-WELT. Diese beinhaltet folgende Phasen:

- Phase 1: Realisierungsstudie und Projektvorbereitung
- Phase 2: Business Blueprint
- Phase 3: Realisierung
- Phase 4: Test / Nachfahren des letzten Abschlusses
- Phase 5: Produktionsvorbereitung
- Phase 6: Go Live

Projektvorgehen Einführung SAP R/3 EC-CS (Überblick)

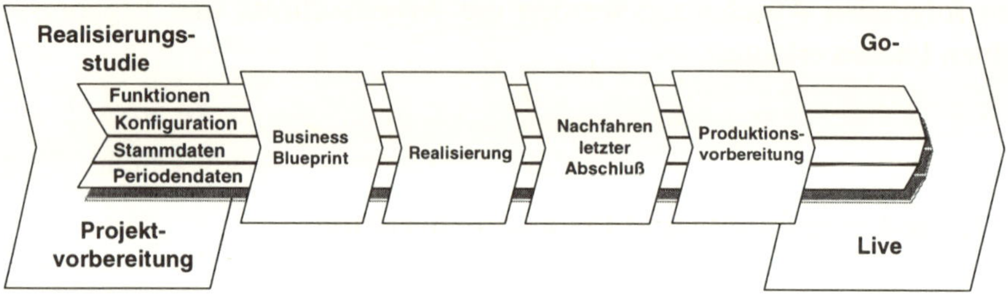

Im Zuge der Einführung SAP R/3 EC-CS werden in einem 6-stufigen Verfahren alle notwendigen

- **Funktionen**
- **Systemkonfigurationen**
- **Stammdaten**
- **Periodendaten**

für die Konzern-Konsolidierung in EC-CS abgebildet

Abbildung 8: Projektphasen zur Einführung von EC-CS

Die skizzierte Vorgehensweise orientiert sich an ASAP (AcceleratedSAP). Das von der SAP AG entwickelte ASAP zur Einführung von SAP R/3 wurde von Arthur Andersen für Enterprise Controlling – Consolidation weiterentwickelt und ergänzt. ASAP unterstützt den Berater und das Projektteam mit Checklisten, Projektplänen und anderen Projekttools.

Vorteile von ASAP sind:

- Prozessorientierung in allen Phasen
- Beginn der kundenspezifischen Konfiguration erst nach dem Business Blueprint

- Rollenkonzept unter Einbeziehung von Projektmanagement, Anwendungsberatung und technischer Implementierung
- Unterstützung einer fortlaufenden Qualitätskontrolle.

In den folgenden Abschnitten werden die Arbeitsschritte und Ergebnisse der einzelnen Phasen erläutert.

3.1.1 Realisierungsstudie und Projektvorbereitung

In der ersten, dem eigentlichen Einführungsprojekt vorgelagerten Phase sollte eine **Realisierungsstudie** für die Einführung von SAP R/3 EC-CS durchgeführt werden. Ziel der Analyse ist die umfassende Definition der Projektziele, des Projektumfanges sowie der notwendigen Schritte und die Erstellung eines detaillierten Projektplanes für die Einführung von SAP R/3 EC-CS. So wird eine Entscheidungsgrundlage erarbeitet, welche insbesondere eine Aufwandsschätzung der Produkteinführung beinhaltet.

Allgemein sollten folgende Schritte durchgeführt bzw. Ergebnisse durch das Projektteam erarbeitet werden:

- Festlegung der Projektstrategie
- Definition der Projektziele und des Projektumfanges
- Beurteilung der konzeptionellen, organisatorischen und technischen Machbarkeit
- Festlegung der Anwendungsarchitektur
- Identifikation und Beurteilung der Risiken
- Definition der notwendigen Schritte und des Projektplans.

Die Realisierungsstudie liefert somit eine Identifikation der Rahmenbedingungen zur Einführung von SAP R/3 EC-CS und beinhaltet die Erarbeitung eines Einführungsszenarios zur Abbildung der gewünschten Konzernberichts- bzw. Konsolidierungsarten.

Ziel der **Projektvorbereitung** ist es, alle organisatorischen Vorbereitungen für das Projekt und das Projektteam zu treffen. Es gilt, den in der Vorstudie aufgestellten Projektplan zu verifizieren und die Projektstruktur sowie die Projektabläufe zu definieren. Entsprechend sind insbesondere die Definition der Projektorganisation und der Standards, ein detaillierter und verifizierter Projektplan und die Planung der technischen Voraussetzungen als Ergebnis dieses Phasenabschnittes zu erarbeiten.

3.1.2 Business Blueprint

Anhand der von der Arthur Andersen Management Beratung definierten und in ASAP integrierten Checklisten werden sowohl die Anforderungen für die Abbildung der handelsrechtlichen Konsolidierung für den Jahresabschluss als auch die Anforderungen für die Managementkonsolidierung in SAP EC-CS ermittelt und dokumentiert. Zur Ermittlung der abzubildenden Konsolidierungsprozesse finden Interviews und Workshops zu den einzelnen Konsolidierungsschritten bzw. Prozessbereichen statt. Ziel ist die Zusammenführung der funktionalen konsolidierungsrelevanten Anforderungen mit den systemtechnischen Realisierungsmöglichkeiten.

Bei der Analyse der zu integrierenden Informationstechnologie sind insbesondere die strategischen Anforderungen seitens des Reportings sowie die Anforderungen des operativen Geschäftes zu berücksichtigen. Diese werden in einem detaillierten Sollkonzept des Konsolidierungsprozesses dokumentiert.

Neben funktionalen Aspekten werden in dieser Phase auch die systemtechnischen Rahmenbedingungen berücksichtigt, die Einfluss auf die Realisierung haben. Hierzu gehört unter anderem die Definition der Systemumgebung und die daraus resultierende Schnittstellenanalyse sowie die Einrichtung eines Testsystems.

Das Ergebnis der zweiten Phase ist ein zentrales Dokument, welches das Sollkonzept wiederspiegelt und die funktionalen Anforderungen mit den entsprechenden, systemrelevanten Abbildungsmöglichkeiten darstellt. Dieser sogenannte Business Blueprint beschreibt beispielsweise die Unternehmensstruktur und die konsolidierungsspezifischen Geschäftsprozesse sowie deren Abbildung in EC-CS. Alle nachfolgenden Aktivitäten bauen auf diesem Konzept auf.

Abschließend können Ressourcen, Hardwarebedarf und offene Punkte auf Basis des Sollkonzepts überprüft werden.

Ergebnisse der Phase Business Blueprint sind zusammenfassend:

- Organisations- und Prozessdefinition
- Systeminstallation
- Business Blueprint.

3.1.3 Realisierung

In dieser Phase werden alle Systemeinstellungen vorgenommen, die zur Verfolgung des festgelegten Zieles notwendig sind. Entsprechend den im Business Blueprint festgehaltenen Anforderungen und der definierten Systemkonfiguration werden sowohl die Konzernstrukturen als auch die zur Erstellung des Konzernabschlusses benötigten Konsolidierungsmaßnahmen und -methoden im System eingestellt.

Das „technische Team" führt Systemerweiterungen durch und plant die Realisierung von Schnittstellen, Datenübernahmen und Datenübergaben. Ziel dieser Phase ist es, alle in den Phasen 1-3 definierten Anforderungen in EC-CS abzubilden. Während der gesamten Phase ist es wichtig, dass das Projektteam eng zusammenarbeitet, um so ein Maximum an Wissenstransfer (z.B. von den Beratern auf die Mitarbeiter des Unternehmens) zu gewährleisten. Ergebnisse der Realisierungsphase sind:

- Systemkonfiguration
- Design, Entwicklung und Test von Schnittstellen, Reports und Anpassungen
- Entwicklung von integrierten und dokumentierten Lösungen
- Festlegung der Autorisierung (Berechtigungen) und der Systemadministration.

3.1.4 Test / Nachfahren des letzten Abschlusses

In der vierten Phase erfolgt der Systemtest z.B. durch das Nachfahren des letzten handelsrechtlichen Konzernabschlusses. Diese Form des Systemtests bietet sich besonders an, da zum einen bereits realistische Testfälle mit testierten Ergebnissen vorhanden sind und zum anderen die Datenbasis für den nächsten Konzernabschluss erzeugt wird.

Angestrebt wird eine maschinelle Datenübernahme aus dem Vorsystem. Manuelle Datenerfassungen und -ergänzungen sind in der Regel jedoch insbesondere im Bereich der Beteiligungs- und Kapitalentwicklung durchzuführen. Im Anschluss an die Dateneingabe bzw. -übernahme werden alle Schritte des Konsolidierungsprozesses durchgeführt und die Ergebnisse mit dem testierten Konzernabschluss abgestimmt. Abweichungen werden analysiert und gegebenenfalls Änderungen am System vorgenommen. Es empfiehlt sich zur Überprüfung und Abstimmung der Ergebnisse die Wirtschaftsprüfer zur Klärung spezifischer Fragen zu Rate zu ziehen. Ergebnisse der vierten Phase sind:

- Validiertes EC-CS System
- Reproduzierter Konzernabschluss in EC-CS
- Datenbasis in EC-CS für nachfolgende Konzernabschlüsse.

3.1.5 Produktionsvorbereitung und Go-Live

Ziel dieser Phase ist, alle notwendigen Vorkehrungen für die Übernahme der Systemeinstellungen und Daten in das Produktivsystem vorzunehmen.

Dies beinhaltet die Planung des Systemmanagements für das Produktivsystem, die detaillierte Planung und Durchführung des Cutover sowie die Durchführung der Anwenderschulungen.

Abschließend erfolgt die Phase Go-Live. Unmittelbar nach dem Produktivstart wird das System überprüft und ggf. weiter verfeinert. Auf diese Weise wird sichergestellt, dass der betriebliche Ablauf vollständig unterstützt wird. Desweiteren wird der Übergang in eine weitergehende Betreuung anhand eines auszuarbeitenden Supportkonzeptes sichergestellt.

3.2 Projektorganisation und -planung

3.2.1 Anforderungen an das Projektteam

Bei der Auswahl der Projektmitglieder sind grundsätzlich drei Arten von Kenntnissen erforderlich:

- Kenntnisse im SAP R/3 Umfeld
- Betriebswirtschaftliche Kenntnisse
- Sonstige systemtechnische Kenntnisse.

Im Bereich „**Kenntnisse im SAP R/3 Umfeld**" sind fundierte Kenntnisse und Einführungserfahrungen des Moduls EC-CS / CS-AA-WELT zwingende Voraussetzungen für einen erfolgreichen Projektabschluss. Diese besitzen im allgemeinen Mitarbeiter von ausgewählten Beratungshäusern bzw. der SAP AG. Darüber hinaus sollten Grundlagen des Moduls EC-CS bei einem Großteil der Projektmitglieder vor Projektstart vorhanden sein. Diese können beispielsweise durch eine Anwenderschulung (z.B. AC660 der SAP AG) erworben werden.

Neben EC-CS spezifischen Kenntnissen sind Basiskenntnisse des SAP R/3 beispielsweise zum Einpflegen von OSS-Hinweisen oder der Nutzung des Transport Managementsystem erforderlich. Bei Unternehmen die bereits SAP R/3 im Einsatz haben, sind diese Kenntnisse im allgemeinen bei Mitarbeitern der IT vorhanden bzw. werden diese Tätigkeiten durch die „Outsourcing-Unternehmen" wahrgenommen. Für den Fall, dass keine oder wenige Ressourcen in diesem Bereich im Unternehmen zur Verfügung stehen, können diese Tätigkeiten während des Projektes auch durch Mitarbeiter eines Beratungshauses durchgeführt werden.

Zur Realisierung von diversen Berichten (auch nach Projektabschluss) sind Kenntnisse der EC-CS Reportingtools „Report Writer/-Painter", „Recherche" und des „Aktiven Excel" (**sonstige systemtechnische Kenntnisse**) notwendig.

Sofern diese nicht bereits vorhanden sind (sie werden auch von anderen SAP R/3 Modulen verwendet), sind Anwenderschulungen hilfreich, jedoch können diese durch kurze Einführungen bzw. eine kurzes „Training on the Job" durch den Berater erfolgen.

Sofern eine integrierte Datenübernahme aus den operativen Vorsystemen (z.B. SAP R/3 FI) realisiert werden soll, sind die für die Vorsysteme verantwortlichen Mitarbeiter ebenfalls in das Projektteam einzugliedern.

Die benötigten **betriebswirtschaftlichen Kenntnisse** sind von der Systemnutzung abhängig, d.h. welches Konzernberichtswesen mit EC-CS durchgeführt werden soll. Für die Abbildung der Konzernrechnungslegung sollte der zuständige Mitarbeiter des letzten Konzernabschlusses in die Projektarbeit eingebunden werden. Darüber hinaus hat es sich bei den meisten Einführungsprojekten als hilfreich erwiesen, die zuständigen Wirtschaftsprüfer zu bestimmten Phasen einzubeziehen, um beispielsweise Abstimmungen der Ergebnisse oder Veränderungen der Konsolidierungsmethoden zu diskutieren. Soll das Konzernmonatsberichtswesen, eine Plankonsolidierung / Budgetierung etc. mit EC-CS realisiert werden, sind entsprechend die hierfür zuständigen Mitarbeiter bzw. Konzerncontroller einzubinden.

Grundsätzlich sollten der oder die späteren Anwender des Systems in die Projektarbeit involviert werden, um einen möglichst hohen Wissenstransfer von den Beratern auf die jeweiligen Mitarbeiter zu gewährleisten.

3.2.2 Aufwandsplanung

Die Aufteilung des Aufwandes auf die einzelnen Phasen kann der folgenden Abbildung entnommen werden.

Der Gesamtaufwand ist abhängig von den abzubildenden Konsolidierungs-/ Berichtsarten (z.B. Legal (HGB), Management Monat, Budget/Planung etc.). Die Verteilung auf die einzelnen Phasen ist grundsätzlich gleich, auch wenn Synergieeffekte den Aufwand für die weitere Teilprojekte vermindern.

Der prozentuale Anteil der jeweiligen Phase am Gesamtprojekt ist in der Abbildung in den entsprechenden Phasen dargestellt (Vorphase und Projektvorbereitung 5%, Business Blueprint 25% etc.).

Der kumulierte Aufwand der Projektphasen, d.h. der Aufwand der Phase inklusive der vorgelagerten Phasen, ist unterhalb der Phasen an der vertikalen Achse dargestellt (Business Blueprint 30%, Realisierung & Nachfahren des letzten Abschlusses 50% etc.).

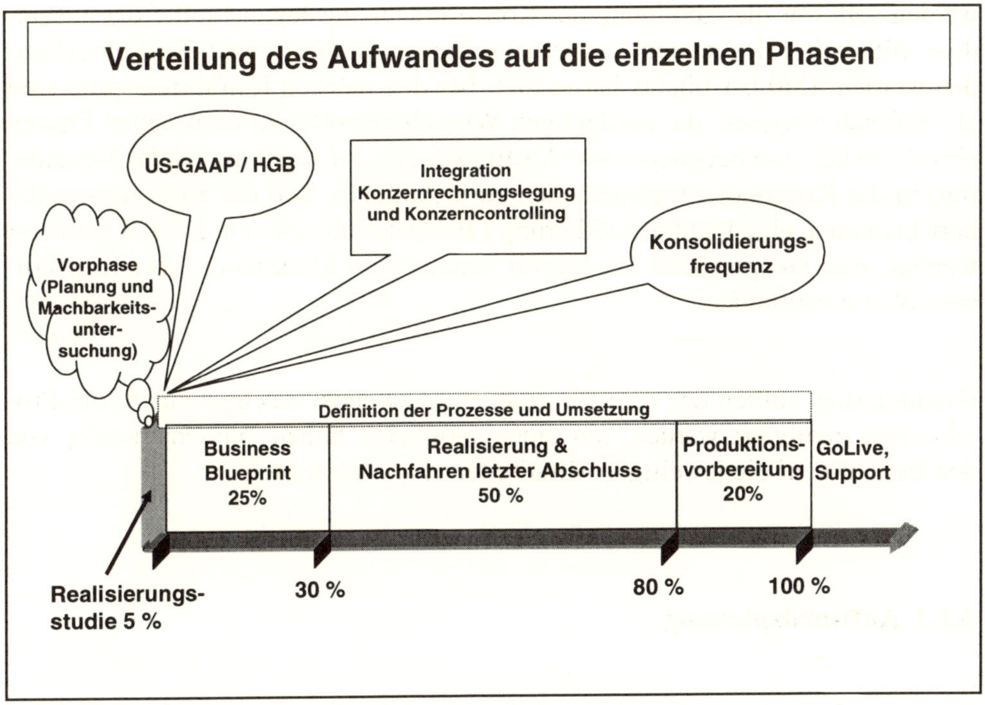

Abbildung 9: Projektphasenspezifische Verteilung des Aufwandes

In der Abbildung sind der Aufwand für die Phase „Realisierung" und „Nachfahren letzter Abschluss" zusammengefasst, da sich hier eine genaue Abgrenzung der Tätigkeiten nur schwer vornehmen lässt. Zu beachten ist, dass der Aufwand für spezifische Anwenderschulungen (auch der dezentralen Meldeeinheiten und Gesellschaften) und die Realisierung der Berechtigungsverwaltung in der Phase Produktionsvorbereitung zugeordnet sind. Sofern diese Tätigkeiten bereits in der Realisierungsphase vorgenommen werden, ist eine entsprechende Verschiebung zu einzuplanen.

Die Erfahrungen aus den abgeschlossen Projekten haben gezeigt, dass im allgemeinen die Relation des Aufwandes Berater : Kunde ein Verhältnis zwischen 1/3 bis zu 2/3 haben sollte. Sofern hier jedoch mehrere Konzernberichtsarten implementiert werden sollen, kann der Berateraufwand sukzessive verringert werden. Beispielsweise könnte der Berateraufwand für ein erstes Teilprojekt „Einführung einer legalen Konsolidierung" 50-60%, für das zweite Teilprojekt „Budget und Plankonsolidierung" 30% und für das dritte Teilprojekt „Konzernmonatsreporting" 10-20% sein.

3.2.3 Zeitplanung

Die Planung des Zeithorizontes ist zum einen von den abzubildenden Konsolidierungsarten und zum anderen von den im Unternehmen zur Verfügung stehenden Mitarbeiterressourcen abhängig.

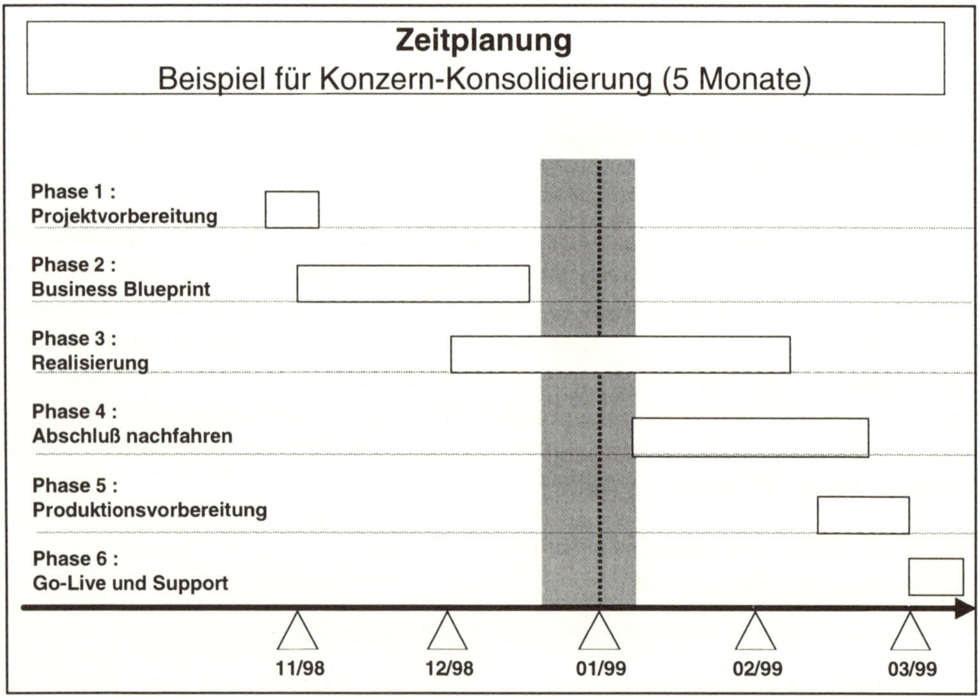

Abbildung 10: Beispiel einer Zeitplanung

Als Richtlinie sollten für ein Einführungsprojekt z.B. einer handelsrechtlichen Konsolidierung insgesamt ca. 5 bis 6 Monate eingeplant werden (siehe Abbildung, die auch die zeitliche Terminierung der einzelnen Phasen skizziert).

Sofern weitere Konsolidierungsarten z.B. für eine Budget-/Plankonsolidierung realisiert werden sollen, können in Abhängigkeit der Ressourcen die Phasen der Teilprojekte entweder parallel (keine bzw. geringe Überschneidungen von Projektmitgliedern bzgl. Teilprojekten) oder zuerst das erste Teilprojekt und dann das zweite Teilprojekt realisiert werden (wenig Ressourcen mit Realisierung derselben Mitarbeiter). Die in der Praxis gängige Vorgehensweise (auch zur Nutzung von Synergieeffekten) ist eine Mischform, bei der einige Teammitglieder in mehreren Teilprojekten mitarbeiten und andere nur in einem Teilprojekt. In diesem Fall können die Teilprojektphasen überlappend angeordnet werden und verlängern entsprechend die Gesamtprojektdauer.

3.2.4 Kritische Erfolgsfaktoren

Die termingerechte, erfolgreiche Durchführung eines EC-CS Einführungsprojektes ist grundsätzlich von vielen Faktoren abhängig. Diese sind zu einem Großteil sehr projektspezifisch und variieren in Abhängigkeit der abzubildenden Anforderungen bzw. Konsolidierungsarten und der Unternehmensorganisation (z.B. Industrieunternehmen, Banken, Holding etc.). Dennoch können einige kritische Erfolgsfaktoren genannt werden, die bei fast allen Projekten einen entscheidenden Einfluss auf die erfolgreiche und termingerechte Durchführung haben. Es sind:

- eine gute Systemverfügbarkeit
- ausreichende Verfügbarkeit und Mitarbeit der Projektmitglieder
- zeitnahe Unterstützung durch die SAP R/3-Basisbetreuer bzw. durch das „Outsourceing-Unternehmen"
- Aufbereitung der Information bzw. Daten der Konzernabschlüsse der Vorjahre gemäß EC-CS spezifischen Anforderungen.

Projektspezifische Risiken können darüber hinaus aus unternehmensindividuellen Anforderungen abgeleitet werden. Diesbezüglich können eine geplante Umstellung von GKV auf UKV bzw. HGB auf US-GAAP / IAS oder eine Änderung der Einbeziehung von Teilkonzerngesellschaften, die vorher als vorkonsolidierter Teilkonzern in den Konzernabschluss einbezogen wurden und jetzt per Einzelgesellschaften eingehen sollen, beispielhaft genannt werden.

4. Fazit

Die Grundlage für flexible Reaktionen und fundierte Entscheidungen des Managements ist eine zeitnahe, managementorientierte Informationsaufbereitung durch ein integriertes Konzernsteuerungs-/ informationssystem, das die relevanten Informationen zielgerichtet aufbereitet und darstellt. Im Rahmen der Einführung von Konzerninformationssystemen sind entsprechend neben dem eigentlichen Systemdesign und der Implementierung auch die Analyse und Synchronisation der Konzernsteuerungs- und der Reportingbereiche sowie der Prozessdimensionen vorzunehmen. Nur so kann die Durchgängigkeit der Informationen sowie eine verstärkte Integration von Informationsflüssen zwischen der Konzernsteuerung und den operativen Geschäftsprozessen sichergestellt und systemseitig abgebildet werden.

In Abhängigkeit des benötigten Informationsbedarfes und den daraus abgeleiteten Anforderungen an das abzubildende Informationssystem ist die Konzernphilosophie zu beleuchten, das Konzernsteuerungskonzept zu analysieren sowie die Bereiche zu synchronisieren und die Prozeßgestaltung zu definieren und gegebenenfalls anzupassen.

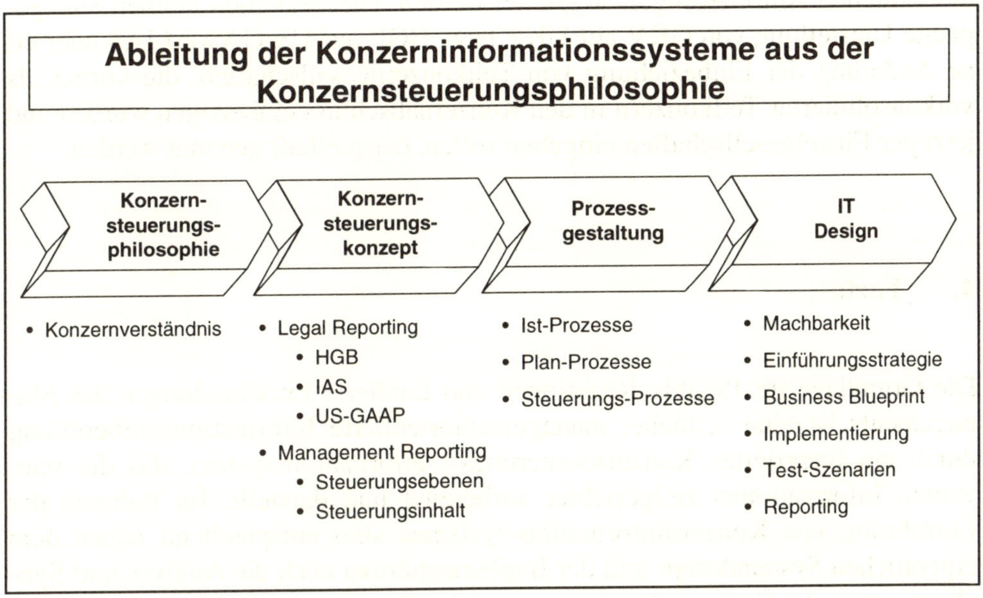

Abbildung 11: Analysebereiche bei der Einführung von Konzerninformationssystemen

Das Systemdesign spiegelt dann die Abbildung der Anforderungen wieder, die aus den zuvor durchgeführten Analysen festgelegt wurden. Aufbauend auf einer Realisierungsstudie, in der die Rahmenbedingungen einer Systemeinführung identifiziert und Einführungsszenarios zur Abbildung der gewünschten Funktionalität beschrieben werden, wird das Systemdesign (z.B. in Form eines „Business Blueprint") definiert. Es enthält das abgestimmte und mit anderen Bereichen synchronisierte detaillierte Sollkonzept, die systemtechnischen Rahmenbedingungen (z.B. Systemlandschaft, Schnittstellen etc.) der Einführung und eine Beschreibung der aus dem Sollkonzept abgeleiteten funktionalen Anforderungen mit den entsprechenden, systemrelevanten Abbildungsmöglichkeiten im System.

Anschließend erfolgt die Realisierungsphase, bei der die im Business Blueprint festgehaltenen Anforderungen im Zielsystem abgebildet und die Schnittstellen zur Datenübernahmen sowie ein dezidiertes Berechtigungskonzept realisiert werden. Der darauffolgende Systemtest sollte mit validierten Daten durchgeführt werden. Abschließend können Anwenderschulungen abgehalten werden und der Go-Live erfolgen.

Wichtig bei der Planung eines Einführungsprojektes ist die zielgerichtete projektspezifische Zusammensetzung des Projektteams. Unabhängig von der abzubildenden Funktionalität und dem ausgewählten System ist jedoch immer eine ausreichende Verfügbarkeit und intensive Mitarbeit der Projektmitglieder grundlegende Voraussetzung für den erfolgreichen Projektabschluß und eine planmäßige Systemeinführung.

Literaturverzeichnis

ARTHUR ANDERSEN (1999), KonTraG KapAEG, Erläuterungen zu den wichtigsten Vorschriften und praktische Hinweise zur Umsetzung, Informationsbroschüre von Arthur Andersen, 3. Auflage, Juni 1999.

BÜHNER/TUSCHKE (1999), Rolf Bühner/Anja Tuschke, Wertmanagement – Rechnen wie ein Unternehmer, in Wertorientierte Steuerungs- und Führungssysteme : Shareholder Value in der Praxis, Hrsg: Rolf Bühner/Klaus Sulzbach, Stuttgart, Schäffer Poeschel Verlag, 1999, Kap. 4 Seite 11 ff.

KÜTING/LANGENBUCHER (1999), Karlheinz Küting/Günther Langenbucher (Hrsg.), Internationale Rechnungslegung, 1. Auflage, Stuttgart, Schäffer Poeschel Verlag, 1999, Seite 267 ff und 561 ff.

Küting/Weber (1998) Karlheinz Küting/Claus-Peter Weber, Handbuch zur Bilanzierung und Prüfung, Band II, 2. Auflage.- Stuttgart, Schäffer Poeschel Verlag, 1998.

SAP AG (1997), System SAP R/3 Unternehmenscontrolling - Konsolidierung, Informationsbroschüre "Funktionen im Detail - EC-CS" der SAP AG, Walldorf, 1997, Seite 2-2 ff.

Stichwortverzeichnis

Stichwortverzeichnis

A

B

C

D

F

G

H

I

J

K

L

M

N

O

P

Q

R

S

T

U

V

W

X, Y, Z